北京通州年鉴 2020

Beijing TongZhou NianJian

中共北京市通州区委党史工作办公室
北京市通州区地方志办公室 编

方志出版社
Publishing House of Local Records

图书在版编目（CIP）数据

北京通州年鉴.2020/ 中共北京市通州区委党史工作办公室，北京市通州区地方志办公室编.-- 北京：方志出版社，2020.9
ISBN 978-7-5144-4345-5

Ⅰ.①北… Ⅱ.①中… ②北… Ⅲ.①通州区－2020 －年鉴 Ⅳ.①Z521.3
中国版本图书馆CIP数据核字（2020）第188495号

北京通州年鉴（2020）

编　　者：中共北京市通州区委党史工作办公室
　　　　　北京市通州区地方志办公室
责任编辑：梅中英
出 版 者：方志出版社
　　　　　地址　北京市朝阳区潘家园东里9号（国家方志馆4层）
　　　　　邮编　100021
　　　　　网址　http://www.zgfzcb.cn
发　　行：方志出版社图书经销中心
　　　　　电话（010）67110500
经　　销：各地新华书店
印　　刷：北京朝阳印刷厂有限责任公司
开　　本：889×1194　1/16
印　　张：34
字　　数：949千字
版　　次：2020年9月第1版　2020年9月第1次印刷
印　　数：0001～1600册
ISBN 978-7-5144-4345-5　定价：150.00元

领导关怀

7月23日，市委常委、政法委书记张延昆（右三）调研通州区人民检察院案件管理中心

（区检察院提供）

7月16日，副市长，城市副中心党工委书记、管委会主任隋振江（左四）到文化旅游区新建京哈高速与北京环球主题公园立交节点工程施工现场调研

（区文化旅游区提供）

10 月 3 日，“喜迎盛世　扬帆起航”京杭大运河（通州城市段）旅游通航仪式上，区委书记曾赞荣讲话　（区文化和旅游局提供）

5 月 28 日，2019 年中国国际服务贸易交易会北京城市副中心分会场，区委副书记、区长赵磊（左二）及区各委办局负责人视察通州联通 5G 展区　（通州联通提供）

领导调研与活动

8月20日，通州区人大常委会主任李玉君（左三）到台湖镇调研生活垃圾管理工作 （台湖镇提供）

9月25日，举办北京市通州区庆祝中华人民共和国成立70周年“我和我的祖国”书法、美术、征文获奖作品展暨京津冀书画巡展活动。区政协主席赵玉影（右五）为获奖人员颁发获奖证书 （区文联提供）

在通州区村和社区“两委”换届选举工作总结会上，区委副书记初军威（左）代表区委、区政府向通州联通总经理朱正辉（右）赠送锦旗 （通州联通提供）

5月27日，举行基于全基因组选择的玉米预测育种服务平台的构建与应用项目启动仪式

（中关村通州园区提供）

6月1日，在2019年中国国际服务贸易交易会北京城市副中心分会场论坛上，通州园管委会与中国信息界工业设计研究院签约

（中关村通州园区提供）

工程项目

7月11日，由北京花儿朵朵花仙子农业有限公司投资的内蒙古幸福花仙子旅游开发有限公司成立 （区文化和旅游局提供）

8月29日，通州区运河中学附属小学落成揭牌 （白文会/拍摄）

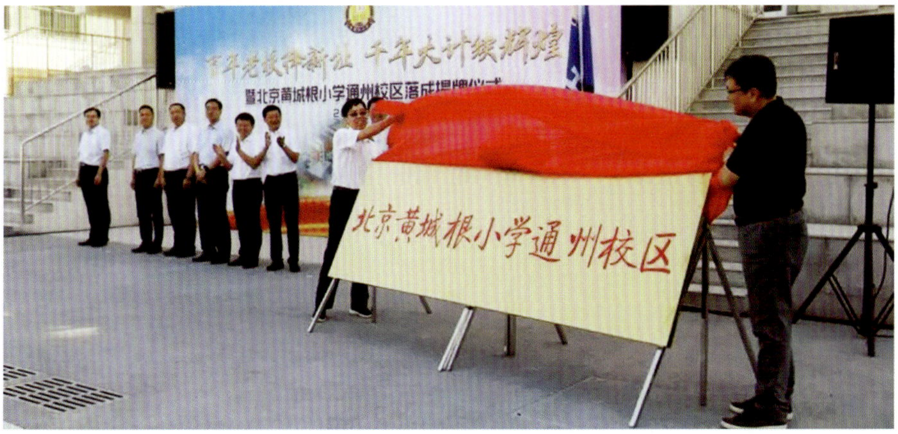

9月2日，北京黄城根小学通州校区举行落成揭牌仪式 （白文会/拍摄）

10月，北京人力资源服务产业园通州园开园运营

（北京市通州商业资产运营公司提供）

12月28日，八通线南延工程通车运营　　（区住建委提供）

工程项目

运河文化与现代相结合的桥涵彩绘　（区城管委提供）

长安街二期延长线夜间景观提升工程　（区城管委提供）

安全检查

3月8日，区市场监督管理局检查保健市场门店
（区市场监督管理局提供）

7月5日，应急管理部调研通州区安全生产工作
（区应急局提供）

7月5日，综检站执法检查　　（高潞秋／拍摄）

11月22日，市委、市政府安全生产督察组对通州区安全生产工作进行督察　　（区应急局提供）

应急演练

6月21日，货运行业事故应急演练
（高潞秋／拍摄）

8月29日，潞源街道开展反恐培训暨消防演练
（潞源街道提供）

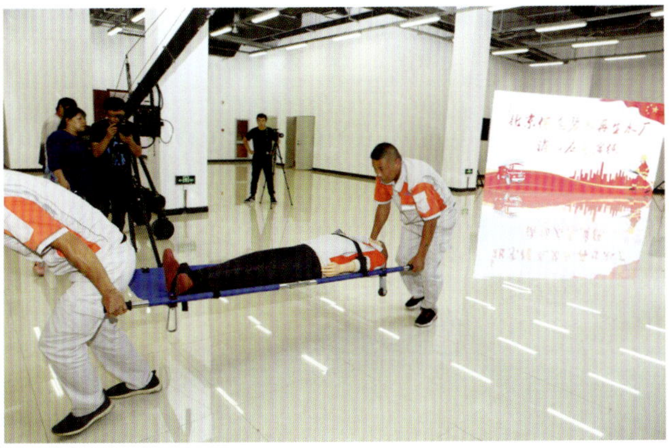

9月24日，区水务局开展消防应急救援演练
（区水务局提供）

区红十字会供水与大众卫生救援队开展模拟实战演练
（区红十字会提供）

4月20日，“艺海拾忆”——张源及其同仁版画艺术展开幕　（区档案馆提供）

5月12日，北京银行·2019北京通州运河半程马拉松开赛　（区体育局提供）

7月5日，通州区举办第十四届安全文化节　　（区应急局提供）

6月6日，通州区交通局组织区域电动小客车出租公司联合区文明办、区教委开展“2019爱心助考”活动

（高潞秋／拍摄）

8月3日，北京七夕文化节文化嘉年华活动现场

（区委宣传部提供）

9月12日，北苑街道在万达广场内开展的“花好映北苑 月圆耀通州”通州区“月圆京城 情系中华”传统节日文化活动现场

（北苑街道提供）

文化建设

11月1日，文化旅游区管委会举办“文化旅游区最美建设者”巡展

（区文化旅游区提供）

11月7日，举行“通州区‘美术教师文艺志愿者助力美丽乡村建设’新时代文明实践主题活动”创作交流

（区文联提供）

北京银行·2019 北京通州运河半程马拉松——亲子欢乐跑项目

（区体育局提供）

通州区政协庆祝新中国成立 70 周年和人民政协成立 70 周年活动

（区融媒体中心提供）

宣传培训

1月17日，举办中关村科技园区通州园管委会北京城市副中心控规专题培训会

（中关村通州园区提供）

3月29日，通州区税务局在贡院小学开展税法进校园活动

（区税务局提供）

4月4日，通州区税务局到大运河森林公园进行联合税收普法宣传

（区税务局提供）

4月15日，区水务局开展全民国家安全教育日活动

（区水务局提供）

5月6日，走进通州监委活动日　　（区纪委区监委提供）

宣传培训

6月20日，通州区开展2019年生产经营单位主要负责人和安全生产管理人员安全生产培训

（区应急局提供）

6月21日，举行2019通州区食品安全宣传周启动仪式　（区市场监督管理局提供）

宣传培训

7月3日，通州区政务服务管理局组织召开通州区2019年信息公开专题培训会　（区政务服务管理局提供）

8月15—16日，举办通州区农产品质量安全培训班第二期　（区农业农村局提供）

8月21日，举办弘扬沂蒙精神推进新时代纪检监察工作暨监督业务培训　（区纪委区监委提供）

宣传培训

9月16日，举办国家网络安全宣传周启动仪式　（区委网信办提供）

11月，通州区交通支队民警到永顺中心幼儿园开展交通安全宣传活动
（通州交通支队提供）

宣传培训

11月25日，通州区举办2019年安全生产监管干部及执法检查人员培训班
（区应急局提供）

区红十字会举办“爱在身边——红十字在行动”主题宣传活动，纪念“五八”世界红十字日
（区红十字会提供）

中共北京市通州区委党史工作办公室
北京市通州区地方志办公室

主　　任	王葆刚（2013.3 — 2020.4）
	朱军辉
副 主 任	王振和
工作人员	马雪梅　刘晓林　肖姗姗　张亚昆
	张　莉　艾玉勃　郭卫民　吴兴保
	王　妍　史圣洁　郭宝祥　杨世乾
	赵龙刚　王梓义

北京通州年鉴编辑部

主　　编	朱军辉
副 主 编	王振和
执行副主编	张亚昆
编　　辑	张亚昆　张　莉
封面摄影	常　鸣

封面图片内容为“10月3日，北运河城市副中心段实现旅游通航”

编 辑 说 明

一、本年鉴以马克思列宁主义、毛泽东思想、邓小平理论、“三个代表”重要思想、科学发展观、习近平新时代中国特色社会主义思想为指导，坚持辩证唯物主义和历史唯物主义的立场、观点和方法，科学地反映客观情况。

二、本年鉴采用记（大事记）、图（图片、照片）、表（统计表）、录（附录）等体裁，用规范的语体文、记述体直陈其事，文字力求言简意赅。

三、本年鉴反映2019年1月1日至12月31日期间情况（部分内容依据实际情况时限略有上溯或下延），文中一般直书月、日，不再写年份。本年鉴农用面积采用亩为计量单位。

四、本年鉴由区情概览、特载、大事记、正文、附录及彩页等部分组成。正文部分设有中国共产党北京市通州区委，通州区人民代表大会，通州区人民政府，中国人民政治协商会议通州区委员会，纪检监察，民主党派，人民团体，法治，军事，经济管理，功能区，农业与农村经济，工业·信息化，金融，商贸·文化旅游，建筑业，交通运输·邮电，生态环境，城乡建设与管理，科技，教育，文化，卫生，体育，社会生活，街道·乡镇，人物·荣誉，统计资料类目。

五、本年鉴收有通州区副处级以上机构及副处级以上党政实职领导干部名录，并收录部分2019年内获得市级以上各类先进人物、先进单位名单。

六、选入年鉴的文章和条目，均由各部门各单位确定专人撰写，经各部门、单位主管领导审阅。一人提供多个条目的，只在最后一个条目后署名，不再一一署名。统计资料由统计局提供。照片由通州区各供稿单位提供。

目　录

区情概览

特　载

大 事 记

中国共产党北京市通州区委

通州区人民代表大会

中国人民政治协商会议通州区委员会

纪检监察

民主党派

人民团体

法　治

军　事

经济管理

功 能 区

农业与农村经济

工业·信息化

金　融

商贸·文化旅游

建 筑 业

交通运输·邮电

生态环境

城乡建设与管理

科　技

教　育

文　化

卫　生

街道·乡镇

人物·荣誉

统计资料

附　录

区情概览

地情概况

【地理位置】 通州区位于北京市东南部，京杭大运河北端。地理坐标北纬39° 36′ ～ 40° 02′，东经116° 32′ ～ 116° 56′。东西宽36.5千米，南北长48千米，面积905.95平方千米。西邻朝阳区、大兴区，北与顺义区相接，东隔潮白河与河北省三河市、大厂回族自治县、香河县相连，南和天津市武清区、河北省廊坊市安次区交界。

【地　貌】 全区地处永定河、潮白河洪冲积平原，地势平坦，平均海拔高程20米。分布13条河流，总长245.3千米，主要河流有北运河、潮白河、凉水河、凤港减河。

【气　候】 气候属暖温带大陆性半湿润季风气候区。2019年，年日照时数为2541.8小时，年平均气温12.7℃，降水445.6毫米。

【建置沿革】 通州区历史悠久，早在新石器时期，境域内即有人类活动。西汉高祖十二年（公元前195年）始建路县，先后改称通路亭、潞县、通州、通县。1948年12月通县解放，分置通县、通州市。1958年3月县市由河北省划归北京市后，合并为北京市通州区。1960年复称通县。1997年4月撤销通县设立通州区。通州区辖10个镇、1个回族乡、6个街道。

【人　口】 截至2019年底，全区常住人口167.5万人，比上年末增加9.7万人，其中，常住外来人口64.6万人，占常住人口比重为38.6%。常住人口中，城镇人口118万人，占常住人口的70.4%。全区常住人口出生率8.96‰，死亡率5.35‰。常住人口密度为每平方千米1848人，比上年末增加107人。全区户籍人口80.8万人，比上年末增加2.1万人，其中，农业人口26.1万人，占户籍总数32.3%；非农业人口54.7万人，占户籍总数67.7%。户籍人口出生率13.15‰，死亡率6.92‰。

（张亚昆）

国民经济和社会发展

【概　况】 2019年，地区生产总值1059.2亿元，比上年增长6.6%。其中一、二、三产业增加值分别为12.5亿元、422.1亿元和624.6亿元，比上年分别增长−23.8%、8.8%和5.9%。三次产业结构为1.2 ： 39.9 ： 59。一般公共预算收入88.7亿元，比上年增长6.8%。税收总额300.5亿元，比上年增长7.8%。全社会固定资产投资（不含农户）比上年增长15.5%。实现社会消费品零售总额590.7亿元，比上年增长7%。城镇居民人均可支配收入53088元，比上年增长9.1%。全区金融机构人民币各项存款余额3638.5亿元，比上年增加331.6亿元。

【城市副中心建设全面进入控规实施阶段】 1月11日，市级机关实现平稳入驻，通州区从此步入副中心时代。1月12日，城市副中心党工委、管委会正式挂牌成立，按照集中领导、高效统筹、扁平化管理的原则，构建形成“五局一办一公司”的工作体系。明确赋权清单，全面加强队伍建设和制度建设，高位高效协调调度，全年召开21次党工委管委会会议，初步实现“副中心的事副中心办”。

【规划体系加快完善】 1月4日，副中心控规经党中央、国务院批复正式发布。市委、市政府围绕控规实施召开动员部署大会，明确2019—2022年100项重点任务。区级分解细化成278项工作任务，全面加快落实。城市副中心拓展区总体规划和9个乡镇的镇（乡）域规划形成成果，344个村庄规划编制全部完成，在全市率先实现区、镇、村三级规划体系全覆盖。重点地区规划、各领域专项规划的编制和专题研究工作全面推进，“多规合一、多图合一”的副中心规划体系基本形成。

【城市框架有序拉开】 行政办公区二期启动建设，岳庄等3座110千伏变电站建成投产，警务中心实现运行。运河商务区绿地中心等3个项目交付使用，6个项目部分竣工，南环环隧东段主体结构完工，运河220千伏变电站实现供电，冷热电三联供能源中心、河东5号调峰热源厂正式投入使用。文化旅游区环球主题公园启动游艺设备安装，环球大酒店、诺金度假酒店、城市大道等配套项目进入施工收尾阶段。城市绿心完成8000亩绿化建设任务，歌舞剧院、博物馆、图书馆三大建筑实现开工。副中心站综合交通枢纽、东六环路入地工程正式开工，宋梁路北延公路段全面贯通。地铁7号线东延、八通线南延开通运营，市郊铁路副中心线乔庄东站投入使用。

【区域合作更加紧密】 推进新老融合，实施“老城双修”，形成“体检报告＋实施方案＋行动计划＋政策集成＋数据平台”的工作体系，建立“老城双修”项目库，一批项目推进实施。启动中仓小区家园中心试点建设。有序推进特色小城镇和乡镇中心区开发建设。全面启动360个平房村美丽乡村建设，围绕“清脏、治乱、增绿、控污”，坚持规划先行、全民参与，打造精品美丽乡村建设样板。累计拆除各类违法建设300多万平方米，补建一批公共服务设施和绿地，农村面貌焕然一新，在全市第一、二批农村人居环境考核验收中均名列前茅。与北三县协同发展规划编制完成，燕潮大桥建成通车，联合举办项目推介洽谈会，签约项目52个。与雄安新区在资源互通、人才交流等方面建立合作机制。通武廊、通宝唐区域合作持续深化。对口支援成果显著，提前一年完成脱贫摘帽任务。

【农　业】 全区实现农林牧渔业现价总产值30.3亿元，比上年下降23.6%。其中农业产值10亿元，比上年下降29.2%；林业产值13.9亿元，比上年增长2.3%；牧业产值5亿元，比上年下降46.6%；渔业产值1.3亿元，比上年下降25.5%；农林牧渔服务业产值1936万元，增速下降80.4%。设施农业收入6.3亿元，比上年下降31.8%。设施农业实际利用面积1427.9公顷，比上年下降30.1%。其中温室占地面积907.8公顷，比上年下降32.1%；大棚占地面积477.3公顷，比上年下降24.7%；中小棚占地面积42.9公顷，比上年下降39.8%。

【工　业】 实现工业增加值213.4亿元，比上年下降0.5%。全区规模以上工业企业345家，完成工业现价总产值593.3亿元，比上年下降3.1%，其中，高技术制造业129.1亿元，比上年增长10.5%。规模以上工业主营业务收入781.4亿元，比上年下降1.9%，其中，高技术制造业125.3亿元，比上年增长6.2%。

【商　贸】 全年新批三资企业68家，比上年增加19家。其中，外商独资企业50家，中外合资企业18家，共有注册资本2.2亿美元，比上年下降82.1%；实际利用外资6亿美元，同比增长8.9%。全区进出口贸易总额211亿元，比上年增长16.6%，其中，出口创汇总额65.4亿元，同比增长8.1%；进口付汇145.6亿元，同比增长20.7%。

【建筑业】 完成建筑业增加值209.5亿元，比上年增长20.1%。全区具有资质等级的总承包和专业承包建筑业企业209家，完成建筑业总产值1414.4亿元，比上年增长11.6%，其中，在市外完成产值1283.4亿元，比上年增长11.5%；在市内完成产值130.9亿元，比上年增长12.9%。签订合同额5433.8亿元，比上年增长22%，其中，年内新签合同额2108.5亿元，比上年增长48.2%。房屋建筑施工面积15359万平方米，比上年增长20.9%；竣工面积2540万平方米，比上年增长36.5%。

【固定资产投资】 2019年，全区固定资产投资（不含农户）比上年增长15.5%，其中建安投资比上年增长10.6%。分产业看，第一产业投资比上年下降22%；第二产业投资同比下降32.9%；第三产业投资同比增长21.1%。2019年，基础设施投资同比增长24.7%，基础设施投资主要集中在园林绿化、道路交通和水务三大领域。其中，绿化类投资同比增长107.6%，占基础设施投资的49.6%；道路交通类投资同比增长1.1%，占基础设施投资的38.8%；水务领域投资同比下降40.2%，占基础设施投资的5.6%。

【房地产开发】 2019年，房地产开发投资比上年增长16.7%，其中住宅投资增长36.7%。在房地产开发投资中，政策性房屋项目投资比上年增长13%。其中，经济适用房投资同比下降1%；公租房投资同比增长596.7%；定向安置房投资同比增长25.6%；自住房投资同比下降46.3%；共有产权房投资同比增长17.9%。

2019年，全区政策性房屋施工面积436.9万平方米，比上年下降11%。其中，经济适用房施工面积26.3万平方米，同比下降16.3%；公租房施工面积3.2万平方米，同比增长16.6%；定向安置房施工面积372.7万平方米，同比下降2.3%；自住房施工面积3.4万平方米，同比下降86%；共有产权房施工面积31.2万平方米，同比增长115.6%。政策性房屋销售面积29.2万平方米，同比增长0.4%，其中，经济适用房销售面积3万平方米，同比下降36.5%；定向安置房销售面积8.1万平方米，同比下降32.2%。

【旅游业】 截至2019年底，全区有农业观光园44处，比上年减少14处；全年接待游客65.8万人次，同比下降36.1%；实现观光园总收入1.4亿元，同比下降37.3%；有从事乡村旅游经营133户，比上年减少7户，乡村旅游总收入987.8万元，同比下降21.7%；接待游客3.2万人次，同比下降4.8%。

【交通 邮电】 截至年底，全区公路里程2408千米，其中区级以上公路510千米、乡道1145千米、专用公路167千米、村道586千米。民用机动车保有量39.5万辆，比上年增长17.9%，其中，载客汽车28.5万辆，比上年增长8.6%。郊区客运汽车623辆，客运线路61条，客运线路总里程1428千米。营运出租汽车2087辆。货运汽车拥有量达1.2万辆，从事货运户数1997户。水域游船169艘，其中，自航船12艘。

全区有邮政局所33个，其中农村24个；实现邮政业务总量2.6亿元，比上年增长27.5%。订销杂志80.1万份，比上年增长22.4%；出口包裹快递456.2万件，比上年增长55.2%；进口包裹快递985.1万件，比上年增长136.6%。邮政储蓄收储余额76亿元，比上年增长14.5%。

电信业务收入6亿元，比上年下降0.2%，其中，固网业务收入4.2亿元、移动业务收入1.8亿元。普通电话用户达到22.4万户，比上年下降3.9%。固定互联网宽带接入用户数达到25.4万户，比上年增长0.4%。

【金　融】 2019年，全年实现金融业增加值74.8亿元，比上年增长11.1%。全区金融机构人民币各项存款余额3638.5亿元，比年初增加331.6亿元。其中，个人存款1700.8亿元，比年初增加219.7亿元。金融机构人民币各项贷款余额达到1132.7亿元，比年初增加237.7亿元。通州区有15家证券经营机构，年末，证券账户户数37.6万户，全年各类证券交易额2129.9亿元，其中，股票交易额1297.3亿元；债券交易额637.4亿元。

【科　技】 全年累计专利申请量6268件，其中，发明专利1506件、实用新型专利3606件、外观设计专利1156件。专利授权量4070件，其中，发明专利375件、实用新型专利2951件、外观设计专利744件。

【教　育】 全区有幼儿园136所，比上年增加5所；在园幼儿29797人；专任教师2358人。有小学84所；招生13906人，在校生69657人，毕业生9963人；专任教师4249人。有初、高中学校43所，比上年增加2所。其中，初高中招生数10293人，毕业生6722人，在校生27228人。初高中共有专任教师3954人，高考本科上线率达到89.8%。

【文　化】 全区有电影院13个，电影放映队16个；艺术表演场所21个，基层文化中心16个，全年文化演出1250场；审批文化市场经营单位139家。有公共图书馆1个，总藏书81.3万册。拥有区级以上文物保护单位50处，博物馆4座，韩美林艺术馆1座。有线电视接收用户47.9万户。

【卫　生】 全区有卫生机构616个，其中，医院23个。全部卫生机构实有床位4113张，其中，医院3353张，社区卫生服务中心床位460张。全区有卫生技术人员10217人，其中，执业医师3653人，注册护士3894人。

【体　育】 年内，全区有多功能球场50块。举办全区性各类竞赛24次，镇（局）级各类竞赛272次。参加市级各类竞赛获得奖牌116枚，其中，金牌28枚，银牌38枚，铜牌50枚。全区体育活动经费投入达到7750万元。

【人民生活】 2019年，全区居民人均可支配收入达到44190元，比上年增长9%，其中，城镇居民人均可支配收入53088元，比上年增长9.1%。全区居民人均消费支出达到31004元，比上年增长8%；恩格尔系数为23.2%，比上年减少0.6个百分点。城镇居民人均消费支出达到37187元，比上年增长8.2%；恩格尔系数为21.9%，比上年减少0.2个百分点。全区人均现住房面积39.34平方米，比上年下降0.3%；城镇居民人均现住房面积35.43平方米，同比增长1.5%。

【劳动就业】 2019年，城镇登记失业率2.81%，失业人员参加培训1659人。城镇登记失业人员实现就业12812人，失业人员就业率68.82%。参加职业技能培训20892人，促进城乡就业19275人。

【社会保障】 2019年，城乡居民最低生活保障标准提高至1100元，全区有养老公寓等各类养老服务机构126个，收养人数13317人。全年城市居民最低生活保障家庭948户，城市居民最低生活保障1385人；农村居民最低生活保障家庭2176户，最低生活保障3403人。农村特困救助供养363人，城市特困救助供养74人，享受高龄补贴25389人。新增儿童成长驿站16家、村（居）儿童之家200家。成立全市首家残疾人文化创意产业就业基地，新增残疾人就业500余人。全区城乡居民养老保险参保人数达22.7万人，续保率达98.6%。参加基本养老、基本医疗、失业保险人数分别为59.2万人、62.2万人和46.8万人；参加工伤保险人数44万人，领取工伤保险金额10014万元。

【环境治理】 2019年，细颗粒物（$PM_{2.5}$）年均浓度为46微克／立方米，比上年减少9微克／立方米，下降16.4%。全年检查进京外埠车辆27.6万辆、重型柴油车32.6万辆，淘汰老旧柴油货车5628辆。开展挥发性有机物排放专项整治，对1077家企业进行现场指导整改，完成879家餐饮企业油烟排放提标改造。30个村的污水治理任务全面完成，全区污水处理率达到90%，全年再生水利用量达到1.7亿立方米。全区范围60%的垃圾分类示范片区建设完成，设置再生资源回收站点540座，生活垃圾无害化处理率达到100%。

【绿　化】 2019年，深入落实国家森林城市创建指标体系，实施潮白河森林景观带、台湖万亩游憩园等14项重点绿化美化工程，实施宋梁路、六环西侧路等道路沿线绿化景观建设，推进千年守望林与大运河森林公园景观融合工程，全区有森林面积29932.5公顷，比上年增长8.9%。全区森林覆盖率达到33.02%，比上年提高2.7个百分点。造林面积2349公顷，林木绿化率36.99%，比上年提高2.7个百分点。城市绿化覆盖面积7908.7公顷，同比增长12.2%，城市绿地面积7196.5公顷，同比增长13.6%，城市绿化覆盖率达到51.02%。人均公园绿地面积达到19.31平方米，同比增加4.2平方米，公园绿地500米服务半径覆盖率达到91.46%。

【公用事业】 2019年，全年自来水销售量4416万立方米，比上年增长4.9%，其中，生产运营用水170.3万立方米，同比下降20.8%；公共服务用水1327.1万立方米，同比增长24.1%；居民家庭用水2918.6万立方米，同比下降0.3%。全年用电量为68.9亿千瓦时。其中，第一产业用电1.4亿千瓦时；第二产业用电16亿千瓦时；第三产业用电29.4亿千瓦时；居民生活用电22.2亿千瓦时。

【精神文明建设】 完成新时代文明实践中心、所、站三级组织体系建设，开展新时代文明实践活动500余场。承办5月中国好人榜发布仪式暨全国道德模范与身边好人现场交流活动，开展典型选树、张榜宣传、帮扶礼遇，打造副中心警察榜样、最美西集人、马桥榜样等子品牌。举办全市“爱满京城”首都学雷锋志愿服务推动日活动。完成区级爱国主义教育基地考评命名，发挥爱国主义教育基地社会教育功能。

（张亚昆）

特 载

在中共北京市通州区第六届委员会第七次全体会议上的报告

中共北京市通州区委书记　曾赞荣

2019 年 7 月 26 日

一、关于上半年工作

2019 年是中华人民共和国成立 70 周年，是市级机关正式入驻副中心的第一年，更是我们全面落实城市副中心控规的开局之年，副中心建设站在了新的历史起点上，开启了高质量发展的历史新篇章。今年 1 月 18 日，习近平总书记再次亲临城市副中心视察并发表了重要讲话，为我们规划、建设、管理发展城市副中心进一步指明了方向。蔡奇书记、陈吉宁市长围绕副中心产业发展、生态建设、交通治理、城市双修、功能区建设等重要领域，多次专题到通州调研，深入了解情况、亲自把脉指导、全力破解瓶颈，下沉一线推动工作落实。这充分体现了党中央和市委、市政府对城市副中心建设的高度重视和巨大关怀，使我们备受鼓舞、深受鞭策。半年来，区委常委会坚持以习近平新时代中国特色社会主义思想为指导，先后召开 29 次常委会议，组织区委理论学习中心组集中学习 8 次，深入学习贯彻习近平总书记关于副中心建设的重要指示和市委市政府决策部署，坚持全面把握、融会贯通，强化知行合一、重在落实，面对副中心建设任务重、标准高、节奏快的形势，团结带领全区广大党员干部群众，进一步凝心聚力、真抓实干、锐意进取，顺利完成了上半年各项工作任务。上半年，全区经济发展态势良好，地区生产总值预计同比增长 7.5%；完成建安投资 226 亿元，同比增长 13.8%，投资总量居全市前列；一般公共预算收入实现 52.5 亿元，同比增长 4.4%；社会消费品零售额实现 204.4 亿元，同比增长 7%。

（一）对标对表中央、市委系列指示要求，扎实推进副中心控规落地实施

坚持把落实好副中心控规作为检验政治忠诚与政治担当的试金石，作为检验工作作风与工作水平的重要标尺，牢固树立绝对忠诚、敢于担当、争创一流的副中心意识，扎扎实实地推进副中心建设的每个环节。

一是坚持高点站位，顺利完成副中心党工委建设和管理体制改革。按照集中领导、高效统筹和扁平化管理的各项要求，积极配合城市副中心党工委、管委会的组建与运行；协助构建和完善“五局一办一公司”的工作体系；加快落实管理体制改革的各项要求，相关体制机制进一步理顺，第一批拟由市级赋权的 53 个事项清单初步确定，为实现“副中心的事副中心办”的要求打下了坚实基础。

二是坚持抓早抓实，全面安排部署落实控规的各项任务。坚持下先手棋、打主动仗，早谋划、早部署、早统筹、早调度，将控规实施指导意见和实施方案 100 项任务细化分解为三本台账，其中落实控规方案 278 项，重点工程 503 项。对今年重点工作和重点任务逐项落实责任、明确进度要求、倒排工期。建立了联审联批平台，成立工作专班统筹推

进手续办理，确保各项任务按时间节点高质量完成。

三是坚持多规合一，持续深化各专项规划和重点片区规划设计。组建“12+9+N”责任规划师体系，建立“多规合一”部门协同联动平台，确保规划编制的科学性、统一性和协调性。启动12个组团控制性详细规划深化方案，23项副中心规划设计导则编制完成。制定老城双修与更新三年行动计划、10个专项实施方案及相关设计导则。宋庄艺术创意小镇和台湖演艺小镇控规编制进展顺利，张家湾设计小镇方案设计形成初步成果。南大街、北大街等重点区域的方案征集工作稳步进行。9个乡镇中心地区控规、重点地区城市设计、344个美丽乡村村庄规划编制等工作有序推进，城市绿心片区交通、市政、排水防涝、海绵城市专项规划成果完成初步审查。

四是加快推进京津冀协同发展。积极推进“两翼”联动发展，与雄安新区持续开展经验与技术交流和人才联合招聘等系列活动。与天津市宝坻区、河北省唐山市签署战略合作发展框架协议，开创“通宝唐”协同合作新局面。紧密对接国家和市级有关部门，编制完成《北京市通州区与河北省三河、大厂、香河三县市协同发展规划》。燕潮大桥通车运行，高各庄综合检查站投入使用，交通体系有序协同持续强化。加强交界地区生态保护，联合开展污染源跨界巡查，潮白河综合治理工程加快规划研究。成功举办北京市与廊坊北三县项目推介洽谈会等活动，签约项目52个，意向投资额337亿元。

（二）全力服务保障市级机关搬迁入驻，积极落实“四个服务”职责要求

坚持把服务保障市级机关搬迁和安全运行作为落实首都“四个服务”职责的重要政治任务，全力为市级机关提供优质环境，切实为各类重大活动保驾护航。

一是确保办公区绝对安全。落实底线思维，建立完善了“六有”安保体系，细化落实“一个中枢、两级巡控、三道过滤、四类应急”18类岗位勤务，投入1056名专职人员全天候做好安保工作。

二是优化调整行政区划。按照大部制管理模式，在行政办公区内及周边新划设潞源、通运两个街道，配强干部队伍，赋予基层更多管理权限，实现力量下沉、重心下移，城市治理更加科学高效。

三是强化教育、医疗、通勤供给力度。北京学校、黄城根小学等一批市级名校建设进展顺利，到9月份可提供学位4240个。潞河医院为市级行政办公人员开辟绿色通道，楼顶停机坪正式启用，急救效率大幅提升。在办公区内增设金融服务网点等服务设施，进一步满足工作生活需求。市郊铁路城市副中心线东延至乔庄东站，与17条公交线路实现接驳，满足通勤需求。

四是做好重大活动的服务保障。启动“护航·70”专项行动，排查清除城市安全隐患，国家安全发展示范城市创建工作稳步推进。圆满完成了全国“两会”、第二届“一带一路”高峰论坛、北京世园会以及亚洲文明对话大会等重大活动期间安保工作。

（三）加快构建“高精尖”经济结构，高质量发展基础不断夯实

立足副中心功能定位和产业高质量发展目标，瞄准构建七大千亿级产业集群，高起点谋划推进产业发展，高端产业聚集态势初步显现。

一是进一步加大体制机制创新力度。与海淀区、西城区、朝阳区开展产业发展结对，分别签订3项区级政府合作协议和3项园区合作协议；与波士顿咨询等10家专业招商中介机构签约，建立“市场化招商＋政府推介＋名单化精准招商”的项目引进机制。初步完成园区、功能区整合，形成以中关村通州园、运河商务区、文化旅游区分别统领相关产业板块的发展模式，进一步实现资源整合、功能聚焦和管理统筹。

二是加速重点产业项目引进落地。严格制定产业准入门槛，全面梳理市域范围内央企二级总部和市属国企名单，甄选重点对接目标企业，三峡集团下属7家二级总部已计划迁入，银河金控、光大集团等央企的二级总部落户工作加快推进。与227个重点“高精尖”产业项目紧密对接，紫光联盛、华胜天成等57个项目完成签约，投资总额共约797亿

元。国家级人力资源产业园通州园有序推进，中智公司等24家企业签约落户。网络安全产业园正式挂牌，14家企业完成注册。

三是下大力气优化营商环境。“9+N”政策2.0版加快落地，为企业服务“一门、一窗”率达到100%。深入推进全区产业项目“一口进、一口出”统筹服务体系建设，打造集投资、运营、管理于一体的产业项目全程跟踪服务平台。工程竣工联合验收2.0平台正式上线，首批工程完成验收。设立不动产登记领域“一网、一门、一次”综合窗口，北交所企业登记分中心等一批企业服务机构在副中心实现挂牌，驻区企业在注册登记、税务办理、金融服务等方面更加方便快捷。服务业扩大开放综合试点先导区工作全面启动。中国国际服务贸易交易会副中心分会场顺利开展，全区营商环境评价排名全市第5，排名较上年前进5个名次。

（四）高标准推动重点工程建设，城市副中心框架全面拉开

始终坚持一步一个脚印，围绕“一带、一轴、多组团”空间结构，全力推动和保障重点工程开工建设。

一是重点工程建设进展显著。行政办公区一期工程完成，首批搬迁35个部门、165个单位，共1.2万人完成入驻，二期工程施工、监理招投标工作已经启动。城市绿心先行启动区取得实施方案批复，千亩示范区主体绿化建设完成。剧院、图书馆、博物馆“三大建筑”目前已取得前期工作函。运河商务区完成310万平方米建筑面积建设，在建最高建筑新光大中心二期完成结构封顶，3条重点示范路完成铺装工作。环球主题公园一期关键单体钢结构启动吊装，20条综合管廊、游乐设施和城市大道、环球大酒店等配套项目进入全面施工阶段，度假区景观水系工程正在推进。副中心交通枢纽站总体设计加快推进，东六环路入地工程取得规划方案批复。

二是基础设施建设有序推进。地铁7号线东延工程实现长轨通，八通线南延工程实现短轨通。胡郎路综合治理工程完工，宋梁路北延等8项新改建工程进展顺利，广渠路东延、东夏园交通枢纽工程、地铁17号线、地铁6号线二期等项目进场施工，京唐城际铁路等项目加快推进。运河220千伏输变电工程完成验收调试，河东5号调峰热源工程土建完工。通州堰分洪体系进展顺利，北运河和温榆河综合治理工程完成拆迁，宋庄蓄滞洪区二期工程拆迁腾退加快推进。

三是重点公共服务项目加快建设。人民大学通州校区、北海幼儿园等重点教育设施开工建设，北京二中通州校区、玉桥小学改扩建工程已取得前期工作函。友谊医院通州院区正式开诊，首儿所通州院区、安贞医院通州院区、北京妇产医院通州院区等工程正在办理前期手续，潞河医院四期工程已竣工。

（五）持续加强城乡综合治理，精细化水平显著提升

始终坚持以提升城市品质、彰显城市特色为目标，创造更加宜居宜业、精致精美的城乡环境。

一是大力度实施疏整促专项行动。上半年累计拆除违法建设615万平方米，销账690万平方米，腾退土地885公顷，销账量、腾退量均居全市前列，发展空间加快释放。清理违建大棚房1888个，整改违规侵占的耕地704亩。疏解一般制造业52家，清理整治“散乱污”企业53家、市区两级占道经营217处，完成量均居全市第一。1329户违法群租房全部整治完毕，实现“动态清零”，完成量居全市第一。3098家餐饮单位、361家公共机构实现垃圾强制分类，全区生活垃圾资源化率达62%。建筑垃圾资源化场所达到10处，处置建筑垃圾209万吨。

二是深入推进“12345”市民热线“接诉即办”。落实“吹哨报到”与“接诉即办”要求，建立“三级书记抓热线、条块结合抓落实”工作机制，区领导亲自“坐班”回访，整合建立指挥调度中心和应急响应平台，实施了7×24小时接待、电话双值守等保障机制。坚持“接诉即办”与“主动治理”相结合，进一步将“12345”市民热线响应机制延伸

到可能产生诉求的领域和范围。针对物业、停车、拆迁、施工扰民等疑难复杂问题，持续加大重点治理类乡镇整改力度，群众诉求的解决率、满意率逐步提升。

三是不断提升道路通行能力。持续巩固扩大创城、创卫成果，完成一批道路架空线入地和智慧照明系统升级改造工作，彻底解决了一批道路移交缓慢和“两灯不亮”问题。30处重点路口的交通组织优化和6条微循环道路改造建设加快推进。全面启动交通综合整治，京洲北街、净水街等8处交通秩序乱点治理完成。摸排清理“僵尸车”376辆，清理率100%。在全市率先安装“行人过街自适应信号控制系统”，实现动态绿波控制等六大功能，新华大街等7条城市主干道通行时间缩短32.5%以上。首批2300个路侧电子收费泊位正式运营，重点道路停车秩序明显好转。绿色出行比例持续提高，730个公租自行车租赁站点建设完成，3万辆自行车投入使用，骑行使用量占全市52%以上。

四是深入开展老城双修工作。坚持以新带老、新老共荣，完成老城双修与更新体检，形成“体检报告＋实施方案＋行动计划＋政策集成＋数据平台”的基础工作体系。启动老城平房棚改项目一期和无物业小区规范治理试点工作，5个老旧小区综合整治项目全面开工实施，55个小区物业化试点工作稳步推进，40个单元楼完成加装电梯入户签约工作。新华大街沿线、运河商务区、通勤站周边环境综合整治加快推进，街面环境秩序水平显著提升。146座公厕完成改造提升，41条背街小巷整治进展顺利。

五是大力推进美丽乡村建设。统筹推进全区360个美丽乡村建设工作，聚焦村庄环境顽疾，狠抓“清脏、治乱、增绿、控污”专项整治，第一批112个乡村顺利通过市级人居环境验收，综合成绩排名全市第三，第二批248个村庄整治全面启动。启动一批集体经济扶持创新试点，制定试点村“一村一策”扶持发展方案，农村集体经济不断发展壮大。

（六）坚决打好污染防治攻坚战，生态环境质量稳步提高

始终坚持构建蓝绿交织、水城共融的生态城市格局，全力推动生态环境建设。

一是大气质量持续改善。聚焦控车、扬尘、减排等领域，综合施策、重拳出击，1 — 6月全区$PM_{2.5}$累计浓度为48微克／立方米，创历史最好水平。充分利用大气颗粒物自动监测等智能系统，初步形成了环境监管“一张网”，空气质量信息化监管能力进一步提高。加强对非道路移动机械、重型柴油车的执法检查和处罚力度，累计在进京路口检查柴油车12.39万辆，处罚排放超标车1.2万辆。新增和更新清洁能源公交车318辆，淘汰更新柴油车4452辆。建立全区523个裸地台账，完成98.8公顷裸露地绿化覆盖工作。利用网格化监管手段推进餐饮业油烟净化设施提标改造工作，800家餐饮企业完成提升整治。

二是水环境质量不断提高。对北运河、通惠河等11条河流、163公里河道进行综合治理，9个国、市控考核断面中7个水质达到Ⅴ类及以上，地表水环境质量明显改善。新建污水管线5.78千米、再生水管线1.95千米，改造雨污合流管线4.57千米。建设、升级8座再生水厂并投入运行。完成30个村庄污水收集处理任务，新建33座污水处理站，截污管线敷设81.25公里，农村生活污水治理能力持续加强。全区现有规模化畜禽养殖场污染治理设施配套率达100%，畜禽粪污治理与资源化利用率达到75%。紫荆雅园等海绵城市建设试点工程全面完工。

三是园林绿化水平大幅提升。以创建国家森林城市为契机，大尺度开展平原造林，完成大树种植3.1万亩，实现留白增绿1322亩，全市排名第二。启动实施城市副中心环城景观生态林建设工程，建成6个环城公园，副中心环城绿色休闲游憩环加快构建。潮白河森林生态景观带等东部生态绿带、台湖万亩游憩园等西部生态绿带加快建设，与京津冀、主城区的生态联系更加紧密。完成八里桥地块等3处城

市森林建设，加快宋庄文化公园“樱园”等特色公园、12处社区公园、7处小微绿地建设，绿色休憩空间进一步拓展。

（七）着力保障和改善民生，群众获得感幸福感安全感进一步增强

坚持以人民为中心的发展思想，切实保障和改善民生，努力满足人民日益增长的美好生活需要。

一是切实解决好老百姓身边的操心事、烦心事、揪心事。紧扣“七有”和“五性”要求，完成91家商业便民网点建设，竣工政策性住房项目5个，有效增加住房供给。与行政办公区、环球影城等深入对接，开展各类岗位培训，实现新增就业0.9万人，城镇登记失业率2.8%，低于控制目标0.7个百分点。完成潞城等7个乡镇、14个村、490名劳动力的转非安置补缴社会保险工作。高标准完成国家级居家和社区养老服务改革试点中期验收工作，30家社区养老服务驿站建设按计划有序推进。16个街乡级儿童成长驿站和200个社区（村）级儿童之家运行良好，全国儿童示范保障区创建工作有序推进。退役军人事务局和退役军人服务中心正式挂牌，全国双拥模范城迎检准备工作全面启动。

二是积极推进大运河文化带建设工作。深入开展“三庙一塔”文物修缮和景区提升工作，完成景区内标识、牌匾、展板制作，启动实施地面修补、泮池修复等保护工程，西海子公园二期同步加快推进。启动大运河（城市段）旅游性通航工作，加快实施大运河文化国家AAAAA级旅游景区创建工作。编制《通州区文物保护规划》，配合市文研所开展路县古城遗址考古和遗址公园建设工作，启动实施张家湾古城东城墙考古勘探项目，历史文化资源的挖掘不断深入。

三是持续优化公众文体生活环境。深入推进公共文化服务体系示范区创建，建成两座24小时城市书房，启动通州体育场改造提升工程，为乡镇街道配建一批篮球场、足球场、智慧健身驿站等设施，梨园镇半壁店村、曹园村等10个行政村成功获评为市体育特色村。成功举办运河文化庙会、半程马拉松赛等一批特色群众文化体育活动，群众精神文化和运动健身体验进一步增强。

四是坚决做好脱贫救助帮扶工作。社会救助标准进一步提高，城乡低保标准提高至月人均1100元，城乡特困供养对象基本生活费和护理费标准分别提高至月人均1650元和1272元。高标准开展精准扶贫，建立区级低收入产业帮扶项目储备库，低收入农户收入稳步增长。深入开展对口帮扶，45个受援地区帮扶项目全面开工。大力推进消费扶贫、关心关爱残疾人、开发公益岗位、公共服务等帮扶项目助力脱贫攻坚。积极筹备建立北京市消费扶贫双创中心通州分中心，采取“龙头企业＋合作社”消费扶贫模式，增加贫困人口收入。

五是全力保证地区安全稳定。深入开展扫黑除恶专项斗争，累计破获九类涉恶案件205起、“八黑”案件127起，刑拘605人、治拘552人，全面保障基层换届选举、重大工程建设等中心任务顺利推进，群众安全感、满意度进一步提升。开展常态化矛盾排查化解，坚决落实区、镇（街）两级领导包案责任制，推动了一批信访积案和重点社会矛盾的化解。持续加强社会面防控，市、区、镇三级挂账重点村综合整治工作稳步推进。

（八）坚持和加强党的全面领导，全面从严治党不断向纵深发展

牢固树立抓好党建是最大政绩理念，认真落实全面从严治党主体责任。

一是坚持把政治建设放在首位。牢记“看北京首先从政治上看”的要求，认真执行中央关于加强和维护党中央集中统一领导的若干规定，教育引导全区各级党组织和党员干部自觉在思想上政治上行动上同以习近平同志为核心的党中央保持高度一致。

二是坚定不移深化改革。对表中央、市委要求，调整成立通州区委全面深化改革委员会，进一步强化了议事协调作用。全区34项改革要点全面启动，重点改革事项取得新的突破。制定《通州区机构改革实施方案》，所有涉改部门正式挂牌。持续深化“街

乡吹哨、部门报到”改革，完成“双报到、双积分”互助平台建设方案。深入推进区属国有企业改革，国有资本活力进一步提升。

三是稳步推进民主法治建设。加强党对人大、政协的领导，充分发挥区人大党组和区政协党组作用。人大代表、政协委员围绕副中心控规落实、美丽乡村建设等重点工作积极建言献策、广泛开展监督。加强统一战线工作，积极落实中央、市委关于统一战线和对台工作的决策部署，在宗教、民族团结进步创建、新的社会阶层统战工作等方面取得了新成绩。加强法治建设，组建区委全面依法治区委员会，组织召开第一次会议，审议通过工作规则和议事规则。

四是加强副中心干部队伍建设和人才培养引进。扎实做好机构改革中领导班子的调整和干部配备工作，不折不扣将26项具体改革任务全部落实到位，党政机构设置和职能配置进一步优化。探索建立干部知事识人体系和年轻干部发掘培养机制，选派一批正科级年轻干部任村党支部书记。上半年，区委共调整干部9批次、336人次，所涉单位班子结构更加合理。大规模组织开展城市副中心控规集中轮训和“强党性、促凝聚”（临沂）专题培训，有效激发干部干事创业热情。实施“灯塔计划”“运河计划”“彩虹计划”等人才引进培养计划，国际人才社区建设全面启动，北京大运云链大数据应用研究院正式成立，人才要素向副中心聚集态势初步显现。

五是基层党组织政治功能和组织力不断提升。全区600个村（居）的“两委”班子换届选举工作顺利完成，自我加压实现4个100%目标，选优配强了基层干部队伍，同时解决了一批历史遗留问题，基层政治生态持续净化。统筹推进党建引领“街乡吹哨、部门报到”改革，不断深化党建引领“双报到、双积分”工作机制，着力构建党员群众“服务获积分、积分促服务”的基层治理模式。进一步完善党群服务中心功能，社区共商共治持续加强。

六是党的宣传阵地不断巩固。意识形态主体责任进一步压紧压实。融媒体中心与北京电视台实现资源共享，在积极宣传副中心建设、展示副中心形象等方面发挥重要作用。

七是党风廉政建设和反腐败斗争持续推进。探索构建了村（社区）纪检委员、村（居）务监督委员会主任、监察干事“三位一体”基层监督体系。结合全区机构改革实际，优化调整了各派驻纪检监察机构的监督范围。高质量完成了对13个党组织的政治巡察。针对“街乡吹哨、部门报到”改革任务，组织开展了“四季行动”，共监督检查1033轮次，查处“为官不为”“为官乱为”问题60起，给予纪律处分34人；坚决纠正“四风”，查处违反中央八项规定精神问题26件，对20人次进行了通报曝光；保持反腐败高压态势不放松，全区纪检监察系统共立案83件，给予党纪政务处分126人，其中监察委立案15件，留置8人。纪律监督、监察监督、派驻监督、巡察监督四个全覆盖的权力监督格局进一步形成。

以上报告是区委常委会半年来的主要工作。这些工作和成绩的取得，是中央、市委坚强领导的结果，是全区上下努力拼搏的结果，是广大群众团结奋斗的结果，在此我代表区委常委会，对大家的辛勤付出表示衷心的感谢！

同时，我们也要清醒地看到，与中央、市委对副中心的要求相比，与人民群众的期望相比，我们的工作还有不少差距。在构建“高精尖”产业体系，特别是在抓好项目落地、完善承接机制、加强政策创新等方面还存在不足；公共服务设施建设分布不够均衡，服务能力还不够强；大气、水环境污染状况依然严峻，全面治理仍面临很大压力；交通拥堵、倾倒垃圾、环境脏乱等问题仍然时有发生，市民诉求“接诉即办”的效率和能力还存在不足，城市精细化治理水平还有待提高；从严治党主体责任落实还存在层层递减现象，基层组织建设还存在短板和薄弱环节等等。针对这些问题，我们要高度重视、持续发力，在今后的工作中加以解决。

二、关于下半年工作

下半年工作的总要求是：坚持以习近平新时代中国特色社会主义思想为指导，深入贯彻党的十九大和十九届二中、三中全会精神，深入学习贯彻习近平总书记关于副中心建设的重要指示，认真贯彻好市委十二届七次、八次、九次全会精神，坚持以人民为中心的发展思想，深入开展“不忘初心，牢记使命”主题教育，全力做好重大活动和重点区域的服务保障，高水平实施好城市副中心控规，推动实现高质量发展。重点抓好以下七个方面工作：

（一）深入开展“不忘初心，牢记使命”主题教育

要把主题教育作为一项重大政治任务来抓，认真贯彻“守初心、担使命，找差距、抓落实”总要求，切实推动主题教育动真格、出实招、见实效。

一是深入学习、提高认识。要认真组织好学习教育，引导广大党员干部在真学、真懂、真信、真用习近平新时代中国特色社会主义思想上下狠功夫，推动学习教育往深里走，往实里走，往心里走。要把学习教育与副中心建设紧密结合起来，坚持问题导向，务实开展调查研究，做到两手抓两促进，推动主题教育成果转化为副中心建设的生动实践。

二是对标对表、深刻检视。严格对标“两个维护”、中央决策部署和群众所盼这“三面镜子”，重点查找在树立“四个意识”方面的差距；在群众观点、群众立场、群众感情、服务群众方面的差距；在知敬畏、存戒惧、守底线方面的差距；在思想觉悟、能力素质、担当作为、道德修养、作风形象方面的差距。要以正视问题的自觉和刀刃向内的勇气，坚决挖出思想症结、坚决割除体内毒瘤。

三是不等不靠、迅速行动。要按照总书记在内蒙古考察指导主题教育时的讲话精神和市委的最新要求，把“改”字贯穿始终，立查立改、即知即改。特别是对于我们在副中心建设中已经明确暴露的问题、对于市委市政府主要领导在调研中指出的问题、对于群众反映集中的问题，要按照主题教育的要求，坚决从主观上找原因、在党性上找差距，从现在开始就把认识提升起来，切实行动起来，立即整改、深入整改、持续整改。

（二）全力做好重大活动和重点区域的服务保障

以保障国庆70周年庆祝活动为主线，以服务市级机关安全运行为重点，始终绷紧安全稳定这根弦，坚决服务大局、确保万无一失。

一是确保社会安全稳定。全面加强“人、地、物、网、天上、地下”六要素管控，坚决打好办公区安保、扫黑除恶、重点部位安保、游行方阵安保、游园安保五场硬仗，确保安全稳定风险不出通州区、不到活动现场、不出现在行政办公区等敏感区域。狠抓社会治安综合治理，强化应急管理与社会风险预判，切实发挥基层组织作用，坚决把各种矛盾消除在萌芽状态。

二是持续抓好安全生产。进一步加大城市隐患治理三年行动工作力度，依法集中整治一批重大隐患，取缔一批非法场所，拆除一批违章建筑，关闭取缔一批违法违规和不符合安全条件的生产经营单位。要重点围绕防火、防汛工作进行深入排查，对潜在问题坚持“零容忍”，确保险情不发生、灾害可控制。

三是加强行政办公区综合保障。坚持软硬件建设并举，确保行政办公区及周边区域教育、医疗、文化等基本公共服务及时、优质满足需求。加快推进重要道路交通综合治理，加快公交场站和副中心站建设，保障市级机关通勤顺畅。进一步扩大房源供给，实现一批共有产权房项目开工建设。

（三）高质量、按进度抓好副中心控规落实

充分利用副中心党工委、管委会指挥调度和项目审批优势，围绕控规实施工作方案，抓好年度任务落实，确保实现“一年一个新节点，每年都有新变化”的目标。

一是加快重要节点工程建设步伐。全面完成行政办公区周边环境综合提升工程，加快行政办公区能源设施、综合管廊等配套工程进度，积极配合启动行政办公区二期建设。加快运河商务区重点开发项目建设进度，同步实施公共空间打造、外立面优

化提升等工程。全力支持环球影城主题公园项目建设，按照2021年开园的时间节点，倒排工期，确保按时、按质完成配套设施建设，启动5G智慧园区建设，在硬件配套保障、交通引导、游客疏解等方面全面实现智能化管理。配合做好城市绿心剧院、图书馆、博物馆三大建筑以及副中心综合交通枢纽、六环路入地工程各项前期工作，力争年底前全面开工建设。

二是持续完善市政基础设施体系。积极推进广渠路东延、宋梁路北延、采林路等一批道路建设，实现地铁7号线东延、八通线南延通车试运营，加快通惠北路北延、玉桥东二路等14条道路微循环建设。推进潞城、运河、北京东等输变电工程，确保副中心供电安全。持续推进天然气置换工程，10月底前完成河东5号调峰热源厂通气调试，确保供暖季安全运行。

三是有序推进京津冀协同发展。积极推进“两翼”联动，促进城市副中心与雄安新区在规划、建设、产业等方面对接合作。进一步健全通州区与“通武廊”“通宝唐”常态化对接机制，抓紧实施通州区与廊坊北三县协同发展重点项目，跟踪推进已签约项目尽快落地，推动交通基础设施、公共服务和产业向廊坊北三县布局延伸，促进更深层次协同发展。

四是统筹推进大运河文化保护、传承、利用。深入落实《大运河文化保护传承利用规划纲要》，持续推进国家AAAAA级旅游景区创建工作。实施通惠河、萧太后河等一批河道综合治理和景观提升，积极推进通州堰分洪体系建设，做好五河交汇处、一带一轴交汇处滨水景观规划设计，9月底前实现大运河（城市段）顺利通航。全面完成“三庙一塔”改造提升工程任务，配合好市级部门完成路县故城遗址考古、大运河考古测绘和大运河故道及沉船考古调查，尽快形成大运河文化的系统性开发。

（四）加快构建符合副中心功能定位的“高精尖”产业结构

坚持发展是第一要务，加快构建符合副中心功能定位的“高精尖”经济结构，持续增强副中心发展后劲。

一是全面加快重点项目引进。严把准入关口，加快修订完善准入标准及禁限目录，坚持只做“菜心”不做“菜帮”。深入对接央企二级总部和市属国企，重点推动三峡集团、银河金控、中交一局等央企二级总部落地建设，力促市保障性住房建设投资中心、首旅集团以及部分设计院等市级国企和事业单位入驻通州。紧盯九次方大数据、海量数据等一批“高精尖”产业项目，打通企业落地的最后环节，力争早出效益、早做贡献。

二是持续优化副中心营商环境。深入落实市级“9+N”政策2.0版，用好服务业扩大开放试点等先行先试政策，进一步完善“通八条”实施细则，在土地、人才、税收等方面拿出更多更有吸引力的举措办法。进一步整合园区空间资源，加紧破解腾退空间再利用的政策瓶颈。加快梳理和释放一批城市科技应用场景，为先进技术率先在副中心示范应用创造条件。在重点区域建设一批高品质夜间经济特色商圈和示范街区，补齐城市消费短板。

三是高标准实施特色小镇建设。细化完善张家湾设计小镇规划编制，做好起步区规划、设计和城市更新，加强基础设施和公共服务设施建设，加快打造宜居宜业的良好环境。加快台湖、宋庄等9个乡镇中心地区控规、重点地区城市设计规划编制工作，积极培育特色产业，着力完善基础设施和公共服务配套，推动各类优质要素向中心镇、中心村聚集。

（五）持续推进生态环境质量提升

坚决打赢生态环境治理攻坚战，进一步亮出蓝绿交织、水城共融的生态环境底色。

一是持之以恒抓好大气污染治理。持续深化“一微克行动”，打好组合拳，抓好产业结构、能源结构和交通运输结构优化调整，强化进京路口、产业园区、施工工地等重点区域和“三尘”“三烧”等重点领域的管理。建设环境指挥调度中心，加密$PM_{2.5}$、PM_{10}监测点位，扩大数据监测范围，实施挂图作战，有效提升问题发现率和处置率，全面提升大气污染防治精细化管理水平。

二是坚持不懈提升水环境质量。加快实施河东、减河北等资源循环利用中心及雨污合流管网改造等工程，年底前全面实现建成区污水处理设施全覆盖，污水全收集、全处理。完成第二批60个村庄生活污水治理，实现有径流村庄污水处理设施全覆盖。严格落实河长制，加强水污染治理，加快实现9个出境考核断面年均值全部达到Ⅴ类。完成海绵城市年度试点工程建设任务，有效修复城市水生态、涵养水资源，增强城市防涝能力。

三是全力以赴完成绿化任务。秋季前要完成年度4.5万亩造林绿化任务；加快后续造林用地选址工作，实现落图落地。聚焦“创森”评价指标体系，重点围绕未达标项，倒排工期、压茬推进各项任务，为2020年全面迎检打好基础。细化完善西海子二期工程深化方案，加快六环公园规划设计。全面完成城市绿心7000亩大树种植和留白增绿1935亩任务。四是不断提升城乡人居环境建设水平。持续推进疏解整治促提升专项行动，全面完成拆违任务，确保新生违法建设“动态清零”。聚焦问题最突出的背街小巷，重点解决好私搭乱建、乱停车、“开墙打洞”等问题，力争整治一个带动一片。持续开展“厕所革命”、垃圾分类治理等工作。深入落实美丽乡村建设三年专项行动，完成248个村庄的环境整治工作。

（六）全面提升城市治理与社会事业建设水平

切实践行以人民为中心的发展理念，聚焦群众需求，坚持标本兼治，加快公共服务和社会事业建设，不断提升人民群众的获得感和幸福感。

一是全力做好“12345”市民热线办理工作。创新完善“12345”市民服务热线工作机制，坚决解决好群众身边的操心事、烦心事和揪心事。充实基层一线工作力量，推动重心下移、力量下沉。坚持问题导向，将“接诉即办”与“主动治理”相结合，聚焦痛点难点问题，有效提高问题解决率和群众满意率。进一步优化考评机制，注重在“吹哨报到”“接诉即办”中识别考察干部。

二是落实好老城双修与老旧小区整治任务。完成老城双修与更新实施等方案的深化完善，健全“地块级”数据平台和项目库，加快打造样板、形成示范。高标准启动2～3个“家园中心”建设。完成西营前街等5个老旧小区综合整治，实现老城区全部自备井置换。实施好一批老旧小区抗震加固、立面改造、加装电梯项目，创新服务管理模式，尽快实现物业管理全覆盖。

三是持续加快智慧城市建设。推进城市管理智慧平台、网格大数据分析平台建设，提升城市管理整体效能。以点带面，推动智慧交通建设，加快实现公交电动化和共享单车市场化。加大交通治理力度，完成60个重点路口交通组织优化，加强重点区域、堵点乱点综合整治，年底前实现全区信号灯智能化升级全覆盖及副中心路侧停车电子收费全覆盖。继续推进绿色出行体系建设，加强自行车专用道运营管理，打造自行车骑行示范路段。

四是狠抓重点领域的社会事业建设。确保北京学校小学部等一批市级名校实现招生，加快首师大附中、北海幼儿园等项目建设进度。实现安贞医院开工建设，确保东直门中医院东区二期完工，加快推进友谊医院二期、首儿所通州院区等一批医院工作进展，稳步推进创建国家健康促进区建设。深入推进城乡社会救助体系建设，继续做好“精准救助”试点项目。

（七）坚决把全面从严治党推向深入

全区各级党组织要牢固树立抓好党建是最大政绩的理念，切实加强和改善党的政治建设、思想建设、组织建设、作风建设和纪律建设，不断把全面从严治党引向深入，为副中心建设提供坚强保证。

一是加强党的政治建设。坚决落实好“看北京首先要从政治上看”的要求，进一步坚定政治信仰，增强“四个意识”，坚定“四个自信”，做到“两个维护”。全面提高机关党的建设质量，发挥走在前、做表率的作用，带头认真贯彻落实党中央和市委关于城市副中心建设的各项重大决策部署，确保政令畅通、令行禁止。

二是加强党对各领域的领导。加强党对改革工作的领导，充分发挥区委深改委议事协调作用，稳步推进各项改革任务，积极推动各项试点政策在副中心先行先试。支持和保障人大代表、政协委员围绕重点工作积极建言献策、广泛开展监督。不断加强统一战线工作，认真做好老干部工作，充分发挥工会、共青团、妇联、残联等社会团体的桥梁纽带作用，进一步形成支持副中心建设的合力。做好国防教育和征兵动员工作。坚持党对退役军人工作的集中统一领导，不断提升退役军人服务保障水平。加强党对依法治区工作的领导，推进法治政府示范建设，健全公共法律服务平台。

三是持续强化党的组织建设。进一步强化和完善知事识人体系建设，切实选准用好干部。稳妥有序推进职务与职级并行，研究制定《2018—2022年通州区干部教育培训规划》，实施北京城市副中心“知识更新计划”，下大力气通过调整、培养、引进等措施，促进全区党员干部站位更高、视野更广、能力更强，适应副中心建设的更高要求。调整完善人才政策体系，持续优化人才发展环境。深入总结本次村、社区“两委”换届的经验，抓好换届后“两委”班子建设，提升基层干部履职能力。扎实推进党建引领“双报到、双积分”工作，强化基层党组织对物业企业和业委会参与基层治理的领导，提高共商共治水平。

四是扎实推进宣传思想工作。注重与副中心建设实际相结合，推动习近平新时代中国特色社会主义思想在城市副中心落地生根。继续推进意识形态主体责任制层层落实，保持意识形态向上向好态势。推出一批内容丰富、体裁多样、易于传播的融媒体新产品，不断壮大主流舆论声音。

五是纵深推进党风廉政建设。全面压实各级党组织主体责任、党组织书记第一责任、班子成员分管领域的管党治党责任，形成完整的责任链条。深入落实中央八项规定精神，严防细查形式主义、官僚主义，确保基层减负取得预期效果。精准把握运用监督执纪“四种形态”，持续整治损害群众利益的腐败问题。持续深化纪检监察体制改革，扎实做好监察职能向基层延伸工作，高质量完成首批村（社区）党组织的巡察任务，着力在日常监督、长期监督上取得突破，实现从有形覆盖到有效覆盖。

同志们，副中心建设任务艰巨、使命光荣，让我们更加紧密地团结在以习近平同志为核心的党中央周围，在市委的坚强领导下，以不获全胜、绝不收兵的决心，精心推进，稳扎稳打，高质量推进城市副中心建设，以优异的成绩庆祝中华人民共和国成立70周年！

以上报告的是区委常委会上半年的主要工作和对下半年工作的安排部署，希望同志们对常委会工作提出意见和建议。

在中共北京市通州区第六届委员会第八次全体会议上的报告

中共北京市通州区委书记　曾赞荣

2019 年 12 月 23 日

一、2019 年的主要工作

2019 年是中华人民共和国成立 70 周年，是市级机关正式搬迁入驻城市副中心的第一年，更是全面落实城市副中心控规的开局之年。城市副中心建设站在了新的历史起点上，开启了高质量发展的历史新篇章。一年来，在市委的坚强领导下，区委常委会坚持以习近平新时代中国特色社会主义思想为指导，深入贯彻党的十九大和十九届二中、三中、四中全会精神，学习贯彻市委十二届九次、十次、十一次全会精神，坚定不移把方向、谋大事、抓党建、保平安，团结带领全区广大党员干部群众，进一步坚定信心、乘势而上、真抓实干，顺利完成了年度各项任务，用实际行动、实际成效向人民群众交出了一份合格答卷。

区委常委会突出抓了三件大事：

第一，深入学习贯彻习近平新时代中国特色社会主义思想和中央、市委关于城市副中心的重大决策部署精神。今年 1 月 18 日，习近平总书记再次亲临城市副中心视察并发表重要讲话，为规划、建设、管理城市副中心进一步指明了方向。蔡奇书记、陈吉宁市长围绕副中心产业发展、交通治理等重要领域，多次专题到通州调研，亲自把脉支招、现场解决问题。这充分体现了党中央和市委、市政府对城市副中心建设的高度重视和亲切关怀，使我们倍受鼓舞、深受鞭策。区委常委会坚持率先垂范，区委理论学习中心组集中学习、交流研讨 18 次，认真学习领会习近平总书记系列重要讲话精神，不断夯实思想根基，持续提升政治站位，进一步统一全区广大党员干部的思想和行动，全面形成了推进城市副中心建设的高度共识和强大合力。广大党员干部切实把理论学习与城市副中心建设发展紧密联系起来，转化为推动工作的“精气神”和执行力，深入推动习近平新时代中国特色社会主义思想在城市副中心大地上形成生动实践。

第二，全力以赴做好市级机关搬迁入驻和重大活动服务保障。始终把服务保障市级机关搬迁和安全运行作为落实首都“四个中心”功能建设、提高“四个服务”水平的重要政治任务，全力以赴做好各项服务保障工作。强化“站岗放哨”意识，完善行政办公区智能化安保体系，确保行政办公区万无一失、绝对安全。新设潞源、通运街道办事处，大力开展城市秩序与综合环境整治。北京学校、黄城根小学等一批市级名校实现招生，并在潞河医院专门开辟就医绿色通道和急救停机坪，市郊铁路城市副中心线东延至乔庄东站，办公区服务保障能力更加完善。圆满完成中华人民共和国成立 70 周年、世园会等重大活动的服务保障，精心组织人员参加国庆游行和联欢表演，顺利完成巡逻防控和秩序维护任务，全力保障了 44 万游客安全游园、欢度国庆。

第三，精心组织开展“不忘初心、牢记使命”主题教育。认真落实“守初心、担使命，找差距、抓落实”的总要求，坚持把主题教育与学习贯彻党的十九届四中全会精神紧密结合起来，把全会精神充分体现到主题教育全过程。坚持抓住“关键少数”，强化区级领导与各级党组织书记的示范作用，带头讲党课抓学习，带头深入基层蹲点调研，现场解决问题。突出副中心特色，制定“8+1+1”专项整治体系和“未病整治清单”，开展了“党旗飘扬副中心”、处级党员干部“回社区、办实事、解难题”等活动。坚持将“改”字贯穿始终，立查立改、即知即改，以服务群众的实际成效践行了党的初心和使命。

在抓好以上大事的同时，区委常委会紧紧围绕城市副中心建设，重点推动了六个方面的工作：

（一）高标准推进控规落地实施，城市副中心框架有序拉开

坚决落实中央关于城市副中心控规的批复精神，建立健全落实机制，不断加快重大工程、重要节点建设，深入推进京津冀协同发展，实现了城市副中心控规实施的良好开局。

按照集中领导、高效统筹和扁平化管理的思路，建立了高位统筹的管理体制。今年1月12日，北京城市副中心党工委和管委会正式挂牌成立，构建了“五局一办一公司”的工作体系。充分发挥副中心党工委、管委会牵头抓总的体制机制优势，确定了第一批由市级赋权的44个事项清单，初步实现了“副中心的事副中心办”。

坚持“一张蓝图绘到底”，高水平完善了城市副中心规划体系。编制完成通州区总体规划、9个乡镇镇域规划和344个村庄规划，在全市率先实现城乡规划体系全覆盖。民生组团、重要节点规划和市政基础设施、海绵城市等专项规划均形成成果。建立健全了责任规划师体系，建立了“多规合一”联动平台，大幅提升了规划管理与实施的科学性、严肃性。

突出重要功能节点的引领作用，全面拉开城市副中心控规实施的框架。研究制定了副中心控规实施工作方案三年任务分解清单，把市级确定的100项任务分解为278项具体任务和503项重点工程，明确施工图、进度表、责任人，有力保障副中心控规落地实施。行政办公区二期工程启动建设。运河商务区京杭广场、国际商务中心、绿地项目交付使用。环球主题公园一期正在进行设备安装，综合管廊、城市大道和环球大酒店等配套项目进入施工收尾阶段。城市绿心歌舞剧院、图书馆、博物馆“三大建筑”实现开工。东六环路入地工程、副中心综合枢纽开工建设，八通线南延、地铁7号线东延开通运营。

注重发挥京津冀协同发展的桥头堡作用，深度推进区域协同与联动发展。积极推进“两翼”协同，与雄安新区在规划编制、项目建设、干部交流等方面开展深入合作。推动“通宝唐”“通武廊”区域建立起一系列合作机制。编制完成与“北三县”协同发展规划，坚持交通、生态、产业先行，燕潮大桥建成并投入使用，潮白河生态绿廊建设取得重要进展，成功举办了推介洽谈会，52个合作项目实现签约落地。

（二）加快构建“高精尖”产业体系，高质量发展基础不断夯实

紧紧围绕城市副中心功能定位，聚焦四大板块和七大产业集群，在细化深化产业定位、加快资源整合利用、扎实推进项目引进建设和优化营商环境上攻坚克难、改革创新，高端要素快速聚集的态势初步显现。

充分整合资源，进一步明确和细化副中心的产业定位和产业布局。持续发挥市、区两级专班力量，聘请高端咨询团队，进一步深化产业发展研究，重点园区、重点功能区、特色小镇的产业定位、准入标准、配套政策基本确立，实施路径更加具体。坚持“相对集中发展，不搞遍地开花”，持续深化园区管理体制改革，把原有的17个园区整合为3个园区，光机电等4个园区纳入亦庄经济技术开发区统一管理，产业集聚发展的格局初步形成。

瞄准符合副中心高质量发展要求的产业项目，主动出击，加速各类优质资源向副中心聚集。坚持“市场化招商＋政府推介＋名单化精准招商”三管齐下，与波士顿咨询等10家专业招商中介合作，与西城、朝阳、海淀三个区建立结对机制，大力引进高端项目。一批央企二级三级总部、金融服务企业和科技创新

企业实现落地，人力资源产业园通州园正式运行，国家网络安全产业园挂牌成立，全区已签约项目38个，在谈“高精尖”产业项目共210个。

坚持统筹全区招商资源，下大力气优化营商环境。组建了产业发展促进委员会，全面实现产业项目引进建设“一口进，一口出”。建立了全程服务工作专班，完善区领导联系走访重点企业机制，对产业项目全面实行跟踪服务，切实为企业解决建设用地、子女就学等一批问题。进一步细化“通八条”实施细则，建立“前奖励＋后补贴＋服务绿色通道”模式，扶持力度不断加大。

通过全区上下共同努力，全区经济保持了稳中有进、稳中向好发展态势。预计地区生产总值同比增长7%，建安投资增长9.5%，一般公共预算收入增长6%，社会消费品零售总额增长6.5%，发展质量进一步提高。

（三）持续推进“疏整促”和城乡精细化治理，城市形象品质明显提升

始终以群众诉求为导向，以“12345”市民热线为主要抓手，集中开展解民忧、整秩序、强治理、优环境等系列工作，城市运行保障能力显著增强，城乡治理水平进一步提升。

坚持民有所呼，我有所应，狠抓“接诉即办、未诉先办”工作。建立完善了“三级书记抓热线、条块结合抓落实”工作机制、主要领导现场调研和定期回访调度制度，上下联动、齐心协力推进市民热线工作。积极推进“未诉先办”，制定了准物业或无物业规范化管理等系列制度措施，切实解决了一批群众的操心事、烦心事、揪心事。

坚持清存量和控增量相结合，坚定不移开展疏解整治促提升专项行动。拆除违法建设1002万平方米，销账量、腾退量均居全市首位。一般制造业疏解、有形市场疏解提升等专项任务全部完成。“开墙打洞”“散乱污”等专项治理实现动态清零。注重“拆”“清”结合，建筑垃圾资源化利用效率不断提升。注重疏解腾退空间的统筹利用，新建和规范提升便民商业网点117个，实现留白增绿1935亩，疏解整治与优化提升的衔接更加紧密，群众生活便利性、舒适性明显提高。

聚焦提升精细化、智慧化管理水平，深入开展城市治理，增强城市保障能力。新增轨道交通13公里，完成28处秩序乱点整治和30个重点路口优化提升。新建路侧停车泊位3800个，初步实现副中心155平方公里电子收费全覆盖。高标准完成了全区交通信号灯联网联控和智能提升，实现新华大街等5条主干道动态绿波控制，155平方公里内平均车速提升15.6%，区域交通状况进一步改善。完成一批变电站、供水、供热设施建设改造，城市运行保障能力进一步增强。

坚持“以新带老、新老融合”与城乡均衡发展，扎实推进老城双修和美丽乡村建设。制定老城双修与更新三年行动计划。实施23万平方米老旧小区改造，完成41条背街小巷整治提升，果园路、粮食局直属库平房胡同入选北京最美街巷。改造老旧小区供水管线58公里，完成10个单位自备井置换。155平方公里范围“有路无灯”“有灯不亮”的问题得到妥善解决。全面实施美丽乡村建设三年行动计划，完成所有平房村规划编制和360个村的人居环境整治，在全市农村人居环境考核验收中名列前茅。

（四）持之以恒推进污染防治和绿化美化，生态环境质量稳步提高

围绕构建蓝绿交织、清新明亮、水城共融的生态城市布局，常抓不懈打好污染防治攻坚战，全力推动生态环境建设，初步形成了城市副中心绿色生态基底。

克服副中心建设工程多、工地多等影响因素，坚决打好蓝天保卫战。统筹推进移动排放低量化、生产生活排放减量化、扬尘管控精细化、散煤治理常态化，监管处罚并重，线上线下并举，$PM_{2.5}$下降到45微克／立方米，达到历史最好水平。构建完善了智慧生态环境监测体系，建立“环保管家”工作模式，初步形成人、车、网互联互通的智慧化监管体系。

以治河、治污、净水为改善水环境的重点，坚决打赢碧水攻坚战。对北运河、通惠河等11条河流、101处小微水体进行综合整治，严格落实河长制，加大巡河力度，主要河道水质稳中向好。顺利完成污水处理厂站、雨污合流改造等设施建设任务，全年污水处理率达到90%。完成49个海绵城市建设示范项目，通州堰分洪体系温榆河综合治理和宋庄蓄滞洪区二期工程加紧施工。

围绕“两带、一环、一心”的生态空间布局，多层次推进园林绿化建设。完成城市绿心8000亩主体绿化建设和4.5万亩平原造林任务，全区森林覆盖率达到33%。实施宋梁路、六环西侧路、千年守望林与大运河森林公园景观融合等绿化工程。建成6个休闲公园和160公里健康绿道，见缝插针建设一批社区公园、小微绿地，推窗见绿、出门见景、起步闻香的生活体验更加多彩。

（五）持续补齐民生短板，人民群众获得感幸福感安全感进一步增强

深入贯彻以人民为中心的发展思想，大力补齐民生短板，努力满足人民日益增长的美好生活需要。

围绕群众所忧所盼的“七有”“五性”问题，大力提升公共服务和社会事业建设水平。积极扩充优质教育资源，北京学校小学部、运河中学附属小学、德闳国际学校等一批中小学开学招生，全区增加学位8800个，基本满足了各学段入园入学需求。友谊医院正式开诊，东直门医院主体东迁，安贞医院开工建设，医疗服务能力不断增强。多渠道拓展就业，实现新增就业1.7万人。提供政策性住房1.15万套，住房保障水平居全市前列。养老驿站加快建设，养老服务体系更加健全，对未成年人、残疾人、低保户等弱势群体的关爱保护进一步加强。

持续提升社会保障能力，深入开展精准扶贫和对口支援。进一步完善社会救助兜底保障机制，基本实现全区低收入农户人均可支配收入高于认定标准。临时救助、医疗救助、慈善救助等救助渠道更加畅通，精准救助联动机制和家庭救助顾问机制日趋完善。统筹推进扶贫协作和对口支援合作，实施社会领域组团式帮扶、因户施策“诊脉式”帮扶等多项创新举措，对口帮扶的4个地区全部提前完成脱贫任务。

以大运河文化的保护、传承、利用为中心，全面推进文化建设。京杭大运河北京城市副中心段实现旅游通航，北京大运河景区正式列入国家AAAAA级旅游景区预备名单。实施“三庙一塔”整治提升工程，燃灯佛舍利塔成为全国重点文物保护单位。深入推进公共文化服务示范区创建，首家24小时城市书房正式投入运营。成功举办通州半程马拉松、运河文化艺术节等一批特色群众文化体育活动。

（六）扎实推动全面从严治党向纵深发展，为城市副中心建设提供坚强政治保障

深入践行抓好党建是最大政绩的理念，坚持不懈抓班子、带队伍、促改革、强基础，切实扛起全面从严治党的政治责任。

坚决贯彻“看北京首先从政治上看”的要求，始终把政治建设放在首位。教育引导全区各级党组织和党员干部牢固树立“四个意识”，坚定“四个自信”，坚决做到“两个维护”，严守政治纪律和政治规矩，自觉在思想上政治上行动上同以习近平同志为核心的党中央保持高度一致。严肃党内政治生活，实施《区委常委会带头落实全面从严治党的实施细则》，全面从严治党责任进一步强化。持续加强社会主义核心价值观的宣传引导，牢牢掌握意识形态工作的主动权，坚守舆论阵地，积极营造清朗网络空间，为城市副中心建设凝聚强大的舆论共识。

坚持加强党对一切工作的领导。加强党对人大、政协工作的领导，支持人大代表开展重点监督，支持政协委员协商议政，人大、政协工作在新形势下实现新提升。强化区委全面深化改革委员会职能，扎实推进副中心管理体制改革、区级机构改革等工作。大力加强统战工作，民主党派、工商联、无党派人士作用得到更充分发挥。老干部工作不断加强。

工会、共青团、妇联、残联、文联等社会团体桥梁纽带作用更加突出。

持续加强干部人才队伍和基层党组织建设。健全知事识人体系，将干部队伍建设与机构改革有机融合，共调整干部16批444人次。组织了党性教育、高校知识更新等系列专题班，干部的党性修养、专业能力不断提升。认真开展选人用人专项检查，加强干部监督管理与正向激励，切实加强对干部的关心关爱。深入实施“灯塔”“运河”“彩虹”计划，不断加大人才引进培养力度。圆满完成村和社区“两委”班子换届。持续强化党建引领，“党建引领‘双报到、双积分’新模式”荣获全国基层党建创新最佳案例。深入开展“扫黑除恶”专项斗争，基层政治生态更加清明，基层党组织战斗堡垒作用不断增强。

进一步巩固发展了反腐败斗争的压倒性胜利。持续深化纪检监察体制机制改革，初步构建了全面覆盖、权威高效的监督体系。采取“个性化清单、项目化管理、动态化考核”措施，全面从严治党的主体责任进一步压实。紧盯“三大攻坚战”、“疏整促”、副中心重点项目，强化政治监督，促进中央、市、区重大决策部署有效落实。查处“为官不为”“为官乱为”和形式主义、官僚主义突出问题84起，处分56人，查处违反中央八项规定精神39人。完成31家单位党组织的政治巡察、规自领域的交叉专项巡察以及274个村的村级巡察。全区纪检监察组织共处置问题线索1742件，立案审查调查226件，给予党纪政务处分234人，监委立案29件，留置15人。开展“以案为鉴、以案促改”警示教育，保持惩治腐败的高压震慑态势。

以上是区委常委会一年来的主要工作。一年来，全区上下在习近平新时代中国特色社会主义思想的指引下，不忘初心、牢记使命，旗帜鲜明讲政治、奋力担当勇作为，在各条战线上取得了优异的成绩。特别是基层一线的同志们冲锋在前、吃苦在前、创新在前，圆满完成了中华人民共和国成立70周年和市级机关搬迁入驻首年的各项服务保障任务，全面开启了城市副中心建设的新篇章，各类优质资源加速向城市副中心汇聚良好态势初步显现，副中心控规勾勒的美好蓝图正在通过我们的辛勤努力和不懈奋斗一步步变为现实。这些成绩的取得，是市委正确领导的结果，是城市副中心党工委和管委会统筹推动的结果，是全区各条战线同志们共同努力的结果，是社会各界人士热情关注、鼎力支持的结果。在此，我代表区委常委会，向大家表示诚挚的敬意和衷心的感谢！

同时，也应看到，与中央、市委对副中心的要求相比，与人民群众的期待相比，我们的工作还面临不少挑战和问题。城市功能、基础设施和公共服务还存在不少短板，在交通出行、就医就学等方面还不能很好满足城乡居民需求；构建“高精尖”产业体系还有很长的路要走，在项目落地、承接机制、政策创新等方面还存在薄弱环节；全面从严治党还需进一步加强，少数党员干部的综合素质还有欠缺，干部监督管理机制还不够完善，优化基层治理、主动服务群众的意识和能力还需不断增强。对这些问题要高度重视，在今后的工作中切实加以解决。

二、认真学习贯彻党的十九届四中全会精神，凝聚推进城市副中心高质量发展的强大动力

同志们，这次区委全会的召开正值党的十九届四中全会胜利召开、全国上下全面掀起学习贯彻四中全会精神高潮之际。党的十九届四中全会是在中华人民共和国成立70周年、在“两个一百年”奋斗目标历史交汇点上召开的一次具有开创性、里程碑意义的重要会议。全会聚焦坚持和完善中国特色社会主义制度、推进国家治理体系和治理能力现代化这一主题，审议通过《中共中央关于坚持和完善中国特色社会主义制度、推进国家治理体系和治理能力现代化若干重大问题的决定》。11月28日，市委专门召开了十二届十次全会贯彻落实党的十九届四中全会并审议通过了实施意见。

全区上下要把学习宣传、贯彻落实四中全会精神作为当前和今后一个时期的重大政治任务，并紧密结合“不忘初心、牢记使命”主题教育，切实将学习全会精神与落实各项工作一体思考、一体推进，将中央、市委的决策部署贯彻到具体行动中，体现在工作成效上。

同志们，规划建设城市副中心已经三个年头了。三年来，通州区深入贯彻落实中央和市委要求，汇聚各方智慧编制了一个世界一流的副中心控规，加快重点功能区、重要节点、重大工程建设，下大力气推进“疏整促”专项行动和生态环境建设，城市副中心综合承载力不断增强，为实现高质量发展打下了坚实的基础。

当前，随着城市副中心控规的发布实施和市级行政机关的搬迁入驻，城市副中心的框架逐渐拉开，副中心正式由打基础阶段迈向全面推动各领域实现高质量发展的新阶段。站在新的历史起点上，习近平总书记再次视察城市副中心，对副中心高质量发展提出了新的更高要求；广大群众关心、参与、支持副中心建设，对副中心寄予了更高的期待；城市副中心重要节点、重点工程、重大项目进入全面施工阶段，工作任务不断增加，工作节奏不断加快，对干部队伍的能力素质提出了更高要求。在这种新形势、新任务、新要求下，我们要深刻认识高质量发展对城市副中心建设的重大意义和深刻内涵。

必须更深地认识到高质量发展对于副中心建设的重大意义。高质量发展是以习近平同志为核心的党中央交给我们的一项重大政治任务。高质量是总书记对城市副中心规划建设的谆谆嘱托和殷切期许。“坚持世界眼光、国际标准、中国特色、高点定位”“坚持最先进的理念，最高的标准，最好的质量”“努力创造经得住历史检验的城市副中心质量”，总书记关于副中心的指示精神，字里行间都体现了高质量发展的要求。必须从讲政治的高度，把高质量规划建设好城市副中心当作落实习近平总书记重要指示精神的政治标尺，深入细致学习领会好，不折不扣贯彻落实好。高质量发展是落实“两翼齐飞”重大战略构想的必然要求。中央、市委明确要求，要努力形成雄安新区与城市副中心“两翼”齐飞的生动格局。当前，雄安新区无论规划还是产业发展瞄准的都是世界一流，都是千年大计的战略思考，都是一个世界级城市群“样板之城”的要求。从目前情况看，雄安新区的规划理念、产业标准、生态指标比城市副中心更为超前。必须进一步对标雄安，积极进取、争创一流，努力实现“两翼齐飞”。高质量发展是落实城市副中心定位的应有之义。城市副中心建设的目标是打造国际一流的和谐宜居之都示范区、新型城镇化示范区和京津冀区域协同发展示范区，建设绿色城市、森林城市、海绵城市、智慧城市、人文城市、宜居城市，同时辐射带动京津冀协同发展。城市副中心要做标杆、做示范，要发挥辐射带动作用，离开了“高质量”，就不可能实现“三个示范区”的目标，就很难实现习近平总书记为城市副中心亲自擘画的千年之城的蓝图。

必须深刻地把握城市副中心高质量发展的内涵。城市副中心的高质量发展贯穿于城市规划、建设、管理、经济发展、社会民生各方面和全过程。具体体现在世界一流的规划设计上，体现在经得起历史检验的每一项工程建设质量上，体现在以创新驱动为主的“高精尖”经济结构和现代化产业体系上，体现在区域城乡均衡发展、治理体系和治理能力现代化上，体现在坚持以人民为中心的发展思想、满足多层次多样化需求的民生保障上。

必须进一步树立副中心意识，凝聚起副中心高质量发展的强大合力。深入贯彻落实党的十九届四中全会和市委十二届十次、十一次全会精神，必须进一步树牢副中心意识，坚持副中心标准，拿出舍我其谁的气势，以“敢教日月换新天”的斗志，汇聚力量、砥砺前行，创造经得起历史检验的“副中心质量”。具体来说，要做到五个“坚持”：

第一，坚持高站位高统筹。要落实“看北京首先从政治上看”的要求，自觉站在担负党中央、市委赋予我们的政治责任和历史使命的高度，更加注重“高质量”在城市副中心建设中的支撑作用。充分发挥副中心党工委管委会在推进城市副中心高质量发展中牵头抓总、高位统筹的优势，积极争取更大、更多的支持，形成全市上下联动、齐抓共管城市副中心的强大合力。

第二，坚持区域协同发展。要自觉站在京津冀协同发展重大战略和“一体两翼”重大构想的高度，强化与雄安新区的协同发展、错位发展，发挥对周边地区，尤其是北三县的辐射带动作用，全力打造京津冀协同发展的桥头堡。积极推进新老融合、城乡均衡发展，切切实实让人民群众共享城市副中心建设带来的成果。

第三，坚持改革创新。副中心建设是一项前所未有的历史性工程，需要在优化和完善体制机制上下更大功夫，建立一套适应高质量发展的制度体系，为高质量发展打破各种制约发展的机制障碍。要用好各项先行先试的政策和权限，充分利用新一轮服务业扩大开放先导区的优势，不断深化重点领域改革，积极吸纳和聚集高端要素和创新资源，着力构建“高精尖”产业发展体系，为副中心高质量发展提供强大的动力。

第四，坚持首善标准。要发扬“工匠”精神，以创造历史、追求艺术的精神，建设高质量发展的标准体系，使之成为新时代城市建设发展的典范，成为首都的新地标。要深刻认识、充分发挥副中心区位优势，加强宣传推介，既要使重点文化旅游项目、重大赛事活动、重要会议论坛成为城市副中心的独特标志，又要使人文、历史等“软资源”成为城市重要的价值载体，更好地打造城市副中心的品牌形象，为副中心高质量发展提供广泛的吸引力和影响力。

第五，坚持全面从严治党。持之以恒抓好党风廉政建设，强化政治监督，严明政治纪律和政治规矩，全力构建不敢腐、不能腐、不想腐的有效机制。不断加强干部人才队伍建设，建设一支政治过硬、作风过硬、敢担当、善作为的高素质专业化干部队伍，储备源源不断的人才动力。通过在纪律上、作风上、能力上进行全面提升，为城市副中心高质量发展提供根本的政治保障。

三、2020 年工作的主要目标和任务

2020 年是全面建成小康社会和“十三五”规划收官之年，是深入落实副中心控规、组织编制好“十四五”规划、加速推进高质量发展的关键一年，做好 2020 年的各项工作非常重要。明年工作的指导思想是：坚持以习近平新时代中国特色社会主义思想为指导，深入学习贯彻党的十九大、十九届二中、三中、四中全会精神和中央经济工作会议精神，深入学习领会习近平总书记视察北京重要讲话精神和中央、市委对城市副中心建设的重要指示精神以及市委十二届十次、十一次全会精神，坚持以人民为中心的发展思想，更加突出高质量发展这个根本要求，高起点谋划“十四五”规划，高标准推进副中心控规落地实施，高水平开展重要节点和重点领域建设，统筹做好改革发展稳定、保障和改善民生等各项工作，持续推进全面从严治党，推动城市副中心建设迈上新台阶、实现新跨越。

2020 年经济社会发展的主要目标建议是：实现地区生产总值增长 6.5% 左右，一般公共预算收入增长 3.5%，建安投资实现 570 亿元左右，增长 7% 左右，社会消费品零售总额增长 6% 左右，城乡居民人均可支配收入增长 8% 左右，城镇登记失业率控制在 3.5% 以内。万元地区生产总值能耗、大气污染物和水污染物排放完成市级下达的任务。

重点抓好以下六个方面工作：

（一）坚持高质量规划建设城市副中心，确保实现“一年一个新节点，每年都有新变化”

一是持续推进重点功能区、重要节点和重大项目规划建设。坚持把每一寸土地都规划得清清楚楚再开始建设，持续深化完善城市副中心规划体系。充分利用“多规合一”协同平台，加快完成南大街等重点区域、张家湾设计小镇等特色小镇的规划编制。进一步发挥重点功能区、重要节点在拉开

城市框架中的战略支撑作用，完成一批地标性建筑建设。加快行政办公区二期工程建设，推动配套项目和水系治理提升工程开工。确保运河商务区一批重点开发项目交付使用，加快综合管廊、真空垃圾处理系统等市政设施建设，为高端项目大规模入驻创造更加成熟、优良的条件。全面完成文化旅游区环球主题公园一期游乐设施和京哈高速立交工程等一批基础设施建设，确保具备开园条件。实现城市绿心向社会开放，加快歌舞剧院、图书馆、博物馆三大建筑主体工程建设。力促广渠路东延竣工投入使用。全力保障城市副中心站综合交通枢纽、东六环入地、地铁17号线、地铁6号线二期等工程顺利实施。

二是持续推进新老融合和城乡均衡发展。扎实推动工程性治理向功能性治理转变，进一步加大城市双修力度，实施16个老旧小区改造项目，开展新一轮背街小巷环境整治提升行动，启动家园中心建设，大力补齐文化、体育等公共服务短板，切实使人民群众的居家生活“美起来、活起来、便利起来”。推进行政区划调整，加快155平方公里范围内城市化进程，分类引导9个小城镇实现特色化发展，加速构建多点支撑、辐射全区的城乡发展新格局。深入实施乡村振兴战略，深化美丽乡村建设内涵，健全完善农村人居环境长效管护机制，建设一批乡村振兴示范村。稳妥推进“村地区管”、农村集体建设用地、宅基地管理等制度创新，集约高效利用土地，确保农民长远收益。探索农村产业发展新路径，壮大农村集体经济，缩短农村经济转型阵痛期，持续带动农民增收，努力走出一条具有副中心特色的乡村振兴之路。

三是深入推进京津冀协同发展。坚持“两翼联动”，进一步加强与雄安新区交流互促。坚持按照“四统一”要求，大力推动产业项目、基础设施、公共服务以及居住、养老等配套服务进一步向北三县延伸布局，明年要再推出一批合作项目签约落地。建立健全“通武廊”“通宝唐”常态化对接机制。力促区域协同从“战略协作”层面落实到“战役战术协同”层面，落实到具体共建项目上，推动更深层次协同发展。

（二）坚持高质量推动产业发展，进一步形成资源引进、项目落地和企业服务的高水平“闭环”

一是大力整合提升产业承载空间。围绕土地资源的有序释放和项目导入的精准对接，探索适合不同产业类型的灵活供地政策，为产业项目落地和发展提供有力保障。加大对存量土地、楼宇、厂房等资源的掌控力度，加速激活盘活央企、市属国企、民营企业等存量资源，扩充产业承接空间。依托国家网络安全产业园、宋庄艺术创意小镇、台湖演艺小镇、张家湾设计小镇等重点园区和特色小镇，加快基础设施建设进度，打造高品质产业承载空间。

二是大力抓好重点项目落地。充分发挥疏解承接作用，深度对接海淀中关村、西城金融街、朝阳CBD，加强项目招商、资源对接、利益共享等方面联动，加速项目引进落地建设。在行政办公板块，着力吸引与行政资源疏解关系密切的行业及其他社会服务机构的转移和落地。在商务服务板块，着力吸引跨国企业总部、具有较高成长潜力的金融企业及国内外优质商业机构落户，加快推进路孚特、中债登、北京财富管理研究院、五道口金融学院、中英绿色基金等一批富有影响力的项目落地见效。在文化旅游板块，重点依托北京环球主题公园吸引相关领域产业集聚，推进优质项目聚集。在科技创新板块，以投资规模大、科技含量高的“应用场景”项目为重点，吸引一批头部企业落户城市副中心。网络安全产业园要加强存量土地合作开发利用，实现奇安信、中宇万通等一批重点项目落地。持续深化与亦庄经济技术开发区的合作，推进项目落地，加快基础设施和公共服务设施建设，实现联动发展。

三是大力构建亲商安商的营商环境。进一步完善招商优惠政策措施和落地保障机制，打通各部门政策兑现路径，形成示范效应。利用新一轮服务业扩大开放综合试点先导区政策优势，对标国际通用规则，打造具有副中心特色、符合国际标准的服务业扩大开放体系。建立“企业服务管家制”，为重点企业在通州落地和成长提供一站式、一对一服务。加强与优质招商中介机构合作，组建更加专业化的招商团队，实现国际化、市场化、专业化招商。集中力量提升优质公共服务资源供给，推进职住平衡、产城融合发展，确保企业“进得来、留得下、能发展”。强化政策引导，促进商务、休闲等行业消费升级，推动特色商圈品牌建设，引导和培育重点区域夜间经济发展。

（三）坚持高质量推进城市治理，大幅提升解决群众诉求、整治城市秩序、保障城市运行的水平和能力

一是全力做好“12345”市民热线办理工作。坚持以群众诉求为导向，持续完善组织架构、工作机制，加强人员配备，形成全区一盘棋共抓“接诉即办”“未诉先办”的强大合力。聚焦“七有”“五性”各项指标，积极作为、主动出击，围绕高频问题、共性问题持续发力，“一事带动一策”，全面助推系统治理。充分发挥党建引领作用，把做好市民热线工作当成为民办实事的重要抓手和强化基层治理的“指挥棒”。继续推进城市管理重心下移，促进街乡镇在社会治理中发挥更大作用。积极推进“三社联动”，进一步唱响“通州百姓”志愿者服务品牌，构建共建共治共享社会治理新格局。

二是全面做好“疏整促”三年任务收官。全力保持拆违力度不减，扎实推进一批无违建街乡镇创建，确保新生违法建设、“开墙打洞”、“散乱污”企业、群租房及地下空间清理整治的“动态清零”。持续加大“大棚房”、违规设施农业、违建别墅等领域专项整治力度，坚决管住违法用地违法建设问题。围绕公共空间改造、闲置土地房屋盘活，大力实施一批“促提升”项目，持续推动城市空间结构优化和服务功能完善。

三是提升城市治理的精细化、智慧化水平。巩固和发展全国文明城区创建常态化机制，全面推动城市治理向集约型、精细化、立体化转变。完善“城市大脑”功能，扎实推进智慧城市建设。全力推进交通重点项目建设，实现全区所有信号灯联网联控和智能升级。大力开展供热、燃气、电力工程建设，实现多种能源耦合配套保障。持续加大行政办公区、文化旅游区等功能区的整治提升力度，进一步优化城市秩序。加快再生能源发电厂二期等重点项目建设，落实生活垃圾源头总量控制计划，积极倡导绿色生产生活方式，完善生活垃圾专业收运及消纳处理体系，实现垃圾分类示范区全覆盖。

（四）坚持高质量建设生态环境，在构建蓝绿交织、清新明亮、水城共融的生态城市上迈出新步伐

一是坚决打赢大气治理“翻身仗”。严格落实《北京市打赢蓝天保卫战三年行动计划》，坚定有序推进大气污染防治各项工作。建立完善环境监测信息化技术体系，突出联防联控、协同治理，持续加大对重型柴油车、道路工地扬尘、挥发性有机物等污染源的检查处罚力度。以更加严厉的措施腾退高排放企业，不断提高绿色能源使用比例。

二是坚定不移抓好水环境治理。大力实施通州堰宋庄蓄滞洪区、北运河综合治理等工程，有序推进小微水体和农村生活污水治理工程，切实改善水环境。推动污水处理厂站和碧水污泥干化工程建设，进一步提高污水处理能力。深化落实河长制，进一步完善河道、沟渠管护长效机制。全面完成老城区自备井置换。加快海绵城市建设，确保完成试点区阶段性考核验收。进一步推进防汛设施建设，增强副中心雨洪管理弹性。

三是高标准做好园林绿化工作。完成2万亩平原造林任务，实现城市绿心绿化工程全部完工，加快公园和绿廊、绿道建设，不断完善“两带、一环、一心”的生态空间布局。严格对标国家森林城市创建指标，全力以赴做好迎检工作，创建北京平原地区第一个森林城市。持续推进百姓身边建绿增绿，

深入开展花园式社区、绿色村庄创建，让人民群众享有更多绿色生态福祉。

（五）坚持高质量推动社会民生建设，在更大范围和更深层次上增强人民群众的获得感、幸福感和安全感

一是多领域提升社会各项事业的建设水平。紧紧围绕“幼有所育”“学有所教”“病有所医”，强化、优化公共服务供给，更加注重内涵发展、提质发展和普惠发展。推动学前教育规范发展，增加学位供给。落实教育专项规划，推动北京学校中学部、景山学校、首师大附中通州校区等一批学校梯次建设，全面提升教育管理水平和教学质量。全面落实健康中国计划，加快优质医疗资源落地实施，深入推进医联体建设，让人民群众享受更优质的医疗服务。完善旅游配套设施，确保国家AAAAA级旅游景区创建工作有效推进。进一步加强大运河文化带“一线四区”建设，打造标志性景观。积极申请开办通州马拉松等赛事，高水平举办运河文化艺术节等活动，打造运河文化品牌。

二是多层次健全民生保障体系。紧紧围绕“劳有所得”“住有所居”“老有所养”“弱有所扶”，进一步织密民生保障网。对接重大建设项目需求，千方百计扩大就业，提供更加优质的就业帮扶。坚持“房住不炒”定位，严控房价和租金，持续加大保障房建设力度，推动实施5个棚改项目，进一步改善群众的居住条件。加强养老照料中心、服务驿站建设，在养老服务的重点指标上达到全市平均水平。着力增强帮扶对象“造血”能力，建立稳定脱贫长效机制，防止各类返贫现象发生。持续加大对口支援帮扶力度，坚持摘帽不摘责任、不摘政策、不摘帮扶、不摘监管。

三是多举措维护社会安全稳定。创新平安建设制度机制，把工作责任落到实处，完善问题联治、工作联动、平安联创的工作体系。着力推进依法治区重点任务，全面推进法治政府建设。持续推进安全发展示范城市创建工作。着力优化治安环境，持续开展治安、刑事案件打击和社会重点问题专项整治，保持“扫黑除恶”高压态势，进一步净化全区政治生态和社会生态。着力维护社会公平正义，不断提升人民群众的安全感。

（六）坚持高质量开展党的建设，固根基、扬优势，推进党的建设新的伟大工程

一是坚持把党的政治建设摆在首位，进一步强化党统揽全局、协调各方、凝心聚力作用。教育引导全区各级党组织和党员干部牢固树立“四个意识”，坚定“四个自信”，做到“两个维护”，自觉在思想上政治上行动上同以习近平同志为核心的党中央保持高度一致。坚持把“不忘初心、牢记使命”作为加强党的建设的永恒课题，形成长效机制。严格落实意识形态工作责任制，加强意识形态阵地建设和管理，进一步提升主流媒体的传播力和影响力。进一步支持人大及其常委会依法履行职能，推动人大创新发展。充分发挥人民政协作为协商民主重要渠道和专门协商机构作用，充分发挥政治协商、民主监督、参政议政职能。坚持大统战工作格局，进一步做好民族、宗教、侨务工作，充分发挥民主党派、工商联、无党派人士作用。加强党对工会、共青团、妇联、残联、文联等群团组织的领导，切实增强群团工作的政治性、先进性、群众性。支持老同志在副中心建设中发挥更大作用。深化双拥共建，巩固和发展军政、军民团结。

二是加强干部队伍和基层基础建设，充分调动干事创业的热情。适应副中心高质量发展要求，强化“重实干、重实绩、重担当”的选人用人导向，推动干部队伍知识、专业、年龄结构持续优化。持续抓好干部监督和综合绩效考评，完善干部正向激励和容错纠错机制。落实《鼓励人才创新创业引领高质量发展的若干措施》，精准引进优秀人才来通州创新创业，推动人才量质齐升。加强城市基层党建，重点抓好村转居社区、新建小区、非公企业和社会组织党建工作，形成条块结合、协同发力的工作体系。全面加强基层带头人队伍建设，落实村和社区党组织书记区级备案管理制度，完善“选育管用”工作链条。研究出台农村基层组织及村干部的

考核办法，进一步激发村“两委”干部干事创业热情。统筹推进机关、事业单位“两新”组织等各领域党建，不断提高基层党组织覆盖面。加强基层党组织书记、党员、党务工作者三支队伍建设，提升队伍整体素质。

三是强化党对改革工作的领导，进一步增强副中心发展活力。着力发挥区委全面深化改革委员会指挥决策作用，持续凝聚改革共识、增强改革谋划执行能力，落实好中央、市委重大改革部署。积极争取国家层面出台支持副中心高质量发展的意见，努力实现一批突破性政策在副中心先行先试。深化高精尖产业发展体制机制、现代服务业试点、园区、国有企业、公共服务领域等改革，加快把副中心优势转化为实实在在的发展成果。落实好生态环境、民生领域改革举措，让更多改革成果惠及百姓。

四是加强纪律作风建设，持之以恒正风肃纪，持续推进全面从严治党向纵深发展。坚持以上率下，进一步压紧压实各级党组织全面从严治党主体责任。把“两个维护”落实到副中心建设各项工作中，切实提高对副中心控规实施和重要工程监督检查成效。深化监督全覆盖体系建设，提高派驻监督水平，深入开展政治巡察，实现村（社区）党组织巡察全覆盖。发挥好“三位一体”作用，进一步织密村级监督网络。常抓不懈落实中央八项规定精神，严防细查形式主义、官僚主义，着力解决群众反映的痛点难点问题，加强对漠视侵害群众利益问题专项整治力度。强化“以案为鉴、以案促改”警示教育，加强对制度运行的监督，继续保持高压态势，在构建一体推进不敢腐、不能腐、不想腐体制机制中突出精准性、有效性和针对性。深入做好对受处分党员的回访关爱，激励干部担当作为，进一步提高政治生态建设水平。

同志们，“十四五”时期，正值城市副中心建设从开局起步到全面实现高质量发展的关键阶段，是通州区实现弯道超车、后发先至的重要战略机遇期和历史性窗口期。编制实施好“十四五”规划纲要，对于巩固和发展千载难逢的战略聚焦、政策聚焦、资源聚焦优势，对于全面实现“三个示范区”建设目标，对于实现与雄安新区比翼齐飞，具有十分重要的现实意义和历史意义。要坚持高起点、高标准，实现“十四五”规划纲要与城市副中心控规的无缝衔接，使之成为副中心控规的延伸、丰富和细化。要坚持开门编规划，群策群力，切实提高“十四五”规划的科学性、严谨性和可操作性，使之成为响应人民诉求、符合群众意愿、凝聚人心、催人奋进的行动纲领。

潮平两岸阔，奋楫正当时。同志们，让我们更加紧密地团结在以习近平同志为核心的党中央周围，在市委的坚强领导下，以实现副中心高质量发展为己任，不忘初心，砥砺奋进，不断推进城市副中心控规落实和治理体系治理能力现代化，为全面开启城市副中心建设新篇章而努力奋斗！

北京市通州区人民政府工作报告

——在北京市通州区第六届人民代表大会第六次会议上

北京市通州区区长　赵　磊

2020年1月4日

一、2019年工作回顾

2019年是中华人民共和国成立70周年，也是市级机关正式搬迁入驻城市副中心的第一年，更是我们高水平、高质量实施副中心控规的开局之年。1月18日，习近平总书记再次亲临副中心视察指导工作，进一步为副中心规划建设指明方向；蔡奇书记、陈吉宁市长坚持每月开展“双调研”，为副中心各领域建设“操盘把脉”。一年来，在市委、市政府和区委的正确领导下，在区人大、区政协的监督支持下，区政府始终坚持以习近平新时代中国特色社会主义思想为指导，全面贯彻党的十九大和十九届二中、三中、四中全会精神，立足“一核两翼”和京津冀协同发展大局，紧紧围绕副中心控规落实和中华人民共和国成立70周年服务保障，开拓进取、奋勇拼搏，圆满完成了区六届人大五次会议确定的各项目标任务，经济社会实现了平稳较快发展。地区生产总值同比增长6.6%；建安投资同比增长10.6%；社会消费品零售总额实现470.7亿元，同比增长7%；一般公共预算收入完成88.7亿元，同比增长6.8%；居民人均可支配收入实现4.42万元，同比增长9%；新增就业1.9万人，城镇登记失业率控制在2.8%以内；万元地区生产总值能耗同比下降3.7%以上。

（一）城市副中心建设全面进入控规实施阶段

高位统筹持续加强，顶层设计更加明确。副中心控规经党中央、国务院批复正式发布。1月11日，市级机关实现平稳顺利入驻，通州区从此步入副中心时代。1月12日，城市副中心党工委、管委会正式挂牌成立，按照集中领导、高效统筹、扁平化管理的原则，构建形成“五局一办一公司”的工作体系。明确赋权清单，全面加强队伍建设和制度建设，高位高效协调调度，全年共召开21次党工委管委会会议，初步实现“副中心的事副中心办”。

顶层设计更加明确，规划体系加快完善。年初副中心控规经党中央、国务院批复正式发布。市委、市政府围绕控规实施召开动员部署大会，明确了2019—2022年100项重点任务。区级分解细化成278项工作任务，全面加快落实。城市副中心拓展区总体规划和9个乡镇的镇（乡）域规划形成成果，344个村庄规划编制全部完成，在全市率先实现区、镇、村三级规划体系全覆盖。重点地区规划、各领域专项规划的编制和专题研究工作全面推进，“多规合一、多图合一”的副中心规划体系基本形成。

重要节点加快建设，城市框架有序拉开。行政办公区二期启动建设，岳庄等3座110千伏变电站建成投产，警务中心实现运行，各项服务保障工作持续加强。运河商务区绿地中心等3个项目交付使用，6个项目部分竣工；南环环隧东段主体结构完工，运河220千伏变电站实现供电，冷热电三联供能源中心、河东5号调峰热源厂正式投入使用。文化旅游区环球主题公园启动游艺设备安装，环球大酒店、诺金度假酒店、城市大道等配套项目进入施工收尾阶段。城市绿心完成8000亩绿化建设任务，歌舞剧院、博物馆、图书馆三大建筑实现开工。交通基础设施加快建设，副中心站综合交通枢纽、东六环路入地工程正式开工，宋梁路北延公路段全面贯通。地铁7号线东延、八通线南延开通运营，市郊铁路副中心线乔庄东站投入使用。

协同发展态势良好，区域合作更加紧密。推进新老融合，实施“老城双修”，形成“体检报告+实施方案+行动计划+政策集成+数据平台”的工作体系，建立“老城双修”项目库，一批项目推进实施。启动中仓小区家园中心试点建设。促进城乡均衡发展，有序推进特色小城镇和乡镇中心区开发建设。全面启动360个平房村美丽乡村建设，围绕“清脏、治乱、增绿、控污”，坚持规划先行、全民参与，打造精品美丽乡村建设样板。累计拆除各类违法建设300多万平方米，补建一批公共服务设施和绿地，农村面貌焕然一新，在全市第一、二批农村人居环境考核验收中均名列前茅。全面深化区域合作，与北三县协同发展规划编制完成，燕潮大桥建成通车，联合举办项目推介洽谈会，签约项目52个。与雄安新区在资源互通、人才交流等方面建立合作机制。通武廊、通宝唐区域合作持续深化。对口支援成果显著，提前一年完成脱贫摘帽任务。

（二）产业高质量发展基础进一步夯实

厘清产业发展思路，全面整理空间资源。聘请波士顿咨询、麦肯锡等高端团队，深化研究重点功能区产业定位、产业布局、准入标准和配套政策。对标CBD、金融街、中关村等先进地区，修订完善产业准入标准。整合产业空间资源，城区内储备了1225公顷建设用地，腾退集体土地按照“拆五还一”原则可还建产业用地509公顷，梳理可利用楼宇空间256万平方米、园区厂房68万平方米。建立统一的空间资源数据平台，加强空间管控，为产业高质量发展留足空间。

聚焦高端产业业态，加快项目对接引进。与朝阳、西城、海淀开展“三区三园”结对发展，加快中心城央企二三级总部、市属国企和重点区域功能外溢承接。对接“高精尖”产业项目238个，70个重点项目实现签约。人力资源产业园通州园投入运营，中智、外企服务集团等39家知名企业入驻。国家网络安全产业园挂牌成立，梆梆安全、奇安信等22家企业完成注册。北建院等首批33家企业入驻张家湾设计小镇。尖端芯片基金重点企业普能微电子、华胜天成信息等18个项目迁址副中心。北投融资担保等一批金融机构和总部企业加快落户。独角兽企业特斯联完成注册并增资50亿元。罗克佳华成为全区首家科创板上市企业。

创新管理服务机制，营商环境持续优化。集成完善市区两级招商引资政策措施，形成“前奖励+后补贴+服务绿色通道”的全方位扶持机制。出台鼓励人才创新创业引领高质量发展的若干措施。推出一事一策“普惠服务包”和一企一策“定制服务包”。成功举办全球财富管理论坛、北京市民营百强发布会等宣传推介活动，副中心品牌影响力不断提升。通州区营商环境第三方评价排名由全市第十位上升至全市第五位。

（三）城市治理水平加快提升

以“接诉即办”促进城市精细化、智慧化管理。成立区级“12345”市民热线“接诉即办”工作领导小组，制定工作实施意见，建立主要领导现场调研、定期回访等系列工作制度，强化区、镇（街道）、村（社区）三级调度，形成上下联动、条块结合，狠抓热线服务办理的工作格局。积极开展主动治理，制定了准物业或无物业规范化管理等系列措施办法。聚焦交通拥堵、停车难等治理重点，智能升级272个路口信号灯，形成新华大街等5条绿波带，155平方公里内平均车速提升15.6%。新建路侧停车泊位3800个，停车收费收缴率全市第一，打通一批微循环道路，治理28个道路堵点和秩序乱点，30个重点路口交通组织得到优化提升。区管主次干路公共服务设施完成二维码标识设置，地下管线数字化管理系统三维平台加快建设。

城市秩序和环境面貌持续提升。持续巩固和扩大创城、创卫成果。完成运河商务区、环球主题公园周边环境提升工程。完成燃灯塔、大运河景观带等景观照明改造，北运河大桥灯光秀项目投入使用。实施41条背街小巷综合整治，永顺镇果园路、玉桥街道粮食局直属库平房胡同被评为十大“北京最美街巷”。完成75条“有路无灯”道路亮化工程，104公里城乡道路实现夜间照明。21条主次干路、73条背街小巷架空线入地加快推进。“公厕革命”完成159座改造任务。全区范围60%的垃圾分类示范片区建设完成，设置再生资源回收站点540座，建筑垃圾资源化利用水平不断提升。城乡环境建设考评综合成绩在五个发展新区中名列前茅。

疏解整治促提升深入推进。高质量完成市、区任务的落点落图，依托信息管理平台实现问题实时掌握、项目精细化管理。共拆除违法建设1010万平方米，销账1017.7万平方米，腾退占地1243.6公顷，均居全市第一。“大棚房”专项清理整治通过核查验收。疏解一般制造业企业92家。占道经营、无证无照经营、“散乱污”企业治理深入推进，群租房、“开墙打洞”实现动态清零。疏解提升有形市场12家，建设“苏宁小店”连锁店等117家商业便民网点，超额完成年度任务。

（四）生态环境治理成效显著

大气质量持续改善。全区$PM_{2.5}$累计浓度下降至46微克／立方米，改善率达16.7%。聚焦进京综检站、加油站等5类重点区域，全年检查进京外埠车辆27.6万辆、重型柴油车32.6万辆，淘汰老旧柴油货车5628辆。严格控制扬尘污染，实行在线监测和驻场监督，整改问题2000余项次。开展挥发性有机物排放专项整治，对1077家企业进行现场指导整改，完成879家餐饮企业油烟排放提标改造。

水环境建设持续加强。开展流域水系综合治理，9个出入境断面水质全部达到国家考核目标要求，其中7个断面实现Ⅴ类及以上，2个断面实现水质明显改善，水质总体提升1～2个类别。环球主题公园等景观水系工程顺利推进，大运河通州城市段游船正式开通。河东再生水厂完成提标改造，河东污泥处理厂正式运行。乡镇再生水厂BOT项目全面投入运行，甘棠再生水厂实现全线通水，30个村的污水治理任务全面完成，全区污水处理率达到90%，全年再生水利用量达到1.7亿立方米。深入落实河长制，完成101条小微水体治理，实现园区污染物排放三级管控。《通州区海绵城市建设专项规划》获得批复，49个海绵城市改造项目顺利完工。

园林绿化水平持续提升。深入落实国家森林城市创建指标体系，完成4.5万亩造林任务，实施潮白河森林景观带、台湖万亩游憩园等14项重点绿化美化工程，实施宋梁路、六环西侧路等道路沿线绿化景观建设，推进千年守望林与大运河森林公园景观融合工程，全区森林覆盖率达到33%，同比提高2.8个百分点。完成160公里绿道建设，建成6个环城公园和7处小微绿地，人均公园绿地面积达到17平方米，同比增加2平方米，公园500米服务半径覆盖率提升至85.8%，同比增加5.8个百分点，群众“出门见绿、起步闻香”的绿色生活体验不断增强。

土壤治理持续深入。全面构建土壤环境监测网络，在全市率先完成生态保护红线勘界定标技术方案。建立农用地土壤环境质量分类清单，完成年度农药、化肥减量任务。加强建设用地风险管控，原东方化工厂等地块安全利用率均达到100%。

（五）社会民生建设成果丰硕

社会各项事业健康发展。教育发展步入快车道。黄城根小学、德闳国际学校等4所新建中小学校实现招生。新开各类幼儿园13所。在全市率先实行“区管校聘”“同工同酬”改革，完成第二轮万名教师培训。高考本科上线率达到89.8%。医疗健康事业加快发展。友谊医院通州院区、东直门医院通州院区二期正式开诊，潞河医院四期投入使用，北大人民医院通州院区基本具备开诊条件。村（居）委会公共卫生委员会实现全覆盖。国家慢性病综合防控示范区创建得到验收专家组好评。医耗联动综合改革顺利实施。文化体育事业蓬勃发展。

北京大运河景区正式列入国家AAAAA级旅游景区预备名单，燃灯佛舍利塔成为全国重点文物保护单位，获评首都公共文化服务示范区荣誉称号，“融汇副中心”移动客户端正式上线，成功举办通州运河半程马拉松、中国残疾人半程马拉松、运河文化艺术节等活动。气象、档案、史志、保密、民防、地震、红十字、慈善等各项事业发展呈现新局面。

民生保障工作持续加强。持续促进就业，主动对接重点区域和重大项目用工需求，完成精准培训1.71万人次。社会保险政策实现全覆盖，城乡居民最低生活保障标准提高至1100元，确定15家社工机构对全区困难群体开展精准救助，有序推进低收入农户帮扶工作。以优异成绩通过国家级居家和社区养老服务改革试点验收，开工7家乡镇养老院升级改造工程，完成3家乡镇养老照料中心和30家养老驿站建设。新增儿童成长驿站16家、村（居）儿童之家200家。成立全市首家残疾人文化创意产业就业基地，新增残疾人就业500余人，在全市率先同步播放新闻手语节目。成立区级退役军人服务中心，新一轮全国双拥模范城创建工作顺利推进。严格执行限购政策，房地产市场平稳可控。深入实施34项为民办实事工程，切实解决群众实际困难。

社会建设水平不断提升。圆满完成村（居）委会换届选举工作。建设新华街道“三社联动”试点项目，动员社会力量参与社区治理。持续推进社区减负，进一步夯实“街巷长制”、“小巷管家”、党员进社区等措施。推进社区规范化建设，打造34个市级社区示范点，新建10个“一刻钟社区服务圈”。健全完善社会组织管理扶持机制，全年孵化培育社会组织16家。深入推进应急管理领域改革和重点行业领域安全整治，纵深推进扫黑除恶、火灾隐患排查等系列专项行动，社会治安防控体系标准化城市创建成为全国试点。食品药品安全、人民武装、宗教、侨务以及对台工作健康发展。

（六）改革创新取得新突破

深入落实各项改革任务。完成区级机构改革任务，政府部门设置和职能配置进一步优化。纵深推进园区改革，将原有17个园区整合为运河商务区、文化旅游区、中关村科技园通州园3个功能板块，成立区级平台公司，统筹园区空间资源统一开发建设。深化与亦庄的合作，光机电、总部基地、物流、金桥4个产业园区纳入北京经济技术开发区统一管理。事业单位改革有序推进，街道社区管理体制改革向大部制、扁平化管理转变。国企改革重组顶层设计方案不断完善，清产核资工作顺利完成。围绕农村“三块地”积极开展创新，推动集体经济转型发展。

高起点推进对外开放。深入推进北京市服务业扩大开放综合试点先导区建设，聚焦金融、文旅、科技等领域为全市服务业开放发展探索经验。在文化旅游、教育国际化、人才引进便利化等方面推出系列创新政策和措施办法。实施项目库管理，88项区级任务基本完成。全区实际利用外资同比增长8.4%，进出口总额同比增长15%。

过去一年，我们坚持以党建引领各项任务开展，坚持以法治政府、廉洁政府和服务型政府建设促进工作落实。按照区委统一部署，扎实开展“不忘初心、牢记使命”主题教育，深入推进规划自然资源领域等各类问题整改，作风建设进一步加强，全面从严治党向纵深推进。积极推进法治政府评估、示范创建和督察等工作，行政复议规范化建设被司法部评为全国“领跑者”。主动向人大报告、向政协通报政府工作，自觉接受人大法律监督、工作监督和政协民主监督。全年办理市、区两级代表议案、建议和政协提案344件，办复率100%。智慧政务建设不断加快，完成“政务云”搭建，16个政务平台实现“上云”。优化涉企事项审批流程，在全市率先与多家银行开通“政银合作”“工商登记”直通车，推进9家区级部门的183项民生事项下沉试点乡镇，实现首批25个政务服务事项“全区通办”。政府绩效考评机制和指标体系更加科学合理，绩效管理不断加强。

过去一年，我们全力履职尽责，圆满完成了第二届“一带一路”国际合作高峰论坛、亚洲文明对话大会等重大活动的服务保障任务。高水平组织参与了中华人民共和国成立70周年庆祝活动群众游行和群众联欢表演，高标准完成国庆游园活动，全力配合做好空中梯队阅兵村训练任务，全区公安干警和广大基层干部群众齐心合力、夜以继日，高标准完成了国庆安保等各项服务保障工作，充分展现了城市副中心干部群众主动服务大局的政治站位和昂扬向上的精神风貌。

各位代表，过去一年成绩的取得，是市委、市政府和区委正确领导的结果，是区人大、区政协监督和支持的结果，是各位代表和委员共同凝聚智慧、倾心建言献策的结果，是各民主党派、人民团体、驻通部队、武警官兵、公安干警、驻通中市属单位鼎力支持的结果，是全区人民共同努力奋斗的结果。一年来，全区上下始终牢记总书记的谆谆嘱托，心怀广大人民群众的殷切期盼，深刻领会“不忘初心、牢记使命”的时代要求，紧紧围绕落实城市副中心控规这一中心任务，以强烈的历史使命感和高度的政治责任感，坚定信心、砥砺前行、精诚团结、开拓进取，为建设符合“千年城市”标准、符合人民群众要求的城市副中心付出了艰辛的汗水和无穷的智慧！在此，我代表区政府向奋战在各条战线上的广大干部职工、向所有关心支持副中心发展的各界人士和全区人民表示最崇高的敬意和衷心的感谢！

与此同时，我们也清醒地认识到，通州区经济社会发展中还存在不少困难和挑战，主要表现在：经济基础相对薄弱，构建“高精尖”产业体系还有不少难点，特别是重大项目落地环节还不够通畅；生态环境建设还需持续发力，大气污染、水污染治理任务依然艰巨；社会民生建设和城市治理存在短板，对群众的部分诉求还不能从根本上予以解决；城乡之间发展不平衡的问题仍然存在，在激活农村经济、改善农村群众生产生活条件方面仍有不足；政府系统的部分干部还没有完全适应新形势、新要求，还需要进一步提升工作的主动性、能动性和执行力。对这些问题，我们将本着对党和人民高度负责的态度，在今后工作中认真加以解决。

同志们，谋一域必先谋全局。当前，世界正经历百年未有之大变局，国际经济政治秩序复杂多变，地缘政治因素和中美贸易摩擦给2020年全球经济增长带来了很大的不确定性。中央经济工作会议指出，中国正处在转变发展方式、优化经济结构、转换增长动力的攻关期，结构性、体制性、周期性问题相互交织，“三期叠加”影响持续深化，经济下行压力加大，但总体上仍然处于大有可为的战略机遇期，经济稳中向好、长期向好的基本趋势没有改变。作为习近平总书记亲自谋划、亲自部署、亲自推动的北京城市副中心，政策优势、资源优势和发展优势进一步凸显，更是处于快速发展的关键期。一是发展合力初步形成。上下联动推动副中心建设的体制机制进一步理顺，市级各部门、各区全面支持副中心发展的态势更加巩固。二是品牌影响力初步显现。经过几年来的大规模建设，副中心建设发展基础进一步夯实，各类推介活动顺利开展，副中心品牌知名度和影响力逐步显现。三是要素吸引力不断增强。资本聚集、人才聚集、项目聚集的态势越来越明显。

同志们，形势瞬息万变，机遇稍纵即逝。当前，副中心可谓天时地利人和，千载难逢的机遇、得天独厚的资源、深刻孕育的新技术变革、优中选优的项目都是我们在长期发展中可遇而不可求的。时代呼唤使命，责任呼唤担当。北京城市副中心这座千年之城已经迎来了最好的时代，正处于历史发展的关键节点。我们将树立舍我其谁的紧迫感，按照最先进的理念、最高的标准、最好的质量，既要保持战略定力和历史耐心，又要抢抓机遇、加快发展，努力在各个领域打造出一批经得起实践检验的样板工程，把副中心建设成为不愧于历史、不愧于时代、不愧于人民的现代城市典范。

在2020年的工作中，我们要以更加积极主动的作为，抓住重点、扭住关键，下好先手棋、打好主动仗，更加注重发挥副中心党工委和管委会高位统筹的优势，进一步实现“副中心的事副中心办”；更加注重重大项目和重要节点带动作用，高效有序拉开城市框架；更加注重产业功能区建设和存量空间利用，不断夯实高质量发展基础；更加注重新老融合和城乡均衡，持续增强城乡发展活力；更加注重生态环境建设，让“蓝绿交织”成为城市副中心永恒的“底色”；更加注重打造城市品牌，持续增强城市副中心的影响力和吸引力。我们坚信，在市委、市政府和区委的坚强领导下，在全区广大人民的支持下，在各位代表委员的积极帮助、建言献策下，我们一定能够进一步抓住机遇，克服各种风险与挑战，实现我们的既定目标，全面开启北京城市副中心建设的新篇章！

二、2020 年工作的总体思路和主要任务

2020 年是全面建成小康社会，实现第一个百年奋斗目标的决胜之年，也是深入贯彻落实党的十九届四中全会、做好“十三五”收官和“十四五”谋划的重要一年。对副中心而言，更是我们深入落实控规、加快高质量发展的关键一年。做好 2020 年的各项工作至关重要。我们要立足当前、着眼长远，统筹做好稳增长、促改革、调结构、惠民生、防风险、保稳定各项工作，推动经济社会持续健康发展。

2020 年政府工作的总体思路是：坚持以习近平新时代中国特色社会主义思想为指导，深入学习贯彻党的十九大、十九届二中、三中、四中全会精神和中央经济工作会议精神，深入学习领会习近平总书记视察北京重要讲话精神和中央、市委对城市副中心建设的重要指示精神以及市委十二届十次、十一次全会精神，坚持以人民为中心的发展思想，更加突出高质量发展这个根本要求，高起点谋划“十四五”规划，高标准推进控规实施，高水平开展重要节点和重点领域建设，高站位、高效率推进城市治理，统筹做好改革发展稳定、保障和改善民生等各项工作，持续推进全面从严治党，推动城市副中心建设迈上新台阶、实现新跨越。

2020 年经济社会发展的主要目标是：实现地区生产总值增长 6.5% 左右，一般公共预算收入增长 3.5% 左右，建安投资增长 7% 左右，社会消费品零售总额增长 6% 左右，居民人均可支配收入增长 8% 左右，城镇登记失业率控制在 3.5% 以内，万元地区生产总值能耗、大气污染物和水污染物排放完成市级下达的任务，确保“十三五”规划各项目标任务圆满完成。

（一）高水平推动控规实施，全面加快城市副中心建设

完善规划体系，健全保障措施，以重要功能节点和重大项目建设为示范带动，确保副中心高质量建设、高水平发展。

持续深化和完善规划体系。完善城市副中心拓展区总体规划、各专项规划和重点功能区规划，加快 9 个乡镇的镇（乡）域规划审批，加强规划统筹衔接，不断完善规划体系。充分发挥“多规合一”协同平台作用，加快完成南大街、张家湾设计小镇等重点区域的规划编制。持续从“宜居宜业”的角度深化城市设计，充分应用地下空间、交通慢行系统、商务形态等领域的最新理念，使城市景观、城市空间、城市功能有机融合，打造兼具外观与内涵的地标性精品工程。建立完善规划实施保障体系，进一步严格招投标管理、责任规划师等制度措施，确保规划、设计、施工、运营每个环节都严格落实“三最一突出”要求，每项工程都经得起历史检验。

高质量建设重要节点和重大工程。全面落实“一年一个节点，每年都有新变化”的目标要求。加快推进行政办公区二期建设，完成综合管廊二期工程，推进保障性住房、全民健身中心建设，启动重点商业配套设施和水系景观建设。加快运河商务区 12 个重点开发项目建设，实现北环环隧通车，完成东关大道燃气管线工程。文化旅游区一期全面完成主题公园重点项目和游艺设备安装，确保具备开园条件。城市绿心完成全部园林绿化工程，推进歌舞剧院、

图书馆、博物馆三大建筑和共享配套设施主体工程建设。力促副中心站综合交通枢纽、东六环路入地改造工程主体结构施工。实现广渠路东延、京哈高速立交节点、六环路立交节点、九棵树西路等工程竣工。实现地铁17号线结构贯通，加快6号线二期车辆段和东夏园交通枢纽施工进度。

扎实推进协同发展。深化与西城、朝阳、海淀结对发展，推动政策互联互通、产业双向协同、重大项目共担共享。创新与亦庄的协同发展，深化土地开发、产业发展、社会管理等全方位合作。加快与廊坊北三县协同发展规划落地实施，力促京唐城际铁路完成主体结构，地铁22号线（平谷线）开工建设。深化通武廊、通宝唐务实合作。推进“两翼”齐飞，加强与雄安新区在规划衔接、功能互补、产业协同等方面的统筹协作。巩固深化对口支援合作，做到摘帽不摘责任、不摘政策、不摘帮扶、不摘监管。

（二）突出高质量发展要求，有效激发经济发展活力

全面启动副中心产业发展三年行动计划，大力推动投资和消费双轮驱动，政府和市场同向发力，在产业高质量发展上迈出坚实步伐。

强力推动投资落地，持续释放经济发展红利。充分发挥投资对城市建设和经济发展的支撑作用。围绕副中心控规实施重点任务安排，在连续三年每年固定资产投资千亿的基础上，2020年再实现固定资产投资超千亿，完成建安投资570亿元，实施重点投资项目627项。狠抓征地拆迁工作，继续开展“拔钉子”专项行动；狠抓前期手续办理，推动联审联批机制全面落地；狠抓密集高效调度，确保重点工程建设进度。进一步优化投资结构，提高社会投资和产业投资比重，逐步把区域基础设施、生态环境、配套服务的环境优势，转变为夯实产业发展基础、推动高质量发展的红利。

促进消费转型升级，不断增强经济发展动能。增强消费对经济的拉动作用。统筹全区商业、旅游、文化、体育、健康、养老、教育、信息等领域消费扩容增长。加快老字号等品牌首店引进建设，引导发展特色商业和品牌经济。繁荣夜间经济，建设以东郎电影创意产业园为代表的夜间经济示范区，打造梨园商圈、商务园等一批24小时活力街区和高品质商圈。加快免税店、新零售店布局建设，留住本地消费，吸引外来消费。依托大运河国家AAAAA级旅游景区建设，布局完善吃、住、行、游、购、娱等配套设施，全面提升旅游服务品质。积极培育环球主题公园、宋庄艺术创意小镇、台湖演艺小镇等具有国际水准的文化旅游消费新热点。推进生活性服务网点规范化、连锁化、便利化、智能化，提高民生消费供给端服务水平。

突出产业集群建设，加快打造经济发展引擎。紧盯国际国内两个市场，以龙头项目引进为带动推动产业集聚发展。率先在运河商务区实现突破，聚焦总部集聚，围绕重点项目资源“四张清单”，积极承接中心城央企二级总部和市属国企总部向副中心转移，推进中国信息通信研究院、中铁建发展集团、首旅集团等签约落地。聚焦金融集聚，围绕财富管理、金融科技、绿色金融，加大招商力度，争取一批优质项目落户副中心。继续办好第三届国际财富管理论坛，推动亚太德勤大学、五道口金融学院签约落地，推动国际财富管理研究院招生运行。用足用好环球主题公园带动效应，吸引一批文化＋科技、文化＋旅游高端项目落户，加快打造具有国际水准的文化旅游产业链。聚力建设张家湾设计小镇，启动起步区建设，争取国际文创周、红星奖永久落户；以北建院入驻为契机，带动一批有影响力的国内外设计机构入驻；依托中关村发展集团运营优势，积极承接中关村优质要素溢出，多种方式盘活存量空间，带动一批城市科技类企业形成集聚。加快国家网络安全产业园建设，完善规划方案，制定优惠政策，加快西北工大北京研究院等一批项目落地发展。

狠抓项目落地见效，加速转化高精尖项目储备势能。推动副中心高端资源集聚态势转化为规模投

资和经济效益，形成经济发展新的增长极。针对项目落地这一关键环节，强化体制机制创新。通过行政＋市场、自持改造、合作使用等多种手段加速盘活资源，分类施策提高存量资源利用效率。实施精细化土地项目管理模式，探索实施副中心灵活供地政策。结合重点产业项目用地需求，加大商服类和工业类用地上市步伐。建立土地供应社会公开发布机制，完善投资项目数据库与产业资源空间数据库，实现资源空间和产业项目的动态对接、科学匹配。强化企业落地服务和支持培育，确保产业项目抓得紧、落得快、发展得好。

（三）深入实施乡村振兴战略，大力推动城乡统筹发展

坚持农业农村优先发展，扎实推动农业全面升级、农村全面进步、农民全面发展。

深入实施新型城镇化建设。围绕“特而精、小而美、活而新”，加快推进乡镇中心区开发建设，分类引导9个小城镇特色化发展。充分整合资源优势和空间优势，加快马驹桥科技服务小城镇、台湖演艺文化小城镇开发建设进程，高标准提升区域整体发展和管理水平；围绕区域功能、文化内涵、生态宜居等特色要素，不断增强宋庄艺术创意小城镇、潞城生态智慧小城镇、张家湾文化休闲小城镇的功能引领和辐射带动作用；聚焦产业发展、公共服务、环境建设等重点领域，加大对西集生态休闲小城镇、漷县文化健康小城镇、永乐店新市镇、于家务科技农业小城镇的政策倾斜力度，建设美丽宜居新城镇。全面开展美丽乡村建设。深化完善344个村庄规划，因地制宜细化规划建设导则，加强村庄风貌、生态环境和设施建设管控引导，努力打造集中连片的美丽乡村风景线。健全完善农村人居环境长效管护机制，广泛开展“美丽庭院”创建；持续深化美丽乡村建设内涵，优先推动安全供水、垃圾回收、污水处理、厕所改造等一批民生工程，持续加强村庄绿化、道路养护和养老、文体等设施建设，推动公共服务资源向农村倾斜，努力打造一批乡村振兴示范村，力争年内初步达到示范效果。

扎实推进集体经济发展。深入推进农村“三块地”改革，实施村地区管，推进土地集约高效利用。加快组建乡镇联营公司，缩短农村经济转型发展阵痛期，有序释放农村集体建设用地，高水平引进社会资本，促进集体经济组织发展壮大。加快台湖、宋庄等4个集体土地租赁住房建设，探索集体土地建设产业项目实施路径。加大农民就业扶持力度，深化推广乡镇集体林场改革试点，完成全区所有低收入农户和低收入村的脱低工作。全面加快都市型现代农业发展，推进国家农业高新技术产业示范区落地，不断提高农民在产业发展中的参与度和受益面。

（四）高标准创建国家森林城市，深入推进生态环境建设

把保护和改善生态环境放在更加突出的位置，推进副中心天更蓝、水更清、地更绿、环境更优美。高标准创建国家森林城市。全面落实五大体系40项创建指标，同步推进绿化工程建设和软环境提升，确保圆满完成国家森林城市创建目标。高质量推进新一轮百万亩造林工程，实施张家湾公园三期、潮白河森林生态景观带四期等22个绿化项目，新增造林面积2万亩，初步实现环城绿色休闲游憩环闭环。持续开展群众身边增绿，启动7个城市公园、4个社区公园、10处小微绿地建设，续建100公里健康绿道，着力打造“森林入城、公园镶嵌、绿道成环”的生态景观。

扎实推动大气污染治理。坚持“一微克一微克地抠”，进一步在管理减排上求突破。充分利用智能平台和大数据资源，实现联防联控、科学治理、精准治污。精细化管控施工扬尘，强化建筑垃圾运输车闭环管理，完善路面尘土残存量考核机制，确保月降尘量控制在每平方公里6吨以下。加大进京路口和重点道路重型柴油车检查力度，全部退出国三柴油货车和老旧燃气车辆，推进公共服务车辆电动化。切实减少挥发性有机物源头排放，实施重点排放企业“一厂一策”深度治理。

纵深推进水环境建设。加快打造“通州堰”分洪体系，推进宋庄蓄滞洪区、北运河综合治理等工

程建设。完成环球主题公园度假区景观水系建设，加快实施三大水网治理。完成碧水污水处理厂污泥干化工程施工，开工建设河东资源循环利用中心项目。完成41个村庄村内污水管线和10个村庄村外截污工程，基本实现城乡接合部地区村庄污水处理设施全覆盖。确保一批海绵城市改造项目通过住建部考核验收。强化土壤污染源头防控，坚决打赢净土持久战。

（五）大力解决群众诉求，全面增强城市治理能力

立足全区经济社会发展阶段特征，对标城市副中心功能定位，以推进社会治理体系和治理能力现代化为目标，大力提升城市治理水平。

围绕“接诉即办”，切实解决好群众身边的“操心事、烦心事、揪心事”。健全完善“接诉即办”组织架构和工作机制，制定实施“七有五性”三年行动方案，以指标体系为抓手，摸清底数、明确目标、细化措施，切实把“民有所呼、我有所应”落到实处。进一步突出主动治理工作导向，针对群众反映的高频问题、共性问题和长远问题，下大力气夯实医疗、教育、就业、居住等民生工作基础，持续创新服务方式，满足群众多层次、多样化需求。坚持党建引领，坚持共建共治共享，完善基层群众自治制度，构建政府治理、社会调节、居民自治多元治理新格局。

加强综合整治提升，全面打造清朗有序的城市空间。大力拆除违法建设，打造一批无违建乡镇和社区。继续推进一般制造业疏解、占道经营整治等任务，确保“开墙打洞”等违法现象动态清零。大力实施一批“促提升”项目，建设和规范提升生活性服务业网点100个，规划集约型邻里商业中心，引导支持商业服务综合体和社区商业“E中心”建设，完成“留白增绿”3000亩。高标准推进166条背街小巷治理，推动由工程性治理向功能性治理的深度转变，大力提升城市“里子”。强化治理重点，实现副中心范围内生活垃圾彻底分类，农村地区建立完备的“干湿”分类收运体系。推进全区“有路无灯”路段改造，完成一批主次干路及背街小巷架空线入地。持续推进大运河两岸、“三庙一塔”、万达广场等区域亮化提升工程，点亮城市美丽夜景，大视野、多角度展现副中心的古韵风采与现代魅力。

加快智慧城市建设，强化城市运行保障。加强智慧城市顶层设计，进一步拓展智慧交通、智慧环保、智慧水务、智慧社区、智慧养老等应用领域，全面提升智能化水平。围绕“城市大脑”体系构建，实施“接诉即办”及网格化管理平台升级改造。增设二维码平台管理系统，广布神经元，实现城市基础设施系统化管理，提高问题快速处置能力。实施中山街小学等4所学校周边的拥堵治理，建设提升32条城市道路40公里自行车道，提高绿色交通出行质量。优化能源结构和设施布局，有序推进供热、燃气、电力工程建设，全面提升市政保障能力。

（六）深入推进社会民生建设，持续增进群众福祉

紧紧围绕群众最关心、最直接、最现实的利益问题，扎实推进民生服务保障工作，大力提升群众获得感、幸福感和安全感。

扎实开展老城双修。立足让老城“美起来、活起来、便利起来”，细化完善12个民生组团控规深化方案和体检评估体系，健全完善老城双修实施体制机制，有序推进一批老城双修任务。围绕老城面貌提升和肌理保护，实施老城平房棚户区改造项目，启动15个老旧小区42万平方米整治任务。围绕老城空间拓展和功能织补，进一步创新社会资本引入、存量空间利用、家园中心管理等政策措施和实施路径。围绕老城公共服务短板和便民服务需求，着力解决无物业小区管理、交通出行等实际问题。启动7处家园中心试点建设，发挥好政府和市场的作用，统筹谋划、分类实施、创新模式，力促老城范围“一刻钟服务圈”实现全覆盖。

全面优化公共服务供给。强化公共服务规划引领，更加注重内涵发展、提质发展和普惠发展。聚焦办好人民满意的教育。落实教育专项规划，实现杨坨小学开学，力促景山学校、首师大附中通州校区项目完工，加快杨庄小学新建工程建设，实现北京二中通州校区、玉桥小学改扩建工程开工。加大

高品质的国际学校引进力度。新增幼儿园学位4200个，全面完成无证园转化工作。实施保障优质校、改善农村校、扶持特色校、提升百年校四项工程，推行教师队伍建设、校长职级制度和集团化办学综合改革，带动提升教育质量。强化人民健康服务保障。加快推进安贞医院通州院区等市级优质资源建设，实现人民医院通州院区和4所社区卫生服务中心投入使用，加快区医疗中心、公共卫生服务中心项目前期手续办理。高标准建设“全国健康促进区”。深入推进医联体建设，带动提升基层医疗服务能力。加快提升城市文化内涵。围绕大运河文化旅游国家AAAAA级旅游景区创建，深入挖掘运河文化，讲好运河故事，推出一批经典旅游线路。实施路县故城遗址公园建设、张家湾城墙及通运桥修缮等工程。持续推进公共文化服务体系示范区建设，进一步释放公共文化活力。举办2020北京城市副中心马拉松，打造体育休闲特色品牌。统筹规划档案馆、工人俱乐部、少年宫，加快前期工作，力争实现开工建设。促进融媒体、史志、气象、保密、民防、地震、红十字等各项事业健康发展。

健全完善民生保障体系。实施精准岗位开发、精细技能培训、定向就业帮扶，开发就业岗位4万个以上，促进城乡劳动力就业1.5万人以上。继续落实社会保险政策，确保医保资金安全。实现区养老院投入运营、完成7家乡镇养老院升级改造，新建养老驿站20家。制定实施无障碍环境建设三年行动方案，率先补齐建成区内短板。深化新一轮双拥模范城创建工作。实现政策性住房竣工7400套、开工7300套。高质量开展好第七次全国人口普查。

（七）打造一流软环境，大幅提升副中心品牌影响力

狠下硬功夫、出台硬措施，着力打造优质高效的营商环境、特色突出的城市品牌、风清气正的政治生态。

全力打造优质高效的服务环境。对标雄安新区，积极争取国家相关政策，推动副中心更高层级的政策集成落地实施。用足用好服务业扩大开放综合试点先导区政策，提升文化旅游、绿色金融等重点领域开放水平。推动各项鼓励支持政策尽快落地见效。制定实施项目引荐机构奖励政策，建立应用场景外放项目发布机制。持续深化“放管服”改革，加快推进副中心“5G+政务服务”场景应用，实现“全区通办”全覆盖。深度对接企业需求，做好企业“接诉即办”工作。积极开展多部门联合执法，减少重复执法检查，切实减轻企业负担。探索依企业信用风险分类进行抽查，对信用良好的企业予以免检。

塑造提升北京城市副中心品牌形象。持续提升城市副中心的品牌价值与综合吸引力，围绕城市定位、城市形象、历史文化、人文环境等维度进一步加大宣传推介力度，巩固和发展国际国内优质资源持续聚焦的态势。继续做好全球财富管理论坛等高端活动，积极申报具有全球影响力的论坛、永久会址落户副中心。培育和塑造以大运河文化、环球主题公园等为主要载体的历史、社会、人文及旅游品牌。进一步丰富和创新宣传模式，在媒体投放、网络直播等领域加大力度，全方位多层次打造城市副中心形象。

全面加强政府自身建设。深入学习贯彻党的十九届四中全会精神，巩固深化“不忘初心、牢记使命”主题教育成果，健全完善相关长效机制。深入践行“副中心意识”，持续提升政府系统干部队伍的担当精神和工作执行力，增强推动高质量发展的能力和水平。牢固树立过紧日子的思想，严格控制“三公经费”，把财政资源更多地用于改善公共服务，保障社会民生等各项事业。进一步加大工作统筹力度，强化各领域、各部门工作的协调性和一致性，强化提前谋划、提前预判的主动性和能动性，确保各项任务顺利推进。持续推进事业单位、国有企业等各领域改革工作。深入落实全面从严治党各项任务，加大廉洁政府建设力度。加强基层法治机构和法治队伍建设，持续健全重大行政决策规范征求群众意见机制，主动向区人大报告、向区政协通报政府工作，自觉接受监督。扎实推进安全发展示

范城市创建工作，强化食药监管，做好应急管理和信访等工作，全面推进平安通州建设。继续做好民族、宗教、侨务和对台工作。

（八）高站位谋划未来发展，科学编制“十四五”规划

紧紧抓住“十四五”城市副中心建设的重要战略机遇期，立足高质量发展的要求，科学编制“十四五”规划。

科学研判“十四五”时期副中心发展的时代要求和阶段性特点，理清主要矛盾，明确发展任务，科学制定好“十四五”时期各项工作的时间表、路线图。优化完善“十四五”规划体系，深入开展专项课题研究，吸收各类研究成果，充实规划纲要与公共服务、产业发展等重点领域专项规划。发挥人民主体作用，坚持开门编规划，广泛征求和听取人民群众的意见。充分发挥人大代表、政协委员建言献策、依法监督的作用，充分调动群众团体和社会各界积极参与，使“十四五”规划成为充分体现各个领域、各条战线和最广泛基层群众意愿的又一个纲领性文件。

各位代表！建设新时代千年城市需要我们始终坚持以人民为中心的发展思想，始终坚定滚石上山、爬坡过坎的昂扬斗志，始终发扬踏石留印、抓铁有痕的实干精神。风正时济，自当乘风破浪；任重道远，更需策马扬鞭。让我们更加紧密地团结在以习近平同志为核心的党中央周围，在市委、市政府和区委的坚强领导下，不忘初心、牢记使命，砥砺奋进、争创一流，为创造新时代北京城市副中心的光辉业绩而努力奋斗！

政府工作报告名词解释（按在报告中出现的先后顺序排列）

1. 老城双修：在通州区老城地区开展“城市双修”，即生态修复、城市修补，旨在治理老城区城市病，改善环境质量，补齐城市短板，提升老城群众获得感。

2. 三区三园：依托中心城优质资源，强化通州区与朝阳区、西城区、海淀区结对发展，强化与朝阳 CBD、西城金融街、海淀中关村科技园的合作发展。

3. 三社联动 ：是指在街道治理领域，以社区为平台、社会组织为载体、社会工作专业人才为支撑的联动服务机制。

4. 农村“三块地”：即农用地、集体经营性建设用地以及宅基地，农村“三块地”改革包含农村土地征收、集体经营性建设用地入市、宅基地管理制度改革。

5. 三最一突出：即最先进的理念，最高的标准，最好的质量，突出水城共融、蓝绿交织、文化传承的城市特色。

6. 七有五性：“七有”，即幼有所育、学有所教、劳有所得、病有所医、老有所养、住有所居、弱有所扶。“五性”，即便利性、宜居性、多样性、公正性、安全性。

7. 一刻钟社区服务圈：是指社区居民从居住地出发步行一刻钟之内可享受到便捷的公共服务和基本的便民服务，通州区在此项工作中，明确了包括日常购物、餐饮服务等在内的十大类社区服务。

大事记

1 月

2 日 区税务局派驻税务干部正式进驻区社保中心，与人社部门开展联合办公，共同做好机关事业单位社会保险费征收、补缴、退费等工作。

3 日 区税务局完成第一笔成人高考招生经费申报工作，标志着通州区税务局首批非税收入划转工作取得实质性进展。

▲ 市委副书记、市长陈吉宁到通州区现场督查全面从严治党（党建）工作。

4 日 区委书记曾赞荣主持召开六届区委第 97 次常委（扩大）会议。区委副书记、区长赵磊传达中共中央、国务院关于对《北京城市副中心控制性详细规划（街区层面）（2016 年—2035 年）》的批复和市委常委会指示精神。

8 日 区委党校建校 60 周年暨新时代副中心党校建设与发展论坛举行。

11 日 通州区委、区人大常委会、区政府、区政协四大家机关新址揭牌仪式举行。

▲ 区委书记曾赞荣主持召开六届区委第 99 次常委（扩大）会议。区委副书记、区长赵磊传达北京城市副中心控制性详细规划实施动员部署大会精神，并对落实城市副中心控规进行部署。

12 日 中共北京市委城市副中心工作委员会、北京城市副中心管理委员会在通州区委、区政府新址正式揭牌成立。

14 日 通州工商分局为经营零售服装鞋帽的微店商户颁发通州区首家个体网店营业执照，落实副中心办照新政，从执照申请到出照仅用半天时间办理完成。

16 日 “通州欢迎你——迎接中华人民共和国成立 70 周年副中心青年榜样发布会”举行。

22 日 通州区成立水务规划工作营。市水务局和区政府就通州区水务规划的范围、深度等编制工作进行了广泛深入的研讨和交流，在充分整合、衔接现有各项规划成果及规划原则和实施等方面上达成一致认识，决定在北运河管理处成立通州区水务规划工作营，贯彻市委、市政府北京城市副中心控制性详细规划实施动员部署大会精神，落实北京城市副中心控制性详细规划水专项规划实施有关问题。

24 日 中国人民大学与通州区人民政府签署战略合作框架协议。

28 日 北京城市副中心优化营商环境交流会在运河商务区北京国际财富中心举办。

30 日 北京银行与通州区人民政府签署全面战略合作协议。

31 日 北京市卫生健康委员会等八部委发布《北京市血站设置规划（2018 — 2025 年）》，要求通州区中心血站负责北京市副中心在内的通州区采供血工作，承担通州区、大兴区、顺义区的血液集中化检测、成分制备功能。

2 月

11 日 区政府第三次全体扩大会议暨北京城市副中心控制性详细规划落实部署会议召开。

12 日 通州区税务局第三税务所成功办理普惠性减免政落地后首笔个人出租房屋代开增值税发票业务。

21 日 市委书记蔡奇到城市副中心检查交通基础设施建设，并以“四不两直”方式，探访通州政务服务中心工作。

26 日 北京市与廊坊北三县项目推介洽谈会在廊坊市大厂回族自治县举行。

▲ 市委宣传部召开通州电视台节目提升优化工作专题会。

28 日 通州区启动驻街乡镇督查工作机制，全区 16 个督查组进驻乡镇街道。

▲ 漷牛片区苍上污水处理站、坨堤污水处理站试运行顺利。根据设计规划，漷牛片区苍上污水处理站将收集张家湾镇域内张采路东侧15个村庄生活污水进行集中处理，坨堤污水处理站将收集张家湾镇域内张采路西侧14个村庄生活污水进行集中处理。

3 月

1日 通州区发出首张新版营业执照，北京风行蓝天科技有限公司成为副中心首家领取新版营业执照企业。

8日 区委书记曾赞荣主持召开六届区委常委会第109次会议，听取关于通州区机构改革组织实施工作有关情况的汇报。

▲ 通州区召开机构改革动员部署大会。

9日 副市长、城市副中心党工委书记、管委会主任隋振江以“四不两直”方式到副中心警务中心和北京学校建设现场、台湖镇一家磁粉厂、张家湾镇陆辛庄伯特利家具公司检查安全生产工作。

13日 通州区节水管理平台进入试运行阶段。该平台可实现自备井用水户信息查询、水表运行状态查询、用户量查询、用水指标查询、用户管理等功能。系统内共管理自备井用水单位400余家和智能远传水表800余块。

16日 市委书记蔡奇就推动北京城市副中心产业发展进行调研。

30日 中国人民大学通州新校区项目在潞城镇开工。

4 月

1日 通州区税务局开展机关事业单位社保费和职业年金上线实测工作并完成首笔业务。

2日 通州区税务局、廊坊市税务局、三河市税务局、大厂县税务局、香河县税务局在廊坊市大厂县召开联合税收经济分析座谈会。会议研究讨论拟开展的联合分析思路及计划安排，并就两地建立联合税收分析机制达成共识。

8日 党和国家领导人习近平、栗战书、汪洋、王沪宁、赵乐际、韩正、王岐山等到通州区永顺镇，同首都群众一起参加义务植树活动。

▲ 北运河甘棠橡胶坝改建工程荣获中国水利工程优质（大禹）奖。 北运河甘棠橡胶坝改建工程于2016年2月开工建设，2017年底完工，2018年6月份完成竣工验收正式投入使用，行洪能力从20年一遇提升到50年一遇。

9日 水政执法启用新版执法证件。通州区水行政执法人员开始持新版执法证件上岗，2010年开始使用的旧版行政执法证件自2019年4月8日废止。

10日 通州区应急局以“四查四打”为主要内容，在全区范围内开展为期6个月的护航“70”专项执法行动。

12日 通州区税务局呼叫中心改造升级为综合指挥中心。

21日 第二届“一带一路”国际高峰论坛、北京世界园艺博览会和亚洲文明对话会议安保动员部署会召开。

22日 “彩虹计划”通州区青年人才培养工程第二期培训班开班。

25日 通州区召开农村人居环境整治及美丽乡村建设工作部署会。

30日 地铁7号线东延工程动车调试服务商——中铁三局集团有限公司正式接管张家湾车辆段停车列检库、库前咽喉区、牵出线、试车线等区域，将该区域纳入动车调试管理范围，为后续车辆信号等专业静调、试车等工作奠定坚实基础，也标志着7号线东延工程开往环球主题公园项目的地铁正式进入动车调试阶段。

5 月

6日 通州区人力社保局与中智（北京）人力资源外包服务有限公司举行签约仪式。

12日 举办2019北京通州运河半程马拉松赛。

16日 中国建设银行股份有限公司北京通州分行政银合作工商登记“直通车”业务正式对外开办。

17 日　市经信局党组书记、局长王刚带队调研国家网络安全产业园区通州园建设进展情况。

17 日晚　通州出现强降雨天气并伴有冰雹、龙卷风，区委书记曾赞荣到永乐店镇永三村和西集镇金各庄村、郎东村樱桃园查看灾情，指导防汛救灾工作。

18 日　区领导曾赞荣、赵磊、初军威、刘贵明先后到西集镇沙古堆村、张家湾镇烧酒巷村果园，查看果树受灾情况，检查指导善后工作。

19 日　北京市中农富通园艺有限公司实训基地揭牌。

23 日　2019 年通州区科技活动周在运河文化广场正式启动。活动以“科技强国科普惠民”为主题，采取主会场展览展示与系列主题活动相结合的方式进行，主场展示活动紧扣科技创新、科技成果转化主题，融展览展示、互动体验、科学表演、全民科普于一体。

25 日　通州区召开新时代文明实践中心建设启动大会。

26 日　通州区与天津市宝坻区、河北省唐山市签署战略合作发展框架协议，未来三地将在产业、科技创新、生态保护、文化旅游、人才交流等方面展开合作。

▲　第八届北京现代种业博览会在于家务乡国际科技园区开幕。

27 日　市委书记蔡奇，市委副书记、市长陈吉宁就城市副中心生态环境建设到通州区调研。

5 月 28 日至 6 月 1 日　2019 年中国国际服务贸易交易会（简称“京交会”）在京召开，“京交会”北京城市副中心分会场系列活动，在北京国际财富中心举行。

30 日　通州区市场监管综合执法大队在通州区梨园北街 51 号挂牌成立。

▲　5 月中国好人榜发布仪式暨全国道德模范与身边好人现场交流活动在通州区国家大剧院台湖舞美艺术中心举行。

31 日　2019 年中国国际服务贸易交易会北京城市副中心分会场活动举办“高端文化旅游、文化创意”主题推介会活动。会议由通州区商务局主办，文化旅游区管委会承办。活动分为两个环节，第一环节为文化旅游产业招商推介，第二环节为政企营商环境交流会。

6 月

1 日　2019 年中国国际服务贸易交易会北京城市副中心分会场举行签约仪式。

5 日　全国妇联党组书记、副主席、书记处第一书记黄晓薇到通州区调研北京市妇女思想政治引领和家庭建设工作。

▲　区水务局加快推进“三网、四带、多水面、多湿地”水环境格局建设。根据通州区总规、副中心控规及水务发展十三五规划相关要求，区水务局以改善水质为核心，水生态修复为重点，通过实施河道综合整治、水系连通循环、截污治污、湿地建设等工程措施，构建“三网（城北、两河、城南水网）、四带（北运河、潮白河、运潮减河、凉水河滨水生态带）、多水面（在北运河、潮白河、温榆河重要水闸上游形成景观大水面）、多湿地（汇合蓄滞洪、水质改善、生态修复、科普教育等功能，开展宋庄、环渤海总部基地、凤港减河、凉水河等湿地建设）”的水环境格局，推进滨水景观提升，加快打造滨水生态环境。截至年底，通过政府直投及 PPP 模式开展工程建设，三大水网工程完成前期手续办理，部分河道开工建设；北运河综合治理、宋庄蓄滞洪区进场实施；环渤海总部基地、凤港减河等湿地正在开展前期手续办理。预计 2021 年底前完成主要工程建设。

6 日　区委副书记初军威到河北省廊坊市北三县考察。先后到香河机器人小镇、香河县文化艺术中心，大厂城市规划馆、大厂影视小镇，三河百世金谷燕郊国际产业基地、燕达国际健康城参观考察，并就两地在城市规划、产业协作、公共服务、基础设施、医疗养老等领域的合作进行探讨交流。

11 日　中央扫黑除恶第 11 督导组第四下沉小

组督导通州区扫黑除恶专项斗争工作汇报会召开。

12 日 第四届京津冀非公经济产业对接交流会暨三地民营企业走进北京城市副中心推介会召开。

▲ 环球主题公园度假区景观水系工程取得立项批复。环球主题公园度假区景观水系工程位于通州区文化旅游区内，西起九棵树中路，东至东六环西侧路，全长约 3.3 千米。建设内容主要包括河道治理 2.8 千米、水循环及水质净化系统、滨河景观及公共设施。水系位于环球主题公园的中心位置，走向为东西向，是环球主题公园度假区的重要配套项目，作为园区的景观行船通道。

13 日 通州区召开区委督促检查工作领导小组第一次全体会议暨基层减负部署会。

14 日 “北京城市副中心北交所企业登记分中心”揭牌仪式在北京产权交易所举行。

15 日 医耗联动改革正式实施。

23 日 通州区人民政府与中国民生银行股份有限公司战略合作框架协议签约仪式举行。

▲ 区委书记曾赞荣带队到潞城镇东堡村、肖庄村，就农村人居环境及美丽乡村建设进行调研并召开推进大会。

25 日 通州区税务局召开国际贸易“单一窗口”出口退税（生产版）试点启动会。

▲ 通州区农产品质量安全信息管理平台运行。平台包含 12 个管理子系统，覆盖农产品主体管理、投入品管理、质量安全追溯、农产品监测管理、产地准出管理、“三品一标”管理等监管职能，为通州区农产品质量安全监管工作进一步信息化发展提供必要的技术支持。

26 日 市委书记蔡奇就推进老城城市修补和生态修复到通州区调研。

27 日 区委副书记初军威出席区城市管理委“以人民为中心”主题党日活动及通州城市管理“12345”市民热线派单系统启动仪式。

▲ 北京环球度假区与通州区四所院校举行人才工作战略合作签约仪式。

29 日 市委书记蔡奇调研查看永顺镇果园大街背街小巷。

▲ 通州区召开“12345”市民热线工作推进会。

7 月

2 日 市委书记蔡奇调研张家湾设计小镇。

▲ 区市场监管局深化京津冀协同发展，助力三地跨区域合作。推动通武廊食品安全区域协作、基地保障、全程监管。组织辖区大型批发市场考察天津武清区、蓟州区 4 家食用农产品生产基地，搭建快速服务通道，推进优质生产基地对接。

10 日 通州区税务局成功办理全市首笔国际贸易“单一窗口”出口退税（生产版）业务。

13 日 通州区与西城区、朝阳区、海淀区签署结对协议。

16 日 北京市副市长隋振江带队到文化旅游区新建京哈高速与北京环球主题公园立交节点工程施工现场进行实地调研，并就工程建设等问题座谈。

19 日 通州区召开街道工作和“吹哨报到”改革专题会。

20 日 市委书记蔡奇，市委副书记、市长陈吉宁结合“不忘初心、牢记使命”主题教育，到通州区调研环球影城主题公园及综合配套建设。

21 日 区市场监管局办理全市首张“政银助企合作”营业执照，实现企业登记注册真正进入“银行自助打印营业执照加便民开户”服务新模式。

24 日 通州区乡镇域总规集中工作营在北京市规划和自然资源委员会通州分局（北院）三层会议室正式启动。此次工作营由市规自委通州分局主办，历时 3 天，集中开展乡镇总体规划成果校核工作。通州分局，宋庄镇、潞城镇、台湖镇等 9 个乡镇政府，通州区总体规划编制团队、各镇（乡）域总体规划编制团队、通州区土地利用总体规划编制团队共同参加集中工作启动会。

7 月 25 日至 9 月 20 日 通州区应急管理局在梨园镇和玉桥街道办事处，选择 200 家小微企业作为服务对象，开展“百名安全生产专家服务万家企业活动”。

26 日 中共北京市通州区第六届委员会第七次全体会议召开。全会听取和审议曾赞荣代表区委常委会所作的全会工作报告，讨论赵磊所作的关于2019年上半年全区经济社会发展工作的书面报告，审议《通州区部分地区行政区划调整方案》，表决通过《中共北京市通州区第六届委员会第七次全体会议关于递补区委委员的决定》《中共北京市通州区第六届委员会第七次全体会议决议》。

30 日 中关村科技园区管理委员会主任翟立新、中关村发展集团总经理宣鸿到中关村通州园调研。

7 月 万生人和吸氧管表面湿化技术写入护理指南。

▲ 国资委推进经营类事业单位改革，将系统内10家经营类事业单位分为4类，分步推进改革工作。2019年完成北京市通州区良种繁殖场和北京市通州区住宅合作社变更类别保留工作。园艺中心等4家事业单位的机构撤销、人员安置工作、事业法人注销等工作正在推进中。

8 月

2 日 区委副书记初军威到房山区北京互联网金融安全示范产业园和北京基金小镇，考察房山区金融科技产业发展情况。

▲ 区税务局建立"讲练评"三位一体办税模拟基地。

8 日 通州区人民法院与北京师范大学刑事法律科学研究院举办共建合作签约仪式。

▲ 市科委党组书记、主任许强到通州区调研科技创新工作。

9 日 市委书记蔡奇带领十六区和相关部门主要负责人，就高质量推进城市副中心规划建设进行拉练式检查并召开现场推进会。

▲ 区委书记曾赞荣围绕北京"夜经济"主题到顺义区中粮·祥云小镇学习考察。

▲ 区税务局依托"通州税务微信企业号"，搭建以纳税人为中心的涉税事前提醒服务系统，为纳税人提供预审、预约、办税和指引服务，让数据跑路代替人力跑路，推动办税"最多跑一次"向"一次不用跑"升级。

12 日 通州区水务局推行较大危险性作业备案审查制度。根据区水务局推行的较大危险性作业备案审查制度要求，水务工程施工企业有限空间作业等较大危险性作业实施前三天，必须向区水务局安全监督部门进行报备，由专业人员对作业准备情况进行先期资料审查，审查合格后方可允许准备现场施工。施工当日，须由水务局安全监督人员进行现场安全生产条件审查确认，审查通过后方可进行现场施工作业。通过较大危险性作业备案审查制度严格把关水务工程有限空间作业的安全生产条件，确保企业施工安全。

13 日 市规划自然委通州分局完成北京城市副中心职工周转房（北区）项目规划核验工作，此项目为市区两级共同关注的副中心保障性住房工程，作为北京市新总规的重要标志性工程，同时该项目配套的黄城根小学，也是副中心建设中极为重要的教育项目。此次工作为副中心建设提供新的规划核验方式方法，为副中心工程建设保证服务监督质量，确保北京市新总规落实到位。

15 日 北京市副市长、城市副中心党工委书记、管委会主任隋振江率北京城市副中心党工委、管委会代表团一行到河北雄安新区，考察新区规划建设，协调推进北京支持雄安新区的中小学、幼儿园及医院建设事宜，推动错位发展、两翼齐飞。

16 日 通州区召开与北京经济技术开发区协同发展对接专题会。

20 日 通州区文联在马营村新时代文明实践站建立"文艺之家"。

23 日 城市副中心党工委、管委会和通州区委、区政府召开会议，传达学习全市"以案为鉴、以案促改"警示教育大会精神。

▲ 北京城市副中心与廊坊市召开协同发展交流座谈会。

28 日 区市场监管局率先在全市实现市场监管领域行政审批融合，梳理原工商、质监、食药许可事项清单，按照"先易后难、分批实施"的方法，将食品、药品、医疗器械等90余项审批事项分3个批次、6个月时间深度整合。

8月 大运河水务公司会同央企子公司贵州筑信水务环境产业有限公司和成都云尚物联环境科技有限公司成立中成大运（北京）智慧城市科技发展有限公司，参与副中心智慧城市、智慧水务建设。

9 月

2日 北京黄城根小学通州校区举行落成揭牌仪式。

4日 区市场监管局办理全市首个涉及市场监管行政许可整合事项的审批工作。同时发放“营业执照”“食品经营许可证”“第二类医疗器械备案凭证”等证件，实现通州区市场监管行政许可事项整合新模式。

5日 区税务局在“北京通州税务”微信公众号和微信企业号上开通“通州小税”智能答疑。

6日 中华人民共和国成立70周年庆祝活动通州区服务保障工作动员大会召开。

▲ 通州区召开深化全国文明城区常态化建设工作部署会。

10日 通州区“不忘初心、牢记使命”主题教育工作会议召开。

▲ “不忘初心、牢记使命”主题教育暨副中心党工委管委会、通州区委区政府关于规划和自然资源领域问题整改工作部署会召开。

▲ 通州区市场监管部门与武清区、廊坊市市场监管局签署《通武廊质量强市（区）和标准化战略框架协议》《通武廊三地检验检测结果互认、互通协议（试行）》《通武廊三地流通领域商品质量监管信息互通共享协议（试行）》，并启动“质量月”活动。

12日 北京市国有资产监督管理委员会党委书记、主任张贵林带领20余家重点市管企业到通州对接交流。

16日 新设博士后科研工作站分站授牌仪式在人社局举行。

18日 中央政治局委员、北京市委书记蔡奇到通州区现场调研检查北运河通州段通航工作。

19日 通州区级四套班子到北京香山革命纪念地，开展“红色精神代代传”主题党日活动。

▲ 区税务局开展“不忘初心、牢记使命”主题教育活动，歌曲快闪活动被“学习强国”刊载。

20日 区人社局召开副中心首届劳动能力鉴定医疗卫生专家聘用会。

25日 区税务局与中国邮政集团公司北京市通州区分公司举行税邮合作签约仪式，正式委托邮政部门为自然人代开增值税普通发票并代征税款。

26日 通州区人民法院与司法部、丰台法院联合中标的最高人民法院2019年度司法研究重大课题“深化多元化纠纷解决机制改革研究”课题启动会暨开题论证会在通州区人民法院图书馆召开。

30日 通州区烈士公祭活动在大运河森林公园周文彬塑像广场举行。

10 月

2日 2019北京（台湖）影偶艺术周在台湖公园开幕。

3日 京杭大运河北京城市副中心段旅游线正式通航。

5日 第11届中国宋庄文化艺术节在宋庄美术馆开幕。

12日 通州区召开“以案为鉴 以案促改”警示教育大会。

▲ 区委、区人大、区政府、区政协领导班子成员到北京展览馆，围绕“不忘初心、牢记使命”主题教育参观“伟大历程 辉煌成就——庆祝中华人民共和国成立70周年大型成就展”。

15日 通州区召开争创新一轮“全国双拥模范城”动员部署大会。

23日 石景山区党政代表团就产业发展、城市精细化管理、生态环境建设到北京城市副中心考察。

24日 北京市第二批“不忘初心、牢记使命”主题教育先进事迹报告会通州专场举行。

26日 中央政治局委员、北京市委书记蔡奇就城市副中心产业发展到通州调研。

▲ 通州区联合市级机关举办全市首届社区邻里节活动。活动于10月26日、27日在通州区运河文化广场举办，活动主题是“以邻为伴、幸福社区”，以社区为单位，围绕“邻里乐”“邻里颂”“邻里情”三个方面，结合党员回社区报到、团员回社区报到、学生回社区报到、新时代文明实践中心建设、首都市民系列文化活动等工作，因地制宜，调动辖区资源，突显社区特色，开展居民喜闻乐见的活动。通过此项活动，建立邻里互助、资源互通的长效机制，今后将每年举办一次“社区邻里节”，形成一种可持续发展的制度和机制，打造社区治理活动品牌。

26—27日 “2019全球财富管理论坛”在通州区北京国际财富中心举行，来自财富管理领域的业内人士、专家学者围绕“全球挑战下的财富管理新机遇”主题，展开深入研讨。

28日 通州区举行“党建引领，首都高校助力一流副中心建设”百千万聚才工程对接会。

10月 成立京通大运河（北京）文化旅游管理有限公司，参与大运河国家AAAAA级旅游景区创建工作，初步启动文旅板块的构建。

11月

2日 通州区农村人居环境整治工作总结暨长效管护工作推进大会召开。

4日 市政协主席吉林和部分政协委员就大运河文化带建设工作到通州区进行考察。

6日 区委领导班子召开对照党章党规找差距专题会。

8日 北京安贞医院通州院区建设项目开工仪式暨动员现场会在宋庄举行。

▲ 区市场监管局“e窗通”平台进行系统更新，增加个体工商户全流程电子化设立登记申请功能，实现个体设立全程电子化。

12日 区市场监管局挂牌成立17个市场监管所，与街乡镇政府开展“一对一”对接，突出部门属地融合，主动契合政府需求、主动融入政府工作、主动服务城市管理，实现街乡执法力量全覆盖。

13日 区领导曾赞荣、赵玉影等陪同河北省廊坊市大厂县委书记谷正海，县委副书记、县长刘宝旺率领的党政代表团调研文化旅游区规划建设情况。

15日 2019北京民营企业百强发布会在通州区北京国际财富中心举行。

16日 举办2019通州运河绿道骑游周活动，此活动自2012年起已经举办了八届。

20日 围绕“不忘初心、牢记使命，高质量推进副中心产业发展”主题，通州区党政代表团到西城区学习考察。

29日 通州区人民法院与北京市司法局举办共建司法与行政互动工作推进会暨电子送达合作签约仪式。

▲ 通州区人民法院召开“保护老年人合法权益”新闻发布会。

▲ 市委、市政府安全生产第四督察组召开督察意见反馈会，就通州安全生产督察情况和存在问题进行反馈。

30日 副市长隋振江组织召开文化旅游区综合管廊优化调整、园林绿化方案、城市家具方案、道路方案优化工作汇报会。

11月 为深化国企改革发展，减轻企业负担，国资委配合区人力社保局启动国企退休人员社会化工作，将区属国有企业退休人员移交属地社保所管理，涉及系统内退休人员9696人。

12月

3日 围绕“不忘初心、牢记使命，高质量推进副中心产业发展”主题，通州区党政代表团到朝阳区学习考察。

4日 市人大常委会主任李伟到通州区参加宪法日主题活动。

▲ 通州区人民法院与宋庄镇小堡村民委员会签订联席调解协议，并举办首个驻村法官工作站揭牌仪式。

6日 围绕“不忘初心、牢记使命，高质量推进副中心产业发展”主题，通州区党政代表团到海淀区学习考察。

7日 中央政治局委员、北京市委书记蔡奇到城市副中心运河商务区调研。

9日 北京城市副中心党工委、管委会和通州区委、区政府召开会议，研究细化落实市委书记蔡奇，市委副书记、市长陈吉宁在副中心调研检查指示要求。

▲ 区委书记曾赞荣主持召开张家湾设计小镇工作推进会。

10日 区委书记曾赞荣带队到北京市“12345”市民热线服务中心接听市民电话。

13日 区文联与区档案馆及台湖镇党委、政府联合举办中华传统工艺大师——张玉成玉雕大师揭牌仪式。此活动在学习强国、《北京文艺报》刊发。

15日 区委书记曾赞荣与北京市建筑设计研究院有限公司党委书记、董事长徐全胜就张家湾设计小镇高质量发展进行座谈。

18日 全市首家以“银税合作”对外营业的金融机构工商银行通州台湖支行正式落户通州区税务局云税体验中心，为企业搭建普惠性金融服务平台，提供银行端缴税、小微企业贷款咨询等方面的便捷服务。该行的入驻标志通州区工商、税务、银行三点连线的集成服务模式的建立，为优化区域营商环境，推动城市副中心经济发展增添了新的动能。

23日 中共北京市通州区第六届委员会第八次全体会议召开。全会听取和审议曾赞荣代表区委常委会所作的工作报告，审议区委常委会抓党建情况报告，讨论关于全区经济社会发展工作的报告，表决通过《中共北京市通州区第六届委员会第八次全体会议决议》。

25日 区工商联与三河市工商联、大厂县工商联、香河县工商联签订工商联联盟协议书，成立北京城市副中心与廊坊市北三县工商联联盟。

26日 张家湾设计小镇入驻企业签约活动在北京城市副中心举行。

28日 地铁7号线东延、八通线南延正式开通试运营。北京市副市长、北京城市副中心党工委书记、管委会主任隋振江查看7号线东延试运营情况，并与市民一同乘车体验。

注：“▲”表示“同日”

中国共产党北京市通州区委

1月8日，举行庆祝党校成立60周年发展论坛

（区委党校提供）

概　述

【概　况】 2019年是中华人民共和国成立70周年，是市级机关正式搬迁入驻城市副中心的第一年，更是全面落实城市副中心控规的开局之年。城市副中心建设站在新的历史起点上，开启高质量发展的历史新篇章。一年来，在市委的坚强领导下，区委常委会坚持以习近平新时代中国特色社会主义思想为指导，深入贯彻中共十九大和十九届二中、三中、四中全会精神，学习贯彻市委十二届九次、十次、十一次全会精神，坚定不移把方向、谋大事、抓党建、保平安，团结带领全区广大党员干部群众，进一步坚定信心、乘势而上、真抓实干，顺利完成年度各项任务，用实际行动、实际成效向人民群众交出一份合格答卷。

【学习贯彻中央及市委重大决策部署】 1月18日，习近平总书记再次到城市副中心视察并发表重要讲话，为规划、建设、管理城市副中心进一步指明方向。市委书记蔡奇、市长陈吉宁围绕副中心产业发展、交通治理等重要领域，多次专题到通州区调研，亲自把脉支招、现场解决问题。区委常委会坚持率先垂范，区委理论学习中心组集中学习、交流研讨18次，认真学习领会习近平总书记系列重要讲话精神，不断夯实思想根基，持续提升政治站位，进一步统一全区广大党员干部的思想和行动，全面形成推进城市副中心建设的高度共识和强大合力。广大党员干部切实把理论学习与城市副中心建设发展紧密联系起来，转化为推动工作的“精气神”和执行力，深入推动习近平新时代中国特色社会主义思想在城市副中心大地上形成生动实践。

【做好市级机关搬迁和重大活动服务保障】 年内，始终把服务保障市级机关搬迁和安全运行作为落实首都“四个中心”功能建设、提高“四个服务”水平的重要政治任务，全力以赴做好各项服务保障工作。强化“站岗放哨”意识，完善行政办公区智能化安保体系，确保行政办公区万无一失、绝对安全。新设潞源、通运街道办事处，大力开展城市秩序与综合环境整治。北京学校、黄城根小学等一批市级名校实现招生，并在潞河医院专门开辟就医绿色通道和急救停机坪，市郊铁路城市副中心线东延至乔庄东站，办公区服务保障能力更加完善。完成中华人民共和国成立70周年、世园会等重大活动的服务保障，组织人员参加国庆游行和联欢表演，完成巡逻防控和秩序维护任务，全力保障44万游客安全游园、欢度国庆。

【开展“不忘初心、牢记使命”主题教育】 2019年，认真落实“守初心、担使命，找差距、抓落实”的总要求，坚持把主题教育与学习贯彻中共十九届四中全会精神紧密结合起来，把全会精神充分体现到主题教育全过程。坚持抓住“关键少数”，强化区级领导与各级党组织书记的示范作用，带头讲党课抓学习，带头深入基层蹲点调研，现场解决问题。突出副中心特色，制定“8+1+1”专项整治体系和“未病整治清单”，开展“党旗飘扬副中心”、处级党员干部“回社区、办实事、解难题”等活动。坚持将“改”字贯穿始终，立查立改、即知即改，以服务群众的实际成效践行党的初心和使命。

【推进控规落地实施】 2019年，坚决落实中央关于城市副中心控规的批复精神，建立健全落实机制，不断加快重大工程、重要节点建设，深入推进京津冀协同发展，实现城市副中心控规实施的良好开局。按照集中领导、高效统筹和扁平化管理的思路，建立高位统筹的管理体制。1月12日，北京城市副中心党工委和管委会正式挂牌成立，构建“五局一办一公司”的工作体系。充分发挥副中心党工委、管委会牵头抓总的体制机制优势，确定第一批由市级赋权的44个事项清单，初步实现“副中心的事副中心办”。

【完善副中心规划体系】 坚持“一张蓝图绘到底”，高水平完善城市副中心规划体系。编制完成通州区总体规划、9个乡镇镇域规划和344个村庄规划，在全市率先实现城乡规划体系全覆盖。民生组团、重要节点规划和市政基础设施、海绵城市等专项规划均形成成果。建立健全责任规划师体系，建立“多规合一”联动平台，大幅提升规划管理与实施的科学性、严肃性。

【拉开城市副中心控规实施的框架】 突出重要功能节点的引领作用，全面拉开城市副中心控规实施的框架。研究制定副中心控规实施工作方案三年任务分解清单，把市级确定的100项任务分解为278项具体任务和503项重点工程，明确施工图、进度表、责任人，有力保障副中心控规落地实施。行政办公区二期工程启动建设。运河商务区京杭广场、国际商务中心、绿地项目交付使用。环球主题公园一期正在进行设备安装，综合管廊、城市大道和环球大酒店等配套项目进入施工收尾阶段。城市绿心歌舞剧院、图书馆、博物馆“三大建筑”实现开工。东六环路入地工程、副中心综合枢纽开工建设，八通线南延、地铁7号线东延开通运营。

【推进区域协同与联动发展】 注重发挥京津冀协同发展的桥头堡作用，深度推进区域协同与联动发展。积极推进“两翼”协同，与雄安新区在规划编制、项目建设、干部交流等方面开展深入合作。推动“通宝唐”“通武廊”区域建立起一系列合作机制。编制完成与“北三县”协同发展规划，坚持交通、生态、产业先行，燕潮大桥建成并投入使用，潮白河生态绿廊建设取得重要进展，成功举办推介洽谈会，52个合作项目实现签约落地。

【加快构建“高精尖”产业体系】 2019年，围绕城市副中心功能定位，聚焦四大板块和七大产业集群，在细化深化产业定位、加快资源整合利用、扎实推进项目引进建设和优化营商环境上攻坚克难、改革创新，高端要素快速聚集的态势初步显现。

【明确副中心定位和产业布局】 充分整合资源，进一步明确和细化副中心的产业定位和产业布局。持续发挥市、区两级专班力量，聘请高端咨询团队，进一步深化产业发展研究，重点园区、重点功能区、特色小镇的产业定位、准入标准、配套政策基本确立，实施路径更加具体。坚持“相对集中发展，不搞遍地开花”，持续深化园区管理体制改革，把原有的17个园区整合为3个园区，光机电等4个园区纳入亦庄经济技术开发区统一管理，产业集聚发展的格局初步形成。

【聚集优质资源】 瞄准符合副中心高质量发展要求的产业项目，主动出击，加速各类优质资源向副中心聚集。坚持“市场化招商＋政府推介＋名单化精准招商”三管齐下，与波士顿咨询等10家专业招商中介合作，与西城、朝阳、海淀三个区建立结对机制，大力引进高端项目。一批央企二级三级总部、金融服务企业和科技创新企业实现落地，人力资源产业园通州园正式运行，国家网络安全产业园挂牌成立，全区签约项目38个，在谈“高精尖”产业项目210个。

【优化营商环境】 坚持统筹全区招商资源，下大力气优化营商环境。组建产业发展促进委员会，全面实现产业项目引进建设“一口进，一口出”。建立全程服务工作专班，完善区领导联系走访重点企业机制，对产业项目全面实行跟踪服务，切实为企业解决建设用地、子女就学等一批问题。进一步细化“通八条”实施细则，建立“前奖励＋后补贴＋服务绿色通道”模式，扶持力度不断加大。

【推进“疏整促”和城乡精细化治理】 2019年，始终以群众诉求为导向，以“12345”市民热线为主要抓手，集中开展解民忧、整秩序、强治理、优环境等系列工作，城市运行保障能力显著增强，城乡治理水平进一步提升。

【市民热线工作】 坚持民有所呼，我有所应，狠抓“接诉即办、未诉先办”工作。建立完善“三级书记抓热线、条块结合抓落实”工作机制、主要领导现场调研和定期回访调度制度，上下联动、齐心协力推进市民热线工作。积极推进“未诉先办”，制定准物业或无物业规范化管理等系列制度措施，切实解决一批群众的操心事、烦心事、揪心事。

【“疏整促”专项行动】 坚持清存量和控增量相结合，坚定不移开展疏解整治促提升专项行动。拆除违法建设1002万平方米，销账量、腾退量均居全市首位。一般制造业疏解、有形市场疏解提升等专项任务全部完成。“开墙打洞”“散乱污”等专项治理实现动态清零。注重“拆”“清”结合，建筑垃圾资源化利用效率不断提升。注重疏解腾退空间的统筹利用，新建和规范提升便民商业网点117个，实现留白增绿1935亩，疏解整治与优化提升的衔接更加紧密，群众生活便利性、舒适性明显提高。

【开展城市治理】 聚焦提升精细化、智慧化管理水平，深入开展城市治理，增强城市保障能力。新增轨道交通13千米，完成28处秩序乱点整治和30个重点路口优化提升。新建路侧停车泊位3800个，初步实现副中心155平方千米电子收费全覆盖。高标准完成全区交通信号灯联网联控和智能提升，实现新华大街等5条主干道动态绿波控制，155平方千米内平均车速提升15.6%，区域交通状况进一步改善。完成一批变电站、供水、供热设施建设改造，城市运行保障能力进一步增强。

【推进老城双修和美丽乡村建设】 坚持“以新带老、新老融合”与城乡均衡发展，扎实推进老城双修和美丽乡村建设。制定老城双修与更新三年行动计划。实施23万平方米老旧小区改造，完成41条背街小巷整治提升，果园路、粮食局直属库平房胡同入选北京最美街巷。改造老旧小区供水管线58千米，完成10个单位自备井置换。155平方千米范围“有路无灯”“有灯不亮”的问题得到妥善解决。全面实施美丽乡村建设三年行动计划，完成所有平房村规划编制和360个村的人居环境整治，在全市农村人居环境考核验收中名列前茅。

【推进污染防治和绿化美化】 2019年，围绕构建蓝绿交织、清新明亮、水城共融的生态城市布局，常抓不懈打好污染防治攻坚战，全力推动生态环境建设，初步形成城市副中心绿色生态基底。

克服副中心建设工程多、工地多等影响因素，坚决打好蓝天保卫战。统筹推进移动排放低量化、生产生活排放减量化、扬尘管控精细化、散煤治理常态化，监管处罚并重，线上线下并举，$PM_{2.5}$下降到45微克／立方米，达到历史最好水平。构建完善智慧生态环境监测体系，建立“环保管家”工作模式，初步形成人、车、网互联互通的智慧化监管体系。

以治河、治污、净水为改善水环境的重点，坚决打赢碧水攻坚战。对北运河、通惠河等11条河流、101处小微水体进行综合整治，严格落实河长制，加大巡河力度，主要河道水质稳中向好。完成污水处理厂站、雨污合流改造等设施建设任务，全年污水处理率达到90%。完成49个海绵城市建设示范项目，通州堰分洪体系温榆河综合治理和宋庄蓄滞洪区二期工程加紧施工。

围绕“两带、一环、一心”的生态空间布局，多层次推进园林绿化建设。完成城市绿心8000亩主体绿化建设和4.5万亩平原造林任务，全区森林覆盖率达到33%。实施宋梁路、六环西侧路、千年守望林与大运河森林公园景观融合等绿化工程。建成6个休闲公园和160千米健康绿道，见缝插针建设一批社区公园、小微绿地，推窗见绿、出门见景、起步闻香的生活体验更加多彩。

【持续补齐民生短板】 2019年，围绕群众所忧所盼的“七有”“五性”问题，大力提升公共服务和社会事业建设水平。扩充优质教育资源，北京学校小学部、运河中学附属小学、德闳国际学校等一批中小学开学招生，全区增加学位8800个，基本满足各学段入园入学需求。友谊医院正式开诊，东直门医院主体东迁，安贞医院开工建设，医疗服务能力不断增强。多渠道拓展就业，实现新增就业1.7万人。提供政策性住房1.15万套，住房保障水平居全市前列。养老驿站加快建设，养老服务体系更加健全，对未成年人、残疾人、低保户等弱势群体的关爱保护进一步加强。

【开展精准扶贫和对口支援】 持续提升社会保障能力，深入开展精准扶贫和对口支援。进一步完善社会救助兜底保障机制，基本实现全区低收入农户人均可支配收入高于认定标准。临时救助、医疗救助、慈善救助等救助渠道更加畅通，精准救助联动机制和家庭救助顾问机制日趋完善。统筹推进扶贫协作和对口支援合作，实施社会领域组团式帮扶、因户施策“诊脉式”帮扶等多项创新举措，对口帮扶的4个地区全部提前完成脱贫任务。

【推进文化建设】 以大运河文化的保护、传承、利用为中心，全面推进文化建设。京杭大运河北京城市副中心段实现旅游通航，北京大运河景区正式列入国家AAAAA级旅游景区预备名单。实施“三庙一塔”（文庙、紫清宫、佑圣教寺，燃灯佛舍利塔）整治提升工程，燃灯佛舍利塔成为全国重点文物保护单位。深入推进公共文化服务示范区创建，首家24小时城市书房正式投入运营。成功举办通州半程马拉松、运河文化艺术节等一批特色群众文化体育活动。

【推动全面从严治党向纵深发展】 2019年，坚决贯彻“看北京首先从政治上看”的要求，始终把政治建设放在首位。教育引导全区各级党组织和党员干部牢固树立“四个意识”，坚定“四个自信”，坚决做到“两个维护”，严守政治纪律和政治规矩，自觉在思想上政治上行动上同以习近平同志为核心的党中央保持高度一致。严肃党内政治生活，实施《区委常委会带头落实全面从严治党的实施细则》，全面从严治党责任进一步强化。持续加强社会主义核心价值观的宣传引导，牢牢掌握意识形态工作的主动权，坚守舆论阵地，积极营造清朗网络空间，为城市副中心建设凝聚强大的舆论共识。

坚持加强党对一切工作的领导。加强党对人大、政协工作的领导，支持人大代表开展重点监督，支持政协委员协商议政，人大、政协工作在新形势下实现新提升。强化区委全面深化改革委员会职能，扎实推进副中心管理体制改革、区级机构改革等工作。大力加强统战工作，民主党派、工商联、无党派人士作用得到更充分发挥。老干部工作不断加强。工会、共青团、妇联、残联、文联等社会团体桥梁纽带作用更加突出。

持续加强干部人才队伍和基层党组织建设。健全知事识人体系，将干部队伍建设与机构改革有机融合，调整干部16批444人次。组织党性教育、高校知识更新等系列专题班，干部的党性修养、专业能力不断提升。认真开展选人用人专项检查，加强干部监督管理与正向激励，切实加强对干部的关心关爱。深入实施“灯塔”“运河”“彩虹”计划，不断加大人才引进培养力度。完成村和社区“两委”班子换届。持续强化党建引领，“党建引领‘双报到、双积分’新模式”获评全国基层党建创新最佳案例。深入开展“扫黑除恶”专项斗争，基层政治生态更加清明，基层党组织战斗堡垒作用不断增强。

进一步巩固发展反腐败斗争的压倒性胜利。持续深化纪检监察体制机制改革，初步构建全面覆盖、权威高效的监督体系。采取“个性化清单、项目化管理、动态化考核”措施，全面从严治党的主体责任进一步压实。紧盯“三大攻坚战”、“疏整促”、副中心重点项目，强化政治监督，促进中央及市、区重大决策部署有效落实。查处“为官不为”“为官乱为”和形式主义、官僚主义突出问题84起，处分56人，查处违反中央八项规定精神39人。完成31家单位党组织的政治巡察、规自领域的交叉专项巡察以及274个村的村级巡察。全区纪检监察组织处置问题线索1742件，立案审查调查226件，给予党纪政务处分234人，监委立案29件，留置15人。开展“以案为鉴、以案促改”警示教育，保持惩治腐败的高压震慑态势。

（蔺艳）

重要会议和活动

【陈吉宁现场督查从严治党工作】 1月3日，市委副书记、市长陈吉宁到通州区现场督查2018年全面从严治党（党建）工作。察看潞城镇霍屯村党群服务中心“双报到双积分”、村民活动、红白理事会等运行情况后，召开考核现场会，听取通州区和潞城镇加强基层党建、落实全面从严治党主体责任情况。

【蔡奇、陈吉宁检查副中心交通基础设施建设】 2月21日，中央政治局委员、北京市委书记蔡奇，市委副书记、市长陈吉宁到城市副中心检查交通基础设施建设，并以“四不两直”（“四不两直”是指国家安全生产监督管理总局建立的安全生产暗查暗访制度，分别为“不发通知、不打招呼、不听汇报、不用陪同接待、直奔基层、直插现场”）方式，探访通州政务服务中心工作。先后察看环球主题公园六环路立交桥项目、广渠路东延北运河节点工程进展情况，并主持召开座谈会。蔡奇强调2019年是副中心控规实施的开局之年，要推动高质量发展；要坚持以人民为中心的发展思想，让群众有直接获得感；要促进京津冀区域协调发展，从规划建设一开始就要考虑协同发展问题。市委副书记、市长陈吉宁指出，要在规划设计施工阶段建立成本控制机制；要加强交通的日常管理，特别是实现智慧交通和停车管理方面；要落实好责任，抓好施工扬尘和安全管理。

【隋振江检查副中心安全生产工作】 3月9日，副市长、城市副中心党工委书记、管委会主任隋振江以“四不两直”方式到副中心警务中心、北京学校建设现场、张家湾镇陆辛庄伯特利家具公司检查安全生产工作，强调要按照首善标准，时刻紧绷安全这根弦，坚持生命至上，安全第一；各级领导干部要主动下沉基层一线，全面开展隐患排查，做到不打折扣、不留死角、不走过场。

【蔡奇、陈吉宁调研副中心产业发展】 3月16日，中央政治局委员、北京市委书记蔡奇，市委副书记、市长陈吉宁就推动北京城市副中心产业发展进行调研。在实地查看李宁（中国）体育用品有限公司、运河商务区后主持召开座谈会，强调要深入学习贯彻习近平总书记视察北京重要讲话精神，牢牢把握高质量发展要求，高起点谋划推进城市副中心产业发展，打造北京重要一翼。10月26日，中央政治局委员、北京市委书记蔡奇，市委副书记、市长陈吉宁就城市副中心产业发展到通州调研。在察看国家网络安全产业园（通州园）、人力资源服务产业园通州园并听取相关情况汇报后，蔡奇主持召开座谈会，强调通州区要从副中心的站位来谋划，坚持稳中求进，推动高质量发展；要把科技创新摆在首位，并与行政办公、商务服务、文化旅游三大功能融合发展；要开放带动，促进服务业扩大开放综合试点政策落地，打造一批具有国际水平的示范性项目；要集中布局，优化整合产业空间，优先抓好张家湾设计小镇、台湖演艺小镇、宋庄艺术创意小镇建设发展，与高精尖产业深度融合。陈吉宁指出要围绕承接非首都功能疏解的要求，立足区域资源禀赋特点，找准定位、明确路径，深入研究承接什么、如何承接等问题；要调整优化招商引资机制，建立完善工作专班，提升专业化水平，积极吸引具有较好发展基础和发展前景、具备较强增长性和带动性的企业入驻。

【蔡奇、陈吉宁调研副中心生态环境建设】 5月27日，中央政治局委员、北京市委书记蔡奇，市委副书记、市长陈吉宁就城市副中心生态环境建设到宋庄蓄滞洪区二期建设工程现场、绿心森林公园调研。强调在水环境方面，要抓好通州堰分洪体系建设；要加强水污染治理，建立全流域水污染综合防治体系，严格落实河长制，尽早实现副中心污水处理设施全覆盖、污水全收集全处理，持续改善水质。在绿化方面，要坚持“一心、一环、两带”规划要求；要保障绿化用地，积极引入社会化、市场化力量，建立长期有效规范的绿化管护机制。指出要加快优化政府和社会资本合作项目，进一步增强工程建设、生态环境与水质提升的关联性，力争早日实现水质达标；要进一步明确、细化副中心产业发展定位，抓紧制定副中心产业准入标准，积极吸引并合理布局优质产业要素，有针对性地调整优化配套政策。

【黄晓薇调研妇女思想政治引领和家庭建设工作】 6月5日，全国妇联党组书记、副主席、书记处第一书记黄晓薇到通州区调研北京市妇女思想政治引领和家庭建设工作。在参观于家务乡仇庄村党员活动室、妇女之家、孝道馆、仇庄书院及北京城市副中心规划展厅后，召开座谈会。北京市副市长王红，全国妇联书记处书记、北京市妇联主席蔡淑敏，全国妇联宣传部部长兼办公厅副主任刘亚玫，全国妇联发展部部长杜芮，市委副秘书长李必友，市妇联党组书记张雅君、副书记韦江一同调研。

【蔡奇、陈吉宁调研老城城市修补和生态修复】 6月26日，中央政治局委员、北京市委书记蔡奇，市委副书记、市长陈吉宁就推进老城城市修补和生态修复到通州区调研。察看永顺镇果园大街环境综合整治和公共服务设施配套情况，并到西海子公园察看公园建设进展情况，随后主持召开座谈会。强调要牢固树立以人民为中心的发展思想，坚持问题导向，有序推进老城“双修”各项任务落实，抓好老城区居住环境整治，加强生态环境建设，加强交通治理，给通州群众带来更多实实在在的获得感。

【蔡奇调研张家湾设计小镇】 7月2日，中央政治局委员、北京市委书记蔡奇调研张家湾设计小镇。强调要提高认识，规范定位，注重城市更新和风貌塑造，抓好环境整治和服务设施建设，承接优质的设计企业工作室，抓好配套和运营管理。

【蔡奇、陈吉宁调研环球影城主题公园及综合配套建设】 7月20日，中央政治局委员、北京市委书记蔡奇，市委副书记、市长陈吉宁结合“不忘初心、牢记使命”主题教育，到通州区调研环球影城主题公园及综合配套建设。先后察看京哈高速立交节点工程项目、地铁环球影城站、文旅区综合管廊项目、文旅区规划展厅，随后召开座谈会。指出要高质量推进环球影城主题公园项目建设，抓好外围综合配套，提高精细化管理水平，落实各项任务要求，努力建设国际一流的主题公园，打造北京文化旅游新地标。要加强文化旅游协同发展的顶层设计，明确项目定位，坚持市场化导向，合理布局园区项目，推动区域文化旅游品质升级。

【蔡奇就高质量推进城市副中心规划建设进行拉练式检查】 8月9日，中央政治局委员、北京市委书记蔡奇带领十六区和相关部门主要负责人，就高质量推进城市副中心规划建设进行拉练式检查并召开现场推进会。强调要继续深化规划设计，编制好重点地区、重点领域专项规划和各类导则，加强城市设计；要抓好重要节点和重点工程建设；要抓好老城提升，积极有序推进老城双修行动计划；要推动产业高质量发展，严把准入门槛；要有序推进特色小城镇发展，从规划抓起，加强管控引导；要辐射带动北三县发展，继续按照“四统一”要求，加强与北三县的协同发展。要加大改革力度，提升城市软环境，努力在优化营商环境、推动京津冀协同发展等方面作表率、当示范，推动副中心建设取得新的更大进展；各区要主动服务大局，积极支持副中心建设，加强与通州区对接合作；通州区要加快提升自身服务水平，提高承载能力，推动一批高精尖项目尽快成熟、尽快落地。

【蔡奇调研北运河通州段通航工作】 9月18日，中央政治局委员、北京市委书记蔡奇到通州区调研检查北运河通州段通航工作。到北关闸、千荷泻露桥及垂钓亲水空间，察看闸站改造、河道疏浚等工作后，乘船驶入北关闸至甘棠闸河段，听取景观设计和通航进展等情况的汇报。

【吉林考察通州区大运河文化带建设工作】 11月4日，市政协主席吉林和部分政协委员就大运河文化带建设工作到通州区进行考察。考察西海子公园和大运河森林公园，乘船察看沿线水环境治理情况。随后召开座谈会，在听取相关情况汇报及委员和专家的意见建议后，指出加强大运河文化带建设是北京市推进全国文化中心建设的重要任务，市政协委员围绕保护好、传承好、利用好大运河文化提出大量具有建设性的意见建议，在此基础上，要持续深入就大运河文化带建设相关问题深入调研、建言献策、凝聚共识；针对委员发言聚焦的加强大运河文化展示问题，要充分发挥北京科技创新资源丰富的优势，促进科技与文化融合，讲好大运河故事。

【蔡奇、陈吉宁调研城市副中心运河商务区】 12月7日，中央政治局委员、北京市委书记蔡奇，市委副书记、市长陈吉宁到城市副中心运河商务区调研。在察看紫光科技园和成大广场后主持召开座谈会，指出要坚持高质量发展这个根本要求，精心谋划推进运河商务区规划建设，建设一流的现代运河商务区；要聚焦商务服务和科技创新主导功能，打造北京财富管理中心和高精尖产业集群；要优化营商环境，用足用好新一轮服务业扩大开放试点政策，引进高端产业人才；要做好配套建设，加强区域交通组织，解决好职住平衡。对2019年以来调研落实情况，强调要从宜业宜居的角度深化城市设计；要坚持一年一个节点，抓好重大项目建设；要加大政策支持力度；要与北三县协同发展；要进一步向党工委管委会赋权；要加强对副中心宣传推介。指出要充分发挥自身优势，不断提高承载能力，加强宣传推介，更好地打造城市副中心形象；要聚焦功能定位，严格把握准入门槛，在“精”字上做文章，构建符合功能定位的高精经济结构；要用好结对协作机制，促进资源要素流通，共同推进高质量发展；要统筹谋划，重点破解规划建设中的长期性问题，优化提升业态结构。

【义务植树活动】 4月8日，党和国家领导人习近平、栗战书、汪洋、王沪宁、赵乐际、韩正、王岐山等到通州区永顺镇，同首都群众一起参加义务植树活动。在京中共中央政治局委员、中央书记处书记、国务委员等参加植树活动。

【通州区领导干部大会】 1月20日，通州区召开领导干部大会。区委副书记、区长赵磊传达习近平总书记考察北京城市副中心和在京津冀协同发展座谈会上的重要讲话精神、市委常委会扩大会议精神，区委书记曾赞荣强调要认真学习习近平总书记重要讲话，进一步提升对京津冀协同发展和建设城市副中心的思想认识；要提高政治站位，始终从京津冀协同发展和疏解北京非首都功能这个大局，来谋划城市副中心工作；要全力实现高质量发展，努力创造经得起历史检验的副中心质量；要落实总书记的重要指示，高水平实施控规，做好当前几件重要的工作。区人大常委会主任李玉君传达市十五届人大二次会议有关精神、区政协主席赵玉影传达市政协十三届二次会议有关精神，曾赞荣强调，全区领导干部要牢固树立副中心意识，坚持一流标准、敢于担当作为，以最高标准和质量，做实做细各专项规划，扎扎实实推进副中心建设，一步一个脚印把副中心建设成为新时代城市建设发展的典范，成为新时代的精品城市；要充分发挥重大工程、重要节点的拉动作用，有序拉开城市框架；要坚定不移做好疏解整治促提升，坚定有序疏解北京非首都功能；要坚持打好蓝天保卫战，要聚集主导产业，要切实保障和改善民生，不断增强群众获得感、幸福感、安全感。赵磊指出：全区上下要认真落实市“两会”精神，全力以赴做好控规实施工作；各单位部门要拉好任务清单，做好任务分解，做到目标清晰、心中有数。要加强统筹，早谋划、早实施，上下联动，形成合力，确保高质量、高水平完成中央、市委的决策部署。

【区委第97次常委（扩大）会议】 1月4日，区委书记曾赞荣主持召开六届区委第97次常委（扩大）会议。区委副书记、区长赵磊传达中共中央、国务院关于对《北京城市副中心控制性详细规划（街区层面）（2016年—2035年）》的批复和市委常委会重要指示精神，区委书记曾赞荣强调，要提高政治站位，切实把思想和行动统一到中央、市委精神上来；要牢固树立“副中心意识”，准确把握《批复》精神；要始终坚持“副中心标准”，抓好副中心控规及各项工作落实。赵磊传达市长陈吉宁到通州区现场督查2018年全面从严治党工作考核讲话精神，曾赞荣强调，要旗帜鲜明讲政治，切实落实好建设城市副中心的政治责任；要层层传导压力，层层压实从严治党主体责任；要加强基层党组织建设，打造坚强有力的战斗堡垒；要深化作风建设，坚决克服形式主义、官僚主义；要持之以恒正风肃纪，努力营造城市副中心的良好政治生态。

【区委第99次常委（扩大）会议】 1月11日，区委书记曾赞荣主持召开六届区委第99次常委（扩大）会议。区委副书记、区长赵磊传达北京城市副中心控制性详细规划实施动员部署大会精神，并对落实城市副中心控规进行部署，区委书记曾赞荣强调，要坚决贯彻落实中央和习近平总书记系列指示精神，不折不扣地执行市委各项决策部署，逐一对标对表，进一步明确思路、把准方向，以世界眼光、国际标准、中国特色、高点定位规划设计建设城市副中心，以绝对忠诚担当、高水平、高质量实施城市副中心控规；各部门、各单位要牢固树立副中心意识，坚持副中心标准，扎扎实实把副中心宏伟蓝图变为生动现实。赵磊指出，要进一步明确工作任务、工作责任、工作时序、工作路径，聚焦重点难点问题，切实把高质量发展贯穿到城市规划、建设、管理和经济发展的全过程，努力创造经得住历史检验的城市副中心质量。区委常委、组织部部长韦江总结村和社区“两委”换届选举工作进展情况，副区长董明慧对下一阶段村、社区“两委”换届选举工作进行具体部署，曾赞荣对下一阶段工作提出要求。

【区委第103次常委（扩大）会议】 2月1日，区委书记曾赞荣主持召开六届区委第103次常委（扩大）会议。区委常委、区纪委书记、区监委主任郑宇传达习近平总书记在十九届中央纪委三次全会上的重要讲话精神、中央纪委全会精神和市纪委十二届四次全会精神。曾赞荣强调，要以更大力度抓好全面从严治党工作，营造风清气正的政治生态。要做好节日各项保障，及时解决市民热线反映的问题，做到接诉即办。要加强各类风险隐患排查整治，确保全区群众过个安乐祥和的新春佳节。

【区委第104次常委（扩大）会议】 2月2日，区委书记曾赞荣主持召开六届区委第104次常委（扩大）会议，传达习近平总书记春节前夕在北京看望慰问基层干部群众重要讲话精神和市委常委扩大会议精神

【区委第106次常委（扩大）会议】 2月15日，区委书记曾赞荣主持召开六届区委第106次常委（扩大）会议。区委副书记、区长赵磊传达市委十二届八次全会精神。曾赞荣强调，要进一步提高政治站位，认真学习贯彻落实习近平总书记视察北京重要讲话精神；要高水平实施好副中心控规，努力创造经得起历史检验的城市副中心质量；要进一步抓好作风建设，坚持做到“民有所呼，我有所应”。

【区委第107次常委（扩大）会议】 2月22日，区委书记曾赞荣主持召开六届区委第107次常委（扩大）会议。区委副书记、区长赵磊传达市委书记蔡奇、市长陈吉宁调研通州精神。曾赞荣强调，要提高政治站位，切实增强建设城市副中心的责任感和紧迫感；要贯彻落实好市领导调研指示精神，整体谋划、有序推进城市副中心交通基础设施建设；要坚持以人民为中心的发展思想，把群众身边事办好；要坚持高质量发展，创造经得起历史检验的副中心质量。

【区委第111次常委（扩大）会议】 3月16日，区委副书记、区长赵磊主持召开六届区委第111次常委（扩大）会议。区人大常委会主任李玉君传达全市领导干部会议精神，区委常委、常务副区长、政法委书记刘贵明传达市委书记蔡奇调研讲话精神。赵磊强调，要不断提升产业辐射力、创新力、凝聚力，逐步提升副中心的产业发展势头和品牌效应，扎实推动副中心产业高标准、高质量发展；要围绕整理产业空间、修订产业准入标准、细化产业定位、

加快研究高新技术应用场景在副中心的应用、依托研究资源开展合作等，确保工作争一流、上水平。

【区委第116次常委（扩大）会议】 4月28日，区委书记曾赞荣主持召开六届区委第116次常委（扩大）会议，传达市委关于干部调整的有关决定。

【区委第120次常委（扩大）会议】 5月27日，区委副书记、区长赵磊主持召开六届区委第120次常委（扩大）会议。区委副书记初军威传达市领导调研通州精神。赵磊指出，要进一步提高政治站位，切实把思想和行动统一到市委、市政府决策部署上来，不断增强工作责任感和紧迫感，不折不扣抓好贯彻落实，努力交上满意答卷；要按照市委、市政府决策部署，高质量构建蓝绿交织、清新明亮、水城共融的生态布局；要按照市领导调研指示精神，统筹做好产业发展工作。

【区委第124次常委（扩大）会议】 6月26日，区委副书记、区长赵磊主持召开六届区委第124次常委（扩大）会议。区委副书记初军威传达市领导调研通州精神。赵磊强调，要提高站位，增强工作的责任感和紧迫感；要把握要求，高标准抓好贯彻落实；要再接再厉，统筹做好其他各项工作。

【区委第128次常委（扩大）会议】 7月20日，区委书记曾赞荣主持召开六届区委第128次常委（扩大）会议。区委副书记、区长赵磊传达市委十二届九次全会和市领导到通州调研精神。曾赞荣强调，贯彻落实精神，最主要的还是要做好副中心的工作，在疏解整治促提升、推动高质量发展、大气环境治理、重点项目工程和城市管理上下功夫。

【区委第132次常委（扩大）会议】 8月9日，区委书记曾赞荣主持召开六届区委第132次常委（扩大）会议。区委副书记、区长赵磊传达高质量推进城市副中心规划建设现场推进会精神和市委书记蔡奇调研台湖演艺小镇讲话精神。曾赞荣强调，要增强副中心建设的紧迫感、责任感、使命感；要坚持副中心质量，产业引入要有质量，项目建设要高质量，要高水平进行管理；要转变观念，做好紧要的工作，抓住重点任务；要加强队伍建设。

【区委第140次常委（扩大）会议】 9月16日，区委书记曾赞荣主持召开六届区委第140次常委（扩大）会议。区委副书记、区长赵磊传达习近平总书记视察北京香山革命纪念地时的重要讲话和市委常委扩大会议精神。曾赞荣强调，要牢固树立以人民为中心的发展思想，把人民对美好生活的向往作为奋斗目标；要大力弘扬革命传统，发扬斗争精神；要持之以恒抓好作风建设；要扎扎实实做好70周年大庆服务保障工作。

【区委第143次常委（扩大）会议】 9月30日，区委书记曾赞荣主持召开六届区委第143次常委（扩大）会议。区委常委、政法委书记张德启，副区长倪德才分别对全区安保、安全生产工作进行再部署、再强调。曾赞荣就做好当前全区安全稳定各项工作强调，要提高政治站位，保持清醒头脑，牢牢绷紧安全稳定这根弦；要警钟长鸣，引以为戒，全面开展隐患排查和问题整治；要压实责任，落实措施，决战决胜国庆安保工作。

【区委第147次常委（扩大）会议】 10月26日，区委书记曾赞荣主持召开六届区委第147次常委（扩大）会议。区委副书记、区长赵磊传达中华人民共和国成立70周年庆祝活动北京市筹备和服务保障工作总结表彰大会精神和市委书记蔡奇，市委副书记、市长陈吉宁调研检查城市副中心产业发展讲话精神。曾赞荣指出，要全面总结梳理服务保障的经验做法和有益启示，进一步完善重大活动常态化服务保障机制；要与“不忘初心、牢记使命”主题教育结合起来，把服务保障工作中激发的精气神，更好转化为干事创业、担当作为的实际行动，转化为副中心建设的强大动力。要围绕承接非首都功能疏解的要求，立足区域资源禀赋特点，深入研究承接内容、如何承接等问题，摸清底数，整合盘活存量资源，理顺工作机制，加强市区对接；要全面把握产业发展规律，坚持稳中求进、高质量发展；要继续大力优化营商环境，补齐短板，研究相关个性化政策，在提高服务效能上下大功夫。

【区委第 154 次常委（扩大）会议】 11 月 29 日，通州区召开六届区委第 154 次常委（扩大）会议。区委副书记、区长赵磊传达市委十二届十次全会精神。区委书记曾赞荣指出，要深入学习领会十九届四中全会和市委全会精神，迅速把思想和行动统一到中央及市委的决策部署上来；要以副中心标准、副中心质量抓好全会精神贯彻落实；要以“时不我待”“只争朝夕”的精神抓好重点工作，开展好“不忘初心、牢记使命”主题教育，抓好年底收尾工作，提前谋划好 2020 年工作，维护好社会安全稳定。

【区委第 156 次常委（扩大）会议】 12 月 7 日，通州区召开六届区委第 156 次常委（扩大）会议。区委副书记、区长赵磊传达市领导调研通州精神。区委书记曾赞荣强调，要增强产业高质量发展的责任感、紧迫感；要继续坚持改革创新，加强体制机制建设，建立市场化的管理模式，打造优质的营商环境；市委书记蔡奇调研中提到的工作要进一步做好梳理，抓好落实。

【区委第 159 次常委（扩大）会议】 12 月 21 日，北京城市副中心党工委、管委会领导班子会议与六届区委第 159 次常委（扩大）会议联合召开。副中心党工委常务副书记、管委会常务副主任、区委书记曾赞荣主持，区委常委、区纪委书记、区监委主任郑宇传达市委十二届十一次全会精神。曾赞荣强调，要提高政治站位，把思想和行动统一到中央经济工作会议和市委全会精神上来；要以副中心意识、副中心标准抓好全会精神贯彻落实；要坚定信心、凝心聚力高质量抓好重点工作；要抓好岁末年初各项工作，开好区委全会和区“两会”，做好节日慰问工作，绷紧安全稳定这根弦，关注农民工工资问题，做好节日值班值守。

【区委六届七次全会】 7 月 26 日，中共北京市通州区第六届委员会第七次全体会议召开。全会听取和审议曾赞荣代表区委常委会所作的全会工作报告，讨论赵磊所作的关于 2019 年上半年全区经济社会发展工作的书面报告，审议《通州区部分地区行政区划调整方案》，表决通过《中共北京市通州区第六届委员会第七次全体会议关于递补区委委员的决定》《中共北京市通州区第六届委员会第七次全体会议决议》。区委书记曾赞荣强调，抓好下半年各项工作任务落实，要提高政治站位，把讲政治、顾大局始终放在头等重要的位置；要奋发有为，方方面面工作都走在前、当标杆、做示范；要坚持以人民为中心的发展思想，不断提升副中心群众的获得感、幸福感；要强化统筹协调，系统高效推进工作落实。

【区委六届八次全会】 12 月 23 日，中共北京市通州区第六届委员会第八次全体会议召开。全会听取和审议曾赞荣代表区委常委会所作的工作报告，审议区委常委会抓党建情况报告，讨论关于全区经济社会发展工作的报告，表决通过了《中共北京市通州区第六届委员会第八次全体会议决议》。曾赞荣代表区委常委会，就贯彻落实全会精神，抓好 2020 年各项工作任务强调，要始终树牢副中心意识，主动服务大局，敢于担当作为；要始终坚持高质量发展；要始终坚持改革创新；要始终狠抓工作落实；要始终坚持以人民为中心的发展思想；要始终坚持全面从严治党。

（蔺艳）

组　织

【概　况】　截至2019年底，全区有2437个基层党组织，66408名党员；有处级干部1025人，其中处级领导干部556人。在区委的坚强领导下，全区组织系统立足市级行政中心迁入城市副中心的新阶段赋予组织工作的新机遇新使命，以学习贯彻习近平新时代中国特色社会主义思想为主线，以扎实开展“不忘初心、牢记使命”主题教育为抓手，树立副中心意识、坚持副中心标准、创造副中心质量，推动组织工作各项任务取得重要进展和积极成效。

【中华人民共和国成立70周年服务保障工作】　提高政治站位，将服务保障中华人民共和国成立70周年作为首要政治任务。按照精益求精，万无一失的工作要求，充分发挥组织部门牵头抓总作用，动员引导全区各级党组织和党员干部群众以最高标准、最强举措、最佳状态参与服务保障各项任务，并积极协调解决建章立制、训练物资采购、彩车专项保障等问题。精心组织人员参加国庆游行和联欢，展现副中心党员干部群众的良好精神风貌，凝聚起为国担当、为国奉献、奋进新时代的强大力量。

【开展“不忘初心、牢记使命”主题教育】　认真落实“守初心、担使命，找差距、抓落实”的总要求，坚持思想教育打头，将学习贯彻习近平新时代中国特色社会主义思想作为主线贯穿始终，结合学习贯彻中共十九届四中全会精神，推动理论学习往深里走、往实里走、往心里走。坚持抓住“关键少数”，强化区级领导与各级党组织书记的示范带动作用，带头开展学习研讨，讲授专题党课，深入基层蹲点调研、问需解难。坚持重心下移，成立15个区级巡回指导组，组建专门力量下沉基层支部，从严开展督促指导，推动各单位规定动作不折不扣、创新动作有声有色。坚持突出副中心特色和群众需要，制定“8+1+1”专项整治体系和“未病”整治清单，开展处级党员干部“回社区、办实事、解难题”“我是副中心党员”等活动。坚持将“改”字贯穿始终，提出“启动即整改”的思路，立查立改、即知即改，累计发现问题3924个，现场解决2961个，挂账督办963个，群众的获得感、幸福感和安全感进一步提升。9月10日，召开区委“不忘初心、牢记使命”主题教育工作会议，区委书记曾赞荣对全区主题教育工作进行动员部署。9月19日，区级四套班子成员到北京香山革命纪念地开展“红色精神代代传”主题党日活动。10月11日，区委书记曾赞荣以《在高质量推进城市副中心建设中践行初心和使命》为题，为全区领导干部讲授专题党课。12月3日，区委领导班子召开“不忘初心、牢记使命”专题民主生活会，按照“四个对照”“四个找一找”的要求开展批评和自我批评。

【强化基层带头人队伍建设】　以村和社区“两委”班子换届为抓手，在区委的坚强领导下，依托区、街乡两级换届选举工作领导小组和工作专班，强化组织领导、规范程序把控。落实“五好十不能”[“五好”：政治思想好、能力素质好、遵纪守法好、道德品质好、群众基础好。“十不能”：凡被判处刑罚正在服刑期间或刑满释放（或缓刑期满）的；因涉黄、涉赌、涉毒受到行政拘留处罚，被认定为涉黑涉恶、“村霸”等人员的；涉嫌违纪违法正在接受纪检监察机关、公安机关、司法机关立案调查的；因侵占村和社区集体资产资源资金，特别是支农和帮扶资金、农业补贴资金、社会救助资金被有关部门查处的；参与或指使他人以暴力、威胁、欺骗、贿赂、伪造选票、虚报选举票数等不正当手段参选的；因非法占地、违法建设等行为被有关部门查处且尚未整改的；因违法信访、破坏选举秩序，组织或利用邪教、会道门、迷信活动扰乱社会公共秩序被有关部门处理的；有失信行为被法院列入失信被执行人名单的；受到党纪政务处分尚未超过所受纪律处分有关任职限制期限的，近三年内被责令辞职或者免职的，在有关任期内被评定为不合格党员或者连续两次民主评议为不称职的；丧失行为能力等不能正常履职的其他情形］要求，结合扫黑除恶专项斗争，从严开展资格审核，把好“入口关”。按照“五个一批”（劝退一批、转岗一批、安置一批、选派一批、转居一批）要求，对195个非“一肩挑”［村（社区）党组织书记和村（居）民委员会主任由同一人担任］村进行分类攻坚。建设通州区村和社区“两委”［村（社区）党（总）支部委员会和村（居）民委员会］换届选举视频信息系统进行实时监控、快速处置，坚持把换届纪律挺在前面。完成全区470个村、130个社区的“两委”班子换届工作，高于全市标准实现4个100%目标。在此基础上，以提升党性修养和履职能力为目标，持续开展大规模轮训，进一步提升基层带头人队伍整体素质。

【深化党建引领副中心共商共治共享】 启动“党建引领，首都高校助力一流副中心建设”百千万聚才工程，邀请30所高校赴通州建言献策、结对共建。深化党建引领“街乡吹哨、部门报到”改革，结合全市街道工作会议精神，推动落实年度全区街道工作35项重点任务，坚持不懈为基层赋权减负。抓实党建引领物业企业和业委会参与基层治理，推动全区130个社区全部建立党组织领导下的多方议事协调机制。持续深化党建引领“双报到、双积分”［基层党组织带动其他各类组织形成“党组织+”，在职党员带动其他党员及群众形成“党员+”，分别到街道（乡镇）和社区（村）进行报到，并通过参加活动或提供服务获取积分，凭借积分兑换反馈服务］工作，打造“双报到、双积分”互助平台1.0，常态化组织开展“党旗飘扬副中心”等系列活动，有效强化基层治理体系和治理能力。截至年底，累计组织服务活动5000余次，参与活动党员16万余人次，党建引领“双报到、双积分”工作获评全国城市基层党建创新最佳案例。

【推进区级机构改革和副中心管理体制改革】 对标中央和市级机构改革，全面完成26项改革任务，推动机构设置和职能配置更加优化、协同、高效。推进街道社区管理体制改革，大力优化行政办公区内及周边行政区划调整，按照大部制管理模式，强化新划设街道统筹管理。深化园区管理体制改革，将原有的17个园区整合为中关村通州园、运河商务区、文化旅游区3个园区管委会，重点优化中关村通州园空间布局，形成全方位产业推进体系。结合机构改革实际，合理配备涉改单位领导班子，确保平稳过渡、有效衔接。围绕落实副中心控规、开发建设、规划布局等重点领域，研提第一批拟由市级赋权的44个事项清单，推进“副中心的事副中心办”。扎实推进职务与职级并行工作。将职务与职级并行工作作为优化干部队伍结构、激发干部干事热情的重要抓手。落实《中华人民共和国公务员法》和《北京市公务员职务与职级并行制度实施方案》，强化区级统筹，研究制定区级实施方案，精准核定职级职数，分级分类进行测算。提出并遵照“五个优先考虑”原则，稳妥推进套改、晋升等各项工作。完成349名区属处级领导干部的职级套转，对85家单位晋升一级调研员工作进行考察，并指导各单位做好三、四级调研员及以下职级公务员职级晋升相关工作，确保中央及市委政策要求积极稳妥落实。

【提升干部队伍素质】 着眼副中心建设大局，坚持正确选人用人导向，健全完善知事识人体系，扎实推进年轻干部发现培养、市区干部交流、“双向挂职”（通州区与市级相关单位双向挂职锻炼工作）等工作，协助区委调整干部22批1049人次，其中提拔处级干部29人，干部队伍知识结构、专业结构、年龄结构持续优化。组织全体处级干部到山东临沂开展党性教育。全覆盖开展副中心控规轮训，组织干部到知名高校开展知识更新培训，帮助干部强化党性修养、提升专业能力、拓宽工作视野。全年举办各类培训班次28期，培训干部4461人次，其中处级干部1743人次。聚焦脱贫攻坚，举办对口支援地区干部培训班9期，培训干部438人次。从严抓好干部管理监督，个人有关事项报告如实率从80.16%提升到91.51%，上升11个百分点，干部的纪律意识、规矩意识进一步强化。

【推动区域人才发展环境不断优化】 聚焦引才、育才、留才，研究制定《北京城市副中心鼓励人才创新创业引领高质量发展的若干措施（试行）》，深入实施“灯塔”“运河”“彩虹”计划，加大人才引进培养力度。中国北京人力资源服务产业园通州园区正式开园，39家优质人力资源企业入驻园区，全年实现税收1.2亿元。高标准完成国际人才社区规划设计，各项工作稳步推进。

【加强组织部门自身建设】 立足新时代新要求，坚持“讲政治、重公道、业务精、作风好”，强化组工干部综合素质培养，打造过硬队伍。结合机构改革，对部机关内设部门进行整合梳理，完成部机关党支部换届，以更加科学、规范、高效的体制机制提升组织工作服务保障副中心建设的质量和水平。

【村和社区“两委”换届选举】 1月21日，召开全区村和社区“两委”换届工作领导小组专题会。4月25日，对马驹桥镇换届选举未完成的村进行专题调研。5月17日，召开全区村“两委”换届选举选情分析研讨会，对未完成换届选举的村逐一进行选情研判。6月10日，完成全区470个村和130个社区的“两委”换届选举工作。7月24日，召开全区村和社区“两委”换届选举工作总结会。

村民在村和社区“两委”换届选举现场进行投票
（区委组织部提供）

【基层党员干部队伍建设】 2月起，在全区各级党组织和广大党员中开展“党旗飘扬副中心、不忘初心践使命”主题活动。3月，组织130名新任社区党组织书记和居委会主任开展为期5天的专题培训。6月10—14日，会同区委农工委、区民政局，组织全区村党组织书记、村委会主任开展为期一周的专题培训。6月16—27日，会同区委社会工委、区民政局，组织全区社区党组织书记、居委会主任分两期赴福建省厦门市开展现场教学。12月，出台《关于村党组织书记区级备案管理制度的实施细则（试行）》。12月26日，召开第三批第一书记工作总结暨第五批第一书记工作部署会，截至年底，全区有市、区两级第一书记26人在村任职。年内，将2名优秀社区党组织书记招录为公务员。

【干部挂职交流】 3月，选派1名干部到河北挂职。3—11月，选派8名干部到内蒙古挂职锻炼，选派30名专业技术人才开展对口帮扶。6月，选派6名干部援建西藏。年内，接收33名干部到通州挂职。

【组织工作新闻宣传】 2—7月，围绕“党旗飘扬副中心，不忘初心践使命”主题活动，策划《党旗飘扬副中心，万名党员进街巷》《我为垃圾找个家》等专题栏目，累计发布动态信息22条。8—12月，围绕“我是副中心党员”主题活动，策划《汛情是哨声，我们在一线——副中心党员群众防汛一线风采掠影》《国庆特别策划之我是副中心党员》《新年快乐，工作快乐——副中心党员元旦期间坚守在岗位》等专题栏目，录制《我是副中心党员之副中心十二时辰》专题视频。9—12月，围绕“不忘初心、牢记使命”主题教育，在“通州组工”微信公众号中设置“守初心”“践使命”版块，开设《主题教育进行时》专题栏目，累计发布主题教育相关信息163条，其中学习素材38条、工作动态68条、专题视频27条。

【基层党组织建设】 坚持“从严、过硬、到底”，区级四套班子领导对全区600个村和社区进行全覆盖调研走访，加大对软弱涣散基层党组织的督导和帮扶力度。结合扫黑除恶工作，对基层党组织全面开展排查清理整治。强化对各级党组织书记的督导考核，落实村和社区党组织书记区级备案要求，推动抓党建责任一贯到底。不断夯实基础保障，推动18个街道乡镇党群服务中心基本建成，基层党组织引领发展、服务群众的能力和水平进一步提升。2月2日，召开2018年度乡镇、街道和系统党（工）委书记抓基层党建述职评议考核会。同月，启动区委直属机关党委（党组）书记抓基层党建述职评议工作。3月，选派10名科级优秀年轻干部到10个村任村党支部书记。8月27日，出台《通州区“两新”组织（新经济组织和新社会组织）党建工作重点任务及分工》。截至2019年底，全区非公企业和社会组织党组织覆盖率达87.8%和80.4%，分别较上一年度提高25个百分点和5.5个百分点。

【干部管理监督】 2月22日，召开全区领导干部大会，对局级领导班子和领导干部进行2018年度考核测评。2—3月，组织全区各处级单位召开2018年处级领导班子和领导干部年度考核测评会，安排37名干部开展全覆盖式全程监督检查。11月，启动2019年度团职军转干部安置工作。年内，对262名领导干部个人有关事项报告进行查核，对7名干部进行提醒，对33名干部进行函询，对5名干部进行诫勉。加大干部关心关爱工作力度，全年看望慰问干部22人，组织1000余名处级干部参加健康体检。

【干部教育培训】 2月26日至3月1日，分4期举办“知行合一，习近平新时代中国特色社会主义思想暨城市副中心控规”专题培训班，培训处级领导干部626名。3月11日，举办通州区2019年优秀中青年干部培训班，组织38名干部进行为期3个月的集中理论学习；选派干部到团区委、“不忘初心、牢记使命”主题教育领导小组办公室等单位进行6个月的实岗锻炼。3月18—29日，组织26名新任处级领导干部参加“政治素质与专业能力提升”专题培训班。4月10日至6月28日，选派5名处级领导干部参加北京大学现代公共管理研修班。4月16—30日，举办西藏拉萨市城关区致富带头人集中培训班，拉萨市城关区30名致富带头人参训。4月19日至6月19日，分5期组织全区628名处级领导干部赴临沂开展“强党性、促凝聚”集中轮训，实现处级领导干部全覆盖。4—6月，分5期举办内蒙古通辽市奈曼旗农村致富带头人专题培训班，通辽市奈曼旗270名农村致富带头人参训。5月26日至6月1日，举办内蒙古赤峰市翁牛特旗农村致富带头人专题培训班，赤峰市翁牛特旗51名致富带头人参训。6月24—28日，举办对口协作武当山特区年轻干部培训班，37名干部参训。7月，制定出台《2018—2022年通州区干部教育培训规划》。7月7—12日，举办内蒙古兴安盟科右中旗农村致富带头人专题培训班，兴安盟科右中旗50名农村致富带头人参训。7月15日至8月9日，选派5名处级领导干部参加清华大学“北京各区领导力提升高级研修班”。7—9月，开展北京城市副中心干部知识更新计划，组织全区324名处级领导干部赴北京大学、清华大学、中国人民大学进行专题培训。10月21—24日，联合区发展改革委（区疏整促专项办）举办通州区治理类街乡镇整治提升专题培训班。

通州区“强党性、促凝聚”专题培训班学员在临沂进行参观学习　　（区委组织部提供）

【人才引进培养】 3月29日，第十一批“人才京郊行”总结对接会在通州召开，对第十批“人才京郊行”工作进行总结，并做好第十一批5名挂职人才对接工作。5月30日，北京大运云链大数据应用研究院在罗克佳华科技集团有限公司北京总部正式揭牌。7月7日，在市人才工作局及北京市海外学

5月30日，北京大运云链大数据应用研究院在罗克佳华科技集团有限公司北京总部举行揭牌暨合作签约仪式 （区委组织部提供）

人中心的协助下，正式引进1名金融领域特聘专家。

【党群服务中心建设】 3月31日至4月3日，组织各街道乡镇党群服务中心建设相关负责人赴上海考察学习。5月23日，联合区税务局举办“税收服务进党群服务中心”活动。8月27日，出台《关于加强全区各级党群服务中心（站）规范化建设的实施意见》《通州区党群服务中心(站)建设管理办法(试行）》。年内累计建成街乡级党群服务中心18个。

梨园镇党群服务中心 （区委组织部提供）

【党建引领物业服务企业和业委会参与基层治理工作】 4月，在全区范围内启动党建引领物业企业和业委会参与基层治理工作。将新华街道、通运街道的26个小区及从其他街道乡镇中选取的7个小区作为试点，进行全覆盖调研和一对一指导。年内，累计为试点小区引进5个物业公司，指导成立3个联合党支部。

【通武廊人才一体化发展】 4月2日，召开京津冀人才一体化发展部际协调小组第四次会议，审议通过《2019年京津冀人才一体化发展工作要点》，签署《通武廊人力资源服务企业联盟合作协议》。

【年轻干部队伍建设】 4—10月，联合区人力社保局开展2019年通州区选调生招录工作，选拔12名选调生。7月12日，召开通州区引进高校优秀学生暑期社会实践工作对接会，来自清华大学、北京大学、中国人民大学等6所高校36名优秀学生分别到15家单位进行暑期挂职实习。实施“彩虹计划”——通州区青年人才培养工程，启动“成就初心 梦想起航副中心”走进高校英才选聘系列活动，11月26日、11月29日，分别在清华大学、北京大学举办专场推介招聘会，招募年轻干部人才。

11月26日，区委组织部在清华大学举办“成就初心 梦想起航副中心”走进高校英才选聘系列活动，区委常委、组织部部长陈江华在做动员宣讲 （区委组织部提供）

【优化人才发展环境】 7月26日，启动通州区第三批“两高”[为通州区海外高层次人才引进计划（简称“灯塔计划”）和通州区高层次人才发展支持计划（简称“运河计划”）的简称]人才评选工作，最终评选出“灯塔计划”人才13名、“运河计划”人才180名。6月29日，召开区委书记专题会，审议通过国际人才社区核心区理念研究、城市设计及国际人才公寓建筑设计。

【干部考察工作】 7月，对8家区属国有企业的45名领导人员进行考察。7—11月，围绕党建引领“街乡吹哨、部门报到”、“12345”接诉即办工作，到马驹桥镇，中仓街道，区委社会工委、区民政局，区城市管理委，区交通局，区园林绿化局6单位进行“贴近式”（通过“听其言、观其行、察其绩”，采取实地调研走访、个别谈话了解、查阅文字资料等方式，近距离、多渠道、全方位了解干部）考察。12 月，对中关村科技园区通州园管委会、运河商务区管委会、文化旅游区管委会 3 个园区领导班子和 29 名处级领导干部进行考察。年内，开展 2019 年度试任职处级干部的试用期满考察，考察并同意正式任职干部 5 人。

【组织工作信息化建设】 8 月，贯彻落实《党员教育管理条例》相关要求，将“党员 E 先锋”中跨市组织关系转接权限赋予各基层党委。年内，完成约 1000 名区管干部信息库更新，并完成干部系统 PAD 端扩展升级。

【“党建引领，首都高校助力一流副中心建设”百千万聚才工程】 9 月 11 日，组织 23 所高校主管校领导及组织部部长就“党建引领，首都高校助力一流副中心建设”百千万聚才工程赴通州考察调研。10 月，面向全区相关单位征集对高校专业干部人才的需求情况，28 家单位上报 36 个岗位需求。10 月 28 日，召开“党建引领，首都高校助力一流副中心建设”百千万聚才工程对接会，与来自北京大学、清华大学、中国人民大学等 30 所高校的主管校领导及组织部部长共同商讨合作事宜。

【公务员队伍建设】 年内，开展公务员考试录用、补充录用工作，严格标准程序，严把“入口关”，

10 月 28 日，通州区委召开“党建引领，首都高校助力一流副中心建设”百千万聚才工程对接会（区委组织部提供）

不断提升城市副中心高素质专业化公务员队伍建设水平；累计举办公务员初任培训 2 期、公务员大规模轮训 3 期、公务员任职培训 1 期，培训公务员 771 人次。

【人才政策集成研究】 6—9 月，与中智集团组成调研组，围绕通州区现行人才政策开展评估性调研，研究制定《北京城市副中心鼓励人才创新创业引领高质量发展的若干措施（试行）》。

【指导相关选举工作】 4 月，指导区总工会完成换届选举工作；7 月，完成区委委员递补工作，程卫民递补为区委委员。10 月，指导区科协完成换届选举工作；12 月，指导区妇联完成换届选举工作。

（常帅男）

宣　传

【概　况】　完成国庆70周年群众联欢和服务保障工作。组织全区各界代表近3000人，完成天安门广场“砥砺奋进”群众联欢板块演出。在区属媒体开设《壮丽70年　奋斗新时代》专题专栏，充分报道副中心建设发展成就。抓好国庆社会环境布置，大运河灯光秀、花坛花卉扮靓副中心等得到媒体广泛报道，营造喜庆的节日氛围。

深入学习宣传十九届四中全会精神，不断深化理论武装。把学习贯彻习近平新时代中国特色社会主义思想作为重中之重，区委理论学习中心组开展学习研讨18次，督促指导全区各级中心组加强理论学习。围绕学习贯彻十九届四中全会精神，推动组建各级宣讲团，开展宣讲活动230余场，受众达到1.9万人次。办好“筑梦新时代　奋进副中心”演讲比赛，以百姓视角讲述四中全会精神在副中心的生动实践。强化对外宣传，充分展示副中心良好形象。推动区融媒体中心改革创新，传统媒体和新媒体有效联动、呼应，打好副中心控规落地重点宣传战役。做好“建设副中心　奋进新时代”集中采访，全年在中央和市级权威主流媒体刊播正面报道1200余条。区融媒体中心通过与市属主流媒体紧密合作，迅速提升新闻质量。高标准打造移动客户端“融汇副中心”，做精做强“媒体＋服务”。“通州发布”影响力逐步提升，连续20个月排名全市榜首。

注重项目牵引，扎实推进大运河文化带建设。大运河文化旅游景区列入创建国家AAAAA级旅游景区预备名单，“三庙一塔”景区提升改造加速推进。修订《通州区大运河文化带保护建设规划》和《五年行动计划》。发挥国家大剧院舞美基地龙头作用，通过影偶艺术周、台湖音乐周等品牌影响力，聚集台湖演艺小镇人气。宋庄24小时无人值守城市书房试运行。大力推进公共文化服务体系建设，获评首都公共文化服务示范区。

弘扬运河文化，积极打造区域文化品牌。成功举办国家级大运河文化带文化遗产创新创意设计大赛，成立“大运河文化遗产文创发展联盟”，着力打造通州文化新品牌。培育中国艺术品产业博览会、运河艺术节、北京七夕文化节、京津冀文化交流季等一批文化活动品牌。举办“书香通州”大运河阅读行动，组建大运河文化宣讲团，开设大运河文化展览馆，全面展示京杭大运河历史风貌和人文底蕴。

坚持典型引路，大力弘扬社会主义核心价值观。完成新时代文明实践中心、所、站三级组织体系建设，常态化开展新时代文明实践活动500余场。承办5月中国好人榜发布仪式暨全国道德模范与身边好人现场交流活动，广泛开展典型选树、张榜宣传、帮扶礼遇，打造副中心警察榜样、最美西集人、马桥榜样等子品牌。举办全市“爱满京城”首都学雷锋志愿服务推动日活动。完成区级爱国主义教育基地考评命名，充分发挥爱国主义教育基地社会教育功能。

压实主体责任，切实维护副中心意识形态安全。持续压实意识形态工作责任制，会商研判、情况通报、风险防控、管控处置、督查考核等工作机制运转有效。推进区委、区政府主要领导与处级单位党政正职签订意识形态责任书。制定实施网络意识形态工作责任制实施细则和城市公共空间艺术品建设管理意见。深入开展“扫黄打非”，部署“清源”“固边”等专项行动，有力维护城市副中心意识形态安全。

（赵小女）

【开展“爱上大运河”全媒体行动】　2月5日，区委宣传部与北京电视台共同主办推出《爱上大运河》大型跨省融媒体新闻行动。各省市融媒体中心在微博共同推出“爱上大运河”话题和新媒体报道。

微博话题累计阅读量达 1657 万次，相关视频累计播放量近 4000 万次。

2 月 5 日，“爱上大运河”全媒体行动采访
（区委宣传部提供）

（刘涛）

【举办“2018 通州榜样”颁奖典礼】 2 月 22 日，举办“情暖大运河　德耀副中心”——“2018 通州榜样”颁奖典礼。王震南等 10 人被授予“2018 通州榜样”年榜人物，张利鹏、张鑫被追授“2018 通州榜样”特别奖，徐思恭、吴玉国、杨小东被评为“2018 通州榜样 · 新乡贤”，王震等 35 人荣获“2018 通州榜样”提名奖。

2 月 22 日，举办“2018 通州榜样”颁奖典礼
（区委宣传部提供）

（王梦茜）

【承办“爱满京城”首都学雷锋志愿服务推动日主题活动】 3 月 2 日，由市委组织部、市委宣传部、首都文明办等部门主办的 2019 年“爱满京城”首都学雷锋志愿服务推动日暨“迎国庆百万志愿者共建和谐宜居之都”主题活动在运河文化广场举行，活动现场举办“通州百姓　幸福演绎”宣讲，开展秩序引导、义务理发修脚、应急避险知识宣教等志愿服务。

3 月 2 日，举办“爱满京城”首都学雷锋志愿服务推动日主题活动　（区委宣传部提供）

（王辉）

【举办时代楷模“北京榜样”优秀群体先进事迹报告会】 3 月 4 日，由市委宣传部、首都文明办、市委讲师团联合主办的“时代楷模——‘北京榜样’优秀群体先进事迹巡回报告会”在通州会议中心举行。区委副书记初军威主持报告会。夏虹等 7 名宣讲员讲述“时代楷模”北京榜样优秀群体的先进事迹。区领导赵玉影、洪波、韦江参加报告会。

3 月 4 日，举办时代楷模“北京榜样”优秀群体先进事迹报告会通州区委理论中心组扩大学习专场
（区委宣传部提供）

（王梦茜）

【开展学雷锋推动月志愿服务活动】 3月，全区93家单位，100余个社区（村），200余支志愿服务队，20余家志愿服务组织，围绕社会治理、移风易俗、敬老助残、邻里守望、交通路口文明引导等内容，集中开展志愿服务活动150余场，10万余名“通州百姓”参与，累计服务时长达99万余小时。

（王辉）

【承办“迎国庆展形象　做新时代文明北京人——‘V蓝北京’行动”发布会】 4月22日，由首都文明办、市生态环境局、市志愿服务联合会、北京电台主办的“迎国庆展形象　做新时代文明北京人——‘V蓝北京’行动”发布会在大运河森林公园举行。文明北京、京环之声、腾讯大燕网、北京时间进行同步视频直播。

（张桐）

【承办“情暖运河　德耀中华”5月中国好人榜发布仪式】 5月30日，举行5月中国好人榜发布仪式暨全国道德模范与身边好人现场交流活动。中央文明办中国文明网总编辑董青，市委宣传部副部长、首都文明办主任滕盛萍，国家大剧院党委副书记、副院长赵佳琛，区领导赵磊、赵玉影、汤一原、张绍武参加活动。

5月30日，承办“情暖运河　德耀中华”5月中国好人榜发布仪式暨全国道德模范与身边好人现场交流活动　（区委宣传部提供）

（王梦茜）

【完成新时代文明实践中心、所、站三级体系建设】 5—12月，全区建成新时代文明实践所17个、实践站519个，成立新时代文明实践志愿服务队伍519个，常态化开展新时代文明实践活动500余场。在“融汇副中心”App开发设计通州区新时代文明实践中心平台，初步实现文明实践新闻动态宣传、实践基地信息查询预约、志愿服务点单派单等功能，推动“融媒体中心、政务服务中心、新时代文明实践中心”实现贯通融合。

（纪勇）

【举办“时代新人说——我和祖国共成长”演讲大赛】 7月23日，举办通州区“时代新人说——我和祖国共成长”演讲大赛。29名选手同时参加全市演讲大赛网络大赛，其中韩文林的《有一种精神叫“马兰”》荣获三等奖。通州区优秀百姓宣讲员韩文林和魏文启被市委宣传部选入北京市第二批“不忘初心、牢记使命”主题教育先进事迹报告团，在全区进行巡回宣讲。

7月23日，举办通州区“时代新人说——我和祖国共成长”演讲大赛　（区委宣传部提供）

【组建通州区大运河文化宣讲团】 7—12月，区委宣传部组建通州区大运河文化宣讲团，围绕“千古运河”“民俗拾粹”“漕运沧桑”“热土英魂”“文化聚合”“运河情怀”“新时代担当”“未来之城”八个篇章讲述运河故事，传承运河文化，弘扬运河精神。宣讲团深入机关、社区、农村、学校开展宣讲30余场，受众达3500余人。

【承办第七届北京七夕文化节】 8月2—8日，承办第七届北京七夕文化节，以“爱满京城 相约幸福”为主题，围绕爱情忠贞、乞巧勤劳、婚姻伦理等内容，举办“大运河畔话七夕”咏诵会、“为你而来”七夕鹊桥会、经典爱情电影展映、民俗体验文化嘉年华等十余场活动，参与群众达2.3万余人。于家务分会场举办“相伴七夕 真爱永恒”主题活动，邀请结婚70年和50年的夫妻以及最美家庭的夫妻，通过拍摄短视频、现场访谈、分享家风家训等形式，诠释爱情忠贞、勤劳幸福的七夕文化内涵。

8月4日，第七届北京七夕文化节相亲大会现场（区委宣传部提供）

【完成国庆70周年宣传环境布置】 8月9日起，组织开展国庆70周年宣传环境布置，通过升挂国旗、彩旗灯笼、硬质横幅、公益广告、立体花坛、容器花卉、夜景照明及灯光秀等多种形式，在全区营造浓厚氛围。截至12月，全区升挂国旗2571面，插挂红旗彩旗8542面；布置标语横幅1667处；在39个道路悬挂灯笼灯饰24723个；设置立体花坛115个，容器花卉6542个（组），地栽花卉面积42829平方米。国庆期间，开启北运河大桥等7处主题灯光秀，通过演绎京杭大运河沿线文化、通州八景、新北京新通州、为祖国70华诞献礼等影像，展现通州的历史风貌和滨河景观，中央电视台、北京电视台等多家媒体进行报道。

（王明珠）

【开展“壮丽70年·奋斗新时代”主题采访活动】 8月22日，组织协调20余家中央与市级及区属媒体参与“壮丽70年·奋斗新时代”主题采访活动，介绍通州区在城乡规划建设、基础设施、公共服务水平、生态环境治理等领域取得的建设成果。新华社、《人民日报》《光明日报》北京电视台等媒体，通过融合报道、转载稿件、专题集纳等形式发布相关报道超过百余条，微博相关话题各端传播量30余万次，营造积极向上、共迎华诞的浓厚氛围。

（刘涛）

【举办大运河文化带文化遗产创新创意设计大赛】 8月31日，举办大运河文化带文化遗产创新创意设计大赛。大赛历时一年，9800余名国内外设计师原创作品2500余件，利用线上互动平台向大众展示、宣传推广文化遗产和背后的历史故事，用新方式让运河文化“活”起来。

（李莹莹）

【北京国际设计周永久会址落户张家湾设计小镇】 9月4日，在“城市更新国际高峰论坛暨2019北京国际设计周设计之旅开幕活动”上，正式发布张家湾设计小镇规划方案，重点是最大化保留存量建筑，采用整体保留、局部保留、保留结构、保留片段等模式进行改造利用。同时，北京国际设计周同步在设计小镇启动区规划建设主题园区。

（张祎）

【完成区级爱国主义教育基地考评命名】 9月，为加强全区爱国主义教育基地建设管理使用，对现有7家区级爱国主义教育基地和4家新申请的爱国主义教育基地进行评审，完成大运河翰林民俗博物馆、漷县镇纪各庄村邢德荣烈士陵园等6家区级爱国主义教育基地的考评命名工作。

（王明珠）

【举办2019北京（台湖）影偶艺术周】 10月2—14日，由市文联及通州区委、区政府共同主办的

2019北京（台湖）影偶艺术周在台湖公园正式拉开帷幕，国内外17个特邀剧团、62场专业影偶展演、108场户外表演、数场影偶工坊、近150名艺术家、2场国际影偶论坛相继亮相台湖公园、人艺实验剧场、中国木偶剧院大剧场和中央戏剧学院东城校区剧场东厅。该届影偶艺术周围绕城市副中心和台湖演艺小镇的建设与发展，以“盛”为活动主题。

（张祎）

【开展学习贯彻十九届四中全会精神宣讲活动】 11月22日，区委宣传部举办北京市学习贯彻中共十九届四中全会精神宣讲团通州区报告会，区委理论学习中心组成员及全区党员干部300余人参加报告会。12月9—20日，组建通州区学习贯彻中共十九届四中全会精神宣讲团，开展进机关、进学校、进企业、进社区、进村镇、进医院理论宣讲活动30余场。

（王明珠）

【推进大运河文化带建设】 会同各相关部门，制定实施《北京市通州区大运河文化带保护建设2019年度折子工程》，明确文化遗产保护、河道水系治理、挖掘运河文脉等8大类32项具体工作，为大运河文化带建设定好时间表和任务书。

（马学武）

【统筹推进通州区融媒体中心改革】 整合通州区广播电视中心、通州报社以及其他区域公共媒体相关机构，组建区融媒体中心。指导开展“策采编发评”一体化管理，发挥中央厨房的作用，建立重大选题媒体例会制度和选题调度制度，共同研究宣传重点，策划申报重点选题，扩大宣传报道的传播力和影响力；贯通传统媒体和新媒体平台，着力打造“通州发布”融媒体品牌，形成以此为核心的通州区融媒体矩阵，打造一系列融媒体产品，持续宣传报道城市副中心建设。

（刘涛）

统　战

【概　况】 2019年是具有特殊意义的一年，既是中华人民共和国成立70周年，又是多党合作制度确立70周年。在区委的坚强领导下，区委统战部以习近平新时代中国特色社会主义思想为指导，围绕中共十九大精神，认真贯彻落实中央及市委关于统战工作重要指示和要求，立足于北京城市副中心建设大局，服务通州区经济社会发展，稳步推进统战工作不断向纵深领域发展。

年内，以教育培训为抓手，以落实党风廉政建设责任制、“一岗双责”、个人重大事项报告、“三会一课”、完善统战工作考评体系为制度保障，打造素质过硬的统战干部队伍，打造同心同德的统战人士队伍，把人心、智慧、力量凝聚到城市副中心建设上来，凝聚到通州区各项社会事业发展上来，切实增强“四个意识”，坚定“四个自信”，坚决做到“两个维护”。在统战系统结合“不忘初心、牢记使命”主题教育，扎实开展教育培训，举办2019年统战系统干部培训班，组织统战工作主管领导及基层统战干部，赴湖北红安干部学院，进行为期5天共80人次的学习；机关党支部以集中学习、个人自学、主题党课、视频教学、交流研讨、基层调研等形式开展主题教育，力求实现学到深入、干出实效，开展集体学习12次，党日活动8次，主题党课4次、交流研讨1次，参训人数530人次。

【民主党派和统战组织工作】 “不忘合作初心、继续携手前进”主题教育活动。9月24日，在统战人士中组织开展“不忘合作初心、继续携手前进”主题教育活动动员部署会暨统战人士专题培训班，全区各民主党派班子成员及业务骨干、新的社会阶层、民族宗教、知联会、海联会、侨联、区委统战部、区工商联部分机关干部140余人参加。知联会换届工作。10月29日，在通州会议中心召开党外知识分子联谊会第二届会员大会，通州区知联会换届工作完成。会议审议并通过第一届理事会工作报告，选举产生第二届理事会、监事会和领导班子成员，通州区司法局局长张琴琴当选为会长。考察调研。8月20—24日，区委统战部常务副部长王振成带队，组织通州区海外联谊会、工商联、各民主党派、知联会、侨联等统战组织负责人30余人赴内蒙古翁牛特旗和科右中旗开展对口支援和调研考察活动。

【新的社会阶层工作】 年内，召开全区新的社会阶层人士统战工作联席会议，传达学习北京市新的社会阶层人士统战工作联席会议精神，重新修订联席会议成员单位和职责分工。在继续深化宋庄艺术区自由职业人员统战示范点建设的基础上，先后成立区新联会联东优谷产业园分会、万达商圈分会、隆孚大厦分会，搭建园区、街区、楼宇新阶层人士统战工作平台，扩大工作覆盖面。接待10余批次全国及北京市统战系统单位调研考察宋庄新阶层统战工作。组织开展对区新联会及分会骨干人员的培训，共计60人次。组织会员赴井冈山、延安梁家河开展坚定理想信念培训采风活动及承德后街艺术区参观考察活动，累计培训新阶层人士120人次。

（王琪琛）

【民族宗教侨务工作】 年内，区委统战部开展民族团结进步创建进军营活动，在通州区某部队开展民族团结进步创建图片展并进行文艺会演，广大官兵观看图片展和文艺会演。此次活动展出展板20余幅，演出节目15个。中仓街道莲花寺社区、白将军社区、新华街道如意社区举办重阳节“邻里一家亲”等民族团结进步创建活动。中仓街道被评为全市民族团结进步创建示范单位，并获全市民族团结进步创建示范单位补助费10万元。争取市级民族乡村经济发展资金580万元，用于扶持张湾村特色村镇建设、枣林庄村排水及道路改造工程、国际种业科技园区基础设施建设3个项目。区民宗侨办认真做好清真食品市场日常检查工作，对全区清真餐饮副食网点经营情况、清真食品供应及规范管理情况进行不定期的抽查，对辖区内备案清真网点进行新版清真标识换发工作，换发符合标准的清真网点95家。组织完成北京紫光园餐饮有限责任公司通州北苑分公司市级规范化清真特色餐厅推荐工作。对5月17日遭遇强降雨、冰雹袭击的宗教场所进行慰问，并拨付灾后修缮资金30万元。组织伊斯兰教“卧尔兹”演讲比赛。基督教、天主教、佛教、道教开展进敬老院、进社区等慈善活动。坚持重大节日升国旗的“四进”活动，进一步加强宗教教职人员队伍建设，中华人民共和国成立70周年之际，组织宗教教职人员40余人到兰州、西安、延安学习调研，进行爱国主义教育。与街道、乡镇、公安、教委、城管局等单位完成5大项20个宗教督查问题的整改。春节前夕，走访慰问宗教界人士和老归侨56户，送去4.6万元慰问品和慰问金；在六一儿童节期间，对全区3所民族幼儿园、5所民族小学进行走访慰问，送去慰问金8万元。在教师节期间，对全区5所民族小学、1所民族中学、3所民族幼儿园、潞河中学新疆班进行走访慰问，送去慰问金10万元；在宗教重要节日期间，走访慰问15处宗教场所，送去慰问金28万元。10月16日，巴拿马华源会一行12人在市委统战部相关领导的陪同下到北京城市副中心参访。参访团先后参观考察韩美林艺术馆和北京城市副中心规划展厅，对通州文化艺术发展成果和城市副中心规划建设给予高度评价。区委统战部副部长王瑞丰陪同参访。

（崔连瑞　杨浩　张静）

【对港工作】 年内，首次开展对港统战工作，为两地交流打下良好基础。举办首期全区对港统战工作培训班，区委统战工作领导小组成员单位及各街道统战干部70人参训。按照年度工作计划，与香港社区组织进行对接联系、互访，组织香港宝石事务促进会15人到通州区开展为期4天的考察交流活动，收到预期效果。考察交流活动获得中联办港岛工作部的高度认可。

（马华）

【对台工作】 举办第六届京台社区发展论坛。6月2—3日，通州区主办的2019年“第六届京台社区发展论坛”在台湾高雄举办。此届论坛以“社区赋能 地方创生”为议题，两岸社会领域专家学者及基层实践者近400人围绕智慧社区养老、社区志愿服务、社区工作实务探讨与交流进行互动分享。北京市台办副主任李长远、北京市民政局副巡视员陈世坤、通州区人大常委会副主任张绍武及通州、东城、朝阳、昌平、平谷、怀柔、密云等区基层社区交流团参加论坛。

举办第五届京台基础教育校长峰会。7月10日，由通州区政府主办，北京教育学院、首都师范大学等单位协办的“第五届京台基础教育校长峰会”在通州区潞河中学举办，京台中小学校长、优秀教师和学生代表400余人参加。峰会分别在通州区百年名校潞河中学和贡院小学举办分论坛，京台中小学校长围绕传承中华文化分别展开对话，京台两地优秀教师代表演示古诗词“同课异构”，两地学生共同参与体验国画、书法、剪纸、烫画、太极等中华传统文化课程。北京市教育委员会副主任赵海兴、通州区区长赵磊、台湾中小学校长协会荣誉理事长薛春光分别在开幕式上致辞。峰会还组织台湾参会人员走进北京大学、首都师范大学参访交流，增进京台校长和师生之间的相互了解，促进京台基础教育交流合作。

迎新春台商座谈会。1月11日上午，通州区召开2019年迎新春台商座谈会，在通州投资的台商代表们欢聚一堂，喜迎新春，共谋发展。座谈会由区委常委、统战部部长、台办主任洪波主持。与会台商畅谈在新的机遇下通州台资企业的发展思路，提出很多有针对性、建设性的意见建议。洪波对通州台商为通州区经济社会发展作出的重大贡献表示感谢，并表示区台办会切实维护台商合法权益，为广大台商在通州发展营造良好的环境。

台商联谊活动。10月12日，北京台资企业协会妇女会一行26人到通州参访，区台办领导及通州区台商18人参加活动。参访团分别参访北京城市副中心规划展厅、大运河森林公园。双方进行座谈交流。座谈会上，台湾参访团表示在京台商将积极发挥作用，组织更多的台湾同胞走进通州、了解通州，增进两岸关系。区委常委、区委统战部部长、台办主任洪波表示，在京台商是促进两岸和平发展的一支重要力量，要广泛开展交流交往活动，进一步夯实促进两岸关系和平发展的民意基础。

两岸交流活动。年内，组织通州区青年团、教育团、文化团、基层团赴台湾开展两地交流活动，通过实地考察及交流学习，宣传北京城市副中心，搭建两地沟通渠道，促进两岸交流合作。接待4批次台湾团组参访考察北京城市副中心，包括台湾金门县、澎湖县政府参访团，海外保钓人士参访团，台湾基层联盟党参访团，香港涉台团体“两岸汇智”参访团，共计100人次。

（张静）

【中华人民共和国成立70周年庆祝活动】 年内，组织区新联会班子成员参加市委统战部在宋庄大地艺术中心举办的首都统一战线庆祝中华人民共和国成立70周年主题教育活动启动仪式。征集的7幅作品参加首都统一战线庆祝中华人民共和国成立70周年“与共和国同行”主题艺术展，并组织50人进行参观。与区政协、人民政协报社、北京新的社会阶层人士联谊会等单位在全国政协礼堂举办“礼赞中华人民共和国 筑梦新时代——首都新的社会阶层人士主题艺术作品展”，展出由宋庄艺术区新联会会员创作的作品70幅。以“体会艺术魅力，坚定文化自信，助力京津冀协同发展”为主题，组织18名新阶层人士赴承德参观考察区新联会会员企业大稿国际文化有限公司承德后街艺术区。

【走访慰问和联谊活动】 中秋节座谈会。9月11日，通州区召开2019年统战代表人士中秋节座谈会，区7个民主党派、工商联成员，党外知识分子联谊会、海外联谊会、新的社会阶层人士联谊会、侨联代表，少数民族和宗教代表人士，台资企业代表人士等50余名统战人士欢聚一堂，共叙城市副中心建设大好形势，展望发展前程美景。圣纪节慰问。11月14日是伊斯兰教传统节日“圣纪节”，区委常委、统战部部长洪波，统战部副部长、区民宗侨办主任马玉春到通州区于家务乡清真寺，看望慰问穆斯林群众，代表区委、区政府向广大穆斯林群众致以节日的祝福和诚挚的问候，并送去慰问金。平安夜慰问。12月24日，区委常委、统战部部长洪波，副区长、公安分局局长朱益军，区委统战部副部长、民宗侨办主任马玉春等领导代表区委、区政府先后到杨庄基督教堂、贾后疃天主教堂等宗教活动场所慰问教职人员和信教群众，与广大信教群众共度圣诞节，并为他们送去慰问金。

（王琪琛）

政策研究

【概　况】 2019年，区委区政府研究室坚持以习近平新时代中国特色社会主义思想为指导，全面贯彻中共十九大和十九届二中、三中、四中全会精神，学习贯彻市委十二届九次、十次、十一次全会精神，立足“一核两翼”和京津冀协同发展大局，围绕副中心控规落实实施和中华人民共和国成立70周年服务保障，认真履行文稿起草、调查研究、全面深化改革等职能，各项工作取得新成效。2019年，由区委区政府研究室牵头或独立承担起草包括区委六届七次、六届八次全会报告，政府工作报告以及区委历次向市委、市政府的工作情况汇报等152篇重要文稿。全年编发《通州调研》34期，有16篇调研文章在市级以上刊物刊发。

【起草通州区委六届七次、区委六届八次全会报告】 按照区委要求，6月中旬，由区委区政府研究室牵头组成写作组，深入调研通州区经济社会发展，开展区委六届七次全会报告起草工作。写作组通过对全区经济、社会、党建、群团等各方面工作充分调研，多方听取意见后认真研讨分析，形成《在区委六届七次全体会议上的报告》。此报告全面回顾通州区2019上半年主要工作，强调要深入学习贯彻习近平总书记关于副中心建设的重要指示和市委、市政府决策部署，以不获全胜、决不收兵的决心，精心推进，稳扎稳打，高质量推进城市副中心建设，以优异的成绩庆祝中华人民共和国成立70周年。同时对下半年工作进行安排部署。11月，由区委区政府研究室牵头再次组成写作组，深入调研通州区经济社会发展，开展区委六届八次全会报告起草工作。在起草工作中，写作组坚持以习近平新时代中国特色社会主义思想为指导，认真学习贯彻习近平总书记对北京重要讲话精神、中央市委对城市副中心建设的决策部署以及区委务虚会精神，并与各委办局和街道乡镇沟通对接，全面、准确地掌握第一手资料，形成《在区委六届八次全体会议上的报告》。此报告全面回顾通州区2019年主要工作，深入分析通州区面临的新形势、新机遇和新要求，对2020年的工作做全面部署。报告得到区领导的充分肯定和全区干部的广泛认可。

【起草2020年通州区政府工作报告】 按照区政府要求，区委区政府研究室于11月成立写作组，深入调研通州区经济社会发展，启动2020年区政府工作报告起草工作。在起草工作中，写作组对全区经济社会等各方面工作进行充分调研，搜集整理大量资料，形成2020年通州区《政府工作报告》。此报告通篇贯穿习近平新时代中国特色社会主义思想和中共十九大精神，客观全面总结2019年来之不易的成绩，并对全区在发展中存在的差距和问题作具体阐述，同时对2020年政府工作进行全面部署，提出八个方面的工作任务，报告得到区领导的充分肯定和全区干部的广泛认可。

（张帆）

【全面深化改革工作】 2019年，区委改革办按照区委部署与区委全面深化改革委员会的工作要求，从改革运行体系、调查研究、督察督办、改革实效等方面服务全区改革工作大局。优化改革组织运行体系。将通州区委全面深化改革领导小组调整为通州区委全面深化改革委员会，修订完善《委员会工作规则》、《专项小组工作规则》和《改革办工作细则》，进一步明确改革“三个主体”的职责任务，为全区改革工作顺利推进提供坚实的组织与制度保障。采取区委常委会+深改委会+专项小组会+政府专题会等多种议事决策机制，推进改革方案审议落地，34项年度改革要点任务全部完成。深入开展调查研究。围绕市委、区委领导关注的重点工作与重大改革事项，区委改革办确定老旧小区物业管理、城市治理能力提升、“12345”市民热线快速反应机制、优化营商环境、路侧停车电子收费等课题，深入开展调查研究，形成高质量的调研报告。其中3篇调研在市级刊物上刊发，提高改革工作的影响力。高效组织实施改革督察。坚持以督促改，以月报形式实时跟进各项改革要点推进情况。联合区委督查室、副中心协调办对副中心政策集成创新、深化高精尖产业发展机制等19项重大改革事项开展联合集中督察，提出37条整改意见。对全区改革要点分别进行全覆盖式半年集中实地督察、年底会议督察，不定期对专项小组办公室、重点改革要点承办单位开展实地调研，协调解决改革推进过程中的重难点问题，全面提高督察的实效性，保障全年改革任务完成。力促改革落地见效。在区委深改委领导决策、改革办统筹推动下，各改革专项小组及改革事项主责单位狠抓落实，一批副中心建设急需的改革取得成效。如探索建立副中心控规实施保障机制，搭建“多规合一”部门协同联动平台，完成全市首例入市地块审核；探索“先供先摊”方式，促进土地难题破解；组建产业发展促进委员会，建立重大项目联审联批机制，营商环境持续优化。

（陈哲）

保密工作

【概　况】 2019年，通州区保密工作始终以习近平总书记关于保密工作重要指示精神为指导，坚持副中心意识和“副中心无小事”理念，以紧抓庆祝活动筹备期间保密管理为主线，以“精精益求精，万万无一失”为要求，不断提高保密工作能力，优化工作流程，规范工作标准，加强保密宣传，强化保密管理，加强保密检查，推动保密工作相关制度进一步完善，全年全区无泄密事件发生。5月16日，根据“三定方案”要求，通州区委保密委员会办公室（通州区国家保密局）划归通州区委员会办公室。9月2日，完成通州区保密技术宣传指导中心人员招录，入职3名事业编人员，主要承担区内保密技术宣传指导相关的事务性和服务性、技术性工作。11月15日，市国家保密局到通州区对机构改革情况开展调研。

【加强国家秘密事项备案与管控】 1月7日，下发《关于上报国家秘密事项的通知》，统计2018年度全区各单位产生、派生和接收的国家秘密事项，对各单位产生、派生国家秘密事项一览表和接收国家秘密事项一览表进行汇总备案。

【持续强化制度建设】 3月21日，向全区各单位转发保密违法违纪处分建议办法，及时解答相应问题，结合实际情况贯彻落实。

【做好国庆期间保密安全防控】 4月，根据国庆期间通州区具体情况，及时制定印发中华人民共和国成立70周年庆祝活动筹备期间通州区保密工作方案、保密工作管理规定，并与各单位协调沟通。制发国庆庆祝活动保密培训方案，组织各单位相关人员进行国庆专题培训。对国庆期间市领导小组专项检查情况进行通报，严格整改存在问题。4月12日，市国家保密局对通州区国庆期间保密情况进行专项检查。5月—10月，结合国庆保密工作，在全区开展保密自查自评工作，自查自评从严格落实领导干部保密工作责任制、加强保密制度建设、加强保密宣传教育、加强对涉密人员的管理、规范定密工作、规范国家秘密载体管理、规范信息系统和信息设备保密管理等16个方面进行。其间，下发自查自评工作检查通知，于5月底对相关单位进行保密检查，保持两月一次的专项检查，合计审查68家单位。

【召开保密委员会全体（扩大）会议】 5月6日，召开中共北京市通州区委保密委员会全体（扩大）会议，区委常委、常务副区长、区委保密委常务副主任刘贵明主持会议，区委副书记、区委保密委主任初军威针对如何做好新时期保密工作进行了重要讲话。会上对2018年保密工作进行总结，通过了区委保密委员会2019年工作意见。6月11日，区委常委会传达学习保密工作精神，区委书记、区长分别提出具体工作要求。

【保密宣传培训】 5月，在全区开展以“强化保密教育，护航副中心发展”为主题的保密法制宣传月活动，通过电视台滚动播放保密宣传教育口号、向社会发放宣传报纸及在大运通州网登载保密知识等方式向全区广大人民群众普及保密知识。5月23日，举办通州区优秀中青年干部保密业务知识培训，市保密局领导进行授课。6月20—6月21日，举办保密业务知识培训班，全区各单位办公室主任、保密员、网络管理员、军工单位涉密人员和区委办公室各科室负责人200人参与培训，培训班讲授保密知识，内容涉及保密案例、保密行为规范等内容，并进行了结业考试。10月，全体专职保密人员参与市保密局组织的行政执法专题培训；10月，组织全区各单位观看了《保守国家秘密，维护国家安全》保密宣传片；11月5日，组织开展保密技术检查工具培训会，各单位保密干部和网络管理员150人参与，针对自主防范和日常检查监管能力进行授课；组织开展普法知识竞赛及“保密伴我行，护航新时代”保密宣传作品征集上报工作，征集20余份作品；开展保密短信警示教育提醒活动，每月向涉密人员发送提示彩信。

【强化定密责任人管理】 6月26日，对于全区各单位定密责任人进行梳理，下发《关于做好定密责任人报备工作的通知》，统计各单位定密责任人情况及定密授权情况，建立定密事项报备工作机制，对部分机关单位及军工企业及时开展定密指导，明确专人负责，形成定密事项报备动态管理长效机制。

【开展“双随机”保密检查】 7月15日—9月19日，开展“双随机”抽查工作，对通州区行政区域内的5家武器装备科研生产保密资格单位、1家国家秘密载体印制乙级资质单位进行“双随机”抽查，现场反馈整改意见，过程中落实行政执法三项制度，将廉政监督贯穿始终。

【涉密载体管理工作】 9月23日，下发《关于进一步加强和规范通州区涉密载体销毁管理工作的通知》，规范涉密载体销毁流程，对国庆期间国家秘密载体销毁的登记、审批记录长期保存备查，全年销毁涉密载体6.5吨。

【考试保密管理监督检查工作】 10月—12月，完成各类考试保密管理工作。全年各项考试均签订保密承诺书，及时制定印发《通州区2019年中高考、成人高考、自学考试保密工作方案》及《通州区失泄密事件应急处置机制流程》，向全区各单位下发加强考试期间保密工作的通知。对中高考、英语四六级考点保密室进行实地考察，对部分考点保密室重新进行审批。保密工作贯穿考试全过程。

【加强网络信息保密管理】 年内，贯彻落实《北京市政府信息公开保密审查办法》，坚持“谁公开，谁审查，谁审查，谁负责，先审查，后公开”原则，认真落实“三级审查”机制，开展涉密网络分级审查工作。落实机关、单位网络保密管理主体责任，定期对涉密信息系统投入使用单位开展风险审查测评。加强非涉密网络保密技术监管，严格落实“涉密信息不上网，上网信息不涉密”原则，确保网络信息安全。开展对非涉密网络单位信息公开情况检查，加强计算机及门户网站保密技术动态监管，进行门户网站域名调整，维护调整检查平台数据库。与财政局联合下发相关产品目录，为重大活动信息系统信息设备保密服务提供保障。

（贾云阳）

机构编制

【概　况】 2019年通州区机构改革工作，围绕首都城市战略定位和超大城市治理体系治理能力现代化要求，着力改革机构设置，优化职能配置，创新体制机制，合理划分事权，理顺权责关系，深化转职能、转方式、转作风，提高效率效能，构建系统完备、科学规范、运行高效的机构职能体系，构建简约高效的基层管理体制，为建设国际一流和谐宜居之都示范区、新型城镇化示范区、京津冀区域协同发展示范区提供坚强有力的体制机制保障。该次机构改革具体施行日期均为2019年3月25日。

【新组建和优化职责的机构】 组建市规划和自然资源委员会通州分局。将市规划和国土资源管理委员会通州分局的职责以及区发展和改革委员会的组织编制主体功能区规划职责，区园林绿化局、区水务局的森林、水、湿地资源调查和确权登记管理等职责整合，组建市规划和自然资源委员会通州分局，实行市、区双重管理体制，既作为市规划和自然资源委员会的派出机构，同时作为区政府工作部门。组建区生态环境局。不再保留区环境保护局。组建区农业农村局。不再保留区农村工作委员会、区农业局（区动物卫生监督管理局）。组建区文化和旅游局。将区文化委员会、区旅游发展委员会的职责整合，组建区文化和旅游局，作为区政府工作部门。不再保留区文化委员会、区旅游发展委员会。组建区卫生健康委员会。将区卫生和计划生育委员会的职责以及区安全生产监督管理局的职业安全健康监督管理职责，相关机构的深化医药卫生体制改革工作、老龄工作职责等整合，组建区卫生健康委员会，作为区政府工作部门。不再保留区卫生和计划生育委员会。组建区退役军人事务局。组建区应急管理局。将区安全生产监督管理局的职责以及区政府办公室的应急管理职责，市公安局消防局通州支队的消防管理职责，区民政局的救灾职责，市规划和国土资源管理委员会通州分局的地质灾害防治、区水务局的水旱灾害防治、区园林绿化局的森林防火、区地震局的震灾应急救援相关职责，相关机构的防汛抗旱、减灾、抗震救灾、森林防火等职责整合，组建区应急管理局，作为区政府工作部门，按中央和市委有关改革部署实施。区突发事件应急委员会办公室设在区应急管理局。不再保留区安全生产监督管理局。组建区市场监督管理局。将市工商行政管理局通州分局、区质量技术监督局、区食品药品监督管理局的职责，以及区发展和改革委员会的价格监督检查职责，区科学技术委员会的知识产权管理职责整合，组建区市场监督管理局，作为区政府工作部门，加挂区食品药品安全委员会办公室、区知识产权局牌子。不再保留市工商行政管理局通州分局、区质量技术监督局、区食品药品监督管理局。区科学技术委员会不再保留区知识产权局牌子。组建区医疗保障局。将区人力资源和社会保障局的城镇职工和城镇居民基本医疗保险、生育保险、新型农村合作医疗职责，区发展和改革委员会的药品和医疗服务价格管理职责，区民政局的医疗救助职责等整合，组建区医疗保障局，作为区政府工作部门。重新组建区司法局。不再保留区政府法制办公室。组建区政务服务管理局。将区政务服务管理办公室的职责以及相关机构的行政审批制度改革工作职责，区政府办公室的信息和政务公开职责整合，组建区政务服务管理局，作为区政府工作部门。不再保留区政务服务管理办公室。

【规范设置和优化调整的机构】 将区经济和信息化委员会更名为区经济和信息化局，仍作为区政府工作部门，加挂区大数据管理局牌子。区住房和城乡建设委员会加挂区住房保障办公室牌子，不再保留区政府住房保障和改革办公室牌子。将区商务委员会更名为区商务局，仍作为区政府工作部门。将区发展和改革委员会的指导监督重要商品收储、轮换和日常管理职责，区民政局的组织实施应急储备物资收储、轮换和日常管理职责等划入区商务局，加挂区粮食和物资储备局牌子，不再保留区粮食局牌子。将区民防局更名为区人民防空办公室，仍作为区政府工作部门。将区委区政府信访办公室更名为区信访办公室，仍作为区政府工作部门。将区委卫生计生工作委员会更名为区委卫生健康工作委员会，与区卫生健康委员会合署办公。

【调整处级事业单位职能】 将区档案局（区档案馆）的行政职能划归区委办公室，对外加挂区档案局牌子，将区档案馆由区政府直属事业单位改为区委直属事业单位，归口区委办公室管理，不再保留与区档案馆合署办公的区档案局。将区农村合作经济经营管理站的行政职能划归区农业农村局，保留承担事务性工作的事业单位，归口区农业农村局管理。将区地震局的行政职能划归区应急管理局，保留承担事务性工作的事业单位，归口区应急管理局管理。将区广播电视中心（区融媒体中心）的职责，以及区域公共媒体相关机构的职责整合，组建区融媒体中心，作为区政府直属事业单位，归口区委宣传部领导，不再保留区广播电视中心。以下机构改革具体施行日期均为 2019 年 9 月 17 日。将北京通州报社并入北京市通州区融媒体中心。不再保留北京通州报社。组建北京市通州区农业技术综合服务中心，作为区农业农村局所属的相当副处级事业单位。其主要职责是承担通州区种植业、畜牧业、水产业、农业机械化等农业各产业的技术推广和服务工作。不再保留北京市通州区种植业服务中心、北京市通州区农机服务中心。组建北京市通州区新农村建设服务中心，作为区农业农村局所属的相当副处级事业单位。其主要职责是承担全区新农村建设的协调推进工作；承担新农村环境整治及环境建设、维护的组织协调等事务性工作；承担新农村建设的情况收集、信息统计工作。将北京市通州区农村合作经济经营管理站由区政府直属的相当正处级事业单位，调整设置为由区农业农村局所属的相当副处级事业单位，不承担相关行政职能。组建北京市通州区医疗保险事务管理中心，作为区医疗保障局所属的相当副处级事业单位。其主要职责是承担全区城镇职工和城镇居民基本医疗保险、生育保险、新型农村合作医疗、离休干部医疗费用统筹的审核工作，协助做好定点医疗机构和零售药店协议管理。将北京市通州区投资促进局更名为北京市通州区投资促进服务中心。将北京市通州区燃气管理办公室更名为北京市通州区燃气事务中心。将北京市通州区铁路道口安全管理办公室更名为北京市通州区铁路道口安全事务中心。将北京市通州区老龄工作委员会办公室更名为北京市通州区老龄事业发展中心，隶属关系由北京市通州区民政局所属调整为北京市通州区卫生健康委员会所属。

（李黎）

区直机关工作

【概　况】　3月，区直机关工委进行机构改革，不再保留组织部、宣传部、办公室，设立综合办公室，单位名称变更为中共北京市通州区委区直属机关工作委员会。

【慰问困难党员】　在2019年春节、“七一”分别慰问70名困难党员，发放慰问金7万元。

【党组织规范化建设】　1—10月，完成22个党组织班子成员的增、补选及换届选举工作，对机构改革后16个单位建立基层党组织进行指导，对划转到工委的8个单位建立机关党组织工作进行指导。

【专题指导组织生活会和民主评议党员】　2月，成立4个督导组分别对49个党组织进行现场指导，召开专题组织生活会和民主评议党员。

【积极分子培训】　3月，在区委党校举办入党积极分子培训班，对165名入党积极分子进行集中培训。

【发展对象培训班】　6月4—6日，在区委党校举办为期3天的党员发展对象培训班，对52名党员发展对象进行集中培训。

【区直机关第16届羽毛球团体比赛】　6月21日、25日，在健龙森羽毛球馆举办区直机关第16届羽毛球团体比赛，有男女37个团体参加比赛。男子、女子团体各取前6名。

【党员示范培训】　7月2—5日，对来自64家党组织的87名党员进行示范培训。培训采取“1+3”模式，在区委党校集中培训1天，在河南安阳市委党校培训3天。

【党组织书记培训】　7月11—12日、15—19日与区委组织部、区委党校共同举办党组织书记培训班，54名党组织书记参加培训。

【开展主题征文活动】　8—11月，在全系统范围内开展“我和我的祖国”主题征文活动，收到投稿343篇。

【道德讲堂】　9月、11月，组织“道德文化大讲堂”活动，全系统60个单位约520名党员干部参加。

【主题教育培训】　10月17日，举办“不忘初心、牢记使命”主题教育机关党组织书记培训班，对56名党组织书记进行培训。

【党建工作表彰】　10月，召开2018年区直机关党建工作表彰会议，表彰26个“2018年度先进机关党组织”和51名“优秀共产党员”以及47名“优秀党务工作者”。

【主题教育指导】　9—12月，区直机关工委组建“不忘初心、牢记使命”主题教育4个巡回指导组，完成对所属7家机关党委下设的100余个基层党支部的“全覆盖”巡回指导。

（苏东跃）

网络安全

【概　况】 2019年，区委网信办坚持以习近平总书记网络强国重要思想为指导，以庆祝中华人民共和国成立70周年为主线，围绕区委、区政府中心工作，把握稳中求进的总基调，强统筹、建机制、重实效，网上宣传引导、网络安全保障等各项工作取得重要进展，全力打造副中心风清气正的网络空间。7月18日，中共北京市通州区委网络安全和信息化委员会召开第一次全体（扩大）会议。

【开设“#你好，副中心#”微博话题】 3月，开设“#你好，副中心#”微博话题，主持“#这里是通州#”“#北京城市副中心#”等话题，全网打造城市副中心形象和文化符号。全年，“#你好，副中心#”话题总阅读量突破1.1亿次。

【网络安全检查】 4月，区委网信办统筹区公安分局、区经信局和区密码局梳理网络安全检查基础数据。7—9月，对区内重点单位进行网络安全联合检查，通过现场检查和远程技术检测，及时发现问题，解决问题，提升全区整体网络安全防范能力。

9月19日，区委网信办副主任官宏（左二）带队检查单位机房　　（区委网信办提供）

【首都网络安全日宣传】 4月29日，区委网信办组织区内数十家党政机关单位共计300余人前往参观“净网2019——全民网络安全教育展”；深入中仓和玉桥街道普及网络安全知识，通过丰富多样的形式，向居民宣传如何防范网络金融诈骗，进一步增强居民防范意识。

4月29日，区委网信办在中仓街道开展“首都网络安全日”进社区活动　　（区委网信办提供）

【制作上线“致敬劳动者”系列短视频】 5月1日，区委网信办组织制作的“平凡·不凡　‘五一’致敬劳动者”系列短视频上线，集中展现城市副中心建设中平凡建设者的不凡付出，凝聚共建美好副中心的社会力量。视频“五一”期间累计播放量30余万次，并在“学习强国”App上同步展播。

【策划制作城市副中心宣传短视频】 9月13日，为献礼中华人民共和国成立70周年，区委网信办策划制作的“人民记忆70年70城　记住北京通州”宣传片在央视网等重要媒体平台进行展播，首日全网播放量超过500万次，总播放量在70个城市中排名第一，为城市副中心建设凝聚强大的舆论共识。

【国家网络安全宣传周活动】 9月16日，区委网信办在通州区文化馆举办2019年通州区国家网络安

9月16日，国家网络安全宣传周启动仪式现场
（区委网信办提供）

全宣传周启动仪式。9月16—22日，统筹团区委、区教委、区总工会等相关单位以“网络安全为人民 网络安全靠人民”为主题，举办第六届国家网络安全宣传周宣传教育活动，开展校园日、电信日、法制日、金融日、青少年日、个人信息保护日六大主题日活动，营造网络安全宣传周的浓厚氛围。

【网络大V城市体验行】 9月23日，区委网信办邀请网络大V深度体验城市副中心，并聚合各领域知名网络大V、全区政务新媒体、区内自媒体等全面参与“# 你好，副中心 #”微博话题互动，将体验行活动过程制作成总结宣传视频和城市宣传短片，形成长效宣传，“十一”期间话题阅读达5000余万次。

【网络安全志愿服务计划】 11月15日，由区委网信办主办、北京物资学院协办的网络安全志愿服务“净化网络，文明上网，拒绝网络暴力”系列主题活动，在北京物资学院崇德楼报告厅举行。活动旨在充分发挥校园宣传教育主阵地作用，增强大学生网络安全意识，提升基本防护技能，引导大学生文明、理性上网，共同维护国家网络安全，做中国好网民。

【网络安全保障】 11月，区委网信办开展全区网络安全现状摸底调研工作，全面掌握安全防护现状，排查风险隐患。全年，围绕全国“两会”、“一带一路”国际合作高峰论坛、国庆70周年庆祝活动等重大活动、重要时间节点，协调公安、国安等相关单位部署专项工作，切实保障副中心网络运行安全。

【全区网信队伍红色主题教育】 12月10—20日，由区委网信办主办，临沂大学沂蒙干部学院承办，通州区网信队伍分两批赴山东临沂开展红色主题教育培训。活动旨在传承红色基因、践行初心使命，深化巩固“不忘初心、牢记使命”主题教育成果，切实提高网信队伍的政治意识，坚定理想信念，增强工作本领，为服务副中心建设凝聚共识、夯实基础。

12月，网信队伍临沂红色主题教育培训第一期
（区委网信办提供）

【网络生态治理】 年内，区委网信办在全区范围内持续关注网络生态专项治理工作，根据监测并经调查核实，累计清理涉及网络生态问题的有害信息63条，永久封停和处理违法违规账号3个。

【组织区内自媒体开展宣传活动】 年内，制定开展“你好，副中心”网上宣传的工作方案，围绕副中心重大主题、重点工作，指导区内自媒体集中开展网上主题宣传，充分发挥自媒体自身信息资源丰富、受众群体庞大、影响力号召力较强的平台传播优势，在微信、微博、App、官方网站上发布优质原创文章、设置《你好，副中心》宣传专栏等形式，全面增强“你好，副中心”的品牌影响力。全年发布宣传报道373篇次，全方位、立体化展现北京城市副中心新定位，合力打造北京城市副中心新形象。

2 月 27 日，组织全区网络宣传员赴新浪总部参观并学习新媒体运营技巧（区委网信办提供）

【网络宣传员培训】 年内，针对网络宣传员开展系列培训活动，以提升新媒体业务素养为内容，开展培训 5 期，500 余人次参加，赴新浪、腾讯、字节跳动等公司现场参观体验、交流学习，增进对商业平台理念、产品和技术的了解；邀请区融媒体中心专家授课，分享新媒体运维经验、摄影技巧等。“走出去”与“走进来”相结合，逐步提升区内各单位的媒介素养和网上舆论引导力。同时，为确保培训工作落到实处，分批次组织网络宣传工作推进座谈会、工作总结交流会，通过工作交流、经验分享，共同提升工作水平，凝聚工作力量。

（牛健）

老干部工作

【概　况】 2019 年，区委老干部局坚持以习近平新时代中国特色社会主义思想为指导，围绕庆祝中华人民共和国成立 70 周年，用心、用情开展各项工作。在老干部中扎实开展“不忘初心、牢记使命”主题教育，赢得广大离退休干部和社会各界的好评。

【离退休干部基本情况】 截至 2019 年底，由通州区委老干部局服务管理的离退休干部 1037 人。具体包括离休干部 144 人（包括易地离休干部 7 人、区县级离休干部 2 人），退休干部 893 人（包括区县级退休干部 49 人）。离休干部平均年龄 90 岁，年龄最大的 97 岁，年龄最小的 83 岁。抗战时期参加革命工作的离休干部 21 人，解放战争时期参加革命工作的离休干部 123 人。去世离休干部无工作配偶 57 人。全区有离退休干部党支部 32 个。老党员先锋队 35 支 700 余人。老干部宣讲团成员 23 人。

【搭建正能量平台】 2019 年，借助北京电视台《晚晴》栏目、北京广播电台、市委老干部局微信公众号、《北京老干部工作》、《通州时讯》等媒体平台，

5 月，老干部艺术团参加广州中老年歌舞艺术大赛并获奖（区委老干部局提供）

加大对老干部工作和老干部事迹的宣传，扩大宣传覆盖面，提升知晓率和影响力。“炫夕阳”老干部宣讲团在全区开展巡回宣讲，并在区委宣传部举办的“迈进新时代、建设副中心”优秀百姓宣讲比赛中荣获一等奖；宣讲员韩文林代表通州区参加北京市“时代新人说——我和祖国共成长”演讲大赛决赛；北京人民广播电台《老干部之声》节目播出通州区

风筝协会夏大千、曹正燮的专题节目；北京电视台《晚晴》栏目播出通州区玉桥街道葛北社区老党员先锋队——“小屋驿站”刘月华老师的先进事迹等；《中国老年报》头版头条以“32载，初心不改 守护依旧”为题刊登通州区西营社区老党员义务疏导队的先进事迹。

【老干部迎新春座谈会】 1月25日，2019年区县级老干部迎新春座谈会在通州区人民政府举行，曾赞荣、赵磊、李玉君、赵玉影等区领导同部分离退休区县级老领导欢聚一堂，通报通州区经济和社会发展情况，共迎新春佳节。

【文化养生系列活动】 2019年，以庆祝中华人民共和国成立70周年为契机，在全区离退休干部中开展“我与祖国共成长”征文、“我向祖国说句心里话”短视频征集活动；老干部艺术团参加第二十二届中国梦“夕阳美”全国中老年艺术大赛并荣获特金奖和特殊贡献奖；组织全区处级退休干部开展“不忘初心、牢记使命”系列观影活动；为全区离休干部发放“庆祝中华人民共和国成立70周年纪念章”；为全区离退休干部发放“中华人民共和国成立70周年纪念邮册”；老年收藏协会举办“我与祖国同行”故事汇；通州区关心下一代工作委员会举办“腾飞中国　辉煌七十年——和最可爱的人一起诗歌礼赞新时代”主题活动。

【离退休干部参观考察】 5—11月，区委老干部局组织区县级离退休干部到深圳参观学习；组织全区退休干部参观城市副中心规划展、北京国际都市农业科技园区；组织全区退休干部参观了“伟大历程　辉煌成就——庆祝中华人民共和国成立70周年大型成就展”。

区县级老干部参观孙中山纪念馆
（区委老干部局提供）

（丛晓宇）

党　史

【概　况】 2019年，区委党史工作办公室围绕区委、区政府的中心工作，以存史、资政、育人为根本任务，狠抓资料收集、著作编研等工作。完成《中共北京市通州区历史》征求意见稿。完成《通州区党史资料汇编（2018）》编辑和内部出版。完成《北京市通州区文件选编（2006—2013）》内部出版发行。为北京市委党史研究室《北京红色文化丛书》征集、核对通州部分图文资料。开展党史宣传教育活动。

【完成《通州区党史资料汇编（2018）》内部出版】 年内，将征集到的72家机关单位、4个街道、11个乡镇的321篇资料和1179张图片进行整理编辑，按照会议资料、亮点聚焦、廉政清风、大事纪要、工作盘点、干部人事分为6部分，完成《通州区党史资料汇编（2018）》内部出版工作，全书50万字。

【完成《北京市通州区文件选编（2006—2013）》内部出版】 年内，选录2006—2013年间通州区委、区政府、区委办、区政府办制定的各类重要文件648份，完成《北京市通州区文件选编（2006—2013）》内部出版。全书有上中下3册，包含政治、经济、文化、科技、教育、卫生、生态环境、新城规划、安全生产、社会保障、综合治理、综合12大类。

【党史调研】 年内，与朝阳区党史办围绕“五里桥谈判”相关史实对宋庄平津战役指挥部旧址实地考察，完成相关史料的搜集、考证工作。参加“马驹桥革命烈士陵园碑文问题座谈会”，就群众反映的碑文所涉部队番号问题与相关单位代表进行深入探究和考证，对碑文内容提出修改建议。以“不忘初心、牢记使命”主题教育活动为契机，对通州区漷县张庄村、榆林庄村史馆进行走访调研，深入了解基层在史志资料征集过程中的实际困难并解决，力争把党史工作落到实处。

【党史宣传】 年内，协助潞源街道办事处筹建党群服务中心，帮助其梳理中共党史党建脉络，为党群服务中心制作展板提供党史、地方志和年鉴资料。邀请通州区史志专家池源到后南仓社区，为社区居民做“抚今追昔 再话后南仓”主题讲座，帮助社区居民进一步了解当地历史，引导基层党员群众自觉学党史、颂党恩、跟党走；向后南仓社区图书室赠送党史书籍80余册，包括《破晓迎新》《揽镜观影》《澄史追绪》等中共北京历史丛书和《北京改革开放实录》及《北京党史》杂志等，为基层党员群众学习领悟党史、中华人民共和国史提供参考。

（张莉）

党　校

【概　况】 2019年，区委党校以习近平新时代中国特色社会主义思想为指导，以学习、宣传、贯彻中共十九大精神为主线，举办各级各类培训班次53期、培训6398人次。培训班次主要包括“知行合一，习近平新时代中国特色社会主义思想暨城市副中心规划”4期共622人，通州区处级领导干部“强党性、促凝聚”（临沂）5期共623人，通州区委“不忘初心、牢记使命”主题教育基层党组织书记班3期共1582人，通州区2019年优秀中青年干部班1期共43人，通州区新任社区党组织书记、主任班1期共129人，通州区村党组织书记、村委会主任班1期共521人，通州区2019年公务员大规模轮训班3期共488人，通州区统战人士“开展‘不忘合作初心，继续携手前进’主题教育活动”动员部署会暨统战人士班1期共140人，通州区2019年事业单位科级干部暨廊坊北三县事业单位干部班2期共80人。涵盖主体班、专题班、进修班、公务员班等类型。年内，区委党校将政治建设放在首位，认真学习贯彻落实《中共中央关于加强党的政治建设的意见》，从领导班子、支部、科室和个人4个层面，层层压实责任；深化校务监督小组工作，抓好日常监督检查，全年无“四风”问题通报。扎实开展“不忘初心、牢记使命”主题教育，成立领导机构，划分4个工作组，完成主题教育各项任务。

【庆祝党校成立60周年】 2019年是通州区委党校成立60周年。区委书记曾赞荣在参加“建设副中心，启航新时代”庆祝党校成立60周年发展论坛上提出“坚持党校姓党，把副中心党校建设成为马克思主义红色学府”的目标定位。校委会围绕区委指示要求开展调研分析，制定“三步走”的发展规划，并细化具体举措，逐步予以落实。

【迎接市委党校督查评估指导】 年内，市委组织部、市委党校按照评估指标体系进行现场评估检查，对通州区委党校（行政学院）工作给予充分肯定，并根据检查情况提出相应建议指导。

【对口协作】 年内，党校积极融入脱贫攻坚战，举办拉萨市城关区和内蒙古翁牛特旗、科右中旗致富带头人培训班，与拉萨城关区委党校、湖北武当山旅游经济特区委党校签订干训对口协作框架协议。

【科研咨政】 聚焦副中心战略和“教研咨”一体化，全员科研。2019年，完成课题7项，其中重大课题3项，区级2项，一般课题2项。成立“北京城市副中心基层社区治理服务创新品牌梳理及对策”和“京津冀协同发展背景下北京城市副中心环境多元共治研究”专项课题组，注重科研成果质量提升。搭建学术交流平台，举办2019纪念建党98周年暨党建引领社会组织助力首都基层社会治理经验交流会。党校教师参加北京市深化党建引领“街乡吹哨，部门报到”改革理论研讨会、全市党校（行政学院系统）“用学术讲政治”教学改革工作会，并在北工大经济管理学院副中心研究中心举办的“建设新时代千年之城”研讨会和中国电力思政研究会国企党建研讨会作主旨演讲。在2019年京台社区发展论坛上以《本土智库参与的社区协商治理实践》为题作主旨发言，助推两地民众交流，强化两岸融合发展。全年公开发表论文12篇，其中《关于发挥品牌示范效应，提升副中心城乡社区精细化治理水平的对策建议》得到区政协主席赵玉影批示。党校教师参与指导的梨园镇、北苑街道、于家务回族乡党群活动中心投入使用，参与设计潞城党建引领农村社区协商治理工作，在潞城镇部分村指导建立村级微党校进行试点，推动党建与治理专家下沉一线，解决基层实际问题，成效显著。

【基层宣讲工作】 2019年，以“百讲党课进基层”活动为载体，“不忘初心，牢记使命，深入贯彻习近平新时代中国特色社会主义思想，开创北京城市副中心建设新局面”为主题，全年宣讲226场，受众2万余人次，其中“吹哨报到”主动服务77讲。

【学历教育】 2019年，市委党校2018级在职研究生国学专业研究生班培训工作有序开展。

（杨亚鹏）

通州区人民代表大会

2019 年，区人大常委会主任李玉君（前排左二）带队赴河北三河市调研

（区人大办公室提供）

概 述

【概 况】 2019年，区人大常委会深入践行习近平新时代中国特色社会主义思想，坚持党的领导、人民当家做主、依法治国有机统一，充分发挥人民代表大会制度优势，推动区六届人大五次会议各项决议的落实，依法行使宪法和法律赋予的各项职权，坚持以副中心建设为中心，以高点站位、精准布局、突出特色、精细落实副中心控规和解决问题为基本点，敢于担当、敢于胜利、敢于争先，为实现城市副中心高质量发展做出新的贡献。全年召开常委会会议9次，主任会议10次，听取和审议区“一府一委两院”专项工作报告21项，依法作出决议、决定28项；任免国家机关工作人员472人次，补选区人大代表12名，以更高标准、更高质量、更高水平完成各项工作任务，为北京城市副中心建设提供坚实的民主法制保障。

【主要工作】 一是把牢正确的政治方向，奋力开创新时代人大工作新格局。强化责任担当，提高政治站位，强化制度规范，强化统筹协调，贯彻新理念、新思想、新战略。坚持党对人大工作的领导，投身城市副中心建设，旗帜鲜明发挥党组作用。二是倾心发展大局，谱写城市副中心建设新篇章。主动介入专项规划和区域规划的编制，重点听取教育专项规划报告，着力推动城市副中心控规实施。督促政府要用好城市体检，实施好老城双修三年行动计划，全力推动老城双修。持续督办“加强城市管理”议案，把交通治理、垃圾分类、智慧城市建设作为监督重点，跟踪问效、紧追不放，组织市、区、乡镇三级近千名人大代表深入一线开展立法调研，推进垃圾分类，聚力推动城市治理。大力推动扬尘污染防治，专题调研园林绿化工程进展，奋力推动生态环境建设。专题听取美丽乡村建设情况报告，助力美丽乡村建设。三是发挥制度优势，实现刚性监督新质量。不断强化经济监督，不断强化财政预算监督，首次开展预算联网监督，开展“十四五”规划前期调研，全面聚焦经济平稳健康运行。心系百姓关切、心系就业、心系老有所养，全面聚焦保障和改善民生。推动医疗卫生事业加快发展，推动增强科技实力，做好文化工作，推动民办体育事业发展，全面聚焦社会事业发展。加强对法律法规实施情况的监督，加强对司法工作的监督，全面聚焦依法治区。四是创新方式方法，迈开代表履职新步伐。搭建代表履职平台，代表联系选民体系建设特色鲜明。建议督办取得新突破，建议办理成效显著，切实提升建议办理质效。代表履职培训更具实效，代表履职方式更加多样，代表履职信息化建设不断加强，显著强化代表履职服务保障。五是改进工作作风，展现“忠诚、干净、担当”的新风貌。严格落实全面从严治党的各项要求，扎实开展“不忘初心、牢记使命”主题教育，凝聚机关奋进力量。把加强学习放在推动工作的首位，强化专门委员会职能作用，适应高质量发展要求，强化履职能力建设。持续加强对人大常委会街工委领导和乡镇人大的指导。

（杨昊）

依法审议决定重大事项

【区六届人大常委会第二十次会议】 3月13日，区六届人大常委会召开第二十次会议。会议传达了市十五届人大二次会议精神，表决通过通州区人大常委会2019年工作要点、区政府关于2019年为群众拟办重要民生实事有关情况的报告、北京市通州区第六届人民代表大会第五次会议代表建议、批评和意见综合分析报告、关于补选部分乡镇人代表的决定和审议了通州区2019年地方政府债务限额及预算调整方案的报告并作出同意预算调整方案的决议。

【区六届人大常委会第二十二次会议】 5月11日，区六届人大常委会召开第二十二次会议。会议表决通过关于补选部分乡镇人大代表的决定。

【区六届人大常委会第二十三次会议】 6月12日，区六届人大常委会召开第二十三次会议。会议审议区监察委员会关于北京市通州区监察委员会工作情况的报告、区政府关于推进分级诊疗体系建设情况的报告和落实城市副中心控制性详细规划和推进老城区城市双修工作情况的报告，表决通过北京市通州区人民代表大会常务委员会建议办理工作评估办法（试行）、区人大常委会关于进一步加强区人大代表联系选民工作的办法（试行）和关于补选部分乡镇人大代表的决定。

【区六届人大常委会第二十四次会议】 8月15日，区六届人大常委会召开第二十四次会议。会议审议区政府关于2019年上半年工作情况的报告、关于2018年区级财政决算草案的报告、关于2018年预算执行和其他财政收支的审计工作报告以及2019年上半年财政预算执行情况的报告，区人大财经委关于2018年区级财政决算草案的审查结果报告，审查批准北京市通州区2018年区级财政决算，审议区政府关于北京市通州区2019年国民经济和社会发展计划上半年执行情况的报告、区人大财经委关于通州区2019年国民经济和社会发展计划上半年执行情况的意见和建议，表决通过关于补选部分乡镇人大代表的决定。

【区六届人大常委会第二十五次会议】 10月24日，区六届人大常委会召开第二十五次会议。会议审议区政府关于北京市通州区美丽乡村建设工作情况的报告、区人大农村委关于北京市通州区美丽乡村建设情况的调研报告、区人大常委会代表资格审查委员会关于北京市通州区第六届人民代表大会代表的代表资格审查报告，审议通过关于接受部分区人大代表辞去代表职务的决定和补选部分区、镇人大代表的决定及关于补选部分乡镇人大代表的决定。

【区六届人大常委会第二十六次会议】 11月28日，区六届人大常委会召开第二十六次会议。会议审议区政府关于北京市通州区2019年财政预算调整方案的报告、区人大财经委关于北京市通州区2019年财政预算调整方案的审查结果报告并作出同意调整方案的决议，区政府书面提交《关于北京市通州区2018年国有资产管理情况的综合报告》《关于北京市通州区2018年行政事业单位国有资产管理情况的审计报告》，审议区政府关于北京市通州区2018年行政事业性国有资产管理情况的专项报告、关于2018年预算执行和其他财政收支审计查出问题整改情况的报告、区人大财经委关于2018年预算执行和其他财政收支审计查出问题整改情况报告的意见和建议，表决通过关于补选北京市通州区第六届人民代表大会代表的代表资格审查报告和关于召开区六届人大六次会议有关事项。

【区六届人大常委会第二十七次会议】 12月12日，区六届人大常委会召开第二十七次会议。会议审议区政府关于“加强城市管理”议案办理情况的报告，区人大城建环保委关于“加强城市管理”议案办理督办情况的报告，区政府关于2019年区人大代表建议、批评和意见办理情况的报告，区人大常委会代表联络室关于2019年区人大代表建议、批评和意见办理督办情况的报告，区人大常委会代表联络室关于北京市通州区人大代表建议办理情况评估的工作报告，区人大常委会法制办关于设立北京市通州区第六届人民代表大会社会建设委员会和变更个别专门委员会名称的决定（草案）及说明，关于北京市通州区第六届人民代表大会社会建设委员会主任委员、副主任委员、委员人选的表决办法（草案）及说明，区人大常委会工作报告审议稿，表决通过关于召开区六届人大六次会议有关事项。

【区六届人大常委会第二十八次会议】 12月25日，区六届人大常委会召开第二十八次会议。会议表决通过个别市、区人大代表辞职事项和北京市通州区第六届人民代表大会个别代表的代表资格审查报告，审议关于区六届人大六次会议相关调整情况的说明。

（杨炅）

重要会议

【第一次主任会议】 3月12日，在区人大常委会机关召开年度第一次主任会议，听取区政府关于北京市通州区2015—2017年调整新增政府债券资金的汇报，研究区六届人大常委会关于“‘加强城市管理’议案办理情况的报告”的审议意见、关于“‘散乱污’企业清理整治及产业退出议案办理情况的报告”的审议意见、关于“2018年北京市通州区人大代表建议、批评和意见办理情况的报告”的审议意见。

【区六届人大代表培训】 3月25—29日，在全国人大北京培训基地举办区六届人大代表2019年学习培训班，围绕坚持和完善人民代表大会制度、北京城市副中心控规、人大制度与人大工作、人大代表履职及代表工作等内容进行培训。

【落实全面从严治党工作动员部署会】 4月11日，在区人大常委会机关召开落实全面从严治党工作动员部署会，学习传达中央纪委三次全会和市纪委四次全会以及区纪委六届五次全会主要精神等，部署2019年落实全面从严治党工作，现场签订区人大常委会党组成员2019年全面从严治党主体责任清单和党员廉洁自律公开承诺书。

【第三次主任会议】 4月23日，在区人大常委会机关召开2019年度第三次主任会议，与会人员视察环球影城项目施工现场扬尘管控情况并专题听取区政府关于通州区扬尘污染防治工作的汇报。

【假如我是人大代表——副中心教育·青年说】 4月28日，在通州区文化馆，区人大常委会团支部联合团区委、区教委团委举办“假如我是人大代表——副中心教育·青年说”主题演讲活动。

【第五次主任会议】 6月11日，在区人大机关召开本年度第五次主任会议，会议同意北京市通州区调整2018年新增政府债券资金。

【第六次主任会议】 8月14日，在区人大机关召开年度第六次主任会议，同意区政府关于2019年重要民生实事项目上半年完成情况的汇报。

【《北京市生活垃圾管理条例》修订征求意见动员部署会】 8月13日，召开关于组织人大代表开展对修订《北京市生活垃圾管理条例》征求市民意见活动动员部署会。

【“不忘初心、牢记使命”主题教育活动】 9月18日，在区人大机关召开“不忘初心、牢记使命”主题教育工作会议，通报区人大常委会机关开展“不忘初心、牢记使命”主题教育的实施方案。9月23—25日，区人大常委会党组人员在区人大常委会机关围绕“不忘初心、牢记使命”主题教育日程开展集中学习研讨活动。10月22日，在区人大机关召开“不忘初心、牢记使命”主题教育征求意见座谈会，区人大常委会党组人员向各乡镇人大主席、区人大常委会街工委主任征求关于加强党的政治建设、全面从严治党、依法履行职权、充分发挥代表作用、加强机关自身建设等方面的意见建议。11月4日，在区人大常委会机关召开“不忘初心、牢记使命”主题教育对照党章党规找差距专题会。11月6日，在区人大机关召开“不忘初心、牢记使命”主题教育征求意见座谈会，区人大常委会党组人员向区人大常委会各办公室主任征求关于加强党的政治建设、全面从严治党、依法履行职权、充分发挥代表作用、加强机关自身建设等方面的意见建议。

【中共北京市通州区委人大工作会议】 10月21日，在区会议中心召开中共北京市通州区委第五次人大工作会议。会议深入学习贯彻习近平总书记关于坚持和完善人民代表大会制度的重要思想，认真贯彻落实中央及市委关于加强和改进人大工作的会议精神，研究部署新形势下全区人大工作，充分发挥基层国家权力机关的重要作用，加强社会主义民主政治建设，提高全区人大工作整体水平。

【第七次主任会议】 10月23日，在区人大机关召开年度第七次主任会议，专题听取区政府关于编制教育专项规划情况的汇报、区检察院关于公益诉讼工作的情况汇报。

【拟任大会秘书处各组负责人会议】 11月28日，在区会议中心人大常委会会议室召开拟任大会秘书处各组负责人第一次会议。12月19日，在区会议中心人大常委会会议室召开拟任大会秘书处各组负责人第二次会议。

【民主生活会】 12月6日，在区人大机关召开“不忘初心、牢记使命”专题民主生活会。

【第九次主任会议】 12月12日，召开年度第九次主任会议，专题听取区人大财经委关于北京市通州区2019年财政预算执行情况和2020年财政预算草案的初步审查意见的汇报。

【市区人大工作会议】 12月27日，召开北京市深入学习贯彻习近平总书记关于坚持和完善人民代表大会制度的重要思想暨纪念地方人大设立常委会40周年交流视频会议。

（杨昊）

监督工作

【概　况】 2019年，区人大常委会紧密结合新时代城市副中心肩负的使命，立足人大工作特点和优势，监督工作更加掷地有声，监督成效更加立竿见影。听取和审议2019年上半年政府工作、计划执行情况的报告，对计划草案进行初步审查。深入调研发改、税务等部门，提出要充分释放减税降费红利，增强企业活力，确保全年任务目标的实现。首次听取和审议行政事业性国有资产管理情况的专项报告，书面审议国有资产管理情况的综合报告，督促政府加强行政事业性国有资产经营管理，切实提高国有资本的经济效益和社会效益。强化监督全覆盖，对财政、审计工作开展全方位、全过程监督；强化初审全覆盖，对财政决算、预算执行、预算调整、预算草案进行初审，形成审查结果报告，推动监督前置。首次对政府债务限额进行初审，提出要规范债券管理，减少调整频次，加快支出进度，强化绩效评价，防范化解债务风险。首次开展预算联网监督，利用“互联网＋”和大数据技术，建设信息化平台，加强对财政预算指标、项目管理、政府采购、预算执行数据的实时查阅和在线监督，实现市、区人大预算联网监督。开展“十四五”规划前期调研。

【全面聚焦保障和改善民生】 深入了解全区供水现状、农村地区净化设备运行情况，建议严格水质监测，保障用水安全，尽快将农村地区自来水纳入大管网，彻底解决百姓吃水问题。着力推行学校“阳光餐饮”工程建设，严格落实食品安全责任。组织代表视察就业培训工作，提出就业是民生之本，加强统筹协调，争取市级政策支持，开发更多就业岗位；立足于城市副中心建设，加强服务保障，推进高端人才引进；加强就业技能培训，构建立体化就业保障网络。积极推动医养结合，破解老龄化困局，促进整合各类资源，引入社会力量，开放服务市场，着力推动建立以老年人需求为导向、家庭为基础、政府为主导、社区为依托、社会力量广泛参与的居家养老社会化服务体系。

【全面聚焦社会事业发展】 以推进分级诊疗体系建设为重点，建议着力打造医联体合作新模式，做强社区卫生服务中心，提升基层医疗卫生队伍素质，加快区域内分级诊疗信息化管理平台建设，提高医疗事业发展水平。完善院前急救体制，满足人民群众院前急救的需求；听取科学技术普及工作情况的汇报，建议区政府要进一步加强顶层设计，全面、系统、科学地规划科技发展，加大资金投入，充分发挥科技的“引擎”作用。建议区政府大力推进大运河文化带建设，挖掘大运河文化内涵，传承和保护好非物质文化遗产；要加快推进新博物馆的规划建设，深入挖掘文物的文化价值、艺术价值。要加快宋庄文化创意小镇、台湖演艺小镇和张家湾设计小镇建设。针对体育场馆不足、基础设施薄弱、民办体育产业结构不尽合理、产业融合度不高等问题提出建议，将体育产业纳入大规划之中，根据百姓需要，制定体育产业发展行动计划，促进政企合作，推动民办体育产业发展。

【全面聚焦依法治区】 围绕“两条例一决定” 开展执法检查。就“街道办事处条例”“物业管理条例”“文明促进条例”等参与市人大立法调研，提出意见建议。加强对司法工作的监督。听取区检察院公益诉讼工作的报告，督促区检察院坚定不移抓办案、抓规范、强素质，提升人民群众的获得感。视察区法院多元调解工作，建议要进一步明确标准、细化职能、统一流程、畅通渠道，让繁简纠纷得到快速精准分离，及时妥善化解矛盾。对区公安分局养犬条例执法情况进行检查，提出建议，促进文明养犬。

（杨昊）

视察与调研

【概　况】 2019年，区人大常委会围绕全区中心工作、常委会工作要点和人大代表、人民群众关心、关注的热点问题，组织常委会组成人员、人大代表开展考察与调研。

2019年，区人大常委会主任李玉君（前排居中）带队赴长沙考察　　（区人大办公室提供）

【开展常委会重点工作调研】 2019年，分别对老城“双修”、分级诊疗体系建设、美丽乡村建设、行政性事业性国有资产管理、“加强城市管理”议案办理、代表建议办理等开展相关调研工作。

【开展专题调研】 2019年，围绕国民经济和社会发展计划财政预算执行情况、居家养老健康服务工作、学校“阳光餐饮工程”、国有资产管理情况等工作进行专题调研，充分发挥代表作用，形成高质量的调研报告，为常委会和政府报告提供决策参考。

【开展视察】 2019年，围绕常委会会议议题、专题主任会议议题、主任和副主任重点督办件办理情况及常委会重要工作开展视察。组织对区人民法院强化多元调解创新、北京市养犬管理规定执行、区监察委员会工作推进、老旧小区加装电梯、文物保护、科普工作、民办体育产业情况、市区联动及立法工作、《北京市机动车停车条例》贯彻落实、美丽乡村建设、副中心园林绿化工程管护情况、涉农意见建议办理情况进行视察；认真组织人代会会前代表视察工作，视察安排尊重代表意愿，突出副中心建设重点环节和群众普遍关注的热点难点问题，以了解实情、推动工作为目的，深入一线，直面成绩和问题。视察采取集中视察与专项视察相结合的形式进行，实行小型化分组，满足代表多频次交叉参与视察愿望和要求。

【开展人大制度理论研究】 2019年，围绕加强区人大常委会和专门委员会建设、人大自身建设开展人大制度理论研究。为做好新时期、新形势下人大工作提供重要保证。

（杨昊）

代表工作

【概　况】 2019年，区人大常委会把支持和保障代表依法履职作为重要内容，不断创新固化机制，充分发挥代表主体作用。

【搭建代表履职平台】 2019年，制定《关于进一步加强区人大代表联系选民工作的办法》，完善代表联系选民三级网络机制，规范推进代表联系选民站点建设。截至年底，建成代表联系选民工作站18个、工作点201个，推定选民代言员4288人。代表联系选民网络更加健全，民意诉求表达渠道更加通畅，形成独有的“副中心模式”，得到全国人大和市人大的充分肯定。

【提升建议办理质效】 2019年，以各专门委员会、提建议代表为主体成立评估小组，进行综合打分，形成专业评估报告，树立评估的权威性。提升建议交办层级，做到及时分类、准确交办、专业分析、把握进度、复查补办。强化常委会主任、副主任督办重点建议，着力推动重点难点问题的解决。区六届人大五次会议以来，代表提出建议112件，全部依法办复。代表提出的加大垃圾分类培训、合理设置交通指示灯时间、便民网点设置、规范幼儿园管理、基层卫生服务机构信息化建设等一大批建议得到高质量办理。代表们提出的带有普遍性的老旧小区物业管理的建议，常委会悉心督办。区政府出台《加强准物业或无物业小区规范管理工作方案》，筹集专项资金，55个小区物业化试点稳步推进。

【强化代表履职服务保障】 2019年，把提高代表素质放在更加突出位置，组织全体代表赴全国人大培训基地，进行为期一周的集中封闭培训，提高代表的履职能力和水平。建立人大代表列席区人大常委会会议制度，每次邀请10名市、区人大代表列席会议；各专门委员会吸纳代表参与相关议题的调研视察；坚持向代表提供人大常委会及“一府两院”工作情况，组织代表参加“一府两院”的考评、主题活动；推进代表会前集中视察小型化，扎实开展与区长座谈交流、代表询问等活动；持续推进代表报告履职情况，9名市人大代表在常委会上报告履职情况，53名区人大代表、44名乡镇人大代表向原选区报告履职情况。建立代表议案、建议办理信息平台和代表履职服务平台。进一步加强人大网站建设，全面做好人大微信公众号管理，及时公布人大及其常委会履行职责、开展工作的动态。

（杨昊）

人事任免

【任免事项】 3月21日，北京市通州区第六届人民代表大会常务委员会第二十一次会议决定：任命高树田为北京市通州区市场监督管理局局长，白玉光为北京市通州区卫生健康委员会主任；张卫东为北京市通州区生态环境局局长，张弘力为北京市通州区政务服务管理局局长，徐景发为北京市通州区退役军人事务局局长，张春良为北京市通州区金融服务办公室主任，杜伟为北京市通州区经济和信息化局局长，曹树常为北京市通州区应急管理局局长，杜彤为北京市通州区人民防空办公室主任，靳国旺为北京市通州区信访办公室主任，田春华为北京市通州区医疗保障局局长，纪万成为北京市通州区文化和旅游局局长，苏礼华为北京市通州区商务局局长，裴志刚为北京市通州区交通局局长，张琴琴为北京市通州区司法局局长，吴长利为北京市通州区人民政府国有资产监督管理委员会主任。免去姜富龙北京市通州区交通局局长职务，甄朋北京市通州区司法局局长职务，孟繁虎北京市通州区人民政府国有资产监督管理委员会主任职务。

5月11日，北京市通州区第六届人民代表大会常务委员会第二十二次会议决定：接受洪家志辞去北京市通州区人民政府副区长职务请求的决定、接受张德启辞去北京市通州区人民政府副区长职务请求的决定、接受黄世 辞去北京市通州区人民政府副区长职务请求的决定。任命倪德才为北京市通州区人民政府副区长，郑皓为北京市规划和自然资源委员会通州分局局长。任命杨通、王志锋、孙文静、马淑英、赵爱芳、于立春、马中原、李明、郭高宗、延虹、谭奇前、周启柏、贺继乐、吴晓东、薛伟、白维超、蒋馥蔚、欧阳威漓、徐如一、裴云鹏、祁蒙、王海燕、曲云皋、曹爱玲、宋策、闫秀丽、杜秀凤、谢宏、郭立东、王玉涛、杨雅京、张瑞祥、花波、张贵良、赵劲松、余广秀、杨东利、张文宝、何春宝、张立娟、程志永、邱丹、苑庆鹏、刘兵、李一、崔占伟、曹白凤、王亮、刘钢、张擎、张文杰、陈妍、赵聪聪、邹德斌、冯磊、刘永红、冯成成、许忠剑、施亚宏、吴剑、马铁刚、郭斌、王文泉、祝序航、鲍勇、张弗盈、蒋长华、成军、李兰、柳志强、李笑宇、焦桂娟、于萍、梁海梅、陈晶、张本升、辛建萍、段超、张戈屏、魏振营、安勇坚、孙丽杰、阎浩、李海静、申跃宇、宁学延、于稳、李天心、张剑铭、孙正斌、王晓红、李林库、张琤、姜宝义、张力、唐欢、卿春、杜雅娟、耿艳、李琳、卢跃忠、姜枫、郭永彪、弋英、王鹏、白文财、潘云峰、韩从周、张志军、郭方超、井健、朱彦海、刘少明、赵锟、赵志明、宋冰川、耿秀娟、高明、郭伟、罗涛、张宏英、乔建生、张文清、李攀、路昊彤、吴越英、韩玮明、张秀梅、刘凤波、杨桂芳、金丽华、康文瑞、李俊琦、李虹达、吴新华、张国华、郭冬竹、崔晓香、陈迹、李桂华、陈娜、陈维华、陈庆帅、赵咚喜、侯海东、龙旭、武晓伟、赵燚、张健强、雷亚杰、李妍、程秀云、李博、魏红明、陈月银、马晓刚、李振、周翼、宫昱、何景辉、贾宝义、陶正非、李忠、李浩、刘敏、马玫玫、张宗军、刘艳、张岩涛、崔晓露、王世建、刘振华、李国中、那杰、赵毓晖、邹丽丹、雷昕道、刘庆生、凌云、陈海玉、王玉梅、王旭东、黄文涛、孙茂盛、张晔、马晓明、贺志洁、张钢钢、徐秀川、付博、黄天生、刘涛、郭少华、田苗苗、李爱研、胡兴华、石永利、王淑燕、陈雅利、刘光磊、郎起忠、朱剑利、迟玉荣、吕润艳、杨文华、邓海滨、张萌、郝大为、杨棋、聂超、任伟、陈广发、孙海鹏、全静华、毛利萍、武利勤、赵云竹、李晓东、张成、罗晓海、王茂、李志强、卢松涌、韩志忠、李正、侯振永、宗兆民、陈小亮、孙琪、范文宾、胡艳苹、温锦秀、景集、万卫、王祎、孙海蓉、张宏、刘蔚然、唐玲、高忠、李金岭、富婷婷、郭龙太、罗凯世、王涛、周强、王彦涛、邢伟利、郑安娜、曹健、于志明、韩枫、杨莉、徐世凯、宋长磊、褚长荣、朱霞伟、欧阳晓辉、刘亚萍、王小京、刘刚、黄运华、齐有卫、乔爱科、刘鑫、司文艳、李广义、刘岩、胡畔、刘晓光、张一波、王庆、王宁、韩玉蔚、李婧舒、赵晓宇、杨闯、齐秋良、关丽娟、胡佳、李景林、宋瑞娟、郭辉、白淑娟、余末银、潘红云、蔡秋菊、赵峰、申彩霞、陈宝文、屈冬立、李浩、李彦华、霍向荣、王宁、魏秀清、张桂兰、马银鹏、韩友河、苏盘龙、薛永英、薛晓东、冯　阁、王玉玲、石建平、黄宁洁、陈立东、艾刚、刘成江、田春凤、党领群、王胜阳、杨志化、吴三林、乔轶美、陈翠环、魏铁鑫、周毅、韩伟明、王峥、陈岩、向长松、李卫、赵晓慧、张鸿、李廷茹、李建东、李道广、姜炬芳、崔瑞刚、房海娥、李岩、陈茜、王金朋、杨继青、王树春、孙宇江、任强、许嘉丽、张雪峰、陈凤惠、尹莉、邓雅芹、何行洁、刘玉芳、夏彦平、谢红俊、李博、刘杰、赵引、杨刚、张海涛、崔桂云、王文选、张雪洁、李婉青、吴日安、马淑庄、韩学启、刘春燕、仇海云、许艳利、赵桂清、刘玉英、姜海英、吴秀梅、吕金泽、梁洪林、张振安、王国栋、王雅健、肖萌、毛思武、姚宝梁、吕春春、李国平、韩艳清、齐春秀、穆思宇、沈会芷为北京市通州区人民法院人民陪审员。免去刘广强北京市通州区人民法院审判委员会委员、审判员职务，王晓杰、陈素培北京市通州区人民法院审判员职务。

6 月 12 日，北京市通州区第六届人民代表大会常务委员会第二十三次会议决定：任命王德松为北京市通州区农业农村局局长。免去陈燕平、山庆华、赵锐 3 人的北京市通州区人民检察院检察员职务。

8 月 15 日，北京市通州区第六届人民代表大会常务委员会第二十四次会议决定：接受王博辞去北京市通州区人民政府副区长职务请求的决定。任命范红达为北京市通州区人民法院审判员。免去吴涛北京市通州区人民检察院检察委员会委员、检察员职务，梁德春、甄国清、刘立民、刘锐、陈红、张艳霞、张秀敏、叶秀川、刘红生、张大虎、李港、安菁北京市通州区人民检察院检察员职务；免去孟昭鹏北京市通州区人民法院审判员职务，韩文禹、李茂、吴文明、汤国庆、张艳明、杨殿祥、杨柏山、王长林、岳奎、郝凤水、翟玉刚、崔爱民、王术、杨建琴、邓敏霞、钟玉文、谢国钧、丰永全、郭俊苹、赵丽军、东勇北京市通州区人民法院人民陪审员职务。

10 月 24 日，北京市通州区第六届人民代表大会常务委员会第二十五次会议决定：任命李霞为北京市通州区商务局局长、杜德耕为北京市通州区科学技术委员会主任；任命蒋啸为北京市通州区监察委员会副主任；任命陶涛、梁睿诗、王楠、吴可加、曹森、余海、苑路佳、徐晶、邹强、杨冀承为北京市通州区人民法院审判员；任命于泽、马丽娟、王卓、邱华静、徐妍为北京市通州区人民检察院检察员。免去李霞北京市通州区科学技术委员会主任职务、苏礼华北京市通州区商务局局长职务。免去苏礼华北京市通州区监察委员会副主任职务。

11 月 28 日，北京市通州区第六届人民代表大会常务委员会第二十六次会议决定：任命李俊霞为北京市通州区金融服务办公室主任。免去张春良北京市通州区金融服务办公室主任职务。

12 月 12 日，北京市通州区第六届人民代表大会常务委员会第二十七次会议决定：任命李峥为北京市通州区人民检察院副检察长、检察委员会委员。免去刘岩北京市通州区人民检察院检察委员会委员、检察员职务，王凤升、胡广奇通州区人民检察院检察员职务。

12 月 25 日，北京市通州区第六届人民代表大会常务委员会第二十八次会议通过接受孙伟辞去北京市第十五届人民代表大会代表职务的请求。

（杨昊）

通州区人民政府

3月14日，通州区政府与苏宁控股集团战略合作会晤

（中关村通州园区提供）

概　述

【概　况】　2019年是中华人民共和国成立70周年，也是市级机关正式搬迁入驻城市副中心的第一年，更是区政府高水平、高质量实施副中心控规的开局之年。区政府围绕副中心控规落实和中华人民共和国成立70周年服务保障，开拓进取、奋勇拼搏，实现经济社会的平稳较快发展。

【城市副中心建设全面进入控规实施阶段】　市级机关入驻，通州区从此步入副中心时代。城市副中心党工委、管委会正式挂牌成立，顶层设计更加明确，高位高效协调调度，初步实现"副中心的事副中心办"。行政办公区二期、运河商务区、文化旅游区、城市绿心、副中心站交通枢纽、东六环路入地工程、地铁7号线东延、八通线南延等重要节点加快建设，城市框架有序拉开。推进新老融合，实施"老城双修"。全面启动360个平房村美丽乡村建设，农村面貌焕然一新。深化区域合作，与北三县协同发展，与雄安新区建立合作机制。

【产业高质量发展基础进一步夯实】　建立统一的空间资源数据平台，为产业高质量发展留足空间。聚焦高端产业业态，与朝阳、西城、海淀开展"三区三园"结对发展，加快项目对接引进，39家知名企业入驻人力资源产业园通州园，22家企业在国家网络安全产业园完成注册，北建院等首批33家企业入驻张家湾设计小镇。创新管理服务机制，推出一事一策"普惠服务包"和一企一策"定制服务包"；持续优化营商环境，通州区第三方评价排名由全市第十位上升至全市第五位。

【城市治理水平加快提升】　成立区级"12345"市民热线"接诉即办"工作领导小组，强化区、镇（街道）、村（社区）三级调度，狠抓热线服务办理的工作格局。实施41条背街小巷综合整治，完成75条"有路无灯"道路亮化工程，104千米城乡道路实现夜间照明。21条主次干路、73条背街小巷架空线入地加快推进。完成159座"公厕革命"改造任务，全区范围60%的垃圾分类示范片区建设完成。设置再生资源回收站点540座，城市秩序和环境面貌持续提升。"疏整促"深入推进，市、区任务落点落图。拆除违法建设1010万平方米，销账1017.7万平方米，腾退占地1243.6公顷。疏解一般制造业企业92家，疏解提升有形市场12家。

【生态环境治理成效显著】　全区$PM_{2.5}$累计浓度下降至46微克/立方米，大气质量持续改善。9个出入境断面水质全部达到国家考核目标要求，全面完成30个村的污水治理任务，完成101条小微水体治理，49个海绵城市改造项目完工。完成4.5万亩造林任务、160千米绿道建设，建成6个环城公园和7处小微绿地，群众"出门见绿、起步闻香"的绿色生活体验不断增强。土壤治理持续深入，在全市率先完成生态保护红线勘界定标技术方案。建立农用地土壤环境质量分类清单，加强建设用地风险管控。

【社会民生建设成果丰硕】　黄城根小学、德闳国际学校等4所新建中小学校实现招生。新开各类幼儿园13所。医疗健康事业加快发展，医耗联动综合改革实施。北京大运河景区正式列入国家AAAAA级旅游景区预备名单，燃灯佛舍利塔成为全国重点文物保护单位，获得首都公共文化服务示范区称号。持续促进就业，主动对接重点区域和重大项目用工需求，对全区困难群体开展精准救助，有序推进低收入农户帮扶工作。7家乡镇养老院升级改造工程开工，3家乡镇养老照料中心和30家养老驿站建设完成。新增儿童成长驿站16家、村（居）儿童之家200家。成立全市首家残疾人文化创意产业就业基地，新增残疾人就业500余人。持续推进社区减负，进一步夯实“街巷长制”、“小巷管家”、党员进社区等措施。推进社区规范化建设，社会建设水平不断提升。食品药品安全、人民武装、宗教、侨务以及对台工作健康发展。

（葛琦）

政务

【为民办实事】 2019年，新增充电桩1560个，逐步缓解新能源汽车充电难问题。新建和规范提升生活性服务业网点117家，连锁化率达到51.5%，社区覆盖率达到98.5%。建设完成38家社区养老服务驿站，进一步提升居家养老服务水平。全面推进无物业老旧小区物业化管理，7个试点小区基本实现物业规范化管理，其中北苑街道后南仓小区和杨庄41号院、梨园镇五所家属院、永顺镇胸科医院4个项目实施正规物业管理，并按需开展基础设施改造工作；永顺镇华诚花园小区实施居民自治管理；玉桥街道葛布店东里、艺苑东街4号和运河西大街105号两个项目实施准物业管理。老城区范围内10个自备井置换市政供水工程全部完成。农村地区饮用水净化提升工作完成年度任务目标。在11个乡镇制定大额住院费用二次报销实施意见并抓紧实施二次报销工作，缓解群众“因病致贫、因病返贫”的问题。通州老城区范围内平房棚户区改造一期工程编制完成项目可研报告并通过市住房城乡建设委棚户区改造联审会，项目经市政府批准原则同意纳入2019年实施计划。12家有形商品市场疏解提升工作完成，分别为宋庄镇完成3个，永顺镇完成3个，梨园镇完成2个，中仓街道完成2个，潞城镇、台湖镇各完成1个，涉及商户1636户，人员2812人。为大方居小区新增停车位598个，使用ETCP智能收费管理系统，对院内停放车辆进行管理，同时在大稿村工业区新建停车场，并向居民进行宣传告知，缓解大方居等小区停车难问题。京洲西路等5条微循环交通优化工作启动多规合一审批办理程序并委托规划院做专项规划方案。20条背街小巷环境整治提升工作完成。在乔庄西区建设1处城市休闲公园，在老通百人才产业园绿地、北人家园东南角绿地等处栽植绿化树木，绿化面积1.72万平方米，为市民提供休闲场所。完成旅游新村小区、葛布店东里和玉桥中路、西营前街、小街之春和上潞园小区等5个老旧小区楼本体改造工作。实施区政务服务办周边环境提升工程，完成院内围墙粉刷、绿化补植、道路修整等工作，方便群众办事。新设4所社区卫生服务中心，其中中仓社区卫生服务中心投入使用，其他3所中心主要业务工作在其下属服务站内完成，满足人民群众就近就医服务需求。新开和优化调整公交线路17条，其中新开公交线路5条，调整公交线路12条。更新完成150套全民健身器材，方便群众开展健身活动。购置安装室内乒乓球台116个、台球桌88个，进一步推动体育设施提档升级，开展丰富多彩的全民健身活动。举办各类文艺演出1101场，丰富群众文化生活。开工建设保障性住房6900套。实施运河城市段景观提升工程停车场路口铺装项目，铺装施工面积合计3500平方米。指导学校开展课外活动，包括开展课外活动及提供课后托管服务，建立弹性离校制度。接收胡各庄安置房、马驹桥家园等4所小区配套幼儿园，办成公办或普惠性民办幼儿园。开展覆盖全区的户籍适龄妇女宫颈癌、乳腺癌免费筛查工作，全区“两癌”筛查合计36192人。免费婚前医学检查2119对，进一步降低新生儿出生缺陷发生率。继续提高城乡低保标准至月人均1100元，保障和改善救助对象生活水平。调查摸底困难残疾人数，参照低保标准提高困难残疾人生活补贴标准。做好辖区内巡视探访需求对象及为老服务组织情况摸底调查工作，开展居家养老巡视探访服务，全年巡访总人数4927人，累计巡访223464人次。通过家庭日常家政服务、无障碍出行用车、康复护理等方式为残疾人提供居家助残服务，服务3512户，每户31次，共计108872次。调整五项社保待遇，其中企业退休职工养老金待遇调整涉及76514人，调整后全区平均养老金水平为3591.22元；城乡居民养老保险基础养老金调整涉及61347人，从每人每月705/715元提高到800/810元，福利养老金调整涉及41256人，由每人每月620/630元增至715/725元，工伤职工定期待遇涉及323人；失业保险金发放标准自5月1日起执行，外埠城镇人员一次性失业保险金月发放标准在现行基础上，每档增加170元；农民合同制工人一次性生活补助费标准由1372元调整到1542元。加大食品安全监测抽检力度，完成食品生产、流通、市场及餐饮服务4个领域3575件样品抽检计划，其中食用油、大米、小麦粉、猪肉、蔬菜、豆制品六大类重点食品合格率98.7%。在永顺镇、梨园镇、潞城镇所属小区楼门设置1700块便民宣传牌。完成30个小区的“雪亮社区”试点建设，涉及中仓街道5个、新华街道4个、北苑街道1个、玉桥街道1个、台湖镇3个、永顺镇3个、梨园镇2个、潞城镇1个、马驹桥镇1个、张家湾镇1个以及全区8个公租房项目小区。

（董冠楠）

【市领导到通州区调研】 2月25日，市委常委、常务副市长林克庆到城市副中心绿心工程工地、甘李药业股份有限公司和罗克佳华科技集团股份有限公司调研。4月30日，副市长隋振江到张家湾镇调研设计小镇情况。视察了北京铜牛股份公司、北泡轻钢建材有限公司，并听取相关情况汇报。6月3日，副市长卢彦乘船到甘棠闸、北运河拦河闸和奥体公园二号码头调研北运河通航准备情况。7月29日，北京市副市长、北京市委城市副中心工委书记、北京城市副中心管委会主任隋振江就“12345”市民服务热线工作到梨园镇调研。9月2日，副市长隋振江到通州区调研网络安全产业园规划建设工作情况。视察了国家网络安全产业园（通州）和园区展览展示中心，并听取相关情况汇报。12月2日，副市长殷勇围绕“落实‘七有’要求，满足市民‘五性’需求”到宋庄镇草寺村调研。

【中国人民大学与通州区人民政府签署战略合作框架协议】 1月24日，中国人民大学与通州区人民政府签署战略合作框架协议。中国人民大学校长刘伟与通州区区长赵磊签署战略合作框架协议。中国人民大学党委书记靳诺、区委书记曾赞荣参加签约仪式并讲话。

【北京银行与通州区人民政府签署全面战略合作协议】 1月30日，北京银行与通州区人民政府签署全面战略合作协议。副市长、城市副中心党工委书记、管委会主任隋振江出席签约仪式并讲话。

【北京市与廊坊北三县项目推介洽谈会举行】 2月26日，北京市与廊坊北三县项目推介洽谈会在廊坊市大厂回族自治县举行。通州区委书记曾赞荣致辞，通州区与廊坊市签订共建区域培训平台框架协议。市发改委主任、市委市政府京津冀协同办主任谈绪祥，廊坊市委书记冯韶慧，通州区区长赵磊，区委常委、常务副区长、政法委书记刘贵明出席会议。

【通州区政府与苏宁控股集团签署战略合作框架协议】 3月14日，通州区政府与苏宁控股集团签署战略合作框架协议。区长赵磊、苏宁控股集团董事长张近东参加签约仪式并讲话。

【中国人民大学通州新校区在城市副中心开工】 3月30日，中国人民大学通州新校区在城市副中心开工。区委书记曾赞荣致辞。中国人民大学党委书记靳诺、校长刘伟，教育部发展规划司司长刘昌亚，区长赵磊、副区长阳波出席开工现场会。

【美国企业投资北京城市副中心项目洽谈活动举办】 4月1日，以“发展、合作、共赢”为主题的美国企业投资北京城市副中心项目洽谈活动举办。区长赵磊致辞，副区长苏国斌介绍了通州区营商环境。美国驻华大使馆商务参赞彭谐康，市投资促进局党委书记、局长周旭，副局长张华出席会议。

【区领导到内蒙古自治区考察】 4月11日－13日，区长赵磊、副区长王博等到内蒙古自治区，考察对接与赤峰市翁牛特旗、通辽市奈曼旗、兴安盟科尔沁右翼中旗扶贫协作、对口帮扶工作，并签订《2019年东西部扶贫协作协议》。

【北京市第二十九次全国助残日主题活动在通州区举行】 5月19日，北京市第二十九次全国助残日主题活动在通州区举行。中国残联主席张海迪，副市长、市残工委主任张家明在区长赵磊、副区长董明慧的陪同下，到区文化馆和中仓街道温馨家园看望慰问残疾人士，并观看了大型文艺演出《运河梦》。

【2019年中国国际服务贸易交易会北京城市副中心分会场举行签约仪式】 6月1日，2019年中国国际服务贸易交易会北京城市副中心分会场举行签约仪式。区长赵磊致辞。市投资促进服务中心党组书记、主任周旭，区领导曾赞荣、李玉君、刘贵明、王博、苏国斌参加签约仪式。

【通州区人民政府与中国民生银行股份有限公司举行签约仪式】 6月23日，通州区人民政府与中国民生银行股份有限公司战略合作框架协议签约仪式举行。区委书记曾赞荣致辞。区领导赵磊、初军威、刘贵明、阳波，中国民生银行董事长洪崎参加签约仪式。

【国家发改委领导到通州区调研】 7月18日，国家发改委副主任、国家统计局局长宁吉喆到通州区就副中心规划建设和统计工作开展情况进行调研。视察了北京城市副中心规划展厅、永顺镇统计所和大运河森林公园，并听取相关情况汇报。副市长隋振江，区长赵磊陪同调研。

【北京市长顾问代表团走进城市副中心活动】 7月31日，北京市贸促会联合通州区人民政府共同举办“北京市长顾问代表团走进城市副中心”活动，并就通州区产业功能定位和相关产业调整等问题进行座谈。市贸促会主任张永明主持座谈会，区委常委、常务副区长刘贵明致欢迎辞，副区长苏国斌介绍了通州区经济社会发展情况及城市规划。

【“北京畅融工程”财富管理对外开放专题活动举办】 8月29日，以“金融开放，财富启航”为主题，“北京畅融工程”财富管理对外开放专题活动在城市副中心举办。市金融监管局党组书记、局长霍学文致辞。区长赵磊，区委常委、常务副区长刘贵明参加活动。

【京杭大运河北京城市副中心段旅游线通航】 10月3日，京杭大运河北京城市副中心段旅游线通航。副市长卢彦宣布开航，区委书记曾赞荣致辞。市水务局局长潘安君，市文化和旅游局党组书记陈冬，区领导赵磊、朱益军、王岩石参加通航仪式。

【“2019全球财富管理论坛”举行】 10月26日—27日，“2019全球财富管理论坛”在通州区北京国际财富中心举行。市委常委、副市长殷勇，区长赵磊分别致辞。副区长苏国斌就发布《关于加快推进北京城市副中心高精尖产业发展若干措施》实施细则作说明。区委书记曾赞荣，区委常委、常务副区长刘贵明参加。

【北京市科学技术委员会与通州区政府签订合作协议】 11月26日，北京市科学技术委员会与通州区政府签订合作协议。市科委党组书记、主任许强致辞，区领导赵磊、刘贵明、苏国斌参加签约仪式。

【张家湾设计小镇入驻企业签约活动举行】 12月26日，张家湾设计小镇入驻企业签约活动在北京城市副中心举行。副市长、北京城市副中心党工委书记、管委会主任隋振江出席并讲话。市政府副秘书长刘印春，中关村管委会主任翟立新，副中心党工委常务副书记、管委会常务副主任、区委书记曾赞荣，副中心党工委副书记、管委会副主任、区委副书记、区长赵磊等参加活动。

（王文秀）

【《通州区控制在施违法建设若干规定》出台】 6月17日，根据《北京市城乡规划条例》和市规划和自然资源委《关于立即处置在施违法建设的实施意见（试行）》的相关规定，为严格控制在施违法建设发生，结合本区实际，区政府制定了《通州区控制在施违法建设若干规定》。

【《通州区创建服务业扩大开放综合试点先导区实施方案》出台】 8月14日，为贯彻落实国务院批复的《全面推进北京市服务业扩大开放综合试点工作方案》（以下简称《工作方案》）及市政府有关要求，以开放促改革、促发展，全面推进落实《工作方案》内容，深入推进服务业扩大开放综合试点先导区建设，发挥示范引领作用，结合通州区实际，区政府制定了《通州区创建服务业扩大开放综合试点先导区实施方案》。

【《关于进一步促进就业创业工作的实施意见》出台】 9月8日，为适应北京城市副中心发展要求，全面提高通州区城乡劳动力就业质量，增强就业稳定性，切实促进农村地区劳动力、高校毕业生、企业分流职工、退役军人和就业困难人员等重点群体就业创业，让百姓在城市副中心建设发展过程中有更多获得感、幸福感，根据《北京市人民政府关于做好当前和今后一个时期促进就业工作的实施意见》精神，结合通州区实际，区政府制定了《关于进一步促进就业创业工作的实施意见》。

（东滨）

【政府信息工作】 2019年，收到各单位报送信息6600余条，采用2004条，编辑《昨日区情》普、专、特刊502期，《今日媒体热点》11期；向市政府办公厅报送政务信息、舆情信息1711条，被采用22条。获市区领导批示37条，完成政务信息督查34次。2019年获得市政府信息系统优秀单位。

（张晓燕）

【建议、提案办理工作】 2019年，市政府办公厅交由通州区政府研究办理全国及市人大代表建议、市政协委员提案30件。按照市政府有关规定，30件建议、提案全部在法定期限内办复。

2019年，区政府系统承办区人大代表建议和区政协委员提案314件，办理区人代会议案2件，办理完成区政协主席会议建议案7件。办理区人大代表建议109件。其中，区六届人大五次会议交区政府办理102件，闭会期间区人大常委会交区政府办理7件。内容涉及城市建设与管理方面34件，占31%；社会事业与民生方面40件，占37%；城乡一体化方面15件，占14%；综合经济方面4件，占4%；其他方面16件，占14%。区政府按照“分级负责、归口办理、重点督办”的原则，分别交由52家单位研究办理，全部按期办复。办理区政协委员提案205件。内容涉及社会事业与民生方面58件，占28%；城市建设与管理方面78件，占38%；乡村振兴方面44件，占22%；经济发展与优化营商环境方面15件，占7%；其他方面10件，占5%，全部按期办复。

（郭娜）

人事人才

【概　况】 2019年，区人力社保局深入贯彻国家及北京市关于事业单位改革要求，着力破解难题，改革当头，突出重点，努力建立合理完善的事业单位管理体系。同时，进一步以服务城市副中心建设为首要任务，坚持需求导向，加快实施创新驱动，提升服务，稳步推进高层次人才创新创业平台建设、非京毕业生引进和积分落户等工作，着力打造副中心发展新环境。为进一步深化全区政府聘用人员体制机制改革，区人力社保局积极探索改革思路，以打造一支专业高效的政府聘用人员队伍为目标，为全区行政体系建设提供有力保障和支撑。

【事业单位公开招聘工作】 年内，对事业单位新进工作人员进行公开招聘，通过实行单位招考和全区统一联考的方式，招聘工作人员704名。

【推进事业单位岗位聘任和备案管理工作】 年内，完成全区558个事业单位、2万余人的岗位聘任和登记备案。

【组织开展多期事业单位工作人员培训】 2019年，组织6期、988人次事业单位工作人员培训。包括1期734人次的专业技术人员公共知识培训，2期142人次的事业单位新入职人员初任培训，2期80人次的事业单位科级干部培训（含廊坊北三县事业单位干部30人），以及1期32人次的市级高级研修班（含廊坊北三县学员18人）。2019年度实现事业单位培训首次向北三县延伸。

8月30日，通州区2019年劳动争议调解员培训会在东方宾馆举行　（区人力社保局提供）

【推动扶持高层次人才创新创业平台建设】 2019年，在中关村科技园区通州园管理委员会增设4家分站博士后科研工作（国家级）站，即蒙牛高科乳制品（北京）有限责任公司、北京鑫开元医药科技有限公司、银谷制药有限责任公司和北京安必奇生物科技有限公司；为博士后科研工作站及在站高层次人才发放扶持资金42.35万元。

【非京毕业生引进和积分落户工作】 2019年，全区引进非京生源毕业生349人；受理1625家单位2495人积分落户系统申报，其中，106人获得落户资格。

【完成全区人事考试工作】 年内，组织完成市级下发的计算机软件、一级建造师、公务员等12个科目的考试工作，共1068场，81968人次参加考试；完成市级下发的公安招聘公务员及初级、数字编辑等7个科目的电子化考试工作，共90场，12531人次参加考试；完成区级下发的专职安全员笔试工作，共19场，558人次参加考试；专职安全员面试工作，179人参加面试。

【完成全区晋级晋档、增长薪级审批工作】 2019年，工资福利与退休科完成全区机关事业单位在职人员晋级晋档、增长薪级审批工作，累计审批2.7万余人。

【组织机关工作人员健康体检】 9月，按照政策要求，工资福利与退休科组织党政群机关工作人员赴北京市干部度假疗养中心进行健康体检，全区有83名考核优秀人员、业务骨干、组织人事干部以及离岗、离退休人员参加活动。

【乡村振兴协理员选聘工作】 2019年，北京市村干部政策有重大调整，助推“三支一扶”（中央组织部、人事部、教育部、财政部、农业部、卫生部、国务院扶贫办、共青团中央就联合组织开展2006年高校毕业生到农村基层从事支教、支农、支医和扶贫工作，简称“三支一扶”）计划，招聘高校毕业生到农村支农，岗位确定为乡村振兴协理员，服务期由之前的三年调整为五年。根据选聘原则和程序，经过笔试、资格审查、面试、体检、考察、签订就业协议等程序，最终选聘19名高校应届毕业生到农村担任乡村振兴协理员。

【通州区政府聘用人员规范管理】 9月，挂牌成立通州区政府聘用人员事务中心。开展全区政府聘用人员管理体制改革，制定并出台全区各类政府聘用人员规范管理的指导性政策，梳理并备案全区政府聘用人员岗位24199个。对其中13817名协管员进行重点整合优化，在17个街乡镇成立综合协管员队伍，并核定其规模及薪酬结构，研发“通州区政府聘用人员管理系统”并投入使用。

【中国北京人力资源服务产业园通州园区开园运营】 中国北京人力资源服务产业园通州园区经过两年多的建设，于5月正式运营。园区占地面积14615平方米，总建筑面积5.5万平方米，产业可用面积2.73万平方米。楼宇地上部分5层，分为A（东侧）、B（西侧）两座，其间以廊道相连。A座主要用于产业园综合功能集聚，设有人力资源公共服务窗口、商务服务窗口、企业办公区、资料存阅区及大型会议室、报告厅；B座主要用于人力资源服务机构办公。楼宇地下部分3层，主要用于产业园配套服务。设有商品零售区、餐饮休闲区及智能停车区。截至2019年底，园区签约企业39家，入驻办公25家，实现税收1.2亿元，入园企业在京津冀地区服务人数达到10万人。

【人才服务平台建设】 年内，人力资源公共服务中心在全市率先全面推行综合柜员制，档案、保险等29项业务可在一个窗口办结，受理业务7万余笔；做好中心档案管理等工作，集体存档户3724家，存档量为114175份，其中，个人存档101489人，集体存档12686人；充分发挥人才市场在人才资源配置中的基础性作用，举办现场招聘会301场，参会单位3660家次，提供职位93325万个次，求职人才达91891人次，初步达成意向29283人次。

（何媛媛）

外事与港澳事务

【概　况】 2019年，根据市委、市政府批准的《北京市通州区机构改革方案》，为加强党对外事工作的集中统一领导，通州区将中共北京市通州区委外事工作领导小组更名为中共北京市通州区委外事工作委员会，作为区委议事协调机构。委员会办公室设在区政府办公室（区政府外办），主任由区政府办公室主任兼任。9月，召开区委外事工作委员会第一次会议，会议审议通过《中共北京市通州区委外事工作委员会工作规则》，《中共北京市通州区委外事工作委员会办公室工作细则》和2019年通州区外事工作要点。

【因公出国（境）工作】 2019年，全年组织区内团组12批次，配合市级团组26批次，共129人次出国（境）执行城市建设、城市管理、生态环境、文化教育等领域的重点合作和交流项目，促进出访成果转化，高质量助推区内环球主题公园项目、大运河文化带建设、城市绿心及三大建筑、特色小城镇等重点项目发展。

【对外友好交往】 10月29日，与日本东京都文京区正式缔结友城关系，深化两区务实合作，推动构建契合新时代要求的中日关系，为北京市区两级向东京学习世界城市建设经验提供优质平台。主动落实“一带一路”国家战略。12月16日，与匈牙利布达佩斯第二十三区正式缔结国际友城关系，全面开启两区友好交往和务实合作新阶段。配合参与“一带一路”建设。以中韩高中生交流项目为平台，与韩国首尔市九老区加强中韩传统文化交流。以“莫斯科—北京：携手共创新未来”论坛为契机，与友城俄罗斯莫斯科东北区在城市创新发展、智慧城市建设和城市管理等领域开展经验交流，深化中俄友谊。

【外事礼宾接待】 年内，深化落实国际交往中心建设要求，高标准服务保障中联部、外交部、全国友协、市外办等上级部门和国外政府重要来访团组40批次、640余人次，宣传推介北京城市副中心各领域建设情况，以及区内高端商务、文化旅游、科技创新等重点产业。

【重要外事活动】 5月，举办以“开放、绿色、智慧、共享——更美好的未来城市”为主题的2019京交会北京城市副中心分会场；7月，举办“北京市长顾问代表团走进城市副中心”活动；8月，围绕环球主题公园打造“文化＋科技”产业集群，举办美国企业投资北京城市副中心项目洽谈活动，向美国环球影城相关企业推介通州企业营商和发展环境；10月，举办“2019全球财富管理论坛”，吸引国内外来自财股管理领域的业内人士、专家学者，围绕全球挑战下的财富管理新机遇展开深入研讨；11月，服务保障2019使节招待会举办，参与接待来自120个国家的驻华使节和国际组织驻华机构代表及配偶参加的驻华使节招待会，驻华大使代表积极评价城市副中心建设和大运河文化带建设。

【国际语言环境建设工作】 年内，开展形式多样的国际语言环境建设工作。联合区教委、文旅委、市场监管局等多家单位完成领事保护、冬奥知识、市民日常英语等内容宣传。完成行政办公区内道路、北苑万达商圈、大运河森林公园范围内英文标识纠错工作。

【外事服务】 年内，加大APEC商务旅行卡推广力度，简化企业人员办事程序。加强领事保护宣传教育，维护好通州区企业和公民的海外利益。紧盯重要时间节点，用好涉外安全工作机制，妥善处理涉外事件，做好涉外维权工作，切实维护全区安全稳定的涉外环境。

【港澳工作】 年内，加强全区港澳工作统筹。落实好京港合作会议第四次会议精神，推动两地在重点领域开展合作交流。主动参与第23届北京香港经济合作研讨洽谈会，不断深化北京城市副中心在港意向投资企业对接交流。参与2019京澳合作伙伴行动、2019年澳门国际环保合作发展论坛及展览，办好第24届澳门国际贸易投资展览会“北京馆”通州展区，提升京澳全方位合作水平。

（付世聪）

投资促进

【概　况】　2019年，通州区“高精尖”产业招商项目238个，计划投资总额超过1580亿元。全部项目中，签约70个，计划投资总额约862亿元。2019年通州区注册重点招商目标企业107个，注册资金总额约735亿元，全部企业中60个2019年实现纳税，纳税总额约11979.11万元。根据9月18日《中共北京市通州区委机构编制委员会关于北京市通州区投资促进局更名等有关事项的通知》，通州区投资促进局更名为通州区投资促进服务中心，更名后机构性质、主要职责、人员编制等均不变。

【召开优化营商环境交流会】　1月28日，由区政府、区产业发展促进委员会主办的“北京城市副中心优化营商环境交流会”在北京国际财富中心召开。交流会由区委副书记、区产促会常务副主任初军威主持，市发改委、市科委、市经信局、市商务局、市金融监管局、市投促局、市文旅局、市中关村管委会等市级单位负责人，区委书记曾赞荣，区委副书记、区长赵磊，区人大常委会主任李玉君、区政协主席赵玉影等通州区领导和相关委办局负责人出席，约190人参加。会上，永顺镇、西集镇、永乐店镇、张家湾镇、台湖镇、宋庄镇、中关村通州园管委会、运河商务区管委会、文化旅游区管委会与包括特斯联、君舍文化在内的20家国内外有影响力的“高精尖”企业签约，区投促局与10家招商中介机构签约，国家级人力资源产业园与入园的10家企业签约。

【召开“政银企直通车”交流对接会】　年内，举办了两次“政银企直通车”交流对接会。1月10日，区投促局、区企业联合会、区企业家协会联合浦发银行北京市通州区支行共同举办“政银企直通车”交流座谈会。会上，区投促局、区企联、区企协、浦发银行通州支行签署战略合作协议，企联、企协代表区内企业分别收到由区投促局派送的“政策服务包”和由浦发银行派送的“金融服务包”。活动邀请80余家高新技术企业相关负责人和10余家园区代表共100余人参加会议。3月5日，由通州区人民政府主办，区投促局、区金融办承办的“政银企直通车”交流对接会在通州区运河商务区北京国际财富中心举办。活动邀请20余家银行金融机构，50余家企业参加活动。活动中推介北京城市副中心营商环境，收集企业基本情况、经营情况、投融资情况、面临问题及需求，为政府决策提供参考，引导金融机构提供精准服务。

【举办美国企业投资北京城市副中心项目洽谈活动】4月1日，“美国企业投资北京城市副中心项目洽谈活动”在通州区北京国际财富中心举办。活动由美国驻华大使馆商务处、北京市投促局、通州区政府主办，通州区投促局承办，美国驻华大使馆商务参赞、美国知名企业代表、美国主题公园企业访华团代表，以及北京市市属国企、通州区民营企业代表，共160余人参加会议。会上介绍北京市和通州区优质的营商环境，“打造服务业扩大开放综合试点先导区”有关情况。双方企业代表就在通州区发展设想做主题演讲。区有关部门在现场设立咨询台，对企业关心的投资问题进行解答。

【举办“京交会”副中心分会场签约仪式】　6月1日，由区政府主办，区商务局、区投促局承办的2019年中国国际服务贸易交易会北京城市副中心分会场签约仪式在北京国际财富中心召开，市投促中心党组书记、主任周旭，区委书记曾赞荣，区委副书记、区长赵磊，区人大常委会主任李玉君出席，约200人参会。会上，中国银河金融控股有限公司、特斯联（北京）科技有限公司等13家企业签约，协议投资额443.7亿元。

【四区签订结对机制框架协议】 7月13日，通州区与西城区、朝阳区、海淀区结对协议签署仪式在通州会议中心举办。该次签约仪式由通州区政府主办，区投促局负责执行。在签约仪式上，通州区政府分别与西城区政府、朝阳区政府、海淀区政府签署结对协议，通州区新城中心区建设管理委员会与北京金融街服务局、北京商务中心区管委会签署合作协议。通州区新城中心区建设管理委员会与建设银行北京市分行、中国国际技术智力合作有限公司、威沃克办公服务（北京）有限公司等4家企业签约，通州区中关村通州园管委会与北京明略软件系统有限公司、创新协同信息技术研究院（北京）有限公司等3家企业签约。

【举办“走进通州”活动】 9月12日，由通州区政府和北京市国有资产监督管理委员会共同主办，由通州区投资促进局承办的北京市管企业走进城市副中心活动举办。活动由通州区委副书记、区长赵磊主持，市国资委党委书记、主任张贵林，通州区委书记曾赞荣出席活动并讲话。活动中，通州区政府与北京市国有资产监督管理委员会签署战略合作协议，旨在建立完善承接机制，优先梳理一批带动性强、能形成产业链的符合城市副中心功能定位的市属国企及新闻传媒等企事业单位向副中心转移。10月23日，由通州区政府主办、区投促中心承办、盛开亿方协办的独角兽企业走进北京城市副中心座谈会在通州会议中心召开。活动中，优客工场、亿欧网、德师傅汽车等10余家独角兽企业负责人走进副中心，与通州区相关领导座谈，参观城市副中心规划展厅，并到张家湾设计小镇实地考察。年内，还组织召开百余场“走进通州”系列活动，分别邀请到马来西亚清华大学理事会及中华大会堂总会考察团、意大利艾米利亚企业协会、北京互联网金融行业协会、阿里健康、香港青年新创见会长林文、中央财经大学龙马学院、北京市侨联、北京外商投资企业协会等企业及协会参加，为其推介通州区营商环境及土地资源，开展深入洽商座谈。

【2019年全球财富管理论坛召开】 10月26日，由市地方金融监督管理局、区人民政府指导，《财经》、华夏经济学研究发展基金会·金融街88号论坛、中国养老金融50人论坛、北京金融控股集团主办的2019全球财富管理论坛召开，北京市委常委、副市长殷勇出席论坛并致辞，国家金融与发展实验室理事长、中国社科院原副院长李扬，全国政协经济委员会委员、保监会原副主席周延礼，中国互联网金融协会区块链工作组组长、中国银行原行长李礼辉，全国社会保障基金理事会原副理事长王忠民，美国白宫经济顾问委员会前主席 Austan GOOLSBEE，洛克菲勒资本管理董事总经理 Guy DIETRICH，瑞银全球财富管理首席投资办亚太区董事总经理 Hartmut ISSEL 等人出席并发言。在此次论坛上，“通八条”实施细则作为通州区吸引重点企业的各项重要政策措施在2019全球财富管理论坛上正式发布。论坛期间，还举行通州区人民政府与北京金融控股集团战略合作签约仪式、全球财富管理论坛落址通州北京国际财富中心仪式，并发布《中国养老金融发展报告2019》《2019中国公募基金研究报告》《2019中国私募基金研究报告》等重量级研究成果。

【举办“通八条”细则解读培训会】 11月12日，区投促中心举办“通八条”细则解读培训会，区各乡镇园区及相关委办局主管领导和辖区内近一百家重点企业约180人参加会议。培训会从扶持方式和标准及入驻奖励等方面对“通八条”实施细则进行解读，并就税务相关知识进行补充说明。

（贯一彤）

政务服务管理

【概　况】 2019年，区政务服务管理局在区委、区政府的正确领导下，围绕北京城市副中心建设，努力打造“互联网+政务服务”体系，着力优化营商环境。组建区政务服务管理局，是区委、区政府着眼于政务服务高质量高水平发展的一项重要决策，是完善政务服务体制机制的一项重要举措。区政务服务管理局在原有政务服务体系建设、“互联网+政务服务”职能的基础上，进一步整合审批制度改革、政府信息公开和政务公开、公共资源交易等职责，全面深入推进“放管服”改革，推行政务服务便民化，持续推动政务服务创新发展，为方便企业群众办事贡献力量。2019年，区级政务大厅推行代办服务、延时服务、证照免费寄递服务、定制企业服务包、政策宣讲、“未诉先办”等系列机制和办法，做好服务前端，有效降低投诉。区政务服务中心接待450514人次，其中咨询解答299846件，窗口受理业务64546件，“12345”接单3件，解决率、满意率均达到100%。

【民生事项下沉试点乡镇】 聚焦企业和群众办事的难点、政务服务的堵点、痛点，4月启动了事项下沉试点乡镇工作，涉及人力社保局、卫健委、教委、体育局、农业农村局、民政局、司法局、市场监管局、残联9家区级部门政务服务事项183项，进驻试点乡镇政务服务中心接件受理，其中区人力社保局32个下沉事项覆盖所有乡镇街道。在对政务服务事项逐项分析的基础上，梳理出首批“全区通办”事项清单，并于9月中旬正式运行。首批实现“全区通办”的25个事项全部为区人力社保局事项，包括劳动保障、工伤保险、劳动就业、养老保险、社保卡等方面的业务，为企业和群众提供“家门口”的政务服务。

4月3日，通州区政务服务管理局举行事项下沉乡镇工作推进会　　　（区政务服务管理局提供）

【政务公开工作】 年内，区政务服务管理局受理依申请公开98件，均做到按规定答复申请人；大力推进政府权力运行、财政资金、公共资源配置、公共服务与民生、公共监管等方面信息公开工作；坚持以公开为常态、不公开为例外的工作原则，在政府信息公开工作年度报告中公布重点领域信息公开情况，接受社会监督；加强政策解读，落实好“谁起草，谁解读”“应解读，尽解读”的目标要求，全区解读政策性文件24件；强化第三方评估应用，做好全区政务公开第三方评估的结果应用和督促整改，提高依法公开能力。

【全面优化营商环境】 2019年，区政务服务管理局全面优化营商环境。一是市场准入一天办结。通过区政务服务大厅综合窗口统一受理，企业开办全流程由3天变为1天，申请人完成设立登记后，可同时完成印章免费刻制、领取发票等事宜，所有事项可一天办结。二是施工许可审批时限进一步压缩。开展建设工程竣工联合验收新模式，把传统的串联验收变为并联验收，实现全程网上办理，办结只需7个工作日。开展施工图多审合一，审查时限由45

个工作日压缩到15个工作日。构建社会投资新建简易低风险工程建设项目审批服务新模式，对符合条件的项目，审批环节由21个缩减为6个，整个流程由137.5天缩减为21天（16个工作日）。三是以主题服务事项改革为抓手，推动行政审批事项整合。通过整合事项、整合流程、整合资源，推动一窗收件、一套材料、一次提交、一体共享、一口审批，实现审批模式由“串联审批”到“并联审批”的转变。

【多层次宣讲营商环境2.0新策】 年内，会同相关部门分批次组织400余家企业举行通州区优化营商环境政策2.0宣讲活动。宣讲内容主要包括企业开办、建筑许可、不动产登记、涉税服务、法律服务、人才服务、政务服务便利化、水电气热等优化营商环境2.0政策的讲解。在服务大厅设置优化营商环境政策天天讲专区，组织各政策牵头落实部门向企业及办事群众开展政策解读，及时解答问题，宣传推广优化营商环境2.0版新政。

【网上办理】 年内，全区梳理公示事项7005项，其中，审批服务事项1634个，除法律法规另有规定或涉密等情况外，全部实现网上可办，并利用统一审批平台和各部门的线上审批服务系统，提升网上办理深度，3级及以上网上办理深度事项1476个。

【完成各项招投标工作】 年内，区政务服务管理局下属的采购中心依法受托完成8次招标采购，涉及合同资金4566万元，招标采购项目涉及区财政局、区教委、区园区管委会、区120紧急救助中心等区级预算单位。

（付兴）

退役军人事务

【概　况】 通州区退役军人事务局3月14日正式挂牌，3月23日揭牌并对外办公，成立以区委书记为组长，区长、区委组织部部长、区武装部政委和主管副区长为副组长，区委办、区政府办等29家单位主要领导为成员的区委退役军人事务工作领导小组。组建以来部门业务衔接顺畅、扎实推进，全年工作取得良好成效，为城市副中心建设作出应有贡献。

【接收安置】 年内，完成退役士兵和军转干部档案审核、户口落实、保险接续等工作。转业干部符合政府安排工作条件的退役士兵安置到区属行政单位、区属全额事业单位、区属事业单位、央企和市属国企。

【优待抚恤】 年内，发放义务兵优待金、定期抚恤金、抚恤补助金、丧葬补助金、死亡抚恤金、生活困难补助金等资金。对伤残军人及伤残警察办理评残鉴定。发放退役士兵、转业士官政策资金。

【服务管理】 年内，为全区自主择业干部核发退役金，确认自主择业军转干部符合住房补贴政策。建成区、街乡镇、社区（村）三级服务保障体系，成立区级退役军人服务中心，接待服务退役军人和其他优抚对象。为17个街道乡镇服务站分别核增2个全额事业编，17个街道乡镇、600个社区（村）退役军人服务站标牌5月底全部挂牌运转。年内，市公安局通州分局白庙派出所政委于文静和区光荣院分别荣获全国模范退役军人、全国退役军人工作模范单位。退役士兵保险接续工作顺利推进，组织召开全区动员部署会，联合区人保局设立专门窗口，安排专人专岗专职负责政策咨询、信息审核、业务办理工作。

【褒扬纪念】 年内，通过购买服务委托志愿服务队开展关爱功臣活动，组织全区优抚对象开展“老兵回军营”“送医送药送温暖”等活动。为全区参加过解放战争、抗美援朝等战争的老兵发放“庆祝中华共和国成立70周年”纪念章。完成“9 · 30”全区烈士公祭日活动。

【拥军优属】 年内，拥军优属持续推进，新一轮全国“双拥”（拥军优属、拥政爱民）模范城创建工作进展顺利，确保实现“三连冠”。组织区领导慰问驻地部队、组织大型文艺慰问演出等拥军活动。

【军休服务】 年内，军休干部“两个待遇”（政治待遇、生活待遇）充分落实，组织开展春游踏青、外出疗养、参观学习等活动，军休干部及无军籍职工精神生活更加丰富。

（白万驰）

机关事务服务

【概　况】 2019年，在区委、区政府的正确领导下，区机关事务服务中心党组坚持以习近平新时代中国特色社会主义思想和中共十九届三中、四中全会精神为指导，扎实开展“不忘初心、牢记使命”主题教育，坚决执行区委、区政府重大决策部署，坚守初心使命，服从服务大局，积极履行职责，主动担当重任，完成各项工作任务，为区委、区政府工作顺利开展提供坚强的后勤保障。

【重大公务活动保障】 年内，牵头完成国庆70周年通州区群众游行方阵3200余人的餐饮保障、服装保障、道具保障、物资保障等工作任务。完成区委区政府全会、区六届人大五次会议、政协通州区六届三次会议的会务生活保障工作。全年保障各类会议6000余场次，12万余人次；市级及以上接待保障102次，用餐接待2613桌，客房入住661房次。

国庆70周年通州区群众游行方阵后勤保障
（区机关事务服务中心提供）

【办公用房管理】 年内，先后完成区纪委区监委办公区附属设施改造工程、区环保局新办公区办公用房修缮工程、区市容办新址办公用房修缮改造工程、区退役军人服务中心办公用房改造工程等各项工程。完成区政府行政复议接待室、张家湾开发区办公区办公用房租赁工作。调剂解决区政法委、区妇联、团区委、区总工会、“不忘初心、牢记使命”工作领导小组、国庆70周年阅兵保障工作小组、区委巡察组等多家单位办公用房需求。开展领导干部办公用房超标问题专项检查，涉及机关事业单位96家，局级领导27人，处级领导917人；开展“办公用房清理整改不到位，应付整改”等突出问题专项整治检查，涉及单位96家，处级以上领导1169人；配合区纪委监委开展办公用房专项监督检查工作，实地检查79家单位；完成220余家区属行政事业二级单位办公用房检查工作。

【实物资产管理保障】 年内，完成大运河森林公园临时活动、区委101工作组等保障任务25次，调剂、配置、批复、检查物资5622件，涉及金额782万元。配合完成副中心党工委管委会的资产配置工作，为其配置办公设备和家具942件，价值181万余元。

严格规范资产购置审批，完成集中办公区内19家单位的实物资产购置审核工作，批复资产2472件，价值399万余元。

【平台公务用车管理保障】 年内，更新平台公务用车36辆，其中大型客车2辆，中型客车5辆，小型轿车29辆。全年临时租车35辆，临时借用公车40余辆次，完成出车任务1860次，安全行驶100万千米。

【新启用办公区筹建工作】 年内，筹备建立张家湾开发区办公区和潞苑南大街办公区。初步实现新启用办公区安全保卫、餐饮服务、物业管理等的正常运转，保障北京市城市副中心党工委、管委会、区园区管委、经信局等单位的顺利入驻。

【办公区安全检查】 年内，开展各集中办公区定期安全大检查、隐患大排查，定期维护、检测、更新各类设施设备。全年开展安全检查12次，消防检查50次，完成各类设备维修、更换8000余件次。实行24小时值班制度，严格排查进入车辆及人员。

【解决干部职工切身需求】 年内，在潞城办公区内建设潞城社区卫生服务中心第二执业地点，满足广大干部职工“小病在诊室”的诊疗需求。租用潞城办公区西侧停车场车位492个，租用土桥办公区东侧停车场车位82个，满足广大干部职工的停车需求。

（王辰雨）

潞城办公区西侧停车场

（区机关事务服务中心提供）

信　访

【概　况】 全区信访干部以习近平新时代中国特色社会主义思想为指导，认真落实习近平总书记有关信访工作的指示精神，全面贯彻市委、市政府和区委、区政府关于信访工作的指导意见，迎难而上，克服困难，完成2019年全国“两会”、国庆70周年等重大活动期间的各项信访保障工作，国家信访局、北京市信访办交办的“四大攻坚”、积案化解等重要工作，区委、区政府交付的各项重要任务以及各项信访业务工作，为副中心建设做出积极贡献。年内，中共北京市通州区委北京市通州区人民政府信访办公室更名为北京市通州区信访办公室（简称区信访办），是区政府工作部门，为正处级。区信访办机关行政编制11名。设主任1名，副主任2名。科级领导职数2正2副。

2019年，全区信访总量8684批，同比上升57.6%。其中，来访4785批，同比上升69.7%；来信3899件，同比（2688件）上升45.1%。从来信渠道分布情况看，国家局网信292件，同比（330件）下降11.5%；市长信箱网信1181件，同比（972件）上升21.5%；1+16区自收网信242件，同比（149）上升62.4%；市转纸信1119件，同比（754件）上升48.4%；区自收纸信435件，同比（483件）下降9.9%。到市访2159批，同比上升40%；到区访2001批，同比上升156%；到市、区访的数据显示，改变上年及以前到市访是到区访2倍的局面，实现到市、区访基本持平，来访态势由“倒三角”转变为“纺锤形”，主要信访矛盾压在市、区两级的层面。

【区复查复核案件办理情况】 2019年，通州区信访办复查复核办公室收到来信220件次，同比增长110%；其中受理147件次，同比增长93%，受理率86%；不予受理件27件次，不予受理率12.3%；

复查案件办结率100%。复核件42件次，同比增长200%，复核维持率83.2%。全年复查案件数量稳步上升，整体形势呈现增加态势。

【区级领导信访接待】 规范领导接访，狠抓领导干部接访、约访、下访工作。自2019年8月15日起，区级领导接访时间变更为每周四。区联席办下发《关于调整通州区区级党政领导干部定期在岗接访的通知》《2019年通州区区级党政领导干部定期在岗接访时间调整安排表》《2019年中华人民共和国成立70周年通州区区级党政领导干部重点期间时间安排表》，有29名区级领导在岗接访，接待群众73批次，845人次。

区委书记曾赞荣（左一）接待信访人
（区信访办提供）

【领导批阅群众来信】 2019年，区级领导批阅群众来信213件，其中主要领导阅批12件；区信访办领导阅批224件，其中主要领导阅批36件。

【立案交办情况】 2019年，办理立案交办件148件，其中市长信箱交办件72件，国家信访局交办39件，市转纸信交办26件，区政府自收信交办11件，均按时办结。

【全面开展矛盾排查工作】 2019年，在全区范围内开展2次社会矛盾纠纷大排查，8次各类专项排查。排查矛盾纠纷475件。建立动态排查工作机制，排查出各类矛盾纠纷228件。创新倒查工作机制，实施《通州区重点信访问题倒查工作实施细则（试行）》，对倒查工作不重视的单位或个人，有关部门按照细则进行责任追究。北京市信访联席办将通州区创新的倒查机制列为全市可复制、可推广的7项经验之一。

【信访联席会议制度】 年内，全面贯彻落实习近平总书记的批示精神，修订《北京市通州区信访工作联席会议工作制度》，区信访联席会议创立三个不同层面的会议机制：联席会议全体成员参加的有固定程序的全体会议、召集人召集的相关部门就某一重点问题研究决定的专题会议、联席办即信访办就重点信访问题召开的相关部门研讨协调的会商协调会。全年召开全体会议8次、专题会议7次、会商协调会43次。

【积案化解工作】 2019年是北京市信访积案化解年，针对历史遗留问题，通过区领导的大力推动和区信访办的不懈努力，成功化解一大批历史积案。区级重点矛盾纠纷28件全部实行区领导包案制，在服务区领导包案的同时，抓好处级领导干部的包案工作，区级领导包案与处级领导包案紧密衔接，确保事事有着落，件件有回音，增强矛盾化解能力。2019年市级交办通州区信访积案190件，全部办结，结案率100%，息诉罢访率达到82.8%。

【办信工作】 2019年，全区来信3899件，同比（2688件）增长45.1%。初信2119件、重信1780件，个体信3669件、联名信130件（4942人），到区内信677件、到区外信3222件。从增幅上看，除联名信及联名人次同比下降19.3%和43.6%外，其他指标同比均有增长，其中重信和到区外信同比指标增长较快，为79.4%和56.7%。

【复查复核工作】 2019年，办理答复意见书220件，通过引进第三方律师团队参与信访工作，邀请律师参与复查复核案件的分类受理、办理、化解。在受理环节律师参与甄别，对应当通过诉讼、仲裁、行政复议等法定途径解决的，主动对信访人进行法制宣传教育、引导信访人依照法定途径和程序表达诉求。在办理环节律师参与会商会办，从法治视角对政府承办部门的办理意见提出法律建议，确保复查复核的合法性、权威性、公正性。

【信访宣传工作】 2019年，在“今日头条”宣传平台撰写、转发消息1340条，获得粉丝42361人，产生阅读量834.7万人次，并获得“2019年度中国优秀政法新媒体”称号。

（王仁华）

中国人民政治协商会议通州区委员会

9月29日，区政协各界委员代表到潞城镇敬老院开展九九重阳节“送温暖、献爱心”公益活动

（区政协提供）

概　述

【概　况】 2019年，政协北京市通州区第六届委员会及其常务委员会在中共通州区委的坚强领导下，坚持以习近平新时代中国特色社会主义思想为指导，坚持团结和民主两大主题，聚焦城市副中心建设，注重发挥专门协商机构作用，认真履行政治协商、民主监督、参政议政职能，各界委员充分发挥主体作用，积极投身城市副中心建设实践，认真履职尽责，作出新的贡献。

【主要工作】 常务委员会主要做以下几个方面的工作：一是坚持把学习放在首位，共同思想政治基础更加牢固。二是坚持把协商民主贯穿履职始终，专门协商机构作用得到有效发挥。三是坚持提质增效，履职工作水平显著提升。四是坚持大团结大联合，各方智慧和力量广泛凝聚。五是坚持加强自身建设，委员履职能力和机关服务水平不断提升。六是坚持党对政协工作的领导，党的建设扎实推进。年内，区政协召开常委会议9次、主席会议11次，开展协商活动37次，开展专项民主监督15次；召开年度社情民意恳谈会，编报社情民意信息70余篇、《委员之声》12期；征集整理文史资料150余万字、图片500余张，编辑出版《孝和于家务》和《通州文史》。截至12月31日，通州区政协第六届委员会有委员260人，常务委员会组成人员47人。

（张俊国）

重要会议

【六届三次会议】 1月3—5日，在北京怀柔唐韵会议中心召开政协北京市通州区第六届委员会第三次会议。听取并审议区政协主席赵玉影作的常委会工作报告和区政协常务副主席季志会作的关于提案工作情况的报告；表彰2018年度优秀提案、信息工作先进单位和个人、文史资料优秀撰稿人；听取并讨论区政府工作报告，讨论其他报告。审议通过会议政治决议、常委会工作报告决议、提案工作报告决议；听取季志会作的关于提案征集情况的报告。区委书记曾赞荣出席开幕会并讲话。

【第十八次常委（扩大）会议】 1月3日召开第十八次常委（扩大）会议。听取民盟民进界、民建九三界、农工致公界、共青团界、妇联界等15个界别组关于讨论区领导在政协六届三次全会上的讲话和审议政协常委会工作报告、提案工作报告的情况汇报。

【第十九次常委（扩大）会议】 1月4日召开第十九次常委（扩大）会议。听取共青团界、工会界等9个界别组和科学技术协会界、民盟民进界3个界别联组关于讨论政协常委会工作报告决议（草案）、提案工作报告决议（草案）及大会政治决议（草案）以及听取关于讨论区政府工作报告、国民经济社会发展计划报告、财政报告、区人民法院工作报告、区人民检察院工作报告5个报告的情况汇报。

【第二十次常委（扩大）会议】 1月5日召开第二十次常委（扩大）会议。讨论2019年区政协常委会工作要点；征求对区政协党组及党组成员的意见和建议。区政协主席赵玉影就贯彻落实区政协六届三次全会精神，做好2019年的常委会工作，提出三点要求：一是要认清形势，把握特点，主动服务副中心建设；二是聚焦大局，双向发力，找准工作的着力点；三是政治引领，严守纪律，树立政协新形象。

【第二十一次常委（扩大）会议】 3月18日召开第二十一次常委（扩大）会议。通过人事任免，传达全国“两会”精神和市委书记蔡奇在全市领导干部大会上的讲话精神，通报2019年的常委会、专题协商、民主监督等议题计划和全年的主要任务。

【第二十二次常委（扩大）会议】 4月18日召开第二十二次常委（扩大）会议。听取区纪委、区监委相关负责人对全区党风廉政建设和反腐败工作总体情况通报。政协常委以及各界别召集人、委员代表和区政协机关全体人员参加会议。多位政协常委结合情况通报提出具体的意见和建议。

【第二十三次常委（扩大）会议】 5月29日召开第二十三次常委（扩大）会议。传达学习全国地方政协工作经验交流会精神，通报区政协工作，并就2019年常委暑期读书班安排征求与会人员的意见和建议。会议还研究人事任免事项。

【第二十四次常委（扩大）会议】 7月10日召开第二十四次常委（扩大）会议。区政协组织召开第二十四次常委会议暨常委暑期读书班。审议《政协北京市通州区委员会常务委员会2019年上半年工作总结和下半年主要安排》；通报读书班有关事宜；区政协常务副主席季志会进行读书班开班动员。其间，组织政协常委、机关干部走进大厂城市规划馆、大厂文博馆、香河文博馆、渠口镇大爱书院养老中心等地进行参观考察。区政协主席赵玉影作读书班结业总结讲话。

【第二十五次常委（扩大）会议】 12月5日召开第二十五次常委（扩大）会议。组织政协常委现场述职，审议通过关于召开区政协六届四次会议的决定、会议议程（草案）和会议日程。

【第二十六次常委（扩大）会议】 12月26日召开第二十六次常委（扩大）会议。审议通过人事任免事项，审议通过区政协各专门委员会主任人选名单和区政协常委和委员调整建议名单，审议通过区政协六届四次会议主席团成员、主席团召集人建议名单，主席团常务主席、主席团常务主席会议主持人建议名单，秘书长以及副秘书长建议名单，秘书处下设机构及负责人名单和各次大会主持人名单。审议通过区政协六届四次会议委员分组办法及各组召集人名单，委员联组讨论分组办法及各联组召集人名单。审议通过区政协六届四次会议选举办法，区政协六届四次会议总监票人、监票人建议名单，决议起草委员会委员建议名单和关于授权主席会议审议决定常委会议未尽事宜的决定。听取2019年度委员履职情况统计分析报告，讨论区政协常委、委员述职办法（试行）、区政协常委会工作报告和常委会关于提案工作情况的报告。

【第十七次主席（扩大）会议】 2月28日召开第十七次主席（扩大）会议。研究通过《关于北京城市副中心拓展区当前发展几个重点问题的研究与思考》等调研课题安排；研究通过《加快推进城市副中心主导产业发展的建议》《关于提升城市副中心精细化治理水平的民主监督》等专题协商议题、民主监督议题计划；研究确定2019年区政协主席会议议题计划，研究通过2019年区政协常委会议议题计划。

【第十八次主席（扩大）会议】 3月11日召开第十八次主席（扩大）会议。讨论2019年区政协六届四次全会的构设；听取并讨论区政协2019年《委员之声》、社情民意恳谈会工作思路情况汇报；听取区政协加强委员履职平台建设及服务管理的情况汇报；听取区政协智库建设情况汇报；讨论区政协“凝心聚力、助推北京城市副中心建设”主题实践活动2019年活动实施意见。

【第十九次主席（扩大）会议】 3月25日召开第十九次主席（扩大）会议。通报区政协干部任免情况。

【第二十次主席会】 5月5日召开第二十次主席会。研究人事事项及提案分析。

【第二十一次主席会】 6月5日召开第二十一次主席会。通报加强党建、加强学习等方面工作。

【第二十二次主席会】 7月8日召开第二十二次主席会。研究政协北京市通州区委员会常务委员会2019年上半年工作总结和下半年主要安排；研究读书班有关事宜。

【第二十三次主席会】 7月24日召开第二十三次主席会。听取区委组织部、区城管委、区民政局进一步深化“街乡吹哨 部门报到”工作情况通报；审议通过《关于城市副中心拓展区当前发展的建议案》《关于推进城市副中心文化和旅游融合发展的建议案》《关于推进北京城市副中心学前教育均衡优质发展的建议案》《关于进一步深化“街乡吹哨、部门报到”，推进基层治理创新的建议案》主席会建议案。

【第二十四次主席会】 12月5日召开第二十四次主席会。听取区法院和区检察院工作情况通报；审议通过关于召开区政协六届四次会议的决定（草案）、会议议程（草案）、会议日程（草案）；听取区文化和旅游局、区文化旅游区管委会推进城市副中心文旅融合发展工作情况通报。

【第二十五次主席（扩大）会】 12月17日召开第二十五次主席（扩大）会。听取区政协2018年主席会建议案办理情况通报；听取区委、区政府2019年提案办理工作情况的通报和区政协提案委员会2019年提案工作的汇报；听取2019年度委员履职情况汇报；讨论关于加强委员地区活动组的意见；讨论委员述职办法。

【第二十六次主席（扩大）会】 12月26日上午召开第二十六次主席（扩大）会。讨论通过人事任免事项；审议通过区政协各专门委员会主任人选名单；审议通过区政协委员调整建议名单；审议通过区政协六届四次会议相关名单：主席团成员、主席团召集人建议名单（草案），主席团常务主席、主席团常务主席会议主持人建议名单（草案），秘书长、副秘书长建议名单（草案），秘书处下设机构及负责人名单（草案），各次大会主持人名单（草案）。审议通过区政协六届四次会议委员分组办法及各组召集人名单（草案）、委员联组讨论分组办法及各联组召集人名单（草案），审议通过区政协六届四次会议决议起草委员会委员建议名单（草案），审议通过区政协六届四次会议选举办法（草案），审议通过区政协六届四次会议总监票人、监票人建议名单（草案），审议通过文史特邀委员增补名单，审议通过关于表彰2019年度优秀提案、先进信息单位和优秀信息员、优秀文史撰稿人的决定（草案）。讨论关于进一步加强委员联系群众工作的实施方案。讨论六届区政协常委会工作报告。讨论六届区政协常委会关于提案工作情况的报告。

【第二十七次主席会】 12月26日下午召开第二十七次主席会。会议就政协通州区第六届委员会第四次会议主席团成员人选进行研究。会议研究决定，因工作调动原因，洪波不作为主席团人选，主席团成员由50人调整为49人，并提交第二十六次常委会审议。

【第五次政协工作会议】 12月12日召开第五次政协工作会议。区政协主席赵玉影就《中共北京市通州区委关于新时代加强和改进政协工作的意见》作说明。区委书记曾赞荣在会上讲话。区委、区人大常委会、区政府、区政协、区人民法院、区人民检察院领导，区政协秘书长、常委，各界别召集人，各委员地区活动组召集人，各专委会副主任，各民主党派副主委，区政协各委室主任、副主任，机关干部，区有关部门负责人参加。

【社情民意恳谈会】 12月21日召开社情民意恳谈会。社会各界的政协委员围绕推动副中心拓展区平原造林可持续发展、加强副中心医疗卫生事业改革发展力度、推动老旧小区安防系统升级改造、营造青年宜居宜业环境、推进城乡养老服务发展等方面进行发言，提出诸多有针对性的切实可行的意见和建议。区委副书记初军威，区委常委、常务副区长刘贵明，副区长王岩石、倪德才等区委、区政府领导出席会议。

（张俊国）

专门委员会

【提案委员会（一室）】 年内，收到六届三次会议提案255件，经审查立案238件。其中，党派提案16件，界别提案8件，地区组提案1件，委员提案213件。立案提案全部办复完毕，提案办复率100%。对六届三次会议提案进行认真分析，从中归纳出提案的主要特点和存在的共性问题，提出改进意见和建议。研究制定《区政协提案委员会关于提高提案工作质量的意见》，为做好新时期提案工作提供遵循。组织驻会主席督办提案工作，促进4件提案落实。精选11件提案与承办单位进行“扩面协商”，建言水平和协商质量明显提高。分4批对委员进行系统培训，累计培训200余人。推进提案信息化平台二期建设，增设提案交办、沟通答复、提案质量评议、办理满意度测评等功能。刊发《重要提案摘报》17期，精选主要内容呈送区委、区政府领导决策参考。评选表彰优秀党派团体界别提案15件，优秀委员提案43件。加强宣传，推动提案工作提质增效的经验做法被《人民政协报》刊登报道，委员运用提案履职的事迹被中央有关媒体进行宣传。

【文史和学习委员会（二室）】 学习制度不断健全，制定关于加强学习工作的意见，建立以政协党组中心组学习为引领，主席会议集体学习、常委会议专题学习、政协讲堂常态化学习、委员培训集中学习、常委暑期读书班等相配套的制度体系。学习内容更加丰富，有计划、有步骤、分层次开展政治理论、业务知识、时事形势等方面的学习。持续学习习近平新时代中国特色社会主义思想，深入学习中央和市委政协工作会议、全国政协和市政协工作经验交流会精神，组织举办全区经济社会发展形势、全面从严治党、中美经贸关系等6期专题讲座，团结奋斗的共同思想政治基础更加牢固。全年征集整理文史资料150余万字、图片500余张，编辑出版《孝和于家务》和《通州文史》。深入挖掘村庄历史文化，联合大运河研究院编印30万字的《通州区传统村落村史简编》，区政协委员、文史特邀委员为区档案馆捐赠70幅近现代中国书画名家作品、创作600米《中国长城实绘》画卷、32米《张家湾漕河胜迹图》长卷和以19个传统村落为题材的书法对联，举办“我和我们的政协”书画作品展，加强与京津冀以及大运河沿线城市的联系，通过组织各项活动，在协调关系、汇聚力量、建言献策、服务大局方面，发挥独特作用、作出积极贡献。

【经济科技委员会（三室）】 围绕增强科技创新能力，促进城市副中心高质量发展开展专题调研，为助力北京全国科技创新中心建设，不断增强科技创新能力建言献策，召开议政性常委会议，开展专题协商。视察农村环境治理、经济发展、公共服务与基础设施建设情况。召开提升城市副中心美丽乡村建设水平专题协商监督会议。协助市政协开展“提升产业发展质量，培育乡村发展新动能”专题调研，召开专题调研座谈会。听取区政府对口职能部门情况通报，召开加快提升城市副中心产业发展水平专题协商会议。就进一步提升城市副中心营商环境开展民主监督。将对口联系的15个政府职能部门上年度工作完成情况和新一年工作计划安排向委员通报，征求委员意见建议，开展民主监督。参加京津冀协同发展六城市区政协合作机制第二次会议，报送《围绕中心服务大局，展现人民政协新作为》交流文稿。听取区季度经济运行情况通报，建言献策，开展民主监督。听取区财政预算执行情况及财政工作情况通报，召开民主监督专题协商会议。召开专题监督协商座谈会，就区“十三五”规划纲要实施情况进行监督、协商，建言献策。开展形式多样的界别履职活动。在政协党组的正确领导下，深入开展“不忘初心、牢记使命”主题教育。

【教育文化卫生委员会（四室）】 教育工作方面，围绕国际教育开展专题调研、专题协商，形成《加快推进北京城市副中心国际教育发展调研报告》1篇，为区委、区政府制定实施国际教育三年行动计划，为促进城市副中心国际教育发展提供参考。深入开展“模拟政协”活动，形成“双走进”机制，组织42名委员走进14所学校宣讲政协理论，指导学生开展调研，撰写提案，邀请“模拟政协”师生代表观摩政协全会、议政性常委会，培养学生关注民生，为社会发展建言献策，体验中国特色的社会主义民主协商制度。医药卫生工作方面，食品药品民主监督组对托幼机构食堂、集体用餐配送和中学生食堂食品安全状况开展民主监督活动。医药卫生界委员对农村社区卫生服务中心医联体建设进行视察，提出意见建议。联合北京口腔医院、农工致公界委员开展“医疗进村送健康”专家义诊活动。文化工作方面，完成市政协主席吉林考察大运河文化带成果接待工作。联合民盟通州区工委开展“文化进基层·新春送祝福”活动。

【城建环保委员会（五室）】 为实现委员履职科学管理、规范管理，进一步提高委员履职能力和水平，使委员的荣誉和责任得以充分体现，在区政协副主席石宝玉的带领下，受领关于在专委会五室试行委员履职考核管理的专项任务，取得界别委员广泛支持，提高委员参加专委会工作的积极性。围绕城市副中心建设中的城市管理、镇域规划、道路微循环工程建设、公共服务车辆电动化、垃圾分类工作、物业管理等重点领域深入开展民主监督。加强与市政协联动共建工作，参加市政协环资委区县座谈会，组织委员参加“北京市政协城市讲堂、社会讲堂”，配合保障市政协接待上海市政协在副中心的考察调研工作，协助主管主席参加市政协工作经验交流会，协助主管主席做好参加市政协工作经验交流会工作，完成市政协对《北京市机动车和非道路移动机械排放污染防治条例（草案）》《北京市物业管理条例（草案）》修订征求意见工作。承接区外政协到通州区的考察接待工作，接待浙江省嘉兴市政协、江苏连云港市政协、广州市天河区政协、北京市海淀区政协、内蒙古鄂尔多斯市康巴什区政协、兰州市政协到通州区考察调研工作。针对63件涉及城市建设管理和环境治理方面的提案组织提案分析工作。加强对所联系界别、委员地区组工作，促进界别地区组委员履职能力提升。开展委室联合分党组和联合党支部工作，组织城建环保委、社会法制与民族宗教委联合分党组的党员在西上园社区开展庆“七一”党员委员走进社区服务群众活动。主动走访慰问关心关爱政协委员，通过提供全面服务，为政协委员排忧解难。

【社会法制与民族宗教委员会（六室）】 年内，围绕区政协常委会、主席会议的工作部署，围绕大局、突出重点、抓住关键，切实履行职能，进一步促进专委会工作质量的提升。围绕进一步深化“街乡吹哨、部门报到”改革召开议政性主席会，提出50余条前瞻性、建设性的意见、建议；组织法制民主监督组委员通过听取情况通报、工作检查、实地视察等方式，重点对社会组织参与社区治理、全区就业工作开展民主监督；依托专委会、民主党派和界别优势，围绕坚持“民有所呼、我有所应”，进一步深化“街乡吹哨、部门报到”推进基层治理创新开展专题调研；以“献爱心、送温暖”为主题走访慰问于家务回族乡9户贫困妇女家庭，起到联系妇女群众的桥梁与纽带作用；重阳节到潞城镇敬老院开展“送温暖、献爱心”公益活动，用实际行动倡导更多人关心关爱老人。密切与民族宗教界代表人士的联系，定期走访慰问民族宗教界委员，走访慰问委员30余人次，主动为委员多做实事，主动帮助委员解决生产生活难题。开展好民族宗教传统节日走访慰问活动，在伊斯兰教的开斋节和天主教、基督教的复活节办实事好事，开展走访慰问活动。

（张俊国）

纪检监察

2月15日，中共北京市通州区第六届纪律检查委员会第五次全体会议召开

（区纪委区监委提供）

概　述

【概　况】　2019年，在市纪委市监委和区委的坚强领导下，全区各级纪检监察组织及广大纪检监察干部，牢固树立“四个意识”，坚定“四个自信”，做到“两个维护”，围绕北京城市副中心建设大局，忠实履行党章和宪法赋予的职责，稳中求进、实事求是、依规依纪依法，进一步夯实全面从严治党政治责任，深入整治群众身边腐败和作风问题，进一步深化作风建设，崇廉尚洁氛围进一步浓厚，努力推动城市副中心纪检监察工作高质量发展，各项工作取得新进展新成效。2019年，区纪委区监委结合纪检监察机构改革，推进内设机构和领导分工调整，进一步明确岗位职责和机构人员设置，对相应部室名称进行变更并增设2个监督检查室，人员力量向监督进一步倾斜，权力制约监督机制更加成熟有效。

【纪检监察干部队伍建设】　2019年，区纪委区监委加强自身建设，纪检监察干部队伍整体素质进一步提高。不断强化党建引领，增强队伍凝聚力。以“不忘初心、牢记使命”主题教育为契机，贯彻落实党支部工作条例，加强机关各党支部标准化、规范化建设。充分发挥青工委、妇工委、工会等组织的纽带作用，举办形式多样的集体活动。组织全区纪检监察干部160人赴红旗渠感悟红旗渠精神，青年干部探访五四运动发源地，不断强化党性教育。不断强化培训管理，提升队伍战斗力。加强干部业务学习培训，选派167名干部参加中央纪委、市纪委和区委组织的各类培训。发挥“17+1”课程光盘以及“小教员”作用，创办以业务知识为主题的“精品课堂”，有效提升干部履职水平。开展“部室＋派驻组”工作模式，强化协作交流，开阔工作思路。首次承接市纪委市监委指定交办的市属国企、中央部委党员干部职务犯罪案件的调查工作，进一步在实战中锻炼队伍。注重干部多方面发展，树立公平公正选人用人导向，将干部选拔任用工作和年度考核工作有机结合起来，创新实行量化评分的选人用人机制，18名干部走上科级岗位。认真落实好公务员职务与职级并行制度，完成40名干部职级套转、37名干部的职级晋升工作，强化服务保障，干部爱岗敬业的内动力和争先创优的精气神进一步激发。不断强化自我监督，提升队伍约束力。严格对照《中国共产党纪律处分条例》，对照《中国共产党纪律检查机关监督执纪工作规则》《监察机关监督执法工作规定》，深化内部流程再造，规范和强化内部权力运行的监督制约。加强对纪检监察干部的监督，以刀刃向内的勇气严防“灯下黑”。年内，受理针对纪检监察干部的信访举报27件，提出整改意见9条，提醒谈话3人，对2人进行批评教育并责令作出书面检查。主动接受人大监督，专题向区人大常委会报告区监委工作。广泛接受其他各方面的监督，聘请29名特约监察员，继续开展“走进通州监委”开放日活动，接受来自政协委员、人民群众、新闻媒体等社会各界监督，彰显“打铁必须自身硬”的思想自觉和行动自觉。

7月29日，聘请第一届特约监察员。区纪委书记（区监委主任）郑宇（左）为第一届特约监察员之一的韩克非（右）颁发聘书（区纪委区监委提供）

（赵禹桥）

政治监督

【概　况】 2019年，区纪委区监委聚焦中央及市委、区委的决策部署，针对副中心控规落实、区政府折子工程、生态环境建设、疏解整治促提升专项行动以及为民办实事等重点任务对应建立5本监督台账，开展24类97轮次的专项监督，切实督促党员领导干部把“两个维护”落实到实际行动中。深化运用通武廊三地纪检监察协同工作机制，加强沟通合作，先后7次高效率地为审查调查工作提供服务，助力京津冀协同发展规划纲要落实落地。把严守政治纪律和政治规矩挺在前面，对存在的2起对抗组织审查、对党不忠诚不老实问题严肃执纪问责。加强对《关于新形势下党内政治生活的若干准则》等执行情况的专项监督检查，实现对全区91家处级单位党委（党工委、党组）2018年民主生活会、主题教育专题民主生活会全覆盖监督。两年内受到谈话函询、问责的338名处级干部在会上进行问题说明和自我批评，进一步强化党内政治生活的严肃性。

【督查督办】 年内，高标准谋划，有效靠前监督。坚持问题导向，以“大棚房”整治、烟花爆竹禁限放、办公用房治理等20余项具体工作为抓手开展靶向监督。指导各单位梳理廉政风险点，综合运用日常谈话了解、信访受理、约谈提醒、谈话函询等方式，对发现的问题高质量提出纪律检查建议和监察建议，强化督查督办，推动落实整改。加大对函询结果的抽查核实力度，主动将行政败诉案件纳入督查事项，抓住“问责”这个关键，倒逼各单位（部门）严格履职担责。开展“长期不在岗”问题专项整治，对3人给予党纪政务处分，向4家单位下发监察建议书，并向全区进行通报。

【监督网络建设】 年内，高水平推进，创新合力监督。坚持内涵式发展，构建区—街乡镇—村（社区）“三级联动”，村（社区）纪检委员、村（居）务监督委员会主任、监察干事“三位一体”基层监督体系，进一步延伸监督“触角”，健全织密监督网络。在监督检查、线索移送等方面强化纪委监委专责监督与其他监督主体的协作配合，凝聚监督合力，着力推动监督从有形覆盖向有效覆盖转变。优化信访监督，高标准完成中央纪委国家监委检举举报平台试点任务；12388电话举报受理系统、来访接待系统等多个信息化平台全部投入运行，精简工作环节，提高流转效率，借助科技手段提升信访举报工作质效。规范档案监督，聚焦政治生态，建立廉政档案与监察对象系统，对全区6.4万余名党员、2.8万余名监察对象有关信息全覆盖，实现一人一档，做到监督底数清、情况明。

【政治巡察】 稳步推进政治巡察。突出“两个维护”根本政治任务，充分发挥政治监督和政治导向作用。组织开展5轮对31个党组织的政治巡察，实现对区属国有企业和群团组织的全覆盖。2019年，通过巡察发现主要问题669个，提出整改意见147条，向有关部门移交问题线索48件，给予党纪政务处分或组织处理29人。有序开展村级巡察。完成首批对11个乡镇274个村（社区）党组织的巡察任务。推动全面从严治党不断向基层延伸。监督落实巡察整改，扎实做好巡察“后半篇文章”。完善巡察问题线索处置台账及被巡察党组织巡察整改情况台账。对21个单位巡察反馈问题整改落实情况开展专项监督检查，督促被巡察党组织定期报告整改情况，进一步压实整改主体责任，推动整改常态化、长效化，巡察利剑作用进一步彰显。

（赵禹桥）

正风肃纪

【概　况】 2019年，区纪委区监委持续正风肃纪。落实中央八项规定精神，坚持把“节点”当“考点”，紧盯“七节一暑期”，严查“四风”隐形变异，先后组织11轮次对82家单位的明察暗访。协调区政府更新公车台账，升级“雪亮”系统，借助大数据技术为公车使用精准“画像”；建立“四风”问题综合分析平台，筛查票据2.7万余张。坚持从讲政治的高度深化对形式主义、官僚主义集中整治，督促各处级单位梳理问题清单405条，提出整改措施486条。紧盯“基层减负年”任务落实，开展对各街乡29个社区填报表格事项清理规范情况的抽查，坚决防止以形式主义整治形式主义。年内，全区查处违反中央八项规定精神问题35件，对12起30人次进行通报曝光。对10名干部在工作中弄虚作假、不作为乱作为等形式主义、官僚主义问题进行查处，分别给予纪律处分。

【开展纪律教育】 注重弘扬清风正气。突出正面引导，综合运用“一网一微一栏”的宣传教育平台，多途径开展经常性纪律教育，更新文章信息2000余篇次，全力讲好副中心全面从严治党故事。进一步强化党员干部纪律和规矩意识，结合“不忘初心、牢记使命”主题教育，4万余人次参与党纪法规知识测试。机关“两委”班子成员及中层领导干部为基层授课20余讲，受众超过2000人次。推动廉政文化进学校、进社区、进机关活动，擦亮“运河清风”品牌，进一步弘扬崇廉尚洁正能量。坚持强化对全面从严治党和纪检监察工作成效的宣传，年内，在中央及市级、区级媒体上刊发稿件543篇次，同比增长43%，广泛营造风清气正的社会氛围。

（赵禹桥）

反腐败工作

【概　况】 年内，紧盯群众身边的腐败问题治理，创造性地组织开展“四季行动”，吹好监督哨，强化“接诉即办”。统筹全系统开展各类监督4277次，吹响监督哨1241次，发现问题455个，提出整改建议812条。加强对漠视侵害群众利益问题的专项整治，聚焦扶贫、社会救助等13个方面的专项整改，细化职责，明确责任。深挖彻查涉黑涉恶腐败和“保护伞”，强化惩腐打伞责任担当，发现和处置相关问题线索161件，办结1起恶势力“保护伞”案件。加大对全区村（社区）“两委”换届选举正风肃纪工作力度，建立“四迅速”工作机制，严肃查处10起13人违反换届纪律的案件，在全市率先查处第一例拉票贿选案，保证换届选举风清气正。年内，全区查处侵害群众利益的腐败和作风问题99件，给予纪律处分97人；查处“为官不为”“为官乱为”问题84件，给予纪律处分56人。

2月22日，通州区吹响监督哨工作推进会
（区纪委区监委提供）

【惩治腐败工作】 持续保持高压态势。坚持惩治腐败重拳出击，力度不减。强化对权力集中、资金密集、资源富集部门和行业的监督执纪，聚焦城管、规划、园林、水务等重点领域、关键岗位，严肃查处米某某、禹某某、刘某等职务违法犯罪案件，保持惩治腐败的高压震慑。强化纪律审查的严肃性，对近两年全区441件党纪政务处分决定执行情况进行专项检查，对存在的执行不到位、不及时、不规范等三类问题进行整改，不敢腐的震慑效应充分显现，释放出正风肃纪反腐不松劲、不停步的强烈信号。年内，全区纪检监察组织受理信访举报2669件次；处置问题线索1742件，同比增长41.6%；立案审查调查226件，给予党纪政务处分234人，监委立案29件，留置15人，挽回经济损失1447.45万元。

【预防和治本并重】 持续深化标本兼治。在坚决惩治腐败的同时，更加注重预防和治本。立足抓早抓小，有效运用监督执纪“四种形态”，让“红红脸、出出汗”成为常态。年内，全区纪检监察组织运用监督执纪第一、第二种形态处理1575人次，同比增长87.9%，占总人次的96.9%。坚持一案一总结，针对监督检查和审查调查中发现的共性问题，向有关单位发送纪律检查建议书和监察建议书50余份，督促完善相关制度，强化用制度管权管人管事，把监督挺在前面的效果日益显现，实现惩治极少数向管住大多数拓展。

【加强警示教育】 持续做好查办案件“后半篇文章”。注重用好身边已查处的典型案例强化警示震慑。制作《初心的失守》《划地为“牢”》《褪色的“丹心”》等警示教育片。编印《案鉴——党的十八大以来通州区违纪违法典型案例汇编》3000册，发至全区处级干部和基层党支部。认真做好处分决定的宣布执行工作，组织重点领域、重要岗位150余名领导干部旁听职务犯罪庭审，首次摘录严重违纪违法领导干部忏悔书，进一步强化“以案为鉴、以案促改”警示教育。着眼政治效果，继续开展对受处分党员的回访关爱，全年回访29人。深化采信了结制度，探索制定惩治诬告陷害、为干部澄清正名的实施办法，为敢于担当的干部担当，有力促进干部履职尽责。

10月12日，通州区“以案为鉴，以案促改”警示教育大会
（区纪委区监委提供）

（赵禹桥）

监督体系

【概　况】 区纪委区监委深入贯彻中共十九大对健全党和国家监督体系的战略部署以及中纪委、市纪委全会精神，落实市纪委《做实做细监督职责　加强四个监督协调衔接　高质量推动监督工作的意见》的具体要求，深化纪检监察改革，在不打破原有纪检监察组织架构的基础上，坚持纪检监察工作双重

领导体制，整合现有监督力量，建立“区—镇（街、乡）—村（居）三级联动”、村（社区）“三位一体”监督体系，完善日常沟通联系、请示报告、集体会商、政治生态联合研判、工作力量统筹协调等工作机制，强化上下协调、上下贯通、内外协作，形成“横到边、纵到底”的监督体系，促进监督质量和效能进一步提升，使监督更加聚焦、更加精准、更加有力，持之以恒推动全面从严治党向纵深发展。

【建立监督体系】 8月28日，通州区纪委区监委正式向全区各纪检监察组织印发《通州区关于建立“三级联动”“三位一体”监督体系 高质量推动监督工作的方案》，区—镇（街、乡）—村（居）“三级联动”、村（社区）纪检委员+村务（居务）监督委员会主任+监察干事“三位一体”监督体系正式建立。在现有监督体系的基础上，“三位一体”监督体系进一步明确区纪委区监委监督检查室、乡镇纪委（监察办公室）街道纪工委（监察组）、村（社区）纪检委员[村务（居务）监督委员会主任、监察干事]的工作职责，强化对下级纪检监察组织、纪检委员的领导，建立“三级联动”“三位一体”监督体系，形成“区级管片、街镇乡管面、村居管点”的监督全覆盖格局。区纪委区监委通过建立完善请示报告、问题线索报备、定期会商、片区协作、政治生态联合研判、信访矛盾化解、监督工作清单、工作履职考核等八项工作制度，确保“三级联动”“三位一体”监督体系取得实效，形成良性闭环。

（赵禹桥）

深化改革

【概　况】 年内，稳步推进纪检监察体制改革。坚持党对纪检监察工作全覆盖、全方位、全过程领导，强化上级纪委监委对下级纪委监委的领导和指导。严格落实请示报告制度，全年向市纪委市监委书面请示汇报工作380余次，向区委主要领导书面请示汇报重点工作事项50余次。扎实推进监察职能向基层延伸工作，在全区范围内普遍设立监察干事，创新异体交叉监察，建立完善“监察干事+联合监察工作组”制度，靶向监督基层权力“微腐败”。结合纪检监察机构改革，推进内设机构和领导分工调整，进一步明确岗位职责和机构人员设置，增设2个监督检查室，人员力量向监督倾斜，权力制约监督机制更加成熟有效。

【派驻机构改革】 年内，继续深化派驻机构改革。加强对派驻机构的统一管理，新组建驻区市场监督管理局纪检监察组。优化调整派驻机构资源配置。探索制定向区属国有企业派驻纪检监察组的实施办法。结合市级机关搬迁入驻，构建与市纪委市监委派驻纪检监察组之间的横向监督协同工作机制。进一步明确派驻机构监督检查、审查调查措施使用权限，酝酿制定派驻纪检监察组工作考核评价办法。年内，全区各派驻纪检监察组处置问题线索187件，立案22件，处分3人，监督执纪执法能力明显增强。

【完善制度机制】 年内，对标对表《中国共产党纪律检查机关监督执纪工作规则》和《监察机关监督执法工作规定》，完善监督检查和审查调查分工配合、审查调查转换衔接办法，规范初核、立案、审查调查和审理工作流程，探索新形势下线索流转、排查、审批办理工作程序，统一决策、一体运行的执纪执法工作机制更加健全。对中共十八大以来区纪委区监委制定的20项纪检监察规范性文件进行清理修改完善，予以废止8件。主动对接以审判为中心的刑事诉讼制度改革，强化与司法部门、执法机关沟通协作和制约，进一步推进纪法贯通、法法衔接。

（赵禹桥）

民主党派

9月24日，通州区统战人士开展“不忘合作初心、继续携手前进”主题教育活动动员部署会暨统战人士专题培训班

（通州区委党校提供）

中国国民党革命委员会通州区工作委员会筹备委员会

【概　况】 截至2019年底，中国国民党革命委员会通州区工作委员会筹备委员会有党员137人，所属6个支部。

【参政议政】 在区政协六届四次会议上，提交《关于提升北京城市副中心教学及康养机构室内空气质量的建议》《关于加强多元化争议解决机制建设，不断优化北京城市副中心营商环境的建议》《关于"深入推进医联体建设，推动优质资源下沉，带动提升基层医疗服务能力"对医疗改革的建议》3篇党派提案。

【社会服务】 年内，与民革海淀区工委共同为贵州遵义市播州区平正仡佬族乡民族中学和卫生院捐赠价值4万多元的电脑、学习用品及体育器材，全部款项来自两区民革党员的爱心捐赠。筹委会主任李钟、副主任刘船等慰问遵义红花岗区的宋长宏、向华清两位年近百岁的抗战老兵，并送上2000元慰问金。通州三支、六支等支部为遵义抗战老兵捐款，同时支部党员与抗战老兵以"结对子"的方式，在每年抗战老兵生日和抗战胜利日进行慰问，委托民革遵义市委为每位老兵赠送2000元的礼金礼物。筹委会副主委兼妇女青年专委会主任、中日友好医院皮肤科主任医师张晓艳带领全国社区医疗服务志愿团走入贵州纳雍等贫困地区、京津冀经济圈新建社区开展医疗服务和健康扶贫。

【自身建设】 年内，开展"不忘合作初心，继续携手前进"主题教育活动。制定主题教育工作方案，召开理论中心组学习暨民主生活会。组织领导班子成员、支部主委赴贵州遵义、赤水等地，开展"同心同行七十年，坚定不移跟党走"主题教育活动。举办学习中共十九届四中全会精神暨"不忘合作初心，继续携手前进"主题教育培训会，邀请通州区道德文化讲师团张湛军作学习中共十九届四中全会精神暨主题教育活动辅导报告。组织筹委会委员、支部委员学习全国"两会"精神，邀请全国政协委员傅川传达全国政协十三届二次会议精神。举办"共和国伴我成长——民革党员讲故事"主题活动，抒发对伟大祖国70年来不平凡岁月的热爱与赞美。根据民革中央印发的《民革示范支部创建活动指南》，各支部进一步健全工作制度、丰富支部组织生活，增强组织凝聚力和党员归属感。

【获奖情况】 通州民革党员之家在运河书院建成，2019年荣获首批民革中央授予的优秀民革党员之家称号。筹委会副主委、中日友好医院皮肤科主任医师张晓艳荣获第七届全国助人为乐模范，并荣获民革中央授予的首批民革榜样人物荣誉。

（张启凤）

中国民主同盟通州区工作委员会

【概　况】　截至2019年底，中国民主同盟通州区工作委员会有盟员209人，其中新发展和转入盟员17人。财贸学院支部28人整体从其他区县转入。

【参政议政】　政协通州区六届四次会议上，民盟通州区工委提出的“关于利用人防空间和普通地下室，加快北京城市副中心老旧小区便民服务站与文化中心建设”问题获得解决，《关于加强我区农村生活垃圾清理整治》《关于尽快解决通州区建筑垃圾问题》《关于整合运河文化资源，打造历史文化街区》等提案受到政府关注。参与区政协组织的有关副中心国际教育发展、美丽乡村建设、厕所革命、应急粮食储备等专题调研，并撰写分题建议书。在区社情民意恳谈会上，池雪斌、梁冰作发言。民盟通州区工委获得反映社情民意信息工作先进单位称号，获得优秀党派提案称号；韩德正、王伟、丘自然等获得优秀委员提案；池雪斌、梁冰获评2019年度社情民意信息工作先进个人。

【社会服务】　年内，与通州区政协联合举办“文化进乡村·新春送祝福”活动，向永乐店企业服务中心捐赠书画作品40余件。第五支部联合玫瑰园社区党支部、通州区新华医院举办“关注口腔健康，绽放完美笑容”大型义诊暨系列健康志愿活动。盟员邓占平向锡林郭勒盟职业学院、锡林郭勒盟多伦县图书馆捐献价值30万元图书。83岁盟员何维仁关心失能老人和有病老人，为双盲父母的女儿辅导课程，被评为老有所为“通州榜样”。

【自身建设】　年内，组织盟员参加书画作品展。王伟、武剑飞的书画作品入展首都统一战线庆祝中华人民共和国成立70周年“与共和国同行主题艺术作品展”，武剑飞3件作品入展“礼赞中华人民共和国、筑梦新时代——首都新的社会阶层人士艺术作品展”，王伟的书法作品参加中国民主同盟华北五省市区书画联展，3名盟员书画作品入展“大美中国”作品展；贾晨举办“江山如此多娇”个人写生绘画作品展。协助盟市委举办“民盟先贤肖像展”走进城市副中心活动，盟员90余人参加，同时与盟市委就领导班子建设、改进工作作风和增强工作实效等方面进行交流。举办“庆祖国华诞，颂民盟先贤”诗文咏唱会暨民盟通州工委传统文化研究会成立仪式活动，盟员50余人参加。组织中青年干部和骨干盟员“重温民盟初心”主题培训活动，赴重庆民盟传统教育基地学习3天，12人参加。开展第一期通州区非物质文化遗产学习活动，盟员20余人参加。

【获奖情况】　在庆祝中华人民共和国成立70年活动中，通州区工委获得民盟中央“政治思想工作先进集体”称号，第五支部获得盟市委“组织建设优秀支部”称号，王伟、张荻秋、李晓晖、郭振宇、嵇立平、尚论聪、张单旸、关沧海8名盟员获得盟市委“优秀盟员”称号。

（张启凤）

中国民主建国会通州区工作委员会

【概　况】　截至2019年底，中国民主建国会通州区工作委员会有会员176人，其中新发展会员14名，转入会员7名，工委有支部5个，即综合一、二、三、四支部和北京物资学院支部。增补田明为通州区政协委员，工委有区级人大常委会副主任1名（金文岭），区级政协常委1名（邹晓美），政协委员11名（于琳、高国庆、周薇、闫学飞、刘建勇、刘春怡、陈莹、张东明、张敏、战英杰、田明）。

【参政议政】　在区政协六届四次全会上提交组织提案1件，即《关于多措并举建设副中心便民服务设施，提高市民幸福感指数的建议》。工委《关于加强北京环球主题公园项目就业培训的提案》被评为优秀组织提案，民建界别区政协委员提交的提案有6件被评为优秀个人提案。在区政协评出的5个反映社情民意工作先进集体中，民建工委位列第二；在20位反映社情民意信息工作先进个人中，有3位是民建会员。年内工委就如何优化北京城市副中心营商环境问题展开调研并完成调研报告《通州区科技创新型企业营商环境调查》。工委向民建市委报送信息7条，被采用2条。

【社会服务】　年内，工委企业家会员为贵州黔西、凯里捐赠价值20万元的花种2万袋，并就刺梨、灰树花等项目达成合作意向。会员刘红帮扶河北丰宁销售当地黑小豆6万千克，价值71万余元；在内蒙古翁牛特旗、奈曼旗、巴林左旗等地开展消费扶贫，采购当地农特产品568万余元。会员陈莹利用自己医院的资源，深入乡镇、社区、学校、敬老院、企事业单位等开展针对慢病防控主题的健康体检、健康大讲堂、义诊等健康服务活动，累计达200余场，为社区居民发放健康知识书籍、生活科普读物等数十万册。

【自身建设】　以中华人民共和国成立70周年纪念活动为契机，开展新时代“听跟走”教育。组织40多位会员参加民建市委和区委统战部组织的系列纪念活动。策划并开展工委“70周年”主题“四个一”活动，包括一次会史主题讲座，一次大型团建活动，一次全国爱国主义教育基地参观学习和一次关于多党合作制度的主题征文，参加会员250余人次。开展“听民建感人故事，承民建优良传统”系列活动，纪念北京民建组织成立70周年，包括会史宣讲、线上会史知识问答、“我和我的民建”主题征文等，参与会员逾210人次。通过“三个用”，使工委主题教育活动全面开展并“教”显实效，“效”践职能：用强有力的组织领导，保障工委主题教育活动开展；用形式多样内容丰富的活动，推动工委主题教育活动的全面展开；用脚踏实地的履职行动，彰显主题教育活动的良好成果。

【获奖情况】　工委获得民建北京市委“京城老字号和北京民建的故事”史料征集工作优秀组织奖，韦爱鲜被评为先进个人。综合三支部被评为民建市委先进基层组织，闫学飞、刘春怡、冯志宇、刘建勇、王可山等被民建市委评为优秀会员。韦爱鲜被民建市委评为优秀通讯员。

（张启凤）

中国民主促进会通州区工作委员会

【概　况】 截至2019年底，中国民主促进会通州区工作委员会有会员156人，其中市区两级人大代表3人，政协委员12人，在职副处以上11人。班子成员15人，其中副主委4人，委员10人，设6个支部：大学、中学、小学、经济、农科科技和退休支部。

【参政议政】 参加区政协关于学前教育、国际教育、一刻钟服务圈、企业孵化、改善交通现状等多个调研课题组调研，以较高质量发表意见和建议，刘秀杰撰写《京津冀协同发展的制度困境与对策建议》的调研报告。报送社情民意信息14篇，集体和个人撰写提案13篇。

【社会服务】 年内，充分发挥会员职业优势，开展支教工作。组织骨干会员到永乐店中学、潞州中学、民族小学、西集新东仪小学、大灰店小学等学校支教，与当地教师交流教学方法。2019年3月，张京、张金英和张秀梅三位会员发挥专业优势、岗位优势和个人特长，与北京二中通州校区民进年轻会员王雪冰、赵莉莉进行教学研讨，进一步提高学校在生物学科方面的教学水平。

【自身建设】 扎实开展工委班子届中调整工作。成立5人届中调整工作领导小组，制定关于开展届中调整和民主评议工作意见，制定十条推荐标准，增加8位会员进入班子。注重培养代表人士和后备干部。推荐骨干会员参加民进市委、社会主义学院、统战部、政协等组织的各种培训班；工委分别于4月和11月组织两批会员赴浙江嘉兴南湖红船、江苏淮安周恩来故里进行参观学习。吸纳优秀人才入会。2019年发展会员6名，其中有区发改委副主任刘秀杰 、区人大代表李专平等。围绕中华人民共和国成立70周年，开展系列学习活动和主题教育活动。围绕习近平关于中华人民共和国成立70周年系列重要讲话进行学习研讨；开展《我和我的祖国》快闪活动，《我心中的美丽通州、美丽家乡、美好生活》摄影活动，并举办摄影展；组织参观马克思200周年诞辰图片展、庆祝中华人民共和国成立70周年油画展、国家建设成就展、花博会等展览；组织观看民进会员的专场音乐会、钢琴演奏音乐会和会员学校举办的大型音乐剧；承担区政协70周年庆祝活动的大型朗诵、独唱、合唱，歌舞表演等节目的演出任务。

【获奖情况】 10月，张黎获中共中央、国务院、军委颁发的庆祝中华人民共和国成立70周年纪念章，伊祥被民进中央评为组织建设先进个人。11月，张秀梅被民进市委评为社会服务先进个人，中学支部被民进市委评为社会服务先进集体。

（张启凤）

中国农工民主党通州区工作委员会

【概　况】 2019年，中国农工民主党通州区工作委员会有党员86人，主委胥振阳，副主委马唯、齐梦瑚、王敬萍、甘建军。设3个支部，新发展党员2人，积极分子6人。

【参政议政】 参加政协组织的学习、培训、调研活动，如环境污染、老旧小区改造、疾病预防、垃圾分类、绿色交通等，发挥党派优势，认真履行参政议政职责。2019年反映社情民意、报送信息4次，委员提案10多项，其中获得团体优秀提案1项（胥振阳），优秀委员提案2项（史鹤龄、王敬萍），王敬萍获评反映社情民意信息工作先进个人。史鹤龄、齐梦瑚、王敬萍在政协会、联组会上代表发言。

【社会服务】 年内，开展健康科普讲座和义诊活动。参加"农工系列科普大讲堂"科普讲座及义诊活动，对广大居民在疾病防治、慢病管理方面进行专业医学教育及指导；胥振阳、马唯、齐梦瑚、史鹤龄、郑玲玲参加宋庄镇"医疗下乡送健康"专家义诊活动。参加对口帮扶工作。胡磊跟随农工党北京市委到贵州省毕节市大方县对江镇医疗帮扶；党员顾有勤带队对口帮扶内蒙古翁牛特旗亿合公镇，引导台湖镇社会企业资本和镇财政资金82万元帮扶5个项目；胡磊、张秀娟、王杰参加通州区委统战部组织的民主党派赴内蒙古调研对口支援工作；胡磊、段勇参加农工党中央应住建部扶贫司邀请到青海西宁湟中县医疗帮扶工作。

【自身建设】 开展"不忘合作初心，继续携手前进"主题教育活动。组织党员深入学习贯彻习近平新时代中国特色社会主义思想和中共十九大精神，贯彻落实农工党十六大部署；9名党员参加市委统战部和区委统战部举办的主题教育活动启动大会；7名党员骨干参加刘公岛革命历史教育和学习活动。组织党员参加"不忘合作初心，继续携手前进"主题健步行等活动。组织党员参加各类学习研讨和培训活动。胥振阳、王敬萍等5人参加基层组织负责人专题培训；选派优秀党员参加中共农工市委、区委统战部组织的统战人士专题培训班，纪念"五一口号"发布70周年报告会，关于加强和改进人民政协工作的思想专题报告会，学习了解新时代多党合作事业面临的新形势、新任务、新要求，激励广大青年党员为人民服务的热情；26名党员参加北京市委组织的京津冀区域生态环境综合治理研讨会。完成11名党派后备干部推荐工作。与昌平支委、西城区委联合组织共建互访交流活动。

【获奖情况】 胡磊获得农工党北京市委"思想宣传理论研究"先进个人称号；郑玲玲、李玉清、胡磊、甘建军、曲丹、张秀娟、王孟武荣获市委优秀党员称号。

（张启凤）

中国致公党通州区工作委员会

【概　况】 截至2019年底，中国致公党通州区工作委员会有党员122人，其中新发展党员8人，转入党员3人，多名积极分子列入考察。

【参政议政】 年内，围绕如何完善治理北京城市副中心，完成《北京城市副中心教育国际化的调研》《推进老城“双修”——通州南大街改造保留通州特色及打造运河文化特色的建议》《在城市副中心建立绿色金融实验区可行性研究》3个调研课题。在市、区两级政协会议期间，围绕医疗卫生、民生产业、经济建设等方面提交提案20篇，向通州区政协提交党派提案4篇，其中2篇党派提案受到区政协及相关媒体的关注，刘彤撰写的《关于北京城市雕塑与公共艺术空间布局的建议》得到中共北京市委领导的批示。2019年，报送社情民意信息22条，17条被市委选用，1条受到中共北京市委领导批示，2条刊登在致公党中央刊物《建言策》上，同时被中央统战部采用，1条被全国政协采用。

【社会服务】 集中组织党员参与各类社会服务。号召党员采取以购代捐的方式购买酉阳地区特产，帮扶区域经济发展；组织党员参与市委“8+1”活动之门头沟区民宿项目；参与市委义诊等活动。各支部结合自身优势持续开展社会公益活动。一支部多次开展“爱眼护眼健康行”致亮工程活动，为老人做眼科咨询服务并捐赠老花镜；二支部开展“疏解压力及乐享工作”活动，邀请专家到结对子的大杜社小学做心理咨询；三支部代表通州区工委联合西城区委，冒雨前往潞城镇甘棠为当地村民义诊，并为当地医务人员进行示教病例讲解；四支部再次组织党员探望慰问养老院。

【自身建设】 深入开展“不忘合作初心，继续携手前进”主题教育活动。领导班子带头学习，并在每次主委会及各类活动中均安排相关学习内容，组织党员参加市委、北京市社会主义学院、区委统战部组织的学习培训；组织党员参观世园会，在参观过程中举办摄影活动和合唱爱国歌曲，参与市委统战部作品征集活动，报送纪念文章8篇，摄影作品20余幅，丁超和苏明的文章获优秀奖，汪云云的摄影作品获二等奖；多次组织党员在活动中合唱《我爱你中国》等爱国歌曲，视频短片被市委制作成微视频播放。召开致公党成立20周年庆祝大会。印刷纪念册，举办书画展等系列纪念活动，市人大常委会副主任、致公党北京市委主委闫傲霜等领导出席庆祝大会。制定区工委工作制度。由通州区工委全委会审议通过《通州区工委会议管理制度》《通州区工委办公室工作职责》《通州区工委档案管理办法》《通州区工委印章管理办法》《通州区工委财务管理办法》，自2019年开始试行。推荐李金成为北京市党外代表人士。

【获奖情况】 在致公党北京市委全委扩大会议上，中国致公党通州区工委被评为2013—2018年参政议政工作先进集体，党员李军、刘彤、王飞、吴涛、尚珂、田甜、李玲、陈炜煜、谢朝华、李伟、郭燕春被评为参政议政先进个人。

（张启凤）

九三学社通州区工作委员会

【概　况】　截至2019年底，九三学社通州区工作委员会有社员127人，分为4个支社。副主委乔梦虎、石逸杰、申学军，工委委员12人。

【参政议政】　深入调查研究，积极建言献策，推动城市副中心高质量发展。在2019年区“两会”上，赵静作题为《关于推进城市副中心文化和旅游融合发展的建议》大会发言，乔梦虎、石逸杰、王合兴分别在联组讨论会议上作《让文化说话，提高通州区文化显示度的建议》、《通州区医学影像医联体建设工作现状及所面临问题》和《关于促进城市副中心残疾人就业的建议》的发言；工委提交两篇党派团体提案：《关于建议调整通州与朝阳区划，将八里桥划归通州区管辖的提案》《关于发挥副中心文化旅游主导聚集效应推动下一代智慧文旅发展的建议》。各位委员提交了《关于提高通州区文化显示度的建议》《关于增加科技创新预算，提升城市副中心科技创新能力的提案》等12篇委员提案。副主委乔梦虎代表工委参加区社情民意恳谈会。围绕通州区中心工作献计献策。上报社市委、区委统战部参政议政信息66篇次，采用30篇次，社中央采用1篇。

在2019年区“两会”上，由乔梦虎提交的《关于响应“文化北京”专项行动，打造副中心多元特色街区文化的提案》被通州区政协评为优秀党派团体界别提案。乔梦虎提交的《关于建立健全文化资源传播机制，盘活社会文化资源的提案》被通州区政协评为优秀委员提案。乔梦虎被评为2019年度通州区政协反映社情民信息工作先进个人。

【社会服务】　开展义诊活动。9月16日，石逸杰等社员参加政协医疗界委员在宋庄镇翟里村义诊。10月12日，通州医疗支社20名医护人员连续六年到宋庄镇徐辛庄敬老院开展义诊活动，涵盖内科、外科、妇科、影像诊断等专业，多家媒体关注并报道。向北苑街道文化活动中心捐赠书刊。4月24日，捐赠《中国青年》《诗刊》《瞭望》等期刊300余册。社员捐赠捐助。社员王福林为工地农民工朋友捐赠衣服和生活用品近百件。

【自身建设】　开展主题教育活动。9月8日，区工委副主委乔梦虎主持召开工委扩大会，学习社中央主题教育相关文件精神，并结合工委工作制定贯彻落实方案，启动“不忘合作初心，继续携手前进”主题教育活动。9月21日，区工委组织“我与祖国共成长”座谈会。区工委副主委乔梦虎、支委及骨干社员10余人参加，社员畅谈中华人民共和国成立70年，中华民族“从站起来、富起来，到强起来”的复兴之路的感受。10月21日，15名骨干社员赴重庆开展“不忘合作初心，继续携手前进”教育实践活动。坚持“保证质量、适度发展”的原则，发展层次高、能力强、符合九三特色的社员。全年发展社员11人。

【获奖情况】　吴非获社中央“2019年度九三学社组织工作先进个人”称号，获“北京市第十五届哲学社会科学优秀成果奖”。王鹏获2019年社市委突出贡献奖，郑贵强被评为社市委优秀社员，张宏为被评为社市委优秀社务干部。

（张启凤）

人民团体

11 月 15 日，举办 2019 北京民营企业百强发布会

（区工商联提供）

通州区总工会

【概　况】 通州区总工会所属乡镇、街道总工会、委局、行业、开发区及直属基层工会 55 个，基层工会 1648 个，职工人数 100176 人，会员人数 95134 人。2019 年，通州区总工会坚持以习近平新时代中国特色社会主义思想为指导，深入贯彻党的十九大和十九届二中、三中、四中全会精神，贯彻落实中国工会十七大精神，按照区委和市总工会的工作部署，强化副中心意识，以改革创新为动力，以党的建设为保障，切实承担起引领全区广大职工听党话、跟党走的政治责任，团结动员全区广大职工在城市副中心建设中充分发挥主力军作用，勇担新时代工会新要求，开创工会工作新局面。

【召开通州区工会第五次代表大会】 4 月 18—19 日，召开通州区工会第五次代表大会，总结通州区总工会第四届委员会成立以来的工作成绩和经验，对今后五年主要工作任务进行部署。审议通过通州区总工会第四届委员会工作报告、财务工作报告、经费审查工作报告，选举产生通州区总工会第五届委员会和经费审查委员会。北京市总工会党组书记、副主席郑默杰，通州区委副书记、区长赵磊，通州区人大常委会主任李玉君、通州区委副书记初军威等领导出席开幕式。

【宣传培训活动】 3 月 12 日，北京市直机关工会、通州区总工会、湖北省十堰市武当山特区管委会、通州区体育局共同举办“科学健身方法普及培训活动启动仪式”，落实通州区——十堰市两地对口协作精神，掀起科学健身、武术健身热潮。3 月 22 日，区总工会和区司法局、安监局、社保局、妇联、文化旅游区管委会在环球影城国际度假区项目工地隆重举行“尊法守法 · 携手筑梦”服务农民工法治宣传行动启动仪式，做好副中心建设中农民工权益的维护和服务工作。

【举办多种职工比赛】 2019 年，举办通州区第二届职工篮球联赛，为广大职工群众搭建健身平台，促进全区职工体育文化发展，联赛共有 31 支代表队、400 多名队员参赛。和区人力资源和社会保障局联合举办通州区第二届职业技能大赛暨通武廊职业技能大赛（中式烹调师）通州区选拔赛，共 100 余人参加，总成绩前 30% 的选手颁发相应等级的国家职业资格证书，前五名选手推荐参加通武廊职业技能大赛决赛。和区卫生健康委联合举办通州区职业技能大赛暨通州区基层卫生岗位练兵技能竞赛，全面提升基层卫生综合服务能力和水平，提升副中心医疗行业职工技能水平。联合北京银行城市副中心分行共同举办“通州区职业技能竞赛暨北京银行城市副中心分行 2019 年技能大赛”，以赛促学、以练促学，北京银行城市副中心分行近四百名职工报名参赛，通过翻打百张技能、点钞技能、知识竞答等多个环节的比拼，弘扬工匠精神，提升业务技能。和区应急管理局联合举办通州区 2019 年“安康杯”安全知识竞赛，提高职工自身安全生产意识，提高全区各级工会组织对安全生产防护重视程度，营造安全氛围，为城市副中心建设提供安全稳定基础。

【开展送温暖、送清凉系列活动】 2019 年，区总工会对节日期间坚守岗位的 732 名一线职工、7 户困难职工和 44 名挂职干部及挂职专业技术人员进行走访慰问，为他们送去冬日温暖。和盛仁堂、北京银行两个志愿服务队 20 余名志愿者代表，到通州区儿童福利院开展“庆华诞 · 职工志愿助力副中心”职工志愿服务活动，送去儿童凉被、牛奶、水果和防暑降温药品等慰问品。到区水务局、区城市管理委员会、区公安局战训队、区公安局前线指挥部，开展“情系一线职工·夏季送清凉”活动，为高温下奋战的2500余名一线职工送去防暑降温物品。

【创新职工服务】 2019年，潞源街道第一家劳动者驿站（暖心驿站）正式启用，驿站位于北京农商银行潞城支行一层，可为环卫工人、保安、出租车驾驶员、快递员、协管员等所有户外劳动者提供加热食品、饮水、充电、医疗应急救助、短暂休息等基本服务。宋庄镇华仁学校“快乐暑期”托管班面向宋庄镇辖区内职工子女招生开营，为双职工家庭解决暑期子女无人照看问题。

【举办“相约在深秋，情牵通武廊”联谊活动】 11月3日，和天津市武清区、河北省廊坊市总工会共同举办“相约在深秋，情牵通武廊”工会青年联谊会，为参加活动的300名单身青年职工创造相互认识理解的机会和条件，引领动员各级工会组织和社会力量为中青年婚恋交友提供机遇。

（屈丽军）

共青团北京市通州区委员会

【概　况】 2019年，团区委以学习宣传贯彻中共十九大精神为主线，围绕区委、区政府全局，以新时代新要求深入谋划和推动通州共青团实现新发展，全力打造与北京城市副中心相适应的共青团，以优异成绩迎接中华人民共和国成立70周年。截至2019年底，全区有团员13710人，基层团组织中团委65个，基层团工委7个，团总支17个，团支部936个，团区委直属团组织60个。

【共青团群众工作】 年内，认真开展“不忘初心、牢记使命”主题教育，支部活力显著提高。健全组织建设，建立街道、乡镇共青团季度点评会制度，进一步加强对基层团组织引领。推动区青联、区志联规范化建设，履行全团带队职责，加强与教工委联系，联合开展引导服务青少年工作。夯实团干部队伍建设，引进高校实习生参与团区委工作。促进社区青年汇提质增效，全年开展思想引领、交友联谊、城市融入、志愿公益等活动1360余场，覆盖青年3万余人次，活动吸引力显著增强。加强党风廉政建设，全年召开书记会17次，严格落实各项规章制度，以从严治党带动从严治团。

【自媒体平台建设】 年内，“青春通州”微信公众号粉丝量增至8万人，累计阅读量达170万次，较2018年粉丝量增加3万余人。协调联合潞河医院、交通支队、京环集团、红十字会、消防支队、法院、北投集团、青联、内蒙古对口帮扶地区等28家单位推出专题宣传日，“青春通州”新媒体平台内容更丰富、资源更广泛、影响更扩大，2019年通州团区委获评全市团属微信公众号优秀运维单位。

【开展线上线下活动】 年内，通过大量线上线下O2O活动凝聚青年，开展“生命接力　让爱传递”器官移植主题活动、大型歌舞剧《天地运河情》、“健康中国　你我同行　运河文化　青年传承”中外青年中秋健步走活动，打造一批如《副中心青年说》《晨读时光》《五四健康操》等原创栏目。维护累计500余人的青春通州粉丝群，有效增强粉丝互动和粉丝关注。打造“红色堡垒计划”，2019年发布《青春忆百年》《志愿新时代　圆梦副中心》《共同走过　共享未来》等原创视频作品10部，利用五四青年节、国庆节等契机推出原创产品，在腾讯视频等平台播放，累计播放量120余万次。持续开展“青春通州”

论坛活动，邀请党政领导干部、专家学者、资深从业导师举办专题论坛14场、覆盖青年近5200人次。通过主题团课、读书分享、主题宣讲、“青年大学习”线上活动等方式，深入学习中共十九大和十九届二中、三中、四中全会精神，带领广大青年深入学习团中央十八大精神，覆盖青年近5万人。有效引领青年听党话跟党走，汇聚青春正能量。广泛开展“青年榜样”评选活动，用榜样精神激励青年为城市副中心建设做出更大贡献。

【服务保障国庆70周年庆祝活动】 成立中华人民共和国成立70周年庆祝大会服务保障和群众游行方阵总队。方阵总人数2000多人，区委书记曾赞荣任方阵总队长，区委常委、组织部部长陈江华担任常务副总队长，抽调区中青班学员、区总工会、区妇联、区武装部、区机关事务服务中心、区公安分局干部，组成工作专班。团区委配合区委组织部负责统筹开展工作。自7月9日起，方阵进行群众合练，学生训练，参加全要素彩排预演。先后荣获“精彩70”最佳方阵流动红旗、“精彩70”最佳大队流动红旗、“国庆70周年群众游行合练验收优秀方阵”等荣誉。10月1日，“人类命运共同体”方阵完成群众游行任务。按照“精精益求精，万万无一失”的工作要求，团区委组织3840人次城市志愿者，自9月1日起至10月31日，在通州区万达广场、大运河森林公园、玉春园、运河文化广场、漫春园、物资学院、梨园主题公园、梨园文化广场、国防广场、图书馆等10个城市志愿服务站和玉桥东里社区、新通国际社区、玉桥北里社区、西营社区、小园社区、新华西街社区、滨惠南三街社区、如意社区、天桥湾社区等9个重点社区为市民和游客提供优质志愿服务。组织80名游园志愿者，在大运河森林公园、运河文化广场为国庆游园活动提供道路指引、秩序维护等志愿服务。引领广大青年认识并担当起作为强国一代的责任，在全社会营造国庆良好氛围，完成国庆志愿服务保障任务。团区委在国庆70周年各项活动中，落实到位，表现出色，荣获“北京市筹备和服务保障中华人民共和国成立70周年庆祝活动先进集体”称号。

【服务市级机关】 年内，为助力市级机关搬迁，团区委持续开展“这里是副中心”主题活动，先后有高校学者专家团队、企业青年代表团、全国青联组织、港澳台青年代表团、巴基斯坦青年代表团等30余团队、千余人走进副中心参观交流，加强青年交往，提升副中心影响力。联合市直机关团工委，在北京物资学院举办“不忘跟党初心，牢记青春使命”北京青年榜样主题宣讲会。市直机关青年代表、通州区青年代表近500人参加活动，探索市区青年联动新形式。

【推进青年创新创业】 年内，从北京城市副中心产业升级、科技创新、社会服务、文化聚焦等角度出发，搭建青年创新创业平台，整合社会资源、搭建服务平台，点燃青少年创新创业梦想。注重对青年创新创业人才的挖掘和培养，加强对优秀创新创业青年典型的选树和宣传。深化通武廊三地青年工作合作交流，促进区域青年工作领域创新和各项优秀资源的共享。助力第三届廊坊青年创新创业大赛决赛暨协同发展“青创”联盟启动活动，邀请区内5位创业导师、3家创业孵化基地、6位创业青年代表加入创新创业大赛活动，共同打造具有广泛影响力的品牌活动。依托“梦想空间”青年创新创业基地，开展创新创业专题讲座。联合区人力社保局启动“青年就业启航计划”，关注长期失业青年，通过教育培训和文体活动等方式深化联系服务。

【青年人才培养体系】 年内，推进青年人才培训服务平台建设和青年人才队伍服务体系建设，深入推进青年人才政策和工作体制机制创新。开展“彩虹计划”通州区青年人才培养工程，面向35岁以下通州区青年骨干选拔学员200人进行集中培训，接受理论授课11次、小班教学10次、现场教学4次、总结交流2次。开展“青春通州”论坛活动，邀请党政领导干部、专家学者、资深从业导师举办专题论坛14场、覆盖青年3000余人次。配合区委组织部开展高校优秀学生引进工作，7—8月，来自清华大学、北京大学、中国人民大学、北京师范大学、北京航空航天大学及中央党校（国家行政学院）等

8所高校34位学生在15家区直部门和街乡28个岗位上进行为期2个月的挂职实习；配合区委组织部11月至12月面向高校优秀毕业生开展选聘活动，在清华大学、北京大学召开专场选聘宣讲会，覆盖高校毕业生500余人。

【推进帮扶工作】 年内，团区委针对内蒙古翁牛特旗、科右中旗、奈曼旗，西藏拉萨城关区青少年实际需求，发动组织区青联委员、企业爱心人士为对口支援地区高、中、小学生捐赠“爱心助学金”；整合社会资源，开展“一千个心愿|2019·爱你依旧”爱心募捐活动；“青春副中心”公众号定期推出专题宣传日，深入宣传受助地区发展情况。邀请对口支援西藏地区8名小学生到北京，开展“民族团结代代传”寒假研学活动。组织开展《这里是通州》系列手绘作品爱心拍卖，募集爱心款18.1万元，捐赠区慈善协会和区红十字会，助力慈善服务活动。持续开展“温暖衣冬”活动，向西部贫困地区青少年捐赠冬衣。全年募集爱心捐助款26.45万元，爱心图书3266册、爱心冬衣2万余件、爱心文具近9980件，覆盖帮扶对象逾千人次。

【青少年权益保护】 年内，加强未成年人司法保护，承接全区合适成年人派出任务，组建21人的合适成年人队伍，全年派出123次。持续开展青少年法治教育，扎实做好全区中小学法治副校长工作，2019年全区162名法治副校长深入学校授课430讲，覆盖青少年近8万人次。开展法治副校长优秀教案征集活动，将34篇优秀案例整合编辑，汇总成集；针对296名重点青少年，全年开展“爱心观影”“爱心市场”“亲子绘画”等区级帮扶活动7次。推动共青团送温暖活动常态化，2019年“两节”期间，专门划拨专项经费，为每一名困境青少年定制一件羽绒马甲，同时配送米、面、油等生活物品，筹备物资累计13.8万元，惠及300余名受帮扶青少年。

【志愿服务】 年内，唱响“通州百姓”品牌，全区实名认证志愿者37万余人，项目总时长逾4600万小时。全年参与服务保障国家及市、区级大型活动15场。举办“3·5”学雷锋志愿服务月，全区17家单位，开展136个志愿服务活动，参与活动志愿者5000余人，志愿服务总时长1.5万余小时，受益群众超过2万人。建立志愿服务回馈激励机制，开展“志愿咖啡，浓香回馈”“五星级志愿者风采照”等激励回馈志愿者活动9场，覆盖志愿者1000余人次，强化志愿者队伍专业能力建设，开展3场主题培训，覆盖骨干志愿者300人次，提高志愿者的专业能力和技能。常态化开展志愿服务，推进“五大青年行动”（清洁空气、保护河湖、垃圾分类、文明出行、背街小巷整治）服务社区凝聚民心。全区60余个团组织，在志愿服务岗亭开展志愿服务120余场。

（张德虎）

通州区妇女联合会

【概　况】 区妇联以围绕中心、服务大局为主线，以联系和服务妇女为根本任务，把握思想政治引领和家庭建设两个关键着力点，切实担负起团结动员妇女为副中心建设和发展作贡献的重要使命。区妇联加强对习近平新时代中国特色社会主义思想的学习，牢记“看北京首先从政治上看”的要求，切实增强“四个意识”，做到“两个维护”，坚定“四个自信”。深入开展“不忘初心，牢记使命”主题教育，创新“行走的思政课”、“红心印初心，家风传清风”、支部主题志愿服务等特色亮点活动，全体成员都参与国庆70周年庆祝活动，深入3个部门开展4次专题调研，调研成果在《通州时讯》刊出，区妇联党组作为区级主题教育示范单位推荐给市督导组；落实意识形态责任制，主动跟进涉及妇女儿童的重点热点问题，注重网上网下舆论的正面引领；围绕中华人民共和国成立70周年、北京市第十四次妇代会、通州区第五次妇代会等重要节点，开展多种形式主题宣传；围绕强化身份意识、组织认同和履职能力，启动基层妇联组织“领头雁”培训计划，加深基层妇女干部对妇联组织的政治认同、思想认同、情感认同。区妇联持续第二年深入基层组织全面开展基层妇女干部群众的政治理论学习读书会活动。社区（村）妇女干部群众全年组织思想政治理论学习活动550余场，共计5万余人次。组织各级各类参观、调研、座谈等活动300余场。

【基层妇联组织换届工作】 年内，全面完成609个村（社区）基层妇联组织换届工作。全区100%的村（社区）“两委”有一名以上女干部；100%的妇联主席进入村（社区）“两委”班子；女性党支部书记占比达22%；村委会中女性占比达34.5%。专兼职基层妇女干部数量近万人。全区各级妇联组织选举产生第五次妇女代表大会代表265人，于12月初选举产生第五届区妇联执委会和领导班子。收集和反馈妇女群众意见和诉求200余条，发放妇女参与社会治理的调查问卷5000余份。组织市妇代会代表、区人大女代表、政协女委员先后3次深入基层开展调研，为其充分发挥作用创造条件、提供服务。

【妇女创业就业工作】 年内，争取农村妇女创新创业项目经费265万元，帮扶巾帼示范基地18个，创业就业项目7个。通武廊三地妇联联合举办“双学双比”30年成果系列宣传展示活动，150余名女能人、女企业家、女性创业就业带头人齐聚一堂。成立通州区巧娘协会，发展会员50多名。协会成员唐人坊获得中国妇女手工创业创新大赛银奖。举办“新连环画时代”“传统文化交流与实践，感受自然创造美”等巧娘专场活动，来自通武廊三地及内蒙古翁牛特旗的巧娘、创业致富基地带头人及社会组织负责人出席。组织345名妇女进行电商培训，完成茶艺师、祁开心巧手传承手工技艺培训2938人次。全年带动妇女创业83人，就业149人。推举24位女企业家参加“首都巾帼科技汇”。“春风送暖”农业技能服务基地项目覆盖区域和服务人数远超往年。

【启动“家家幸福安康”工程】 年内，举办“爱国、爱家、爱亲人”最美家国情怀展示、“我骄傲我是中国娃”和“送你一个传家宝”等家庭爱国主题活动。举办画展、音乐会、相亲会、新娘讲堂、美好婚姻幸福家庭、家庭剧场、“携手健康路，平安万家行”公益讲堂等系列活动。动员广大家庭争做“最美家庭”，深化“平安家庭”“学习型家庭”“绿色家庭”创建和家庭助廉活动。新建200余个“儿童之家”，提升改造11个示范“妇女之家”。“家长学校”基地建设实现609个社区（村）全覆盖。于家务回族乡仇庄村被评为全国家风建设示范基地。全年在城区和乡村开展家庭心理健康服务800余小时，活动惠及3000余个家庭，帮助女性和家庭增强社会适应能力，充分发挥妇女在社会生活和家庭文明建设中的“两个独特作用”。6月5日，全国妇联党组书记、副主席、书记处第一书记黄晓薇到通州区调研北京市妇女思想政治引领和家庭建设工作。

【对口帮扶】 年内，组织女企业家到内蒙古奈曼旗开展帮扶。组织10余位通州“爱心妈妈”牵手奈曼旗低收入家庭儿童。举办“助飞雏鹰梦，母爱溢京城”——京蒙协作暨奈曼旗小手拉大手儿童夏令营。组织爱心企业向内蒙古兴安盟科尔沁右翼中旗、翁牛特旗、奈曼旗捐赠花种、图书、其他物品等价值64万余元。带领通州女企业家为翁牛特旗举办的“品味内蒙古，从翁牛特开始”2019农特产品推荐会暨捌仟亩蒙香鸡品牌发布会助力，签订约1500万元采购合同，带动当地就业人员80多人。参加市妇联对口支援西藏城关区活动。京津冀三地妇联先后联合举办女性专场招聘会、“红心印初心，家风传清风”、参观副中心规划展等活动。

【深化维权服务】 年内，深化“婚姻家庭纠纷矛盾化解机制”，提升“巾帼亲情服务队”服务能力，扎实开展基层矛盾纠纷预防化解。联合公安、法院、民政、司法、妇联、专业社会组织等派员入驻心理咨询室、社会工作室（站）、婚姻家庭纠纷调解室等开展窗口服务，调解率达到90%以上。组织视频、现场等形式的调解培训，观摩“人民调解大讲堂”，推动落实《妇联组织受理家庭暴力投诉工作规程》。区妇联全年接待信访48例，家庭暴力占比30%，以咨询建议、法律宣传、个案辅导等方式给当事人提供服务。促进“十三五”妇女儿童发展规划目标实现，推动政府解决婚登婚检一站式服务、“儿童之家”建设等妇女儿童发展中的重点难点问题。与科委、卫健委联合深入高校、中学、社区开展生殖健康和性知识科普微视频宣传和讲座活动。与区民政局联合启动儿童福利服务项目。开展“巾帼维权，送法到家”等法律宣传教育45场。获市妇女法治文艺作品大赛一等奖。开展政策法规性别平等评估和儿童优先原则调研工作。

【志愿服务】 年内，围绕妇女“七有”（幼有所育、学有所教、劳有所得、病有所医、老有所养、住在所居、弱有所扶）要求、“五性”（便利性、宜居性、安全性、公正性、多样性）需求，培育专业类、公益类、服务类妇女领域社会组织，加强社会组织党建工作。推动各级妇联作为主体购买社会组织服务规范化，促进“妇女之家”“儿童之家”等阵地提供服务多元化。扩大“邻里守望·姐妹相助”志愿服务品牌影响力，提升巾帼志愿服务品牌辨识度，以项目化方式培育孵化志愿服务团队，深化巾帼志愿服务行动。发展壮大“潞河医院粉红丝带志愿服务队”等33支巾帼志愿者队伍，包含维权服务、心理疏导、大病关怀、技能培训、城市治理和纠纷调解等方面。对“巾帼亲情服务队”开展心理疏导技能培训。获评全国“巾帼志愿”短视频“十大暖心故事”。10月23日，全国妇联副主席、书记处书记吴海鹰到“运河星”志愿者工作室调研。

（张燕栩）

通州区科学技术协会

【概　况】 2019年，区科协坚持以习近平新时代中国特色社会主义思想为指导，团结带领广大科技工作者，围绕副中心建设发展大局，全面履行科协组织的各项职能，以四大体系建设和党建强会特色工作为重点，谋全局，促发展。按照为科技工作者服务、为创新驱动发展服务、为提高全民科学素质服务、为党和政府科学决策服务的职责定位，主动适应发展新常态，助推创新驱动发展，着力构建科普工作新格局，大力提升公民科学素质，明确改革新要求，加强组织建设和党建创新，团结带领全区广大科技工作者为北京城市副中心科技创新平台建设提供科技智慧与支撑。区科协对下设11个乡镇科协、4个街道办事处科协和2个园区科协、100个企业科协、3个学会等各类社会团体进行服务、指导和管理。

【美丽乡村建设暨乡村医生系列培训活动】 3月7日，由区科协、区卫健委、区农委、区医学会联合组织开展的美丽乡村建设暨乡村医生系列培训活动在北京隆鹤国际温泉酒店启动。乡村医生系列培训活动共4期，培训涵盖青光眼的预防与治疗、急诊急救基础知识培训、糖尿病并发症的预防和如何治疗高血压等内容。

【举办“科学家谈生态系统与人类健康”科普报告】 5月9日，由区科协主办，首都医科大学附属北京潞河医院、中仓街道办事处协办的“科学家谈生态系统与人类健康”科普报告在潞河医院报告厅举办。

中科院科学家赵士洞为现场观众讲述生态系统与人类福祉的关系，详细阐述习近平总书记提出的“绿水青山就是金山银山”的科学道理。潞河医院院长纪智礼介绍医院健康促进工作及取得的成果。来自老科技工作者协会、社区工作者和部分居民260人参加活动。

【举办2019年通武廊暨京津冀水环境处理及乡村环境治理高峰论坛】 6月27日，由区科协主办，科睿环保集团和北京开宝科技服务公司承办的2019年通武廊暨京津冀水环境处理及乡村环境治理高峰论坛活动在珠江中国阙会议中心举办。该论坛邀请行业知名专家、领导与领军企业围绕乡村生活污水处理、乡村生活垃圾处理、乡村环境整治零排放等专题开展高端研讨，并开展深入交流和项目对接。

【举办青少年无人机暨航空航天竞赛培训班】 10月26日，由区科协主办、天鹰旅（北京）航空科技有限公司承办的青少年无人机暨航空航天竞赛培训班，在漷县镇码头小学开班，中国民航飞行员协会秘书长赵东升和陆军装甲兵学院老师梁欢分别就无人机航空法律法规以及无人机的飞行操作规程做出规范性的讲解培训。来自通州区部分中小学科技教师、通州区蓝天救援队以及各校热衷于无人机学习的学生100人参加为期一天的培训。

10月26日，举办青少年无人机暨航天竞赛培训班　（区科学技术协会提供）

【举办通州区教育医疗信息化创新发展论坛】 11月1日，由区科协与华为技术有限公司共同主办的“通州区教育医疗信息化创新发展论坛”在太阳花酒店举办。区科协主席金文岭，负责区教育、医疗信息化的相关人员及专家等100余人参会，共话新时代教育医疗信息化建设经验和发展趋势，探讨新形势下校企合作、协同育人、数字化医院的创新模式，并就当前面临的智慧校园建设、运维及人才培养，以及医疗行业数字化转型等共性问题进行深度研讨。

【2019年企业科协先进工作者之家评选】 为规范企业科协“先进科技工作者之家”创建工作，结合北京城市副中心建设发展的需要，通州区科协特制定《通州区企业科协先进科技工作者之家实施办法》并开展2019年企业科协先进工作者之家评选活动，经过前期的精心组织，初选上报通州区企业科协先进工作者家12家。11月6日，来自北京市科协、北京市科委、北京工业大学等单位的5名专家评委对申报材料进行评审，当天对北京潞电电气设备有限公司、乾日安全科技（北京）有限公司、新开水环境投资有限公司进行实地考察。

（耿宏纲）

通州区工商业联合会

【概　况】 区工商联（商会）在市工商联和区委统战部的正确指导下，深入贯彻落实中共十九大和十九届四中全会精神，以及习近平总书记在民营企业座谈会上的重要讲话精神，以促进“两个健康”（非公有制经济健康发展、非公有制经济人士健康成长）为抓手，团结凝聚各方资源，充分发挥桥梁纽带作用，为优化通州区营商环境、服务民营企业健康发展作出积极贡献。2019年度区工商联被全国工商联评为民营企业调查点工作示范单位，并获评2018—2019年度全国“五好”县级工商联。

【“京交会”北京城市副中心分会场】 5月28日至6月1日，2019年中国国际服务贸易交易会（简称“京交会”）在北京召开，“京交会”北京城市副中心分会场系列活动在北京国际财富中心举行，以“开放、绿色、智慧、共享——更美好的未来城市”为主题，从北京城市副中心发展及营商环境、行政办公、高端商务、文化旅游、科技创新5个角度进行专题论坛推介与展览展示。以服务“一带一路”建设为主要思路，扩大服务业对外开放，聚焦北京城市副中心营商环境、高端文化旅游商务规划展示、环球主题公园国际营销等重点，助力北京城市副中心实现新发展。区工商联组织会员企业的300余人参加活动。

5月28日至6月1日，2019年中国国际服务贸易交易会（简称“京交会”）在京召开，“京交会”北京城市副中心分会场系列活动在北京国际财富中心举行 （区工商联提供）

【京津冀非公经济产业对接交流会】 6月12日，由北京市工商联、天津市工商联、河北省工商联主办，区工商联协办的2019年京津冀协同发展工作交流研讨会在北京城市副中心规划展厅展开。三地工商联为京津冀协同发展进行沟通交流，探索京津冀协同发展新模式。会后，三地工商联领导以及随行人员一同赶赴北京亚太花园酒店共同召开第四届京津冀非公经济产业对接交流会暨三地民营企业走进北京城市副中心推介会。会上明确七大符合副中心定位的千亿级产业集群，包括总部经济、财富管理、文化旅游、文化科技、尖端芯片、IT信息软件、智能制造，为三地企业家指明城市副中心未来的发展方向。

6月12日，举办2019年京津冀协同发展工作交流研讨会 （区工商联提供）

【建立友好工商联关系】 年内，关注外迁民营企业发展，带领企业家分别赴庆云县、迁西县、乐亭县、玉田县走访交流，为企业与属地政府沟通搭建桥梁纽带。6月20日，区工商联一行赴庆云县进行学习交流，看望外迁到当地的民营企业，与庆云县工商联建立友好关系。6月26日，区工商联一行赴迁西县进行走访交流，看望外迁到当地的民营企业，与迁西县工商联建立友好关系。8月29日，区工商联一行赴乐亭县进行考察交流，看望外迁到当地的民

6月20日，区工商联与庆云县工商联建立友好关系 （区工商联提供）

6月26日，区工商联与迁西县工商联建立友好关系（区工商联提供）

营企业，与乐亭县工商联建立友好关系。8月30日，区工商联一行赴玉田县进行考察交流，看望外迁到当地的民营企业，与玉田县工商联建立友好关系。

【北京民企百强调研与发布】 配合做好2019年北京民营企业百强调研与发布工作，多次组织召开工作协调部署会议，联系各乡镇街道共同开展百强调研工作。11月15日，在通州区国际财富中心举办2019北京民营企业百强发布会，该次发布的4个榜单分别是2019北京民营企业百强、民营企业科技创新百强、民营企业文化产业百强、民营企业社会责任百强，呈现出创新升级、高质量发展、结构优化、研发投入增长等特点。通州区有6家企业入围。

【成立北京城市副中心与廊坊市北三县工商联联盟】 9月19日，区工商联与三河市工商联、大厂县工商联、香河县工商联召开座谈会，就四地联系合作，实现信息资源和优惠政策共享、建立互访考察交流和联合服务机制、加强联盟青年人才交流等深入对接，共同推进非公经济发展进行交流研讨。12月25日，四地工商联签订工商联联盟协议书，成立北京城市副中心与廊坊市北三县工商联联盟。建立交流合作机制。建立联盟“轮值会长”制度，轮值期间，由所在地工商联牵头开展会晤交流活动。建立民营经济信息共享机制。每月向企业通报地区重点工作情况、经济工作情况及相关政策变化情况。建立跨区域发展企业数据库。深入开展工作摸底，掌握转移退出、商业布局、合作经营等民营企业底数。建立四地工商联工作人员结对机制。开展各类研讨交流活动，推动相互借鉴、学习提升。

【优化营商环境】 年内，参加区人民检察院开展的“检察护航民企发展”检察开放日活动，组织十余位民营企业家到区人民检察院参观、座谈，并签订《关于加强服务保障与促进北京城市副中心民营经济健康发展合作协议》。参加区法院优化营商环境新闻发布会，持续营造法治营商环境。与区人保局、区人力资源服务中心联合开展企业用工招聘需求交流会、专场招聘会，听取民营企业在招聘方面的需求，解答用工政策，征求做好招聘工作意见和建议，帮助民营企业解决用人难的问题。与区金融办联合组织召开金融服务民营企业交流会，倾听民营企业金融服务需求，建立银行行长直通车制度，定期发布金融产品介绍，为民企发展提供优质的金融服务。与区科委、区科协联合组织召开科技服务民营企业发展座谈会、民营科技企业政策宣讲活动，推动优化营商环境政策更好地落地、落细、落实。与团区委共同深入民营企业走访，倾听青年创业者的诉求和心声，协调和解决服务企业“最后一公里”问题。

（陈宇昕）

法　治

5月8日，区委政法委领导到区法院调研指导工作

（区法院提供）

概　述

【概　况】 2019年，全区政法系统以习近平新时代中国特色社会主义思想为指导，全面贯彻落实区委、区政府和市委政法委决策部署，不忘初心、牢记使命，坚持党的绝对领导，围绕中心、服务大局，坚决维护国家政治安全，全力确保社会大局稳定，促进社会公平正义，为实现人民群众安居乐业、服务城市副中心高质量发展提供坚强的法治保障。

【坚持党的领导】 认真落实《中国共产党政法工作条例》，把党的领导贯彻到政法工作的各方面和全过程。突出政治引领，指导和推动政法单位党组织在把方向、管大局、保落实上发挥好领导作用，加强内部监督检查。在区委统一领导下，统筹政法单位开展工作，确保政法工作始终坚持正确的政治方向。严格执行请示报告制度，健全完善“四长会”议事制度，明确凡是涉及政法工作重大部署、重大事项、重要问题，必须上会研究。通过建章立制，进一步提升党委政法委在领导政法工作中的权威性。

【推动平安通州建设】 创新建立平安建设组织领导机制，组建区委平安通州建设领导小组，由区委书记担任组长，涵盖政法单位、区属部门、群团组织等53家成员单位，构建区、街乡镇、社区村三级上下贯通，各部门齐抓共管、联动融合的平安建设工作体系。将平安办设在区委政法委，由主管区领导任组长，突出政法委牵头抓总、统筹协调、整合力量、督办落实的职能作用，推动工作联动、问题联治、平安联创。

【创新社会治理体系建设】 建立重点领域源头治理机制，在区委政法委整体组织协调下，主管区领导牵头、行业主管部门统筹负责，建立违法群租房、金融风险防范和应急、流动人口和出租房屋、寄递安全管理等多项重点行业协调机制，持续开展“治乱清患”行动，全力实现源头、过程、末端全流程管控。完善基层社会治理运行机制，紧密结合全区党建引领“街乡吹哨、部门报到”改革，大力推进区、街乡镇、社区村三级综治中心规范化建设，认真做好矛盾纠纷排查化解和“12345”市民热线办理工作，形成力量在基层、问题解决在基层的社会治理格局。

【司法保障】 区公安分局瞄准“全区无违建”目标，保障797万平方米拆违任务顺利完成。区检察院会同区公安分局制定《公安机关办理涉众型经济案件工作指导意见》，统一执法尺度，凝聚打击合力，以规范促质效。找准法律监督与防范化解金融风险工作的结合点，依法严惩涉众型经济、虚假网贷等犯罪，审慎办理“酷奇单车”“融信光大”等一批重大经济案件。针对环境污染问题突出的施工工地、河道沟渠等开展“副中心蓝天保卫战”“潮白河水域防治”“农用地保护”专项行动，发现公益诉讼线索21件，立案审查16件，履行诉前程序11件，促进拆除副中心违法建设约13万平方米，清理建筑垃圾近千吨，助力依法行政。深入拆迁村镇开展防范金融投资陷阱宣传，从源头上预防风险的转化蔓延。开展“司法＋社会化”多元求助，将因案致贫、因案返贫的刑事被害人纳入救助范围，让老百姓感受到司法温暖。区法院聚焦副中心司法需求，构建领导小组牵头抓总、保障办居中协调、专门审判庭专业审理的“三位一体”保障机制，坚持快立、快审、快执。全年妥善审执涉副中心案件7200余件，助力城市绿心三大建筑、安贞医院通州院区等重点项目的顺利实施。“基本解决执行难”工作通过最高法院验收后，坚持标准不降、力度不减，四项核心指标继续保持全部达标。“多元调解＋速裁”工作经验继2018年入选全国法院司法体制改革指导案例后，2019 年被正式确立为北京榜样在全市推广。妥善处置“枫露皇苑”别墅区拆违一案。“华鹤木业公司劳动争议纠纷系列案”入选北京法院保障“疏整促”专项行动十大典型案件。

【法治通州建设】 区司法局出台《通州区全面推进行政复议规范化建设的工作方案》，着力构建行政复议规范化“五大”体系。全市率先实现依托镇街公共法律服务站设立的行政复议接待咨询分中心全覆盖。把调解和解贯穿复议办案全过程，70% 的矛盾争议得到化解或引导当事人通过其他途径解决。发挥区人民调解委员会行业性专业性调委会“孵化器”作用，进一步深化诉调、检调、访调、劳调对接多元调解机制。区劳动争议调解委员会建立，区众和劳动争议调解工作室挂牌运营。公共法律服务实体、热线、网络平台基本融合，全市率先实现“一网通”“一站通”“一线通”。

【推进信访工作法治化建设】 加强信访法治化和依法分类处理信访诉求工作研究，狠抓积案化解，实行全部 28 件区级信访积案领导包案制，案件处理取得较大进展。推进信访网络信息化建设，打造网上信访“直通车”，提高为民办事效率。编制《通州区依法分类处理信访诉求清单》，为全区各单位处理信访事项提供有效支撑，实现信访矛盾“控增减存”。2019 年，全区信访及时受理率、按期办结率均为 100%。

【普法宣传教育】 落实“谁执法谁普法”责任制，制定普法责任清单，实施精准普法。举办“4·15”国安日、“12·4”宪法日、“百场法治讲座进校园”等大型法治宣传活动，全年开展各类法治宣传活动 1100 场次。连续六年举办“青少年寒假网络知识竞答”“法治文艺作品征集”品牌活动。全区累计建成全国及市级民主法治示范村（居）67 个，通州特色法治文化精品村（社区）20 个，其中，于家务仇庄、玉桥东里南社区等 5 个村（居）获评“全国民主法治示范村”。通州区法宣办荣获“全国‘七五’普法中期先进集体”荣誉称号。

【开展“不忘初心、牢记使命”主题教育】 政法系统认真落实“守初心、担使命，找差距、抓落实”的总要求，坚持把主题教育与学习贯彻十九届四中全会精神紧密结合起来，把全会精神充分体现到主题教育全过程。党组织书记发挥示范作用，带头讲党课抓学习，带头深入基层蹲点调研，结合部门实际开展“党旗飘扬副中心”、处级领导干部“回社区、办实事、解难题”等活动，在服务基层、服务群众过程中践行党的初心和使命。

【加强政法干部队伍建设】 制定《通州区政法系统政治轮训三年行动计划实施方案》和《通州政法高层次人才培养三年行动计划实施方案》，举办浙江大学专题研修班和第五期政法党员大讲堂，开展第三批政法机关优秀干部实岗锻炼，组织习近平新时代中国特色社会主义思想大学习大培训大研讨活动和“忠诚有我，有我平安”国庆安保主题教育实践活动，确保政法队伍不忘初心使命、做到绝对忠诚可靠。

（陈 飞）

政法委及综治

【概　况】　2019年，政法委全面落实党委（党组）国家安全主体责任，坚持以总体国家安全观为指导，从调整领导体制、狠抓责任落实、广泛发动群众等入手，不断健全国家安全人民防线建设工作体系，推动形成全社会齐抓共维国家安全的局面。筑牢“护城河”工程，加强情报收集和反恐防暴工作力度，对危险物品等实施高等级查控措施。

【全力服务保障国庆70周年庆祝活动】　年内，深入开展防风险、保平安、迎大庆系列行动，全面落实情报搜集研判、重点部位管控、公共安全监管、现场秩序维护和应急处突等工作措施。开展“金盾3号”“百日攻坚”“流动人口和出租房屋整治”“消防隐患排查”等专项行动，消除一批安全隐患，社会治安持续向好。完成秩序维护任务，全力保障44万名游客安全游园、欢度国庆。

【扫黑除恶专项斗争】　年内，政法委发挥牵头作用，不断完善体制机制，组宣纪、公检法通力合作、协同作战，取得“打伞破网”“打财断血”的压倒性胜利。审结的涉黑涉恶类犯罪案件无一抗诉、无一发回改判、无一信访。中央督导组交办的线索100%办结。开展村“两委”换届护航专项行动，严查黑恶势力破坏选举违法行为，净化基层政治生态。

【规范“通州百姓”群防群治志愿者服务队伍】　8月，统一收集各街乡镇志愿者个人信息和照片，为每名志愿者制作上勤工作证，进一步规范治安志愿者队伍管理，树立良好队伍形象，切实提升“通州百姓”群防群治志愿者服务品牌效应。

【重点地区综合整治】　年内，开展“治乱清患”等专项行动，完成52个挂账重点地区整治任务；累计拆除违建38万平方米，排查整改各类安全隐患1.5万处；破获刑事案件204起，打掉涉黄涉赌窝点56处；督促整改消防隐患324处，配备消防设备2008件，安装报警器等技防设备1.2万余件。通过市级察访核验并在平安建设单项考核中名列全市第一。对2个市级挂账社会治安重点地区、1个挂牌督办地区集中开展专项整治，刑事案件、治安案件、社区可防性案件、城管热线举报数同比均大幅下降。组织开展“黑车黑摩的”治理工作，建立无缝衔接综合执法机制，查处“黑车黑摩的”2035辆，拘留“黑车”扰序人员1203人，罚款946万余元。

【夯实综治基层基础】　“雪亮工程”智慧系统深度应用，2019年在气象、司法、交通等领域实现应用落地，服务智慧城市建设，助推城市副中心社会治理现代化水平再上新台阶。同时，将智慧社区建设与“雪亮工程”无缝衔接、加快推进，年内完成30个智慧社区试点建设工作。加强基层综治中心规范化建设，对各街乡镇综治中心运行情况开展调查摸底，进一步规范综治中心建设标准，推动基层综治中心实体化运行。

【特殊人群服务管理】　年内，严格落实社区矫正、刑满释放人员安置帮教、吸毒人员动态管控、艾滋病危险人群及有肇事肇祸倾向精神病人的服务管理、监护人看护补贴等各项措施，切实提高特殊人员服务管理规范化建设水平；建立严重精神障碍患者筛查长效机制，组织开展2次集中筛查工作，全区报告患病率由2.419‰提高至2.578‰。

【铁路护路工作】　年内，完成6个护路联防工作站规范化建设工作，新装监控探头54个，铁路沿线“雪亮工程”上线运行，沿线重要点位新设3处护路宣传文化墙及40块警示牌，对专职护路队伍开展业务培训2次，护路联防组织保障体系更加有力。协调相关单位和属地开展集中整治5次，17处挂账安全隐患全部消除，完成国庆70周年等重大活动期间铁路沿线安保任务，全区护路工作迈上新台阶。

（陈飞）

公　安

【概　况】　2019年，通州分局坚持政治建警、改革强警、科技兴警、从严治警，坚持“细致、精致、极致”工作作风，落实“说硬话、扛硬活、过硬坎、打造过硬队伍”要求，全面强化各项工作措施，完成以国庆70周年为主线的“五大安保”任务，确保辖区社会大局持续平稳，服务保障副中心建设发展。全面聚焦庆祝活动服务保障、社会面持续平稳、全区庆典欢乐祥和，超常规落实各项安保措施，获得国庆70周年安保全面胜利。强化“为市级机关站岗、为副中心百姓守夜”的政治担当，护航行政办公区绝对安全，完成市级机关搬迁保障任务，警卫任务万无一失。服务全区促发展，主动融入疏解整治促提升专项行动和蓝天、碧水、净土攻坚战等全区重点工作，全程护航行政办公区二期、环球影城等全区重点建设项目。全面强化“放管服”、接诉即办、“吹哨报到”工作，办理户籍、出入境业务66万余件，报警求助3.9万件，“12345”群众诉求第一时间响应，收到锦旗165面，感谢信28件；党员社区民警兼任社区（村）党支部副书记扎根基层一线，新时代“枫桥经验”在副中心落地生根。纵深推进“金盾3号”“冬季百日会战”等专项，命案、抢劫案100%侦破，缴获毒品同比上升29%，经济类案件及时侦破；强力开展“大马行动”“洼地整治”“并肩治乱”等专项行动，洼地和市、区、镇三级挂账重点地区治安环境大为改观；强化校园高峰勤务、“7×24”小时警务室等防控机制，街头发案和社区可防性案件同比下降44.9%和43.2%；依托重拳治疴、“隐患清零”等系列专项工作，整改隐患25万余处、查封549家、拆除废旧厂库房836个。科技驱动打造智慧警务，完成30个试点智慧社区建设，在全市率先建成大数据合成研判中心，立体化、信息化社会治安防控体系创建被推选为全国试点，合成作战中心、DNA实验室高效运转。加强执法规范化建设，强力推动办案智能管理系统试点，深化执法办案监督管理，强化涉案财物全流程电子化管理。加强政治建警，深入开展“不忘初心、牢记使命”主题教育，组织基层党建现场述职评议、“三查三评”、战时党建工作法评选，持续开展榜样评选、典型案事例评选等“我是副中心警察”系列主题活动；组织开展冬季全警大练兵，全警“副中心警察”意识、素质能力全面提升；深化职能部门“走基层、转作风、促工作”和基层支部书记双月度点评，实现机关和基层警务效能“双提升”。加快推进警务建设，警务中心、第四办公区以及徐尹路、京秦检查站，大运河森林公园、水上巡逻警务站投入使用，永顺、新华等5个派出所警务设施改建升级。

【严厉惩治经济犯罪】　年内，通州分局依托涉众型经济犯罪专项会战、“云端行动”、涉税“百城会战”、冬季百日会战等专项行动，严厉惩治涉众型经济犯罪及金融领域、商贸领域、制假售假等违法犯罪活动，保障群众利益，维护辖区经济秩序。全年破案和抓获犯罪嫌疑人同比分别上升15.9%和65.4%。

【严厉惩治环食药旅领域违法犯罪】　年内，通州分局坚持以打开路、联勤联动，依托打击非法倾倒垃圾专项行动、非法捕捞水产品、食品非法添加剂等系列专项行动，严打生态环境领域、严整食药安全领域、严管旅游秩序领域违法犯罪活动。全年侦办环食药旅领域案件和拘留人数同比分别上升72.9%、38.2%；开展安全检查450余次、联合执法760余次。

【建立水上巡逻防控警务】　年内，通州分局建立通州区水上巡逻防控警务工作，建立水上巡逻警务工作站，研究制定分局水上巡逻防控警务工作方案、突发事件处置预案、警务站警务工作规范，明确职能部门救援处置和内外联动职责，划分相关派出所水域管辖和协助配合任务，建立水上巡逻力量与管辖派出所“一对一”案件办理移交处置机制，全力维护城市副中心重点水域良好治安环境。

【DNA 实验室投入使用】 年内，通州公安司法鉴定中心 DNA 实验室投入使用。DNA 实验室拥有全国先进的检验设备，面积、设备、人员配备均达到公安机关二级 DNA 实验室标准，分为受理区、初检区、DNA 提取区、PCR 扩增区、检测区等多个功能区，在案件检验区和人员建库区两条检测线同时开展工作，为侦查破案提供有力支撑。

【开展 110 主题宣传活动】 1 月 10 日，通州分局在万达广场开展以“警民牵手 110，共创平安迎大庆”为主题的集中宣传活动。民警和功模代表宣传防电信诈骗、远离毒品、防火防盗、110 报警知识，展示特警装备，解答群众咨询，发放宣传材料 3800 余份；各派出所设立分会场，举办 110 宣传进社区、安全防范进校园活动，宣传公安机关的职责作用和 110 在打击违法犯罪活动、维护社会治安秩序等方面发挥的作用。

【举行外国人出入境服务厅启动仪式】 1 月 23 日，为贯彻国务院“放管服”精神和公安改革工作要求，优化城市副中心营商环境，通州分局外国人出入境服务厅正式启动。外国人出入境服务厅负责外国人工作、学习、团聚、私人事务等 4 类居留许可及永久居留的受理、补录、证件制作和发放工作。截至年底，办理各项业务 644 件。

【春节安保工作】 2 月 4—10 日，通州分局紧盯行政办公区防控、禁限放落实、活动监管和社会面巡控，精心组织，严密措施，完成春节安保工作。节日期间，累计投入警力 8413 人次，巡逻车 510 辆次；拘留人数、核录总量同比分别上升 17.65%、34.15%，三类综合警情、火警同比分别下降 59.3%、25%。

【全国“两会”安保工作】 3 月 1—15 日，通州分局建立“两会”安保组织体系、方案体系，依托“使命 · 2019 平安行动”和“大排查、大清理、大整治”行动，严打击、严整治、严防控，完成“两会”安保任务。其间，刑拘、治拘、核录同比分别上升 121.5%、64.1% 和 22.2%，街头发案和社区可防性案件同比分别下降 11.3% 和 2.7%。

【2019 年通州半程马拉松安全监管工作】 5 月 12 日，2019 年通州半程马拉松开赛，赛程全长 21 千米，8000 余名长跑爱好者参加。通州分局强化应急处突、大人流疏导、远端核录、点位值守等安保措施，确保活动安全有序，完成马拉松赛事安全监管工作。

【举办“5 · 15”打击和防范经济犯罪宣传日活动】 5 月 15 日，通州分局会同区委政法委在通州区梨园镇文化广场举办“与民同心为您守护”为主题的“5 · 15”打击和防范经济犯罪宣传日活动。通过设置宣传条幅、宣传展板、咨询台、发放宣传资料、宣传屏等方式开展宣传，揭露常见经济犯罪手段，普及防范和打击经济犯罪的知识。同时局属派出所在辖区设置宣传站点，开展集中宣传活动。其间，发放各类宣传资料 1.2 万余份，受教育群众达 2 万余人次。

【开展防范电信网络诈骗主题宣传活动】 5 月，通州分局在全区范围内开展以“全民反诈、通州无诈”为主题的反电信网络诈骗防范宣传活动。其间，梳理常见诈骗案件类型，揭露常见电信网络犯罪手段，普及防范知识，制作宣传手册、海报、宣传折页，深入辖区开展宣传，提升群众的防骗意识，维护群众财产安全。

【开展大型商场消防疏散实战演练】 6 月 14—16 日，通州分局在万达广场、北京华联商场组织开展大型商场消防疏散实战演练。演练模拟个人极端行为、火灾等突发事件现场，就有效应对、妥善处置、组织人员疏散逃生等进行实战操作培训，增强商场安保人员、职工的反恐防恐意识，提升应急处突实战能力，强化商场的安防建设。民警、消防队员、商场职工 600 余人参加演练。

【开展国际禁毒日宣传教育活动】 6 月 26 日，通州区禁毒委在通州区梨园镇文化广场组织开展以

"健康人生、绿色无毒"为主题的国际禁毒日宣传教育活动。通过禁毒展板签名、悬挂宣传标语、发放宣传册等形式，向群众宣传讲解禁毒知识，介绍毒品的危害和防毒、识毒的方法，增强广大群众的禁毒意识，鼓励举报涉毒违法犯罪行为。发放宣传品2000余份，受教育群众2000余人。

【启动"金盾3号"专项行动】 7月10日，通州分局在大运河森林公园启动为期百日的"金盾3号"专项行动，围绕重点部位、重要线路和整体社会面，严格落实密巡快处、常清细查、狠打严控、联动严防等各项措施，强力清查整治各类隐患问题，依法打击突出违法犯罪。区委政法委、区公安分局、区市场监管局、区城管执法局、区应急管理局、张家湾镇政府及各街乡镇领导、干部代表等315人参加活动。

【开展2019副中心警察榜样揭晓颁奖仪式】 7月11日，通州分局开展2019副中心警察榜样揭晓颁奖仪式暨"不忘初心、牢记使命"主题教育党日活动。揭晓仪式由忠诚担当铸警魂、智慧警务创新篇、英勇无畏保平安、大爱为民守初心4个篇章组成，通过播放视频短片、访谈、宣誓、颁奖致敬等环节集中展示副中心警察榜样无畏艰险、勇于担当、亲民爱民的风采。区委领导，区法院、区检察院、市公安局、区司法局、区公安分局领导，局属各单位双正职领导、民警及文职辅警、家属代表以及副中心警察粉丝代表等500人参加活动。

【举行黄城根小学通州校区"高宝来爱民服务岗"揭牌仪式】 9月3日，通州分局举行黄城根小学通州校区"高宝来爱民服务岗"揭牌仪式。其间，分局领导听取学校教学、校园内部及周边安全管理情况汇报，就深化创建"高宝来爱民服务岗"活动，加强警校联动，扎实推进"平安校园"建设工作强调意见，并与黄城根小学通州校区领导同为"高宝来爱民服务岗"揭牌。

【开展冬季全警大练兵活动】 11月18日，通州分局开展冬季全警大练兵活动，按照"覆盖全警、倾斜一线"的原则，坚持"紧贴实战、突出重点"，围绕理论授课、警务实战、技能体能等内容，加强应急处突训练，提高全警快速反应、高效处置和规范执法能力水平。截至年底，集中培训民警1.1万余人次，开展理论知识讲座6期，印发书籍6000本。

（高凤霞）

检 察

【概　况】 2019年，通州区人民检察院受理提请批准逮捕刑事犯罪案件1408件1881人，审查批准和决定逮捕873件1101人；受理移送审查起诉案件1741件2194人，审查提起公诉1413件1733人。突出打击危害国家安全、危害公共安全、贩卖毒品、故意杀人、抢劫等重大犯罪，助力平安通州建设，妥善办理市委、市政府正式入驻通州后首例因上访引发的妨害公务案，切实维护社会秩序；深化扫黑除恶专项斗争，重点打击强揽工程、插手民间纠纷、聚众造势等，审查提起公诉通州区首例恶势力"保护伞"于某受贿案，确保"扫黑"与"打伞"同步推进。

【注重服务和保障民生】 严惩制售假冒伪劣商品、不符合食品药品安全犯罪96人；妥善办理侵害老年人、妇女、未成年人、残疾人、进城务工农民犯罪188人，维护特殊人群的合法权益；严厉打击危险驾驶、交通肇事等危害交通安全犯罪491人，保护人民群众生命和出行安全；针对医药、食品、交通、环境等领域存在的问题制发检察建议64份，提出行业预防对策132条；落实接诉即办机制，优化司法为民窗口服务，妥善处理各类信访775件。

【打好“三大攻坚战”】 服务副中心建设，打好防范化解社会风险、污染防治、精准脱贫三大攻坚战。审慎办理“酷骑单车”“融信光大”“鼎利石业”“益富大泰”等一批重大经济案件，涉案金额达62亿元，涉及投资人5100余名，重拳捣毁威胁金融安全的犯罪源头，全力守护百姓的“钱袋子”；深入交通枢纽、乡镇街道、拆迁村镇开展防范金融投资陷阱宣讲，从源头防范风险，维护区域大局稳定；开展“副中心蓝天保卫战”“潮白河水域防治”“农用地保护”专项行动，严厉惩处一起非法排放有毒有害物质污染环境案，依法追缴生态环境修复费160余万元，保护土壤5070平方米。

【优化营商聚商环境】 加大对民营企业的刑事保护力度，准确把握宽严相济刑事政策，综合考虑犯罪情节、社会危害性、企业正常经营活动等，审慎适用限制人身、财产权利的强制措施，依法作出不批捕决定101人，不起诉53人；健全服务保护民营企业机制，与区工商联签订《关于加强服务保障和促进北京城市副中心民营经济健康发展合作协议》，共同开展服务民营企业风险防范、法律政策咨询绿色通道等，形成“行业＋司法”联动保护合力。

【维护社会公益】 坚持人民利益至上，立案审查公益诉讼案件16件，针对生态环境和资源保护、食品药品安全等领域履行诉前程序11件；精准对接疏解整治促提升专项行动，针对“两违”拆除、“开墙打洞”、“散乱污”企业开展重点治理，促进拆除副中心违法建设约13万平方米，清理建筑垃圾近千吨；针对涉嫌侵占潮白河河道管理范围违法经营案，督促行政机关依法查处违法行为，切实解决妨碍潮白河行洪问题。开展学校周边商户向未成年人出售烟酒问题专项监督，推动区市场监管局、烟草局建立工作对接机制，为实现经营许可、行政处罚信息互通共享搭建平台。

【强化法律监督】 推动刑事、民事、行政法律监督工作全面协调充分发展。受理各类立案撤案监督案件56件，监督公安机关立案6件、撤案8件，依法办理的“张某明诈骗立案监督案”被评为全市立案监督精品案件；加强行刑衔接立案监督，建议行政执法机关移送公安机关立案19件24人，依法监督移送涉嫌犯罪线索的“北京索吉瑞科技有限公司销售假冒注册商标商品案”入选最高人民检察院典型案例。依法不批准、不予决定逮捕537件787人，不起诉232件330人；改变侦查机关认定罪名47件74人，纠正遗漏犯罪22件37人，追加逮捕、追加起诉犯罪嫌疑人24人；纠正超期羁押、怠于侦查、讯问违法等各类侦查违法行为16次，提出整改意见建议132条，整改率100%。审查判决、裁定1391份，审查审判活动监督案件48件，通过抗诉、检察建议等方式监督纠正审判活动错误或不当7次，成功抗诉2件，切实维护当事人合法权益；依法办理的宋庄镇小堡村村委会等六起违法占地非诉执行监督案入选最高人民检察院典型案例。针对缓刑考验期计算错误、超法定期限作出撤销缓刑裁定、对在押人员违规使用械具等问题制发监督文书15份，回复整改率为93%；办理羁押必要性审查案件149件，提出变更强制措施建议57人；监督纠正未及时移交执行、不当收取执行费、在押人员控告违规扣押私人物品案件41件，有效维护刑事执行公平公正。

努力提升检察公信和检察形象。定期向区人大常委会、政协专项报告检察工作，健全与人大代表、政协委员日常联系机制；打造“通州检察开放日”品牌，开展“我将无我，不负人民”“护航民企发展”“作好公益答卷”“共建法治校园”主题公众开放日，邀请200余名社会各界人士走进检察机关、了解检察工作；将代表联络工作与“十进百家、千人普法”主题法治宣传教育活动紧密结合，精心策划部署，走进学校、企业、乡村、单位等33次，受众5000余人；关注群众法治需求，打造普法宣

9月17日，通州区人民检察院邀请市、区级人大代表参观检察服务大厅　（区检察院提供）

5月28日，通州区人民检察院举办“携手关爱，共护明天”公众开放日活动　（区检察院提供）

传精品，全年编发新闻宣传稿件7000余篇，制作推广检察职能、检察文化、扫黑除恶、未成年保护等领域微电影、微动画32部，获评2019年度“全国检察新闻宣传先进单位”，4部作品分获中宣部“第十六届全国法治动漫优秀作品”、全国检察系统“十佳新媒体案例奖”、第四届“五个一百”网络正能量作品奖，通州检察微博获评2019年度“中国优秀政法新媒体”。

（李洪欣）

【制定涉黑涉恶专项监督方案】　4月17日，通州检察院制定出台《开展涉黑涉恶案件专项监督活动实施方案》，将六项监督内容作为监督重点，分策划部署、深入开展和总结上报三阶段实施，利用多种方式筛查收集监督线索，全面开展监督活动，提升检察工作在扫黑除恶专项斗争中的主导性和实效性。

【开放日活动】　4月28日，为庆祝“五一”劳动节，通州检察院举办“‘我将无我’奋斗，不负人民重托——共和国建设者走进检察机关”为主题的检察开放日活动。邀请各行业劳模和先进工作者代表等17人“走进来”，感受通检精神，了解检察工作，体会检察文化。5月28日，通州检察院举办“携手关爱，共护明天”主题公众开放日活动。邀请区人大代表、政协委员、小学生及带队老师50余人共同走进检察院，感受检察、建言检察，共同推进未成年检察工作。8月27日，通州检察院举办“检察护航民企发展”主题公众开放日活动。邀请人大代表、政协委员、企业家代表等18人走进检察院，感受检察，建言检察，共同护航民营企业健康发展。

【普法活动】　通州检察院开展“十进百家、千人普法”系列普法活动，认真履行普法责任。4月16日，到区教工幼儿园开展以“倡知法懂法，建法治校园”为主题的法治宣传活动；5月10日，会同北京军事检察院走进陆军航空兵学院开展“共筑强军梦，送法进军营”普法宣传活动；5月17日，到永顺镇焦王庄村，开展以“让非法集资无所遁形——防范非法集资必备常识与方法”为主题的普法活动；

5月17日，走进通州区永顺镇焦王庄村为群众普及非法集资防范意识　（区检察院提供）

6月5日，到北京市重大项目指挥部办公室开展“守住廉洁底线　不负人民所托”普法宣传活动；6月21日，到通州万达广场开展以“防范非法集资”为主题的普法宣传活动；10月18日，到土桥地铁站开展“唱响国歌　守护国旗　致敬国徽”主题宣传活动；10月22日和24日，先后到通州区西集镇耿楼村和东辛庄村开展扫黑除恶主题普法活动；10月24日，到通州京环环境服务有限公司，以“廉洁贵在自律，腐败源于侥幸”为主题开展普法宣传讲座。

【通州检察院图书馆开馆】　11月22日，通州检察院图书馆举行开馆仪式，开馆仪式由院党组成员、副检察长田长江主持，各部门负责人及部分干警参加。通州检察院将继续秉持“文化育检、文化兴检、文化强检”理念，创新检察文化载体，打造特色品牌文化，推动检察工作全面健康发展。

（缪雨洋）

法　院

【概　况】　2019年，区法院在市高院指导下，在区委及区委政法委坚强领导下，在区人大及其常委会和区政协有力监督下，在区政府及社会各界大力支持下，坚持以习近平新时代中国特色社会主义思想为指导，坚持稳中求进工作总基调，坚持服务大局、司法为民、公正司法，立足副中心，以最高标准、最严要求、最好效果推进工作，努力为副中心高质量建设和发展提供坚实法治保障。

2月26日，通州区法院公开开庭合并审理通州区首例刑事附带民事公益诉讼案件

（区法院提供）

审判质效取得新进展。2019年受理各类案件65695件，审结60117件，法官人均结案536.76件，是全市法院的1.7倍，结收比100.56%，审判质效综合指数位居全市前列，结收比、效率指标位居全市第一。

服务保障副中心展拓新成效。完善体制机制，妥善审执涉副中心案件7200余件，有力保障国庆安全保卫、扫黑除恶专项斗争、优化营商环境、服务市级机关等重点工作，助力“城市绿心”三大建筑、安贞医院通州院区等重点项目建设。在行政审判管辖格局深度调整，涉市级机关行政案件增长近5倍的情况下，实现平稳过渡、开局良好。

攻坚执行难工作展现新作为。“基本解决执行难”工作通过最高法院验收后，坚持标准不降、力度不减，四项核心指标继续保持全部达标。区法院院长陈立如获评北京法院唯一的全国法院“基本解决执行难”工作先进基层法院院长，执行局被评为全国法院涉军停偿工作先进集体。

“多元调解＋速裁”实现新突破。“多元调解＋速裁”工作经验继2018年入选全国法院司法体制改革指导案例后，2019年被正式确立为北京样本在全市推广。

推动以司法责任制为核心的综合配套改革。年内，完成内设机构改革，35个精简为18个，建立起职能明确、运行顺畅的内设机构体系，做到改革前后思想不乱、工作不断、质效不降。全方位审视人案关系、权责关系、司法资源配置关系，逐步建构起繁简科学分流、“三横”有力管控、“三纵”一抓到底的“田字型”审管新模式。结案均衡度同比上升32.2%，审判质效连续多年位居全市前列。突出法官办案主体地位，法官自行签发裁判文书比例保持100%。持续推进院庭长办案，发回改判等疑难复杂案件统一由院庭长办理，结案数量占比53%，示范效应明显。

【扫黑除恶专项斗争】 年内，审结通州区首例“保护伞”犯罪案件和市区两级挂账的两起涉恶案件，涉黑恶案件全部判处监禁刑，无一抗诉、无一发改，两起案件被评为北京法院扫黑除恶典型案例。坚持打财断血，在承接公诉机关移转财产的基础上再行查询扣押，努力摧毁黑恶势力的经济基础。坚持一案一策，在从严打击的同时逐案发送司法建议，规范物流、租赁等行业乱象。高效办结中央督导组移交的57条线索，扫黑除恶工作获督导组高度肯定。

【打造诉源治理“融平台”】 年内，区法院聚焦基层法治资源的优化配置和社会矛盾的多元化解，聚焦多元力量融入法院诉调对接机制、法院融入社会综合治理路径，逐步形成以“疏先调后大联动”为内容的“融平台”诉源治理模式。聚焦三个延伸，变诉中被动解纷为诉前源头疏解。深耕“多元调解＋速裁”，变单兵作战为多元解纷。建立全聚力纠纷化解疏解平台，变单打独斗为协同发力。机制运转以来，诉前化解案件数量年均增幅20%以上，大量涉市级行政办公区棚改项目、京秦高速公路、环球影城建设等重大纠纷在诉讼渠道外妥善化解。

【创新优化副中心营商环境】 年内，出台优化营商环境司法保障实施意见，构建立审执全流程保障机制，加强产权司法保护，平等保护各类市场主体，9项工作被确定为通州区优化营商环境创新做法。

5月29日，通州区法院召开优化营商环境新闻发布会　（区法院提供）

审结涉企商事案件3782件，为企业追回债权35亿元，以执行和解助力78家企业继续经营。开设专门立案窗口，建立专业调解室，37.5%的涉企纠纷实现诉前化解。创新压缩商事案件审限“四步法”，获市高级法院院长寇昉批示肯定。走访民营企业30余家，召开企业座谈会5次，倾听意见并切实改进，让企业在副中心放心投资、安心创业。

【设立企业破产专项援助基金】 年内，区法院聚焦“无资企业破产启动”难题，深入调研、多方协调，由区财政局拨付启动资金300万元，在全市率先设立企业破产专项援助基金，并制定《关于企业破产专项援助基金的管理办法（暂行）》，成为首家设立并落地运行企业破产专项基金的法院。

【服务市级机关平稳入驻副中心】 2019年，市级机关正式搬迁入驻，区法院积极应对市级机关入驻后行政诉讼案件急剧增加态势，配齐配强审判资源，大力提升审判质效，并在规制滥诉、化解历史遗留难题等方面实现新突破，获得市级机关及上级法院高度肯定。深度运用“立案五步法”，加大政策类诉讼案件、涉历史遗留难题诉前化解力度，有效规制各类滥诉行为，超过30%的以市级机关为被告的行政案件诉前化解，审结的涉市级机关行政案件无一信访，节省大量行政与司法资源。与市司法局签署全市首个府院间电子送达合作协议，为市政府考核市级行政机关提供基础数据，服务市级机关提升依法行政水平。

【解决执行难问题】 年内，区法院紧盯财产处置、案款发放等申请执行人关心的关键环节，建立分段集约监管机制。规范执行启动程序，将启动执行措施的指挥权从法官集中到执行指挥中心，变单兵出击为集约作战。严格把关执行期限，扣除执行期限一律由执行局长从严审批，努力让胜诉权益尽快兑现。打破惯例，选任经验丰富的法官助理担任团队长，配套建立多元分类考核机制，激发执行潜能，在不增加审判资源的前提下结案数提升近50%。加大失信打击力度，针对态度嚣张、有能力但拒不履行判决的被执行人以拒执罪严厉打击，依法追究5名被执行人的刑事责任，打击力度为全市之最。

【首次引入"继续执行责任保险"】 年内，为打击"老赖"滥用执行异议、拖延执行程序的行为，区法院首次引入"继续执行责任保险"破解财产处置难题。申请人提供由保险公司出具的保单保函，区人民法院审核通过后可在案外人提出执行异议期间继续进行财产处置，无须中止，将责任保险引入执行保全制度，为切实解决执行难提供新的司法路径。引入"继续执行责任保险"后，争议财产处置程序无须中止，降低申请执行人权利落空的风险，同时对于因继续执行错误造成案外人损失的，保险公司能够依据保险合同及时赔偿相应损失。

12月4日，通州区法院与宋庄镇小堡村民委员会签订联席调解协议，并举办首个驻村法官工作站揭牌仪式 （区法院提供）

【成立通州区首个驻村法官工作站】 年内，为推进诉讼源头治理，多元化解各类矛盾纠纷，构建共建共治共享的社会治理格局，在"12·4"国家宪法日，区法院成立通州区首个驻村法官工作站并举办揭牌仪式。区委政法委副书记张志军，区法院党组书记、院长陈立如参加活动。揭牌仪式上，区法院与宋庄镇小堡村委会共同签署联席调解协议书，张志军与陈立如共同为法官工作站揭牌。

【开展国家宪法日系列宣传活动】 年内，为全面落实习近平总书记全面依法治国新理念新思想新战略，以"弘扬宪法精神，推进国家治理体系和治理能力现代化"为主题，区法院以"六个一"为主题开展国家宪法日系列宣传活动，全面营造尊崇宪法、遵守宪法的良好法治氛围。一是开展一次宪法宣誓。二是建立一个法官工作站。三是组织一次案件旁听。四是举办一场法院开放活动。五是召开一场新闻发布会。六是进行一次现场普法宣传。

（刘乙璞）

司法行政

【概 况】 2019年，通州区司法局和通州区人民政府法制办公室重组，新组建的通州区司法局下设11个科室，分别是办公室、法治调研科、规范性文件审查科、行政复议应诉指导科、行政执法协调监督科、社区矫正管理科、普法与依法治理科、人民参与和促进法治科、公共法律服务管理科、公证律师工作科、组织人事科。下辖17个基层司法所和4个事业单位。4个事业单位分别是通州区法律援助中心、北京市潞洲公证处、通州区政府行政复议接待室和通州区阳光中途之家。

【法治调研工作】 充分履行区委全面依法治区委员会办公室职能。按照中央及市、区统一部署，成立区委全面依法治区委员会，下设法治综合、执法、司法、守法普法4个协调小组，依法治区架构基本形成。召开区委全面依法治区委员会第一次会议，研究部署2019年26项重点工作，建立请示报告、研讨会商、督察检查等12项制度，全面依法治区工作步入"快车道"。制定《深入学习宣传贯彻习近平总书记全面依法治国新理念新思想新战略实施方案》，编印《全面依法治国学习资料汇编（一）》，举办全区领导干部依法行政专题培训班2期，推动习近平总书记重要指示精神落地见效。制定《通州区法治政府建设示范创建实施方案》，明确总体要求、工作目标、具体安排等内容，根据中央104项三级指标框架，明确各指标责任单位，形成三级指标体系分工细则，完成创建指标申报工作。针对食品药品监管执法、法治化营商环境等重点领域开展法治专项督察，助推示范创建活动深入开展。

【规范性文件审查工作】 2019年，对区政府重大行政决策和规范性文件出具合法性审查意见78件；审核区委、区政府重大合同、协议47件；向市政府报备规范性文件7件；为区属部门出具征求意见函40件；完成市政府法规规章征求意见11件；废止与现行开放政策不符的规范性文件2件，进一步提升政府依法行政工作水平。建立"府院"沟通机制，出台《通州区关于建立府院联席会议工作机制的意见》，确保在重大政策出台前、重大专项行动实施前，从源头上有效预防和化解政府行政决策法律风险3件。

【行政复议应诉工作】 行政复议规范化建设取得阶段性成果，行政复议接待室完成搬迁并正式运行。出台《通州区全面推进行政复议规范化建设的工作方案》，通州区行政复议规范化建设创建项目入围并接受中央依法治国办实地核验。加强工作创新，在全市率先实现镇街行政复议接待咨询分中心全覆盖。坚持把调解和解贯穿复议办案全过程，70%的矛盾争议得到有效化解。全年办理行政复议案件176件，办理以区政府为被告的行政诉讼案件46件。全年在"北京通州"网站信息公开专栏公开行政复议报告2篇、决定57个、典型案例16件。司法部行政复议规范化建设现场会在通州区召开，通州区经验做法"领跑全国"，受到《法制日报》、"学习强国"、人民网、新华网等媒体广泛宣传报道。

【行政执法协调监督工作】 坚持高站位履职，从普及宣传、专题培训、执法监督等多个维度，全面贯彻《北京市城乡规划条例》。出台《通州区控制在施违法建设若干规定（试行）》，进一步明确统筹部门、属地责任、拆违程序、机制建设等工作要求。出台《通州区全面推行行政执法公示制度、执法全过程记录制度、重大执法决定法制审核制度实施方案》，形成权责统一、权威高效的行政执法体系和职责明确、依法行政的政府治理体系。完成机构改革后区属52个部门行政执法衔接工作，调整权力事项5488项。抽取8家单位开展行政执法检查考核，指导解决问题15项。

【社区矫正管理工作】 持续推进社区矫正信息化建设，加大政法智能办案系统建设力度，与公安局、检察院、法院试点的区域案件全部实现网上流转，政法各部门之间业务协同全部对接。“雪亮工程”深度应用，全区在管社区服刑人员信息全部纳入“雪亮工程”系统中管理，通过电子腕带设备和手机App定位，实现实时掌握社区服刑人员动向的工作目标。探索通武廊社区矫正工作合作新途径，与廊坊市初步达成异地委托、异地监管、信息共享等多项工作机制。

【普法与依法治理工作】 全面落实“谁执法谁普法”责任制，围绕提升领导干部法治思维和法治能力，举办全区领导干部依法行政培训2期，区政府常务会专题学习1期，镇街领导班子专题培训20期。围绕重要时段举办主题普法活动，相继开展“唱响国歌、守护国旗、致敬国徽”等系列宣传70余场次，为庆祝中华人民共和国成立70周年营造良好的法治氛围。持续开展百场法治讲座进校园、青少年寒假网络法律知识竞答等活动，全区中小学生参与率90%。围绕“精准滴灌、水流到边”工作理念，新建法治文化精品村2个（永顺镇新建村、梨园镇魏家坟村），新增公共场所公益广告牌168幅，新增村居普法专用橱窗38个。向社会征集书法、绘画、动漫、微视频等法治题材作品700余件，建成案例库、海报库和广告库。12月4日，市人大常委会领导和区领导参加通州区“12·4”宪法日主题活动，给予高度肯定。

【人民参与和促进法治工作】 加强人民调解与司法调解、行政调解的衔接互动，与市局相关处室联合召开行政调解工作研讨会，为进一步探索多元调解化解行政纠纷工作机制奠定基础。与人力社保局建立裁调对接机制，区劳动纠纷调解委员会正式挂牌运行。加大培训力度，组织人民调解员培训10期，举办“副中心法治学堂”5期；参加司法部人民调解大讲堂5期。全年受理矛盾纠纷4780件，调解成功4705件，完成人民调解+司法确认356件。完成人民陪审员选任380名。进一步完善预测预警预防工作机制，制定《关于进一步加强刑满释放人员安置帮教工作的意见》，走访安置帮教人员831人次，心理疏导20余人次，救助救济110余人次。

【公共法律服务管理工作】 制定《通州区三级公共法律服务实体平台业务指导办法》《领导干部公

10月18日，在通武廊公共法律服务论坛上举行“通武廊公共法律服务人才交流基地”揭牌仪式
（区司法局提供）

12月4日，“美好生活 始于宪法”活动现场
（区司法局提供）

12月27日，通州区举行律师制度恢复40周年纪念活动
（区司法局提供）

提供公益法律咨询，解答来访群众法律问题；在17个乡镇街道司法所设立分会场，开展“走千家进万户”专项活动。

【举行律师制度恢复40周年纪念活动】 12月27日，通州区司法局、通州区律师协会联合举办“律师制度恢复40周年”纪念活动暨“践行为民宗旨 深化律师参与基层社会治理活动年”启动仪式，庆祝中华人民共和国成立70周年、纪念律师制度恢复重建四十年，激励全区律师不忘初心、牢记使命，深入学习贯彻中共十九届四中全会精神，自觉投身社会主义法治建设，护航北京城市副中心建设。通州区委常委、政法委书记张德启出席活动，通州区司法局班子成员，通州区全面依法治区委员会各成员单位主管领导，部分区人大代表、政协委员，全体律师、司法行政干部参加活动。

（于瑶）

军　事

7月31日，“妙笔写担当　丹青绘忠诚”——书画家进军营慰问活动

（区文联提供）

人民武装

【概　况】 2019年，通州区人民武装部党委坚持以中共十九大精神和习近平强军思想为指导，全面深入学习贯彻习近平主席视察北京卫戍区时重要讲话精神，坚决贯彻卫戍区党委决策部署，坚持“正风建部、团结兴部、实干强部”工作思路，着力在抓思想铸军魂、抓班子强队伍、抓备战提能力、抓作风正风气、抓融合促发展上下功夫使实劲，全面建设取得新的发展进步。

【党管武装工作】 年内，着眼新的形势任务要求，严格落实党委议军会、军事日、现场办公等工作制度，以区委、区政府名义先后下发“十三五”时期民兵调整改革方案、民兵组织整顿、推动新形势下国防教育工作常态化落实的措施等文件。将党管武装工作纳入乡镇、街道年度绩效考评，通过第三方机构查访核验，打分排队，促进工作落实，为推动征兵、民兵整组和国防教育等工作落实上量化标准、提供抓手。

【思想政治教育】 年内，始终把加强理论武装掌握思想武器摆在首位、贯穿全程、紧抓不放，党委委员带头抓学领学，严格落实理论学习各项制度，坚持以“传承红色基因，担当强军重任”“不忘初心、牢记使命”等主题教育为抓手，从思想上挖根源、找差距、改作风、防反弹，全部上下维护核心、看齐追随更加坚定。利用民兵整组、重大时期民兵安保执勤等时机，深入开展主题教育和“驻通州、爱通州、建通州”教育实践活动，打牢民兵政治合格的思想基础，增强广大民兵国防意识和使命意识。

【民兵整组工作】 年内，坚决响应习近平主席练兵备战最强号令，按照“任务牵引、建用一致、重点优先”的原则，进一步压缩全区基干民兵数量，较好地完成基干民兵组织整顿任务。适应形势任务需要，协调区统计局认真组织国防潜力调查，遴选20余家优质大型企业列入民兵整组重点，适时调整区级民兵应急分队的编成结构。对乡镇、街道基层武装部民兵应急分队进行统一规范。着眼实现“人员编得实、队伍拉得动、任务用得上”，不断调整优化编组结构，年初雨季来临前期和9月下旬，分别组织全区应急分队成员，围绕应急、防暴、防汛、消防等课目，进行综合训练演练，完成上级赋予的训练任务。

【民兵安保执勤】 年内，展开常态应急备勤。根据维护社会面安全稳定需要，遴选民兵全天24小时值守进京道路，重要目标点位，配合公安部门开展北京东部外围防线的治安查堵工作，完成“两会”、国庆70周年等重大活动执勤安保任务，确保首都东大门的安全稳定。

【征兵工作】 年内，通州区人武部着眼征集高素质兵员，以量化考评为抓手，以廉洁征兵为底线，深入探索新时代征兵工作方法路子，狠抓适龄青年兵役登记、宣传摸底、网上报名、上站体检、预征预审等环节，完成北京市赋予通州区的征集任务。6月，召开通州区征兵工作动员大会，总结2018年夏秋季征兵工作，部署2019年征兵任务，表彰2018年征兵工作先进单位和先进个人，宣布《通州区人民政府2019年夏秋季征兵命令》。7月，组织开展征兵宣传月活动，充分利用电视、广播、报刊、网络等媒体，将宣传活动渗透到每个街道、社区和学校，有效激发广大适龄青年参军报国的热情。坚持廉洁征兵“零容忍”，聘请群众监督员，设立意见举报箱，公布24小时举报热线电话。

【双拥共建工作】 年内，结合春节、“八一”等节日，协调区四套班子领导走访慰问驻通部队。

发挥武装部军地桥梁纽带作用，协调驻通部队和广大民兵预备役官兵，投身北京城市副中心建设，参与防汛抢险、铲冰扫雪、环境整治等工作任务，进一步增强和巩固军政军民团结。服务保障区国庆群众游行活动，全程参与并完成总队组建、骨干选拔、场地协调、分散训练、合练演练等各个阶段的工作任务，先后两次以区双拥办和区武装部名义对阅兵村预备役方队进行走访慰问，解决矛盾困难，鼓舞训练热情。

（任钧）

人民防空

【概　况】　2019年，在区委、区政府正确领导和市局精心指导下，通州区人民防空办公室围绕区委、区政府中心工作，坚持民防为民，走融合发展之路，完成各项工作任务，促进民防事业健康发展。

【公共安全宣传教育】　3月1日，区人防办协调相关单位，举办“国际民防日”主题宣传活动。9月警报试鸣当天，同步开展以“赞颂辉煌成就，军民同心筑梦”为主题的防空防灾宣传活动，邀请相关媒体进行宣传报道。10月11日，在通州区运河中学开展由市人防办主办，区人防办协办的北京市人民防空疏散及应急救援演练。

【指挥通信建设】　年内，定期对应急车、15个街乡镇指挥调度设备、应急视频设备及地下指挥设备进行日常加电运行测试，完成警报器的日常维护工作，及时排除发现的问题，确保通信设备正常运行，完成9月的警报试鸣任务。

【应急值守备勤工作】　年内，区人防办同市防办通信站对视频会议系统、IP电话、文电系统、手持和车载北斗卫星、电台、固定和移动短波电台、手持和车载海事卫星电话等通信设备进行测试，确保联通正常。在元旦、春节、第二届“一带一路”高峰论坛、端午节、全国“两会”、亚洲文明对话和中华人民共和国成立70周年大庆等时点，抽调多名通信骨干参与应急值守备勤任务，为应急通信提供强有力的保障，完成各项应急值守备勤任务。

【人防工程管理服务】　年内，在办理人防工程使用、人防工程拆除、人防工程改造审批事项时，明确执行审批依据、权限、申报材料、办理时限、咨询窗口、监督途径等多方面内容，并与市局相关处室及时沟通，做到市、区两级对于审批所需的材料内容达到标准统一；对于操作时的规范、相关审批的表格等内容，结合区政府电子政务建设进行信息公开，审批结果及时进行双公示，主动接受社会各界监督。

结合《北京市新增产业的禁止和限制目录（2018版）》，更加严格地遵守人防工程平时使用的审批关；在办理新审批及延期使用过程时，发现影响安全使用的事项作出即时改正处理，对于不能即时处理的问题开具“责令整改通知书”限时处理。

【市民热线“接诉即办”工作】　2019年，接各类信访113件，其中记者采访（北京市交通广播电台）2次，舆情批转2次，街乡吹哨6次；记者采访主要内容为如何帮助百姓解决“富力蕙兰美居”小区和“富力尚悦居”小区停车难问题，就该问题做出详细解答并予以解决。

【疏解整治促提升工作】　年内，按照市、区两级安全生产工作的总体要求，持续推进疏解整治促提升专项行动任务，开展人防工程安全生产专项执法检查行动、综合整治和安全隐患大排查专项行动。

根据不同时期的不同特点抓好人防工程各项安全管理工作。结合区人防办的工作实际制定下发的《2019年人防工程火灾风险隐患排查治理“三自活动”专项工作方案》《2019年通州区人民防空办公室安全防范工作方案》《开展“防风险保平安迎大庆”人防工程消防安全执法检查专项行动工作方案》《北京市通州区人防办2019年应急宣传进万家活动工作方案》等，按照各项通知的工作要求和时间节点逐步进行实施。

【人防工程维护维修】 年内，按照年初工作计划，对部分人防工程进行维护维修，年底前完成该项工作。通过招标形式组建抢险队，以保证人防工程汛期安全，全年完成抢险任务4次。

【人防工程质量监督】 年内，强化过程监督，确保工程质量；按照建设工程质量监督规定和标准，制定人防工程过程监督、竣工验收和联合竣工验收工作流程；工作中严格按标准办事，按流程办事；加强工程过程的抽查、抽测，确保工程监督到位。多次对人防工程建设质量进行抽查，抽查过程中发现的质量问题，已督促建设单位进行整改。

【行政审批工作】 对于行政审批工作，区人防办坚持监管和服务并行，以服务促监管，围绕“四个服务”提升工作水平。一是提前服务。对项目分类汇总，特别对公共服务类建设项目重点跟踪，提前进入服务状态；二是高效服务。积极服务项目审批，做到先行向建设单位告知审批流程，提高工作效率。同时在依法行政审批过程中，主动自我加压，压缩审批时限，提高服务效率；三是优质服务。严格落实首问负责制，一次性告知服务对象申报信息，特别是对承接下放的公共服务类事项以及优化营商环境建设项目，印制注意事项告知单及办理指南，使服务对象获得准确、快捷、满意的服务；四是协调服务。与市人防办沟通，加快审批办理速度，尽早促成项目落地。在行政审批工作中，坚持规矩意识，明确各环节内容，依法依规进行审批。梳理流程。牵头协调各科室对各审批事项的信息内容进行自查核查，与市人防办相关处室沟通，做到市、区两级内容统一。依法行政。严格按照相关法律法规进行审批，确保审批开展规范有序。政务公开。对于梳理的流程、操作规范、相关表格等结合区政府电子政务建设进行信息公开，审批结果进行双公示，主动接受社会各界监督。高标准审批。严格按照《固定资产投资项目结合修建人民防空工程审批流程》标准进行行政审批。

（杨絜）

经济管理

1月15日，个税改革税收志愿者活动启动仪式

（区税务局提供）

综合调控

【固定资产投资】 扎实开展规划实施，一批重大项目加快推进。市区联动，全年安排重点工程503项，其中市级主责115项，区级主责388项。围绕促开工、督进度，建立高位、高效密集调度机制；围绕问题解决，设立动态更新的问题库，实施销账式管理；围绕高效审批，创新审批路径，搭建联审联批平台。投资保持快速增长，全社会固定资产投资同比增长20.9%，其中建安投资同比增长15%，总量全市第一。重点领域建设全面提速。重大节点性项目进展显著，完成城市绿心8000亩绿化建设任务，歌舞剧院、博物馆、图书馆、副中心站综合交通枢纽、东六环路入地改造工程全面开工；北运河北关闸至甘棠闸段实现旅游性通航，大运河文化旅游国家AAAAA级旅游景区创建稳步开展；通州堰分洪体系建设加快推进。交通工程建设加快，市郊铁路副中心线乔庄东站建成投入使用，地铁7号线东延、八通线南延开通运行，广渠路东延、京哈高速立交节点等全面施工建设，九棵树西路、通马路等工程加快推进，实施交通综合治理，完成272个路口信号灯联网联控和智能升级。市政设施建设加快，运河220千伏、岳庄110千伏变电站建成运营，河东5号调峰热源厂投产。重点区域建设全面加快。行政办公区一期启用，首批35个部门、165个单位搬迁入驻，二期工程启动建设，潞城消防站投入使用。运河商务区竣工面积达到337万平方米，3个项目交付使用，南环环隧东段主体结构完工。文化旅游区环球主题公园主要大型游乐设施设备进行安装调试，诺金度假酒店、首寰度假酒店、城市大道等配套项目土建施工基本完成。特色小镇规划建设稳步推进，台湖演艺小镇城市设计形成初步方案，控制性详细规划工作启动；宋庄艺术创意小镇国际方案征集进入成果汇总阶段，艺术区提升改造平台公司成立；张家湾设计小镇启动区整体转型、集中连片升级改造完成前期准备。

【经济发展】 区域发展活力持续增强。市场主体活力迸发，年内，新设企业15706户，同比增长27.1%，总量全市第四；企业迁入迁出数量比约为3.6∶1，较上年同期提高1个百分点，迁入企业数量明显高于迁出。科技创新活力不断激发，技术合同成交额120亿元，同比增长27%，高新技术企业达到1024家，市级企业科技研发机构达到31家，罗克佳华成为全区首家提交证监会注册的科创板上市企业。“白菜心”日益壮大，金融业发展势头良好，税收同比增长62.8%，金融机构各项贷款余额1103亿元，同比增长26.8%；高技术制造业实现工业总产值113.4亿元，同比增长8.5%，占全区规上工业总产值的21.3%，占比同比提高5.8个百分点。项目引进力度持续加大。构建全方位立体化招商服务体系，政策引商，制定出台“通八条”实施细则，创新提出“前奖励＋后补贴＋服务绿色通道”的奖励模式；用好服务业扩大开放综合试点先导区政策，出台工作推进实施方案和三年行动计划。合作接商，与西城、朝阳、海淀建立结对机制，台马板块与亦庄一体化发展机制建设深入推进。平台招商，加强招商机制创新，10家签约中介机构引荐对接企业90余家，10家完成注册。品牌聚商，举办中国国际服务贸易交易会副中心分会场、全球财富管理论坛等品牌活动，副中心影响力进一步提升，促成银河金融控股等项目签约。高端要素集聚持续加快。聚焦商务服务功能，一批央企二三级总部加快对接；北投基金、北京银行城市副中心分行完成注册，工商银行副中心分行、建设银行通州分行等实现签约；

五道口金融学院、中英绿色基金等一批影响力强的项目加快落地；中国北京人力资源服务产业园通州园正式开园，中智、外企服务集团等39家企业入驻办公。聚焦文化旅游功能，盛唐时代加快完善项目方案，君舍文化传媒空速动漫项目加快迁址落地。聚焦科技创新功能，国家网络安全产业园挂牌成立，园区总体规划、配套政策正加紧完善，完成22家企业注册；尖端芯片基金中绿晶半导体科技、华胜天成等18家企业迁址落地。营商环境进一步优化。全区营商环境第三方评价排名由全市第十升至全市第五。商事登记更加便捷，在全市率先推出政银合作工商登记直通车，183项民生服务事项实现下沉。城市副中心北交所企业登记分中心成立，实现企业产权转让与企业登记注册“一门办理、限时办结”服务。企业服务更加精细，组建重点企业服务专班，推出一事一策“普惠服务包”和一企一策“定制服务包”，累计回访企业70余次，组织相关协调会议100余场，送出重点企业服务包49个，涉及服务事项62项，企业满意度和获得感极大提升。

【社会事业发展】 公共服务水平加快提升。黄城根小学通州校区、北京学校小学部、运河中学附属小学等实现开学，北京一幼后北营园等13所幼儿园实现开园，高考本科上线率89.8%，稳中有升。友谊医院通州院区、潞河医院四期、东直门医院通州院区二期投入使用，安贞医院通州院区开工建设；实施改善医疗卫生服务行动，加快医疗卫生体制改革，国家慢性病综合防控示范区创建得到验收专家组好评。丰富居民文体生活，获得首都公共文化服务示范区称号，举办国庆游园、台湖影偶艺术周、“书香通州”全民阅读、第11届宋庄文化艺术节、通州运河半程马拉松等一系列文体活动。成功创建知识产权保护示范区。就业和社会保障更加健全。加大就业帮扶力度，开展城乡劳动力培训17111人次，组织各类招聘活动279场，提供岗位8.6万个，安置1183名农村地区就业困难人员。社会保险体系建设持续加强，全区参保单位达4.3万家，各项社会保险基金累计收支达179.6亿元；累计为20.6万人次超转人员发放生活补助4.5亿元。社会救助标准继续提升，城乡居民最低生活保障标准提高至月人均1100元。养老服务能力加快提升，以优秀成绩通过国家级居家和社区养老服务改革试点验收，半壁店医养结合试点项目实现开工，建成9家社区养老驿站。完成8500套保障房建设任务。成立区退役军人服务中心，新一轮全国“双拥”模范城创建工作进展顺利。城市治理更加智慧、精细。以科技手段提升治理水平，建立城市管理指挥分中心，整合交通、供热、照明等11个子系统，建立起用数据说话、决策、管理的新机制。推进重点领域智慧化应用，78条区管主次干路公服设施二维码实现全覆盖；完成20个智慧警务社区建设；落实44项交通综合治理任务，推进交通信号绿波工程、路侧停车改革，30个重点路口交通组织得到优化提升，缓解交通压力。精细管理深入推进，在4970条街巷设置街巷长3053名、小巷管家4143名，实现街巷长、小巷管家全覆盖；以“12345”服务热线为抓手，强化分级协调调度机制，建立“12345”市民热线＋网格化”工作模式，接诉即办、未诉先办，城市治理能力和治理水平大幅提升。社会更加和谐稳定。完成中华人民共和国成立70周年庆祝活动服务保障任务，加大矛盾纠纷排查化解力度，持续开展群租房等专项行动，扫清各类安全隐患。构建起区、街乡镇、社区村三级平安通州建设体系，形成问题联治、工作联动、平安联创的良好局面，共建共治共享的社会治理格局进一步夯实，社会面持续安全稳定。加强食品药品安全监管，从食品生产源头和商超、市场、餐饮消费终端强化监管，建成10个阳光餐饮示范街区，食品安全抽检合格率达到98.9%，成功通过食品安全示范区综合测评。全力创建国家安全发展示范城市，安全生产形势保持稳定。

【疏解整治促提升】 疏解整治促提升专项行动进一步深化。严格落实周汇总、半月调度、月报告、季汇报工作机制，落点落图、挂图作战，精准调度、精细管理，14个市级专项全部完成年度任务，其中，违法建设销账及腾退土地、疏解一般制造业、留白增绿、商业便民网点建设等完成量居全市前列。全力开展治理类乡镇督导，在全市率先制定完成区级督导方案及六镇“一方案五清单”，率先开展专题培训，分级有序推动落实。生态环境进一步美化。大气质量持续改善，全区 $PM_{2.5}$ 累计浓度下降至 46 微克／立方米。大尺度绿色空间加快打造，高标准实施新一轮百万亩造林工程，新增绿化 4.5 万亩，建成台湖万亩游憩园及 6 个环城公园，潮白河森林生态景观带等 8 项生态绿带工程及马驹桥湿地公园、东南郊湿地加快建设，森林覆盖率达到 33%，人均公园绿地面积达到 17 平方米。水环境治理持续推进，新建污水管线 11.3 千米，出境断面水质较上年同期提升 1 ～ 2 个水质类别，城北、两河、城南三大水网工程稳步推进，海绵城市试点范围内 134 个工程项目中，完工 49 项，在建 44 项。城乡环境进一步靓化。城乡空间更加清朗有序，全区拆除违法建设 1010 万平方米，超额完成全年任务。街面亮化美化大幅提升，在主要干道护栏安装 5474 盆花钵，对 9 座铁路（公路）桥底，以艺术彩绘手法进行空间营造，形成富有特色的城市人文风景线，开启新华大街、通燕高速、通济路沿线等特色夜景照明。街面环境秩序综合整治基本达到“六无”标准。垃圾治理扎实推进，全区生活垃圾资源转化率达到 62%，建成建筑垃圾资源化处置生产线 31 条，日处理建筑垃圾 3 万余吨。老城双修积极推进。41 条背街小巷综合整治高标准实施，一揽子解决建筑立面破旧脏污、停车难、出行难、绿化空间、活动空间不足等诸多民生问题。老旧小区综合整治高标准实施，完成西营前街、旅游新村等 5 个项目、23 万平方米楼本体改造，完成天桥湾小区精细化试点改造，完成 35 个老旧小区供水管网改造、10 个单位自备井置换。架空线治理稳步开展，推进 21 条主次干路及 73 条背街小巷架空线入地。居民生活便利度进一步提升，新建商业便民网点 117 个，新开和优化调整公交线路 17 条，实施老旧小区加装电梯工程，22 部正在施工，3 部实现运行。开展“三庙一塔”景区综合整治，老城文化品质进一步提升。镇村发展扎实开展。规划编制方面，9 个乡镇域规划形成成果，乡镇中心区控规、重点地区城市设计同步推进，344 个村庄规划编制完成。基础设施方面，漷小路一期道路主路、西觅路等竣工通车，觅子店组团路网加快建设。公共服务方面，北大人民医院通州院区、潞河医院分院加快建设，全年为各乡镇配建 30 个篮球场、17 个足球场，组织文艺演出 1550 场。环境整治方面，完成 30 个村庄污水治理任务，完成 73 座公厕改造提升，360 个村庄人居环境整治完成市级验收，总成绩位列全市第二。社会保障方面，国家农产品质量安全县创建工作扎实开展，低收入农户帮扶持续加力，符合条件的低收入农户全部纳入社会救助，实现应保尽保。

【京津冀协同发展】 京津冀协同纵深拓展。与北三县协同发展规划编制完成，正待国家审批。交通互联互通取得重大进展，燕潮大桥通车，高各庄综检站投入使用，京唐城际铁路进场施工。产业协同迈出新步伐，举办与北三县项目推介洽谈会，签约项目 52 个。交界地区生态保护合作日益加深，潮白河综合治理工程加快规划研究，联合开展污染源跨界巡查。合作领域不断拓展，与廊坊市、武清区联合发布 2019 年 9 方面重点合作事项；与宝坻区、唐山市签署战略合作框架协议，开创通宝唐协同合作新局面；与雄安新区开展多层次的交流对接。扶贫协作和支援合作全力推进，对口帮扶的 4 个地区全部提前完成脱贫任务。

（马文杰）

财 政

【概 况】 2019年，在区委、区政府的正确领导下，在区人大的监督支持下，区财政坚持以习近平新时代中国特色社会主义思想为指导，认真学习贯彻中共十九大和十九届二中、三中、四中全会精神，深学践悟习近平总书记对北京重要讲话精神，增强“四个意识”、坚定“四个自信”、做到“两个维护”。深入贯彻新发展理念，坚持稳中求进、依法理财，坚决落实区委、区政府决策部署，统筹推进稳增长、促改革、调结构、惠民生、防风险、保稳定各项工作。全面落实更大规模减税降费政策和副中心高精尖产业发展政策，科学统筹财政资金，强化绩效管理，持续加强预算执行动态监控和非税收入征管，稳步推进各项财税改革和财政管理工作，财政资金使用效益有效提升。按照高质量发展和过“紧日子”的要求，高标准推进“收、支、管、用、效”工作落地见效，财政预算执行情况良好，完成区第六届人大五次会议确定的目标任务，为副中心经济社会持续健康发展提供坚强有力的服务保障。

【财政预算执行情况】 年内，充分发挥“双十联”协税护税机制和“财源专班”作用，加强非税收入征管，发力服务税源、稳定税源、增加税源，做到应收尽收、应缴尽缴。加大预算执行动态监控力度，坚持定期调度收支制度，及时召开区领导收支调度会，持续压紧压实各级收支责任，“四本预算”收支平衡。

一般公共预算收支平衡。一般公共预算总收入完成376.1亿元，其中一般公共预算收入完成88.7亿元、同比增长6.8%，大于区人大批准的88亿元、同比增长6%的目标；市对区县转移支付123.9亿元；上年市级结转18.7亿元；上年区级结转81.7亿元；政府债券收入30亿元；政府性基金预算调入21.3亿元；国有资本经营预算调入1.5亿元；其他资金调入0.9亿元；预算稳定调节基金调入10亿元。一般公共预算总支出完成376.1亿元，其中一般公共预算支出345.6亿元；上解市级支出8.0亿元；市级专项结转7.8亿元；区级结转13.7亿元；补充预算稳定调节基金1亿元。

政府性基金预算收支平衡。政府性基金预算总收入完成374.4亿元，其中政府性基金预算收入143.16亿元；上年市级结转0.5亿元；上年区级结转57.7亿元；调入资金10.5亿元；市级转移支付16.3亿元；政府债券收入146.2亿元。政府性基金预算总支出完成374.4亿元，其中政府性基金预算支出136.1亿元；上解支出137.5亿元；政府性基金预算调出21.3亿元；市级专项结转下年0.3亿元；区级专项结转下年79.2亿元。

国有资本经营预算收支平衡。国有资本经营预算总收入完成5.4亿元，其中国有资本经营预算收入5.3亿元；上年结转0.1亿元。国有资本经营预算总支出完成5.4亿元，其中国有资本经营预算支出0.1亿元，国有资本经营预算调出1.5亿元，结转下年3.8亿元。

社会保险基金预算收支平衡。社会保险基金预算总收入完成29.1亿元，其中城乡居民基本养老保险基金收入11.5亿元；上年结余17.7亿元。社会保险基金预算总支出完成29.1亿元，其中城乡居民基本养老保险基金支出10.8亿元；年末滚存结余18.4亿元。

【财政预算支出情况】 年内，围绕全区中心工作和重大任务，科学统筹财政资金，强化部门预算执行主体责任，集中财力保障重要民生、重大改革和重点项目，在污染防治、城市治理、民生建设、公共服务等方面取得了新成效。2019年，一般公共预算支出359.8亿元，大于区人大批准的345.59亿元的支出任务目标、超4.1个百分点，全区一般性支出压减超10%。

聚焦污染防治，改善生态环境。大气污染治理支出5.44亿元，主要用于环保执法，尾气检查治理，监测站周边污染源精细化管理，车载走航检测系统建设，扬尘污染治理，“煤改气、煤改电”补助，“无煤化”工作巩固等。水环境治理支出8.96亿元，主要用于海绵城市建设，积滞水点治理，城市排水设施维护养护，雨水工程配套泵站建设，行政办公区再生水管线工程建设，污水监测平台建设，加强水资源基础工作管理和节水型社会建设等。园林绿化建设支出59.32亿元，主要用于新一轮百万亩绿化造林工程、景观绿化提升工程、城区绿地养护，平原造林工程养护，绿化隔离地区和“五河十路”绿色通道生态林用地补助及管护，大运河森林公园、东郊森林公园维护养护等。

加强城市治理，提升宜居水平。“疏整促”专项支出23.3亿元，主要用于拆除违法建设，整治占道经营，提升商业便民网点，背街小巷及城乡接合部环境整治等，推进疏解整治促提升年度任务完成。城乡环境治理支出16.19亿元，主要用于“美丽乡村”建设，城市景观提升工程，道路照明及清扫保洁，垃圾收集处理，公厕运维，公共设施更新，建设应急临时填埋场，推进小区垃圾分类、分流消纳处理生活垃圾等。改善交通出行环境支出9.43亿元，主要用于支持乡镇公路建设，公路线网优化，惠民路、微循环道路、通燕高速辅路等重点道路改造，小公共票价补贴，公共自行车运营维护，路侧停车电子收费系统运营等。城市维护管理及安全运转支出10.03亿元，主要用于科技创安、“雪亮工程”建设，辅警巡逻、行政办公区治安维护，乡村道路卡点设施改造升级，法律宣传、咨询、援助及人民调解工作等。

推进民生建设，强化保障能力。社会保障和就业支出26.61亿元，主要用于落实城乡居民养老保险、基础养老金、城乡无保障老年生活补贴等社会保障及救助政策，保障征地超转人员生活费和医药费，落实义务兵退役安置及优抚对象待遇，建设养老驿站，开展居家助残及残疾人救助工作。落实公益岗位补贴、职业技能补贴、大学生村干部及高校毕业生“三支一扶”（是毕业生基层落实政策，指大学生在毕业后到农村基层从事支农、支教、支医和扶贫工作）待遇政策。医疗卫生支出3.59亿元，主要用于支持医疗改革，推进北大人民医院通州院区、潞河医院建设，保障“两癌”（乳腺癌和宫颈癌）筛查、疾病防控及精神病防治等基本公共卫生和重大公共卫生工作，完善医疗卫生服务体系。保障性安居工程建设支出30.82亿元，主要用于老旧小区综合整治，棚户区改造等。

加大公共投入，助推区域发展。推动构建“高精尖”产业结构支出7.53亿元，主要用于成立副中心建设基金、科技创新投资发展有限公司注册资本金，实施“灯塔计划”“运河计划”、高层次创新创业人才（团队）支持计划等，吸引优秀人才集聚副中心。教育支出50.08亿元，主要用于加大学前教育投入，实施教育人才引进与管理改革行动计划，引进优质师资和新一轮教育资源，推动黄城根小学等学校建设，落实课程改革计划及中小学课后实践活动，提高素质教育质量，提升教育软硬件建设水平。科技创新支出9150万元，主要用于推进科普发展，开展街道、乡镇等各类基层科普活动，扶持科技创新人才，引进高层次人才创新团队，奖励科技创新企业等。文化体育事业支出14.84亿元，主要用于农村文艺演出星火工程、公益电影放映等文化项目，建设及更新基层文化站点，奖励文创企业及人才，支持大运河文化带、文旅区综合管廊、环球度假区工程建设，加强体育设施建设，举办通州半程马拉松比赛等体育赛事活动，促进体育事业发展。

【财政管理改革】 全面贯彻《中华人民共和国预算法》和《北京市预算审查监督条例》，认真落实区六届人大五次会议决议、区人大财经委初步审查意见，以及区人大、审计部门提出的意见建议，坚持问题导向，着力紧抓收入目标、优化支出结构、完善绩效管理、防控财政风险、深化财税改革，扎实补短板、强弱项、堵漏洞，财政治理能力和效能不断提升。

大力加强财源建设。全面落实减税降费优惠政策，为社会和企业减轻各项税费43.2亿元，使企业切实享受到退税红利及征收优惠，企业负担进一步减轻。围绕城市副中心功能定位，全力推动“通八条”及实施细则的落地见效，从大力度扶持、个性化对接、实用性服务、专业化招商等方面，支持、引导和培育符合城市副中心功能定位的重点产业，持续优化营商环境，支持实体经济发展。

不断优化支出结构。发挥财政资金引导作用，大力压减一般性支出，严格执行北京市“支持区域经济发展”和“个人所得税征收奖励”转移支付引导政策，推动产业结构向好向优发展。加大盘活财政存量资金力度，梳理收回存量资金10.14亿元，全年盘活资金比例95%。出台会议费、培训费、伙食补助、差旅伙食费等执行标准，从严规范加油卡、ETC卡资金管理，严禁超标准超范围支出。

扎实推进制度建设。完善行政事业性国有资产管理，实施“财政部门—主管部门—行政事业单位”三个层级的资产监督管理，推进资产全生命周期管理。制定预算单位银行账户及资金存放管理办法和小单位财务托管制度，出台《财政资金绩效管理考评细则》，完善全口径预算收支编制体系和预算执行动态监控预警规则，财政制度建设取得新进展。

严格财政财务管理。将一般债券和专项债券纳入预算管理，积极落实年度化债计划，政府再融资债券资金、2015—2019年新增债券资金全部支出完毕，债务本金和利息按时还清，盘活财政存量资金进度超过市标，通州区地方政府债务信息首次全面公开，一般债务率、专项债务率、综合债务率均低于债务风险警戒线。完成代理记账机构审批72家、迁入9家、换证及信息变更43家，“从事代理记账业务机构设立审批”事项5月进驻区政务服务大厅，实现“一网、一窗、一门”办理。健全完善财政财务管理信息系统，不断加强对财政支出和预算单位财务管理过程的动态监控和跟踪管理，财政资金使用安全、规范、高效。

提高资金使用效益。加快构建全方位、全过程、全覆盖的预算绩效管理体系，引入公开招标和优胜劣汰竞争机制，邀请人大代表全程参与，对结果不达标的项目和单位压减预算，实现支出领域绩效评价全覆盖，全年绩效评估项目67个40.96亿元，有效提高资金使用效益。加速推进财政评审程序优化、效率提升，全年评审503个项目89亿元、审减率21.8%。搭建部署“区人大监控预警平台”，及时推送预决算数据、预算执行、政府债务、绩效管理等信息，实现人大预算审查监督的信息化、自动化。

（陈彦松）

税　务

【概　况】 国家税务总局北京市通州区税务局（简称“通州区税务局”）位于通州区玉桥中路136号，有干部职工752人，18个内设机构，2个事业单位，17个派出机构。2019年，通州区税务局严守“组收目标平稳实现、征管纳服有序运行、基础工作扎实细致”三条主线和“办公场所安全运行、办税秩序平稳顺畅、干部队伍和谐稳定”三条底线，围绕中心、服务大局，工作取得显著成效。2016—2019年，在区绩效和综治考核中，连续四年被评为一档。2019年获得系统外国家级荣誉1项，省部级荣誉7项。

【完成税收收入任务】 年内，面对经济增速放缓、房地产业增收动力减弱的严峻形势，通州区税务局抢抓机遇，科学分解收入任务，落实减税降费与组收工作同频共振。全年完成各项税费收入300.45亿元，同比增收21.78亿元，增长7.8%，收入增长居全市前列。全年减免各项税费39.39亿元，减税降费政策惠及通州区81.9万户次纳税人。

【提升税收综合治理能力】 年内，完成电子税务局原地税局业务专项测试任务，完成双系统736人次4万余条权限配置，19万余户纳税人信息与税务所匹配调整。平稳推进“金三并库”单轨运行，各月平均准期申报率达98.5%。全面做好个人所得税改革及社会保险费和非税收入征管职责划转配合工作，完成381户机关事业单位、10家银行的社保系统三方协议签订及验证工作。在全市率先完成税务电子档案采集任务，采集档案79万页。完成“三代”手续费退付工作，累计退付原国税局2016—2018年退费1080.08万元。持续做好欠税清缴工作，2019年清缴欠税5.08亿元。发挥税收职能作用，通过税收数据管理应用、规范核查制度流程、业务技术融合创新，降低税收违法执法风险，提升税收风控执行效率。2019年，完成跨区域协作任务395户、纳税辅导添加1442户，解除464户，开展风控核查任务128批3625户次，查补税款10.13亿元，同比增长300%。

【所得税管理】 年内，制定“所得税风险指引”，分行业、分政策进行后续管理，为辖区88297户小型微利企业，实际减免企业所得税7.6亿元，政策受惠面100%，为357万人次纳税人累计减免个人所得税15.59亿元。开展股权转让、其他费用、两税比对、个人所得税等核查工作，涉及疑点企业2815户次，问题企业2766户次，问题率98.26%，补缴所得税4.76亿元，全年个人所得税申报率及准确率均达到100%。

【依法治税】 年内，进一步健全内控机制，录入各项内控制度64条，查找各类风险点49个，制定防控措施50个，关闭不适用风险点45个。完成内控平台并库后31个岗位初始化，增加调整岗位权限282人次，采集事项71个，信息点数据核实1268个。部署市局疑点指标初步核实，核查疑点16706条，涉及税款271.45万元。使用固定指标核查疑点数据3409条，补缴税款237.55万元，退税0.9万元。

【精准服务城市副中心】 年内，紧抓土地增值税清算工作，完成清算项目8个，清算税款入库3.27亿元。践行“绿水青山”理念，全面落实环保税、水资源税政策，累计征收环保税1.89亿元、水资源税1.35亿元。加强非居民税收后续管理，开展外汇信息核查任务2次，核查涉税信息633条，开展境外发债专项核查2户次，实现入库税款、滞纳金1.46亿元。扎实开展社会保险费和非税收入征管，搭建税务、人社、医保、财政“两级六位一体”服务网络，为缴费人提供无缺漏、全覆盖服务。专项对接区投资促进局、副中心重大工程项目、市级行政事业单位，对副中心重点税源企业实行白名单管理。组建专业化管理团队，集中管理大企业注销、发票风险防控、土增清算等复杂事项。定制“5+1”辅导套餐，对416户次重点税源企业、4565户次小微企业进行专项优惠政策培训。

【持续优化营商环境】 年内，整体改造办税服务厅，编织便捷自助办税网络，实行三级综合导税，推动形成“一刻钟办税圈”，平均业务办理等候时长下

4月17日，通州区税务局举办“落实减税降费 促进经济高质量发展”八通网线上答疑活动
（区税务局提供）

降56.2%，办理时间缩至8分钟。创新手机预约办税，强化网厅网上办税服务厅服务能力，全力满足通州10.32万户纳税人网上办税需求。在全市率先试点“12366”一号呼入，独家上线网络在线咨询，月均咨询量增长6700余通，热线接通率达97%。成立税收违法案件举报中心，累计受理各渠道意见建议112条、投诉347条、涉税检举633条，纳税人诉求及时响应率达100%。通过数据分析运用“降险促收”。2019年确认走逃企业355户，同比下降87.82%；走逃企业涉嫌虚开专票增值税专用发票金额合计1.18亿元，同比下降97.62%；普票增值税普通发票金额合计2.26亿元，同比下降98.10%，打虚打骗成效显著，有效助力全区“扫黑、除恶、治乱”工作。

【助力京津冀协同发展】 年内，建立通武廊和通州与廊坊北三县联合税收分析机制，从税收视角查找区域经济发展强弱项及优势互补领域，为推动区域协同发展建言献策，其中与北三县的联合分析受到中央政治局委员、北京市委书记蔡奇的肯定性批示。

【提升行政管理效能】 年内，信息工作在市局、区政府考核中分列第二名和第一名；宣传工作突出副中心特色，先后被人民网、《北京日报》等媒体宣传报道100余次；专报有效发挥参谋助手作用，围绕减税降费、优化营商环境等重点工作，向上级领导报送专报35篇，获得肯定性批示15次；督查、督办取得良好效果，全年完成13项上级督查及76件区税务局督办事项，实现“件件及时办结，事事落实到位”。绩效管理多措并举。制定7.0版机关个性指标98项、共性指标17项、税务所共性指标26项。建立“双联络双汇报”制度，严格执行“无差异，无管理”考评要求，指标考评差异化率均达60%以上。全年召开绩效管理专题工作会3次、绩效讲评会议3次、考核考评委员会议2次。财务管理质效持续增强。制定经费支出管理办法，推进“两条支出线”向“一条支出线”转换，并账工作走在全市前列。制定目录外标准下采购项目管理办法，财务集约化水平有效提升。

（宋雪）

审 计

【概　况】 2019年，北京市通州区审计局实有49人。设有办公室、人事教育科、综合科、内审指导科、投资审计科、财政审计科、经济责任审计科、民生保障审计科8个科室；下设专项审计工作中心1个事业单位。

【预算执行审计】 年内，首次采用“现场＋数据”审计模式，对全区72家一级预算单位进行大数据审计，首次实现横向数量层面的全覆盖，同时通过聚焦重点部门、重点领域，努力突破纵向功能层面的全覆盖，为“大数据审计”打开良好的局面。

【政策跟踪审计】 年内，把推动重大政策措施贯彻落实作为重大政治任务，加大政策措施跟踪审计力度，提高财政资金使用绩效。立足优化营商环境，推进减税降费政策落实跟踪审计，激发市场主体活力。加强对地方政府性债务管理和风险防控情况的审计，防范化解金融风险。立足增进人民福祉，持续关注背街小巷治理和便民服务网点建设的情况。立足生态环境改善，着力抓好领导干部自然资源资产离任审计，攻坚克难，做环境优化改善的促进者。将审计署政策跟踪审计发现问题作为重要关注内容，推动整改工作落实到位。

【国有企业领导人经济责任审计】 年内，开展国有企业领导人履行经济责任情况审计，是加强对国有企业领导干部管理和监督的重要举措。2019年是机构改革后，国有企业领导人经济责任审计职能划转到区审计局的第一年。财政科作为该项目的实施科室，对第一次实施国有企业领导人经济责任审计高度重视。一是加强组织管理和项目统筹，将国有企业领导人经济责任审计和该企业财务收支审计项目相结合，实现一审多果；二是在项目入户前，由主管领导、科室负责人带队，到被审计单位和国资委进行充分调研，对被审计单位的基本情况有初步了解，为项目正式开展奠定基础；三是在项目实施过程中，审计组人员边干边学，对从未涉及过的国有企业相关法律法规认真学习和解读，保障项目顺利开展；四是针对审计过程中发现的问题，集体研究会商，挖掘体制机制中存在的问题，推动国有企业改革创新。

【审计计划编制】 2019年，安排审计项目30个，其中预算执行审计项目10个，经济责任审计项目13个，国有企业审计项目1个，自然资源资产审计项目2个，政府投资审计项目2个，专项资金审计（调查）2个。从关注点上看，除一般预算执行审计、经济责任审计、政府投资审计项目外，将内部审计、北京城市副中心管理委员会、区委审计委员会和区委、区政府临时交办的任务、京津冀协同发展所涉及的工作任务，以及国有资产、疏解整治促提升、大气污染防治等一批区域重点工作都纳入审计计划。

【法制审理】 2019年，完成审计项目审理30个，对区审计局签订的21份协议（模板）进行合法性审查；组织3人参加执法证资格考试，督促、指导落实好执法系统底稿数据填报，录入底稿931件，指导制作行政处罚案卷1卷。

【内部审计】 完成2019年度内审工作计划、制定2019年度通州区内部审计工作指导意见并发布。组织完成3次学习交流培训。对4家内审单位开展内审项目质量检查。开展区统计局、区人社局、台湖镇政府、漷县镇政府的内审项目质量检查。完成“街巷吹哨、部门报到”任务指标的实施。分别向区教委、区卫计委及区园林局等10家单位赠送《审计署关于内部审计的规定》《北京内部审计人员业务培训资料》《北京市内部审计理论研讨获奖论文汇编》等资料；通过QQ、微信等新媒体转发审计法规和业务知识，要求各单位按相关要求进行学习。同时将各科室中心提交的“街巷吹哨、部门报到”情况汇总上报。开展内审聘用社会服务机构情况调查工作。对全区2018年度聘用社会服务机构开展内部审计情况调查，包含乡镇、街道等70余家，主要涉及聘用方式、聘用机构使用资金来源、完成项目数等内容。

【业务培训】 10月13—19日，组织乡镇、街道办事处、部分委办局主管审计工作的领导和审计机关干部赴南京审计大学参加为期一周的集中业务培训，该次培训结合区审计局工作和通州区内审工作的实际需求，安排大数据审计、财政审计、自然资源资产离任审计等课程，通过培训，拓展审计人员思路，更新审计理念，切实提高审计干部及内审人员的业务素质、学习能力、依法行政能力及综合分析能力。

【协审中介机构备选库公开招标】 依据《中华人民共和国招投标法》《中华人民共和国政府采购法》《北京市通州区财政局关于通州区行政事业单位2018—2019年会计、审计及资产评估定点服务政府采购项目有关事宜的通知》，经区政府批准，区审计局委托招标代理机构组织实施“北京市通州区审计局2019年—2021年协审中介机构备选库”公开招标工作，确定35个审计服务单位，2个审计复核单位。

【提案办理】 2019年，区审计局收到区人大代表建议、政协委员提案3件，其中主办件1件，会办件2件。针对政协委员提出的关于对资金用量较大的重点单位加强审计监管的提案，区审计局作为主办单位，及时与委员进行沟通，从拓展审计监督覆盖面，加大对重点工程、重大项目专项审计力度，加大审计处理处罚力度，充分发挥内部审计和社会审计作用4个方面进行办理，并如期对委员进行答复，委员对区审计局的办理情况给予肯定。

（田佳宁）

统 计

【概　况】 通州统计立足统计工作新形势、新要求，以通州实际情况为依托、以统计服务理念为导向、围绕城市副中心建设目标任务，转变工作作风，创新工作方法，提高工作效能，服务科学发展。

通州局队立足城市副中心新定位，结合新形势对统计服务工作的新要求，建章立制，对分析信息工作进一步细化。在时间上更加强调时效性；在内容上强调紧追形势跟进需求；在质量上提出更高要求，以分析信息的采用量替代原有的撰写量进行考核，新增统计专报考核加分的办法，鼓励科室、统计所通过多类别专报（《城市副中心专刊》《统计专报》《统计快报》《统计报告》）向区内政府部门及时、准确反映通州发展建设成果，不断提升“统筹献计、服务决策”的能力和水平。

【统计产品质量不断提高】 通州局队及时调整分析思路、形式和内容，聚焦副中心建设、产业功能疏解、结构调整、人口调控、节能降耗、民生改善等热点问题。2019年，局队撰写统计分析286篇、编发各类信息1100余条，被市局及区政府网站等采用信息612篇，有10篇调研分析被区领导批示。在2019年度全市优秀统计分析报告评比，各区及北京经济技术开发区局队组中，《三季度稳增长总体趋势不变，四季度保目标仍需提质增效》获形势类三等奖，《北京城市副中心及通州区建设监测评价研究报告》《探究城市副中心背景下消费市场发展方向》获专题类二等奖。2019年发布专刊（统计报告、统计专刊、城市副中心专刊）累计49篇，提供给市区两级领导及相关部门，为领导和相关部门及时掌握副中心建设推进情况及科学决策提供参考依据，发挥统计参谋助手作用。

【优化“北京通州统计”官方微信公众号】 通州局队进一步优化官方微信公众号“北京通州统计”，在手机端增加数据查询、检索报表指南等功能，方便读者获取统计数据。2019年微信公众号推送90期推文，147篇图文消息，单篇最高阅读量达4941次，总阅读量4.5万人次，便捷、高效地提供统计服务。

【搭建副中心统计大数据平台】 年内，通州局队启动副中心统计大数据平台开发建设项目，涵盖通州经济、社会运行数据，构建科学的指标体系和分析模型，准确及时地进行预警和预判，为城市管理的精准施政打牢基础。已聘请第三方开发。

【创建监测评价指标体系】 2019年，通州区统计局开展北京城市副中心和通州区监测评价指标体系研究，对指标和权重进行动态更新调整，通过数据定期追踪和指数测算，客观反映城市副中心的建设成果和建设特征，通过与政策规划发展目标进行对比，从经济社会、生态环境、公共服务多方位进行深度监测分析，为副中心建设推进提供决策支撑。

【完成人口抽样调查】 年内，按照《北京市人民政府办公厅关于开展年度人口抽样调查工作的通知》和《北京市人民政府办公厅关于印发〈北京市人口动态监测工作方案〉的通知》文件精神，通州局队周密计划，精心组织，稳步有序完成北京市3%人口抽样调查工作。

【统计执法】 统计执法始终以“双随机、一公开”（即随机抽取检查人员、随机抽取检查对象、公开检查结果）为原则，坚决执行执法检查结果公示制度，将执法、服务、宣传相结合，坚持严格执法、文明执法、理性执法。2019年通州局队完成执法检查任务254家，其中常规执法45家、专项执法200家，催报9家。对违法行为轻微的28家单位做出简易处罚处理，对检查中发现统计违法行为较为严重的16家单位进行立案处理。

【开展诚信企业认定工作】 2019年，通州局队开展诚信统计企业认定，坚持公平、公正、公开的原则，由企业自愿申报，局队科室、所联合开展督导检查，并征求区各委办局意见。最终筛选统计台账完备、统计报表积极、数据质量过关的6家诚信企业。

【举办“统计开放日”活动】 2019年，通州局队举办“守初心统揽社会，担使命数观通州”为主题的统计开放日活动，邀请社会各界代表500余人参加。统计开放日以视频、展板、宣传册等多种形式，全面展示城市副中心统计工作，宣传统计调查流程、统计产品、统计数据发布等业务，打开外界了解统计，认识统计的窗口。

【通过第四次全国经济普查数据质量检查】 在区委、区政府的支持下，各委办局、乡镇、街道全面配合第四次全国经济普查工作，登记录入有效单位6.2万家，有效单位登记率达105%。2019年国家统计局、市统计局对通州区第四次全国经济普查数据质量开展抽查，接受检查的8个乡镇(679家单位和11家个体户)数据质量均受到好评，国家统计局局长宁吉喆在通州调研时充分肯定通州区经济普查工作质量。

【开展专项调查】 2019年，通州局队完成北京市统计局专项调查处部署的10项调查，完成地区自主调查项目1项。

（董可静）

国有资产监督管理

【概　况】 2019年，区国资委以“服务副中心建设，保障民生”为工作主线，攻坚克难抓改革，凝心聚力促发展，全系统资产监管、国企改革、党的建设、保安全、保稳定等各项工作稳步推进。截至年底，国资委一级监管企业9户，全部独立法人单位64户。监管企业资产总额467亿元，负债总额242亿元，净资产总额225亿元；平均资产负债率51.8%。监管企业实现营业收入11.13亿元，缴税金2.58亿元。

【全面深化国企改革】 2019年，深化区属国有企业改革工作被纳入通州区委改革办重点改革要点。经过前期推动，《通州区国资国企改革重组顶层设计方案》于6月1日正式上区委书记会进行专题研究。按照书记会会议精神，通州区国资委从6个方面全力推进国企改革工作。一是进一步深化国企改革方案，使方案更具科学性、系统性、实效性。二是启动国资委监管企业清产核资工作，加快摸清底数，为进一步的深化改革打好基础。三是研究制定区属国有企业领导人员管理体制工作方案。四是推进科技创新产业平台建设，将园区所属慧谷投资公司更名为北京通州科技创新投资发展有限公司，划转至区国资委。五是初步启动文旅板块的构建工作。六是推进系统内“僵尸企业”注销清算工作，首批21家“僵尸企业”清理方案研究制定完成。

【参与副中心建设】 2019年，国资公司参与环球影城主题公园、文化旅游区拆迁、八里桥棚户区二期等副中心重点项目，其中文化旅游区累计完成50个项目土地移交工作。承担安置房建设，全面推进养老院、医院、消防站等各项重点代建工程。参与并推进“北京市尖端芯片基金”和“高精尖产业发展扶持基金”相关工作。大运河水务公司参与水环境治理，实现碧水污水处理厂、南水北调通州水厂、张家湾再生水厂、11座乡镇再生水厂平稳运营，六片区水环境治理PPP项目稳步推进。行政办公区再生水管线二期开工，与中国水环境集团合作成立中成大运（北京）智慧城市科技发展有限公司，打造再生水数字化智能管控系统，实现行政办公区再生水安全稳定供给。

【民生保障】 大力提升副中心服务保障水平。北京通盛达交通运输经营管理公司不断优化区域交通环境，对运营的49条线路运力情况进行优化调整。北京市通州商业资产运营公司承接区政府“菜篮子”进社区工程，“品农果蔬”经营网点基本覆盖副中心全区域。供销社建设“新供销”便利店，加大便民服务设施建设。北京市燕东保障性住房建设投资有限公司推进和谐社区建设和社区数字化水平，探索智慧社区的发展路径。精准扶贫，全力开展帮扶对接。动员7家区属国有企业到受援地区投资置业，以签约结对、村企共建等形式，围绕产业、智力、就业等内容参与精准扶贫。利用企业实体销售渠道，全面开展消费扶贫，依托区北京市通州商业资产运营公司旗下北京市通州区糖业烟酒公司和北京市品农果蔬经营中心，分别建立西藏拉萨城关区，内蒙古翁牛特旗、奈曼旗、科尔沁右翼中旗4家体验店，销售西藏“大昭圣水”和内蒙古特色产品。按照区扶贫总体工作要求，为完成输血造血功能，2019年完成消费扶贫额3846万元。参与全区创城、创森工作。区国资委针对所管辖小区、运河文化广场(码头)、市场、商场、区属公交车、电动出租车等创城点位，对标达标，较好地完成全年创城复检任务。部署区属284辆公交车（宣传橱窗）公益广告和100辆电动出租车张贴创森宣传口号工作，有力促进通州区创森工作，充分体现出通州国企的责任意识和担当精神。

【国企创新发展】 有力推进系统重点工程。北京市通州商业资产运营公司推进人力资源产业园入驻工作，截至年底，签约商户入驻18家，租赁面积2570平方米；国资公司硬科技产业示范基地项目落户铝材厂地块，正在进行前期手续办理等工作；北京市通州区煤炭公司源创科技研发楼项目，完成设计招标，正在办理土地出让手续。着力提升商业品牌影响力。北京市通州商业资产运营公司所属小楼饭店加大产品序列开发，深入挖掘老字号品牌价值，所属烟酒公司继续加强与中粮集团的战略合作。拓展旅游文化产业。区属国企参与大运河国家AAAAA级旅游景区创建工作；京杭大运河（通州城市段）正式启动旅游通航。创新经营运作模式。北京市通盛达交通运输经营管理公司拓展汽车租赁业务，全力推动顺风旅行社开展经营活动；北京市通州区煤炭公司涉足会展传媒及科技服务业领域，加快转型发展步伐。探索与副中心相适应的学前教育产业发展。北京市通州商业资产运营公司天鹅湖幼儿园和北京市通州区市政公司幼儿园两家幼儿园投入运营，供销社等企业也在拓展学前教育产业项目。

【监管机制建设】 完善国资委机关管理制度。进一步梳理调整国资委机关39项规章管理制度，对国资监管和国企改革发展重大事项，严格履行决策及审批程序。进一步加强国有资产产权管理。有效规范国有企业经营性房屋、土地出租管理工作。按照区政府要求，将国有房产对外出租优先提供给公共服务设施和小区便民服务功能使用。推进国企负责人薪酬制度改革。拟定《通州区国资委监管企业工资总额管理办法》《监管国有企业负责人履职待遇、业务支出管理实施细则》，不断优化绩效考核过程，将国有资本收益纳入绩效考核体系，促进企业发展的导向功能更为突出。

【安全稳定工作】 2019年，从区国资委党委到各级企业领导班子，高度重视保安全、保稳定工作，

4月5日，区国资委党委书记郭军（左一）进行安全检查　（区国资委提供）

全系统在安全生产、综合治理、应急管理、信访等方面的工作，都取得新的成绩。各部门、各企业不断完善安全生产责任制，深入开展安全大检查，建立隐患排查整改长效机制，注重各项公共安全和应急管理工作；进一步强化信访工作，在企业改革、城市拆迁、疏解整治、利益分配等矛盾集中的关键环节，做到全面洞察、预防为主、信息反馈及时、应急处置到位。2019年，区国资委系统完成“一带一路”国际合作高峰论坛和国庆70周年阅兵各项安保工作，实现安全生产零事故的目标。

【国企党建工作】 以规范化建设为抓手，全面提升国企党建工作水平。制定国资委系统党建工作要点，扎实开展基层党建述职考评工作，压实党建工作责任。全面推进党员E先锋各项工作，从严党员发展和教育管理，规范基层党组织经费使用、阵地化建设。创新开展企业领路人谈党建活动，持续推进服务型党组织建设，有效搭建党员联系和服务群众工作平台。扎实推进企业领导班子和干部队伍建设。着力优化班子结构，制定“双培双考”（即在讨论决定接收预备党员前和在预备党员转正前，分别由党组织举行一次党的知识集中培训；在讨论决定接收预备党员前，分别对入党积极分子进行实践考评和知识测评）机制，不断完善后备干部队伍选拔培养机制，努力形成梯次合理的人才队伍，为区属国企的改革发展储备力量。坚持“柔性引进，刚性培养”的工作理念，抓好国有企业负责人和青年骨干培训，鼓励企业创新开展自主培训，打造国有企业“大培训”格局。不断巩固党风廉政建设长效机制。制定党风廉政建设工作意见，逐级签订《党风廉政建设主体责任书》。进一步强化制度建设、教育引导和纪律检查，紧盯履职待遇、企业改制、国有股权变动等重点内容，健全问责机制，全系统党风廉政建设长效机制不断巩固。扎实做好巡察企业整改落实工作。区国资委对企业整改任务落实情况进行跟踪督查，制定整改清单，全程跟进，划定责任，层次传导，立行立改，切实把整改工作抓紧抓实抓出成效，推动各项工作再上新台阶。

（冯禹）

市场监督管理

【概　况】 2019年是通州区市场监管局机构改革的开局之年，区市场监管局认真贯彻落实区委、区政府和市局各项工作部署，在平稳有序推进机构改革的同时，发挥职能作用，确保深化改革、监管执法、服务发展等各项工作落实到位，全力服务北京城市副中心建设发展。截至12月31日，通州区实有市场主体166043户，同比增长6.20%。注册资本总量1.161万亿元，同比增长21.21%。企业120156户，占72.36%，同比增长12.31%，其中，内资企业119079户，同比增长12.28%，外资企业1077户，同比增长15.43%；个体工商户45511户，同比下降7.06%；农民专业合作社354户，同比下降3.01%；代表机构22户，同比下降8.33%。

【通州区市场监管局正式挂牌成立】 3月22日，通州区市场监管局正式挂牌成立，3月25日《北京市通州区市场监督管理局职能配置、内设机构和人员编制规定》印发。坚持“大稳定、小调整”原则，部门及人员按规定划转到位，全局转隶640人，调整干部167人次，工作平稳交接，及时梳理完善各项内部规章制度，实现机构改革与市场监管工作“两不误”，确保改革期间思想不乱、工作不断、队伍不散、干劲不减。

3月22日，通州区副区长苏国斌（左一）参加区市场监督管理局揭牌仪式
（区市场监督管理局提供）

【国庆70周年重大活动服务保障】 强化食品定点供应企业监管，7×24小时驻点全程监控，抽检1134批次定点供应产品样品，未发生产品质量问题。开展特种设备专项整治，重点检查人员密集场所、气瓶充装、特种设备使用单位，加强监督检查，消除安全隐患，全力做好社会面特种设备安全保障工作。组织选派干部参加国庆游行活动，抽调干部参与国庆社会面巡逻防控，完成市场秩序保障和安全保卫任务。

【压缩企业开办时间】 年内，推行全程电子化登记，通州区新设企业全程电子化登记量达总量的97%，新设主体1.79万户，同比增长31.80%。实行容缺受理，解决“缺件办事难”问题。

【推动京津冀协同发展】 年内，依托通武廊跨区域食品药品安全合作协议，推动12家外埠优质食用农产品生产基地与通州区餐饮服务企业、连锁超市和农产品批发市场签订合作协议。签订通武廊质量强市（区）和标准化战略框架协议，加强品牌建设、质量提升等方面交流合作。建立京津冀辽交界区域联合打传协作机制，加强打击传销工作情报交流、信息共享、联合执法。

【开展“疏整促”专项行动】 年内，整治“开墙打洞”10处，155平方千米范围内街巷两侧实现动态清零，整治无证无照经营941户，均提前完成全年任务。多措并举，严防反弹，有效巩固治理成果。

【持续打好“蓝天保卫战”】 年内，加大餐饮、车用油品和车用尿素及燃煤等行业监管力度，加大抽检频次，抽检相关样品362组，发现不合格产品3组，均立案查处。全面整治餐饮油烟，检查餐饮企业6723户。

【全市率先推出“政银合作”登记直通车】 3月22日，与工商银行、中国银行、中国农业银行、北京农商银行、北京银行、交通银行6家银行通州支行达成战略合作，开通“政银合作”直通车，实现银行网点企业开办登记。

3月22日，区市监局政银合作框架协议签约仪式
（区市场监督管理局提供）

【开设首批“便利”购药试点】 年内，为市民提供乙类非处方药和二类医疗器械销售服务。进一步提高生活性服务业品质，促进便利店发展。

【设立全国首个产权交易所企业登记分中心】 6月14日，北京产权交易所在城市副中心设立全国首

6月14日，北京城市副中心北交所企业登记分中心签约仪式 （区市场监督管理局提供）

个企业登记分中心。深化“政企合作”，强化征集国有企业现实需求，实现“一门办理两家业务”。将企业产权转让服务与登记注册服务相结合，完成“电子化、一日办、就近办、少跑路”等高质量服务，深度提升政务服务水平。

【服务食品安全示范区创建工作】 8月，通过食品安全示范区实地评审。从食品生产源头和商超、市场、餐饮消费终端强化肉制品监管，开展放心肉菜示范超市创建工作，对2018年参评通过的4家商超挂牌，完成2019年申报参创14家。

【强化产品质量安全监管】 年内，开展重点领域产品质量监督检查，在“3·15”、国庆等重点时期对消防产品、建筑材料、成品油、车用尿素等重点产品开展执法检查。加强抽检力度，抽检各类商品665组，发现不合格商品120组，对不合格产品进行立案处理。

【推进“双随机、一公开”监管】 年内，开展房地产经纪机构、流通领域电动自行车等定向抽查39次，抽查主体7291户，并向社会公示结果。有序推进跨部门联合“双随机、一公开”工作，实现“进一次门，查多项事”，减轻企业负担。2018年度企业年报率90.77%，个体年报率94.16%。

【强化特种设备安全监管工作】 年内，加大行政办公区特种设备安全保障，会同专业机构对电梯运行进行检查和技术检测。重点指导北京环球主题公园工程大型游乐设施安装工作，开展安全检查4次、制定工作简报7期。进行超期特种设备专项整治，消除使用超期未检特种设备违法行为。全年，未发生特种设备安全事故，特种设备安全形势较平稳。

【推进执法规范化建设】 年内，梳理行政权力事项2423项，为规范市场监管执法行为奠定基础。严厉打击垄断、不正当竞争、虚假违法广告、网络违法、价格违法、食品药品等违法行为，全年办理各类案件8237件，罚没款合计1999.41万元。

【推动“阳光餐饮”工程建设】 年内，全区5168家餐饮服务单位实现“阳光餐饮”，覆盖率达96%。建成万达广场等10个阳光餐饮示范街区，有效带动餐饮企业品质提升和餐饮行业健康发展。

【食品安全抽检监测】 年内，抽检各类食品3257批次，合格率99.05%。坚持问题导向，对日常监督检查、GMP跟踪检查发现问题的药品生产企业实施全覆盖追踪检查，督促企业整改落实，有效管控风险。

【完成食用农产品产销对接】 年内，对供应基地企业按照要求标准进行实地考察，确定15家外埠供应基地。做好引进后环节的监管与常态化管理，对引进牛、羊、禽肉基地产品进行监督抽检。安排抽检引进的牛羊肉供应厂家14家次、35批次样品；禽肉供应厂家4家、7批次产品。未发现进货来源不明、渠道不清的产品。

【完成全国农业标准化示范项目验收】 年内，金果天地（北京）生态科技有限公司承担的第九批国家级果品矮化砧密植标准化示范区项目，创建中建立标准体系42项。通过推广实施果树矮化砧密植技术，果品产量和质量大幅提升，樱桃产量提升100%以上，苹果产量提升50%以上。项目成果辐射至山东、河北等地。

【获全市首批知识产权服务中心授牌】 12月4日，北京市知识产权局对全市包括通州区在内的首批9个知识产权公共服务中心进行授牌。知识产权公共服务中心的成立将为推进城市副中心创新主体提供知识产权政策咨询、知识产权信息服务、知识产权维权服务、知识产权运营交易、知识产权项目申报等方面提供全面、高效的服务。

【企业登记进入“一时代”】 年内，梳理业务流转环节，提高审批时效。同时推行智能化登记服务。企业登记业务核准完成后，申请人可通过自助打照设备自行打印营业执照，进一步缩短办事人时间成本。

（贾静）

私营个体经济

【概　况】 2019年，通州区私营个体经济协会按照区局和市协会2019年工作部署，坚持“为服务政府、为服务会员、为服务社会”的方针，发挥枢纽型社会组织作用，以促进私营个体经济发展为重点，不断强化副中心非公党建工作。

【搭建融资服务平台】 年内，在缓解企业融资难的工作中，以降低企业的融资成本为出发点，充分发挥融资服务平台的资源优势，通过星展银行、广发银行等多家融资部门为13家企业融资2850万元，为缓解会员企业融资难问题起到积极作用。

【拓宽商品配送渠道】 年内，围绕食品放心工程，拓宽商品配送渠道。加强对商品配送服务中心的指导和监管，完善商品配送服务的各项制度和措施，保障配送商品的质量。通州区3家商品配送站，以诚实、守信、方便会员的原则为全区300余家会员商户、9家连锁超市，配送优质廉价的商品。

【开展义务帮助会员年报工作】 年内，充分发挥协会服务职能，召开理事会、小组长会议，通过电话、会议部署等方式通知辖区个体、企业进行年报，并将年报程序形成文字，向会员公示，协助会员填写年报所需材料。

【规范非公党建示范点建设】 年内，通过检查指导，基本上达到“一规一表一册一网”和“五有”党支部的标准，下发《关于非公党支部规范化建设工作提示》，要求各分会要指导非公企业落实“一规一表一册一网”制度，建设有队伍、有活动、有阵地、有制度、有保障的“五有”党支部。

【推进非公经济党建工作】 年内，制定《北京市通州区市场监督管理局2019年推进小微企业个体工商户专业市场党建工作落实方案》《“小个专”党建工作考核细则》，组织辖区非公党建示范点企业和部分优秀非公企业党支部书记20余人参加创新发展“小个专”党建示范点培训班。开展非公有制经济组织党建工作领导小组成员单位、非公企业的党支部书记和党务工作者召开“不忘初心、牢记使命”主题教育和非公党支部书记、党务工作者教育讲座。

【组织参加金融贷款及税收新政培训班】 5月8日，通州区私个协会组织会员参加市私个协会举办的金融贷款及税收新政策培训班。一是以数据为支撑，引证增值税优惠政策变更前后给企业带来的红利；二是以问题为导向，剖析新政策中纳税人可能存在的困难；三是以实操为切入点，对开具增值税发票、纳税申报等实际操作进行辅导。

【筹备非公党建知识竞赛活动】 年内，通州区协会召开专题会议对非公党建知识竞赛活动进行部署，深入会员企业，调动激发非公企业党组织开展党建活动的积极性和主动性，并对参加竞赛的选手进行初步选拔。

（贾静）

消费者权益保护

【概　况】 2019年，通州区市场监管局认真学习贯彻中共十九大报告精神及北京市政府工作报告要求，围绕“加强消费者权益保护，让群众放心消费、便利消费”的指导思想，强化放心消费创建工作，加大消费侵权案件查处力度，推动机构改革消保工作多元融合，不断优化营商环境，提升“接诉即办”工作效能。

【加强消费者投诉举报工作】 年内，累计接收区“12345”分中心转办工单12718件，累计办结12718件，办结率100%。所有工单均在程序时限内进行反馈，未出现超期反馈现象。

【完善“接诉即办”工作机制】 年内，完善《北京市通州区市场监督管理局关于机构改革过渡期间规范投诉举报工作的意见》《北京市通州区市场监督管理局关于进一步优化提升“12345”“接诉即办”工作实施方案》，研究各类投诉举报分派处理机制，确保各渠道工单接收、流转、处置、反馈、研判等环节无缝衔接，及时、高效运行，做到“民有所呼、我有所应”。以机构改革为契机，整合部门职责，加强投诉举报平台建设，完善各项机制、强化统筹调度，坚持“民有所呼、我有所应”，重点抓好“12345”热线办理工作，建立健全“日报告，周调度，月分析”机制，强化“五办”措施，即专班专办、接诉即办、快结快办、专项督办、重点联办，推动“接诉即办”向“未诉先办”延伸。

【投诉举报平台建设】 年内，投诉举报承办工作以提升问题解决率、群众满意度为目标，筹划“接诉即办”平台建设，持续提高办理标准、提升服务质量，推动投诉举报工作从“物理融合”到“化学融合”的转变。

【推进消保维权理论深入研讨】 年内，就预付费消费纠纷以及“酷骑”与“昊园”两个重大群体性投诉的处理工作展开深入交流，探讨构建长效治理机制的基础方案。强化探讨在市场监督管理部门机构改革过渡期间相关部门处理群众诉求工作的联动机制，为消费纠纷处理工作的平稳运行积累经验。

【强化消费教育引导】 年内，围绕“信用让消费更放心”为主题，开展“3·15”国际消费者权益日活动，加大消费维权宣传力度，营造安全放心的消费环境。以综合购物中心、特色商业街区等为重点，开展放心消费创建活动，指导重点经营单位主动公开“放心消费”承诺和具体措施，督促企业落实主体责任。

【防范群访群诉风险】 年内，加强数据信息挖掘和分析，特别是对“12345”数据的归纳梳理和分析研判，强化风险预警机制，针对辖区投诉举报量较高经营主体、群众反映问题集中重点行业或重点区域、突发性群体投诉事件等情况，及时发布风险预警、消费预警。

【发挥消协组织作用】 8月15日，区消协开展2019年通州区实体店消费满意度调查，通过新闻发

8月15日，召开2019年通州区实体店消费满意度调查结果发布会　（区市场监督管理局提供）

布会及时公布调查结果，受到社会各界广泛关注。

【形成多方联动消保格局】 年内，完善通州区消费环境建设联席会议组织机制，形成定期沟通、合力研究、统一部署、高效有序的工作格局。第一时间将问题风险上报属地政府、相关委办局，各部门按照各自职能充分履行职责，实现部门间的无缝衔接，确保消保工作与其他各项工作同频共振。

【探索京津冀消费维权一体化工作】 年内，建立信息共享工作群，加强业务信息共享工作，共享消保领域业务工作信息21篇，受理跨地区消费者投诉16件，为消费者挽回经济损失0.85万元。

【发布通州消协系统五大被投诉企业】 年内，为改善通州区消费环境，剖析现存消费问题，通州区消费者协会汇总2019年度消协系统五大被投诉企业并下发，行业包括网络交易、装修建材、预付式消费、培训机构、合同纠纷。

【“3·15”主题宣传活动】 年内，联合区教委及各街乡镇政府等相关职能部门，开展10次“3·15”国际消费者权益日活动。覆盖城区主要街道、乡镇，展出宣传展板20余件、宣传条幅与漫画40余幅，印发各类宣传资料8900份，参与消费者5221人次。

【开展消费教育活动】 年内，依托消费教育基地，普及消费知识，组织消费体验活动，发布消费警示和提示。开展消费教育精品课堂23场，发放宣传资料550份，参与师生、居民、村民800人次。

（贾静）

知识产权

【概　况】 通州区知识产权局2019年正式挂牌以来，围绕北京市知识产权局及通州区政府的知识产权战略，以知识产权助力科技创新、提升副中心核心竞争力为目标，以推动企业规范化管理为重点，着力提升全区知识产权创新、运用、保护、管理和服务能力，充分发挥知识产权在打造创新驱动发展前沿阵地的支撑作用。根据通州区机构改革方案，将区科委专利管理职责、区工商分局商标管理职责、区质监局原产地地理标志管理职责划入区市场监管局；相应的执法职责划入区市场监管执法大队。将区科委所属的区知识产权服务中心整建制划入区市场监管局，在区市场监管局加挂区知识产权局牌子。

【专利申请与授权】 2019年，累计申请国内专利6270件，其中发明专利1508件、实用新型3606件、外观设计1156件。PCT专利申请29件。累计国内专利授权4070件，其中发明专利375件、实用新型2951件、外观设计744件。发明专利拥有量达到2162件。

【专项资金落实到位】 年内，对261家企业、18名个人共2305件授权专利进行资助，资助金额578.625万元。对4家国家知识产权优势企业，33家北京知识产权试点单位，1家北京知识产权示范单位，15家知识产权贯标认证单位，1项中国专利奖优秀奖，2项北京市发明专利二等奖，1项三等奖，10所通州区知识产权教育试点校，6所通州区知识产权教育示范校进行奖励，奖励金额262万元。对1家知识产权服务机构及2项企业专利导航、预警、战略制订项目进行资助，资助金额18万元。完成2019年度专利实施项目专家评审会及立项决策，支持实施项目24项，支持金额491.375万元。

【专利实施转化】 2018年度15项专利实施项目均完成预定考核指标85%以上。带动企业投入4824.7万元，项目实施创造销售收入3.68亿元、利润0.51

亿元、税收0.22亿元。

【中小学知识产权教育】 年内，通州区知识产权局、区教委联合开展“2019年通州区中小学知识产权竞赛在线答题”活动，面向区属19所小学6721人和13所中学2919人，提供知识产权题库阅览学习和在线考试服务。向参加此次竞赛活动的28所试点示范学校颁发优秀组织奖证书。拍摄编辑《通州区中小学知识产权教育工作纪实》，并举办“2019年通州区中小学知识产权教育工作会议暨知识产权专题讲座”活动。

【商标注册服务】 国家商标局于2018年12月5日在通州区设立商标受理窗口，成立以来共受理商标申请546件。2019年6月1日，根据国家商标局要求，实现商标注册申请等24项业务无纸化办理（全部通过电脑、网络提交申请资料），受理注册、转让、变更申请422件。

【开展知识产权系列宣传活动】 利用“4·26”国际知识产权日，联合区教委、物资学院等多部门开展跨领域知识产权宣传活动。进行知识产权宣传进校园、进商场、进乡村、进社区和进社会等活动，在《通州时讯》开辟“4·26”知识产权宣传专版，向社会公众普及知识产权相关知识。宣传周期间发放宣传资料8000余份。完成《文明通州》知识产权专题片拍摄工作，并在通州电视台播出，依托通州区科技活动周，面向企业开展知识产权宣传活动。

【打击侵犯注册商标专用权的违法行为】 年内，查处商标侵权案件69件，同比增长5%，罚款201.98万元，同比增长52%。

【试点就近受理北京市专利资助申请】 年内，设立北京市专利资助金申报受理点，方便专利人就近申报受理工作。

【开展优势企业培育工程】 年内，建立国家及市、区三级知识产权试点示范企业递进培育机制，开展知识产权优势企业培育工作。举办北京市知识产权试点示范培育专题培训会1次，培训企业60余家。组织开展国家知识产权优势示范企业申报工作，新增认定国家知识产权优势示范企业16家，北京市知识产权示范单位2家，北京市知识产权试点单位28家。

【企业知识产权贯标工作】 年内，加大《企业知识产权管理规范》国家标准的推行力度，鼓励和支持企业开展贯标工作。举办贯标培训4次，邀请专业机构人员深入企业进行培训辅导。年内，23家企业通过贯标认证。

【推进专利质押融资贷款】 年内，与北京知识产权运营管理有限公司协作，举办专利质押融资政策宣讲会、对接会2次，深入企业提供专利质押贷款融资对接服务近10家次，3家企业计划进行专利质押贷款工作。

【加强企业知识产权培训指导服务】 年内，举办企业知识产权专题培训讲座8次，培训人员500余人次，培训内容主要包括相关政策法规、企业知识产权战略运用、专利质押贷款、知识产权贯标、企业知识产权保护等。同时走访企业29家次，接待咨询服务200余人次。

【知识产权教育试点示范学校建设】 年内，通州六中等6所学校获得通州区知识产权教育示范学校称号，北京教育科学研究院通州区第一实验小学等4所学校获得北京市知识产权教育试点学校称号；通州二中获得北京市知识产权教育示范学校称号。截至年底，通州区知识产权教育试点示范学校达到28所。

9月12日，2019年通州区中小学知识产权教育试点示范学校授牌仪式　（区市场监督管理局提供）

【开展农村假冒伪劣食品专项检查行动】 年内，开展专项检查11次，检查大型超市11家，专利商品127件。协同区农业局等部门开展联合执法检查，检查永顺镇、宋庄镇、潞城镇辖区内的食品经营单位7家。同时开展现场宣传活动1次，发放宣传材料1000余份。

【商标注册情况】 年内，通州区商标有效注册量81152件，［北京市17个区（含亦庄开发区），排名第六］，驰名商标12件。2019年，通州区新增注册商标21584件。

【开展保健市场百日专项行动】 年内，开展专项执法检查3次，检查大型超市3家、专利商品18件。同时注重对专利保护知识的宣传普及，发放宣传材料200余份。

【开展地理标志商标培育工作】 年内，扶持“西集大樱桃”申请地理标志注册，建立“西集大樱桃”地理标志申报绿色通道机制，多次深入西集镇樱桃种植专业合作社进行现场指导。

【原产地地理标志监管及服务工作】 年内，通州区张家湾镇的葡萄作为地理标志产品，参加国家知识产权局在西安举办的地理标志产品博览会。

（宋薇　贾静）

国有资本运营

【概　况】 2019年，国资公司围绕北京城市副中心建设，全力推进各类工程项目建设，重点工程项目进展显著。文化旅游区建设项目，完成A1、A2、A4地块征地公示，正在办理征地报批及上市前期手续工作；办理签订77个项目土地移交协议，涉及土地面积6600亩；完成第五期资金计划申报工作，涉及22项约18.5亿元。10片区安置房项目，竣工住宅楼27栋，约32万平方米；完成主体结构住宅楼3栋，约3万平方米；取得项目规划方案审查意见的回函、园林审查意见、人防标准审查、立项批复，完成现场树木移伐工作；完成C、D区8个住宅楼和相关配套公建的地勘和D区D1、D2、D3住宅楼设计图纸调整工作。八里桥棚改项目，一期、二期完成拆除面积1万余平方米；二期完成16户签约及付款工作；根据区政府会议精神，正在组织研究项目前期手续报批及编制《规划综合实施方案》工作。杨坨四街、东街、中路项目，取得规划、土地、立项批复等前期手续，完成3条路施工、监理招标工作，申请完成建设资金及拨款工作；完成四街施工证办理，电力管线完工，雨污水管线完成95%，道路工程完成70%；完成中路、东街穿越地铁6号线专项设计方案，组织召开专家论证会。通州宾馆项目，根据区政府专题会议精神，正在加快推进通州宾馆工程质量检测、安全鉴定、消防改造、结构加固招标及实施工作；严格按照相关规定和程序，有序推进通州宾馆股权转让工作；与木棉泰德公司多次洽谈，于12月10日取得区国资委对于通州宾馆项目合作招商事宜批复文件后，及时完成相关合作协议的签署工作，确保路孚特公司按计划入驻。通州新城0203街区6009、6010地块项目，完成签订《国有建设用地使用权出让合同》，缴纳各项税费的相关手续工作，取得土地使用证；项目方案设计通过联审会和配套会，等待市级会议审批。彩虹之门项目，取得审计报告、注销核准通知书、注销证明、清税证明；土地置换方案获得市规自委原则审批通过，待方案修改完善后报市政府审批；开始就彩虹之门项目研究分析融资工作。生态公园全民健身体育中心项目，取得勘察和测绘成果，完成施工图设计、精装初步设计、施工及监理招标工作，完成附属用房主体及二次结构施工。

【服务保障】 年内，国资公司围绕做好服务保障工作，主动担当作为，进一步提高思想认识，围绕北京城市副中心建设，以更加有力的措施，更加精准的服务，承担区委、区政府有关工作。一是以服务市级机关为重点，通过提升阳光会议中心硬件设施79项，优化人员结构，制定详细的培训计划，提升服务质量；全年接待45家市级机关单位，累计1.2万人次，全年接待中未发生一起事故，未引发一起投诉，完成各项服务保障工作。二是确保文化广场各项重大活动安全有序，举办庆祝中华人民共和国成立70周年国庆游园活动、冰雪嘉年华、“学习雷锋争当志愿者”、运河文化庙会等25场活动；实现京杭大运河（通州城市段）旅游通航，累计接待游客24万人次，做到安全无事故。三是持续发力，完成迎接文明城区复检工作，组织开展志愿服务活动800余人次，修剪绿篱树木7万平方米，办理复检督办整改单35份，监督整改解决问题40余个。四是配合区文化旅游局，做好大运河国家AAAAA级旅游景区的申报工作和运河公园精品公园复查工作。五是办理建议、提案工作，2019年国资公司受理区级人大代表建议、政协委员提案5件，于6月30日前按照要求全部完成答复意见书，委员代表均对答复意见表示满意。

【精准扶贫】 年内，开展“万企帮万村”精准扶贫行动，北京新城基业投资发展有限公司和北京市通州区房地产开发有限责任公司与内蒙古两个深度贫困村形成村企结对帮扶，拨付扶贫款30万元，北京新城基业投资发展有限公司实地考察帮扶情况，开展多渠道、多领域、多形式的扶贫，捐赠衣服762件、各类图书742本、文具1015件，推动扶贫协作不断向纵深发展。

【接诉即办工作】 年内，公司接到案件653件，全部在规定时间内反馈完毕，全年案件解决率为39.8%，满意率为57.1%。主要涉及物业管理、拆迁安置、房屋产权、公园管理等方面。全年走访投诉重点点位20余次，召开各类接诉即办调度会10余次，真正做到通过一个热线，研究一类问题，化解一片矛盾。对热线反映集中的停车难等共性问题，协调职能部门，完善政策，加强投入改造，全力推进。

（姚雪峰）

应急管理

【概　况】 2019年3月22日，北京市通州区应急管理局正式挂牌成立。通州区应急管理局坚持副中心标准，全方位实施“提质增效”工程，将安全生产与应急管理融为一体，推进新的“大应急”系统人员、岗位职责、运行模式、管理机制有序衔接，初步形成以安全生产为基本盘，以高效的应急指挥体系为支撑，以专兼结合的应急队伍为保障，以风险防控和隐患整治为硬核，以应急文化和全民安全教育培训为依托的“大应急”工作格局，全区安全形势平稳有序。

【实施副中心排险除患系列行动】 一是全面整治安全生产薄弱环节。将安全生产有机融入疏解非首都核心功能工作中，围绕“拆违补绿”“美丽乡村建设”“老城双修”等工程项目，全力推进城乡接合部地区安全生产专项整治，建立“信息互通、专题会议、督查考核”的安全生产治理闭环工作机制，全年出动执法检查人员102573人次，检查生产经营单位43217家次，排查整改各类上账安全隐患332项，整改率达到100%。二是统筹调配全区安全监管力量。以“护航·70”专项行动、“防风险保平安迎大庆”消防安全专项执法等活动为主线，构建完善“区安办主导、行业部门联动、街乡属地落实”的全方位重大活动协调联动保障模式。国庆期间，依托区应急办、安委办平台，高频次指挥调度安全应急管理工作，对754个区级风险点实施最严格的风险管控措施，70周年大庆期间实现零事故目标。三是完成国庆应急保障任务。结合所担负的空中梯队迫降应急处置保障任务，局专门成立应急保障指挥部，针对7处迫降点，制定“一对一”应急救援处置方案，完成23批次的飞行保障任务，赢得市梯指好评，区应急局被评为庆祝中华人民共和国成立70周年阅兵服务保障工作先进单位。

【建设高效协同的应急管理体系】 一是提档升级应急管理工作。区委常委、常务副区长直接分管应急管理，区领导将应急管理工作纳入乡镇街道党（工）委书记月度工作点评会，并在历次会议中均作出重要指示。安全生产和应急管理重点任务直接纳入区委、区政府重点督办事项、折子工程和全区绩效考核，安全责任进一步压实。二是建立健全应急指挥体系。区政府常务副区长主持、研究机构改革应急管理体制机制问题，制发《关于进一步加强通州区应急管理工作的实施意见》，重点强调9项具体机制建设，明确机构改革后应急管理和突发事件处置的工作标准和内容。指导各专项应急指挥部、区应急委成员单位和各乡镇街道开展值守应急标准化建设，提升值班值守和应急响应的效率。增加区应急办力量，由原来的10人增至20人，并实施双重值班值守制度。全年接受市级抽查64次，抽查区属各部门各单位值班值守情况107次。三是强化完善应急演练保障。高标准开展“3·8”潞城火灾事故市区联合全要素演练和西集镇“5·17”冰雹灾害应急处置，为突发事件应急救援提供借鉴。整合区内防汛指挥系统、空气重污染指挥系统、气象灾害系统、建筑工程监控、公安大图像监控等系统，实现与区应急指挥平台对接，利用信息化手段进行视频巡查、远程监控、预警防控，做好重大活动和突发事件指挥调度服务保障工作。

建立专兼结合、优势互补的应急队伍。一是筹备组建森林消防综合应急救援队伍。在完成9人的森林消防大队和15名扑火队员转隶工作基础上，制定并印发《关于进一步加强区级森林消防综合应急救援队伍能力建设的方案》，计划再组建2支总数80人的区级森林消防综合应急救援队伍，承担通州区和跨区域森林火灾火场的勘察、火灾扑救和控制、受困人员救助、火场信息采集和报送等任务。二是率先启动规范应急小分队建设。制发《通州区街道应急小分队建设工作实施方案》，科学编制《应急小分队创建指南》，发挥街道内各所、站、队及专职安全员、社区志愿者作用，建成381人的应急小分队，建立“应急响应—初步处置—灾情确认—维护引导—驰援救援”的链条式响应机制。制定《应急小分队月督办考核管理办法》，从绩效考核、考勤查岗、装备管理等八个方面形成制度约束，纳入街道平安建设综治考核，最大限度发挥应急小分队优势和作用。三是强化专职安全员、巡查员队伍建设。持续推进安全生产（督查）检查队规范化建设，通州区参评的乡镇街道及部门（督查）检查队分别于2017年、2018年、2019年通过市级复评验收，在全市名列前茅。全区安全巡查员队伍达到1217人，超额完成社区巡查员覆盖率90%的目标。永顺镇、马驹桥镇被授予全市安全生产检查队示范教学基地称号。

推动执法检查和风险防控提质增效。一是强化执法检查。全面落实执法检查计划和“双随机”执法，推进执法检查标准化建设。全年行政执法人均检查量178.75件，人均处罚量达到20.55件，职权履行率16.45%，分别超额完成市政府下达年度任务的715%、513.75%和265.32%。乡镇（街道）专职安全员检查覆盖率达到99.56%，检查发现隐患消除率达99.74%。二是深化隐患排查。扎实开展城市安全隐患治理三年行动，量化各单位年度监督检查数和挂账数，区分达标标准和超标标准，纳入区绩效考核成绩，完成750条区级挂账隐患整改销账，在市安办、市政府督查室的随机抽查中，通州区点位合格率100%，工作经验在全市推广。三是开展风险评估。制发安全风险评估三年工作方案，依托安全风险云服务系统，完善全区安全风险数据库，完成覆盖10个重点行业领域611家企业的风险辨识评估工作，填报风险源7392条，制作专项应急预案1442份。

【夯实安全生产和应急管理基层基础】 一是营造安全应急文化氛围。深入开展“七进”“三下乡”“应急宣传进万家”等系列活动，举办第十四届安全文化节、全国重大工程安全管理创新与事故防范经验交流会。“通州应急”微信公众号在全国影响力排名37，区局获得全国应急管理新闻舆论阵地建设先进单位和安全生产月优秀组织奖。4家单位获评安全社区和全国综合减灾示范社区。二是坚持安全生产社会化保障。稳步推进安责险投保工作，明确任务分工，量化工作指标，加强宣传指导和跟进服务，全区新增投保企业3218家，同比增长8.39%，区域企业年参保率达到21.6%，超额完成14%的任务目标。三是创建国家安全发展示范城市。作为全市6个试点区之一，在全市率先以两办名义印发创建工作实施方案，组建工作专班，将4大方面、35项创建任务，逐项分解到40个部门和各乡镇街道，着力打造具有副中心特色的城市安全保障体系。编制完成《创建基础评估工作报告》，针对各方面的短板和薄弱环节提出对策措施。国务院安委会拟将通州区和扬州市作为先行先试重点地区，调研交流创建工作中的典型经验。

2019年，区应急局先后获得庆祝中华人民共和国成立70周年阅兵服务保障工作先进单位、全国应急管理新闻舆论阵地建设先进单位、北京市应急管理系统政务信息工作优秀单位、2019年北京市“职工技协杯”职业技能竞赛安全应急领域竞赛活动优秀组织奖、通州区2019年度绩效管理综合考评优秀单位荣誉。通州区开展城市安全隐患治理三年行动的做法被市安办表扬推广，安全发展示范城市创建工作经验供多省市借鉴交流，应急小分队建设、安全生产举报查处等工作也成为通州区的特色和亮点。2019年，通州区两支安全生产检查队被市局和首钢工学院授予全市安全生产检查队示范教学基地称号，2人被评为北京市应急管理系统政务信息工作优秀个人，16名安全员被评为“护航·70”专项行动表现突出的专职安全员。

3月22日，通州区应急管理局挂牌仪式
（区应急局提供）

【危化品企业从业人员教育培训】 5月21—22日，通州区应急管理局在台湖、永乐店、张家湾和马驹桥镇举办培训班，对全区危险化学品企业安全教育平台管理员进行技能培训。5月起，区应急管理局组织全区重点医药、化工和危化企业负责人，参加每月1期的危化品相关标准宣贯视频培训，全年有90余家企业近150人参加视频学习。

（张志强）

【安全生产月活动】 6月，通州区安委会办公室围绕“防风险、除隐患、遏事故”主题，开展一系列宣传教育活动。6月16日，在西集镇文化广场设立主会场，开展安全生产咨询日宣传活动。活动现场分为安全生产展板展示区、VR体验区、消防逃生体验区、救援机器人展示区、宣传品发放区、12350咨询区等区域，全面开展安全生产法律法规、燃气安全、安全科普、应急救援、职业健康、安全诚信、安责

6月16日，通州区2019年安全生产月咨询日活动现场
（区应急局提供）

（宋煜）

险等知识宣传。全区各部门、乡镇街道、企业近1.2万人参与安全生产宣传咨询活动。安全生产月活动期间，悬挂横幅6000余条，摆放展板5000余块，发放各类宣传资料380种39万份，受教育人数80万人。

【应急救灾储备物资交接工作】 6—12月，通州区应急管理局通过与区民政局、区商务局的共同会商，完成对现有的全区应急救灾储备物资管理交接手续，区民政局聘请第三方机构对全区现有应急救灾储备物资进行资产清查，建立管理台账，明确管理措施和要求，在区应急管理局的全程参与下，区民政局正式将全区应急救灾储备物资移交由区商务局进行日常管理，区应急局将对物资的日常管理进行监督指导。

（辛俊峰）

【跨部门、跨地区综合性应急救援演练】 7月24日，通州区应急管理局会同通州消防支队、通州公安分局、区卫生健康委及潞城镇政府等11家单位，以“3·8”潞城火灾事故为背景，模拟通州区潞城镇某公司仓库发生火灾。在各单位共同努力下，火灾现场得到有效控制，磨合机制、锻炼队伍，达到预期的目的。

7月24日，通州区开展火灾应急指挥处置拉动演练（区应急局提供）

（张聃）

【安全生产督查检查队规范化建设】 10月24日，北京市应急管理局执法总队将通州区作为全市星级检查队创建试点，永顺镇和马驹桥镇两支安全生产检查队被市应急管理局和首钢工学院授予安全生产检查队示范教学基地；12月6日，市应急管理局对区教委、区国资委安全生产督查检查队规范化进行现场复核，确定通州区区职能部门专职安全员队伍规范化建设达标。

（庄威）

【安全事故应急演练】 11月，根据《北京市城市安全风险评估三年工作方案（2019年—2021年）》要求，通州区在重大风险源企业举办“一对一”预案应急演练。演练以液化石油气储罐出料阀门前管线出现大量泄漏，在抢险堵漏过程造成人员受伤为背景，提高重大风险源企业和属地政府的应急联动处置能力。

（焦云生）

【安全生产集中整治】 12月，通州区安委会印发《通州区安全生产集中整治工作方案》，发动全区各部门和单位围绕政治站位不高、红线意识不强、安全责任缺位、隐患排查不扎实、监管执法宽松软等问题全面开展自查自纠，查漏补缺，提升监管管理水平。深刻吸取全国全市范围内事故教训，突出开展燃气、消防、危险化学品、建筑施工、道路交通、有限空间作业等重点行业领域集中整治，截至12月31日，全区出动检查人员5812人次，检查单位3780家，发现并整改问题隐患2984项，关闭取缔2家，行政处罚58起，处罚金额102.05万元，停产停业45家。

2月26日，开展学校和医疗机构危化专项督查行动，执法人员现场检查（区应急局提供）

（雷文龙）

【村（社区）级安全监管体系建设】 2019年，通州区各行政村和社区均成立村（社区）安全工作领导小组，建立安全巡查员队伍。全区15个乡镇、街道457个行政村、132个社区，除涉及拆迁的村外，其余村、社区均配备安全巡查员。

（庄威）

【“安责险”工作】 2019年，全区新增投保企业3351家，同比增长8.39%，区域企业年参保率达到21.6%，超额完成14%的任务目标，2019年保险费1002.26万元，累计责任限额168.58亿元。

【安全生产举报投诉】 2019年，通州区安全隐患和安全生产违法行为举报中心接到群众举报投诉75件。全年受理的75件举报投诉中，办结75件，办结率100%，将查处情况向实名举报的举报人进行回复，满意率100%。（雷文龙）

【行政许可办理工作】 2019年，通州区应急管理局办理行政许可93件，其中危险化学品经营许可83件，烟花爆竹经营（零售）许可2件，危险化学品建设项目的安全条件审查4件，危险化学品建设项目的安全设施设计审查4件。（任俊妍）

【配送销售】 2019年，烟花爆竹批发单位为通州区零售网点配送烟花爆竹824箱，同比上升37.8%；网点完成销售824箱，同比上升44.1%。

（张志强）

【隐患排查治理标准清单编制】 2019年，通州区应急管理局印发《关于做好隐患排查治理标准清单编制工作的通知》，明确清单编制范围和工作步骤，择优选取第三方服务机构，确定服务机构五项具体帮扶工作内容，明确工作要求。将清单编制纳入全区安全生产综合考核重要内容，加大考核权重，分别于6月4日、8月6日组织召开通州区2019年隐患排查治理标准清单编制动员部署会和隐患排查治理清单编制工作推进会，就清单编制工作的准备及资金筹集情况和信息系统使用情况进行交流讨论。年内，通州区累计完成614家企业的清单编制工作，超过目标责任书中的570家的目标任务。纳入清单编制所有企业隐患信息系统使用率达到93%。

（雷文龙）

【应急预案备案】 2019年，依据应急管理部《生产安全事故应急预案管理办法》，通州区应急管理局要求各乡镇、街道和园区要高度重视应急预案备案工作，有222家生产经营单位进行备案，125家新增生产经营单位进行首次备案。（焦云生）

【预警信息及其他重要信息的发布、反馈和统计分析】 2019年，通州区突发事件预警信息发布中心发布气象类预警信息150期。其中，暴雨预警信息16期，雷电预警信息23期，大风预警信息73期，大雾预警信息15期，寒潮预警信息4期，高温预警信息10期，道路结冰预警信息4期，沙尘预警信息3期，冰雹预警信息1期，暴雪预警信息1期。累计发布预警及重要提示性信息短信450余万条。

（冯金波）

【应急演练制度标准建设】 2019年，通州区进一步强化应急演练工作，下发区级应急演练工作计划和工作台账，在全区开展各类应急演练1200余次，其中区级综合应急演练2次。区住建委组织建筑工程事故应急指挥部23家成员单位在运河核心区开展建筑工程事故区级应急演练。（张聃）

【有限空间作业专项培训】 2019年，通州区应急管理局组织专项培训3次，培训乡镇安全科长和专职安全员180人次，各乡镇街道组织有限空间作业各类培训30余场，培训企业负责人、管理人员等相关人员1000余人。（杨贺琳）

【安全社区创建】 2019年，通州区安委会办公室借鉴北苑街道、玉桥街道在安全社区创建中的经验做法，通过积极引导、共建互促等手段，启动梨园镇、于家务回族乡、永顺镇、潞城镇、新华街道、中仓街道等单位安全社区创建工作，不断提升街乡安全领域管控水平，护航城市副中心建设。中仓街道安全社区创建工作被列入北京市市级安全社区建设库，完成专家评审。

（宋煜）

【有关文件清理】 2019年，通州区应急管理局对2004年至2019年3月22日（2019年3月22日区应急管理局成立，不再保留区安全监管局）期间，以区安全监管局、区安委会、区安委会办公室制发的文件进行清理，最终确定保留通安监发文件31个，通安委发、通安委办发文件92个。对2004年至2019年3月22日由区安全监管局起草的以区政府和区政府办名义制发的行政规范性文件进行梳理，提出保留、修改或者废止的初步清理意见，并及时报送区司法局。对2019年3月22日至12月31日，区应急管理局形成的各类规范性文件严格进行审查，全年审查各类文件67个。（任俊妍）

功能区

6月15日，2019年全国“双创”周中关村各分园宣传推介活动——通州园推介活动

（中关村通州园区提供）

概　述

【概　况】 2019年通州园实施创新驱动发展战略，调整产业结构，优化产业布局，深化体制机制改革，服务城市副中心建设，推动地区经济发展。全年9个园区（光机电基地，金桥基地，物流基地，开发区东区、西区、南区、北区，永乐开发区，聚富苑）完成工业总产值401亿元，总收入1341亿元，工业企业收入54亿元，税收合计63亿元。

【园区体制机制改革取得实效】 园区合署办公后，体制机制进一步捋顺，人员合理分工调配，按照《通州区园区管理体制机制改革方案》，下设张家湾设计小镇及西集网安园2个专班。各项工作有序推进，取得阶段性成效。年内，举行首批入驻张家湾设计小镇企业签约活动，北京建筑设计研究院选址落地，首批33家企业实现注册，实质性入驻，展现出良好的发展前景。设计小镇创新中心引进企业44家，其中36家完成工商系统登记（24家企业取得营业执照）。

【完成园区项目准入评价体系研究】 编制完成《中关村科技园区通州园项目准入评价体系研究》。以新增用地项目、资产（土地或构筑物）购买项目、空间载体租赁型项目、原址改造升级型项目4种产业项目类型的不同特性，实施分类指导，针对产业类型、产业链环节、固定资产投资强度、产出强度、税收强度、土地集约利用情况等关键要素设定全面科学的评价指标体系。在广泛征求意见基础上，对甘李二期、黎明家俱、华腾文创园、造纸七厂改造项目、摩思登改造项目等5个在途工业项目进行测试，对测试中的不足及时进行补充完善，该体系已推广到各基层园区和部分乡镇试行。

6月3日，2019年重大“高精尖”成果产业化项目通州园项目专家评审会
（中关村通州园区提供）

【做好中关村通州园发展规划编制工作】 通州园于3月29日正式启动调研，年内开展调研40场，调研、访谈对象涉及区投促局、区科委、规自委、区经信局、区发改委等区相关委办局，通州园的主要领导及园区所辖开发区西区、东区、南区、永乐开发区、国际种业园及聚富苑产业园。通州园发展规划研究报告及规划文本均形成阶段性成果，将进一步深化完善。

5月26日，2019年第八届北京现代种业博览会开幕
（中关村通州园区提供）

【在途工业项目及重大洽谈建设项目情况】 通州园精准服务企业，提前调研需求，加强与属地政府及园区平台公司沟通，多方征集意见，指导完成30余家高精尖项目通过专家评审，其中嘉通信瑞机器人、天宇朗通智能信息装备、诺思兰德生物工程制药等13个在途工业项目及西北工业大学北京研究院、互联网+医疗健康总部项目、福元医药、泰利新能源等4个新洽谈项目通过区级产促会研议，列入用地规划并签署投资承诺协议。黎明家俱信息化管理总部、华腾大搪文创园、通州口岸0013地块等十余家企业待产促会审议。

【企业立项初审工作】 按照园区《关于非政府投资工业和信息化领域固定资产投资项目备案工作流程》，通州园认真做好存量项目初审工作。本着让“信息多跑路，企业少跑路”的原则，简化流程，精心服务，受到园区企业好评。接收102家企业的162项目，其中153个项目通过初审，3个项目属于禁限目录未予通过，4个项目不用备案，2个项目须上产促会或政府专题会研议，初审通过项目报区发改委和区经信局进行立项申请工作。

【疏解一般制造业完成情况】 园区疏解一般制造业工作列入市级任务的企业有2家，分别为北京北农天风农药有限公司（西区）、北京市北泡轻钢建材有限公司（西区），新增区级疏解任务企业分别为北京仙源食品酿造有限公司（南区）、北京星月泡沫塑料有限责任公司（西区），年内4家企业完成疏解验收工作，疏解奖励资金拨付到位。

京津冀协同发展工作推进情况。为了融入京津冀协同发展战略，促进通武廊区域产业经济合作，通州园开展与廊坊北三县等地区的信息对接工作，先后与天津市武清开发区就对接合作事项进行详细洽谈，在经验交流、人员交流、产业交流和沟通机制等方面达成共识；与迁西县就北京弘赫国际体育发展有限公司赴迁西投资建设体育运动中心，初步达成合作意向。

【折子工程及基础设施建设情况】 年内，环渤海总部基地涉及的12条道路实现开工建设。物流园区兴贸北街道路工程手续进展顺利，2020年可实现开工建设。永乐开发区集中供热热源工程完工，具备供热能力。

【加强与中关村对接协作】 创新工作载体，成立工作专班，与中关村对接协作，利用中关村资源政策，获得对重大项目支持，协助企业与中关村项目对接落地。推动重点任务落实。主要有中关村（通州）高端人才创业基地、中关村海外人才创业园、中关村城市科技前沿技术创新中心（通州），进一步吸纳高端人才企业、专业服务机构入驻。争取项目资金支持。年内，新认定中关村高新技术企业92家。园区纳入中关村统计范围的高新企业达到493家。

【加强高端人才引进培育】 新增4家园区类博士后科研工作站分站。年内，市人力资源和社会保障局发布《关于批准北京智源人工智能研究院等39家单位设立园区类博士后科研工作站分站的通知》，其中蒙牛高科乳制品（北京）有限责任公司、北京鑫开元医药科技有限公司、银谷制药有限责任公司、北京安必奇生物科技有限公司4家单位入选博士后科研工作站单位名单。通州园累计博士后科研工作站分站12家。

9月10日，外籍高层次人才新政解读会（中关村通州园区提供）

（郭庆云）

运河商务区建设

【概 况】 2019年，是落实北京城市副中心控规的开局之年，在区委、区政府的正确领导下，区新城中心区管委会始终坚持以习近平新时代中国特色社会主义思想为指导，以深入开展“不忘初心、牢记使命”主题教育活动为契机，立足“一核两翼”和京津冀协同发展大局，围绕副中心建设，心往一处想，劲往一处使，智往一处谋，努力在关键领域和重点环节取得新突破，主动担当，攻坚克难，坚持以高质量、高水平、高标准推动运河商务区较快发展，各项目标任务均取得明显进展。年内，按照区里统一要求，根据园区管理体制改革方案，新城中心区管委会、商务园管委会、医疗康体区3个管委会进行调整合并。开通运河商务区官方微博，围绕“你好，副中心”话题大力营造副中心建设良好社会氛围。

【基础设施建设】 坚持“早下手，早准备”的原则，经过反复研判论证，确定符合建设实际的2019年基础设施建设计划和进度形象，并细化分解、倒排工期、明确职责、明晰目标任务，在加强监督管理的基础上，保证重点工程的建设进度，区委、区政府重点折子工程都按期保质完成。

【落实做好督查督办工作】 针对区政府折子工程、重点工程的进展以及存在问题设立专人督办，随时跟进掌握工作动态。一是按照年初制定的《通州新城核心区2019年基础设施建设项目任务分解及形象进度表》，每月梳理未按时间完成的工作，向项目牵头单位、建设单位和协办单位发函督办，汇总项目未完成的原因及下一步工作的措施和时限，为领导决策提供准确的数据支撑；二是做好区委、区政府的每月督察，根据督查要求，单独或会同督察机构开展现场检查督办，及时反馈计划完成情况，督促建设单位加快进度。

【加大协调服务力度】 统筹区域市政道路、供电、供热、燃气等建设工作，协调电力、燃气、住建、城市管理、园林、水务等部门，确保区域水、电、气、热、路以及绿化等市政基础设施统筹安排、协同共进，产业项目对于市政配套的满意率不断提高。2019年发出协调配合函件50余件，协调各类问题70余个。

【基础设施保障能力全面提升】 能源保障方面，运河220千伏、岳庄110千伏变电站主体完工；东关大道燃气工程重点区域实现通气；按照新的区域通信网络规范管理方案，对区域通信网络进行严格管理；综合管廊等其他市政管线运行效果显著。路网建设方面，北环环隧连接部分地块试运行；南环环隧（东段）主体结构完工；响闸路、观音庵南街、惠济路、惠济东路4条示范路（部分路段）完成铺装；粮市街地下连廊、管线施工完成；北关大道跨北运河桥完成景观照明工程；紧密跟进城市副中心站建设。冷热电三联供能源中心投入使用。协调推进区域绿化工程。市政配套综合服务中心、真空垃圾收集系统、立体停车场运营良好。

【智慧园区建设】 年内，统筹区域内各项智慧城市建设工作，实现智慧交通诱导、可视化全区域监控、智慧消防等部分智慧功能。并经过多轮调研、磋商、研讨、论证，形成运河商务区智慧园区三年建设计划，明确各年度建设任务，测算出建设资金预算，在此基础上打造以BIM平台为基础、以智慧园区门户为主体，服务于政务、通信、物业、能源、交通、消防、民生、医疗、文旅等领域，重安全、易体验、低成本、高效率的智慧园区。

【规划落实开局良好】 年内，严格落实副中心控规要求，对承担的任务，分项制定阶段性目标和工作方案，明确主管领导、责任部门和承办人具体负责，确立运河商务区发展新秩序、新标准，严格对照时间节点，加强统筹协调，切实发挥好主责牵头作用，确保城市副中心“一年一个目标节点、每年都有新变化”。

【城市专项设计】 为将规划落实落细，运河商务区在总体规划的基础上着重加强重点景观、主要功能区块的细节设计。组织开展商业示范街区建设，形成商务北区四条示范段城市支路初步方案设计方案。完成滨水岸线（上营段）初步方案设计，以北运河通航为契机，突出体现蓝绿交织、水城共融的规划特色，着力打造高质量滨水岸线、公共空间和特色商业街区，建设有代表性的城市客厅和城市门户。持续推进项目外立面设计优化工作，力求主要功能区块、主要景观、主要建筑物在设计上充分体现城市精神、展现城市特色、提升城市魅力。配合有关部门完成城市副中心站总体设计优化方案评审工作。加强“三庙一塔”历史景观保护，对现状影响观塔视廊的建筑予以拆除，涉及的富华水乡南区1～3号楼规划调整工作。

【地下空间一体化消防设计】 通过审批创新和各部门联动，地下空间一体化从建审手续上突破障碍，并通过区域性整体特殊消防性能化设计解决地下空间消防审批难题。各连通道项目都可以正常办理施工许可，部分项目实现开工，并陆续进入竣工验收阶段。地上连廊、地下通道建设项目方面，新光大中心项目等8连廊通道完工；保利项目等7条连廊通道正在加快施工。中间地带项目方面，富力项目、新光大等2条中间地带完工。同时启动地下空间一体化智慧消防平台设计工作。

【高精尖企业入驻情况】 年内，物色专业招商团队，体现“专业人干专业事”，并向区产业促进委员会推荐有丰富国内外企业资源的全球顶尖咨询机构波士顿公司、有金融行业背景的涛盈科技公司、有极强商业地产运营能力的国际财富中心公司等3家企业，并在“北京城市副中心优化营商环境交流会”上签订招商服务协议。同时与波士顿公司签订产业项目准入评估咨询服务协议，为运河商务区引入企业提供办公、商业准入评估、招商策略支持等服务。

【运河商务区品牌形象和国际影响力有所提升】 年内，聚焦“创新金融、高端商务”战略，在中国国际服务贸易交易会城市副中心分会场举办创新金融和高端商务专题推介论坛，围绕运河商务区产业发展、营商环境等内容发表主旨演讲，邀请咨询机构（麦肯锡、波士顿）入驻企业的负责人以及专家（华软集团、阿里巴巴集团），关于服务业扩大开发、绿色金融、金融科技、财富管理、未来商务区建设等主题进行论坛。同时，争取到“2019全球财富管理论坛”“美国企业投资北京城市副中心项目洽谈活动”等一系列有国际影响力的重大商务活动在运河商务区举办。运河商务区北京国际财富中心被列为每年举办全球财富管理论坛的永久会场；同时参加第24届澳门国际贸易投资展览会，通过在不同场合（北京馆、北京老字号馆）图文视频展示、主题日推介、企业洽谈，展现运河商务区发展愿景和整体形象，提升运河商务区知名度，也为再次进行国际宣传积累丰富经验。

【城市副中心控规任务分解落实情况】 年内，承担“强化部门协同，创新运营模式，落实交通枢纽功能，兼容商务服务、综合服务功能，以枢纽地区建设带动运河商务区的升级发展”“鼓励老城区既有园区加强资源整合”“营造良好的高端商务办公环境”等3项工作任务，完成四个季度工作计划梳理工作。其中，委托麦肯锡公司进行产业功能定位研究；对通州新城金融服务园的园区规划、项目开发、楼宇资源情况进行摸底，整合招商资源，实行统一对外招商，列入产业项目准入评估范围。

【服务业扩大开放综合试点相关工作】 年内，启动三年行动计划编制工作。《运河商务区三年行动计划》初稿编制完成，明确运河商务区建设国际化现代商务区发展目标、实施路径及主要任务。

【承接中心城区商务服务功能疏解任务】 年内，加强与中心商务区域合作，与万达集团、中智（北京）人力资源外包服务有限公司、西城金融街威沃克办公服务（北京）有限公司、中国建设银行北京分行4家产业项目签署战略合作协议。签约后与4家企业对接，详细介绍副中心及运河商务区的战略定位和发展蓝图，深入了解企业未来在通州发展布局，为加快推进项目落地夯实基础。中智在副中心成立二级子公司中智（北京）人力资源外包服务有限公司，致力于为通州劳动者和企业提供全面便捷的人力资源服务。按照战略合作协议内容，与CBD管委会、金融街服务局建立会商机制，沟通交流对接企业发展动态。CBD管委会梳理20家有意向到通州发展的企业，金融街服务局开展摸排工作，梳理出4家企业。

【做好对接央企二级总部工作】 年内，根据区政府专题会议部署，组建驻京央企二级总部对接工作专班，一是摸排复兴门到建国门之间长安街沿线企业，从中梳理出央企关联企业，经区税务局协助，筛选出两门之间重点企业；二是甄选出注册地在三环以内、2018年税收贡献1亿元以上的央企二级总部，对接工作实行市区上下联动机制，市发改委密集走访央企二级总部，为下一步对接洽谈提供参考依据。其中，三峡集团在京二三级总部企业拟迁入运河商务区、信通院已意向购置土地建设技术产业创新基地。

【完善提升商务办公准入】 年内，根据市主要领导到副中心调研作出的"研究制定产业进入标准，做到商务服务向CBD联动看齐，科技创新向中关村联动看齐，高端制造向亦庄联动看齐，合理设置落地企业人均产出、地均产出、地均税收等指标，严把项目准入关"的指示精神，与波士顿咨询公司商讨完善准入标准，提高准入门槛，确保真正的高精尖企业落户通州。深入对标国内高端商务区域，提高企业研发投入、企业税收水平等方面的标准。产业标准提升工作基本完成，待区级审批。

【完善提升商业准入】 年内，按照通州区商业网点布局规划，运河商务区被定义为核心商圈。探索如何在园区范围内打造24小时活力街区，吸引国际一流品牌入驻形成地标式商圈。定期召开运河商务区商业准入工作会，由波士顿咨询公司汇报商业准入工作的开展情况，区住建委、区工商局、区市场监管局、区商务局、区投资促进局就相关问题展开讨论。会后由波士顿公司进一步研究运河商务区商业业态比例，完善准入细则等工作，完成新光大、富力商业自持准入评估工作。

【商业规划研究工作】 年内，借助通州服务业扩大开放的契机，提前谋划运河商务区核心启动区内商业服务规划布局，打造商业服务示范区。对运河商务区核心启动区商业服务规划布局进行初步研究，确定相关工作内容和工作计划，并向区政府报送《通州区新城中心区建设管理委员会关于启动运河商务区核心启动区商业服务规划布局研究的请示》，聘请第三方咨询公司开展商业服务规划布局研究，启动16个开发建设项目走访调研和收集商业自身定位工作。

【举办高端会议活动】 2019中国国际服务贸易交易会城市副中心分会场高端商务专题推介论坛在位于运河商务区的国际财富会议中心举办，近百家企业参加论坛。围绕绿色金融、财富管理、金融科技、服务业扩大开放等主题，向参加会议的国内外企业代表、相关人士全面展示运河商务区规划建设情况、高精尖产业项目成果、未来商务区建设的各项举措，提升运河商务区品牌形象和国际影响力。

【街区产业功能定位研究】 年内，基于运河商务区建设大规模的地下交通枢纽——城市副中心站，利用城市副中心未来形成的便捷通畅、四通八达的交通体系优势，拟立足于功能完备的综合交通枢纽，引导发展交通导向型经济，将以创新金融和国际化互动型总部经济为核心，全力打造成为"全球领先的城市商务新枢纽标杆"，聘请全球顶级咨询机构麦肯锡公司通过借鉴和对标境内外领先高端商务区经验做法，结合各类上位规划和各级政府重大决策部署，在开展大量访谈调研的同时，组建由政府部门、相关领域专家参与的工作营进行各类专题研究，广泛征集各方意见建议，对产业功能定位的顶层设计、产业细分、城市功能业态、空间落位等方面进行深入研究，已形成产业功能定位的研究成果。

【重点项目推进落实情况】 年内，浙商银行等在园区购置办公用房；三峡集团等一批项目在园区完成注册。

【税收指标完成情况】 2019年，实际形成税收254783万元，其中开发企业纳税200879万元，重点企业纳税35304万元，施工企业纳税8922万元，零散企业纳税9678万元。人力资源产业园为单独统计税收项目，形成税收17894万元。

【统筹推进现场办公】 年内，运河商务区建设现场办公室召开17次工作例会、18次通报会，督办发现问题隐患161个，实施行政处罚61起，罚款80万元，共同解决运河商务区开发建设管理中存在的问题，协调解决各参建项目需求。通过常驻成员单位各司其职、主动服务、齐抓共管，研究议定事项91个，编写检查情况通报18期、工作简报10期，按时报送各类工作信息30余条，进一步提高运河商务区建设工作精细化、科学化、规范化管理水平。

【强化安全生产建设】 学习宣贯《北京市党政领导干部安全生产责任制实施细则》的通知，组织建设现场管理办公室相关单位听取安全生产工作情况，研究解决建设管理过程中安全生产重大事项，督促和支持各有关部门依法履行安全生产监督管理责任；组织召开运河商务区安全生产及环境保护座谈会，建设单位负责人、总承包单位负责人（项目经理、安全经理、劳务经理、一线工人）、监理单位负责人参加，对《北京市生产经营单位安全生产主体责任规定》进行学习，严格落实建设管理主体责任。

【推动专职安全员队伍建设】 年内，全面开展安全生产检查队规范化建设和星级评定，定期组织全体安全员召开工作研讨会；通过开展教育培训、职业技能竞赛、检查能手选拔等方式，全面提升专职安全员业务能力；加强专职安全员队伍党组织建设，健全组织生活制度；充分发挥工会作用，通过开展丰富多彩的活动，提升专职安全员集体归属感和荣誉感，增强队伍的凝聚力战斗力。

【完善履职监督机制】 年内，组织建设现场管理办公室相关成员单位及运河商务区各参建单位每两周召开建设管理检查情况通报会，会上区住建委、区应急管理局、公安消防支队等成员部门对最新的安全生产法律法规、管理制度进行宣讲，对执法检查情况进行通报。强化安全生产督查检查机制，结合落实重大决策、重要时期、重点工作开展专项检查，委主任每季度带队、分管主任每半月带队、科长每周带队、科室工作人员每周两次对建设现场情况进行检查。利用节假日、重大活动、极端天气等重要时间节点契机，组织相关工作人员进行岗位落实、设施设备保障是否到位、专项预案是否有效实施等重点抽查，确保重要时间节点不出问题。

【安全保障工作】 年内，组织所有参建单位，在春节、全国“两会”、五一、中秋节、国庆节等重要节点，提前召开专题会议对安全保障服务工作进行再动员、再部署、再安排。主要领导、主管领导带队进行现场检查，督促运河商务区内各参建单位严格按照相关专业领域安全生产法律法规开展各类隐患风险点自查，发现问题立即整改。开展“隐患清零”攻坚行动。联合现场管理办公室对施工现场及生活区进行安全隐患大检查，利用网格化管理制度，对环境卫生混乱、堆料无序、临时用电安全等问题进行集中整治，建立检查问题台账，检查组对责任单位进行跟踪督办。

【加强消防安全设施建设和维护】 年内，根据运河商务区各参建项目施工现场情况，要求各总包单位因地制宜建设微型消防站，缩短灭火救援响应时间。根据区政府会议精神，加速推进运河商务区小型消防站的建设，联合区消防支队、北投通城公司完成小型消防站的规划选址和方案审核以及招标工作，为达到“一地一站”标准，全力配合消防支队督查区域内各参建单位加强市政消防设施建设维护管理，加强消防安全设施的日常管理和维护。

【宣传教育和培训】 举办运河商务区2019年建设工程动员部署暨安全生产表彰和培训大会，对安全生产先进单位和个人进行表彰。召开2019年度安全生产培训大会，邀请区安监局、公安消防支队以建筑施工安全管理为主要内容讲解授课。所有项目建设单位相关人员100余人参加学习培训。联合区红十字会开展“普及应急救护知识，助力城市副中心建设”活动，对运河商务区应急救援工作进行再动员，提高应急救援的科学性、针对性和实用性，持续完善应急预案，增强人员的安全意识，提高自救互救、应急处置和防灾减灾能力。

【巩固建设现场封闭管理制度】 年内，监督北投通城公司落实封闭管理各项目工作，不断完善车辆人员出入、保安队伍、场地设施、源头岛等管理。为不断增强封闭管理保安队伍的服务水平、业务能力和凝聚力、战斗力，要求北投通城公司完善监督机制，制定每月保安管理检查制度。对发现问题以函件形式发北投通城公司限期完成整改。

【推进产业项目施工安全管理】 年内，督查北投通城公司专职人员对各参建项目建设现场施工情况进行日常巡查，针对道路塌陷、基坑预警等问题及时组织岩土专家研究、制定解决方案。全年组织岩土专家召开7次基坑安全论证会，幕墙专家对17个项目的楼宇外立面图纸进行审查，对10个项目的23个楼宇外立面施工进展进行现场检查，督查整改56个问题，待整改和整改中15个问题。通过扎实推进建筑工程施工管理，确保各参建项目建设，深基坑及毗邻建筑物、构筑物、道路、地下设施管线的安全，防止安全事故的发生。

【强化基础设施运营服务保障】 年内，结合区财政绩效考核评价意见，在日常工作中，要求北投通城公司不断完善基础设施运营管理工作，改进运营维护和保安人员服务的招标程序及管理考核制度，保障北环环隧、东关隧道、综合服务中心等设备设施的安全、节能、高效运行，坚持道路养护巡查，制止未经审批违规占路施工，确保区域路网建设统一管理。

【加快研究物业准入机制】 年内，为树立北京城市副中心形象，营造运河商务区高端营商环境，吸引优质客户，增强税收，持续发展城市活力，打造国际化的高端物业管理服务，委托专业公司研究制定运河商务区物业管理准入机制，解决区域内已运营物业在管理上存在的问题，如物业管理公司水平参差不齐，缺乏统一准入资格，物业管理服务标准不达标，客户对物业综合服务满意度低，客户诉求无法解决，物业公司与业主沟通渠道不畅等。

【办好群众身边事】 年内，深入落实市委、市政府提出的“七有”“五性”解决群众身边事的要求，对群众诉求闻风而动、接诉即办。一系列市民反映强烈的“急难愁”问题通过“12345”在运河商务区得到落实和解决。如区域内出现的施工扰民、违规销售等现象，组织人员第一时间深入实地调查研究，耐心处理群众的合理诉求。搭建开发建设单位与职能部门、属地政府、群众代表之间的沟通桥梁，协调组织各部门通力合作，为群众有效解决实际问题。

（朱秀莲）

【公司更名】 北京北投通城建设开发有限公司（原北京新奥通城房地产开发有限公司）成立于2011年，由北京城市副中心投资建设集团有限公司和北京新城基业投资发展有限公司共同出资设立，注册资本为1亿元。2019年2月18日，北京新奥通城房地产开发有限公司正式更名为北京北投通城建设开发有限公司（简称“北投通城”），北投通城公司主营业务包括城市建设开发和城市综合运营，负责北京城市副中心运河商务区市政基础设施建设，涉及地下环隧、市政管网、跨河桥梁等，总投资约66亿元。

【重点工程项目建设】 2019年，北关大道跨北运河桥、南环环隧等项目建设取得突破性进展，220千伏变电站外电源沟道工程稳步推进。

北关大道跨北运河桥，位于贡院街跨北运河处，桥梁长约365米，主桥桥宽42.6～68米。截至年底，北运河桥步道铺装、装饰栏杆，桥面、桥体FRP施工以及相关附属设施全部完成灯光照明和水景效果调试，达到“千荷泻露”的设计效果，有效提升北运河的景观。截至年底，北关大道跨北运河桥的竣工验收工作正有序推进。

南环环隧工程，是地下车行隧道，位于运河商务区商务南区，主隧道长1.16千米，布置在大天庙街、贡院南街、通州卫路、西海子南街、静安寺街、吉祥路地下，设计时速为30千米／小时。隧道设置3对进出口与地面道路相连，设置11对进出口与地下车库相连。截至年底，南环环隧（反C部分）隧道主体结构全部施工完成，完成主体结构验收工作。220千伏变电站外电源沟道，是周边道路配套的电力隧道工程，位于通盛北路与通顺路东南角，北起通顺路与潞苑北大街路口，南至运河220千伏变电站，建设长度3713.5米。运河220千伏外电源沟道于7月底实现主隧道贯通，8月底完成附属结构并验收完成，10月31日实现正常发电，为运河商务区的总体电网建设和电力分配奠定坚实的基础、提供稳定的保障。

北关大道跨北运河桥
（北京北投通城建设开发有限公司提供）

源头岛消防站项目，项目总用地面积240平方米，建筑面积600平方米，小型消防站消防车辆配置为2辆，计划配置消防官兵总人数20人。该项目对改善消防基础设施状况，提高消防应急处置能力，维护社会治安、促进商务区经济发展都起到积极的推动作用。

【副中心建设项目】 职工周转房项目结合建设时序按照“中间绿谷”为界分期分批准备交付；东方厂周边棚改安置房项目、基础设施项目按照建设计划正在稳步推进。

职工周转房项目位于通州区潞城镇东部，北至大营南街，南至郎清街，西至畅和西路，东至春明西路，毗邻大运河森林公园，环境优美，与规划建设中的城市绿心隔河相望。项目总用地面积53.2公顷，达到绿建三星标准。设有配套商业等公共设施、幼儿园、托老所，规划道路6条，设施齐全，交通方便。项目采用装配整体式剪力墙结构结构设计，装配率达到国家AA级。项目共4个立面设计风格，实现建筑功能、建筑构造和建筑美学的统一。

东方厂周边棚改安置房项目位于北京城市副中心02组团02街区，东临六环路西辅路，南临玉带河，西临现状居住区金隅七零九零小区，北至梨园南街。项目规划范围内用地隶属于永顺镇乔庄村、小圣庙村、上营村，张家湾镇上马头村。项目投资总额约为78亿元。规划总用地面积约为44.49公顷，总建筑面积约129万平方米，地上约75万平方米。规划住宅总户数7785套。项目自2019年初开工以来，陆续完成各施工单位的临建搭设、地上地下管线改移、地上障碍物清理、临水临电接入、施工场区围挡及场地硬化等工作，按期开展土护降施工，主体结构施工。土护降工作除高压线影响区域外全部完成，三、四、六、七标结构施工完成至地上六层。

潞城镇棚户区改造土地开发项目B、C、D区后北营东侧二期地块及西北角地块安置房项目工程位于通州新城0604街区，东至运潮南路、南至兆善大街、西至通济路、北至运潮南路。包括东侧二期地块、西北角地块，框架剪力墙结构。工程总投资385608万元，2017年6月8日开工，2019年10月12日完成单位工程质量竣工验收。

潞城镇棚户区改造土地开发项目A区杨坨三号地安置房（北区）项目工程位于通州新城0506街区，东至东六环铺路、南至杨坨东街、西至杨坨中路、北至杨坨四街。包括住宅楼，配套楼、开闭站及地下车库，建筑面积18.9万平方米。框架剪力墙结构，工程总投资177117万元。2017年3月9日开工，2019年8月30日完成单位工程质量竣工验收。

潞城镇棚户区改造土地开发项目A区杨坨三号地安置房（中、南区）项目，工程位于通州新城0506街区，东至东六环西辅路、南至芙蓉路、西至芙蓉路、北至规划杨坨东街。包括住宅楼、配套幼儿园、配套小学、商业配套、村民活动中心、地下车库，建筑面积28.86万平方米。框架剪力墙结构，工程总投资275548万元。2018年4月22日开工。

基础设施项目任务有一期道路、二期道路等，截至年底，在施工程为二期道路。一期道路（即北京城市副中心行政办公区道路网2017配套道路工程）包括宏安街、通源街、达济街等7条城市道路及3座景观桥梁，总长度约7.9千米，总投资约7亿元。一期道路保障行政办公区的正常通行，已完成质量竣工验收并移交通州公路分局。二期道路（即北京城市副中心行政办公区道路网配套道路工程）包括玉带河大街、创新路、仕贤街等22条道路，总长度约16.6千米，总投资约8.8亿元。除一标玉带河大街和九标通胡大街段外，其余道路进入面层施工阶段。完成总工程量的75%。

（李广娇）

中关村科技园区通州园金桥科技产业基地

【概　况】　金桥科技产业基地成立于2002年，总体规划面积13.06平方千米，其中一期规划面积7平方千米，二期规划面积6.06平方千米。2019年，金桥基地落实区委、区政府关于园区体制机制改革工作部署，在镇党委、政府的正确领导下，在各职能部门的大力支持下，重点围绕园区建设、企业服务、社会管理和协同对接抓好任务落实，基本完成各项既定工作目标。2019年，基地实现总产值108亿元，总收入121亿元，税收12.05亿元，其中工业产值69亿元，工业收入71亿元，工业税收6.24亿元，主要指标基本和上年持平。

【协同对接全面启动】　年内，按照区镇与亦庄开发区协同发展工作要求，围绕3300亩地块和一期剩余资源与亦庄各相关部门开展对接。提供3300亩地块前期手续、安置楼建设手续及工程资料，配合亦庄国际开发公司理清各环节事项。亦庄委托审计已进驻，对3300亩地块前期开发费用支出进行专项审计。对一期剩余土地和楼宇资源进行梳理，并与亦庄就协同项目落地进行定期对接和现场考察，泰利新能源、江丰靶材和迪信通3个项目基本确定落地，泰利新能源选址地块取得多规合一审核意见和权属审查意见，并召开地价会，正在申报结案手续，相关手续全部移交至亦庄开发区，项目正在与亦庄开发区协商签订入园协议事宜，待完成后继续推进上市手续。对11个拆迁滞留户情况进行再梳理和走访洽谈；提供辛四路基础资料并配合进行现场调研；收到亦庄垫付30亿元资金并按计划偿还浦发银行委托贷款。

【招商引资】 年内，在推动协同项目落地的同时，重点围绕联东U谷2号桥及西区五期等新增园中园招商资源，引入符合要求的研发、销售类企业69家，租售面积约6.84万平方米，项目总投资11.8亿元，全部达产后年可形成税收1.4亿元以上。

【企业服务优化提升】 年内，充分利用园区网络服务平台资源，通过对企业报表数据进行分析，及时掌握规上及重点纳税企业经营动态和运行情况。围绕科技金融服务、优化营商环境等需求组织企业开展各类培训和座谈17次，支持企业用足用好政策。从科技、人才和资金3个方面入手，协助企业申报资金、人才、住房等补助，为中鼎高科申报落户指标1个，协助卓立汉光并购重组上市，为慧荣和科技申请2019年度专利创业专项资金补助30万元，组织企业申报"高精尖"产业发展重点支撑储备项目，正高级经济师和会计师、高层次人才特殊津贴和购房补贴，人才公寓等，全面助力企业发展。

【重点项目】 年内，嘉通信瑞签订投资承诺协议，取得备案、工程证、园林、人防手续，并签订施工合同，正在申报施工许可证。完成二期管网环宇东四路及环宇东一路中水管线施工，涉及总长度1442米。柴务村安置楼及幼儿园的内外部装修完工，小区景观绿化、小市政及各类管线完成，正在进行人防、消防和二次供水验收。

【社会管理】 2019年，园区通过"12345"市民服务热线、区长信箱等渠道收到市民反映问题超过1000件，其中约80%集中于合生、珠江、温馨等小区的物业服务和周边环境问题。围绕这些热点民生问题，园区落实接诉即办工作要求，解决温馨家园停车难和室内活动中心、小区周边环境等问题，并充分利用吹哨报道等工作机制，联合配合相关部门解决金桥小学周边交通问题，对少城大厦改变用途问题进行联合查处。

【园区运行安全稳定】 年内，在开展日常安全生产监督检查工作的同时，重点围绕全国"两会"、"一带一路"高峰论坛、庆祝中华人民共和国成立70周年等一系列重大活动开展安全保障工作，其间，全员停休，分组对落地企业、危化企业、施工工地、幼儿园等点位开展监督检查，及时发现并消除安全隐患，园区全年未发生重大安全事故，运行安全稳定。

（王欣）

北京通州物流产业园区

【概　况】 2019年，物流园区围绕城市副中心建设工作大局，认真落实区委、区政府决策部署，以改革创新精神为引领，加快推进园区建设。全年实现总收入348亿元，同比上年下降37%；完成固定资产投资3.13亿元，同比上年下降55%；实现税收8.64亿元，同比下降18%。其中北京苏宁易购销售有限公司实现税收4.32亿元，同比增长27%，百丽鞋业（北京）有限公司实现税收1.57亿元，同比下降16%；北京京东达锐贸易有限公司实现税收8505万元，同比下降66%，3家企业的税收总和占园区税收总额的78%，总部经济优势明显。

【项目建设】 2019年，口岸项目一期0015地块，总用地面积187.6亩，规划性质为物流用地，其中建设用地面积160.86亩，总建筑规模16万平方米，2018年底项目已竣工投产；0019地块，总用地面积199.6亩，规划性质为物流用地，其中建设用地189.73亩，总建筑规模18.9万平方米，已竣工并投入使用。二期0014地块，建设用地面积52.84亩，建筑面积约8.8万平方米。完成各项手续办理，正在进行钢结构施工，完成20%工程量；2019年累计完成70%工程量施工。三期F-13地块，用地面积74.4亩，容积率1.5，建筑面积7.44万平方米，正在协调上市工作；F-18地块，用地面积115.02亩，容积率1.5，建筑面积11.5万平方米，正在办理征地手续。

【基础设施建设】 年内，按照年初计划推进道路管网、电力设施、水暖设施建设，改善园区基础设施条件。配合镇农办完成小城镇管网二期污水管网工程绿化移栽及土方挪移工程；完成园区水源井及附属工程；完成兴贸北街、兴贸南街路灯灯头及电缆工程；兴贸北街（融商五路—东驰路）段道路工程办理完成水保、环保、规划条件及立项手续，总投资8518万元，申请补助资金约5960万元。通过与市规委勘察设计管理中心协调，完成设计公开招标工作。

【招商引资】 2019年引进21家注册企业，涉及生物科技、电子商务、文化传媒等领域。通过多方协调，促成顺丰项目入驻园区，实现属地完税。

【环境治理】 年内，认真落实属地责任，建立环境治理常态化工作机制，提高应急响应能力。切实承担空气重污染治理主体责任，结合园区实际修订《空气重污染应急预案》，制定《蓝天保卫战2019年行动计划》《扬尘污染治理强化措施》，加大检查力度，确保企业、工地减排措施落实到位；对园区内部分道路安装道路隔离设施，联合城管、交通等部门对小区周边路段机动车违停问题进行专项整治，优化园区道路交通秩序；对园区兴贸北街、兴贸南街路灯灯头及电缆进行更换。

【安全管理工作】 年内，认真落实属地责任，建立安全管理常态化工作机制，提高应急响应能力。安全生产方面，认真总结市级督察发现的问题，制定方案，逐条逐项完成整改，同时举一反三，推动园区所有企业安全管理工作规范化。认真开展重要时段矛盾纠纷调处工作，加大巡逻防控力度，总体保持平稳态势。

【协调处理市民热线】 年内，物流园区按照市区镇要求，高度重视“12345”热线办理这一项为民服务工作，安排专人负责“12345”热线办理工作，市民热线做到接诉即办、未诉先办，针对反映问题，园区第一时间将情况进行梳理，形成交办单，写明反映问题、办理时限，并下分到各责任部门，明确直接责任人必须到现场处理，当面与当事人沟通，及时将办理结果上报。定期对群众反映的问题进行“回头看”，对不满意问题要仔细梳理，及时沟通，查明原因。若需要多部门共同完成的，请示镇主要领导安排各部门配合进行解决。2019年，园区收到首都之窗政风行风投诉件3件，区长信箱5件，信访件9件，“12345”市民服务热线1200余件，均已办结。

【宏大花园保障房项目】 年内，马驹桥镇物流基地宏大花园保障房项目建筑规模148992平方米，为共有产权房及回迁安置房。截至年底，完成市发改委立项核准批复，项目居住用地和商业用地不动产证、项目“多规合一”协同平台综合会商意见函、建设工程规划许可证、园林等手续。

（于仲达）

北京市通州新城金融服务园区

【概　况】 北京市通州新城金融服务园区（通州商务园）位于通州新城西北部，温榆河两岸，是通州区调整产业结构，加快现代服务业发展，重点发展的高端商务、企业总部办公集聚区，是北京市9个金融功能区之一和北京市电子商务聚集区，在由商务部授予的34家国家电子商务示范基地单位中综合排名第一。产业定位是金融后台服务基地、电子商务聚集区、效率型国际总部基地、新型服务业孵化基地。园区总规划面积7.3平方千米，一期2.91平方千米，特色为滨水生态、低密度、节能环保“花园式办公”。2019年，园区全年完成营业收入100亿元，实现总税收3.8亿元。其中，金融企业形成税收2.8亿元，电子商务企业纳税1000万元。

（郑秀丽）

【交通信号灯工程】 4月，交通信号灯工程正式开工，该工程由管委会投资162万元，分别在滨榆东路、商务园中路与北马庄南街交叉口各设置交通信号灯一组。5月，交通信号灯工程竣工，有效改善园区内部交通安全环境，方便入驻企业职工及周边群众出行。

5月20日，园区内交通信号灯工程竣工

（通州新城金融服务园区提供）

（田颖）

【紫光科技园D区结构封顶】 5月，紫光科技园D区全部楼宇实现主体结构封顶，该区域共3座楼宇，总建筑面积2.93万平方米，其中地上1.39万平方米。

（曾静）

【组织企业参加贸易交易会】 5月，园区组织紫光集团、阳光保险、金融街等30余家入驻企业参加2019中国国际服务贸易交易会城市副中心分会场高端商务论坛。通过论坛，架起政府与企业、企业与企业之间的交流合作桥梁，为企业交易洽谈提供平台和机会。

（贾珊珊）

【完成电子商务示范基地自评】 5月，园区通过梳理2018年以来电商企业发展状况，主要从服务、保障、示范能力等几方面进行自评，明确副中心建设背景下示范基地的发展思路，并完成自评报告。

（苏萌）

【协助企业完成年报工作】 6月，为进一步提高园区企业年报参报率和填报数据准确率，园区管委会协调区有关部门开展年报业务培训并提供相应申报服务，协助企业完成年报工作。

（贾珊珊）

【完成市政管线移交工作】 6月，园区管委会对市政道路管线纸介质档案进行逐一清点，与区城市管理委办理移交手续，移交市政管线档案25卷，道路工程档案55卷。

【紫光科技园南区完成竣工验收】 6月，园区该工程全部竣工。工程总建筑面积10.4万平方米，其中，地上建筑面积5.7万平方米，地下建筑

6月26日，紫光科技城A区竣工
（通州新城金融服务园区提供）

面积4.7万平方米。作为园区的示范项目，该工程的竣工，将为产业项目提供更为优质的承载资源，有力促进园区产业结构优化升级，实现高质量发展。

（田颖）

【紫光科技园南区取得预售证】 10月，紫光科技园项目南区取得预售许可证。紫光科技城项目总建筑面积13.3万平方米，南区可预售面积7.31万平方米，可预售楼宇为22栋办公楼，单体2500～4700平方米。

（苏萌）

北京宋庄文化创意产业集聚区

【概　况】 北京宋庄文化创意产业集聚区是北京市政府于2006年首批认定的全市十个文化创意产业集聚区之一，规划面积14.6平方千米，其中通州新城范围内10.3平方千米。2019年，在区委、区政府及宋庄镇党委、政府的正确领导下，集聚区以习近平新时代中国特色社会主义思想和中共十九大精神为指导，围绕园区重点工程项目，强化目标考核，狠抓责任落实，完成年度工作任务。2019年，宋庄集聚区注册企业完成税收6527万元，同比减少6829万元，同比下降1.13%。年内，根据园区机构改革工作进程，宋庄集聚区管委会由文化旅游区管委会整合管理。

【中国艺术品交易中心项目】 中国艺术品交易中心项目是北京城市副中心及大运河文化带的重点项目，总用地面积13.70万平方米，其中建设用地面积6.59万平方米，规划建筑面积25.94万平方米，其中地上建筑面积16.47万平方米。项目总投资估算25.59亿元（不含地下建筑）。市文资中心、市文投集团及下属企业北京市文化置业有限公司为该项目责任执行单位。3月中旬，为促进项目进程，集聚区成立重点项目推进工作小组，全年召开3次项目协调会，帮助协调项目手续办理及施工入场过程中存在的问题等。年内完成项目施工监理与施工总承包单位的招标工作，并取得监理中标通知书、总包中标通知书；完成现场临水施工、临电施工，正在准备材料办理施工许可证。

【北京安贞医院通州院区项目】 集聚区B1、C1地块及规划八路以北两个地块是安贞医院通州院区项目选址地块，总建设用地面积308亩，其中北区占139.74亩，南区占168.26亩，总建筑规模37万平方米。根据3月中旬成立的重点项目推进工作小组会议安排，集聚区参加安贞医院征地拆迁进展推进会，协助提供项目地块内相关资料，推进项目地块拆迁进度。年内，安贞医院立项报至市发改委，地块控规编制完成，取得“工程项目施工准备函”，11月8日举行开工奠基仪式。

【六合村壹万套住房项目】 北京城市副中心六合村壹万套住房项目选址宋庄集聚区土地一级开发

A2、A3、B2、B3、C2、C3 六个地块，其中 A2 地块为六合新村二期定向安置房选址地块。2 月，三方签订 A2、A3 地块土地移交确认书。集聚区参加六合村壹万套项目协调调度会，并为投资中心提供项目周边道路及地块的拨地钉桩成果等相关资料。详勘已完成，设计方案已过会，等待市政府审批，该项目于 12 月 12 日举行开工动员会。

【拆迁工作】 年内，六合村非住宅签约 8 户，经司法程序强制拆除 2 户，上述 10 户均完成地上物拆除工作；六合村住宅达成拆迁补偿协议 11 户，均按照程序完成地上物拆除、补偿款发放工作。六合村住宅剩余未签约 58 户，其中 22 户在北京安贞医院通州院区项目地块内，36 户在城市副中心六合村壹万套住房项目地块内；潞苑北大街剩余最后 1 户于 9 月拆除，地上物全部清除完毕，潞苑北大街拆迁率达 100%。

【服务和管理】 2019 年，对白庙工业厂房、集聚区内潞苑南大街至北大街路段航油管线、三村墓地等重点区域进行 9 次现场巡查，排查安全隐患，确保无安全事故发生；加强文化安全管理，重视日常展馆走访和座谈，通过重点时段张贴横幅及调研走访展馆工作室等，加强日常监督管理，使艺术从业者强化文化安全意识，确保年内未发生相关文化安全事故；参与包括京交会北京城市副中心分会在内的推介会，组织园区内企业参加文化旅游项目对接会，协助组织艺术家、企业参加中国艺术品交易人才培训班、文博会推介等活动，为企业搭建项目合作平台与学习平台，链接更多发展提升机会；配合区文旅局，通过八大游和通州文创等渠道对宋庄的展览、活动进行公众宣传，全年开展展览宣传 15 期。

（黄林娜）

北京通州文化旅游区

【概　况】 北京通州文化旅游区成立于 2011 年，功能定位为集合主题游乐、影视、音乐、演出、体验等各种娱乐功能，建设成中国元素与现代时尚文化相融合的高端文化旅游目的地，成为提升首都文化旅游品质的功能区和集聚文化功能、完善消费功能的重要空间载体。按照市委、市政府建设文化旅游区的安排部署，以及区委、区政府对开发工作的具体要求，根据通州区园区体制机制改革有关精神，在有关部门的支持配合下，文化旅游区充分发挥协调职能、强化责任意识和制度力量，全力推进园区开发建设。年内，深入贯彻落实《通州园区体制机制改革工作方案》，落实各项改革任务。强化改革顶层设计，对标改革新要求、新形势和新任务，研究制定《文化旅游区改革工作初步方案》等前期规划材料，为园区改革提供切实可行的路径安排。加强园区间人员调配、交流，通过改革激活干部热情，促进机构高效运转；深入调研，理清资源，取得宋庄集聚区的资产清登和核查的初步调查情况报告。与对口职能管理部门沟通，思考建立联动机制，形成园区联动，密切配合、紧密合作，共同打造副中心文化产业板块。

【主题公园项目服务】 年内，文化旅游区协助环球项目做好规划方案设计和手续办理等前期工作，协调环球及配套项目全部纳入“一会三函”和市区重点工程项目中，为项目推进奠定基础。主题公园关键单体钢结构工程基本完工，主题公园片区共计 13 个游艺设备，10 个全面启动安装。一期停车楼实现结构封顶，环球大酒店与诺金度假酒店结构工程基本完成，首寰度假酒店完成二次结构施工，城市大道结构工程基本完成。市政、园林工作按计划开展。

【基础设施建设】 年内，园区地下综合管廊、市政道路、轨道交通等基础设施工程建设全面启动。20条综合管廊项目全部开工建设；轨道交通八通线南延和七号线东延开通运营，共计38条道路工程陆续开工建设；10千伏电力工程、中压燃气管线工程开工建设；园林绿化、连通渠、高压线迁改入地、道路及管线临时导改、电力迁改、树木移伐等工作有序进行。

【园区规划】 年内，进一步明确“北优、中促、南拓”的工作思路。坚持精心规划好每一寸土地，会同区规自分局等单位，对接北规院等设计团队，启动园区规划整合深化工作；细化街区控规成果，梳理整合园区城市风貌、绿化系统、城市家居、公共空间等各方面规划成果。国际人才社区理念研究和城市设计形成最终成果；园区外部道路及城市家居、园林绿化等设计方案、文化旅游区智慧城市建设的顶层设计方案也形成成果。

【相关产业研究】 年内，坚持高精尖，培育带动文创产业发展，围绕文化旅游区板块，推动信息技术、文艺创作、文化演出、旅游商业、会议会展板块发展，打造文化旅游产业集群。委托机构开展文旅区产业准入标准研究，形成龙头企业、优质地产商、文化和地产联合体三类具备拿地实力的企业准入标准和公共文化类项目的准入流程，经区政府批准，取得一批工商注册地址，并制定《北京通州文化旅游区注册企业管理办法》及《住所备案管理平台管理办法》，用制度确保落户企业质量，规范登记制度。

【招商引资】 年内，组织策划京交会副中心分会场文化旅游区专场推介，先后接洽30家优质文化企业。重点储备世界500强企业费森尤斯华北区总部、中国服装设计师协会国际时尚中心项目一批企业和项目。与君舍文化签订合作意向书，推动项目落地。

5月31日，文化旅游区承办2019年中国国际贸易交易会 （区文化旅游区提供）

君舍集团启动集团业务整体向通州转移工作。

【现场管理】 年内，依托建设现场管理办公室，统筹园区项目建设现场管理工作。采取信息化手段，在环球主题公园项目内安装扬尘在线监测设备，实时掌握该项目扬尘治理动态情况；督促各项目严格落实预警措施，尤其是纳入保障名单的轨道、环球、管廊、供电等项目的降尘控尘措施必须落实到位。通过现场管理微信群、施工单位签订责任书和24小时巡查制度，完成空气重污染预警措施落实工作，为城市副中心的碧水蓝天做好保障。

【安全生产管理】 年内，组织项目单位设立应急中心，建立完备的应急体系；组织防汛应急演练，保障项目平安度汛；开展消防安保专项检查，确保消防隐患整改、消防器材配备、人员巡视到位；清理不合规车辆，保障扬尘治理各项要求落实；联合相关部门，通过一系列硬措施倒逼企业落实主体责任。搭建文化旅游区安全生产、扬尘管理信息化系统，及时准确传递安全生产、扬尘治理问题数据，根据大数据，为相关部门提供决策执法依据。实现园区无安全生产事故、扬尘可控的全年目标。

（李慧君）

农业与农村经济

“三秋”青贮作业

（区农业农村局提供）

概　述

【概　况】　自2018年6月以来，经过拉网式、台账式清查，全区发现存在“大棚房”问题项目72个，违法违规建设个数1888个，占耕地704.145亩。3月底，市规自委和市农业农村局对通州区项目进行验收，全区72个项目全部通过验收。区农业农村局、区规自分局、区园林绿化局、区纪委监委联合开展3次季度巡查，对乡镇“大棚房”整改后续工作农业工作进行督导，对挂账项目进行实地检查，对其他项目进行抽查，未发现新生违法违规问题。各乡镇落实月度检查责任、村委会落实日常检查责任，对区域内的农业园区和设施农业进行巡查检查，完成全覆盖检查3次，未发现新生违法违规问题。

【开展全生物可降解地膜示范工作】　为加快推进转变农业清洁生产方式，做好地膜污染防控工作，开展全生物可降解地膜示范工作。完成园区的遴选工作，完成示范园区与可降解膜生产企业的对接，进行秋冬茬地膜采购，开展秋冬茬田间示范470亩。全面推进农药废弃包装物统一回收和集中无害化处置工作，采取“以物换物”的方式开展回收工作，并在全区涉农乡镇建立农药连锁销售门店配合进行农药废弃包装物回收工作，回收点服务面覆盖全通州区。废弃包装物回收台账及各回收点、集中储存点回收的废弃包装物按相同类型规格收集整理，归类存放，委托第三方回收农药废弃包装物100.6万个，与各回收点记录吻合，经现场实地查验，回收的农药废弃包装均已入库。全区农作物病虫统防统治覆盖率达到40%以上，化肥利用率提高到40%以上，农药利用率提高到44%以上，测土配方施肥技术推广覆盖率提高到98%以上，为通州区农产品质量安全、农业生态安全提供了有效保障。

【对已建高标准农田进行遥感监测】　聘请21世纪空间技术公司结合最新遥感影像，完成“十二五”期间通州区已建高标准农田的遥感现状监测，同时，组织区规自委分局、区财政局、区水务局、21世纪空间技术应用股份有限公司及各乡镇农办分为三组，对全区农用地进行外业实地抽检核查和等级评价工作，通过内业与外业相结合的方式对已建成高标准农田质量等级进行评价。

【开展耕地土壤环境质量分类管理工作】　根据北京市耕地土壤环境质量划分结果，通州区辖区内耕地土壤环境质量分类成果均为优先保护类，涉及全区耕地地块17199块，总面积49.4万亩（截至年底，全区100%安全利用）。区农业农村局聘用委托第三方技术支持单位，采用区规自分局提供的矢量数据，叠加本年度卫星影像图，指导乡镇政府进一步核实地块边界，调查常年主栽作物种植情况，建立本乡镇耕地土壤环境质量分类地块清单。区农业农村局编制印发《通州区耕地土壤环境质量保护工作方案》、建立《通州区耕地土壤环境质量分类管理清单》，协调各相关单位按照责任分工开展通州区耕地土壤环境质量保护工作，优先保护未受污染的耕地，采取严格保护措施预防其受到污染，强化污染源头预防，合理开发利用，推行种养结合、秸秆还田、增施有机肥、少耕免耕、农膜减量与回收利用等措施，确保通州区耕地土壤环境质量不下降，避免形成新增受污染耕地，为农产品产地的耕地土壤环境提供良好保障。

【低收入户情况】　区农业农村局、区民政局联合牵头，建立资源共享和信息比对平台，将全区低收入农户纳入民政排查范围。审计整改退出及自愿退出机制启动后，全区低收入农户136户、303人。全区136户低收入户收入全部超过11160元标准线，无线下户。2019年全区低收入户人均可支配收入为14685元，相比2018年的12528元增加2157元，增速17.2%。通过精准救助第三方机构评估数据，纳入社会救助保障范围的低收入农户77户、协助办理救助申请21户、其余对象已宣传政策并发放宣传手册，每月进行动态跟进，符合救助条件的及时办理社会救助手续。全区低收入群众C/D类危房改造台账户193户。其中，140户拟通过其他方式解决安全住所，53户拟通过危房改造（新翻建）方式解危。2019年通州区低收入村3个：耿楼村、车屯村、吕湾村。耿楼村示范园项目先后完成15栋日光温室、50栋春秋棚、33栋柔性日光温室建设，棚内种植的蔬菜、瓜果、花卉都已陆续上市销售；车屯梦田园合作社与北京时尚控股有限公司实现对接帮扶，回购所产蔬菜瓜果及杂粮；吕湾村积极设计打造村域文化品牌，开展生态旅游民宿项目，帮助低收入农户就业。按照“规划先行，建立帮扶项目储备库”的要求。截至年底，3个村完成6个项目储备库建立工作。

【资金发放工作】 根据市级文件要求，对2017年7月1日至2018年6月30日上报完成还本付息的农业企业、农业合作社开展进一步审核等相关工作，并及时做好资金拨付工作。全区对15家农业企业、农业合作社的24笔业务进行审计核查。经审定，其中14家农业企业、农业合作社的23笔业务符合2018年农村金融支持方向。全区稳步开展政策性农业保险工作，小麦参保面积为3307.21亩；全区玉米参保面积为4849亩；温室大棚参保面积为3650.20亩；奶牛1307头；露地蔬菜586亩；苹果、桃、梨、葡萄、樱桃等果品参保22323.15亩；果树树体参保面积19995.45亩。保费总计1503.59万元，保险金额2.9亿元。全区发放补贴金额498.39万元。全区6个试点乡镇下发中央2019年中央转移支付扶持资金120万元，专项用于扶持壮大村级集体经济试点工作。

【农民专业合作社专项清理工作】 为促进农民专业合作社规范发展，提升合作社发展质量，按照上级工作部署，启动农民专业合作社专项清理工作。通过调查摸底，截至年底，全区在工商注册登记的合作社有360家，其中正常经营的114家，非正常经营的138家，待注销的108家。按照区政府农业专题会会议精神，根据合作社的不同情况，分7类处置，采用稳步推进的方式完成注销工作。

【补助补贴发放工作】 全区对小麦、玉米粮食作物品种进行耕地地力保护补贴，补贴标准是每亩补贴300元。补贴面积16360.5亩，其中农户种植耕地面积14463.5亩；集体种植量化到农户耕地面积1897亩。补贴资金总额4908150元。涉及10个乡镇177个村，4979户次农民受益。年内，全区上岗服务的村级全科农技员170名，分布于7个涉农乡镇，实现涉农乡镇、村“全覆盖”的目标，有效解决农业科技进村入户“最后一公里”的问题。农技员补助资金来源为市区两级财政，已按要求发放完毕。区农业农村局组织开展全年上半年基本菜田生产补贴工作，补贴范围是2018年全市农户和企业常年从事蔬菜生产，达到一定规模的基本菜田；常年从事工厂化蔬菜生产达到一定产量的企业。享受基本菜田生产补贴的主体2324个，其中农户数2254个，企业数67个，工厂化企业数3个。符合补贴条件的菜田面积21700.99亩，其中露地菜田面积9962.9亩，设施菜田面积11738.09亩。

【执法检查】 高度重视执法工作，以整体排查、个别抽查、夜间突击检查等形式，对全区范围内的农资生产经营部门进行详细检查，净化农业投入品市场，从源头上保证农产品质量安全。截至年底，查办各类案件174起，由公安机关立案刑事追诉16起，刑责23人，罚没款158824.36元。依托“双随机”抽查制度做好日常执法检查，围绕社会热点落实专项检查。依托市农业农村局开发的“双随机”抽查摇号系统，将全区农资市场主体录入摇号系统，并按照“风险分级，量化监管”原则，针对A、B、C不同风险等级的监管对象设置合理的抽查比例与频次，每月月初进行“双随机”抽查，执法人员填报抽查结果，定期在北京市农业执法网和北京通州网站对抽查结果进行公开。区农业农村局各执法单位依托“双随机”平台摇号585次，完成检查量576次，检查合格数为573次。

【全面推进信息进村入户工程】 2019年续建10个4星级专业型益农信息社。启动再建28家标准型益农信息社，预计2020年初建设完成。通过初步统计，全区35个村站点完成公益服务3600次，便民服务3870次，服务人口近2万人，同时组织单次不低于20人的村民参加各类知识培训600余次，并在益农信息社所在村落初步完成“一村一帮扶”的计划。

（王天宇）

农村经济管理

【概　况】 2019年，以实施乡村振兴战略、不断发展壮大农村集体经济为总抓手，以维护农民合法权益和促进农民增收为目标，践行新发展理念，深入推进农村“三资”监管改革、农村集体产权制度改革、农村土地制度改革，加强农民专业合作社规范管理、农村社会事务管理。

3月19日，区委印发《北京市通州区机构改革实施方案》的通知，组建区农业农村局。将区农村合作经济经营管理站的行政职能划归区农业农村局，保留承担事务性工作的副处级事业单位，归口区农业农村局管理。

【农村土地承包经营权确权登记颁证工作】 认真落实“应确尽确”工作要求，指导有关乡镇完成剩余重难点村确权二轮公示，全区公示完成率达99%。在全市率先建立土地承包信息数据库，并全面启动土地承包经营权证打印试点工作。截至2019年底，全区有330个村开展了证书打印工作，打印证书8万余本，完成工作总量的95.7%。

【农村土地经营权有序流转】 依据土地流转相关法律法规和政策，对基层组织土地流转工作进行指导和规范，并督促乡镇、村认真履行主体职责，加强对土地承包和流转工作的监督与管理。2019年，全区累计流转土地面积34.9万亩，占确权土地总面积的76%。

【完善“三资”监管信息系统】 “三资”监管信息系统在线审批电子签章建设功能正式运行，各项审批工作进展顺利，发放电子签章199个。截至2019年12月底，信息系统监管大额资金使用12007笔，涉及金额144.82亿元，否决不合理资金使用578笔，涉及金额7.69亿元；监管资产处置528笔，否决不合理资产处置177笔；监管经济合同签订1428份，否决不合理经济合同67份；监管土地流转申请476次，否决不合理土地流转合同32份，涉及耕地面积2197.91亩。

【规范农村集体经济合同管理】 按照“疏整促”专项工作要求，在全区范围内开展农村集体经济合同清理工作，重点对漏登漏报合同进行全面清查，并对合同条款、签订程序、履行情况等内容进行监督检查。全面完成村级自查和镇级核查工作，涉及合同18567份。

【全面完成农村集体资产清产核资】 2019年，按照中央及市、区要求，全面完成农村集体资产清查核资工作。对全区11个乡镇474个村485个集体经济组织及80个（镇级10个，村级70个）集体资产情况进行全面清查。清查核实（截至2017年底）全区农村集体资产总额444.44亿元，集体土地总面积110.76万亩。

【深化乡镇土地股份联合社（联营公司）建设】 研究制定《通州区乡镇土地股份联社（联营公司）设立方案》，经区政府常务会研究同意，由区农业农村局和区规自分局联合发文，印发至相关单位参照执行。组织乡镇开展土地股份联营公司培训，对文件内容及工作要求进行讲解。指导台湖镇、西集镇、于家务回族乡、张家湾镇、马驹桥镇、潞城镇（南部）等6个乡镇完成镇级联营公司的组建工作；指导宋庄镇、潞城镇（北部）、永乐店镇、漷县镇等4个乡镇推进相关工作。

【农村产权流转交易市场】 以区政府办文件形式印发《通州区农村产权流转交易管理办法（试行）》。推进乡镇级农村产权流转交易服务站建设，扩大辐射范围，拓展服务领域，充分发挥市场资源配置功能，促进城乡要素平等交换。继续与北京农交所合作，不断向基层延伸拓展，指导宋庄、张家湾、潞城等3个镇级产权交易服务站与北京农交所搭建合作平台，进一步推动农村产权流转交易有效实现市场化运作。2019年，全区完成农村产权招投标事项12宗，标底价1889万元，中标总价1833万元，合同期内为村集体增收节资约243万元。

【农民专业合作社】 按照上级工作部署，组织开展农民专业合作社专项清理工作。调查摸底发现，截至2019年底，全区在工商注册登记的合作社有351家，其中正常经营的118家，非正常经营的136家，待注销的97家。此外，组织开展农民专业合作社示范社监测及考核评定工作，18家市级示范社参与，其中国家级示范社12家。9家市级示范社通过区级考核，其中国家级示范社6家；受“疏整促”工作影响，有9家市级示范社未能通过区级考核，其中国家级示范社6家。指导北京聚牧源农业专业合作社申报中央转移支付市场营销推广项目，经市级审核，获得项目扶持资金55万元。指导北京专平林下农业专业合作社和北京陆陆源粮食种植专业合作社申报市农业农村局产业融合项目。

【村级公益金审计】 年内，组织各乡镇开展2018年度村级公益事业专项补助资金审计工作，针对审计发现问题，及时督促整改。为进一步规范村级公益事业金使用，以区农业农村局文件形式下发《关于进一步落实村级公益事业金公开制度的通知》。

【农村集体经济组织换届】 全区有村经济合作社473个。2019年底，有196个村完成换届工作，占总数的41.4%。按相关要求，473个村经济合作社和11个乡镇联社均取得统一社会信用代码，有86个村申请完成全国统一证书变更登记工作。

【村“两委”和集体经济组织换届候选人资格联审】 根据村和社区“两委”换届“十不能”资格条件要求和资格联审长效机制规定，对全区村“两委”和集体经济组织换届候选人、村监会成员、新一届村“两委”人员是否存在侵占村集体资产资源资金情况进行资格审查，涉及11438人次。

【加强农民负担监督管理】 组织开展2019年度农民负担执法检查工作，重点围绕村级组织和新型农业经营主体负担，涉农收费和价格，一事一议筹资筹劳情况，农民负担重点领域治理等内容进行检查。

【统计分析和低收入监测】 按照全市统一部署，完成2018年及2019年收益分配统计报表的审核、上报和分析工作。根据统计结果显示，2019年，全区农村集体经济总收入26.23亿元；镇村两级集体资产总额为515.52亿元，所有者权益为195.15亿元。全区农户所得总额为114.06亿元，汇总分配人口为37.52万人，人均所得为30402元，同比增长8.4%。

【农产品监测】 对70个种养殖业监测点2019年度的情况进行监测，监测单位覆盖7个乡镇的9个合作社、1个农户和2个企业园区，监测品种包括草莓、蔬菜、西瓜、食用菌、花卉、西瓜苗、苹果、桃、葡萄、樱桃等10个品种。

（安玥凝）

新农村建设

【概　况】　2019年，新农村建设继续深入推进美丽乡村创建工作，按照市委书记蔡奇调研全市乡村振兴战略时提出的“四线两区”全部纳入美丽乡村建设范围、全面启动建设工作的要求，全区把握“打基础、补短板、强弱项”的工作思路，重点在农村人居环境面貌改善、科学编制村庄规划、探索乡村振兴示范路径上开展工作，取得一定成效。两批村庄的人居环境市级验收均在全市名列前茅，并获得中央农办、农业农村部授予“2019年全国村庄清洁行动先进县”称号。村庄规划编制创造全市学习借鉴的“通州模式”，乡村示范村创建取得良好开局，“煤改电”长效管护机制进一步深化。

【农村人居环境整治及美丽乡村建设工作】　年初，印发《关于印发通州区2019年提升农村人居环境推进美丽乡村建设工作方案的通知》，进一步完善工作机制，扎实有序推进各项任务落实。拆除村内违法建设。全面启动村内“违建”专项行动，360个平房村庄完成330余万平方米的村内拆违任务，拆除数量、拆除效率在全市位于前列。全力消除环境痼疾。全区上下齐心协力、攻坚克难、全员出击，在农村地区开展一次全覆盖无死角的整治行动，农村生活垃圾、农业生产废弃物、乱堆乱放、乱贴乱画等多年影响农村环境的顽疾也实现彻底治理，农村几十年来累积形成的脏乱差面貌得到极大改观。

解决百姓身边难题。推进农村地区“厕所革命、垃圾治理、污水治理”等重点工程，公厕建设全域推进，户厕改造加速推进，农村地区卫生户厕覆盖率达99%；垃圾治理梯次推进，村庄垃圾分类与乡镇垃圾处理设施覆盖双轮驱动；污水治理稳步实施，三年行动计划制定完成。

科学编制村庄规划。加快推进村庄规划编制工作，344个村庄的规划成果在年内完成编制获批。工作过程中，通州区不断创新工作机制，组建规划编制“集中工作营”、建立区级部门联审机制，不到三个月的时间就按照市级要求完成第一批村庄规划的编制任务，典型经验做法在全市进行推广，受到各级领导及部门的认可。通州区正在同步编制区级村庄街巷整治导则、村庄风貌管控导则、村庄线缆整治工作方案，开展“美丽庭院”创建工作，力求在美丽乡村建设的过程中，做到“主街小巷、院内院外、天上地下”的统筹考虑、同步实施。

建设生态宜居示范乡村。按照市里提出的“鼓励创新、长远考虑、集中打造”的原则，前期经与乡镇沟通，通州区在9个涉农乡镇中确定16个市级示范村庄，2019年起要以“产业兴旺、生态宜居、乡风文明、治理有效、生活富裕”为创建目标，结合实际、因地制宜、分类实施、集中连片地打造培育示范典型。

【“煤改电”长效管护工作】　年内，深化全区平房住户取暖“煤改电”长效管护机制，持续坚持“建管并重、长效运行”原则，按照有制度、有标准、有队伍、有资金、有督查、有考核的“六有”机制，在全区范围推进“煤改电”设备售后服务更加精准、更有效率，提高农户使用满意度，进一步巩固“无煤化”工作成果。

（王媛媛）

种植业

粮食及其他作物种植

【概　况】 年内，全年粮食种植面积38828.6亩，比上年减少13121.1亩。总产16229.2吨，比上年减少5204.1吨。其中夏粮种植面积10960.2亩，比上年减少5309.8亩；总产4048.7吨，比上年减少2159.9吨。秋粮种植面积27868.4亩，比上年减少7811.3亩；总产12180.5吨，比上年减少3044.2吨；其中玉米种植面积26958.7亩，比上年减少6937.8亩；总产11907.1吨，比上年减少3008.7吨。大豆种植面积654.7亩，总产110吨。薯类种植面积255亩，总产163.4吨。小麦、玉米种植面积、总产量与上年相比均有较大幅度下降。

【春季管理春耕备耕及物资准备工作】 年内，组织协调各业务站对冬小麦墒情、苗情、生长情况进行调查，下发《关于做好2019年冬小麦春季田间管理技术意见的通知》《通州区小麦春季管理意见》《通州区小麦春季植保工作意见》，为农户搞好冬小麦春季管理提供技术保障。对全区春白地面积和各乡镇种子、化肥、农药等农资准备情况进行摸底调查，准确掌握春种和备耕工作情况。

【“三夏三秋”服务工作】 年内，制定“三夏三秋”工作意见，对“三夏三秋”工作进行安排和部署，成立“三夏三秋”工作协调小组，制定并下发冬小麦、夏玉米生产技术规程和植保工作意见。做好收、种、管情况调查及各项技术服务工作，建立“三夏三秋”工作情况通报制度和各种自然灾害调查统计上报工作机制，及时沟通情况，解决“三夏三秋”期间各种技术问题，完成“三夏三秋”各项工作。全区秋播冬小麦面积10604.1亩。

【农情信息报送工作】 年内，累计上报农业部《春播农作物种植意向表》《夏季粮油生产情况调查表》《夏收、夏播情况调查表》《全年农作物种植意向表》等各类农情报表150余套，上报全区农业生产、技术服务等农情信息39条，上报市农业局“三夏三秋”生产进度表22套，完成农业局粮经种植档案网上调查统计汇总5次，为农业部、市农业局全面掌握通州区粮食生产情况提供基础数据。

（陈学孟）

蔬菜种植

【概　况】 年内，通州区蔬菜播种定植面积7.4万亩，其中设施蔬菜5.21万亩，露地蔬菜2.19万亩。种植面积较大的品种是：生菜1.12万亩，芹菜0.78万亩，白菜0.51万亩。蔬菜产量29.9万吨，产量较大的品种：芹菜3.12万吨、白菜2.55万吨、生菜1.12万吨。蔬菜产品多种渠道进入流通市场：地头销售51%、批发市场23%、菜市场16%，10%蔬菜产品用于农超对接、会员制、采摘等。蔬菜产值8.77亿元。备案生产企业88个，蔬菜面积2.9万亩。从业人员1.18万人。

【生态标准园区创建】 年内，完成“七统一”（统一优质种苗供应、统一绿色防控和系统防治、统一机械化作业、统一水肥科学管理、统一分级净菜上市、统一优质品牌创建和质量追溯、统一废弃物回收循环利用）生态标准园区创建工作。创建3家“七统一”示范园区，在蔬菜生产园区实现“七统一”管理。通过创建工作，园区形成了一套“七统一”技术和管理模式，提高设施蔬菜的生产和管理水平，为蔬菜生产和产品安全提供有力保障，为推动蔬菜产业健康持续发展开拓新的思路。在全区设立4家基质化栽培示范基地，基质化栽培面积达到66.5亩，设施蔬菜生产采用椰糠基质、珍珠岩基质或水培式栽培，同时采取环境调控、病虫害绿色防控、省力化机械作业等管控技术措施，实现增产、节水、降低农药施用量，有效解决蔬菜生产设施连坐障碍等问题。为进一步推动菜田废弃物源头化处，继续示范推广源头化、无害化、循环利用模式等技术措施，在蔬菜主产区不同蔬菜生产类型基地建立5家示范基地，示范推广菜田废弃物源头化处理技术，辐射带动周边蔬菜种植户树立正确的菜田废弃物处理意识，有效的控制菜田废弃物对农业生产环境的污染现状。

【化学农药减量和农药废弃物回收】 年内，继续开展化学农药减量和农药废弃物回收工作，设立29个病虫草鼠害发生情况和农业疫情监测点，监控有害病虫草鼠害发生情况，及时发布病虫情报提升监测预警水平，科学指导防控；在全区范围内设立10家植物诊所，开具病虫害绿色防控处方，针对重点地块、重点病虫开展防控物资补贴，蔬菜全程绿色防控示范基地开展“一病一虫”专业化防控服务，推进绿色防控工作；组建3支蔬菜专业化统防统治服务队，开展统防统治服务5000余亩次，进一步推动病虫害统防统治社会化服务工作。全区农药利用率达到44.3%，统防统治覆盖率达到59.9%，绿色防控覆盖率达到60.5%。推广应用测土配方施肥技术，开展测土配方施肥田间示范1000亩，提供测土配方施肥建议卡1300份；推广施用配方肥1200吨、缓释肥110吨，配方肥应用面积4.2万亩；示范推广高效施肥技术，示范推广以滴灌、微灌施肥为核心的水肥一体化技术，示范面积400亩；开展有机肥替代部分化肥工作，推广应用有机肥面积1万亩；开展农户施肥调查和耕地质量长期定位监测；建立智能化水肥一体化示范基地1700亩。全区肥料利用率达到40%，测土配方施肥技术覆盖率达到98%以上。继续开展农药包装废弃物回收及无害化处理工作，全区设立12个回收置换点，农药包装废弃物回收率达到90%以上，全年累计回收农药包装废弃物25吨，完成无害化处理工作。

（王艳青）

果树和花卉种植

【无公害果园】 2019年新增无公害果园8家，复查换证12家，扩项1家。超额完成市局下达的“无公害认证面积较上年增长6%”的任务指标。截至年底，通州区无公害生产基地有42家。

【蜂产业】 年内，全区有养蜂户21户，养蜂专业合作社1个（运河源养蜂专业合作社），蜜蜂饲养量1135群，以意大利蜂群为主，主要集中在西集、张家湾、潞城、永乐店等乡镇。

【规模化苗圃】 年内，全区有规模化苗圃39家，面积29943.9亩；在册苗圃119家，面积19593.47亩。

（王伟）

养殖业

【概　况】　截至2019年底，全区有备案养殖场10家，其中奶牛场6家，肉羊场1家，肉鸡场1家，肉鸭场2家。全区家畜总存栏1.9万头只，为2018年同期14%；累计出栏家畜16.7万头只，为2018年同期29%。全区家禽总存栏20.1万只，为2018年同期29%。累计出栏家禽242.7万只，为2018年同期67%。累计鸡蛋产量2369吨，为2018年同期39%；累计牛奶产量9.7万吨，为2018年同期的78%。有564户从事水产养殖，其中食用鱼养殖301户，观赏鱼养殖236户，垂钓27户。全区养鱼水面9161亩，其中成鱼养殖水面1997亩，鱼种养殖水面1905亩，观赏鱼养殖水面4682亩，垂钓面积577亩。食用鱼中成鱼产量4258吨，鱼种产量1080吨，观赏鱼苗产量2.92亿尾，商品观赏鱼产量28680万尾，垂钓量856.95吨。

【2018年北京市美丽生态牧场创建工作】　年内，为贯彻落实市农委、市农业局关于养殖业生态化发展决策的部署，推进美丽生态养殖场建设，加快养殖业转型升级，通州区农业农村局结合北京城市副中心发展规划，确定在北京金星鸭业公司中辛庄基地和北京市通州区畜牧技术推广站2家备案养殖场实施北京市美丽生态牧场创建项目。项目投入资金200万元，每场100万元。本着“填平补齐”的建设原则，对北京金星鸭业公司中辛庄基地和北京市通州区畜牧技术推广站2家养殖场的环境、绿化等方面进行改造提升，使之达到北京市美丽生态牧场要求。5月，项目完成并通过验收。

【2018年畜禽粪污资源化利用项目】　年内，根据《农业农村部 财政部关于做好2018年畜禽粪污资源化利用项目实施工作的通知》要求，以《北京市农业局 北京市环境保护局〈关于做好畜禽养殖场粪污治理工作的指导意见〉》为畜禽粪污资源化利用设施建设规范，结合通州区实际情况，在北京首农畜牧发展有限公司三垡牛场、北京首农畜牧发展有限公司第一牧场、北京首农畜牧发展有限公司半截河牛场、北京首农畜牧发展有限公司渠头牛场、北京首农畜牧发展有限公司草厂牛场等5家备案养殖

养殖业安全生产检查　（区农业农村局提供）

草厂项目建设　（区农业农村局提供）

场实施2018年畜禽粪污资源化利用项目。项目投入资金996.24万元（其中中央财政资金484.42万元，市级配套资金511.82万元）。通过实施该项目，使北京首农畜牧发展有限公司三堡牛场等5家奶牛场的粪污治理设施设备配套率达到100%，资源化利用率达到100%的目标。5月，项目完成并通过验收。

【2019年通州区畜禽养殖主要污染物减排项目】 年内，根据《农业农村部财政部关于做好2018年畜禽粪污资源化利用项目实施工作的通知》要求，以《北京市农业局 北京市环境保护局〈关于做好畜禽养殖场粪污治理工作的指导意见〉》为畜禽粪污资源化利用设施建设规范，结合通州区产业布局调整，在北京首农畜牧发展有限公司小务牛场和北京首农畜牧发展有限公司中以示范牛场2家备案养殖场实施2019年通州区畜禽养殖主要污染物减排项目。该项目投入资金500万元，全部由区财政支持。通过实施该项目，使北京首农畜牧发展有限公司小务牛场和北京首农畜牧发展有限公司中以示范牛场2家奶牛场的粪污治理设施设备配套率达到100%，资源化利用率达到100%的目标。5月，项目完成并通过验收。

【通州区2019年度优质后备母牛饲养补贴项目】 年内，根据《国务院关于促进奶业持续健康发展的意见》和北京市农业局有关优质后备母牛饲养补贴实施意见等文件精神，区农业农村局实施通州区2019度优质后备母牛饲养补贴项目，经汇总审核后，通州区后备母牛存栏数量为2600头，发放补贴资金130万元。

【畜禽养殖场（户）退出工作】 2017年已清退畜禽的50家畜禽规模养殖场，全部完成地上物评估拆除工作。2018年12月，因非洲猪瘟通州区开展生猪养殖场、养殖户退出工作，涉及备案养殖场23家，养殖户437户，全区合计清退生猪114436头。2019年完成禁养区规模养殖户退出工作，退出养殖户35户，清退畜禽5万头（只）。按照区政府专题会要求，年内通州区开展养殖业调整退出工作，区农业农村局下发《关于开展2019年通州区养殖业调整退出工作的通知》，各乡镇结合自身情况，按照方案要求开展辖区内经营性养殖畜禽（保留备案养殖场除外）退出工作，全区完成养殖户退出1900户，养殖场退出13家，清退畜禽39万头（只）。通州区自2016年以来，截至2019年，完成全区经营性畜禽养殖退出工作。

【畜禽养殖领域安全生产工作】 年内，区农业农村局开展养殖环节安全生产检查和安全隐患专项整治等工作4次，主要对消防、用电、有限空间安全操作及安全生产台账等进行检查。委托北京市劳动保护科学研究所每季度对通州区畜禽养殖场备案场、饲料厂安全生产工作进行常规检查，累计开展检查98家次，发现安全风险隐患28家，下达整改通知28份，隐患完成整改28家。

【国家大宗淡水鱼产业技术体系建设】 2019年是大宗淡水鱼类五年发展计划的第三个五年。主要开展综合集成技术试验、示范；培训技术推广人员和科技示范户，提供技术服务；调查、收集生产实际问题与技术需求信息，监测分析疫情、灾情等动态变化，并协助处理相关问题。

6月20—21日，通州区农产品质量安全培训班第一期 （区农业农村局提供）

【示范县工作】 年内，通州区作为北京试验站的一个示范县，将永乐店镇小务村设立为示范片，马桥大松垡松海养殖场设立为示范场。每年引进新品种，引进松浦镜鲤和中科6号，并将芽孢杆菌等生态制剂分发给养殖户进行试验示范。

【狂犬病防控】 全区有22家取得定点注射单位资格的动物诊疗机构，在基层派出机构统一协调下开展免疫工作。各辖区、街道办事处积极配合大力支持，使全区狂犬免疫工作顺利实施，成效明显。全年免疫犬只7.1万条。

【动物疫病强制免疫与监测】 年内，按照“预防为主、综合防治”的原则，全区扎实开展动物免疫工作，确保免疫密度，对高致病性禽流感等动物疫病实行强制免疫。全年免疫高致病性禽流感267.49万羽次，新城疫25.12万羽，免疫牲畜口蹄疫14.11万头次，免疫小反刍兽疫3.22万头次。结合辖区实际，对全区7类养殖品种、5种重大动物疫病进行8项免疫抗体监测，监测场点达106个，检测样品8284份，总体合格率在85%以上。

【动物卫生监督】 年内，在产地检疫过程中，官方兽医严格落实“四单一证一标识”和“三结合”的产地检疫制度，做到五个到位。全面落实“五个不放过”措施。屠宰检疫过程中坚持派驻检疫、入场检查、索证登记、签字准宰、检验登记和无害化处理六项制度，严把四关，确保屠宰检疫工作达到“六个100%”。全年产地检疫各种动物189.52万头（只），其中禽类183.23万只、奶牛895头；其他动物5.6万头；屠禽类308.56万只，牛463头。全年通州区5个公路站全体工作人员24小时坚守岗位，严格按照《外埠进京动物及动物产品疫病检疫》规范，继续强化对外埠进京车辆检查，确保进京畜禽产品的质量安全。监督检查进京畜禽产品车辆68639次，动物37.6万头（只），动物产品18.38万吨。按照“风险分级、量化监督、档案管理”的监管模式，加强养殖、屠宰、兽医医政、兽药和畜牧饲料各环节案件查处，拓展案件线索来源渠道。围绕风险控制，强化监督检查。依托“双随机”抽查制度做好日常执法检查，围绕社会热点落实专项检查。全年出动执法人员1332人次，开展执法活动412次，检查各类场783个次，下达监督笔录486份，监督意见书437份。查办违法案件33起，其中简易案件13起，一般行政处罚案件20起。

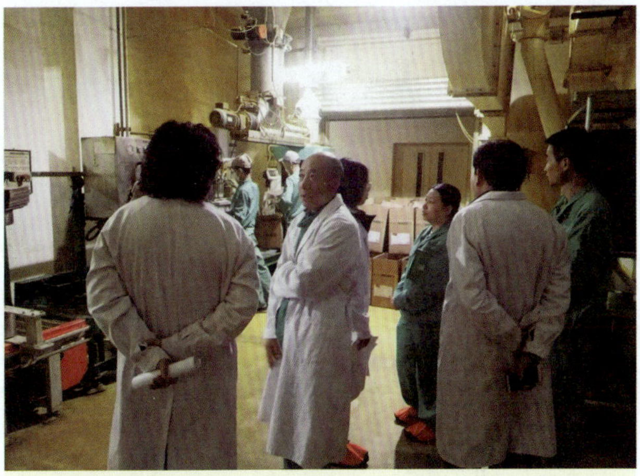

农业农村部抽查饲料生产企业
（区农业农村局提供）

【动物防疫应急管理及人员培训】 年内，申请应急演练专项资金30万元，由区疫控中心、区动物卫生监督所和11家乡镇所分别开展应急演练22次，演练主要以重大动物疫病防疫重点、《通州区重大动物疫情应急预案》的启动、重大动物疫情处置技术规范要求，疫点、疫区的封锁、隔离，患病动物扑杀、病死动物及污染物的无害化处理等一系列理论和技术措施为核心。累计出动人员200余人次。通过持续演练有效提升应急处置预备队伍快速反应、协调配合、规范处置的能力。同时，完成通州区村级动物防疫员培训工作，邀请中国农业大学教授对常见畜禽传染病、无害化暂存点管理制度及兽药的相关法律法规进行培训，培训400人次。

【动物无害化处理】 年内，加强病死动物无害化收集暂存点工作，通过宣传告知和加强日常监督检查，确保该项工作顺利实施。全年无害化处理动物33474只，病死动物无害化处理收集暂存体系的良好运转，有效地保障通州区动物源性食品安全、生态环境安全和公共卫生安全。

【动物防疫宣传】 年内，区农业农村局防疫科、区疫控中心、各乡镇所以重大动物疫病防控、病死动物无害化处理、兽医领域安全生产、畜禽产品质量安全等为主题组织多次宣传活动，深入学校、社区、场户开展宣传活动60余次，发放宣传材料3万余份，接待咨询1000余人次。

6月，放心农资下乡进村宣传活动
（区农业农村局提供）

【农产品质量监管】 年内，开展节日期间农产品质量安全专项检查，完成现场监督检查农产品生产主体267家，农资经营门店150家次。加强重大活动期间农产品质量安全服务保障工作，参与市级重大活动保障工作6次，监督保障供应192天。

12月13日，农村假冒伪劣食品整治行动市级联合检查
（区农业农村局提供）

【推进“三品一标”认证】 年内，完成全区18家无公害农产品生产企业的复查换证工作；20家种植业农产品生产企业的无公害新认证（含扩项）申请及现场检查审核工作；9个涉农乡镇种植业无公害生产基地认证产品3年轮检工作。全区“三品”认证产量438054.1吨，认证率100%。

【农产品质量安全监测】 年内，开展农产品质量安全统一监测，定期通报检测结果，完善“问题链”处理工作，区级完成农产品监督抽查（定量）农产品1300个，合格1300个，合格率100%；风险监测（定性）56081个，合格56036个，合格99.92%。专项监测（重大活动及“不忘初心 、牢记使命”专项整治工作）抽检农产品及投入品104个。

【开展专项整治与主题教育活动】 年内，全区深入开展农村假冒伪劣食品专项整治行动、“不忘初心、牢记使命”主题教育农产品质量安全领域专项整治行动、农业部门“七大专项整治行动”等各种类型的专项整治行动，检查生产经营主体556家次，出动执法人员1313人次，查办农产品质量安全类案件22起，行刑衔接2起，捣毁私屠滥宰窝点1个，罚没款14.66万元，有效打击农产品质量安全领域的违法违规行为。

10月10日，“不忘初心、牢记使命”主题教育农产品质量安全专项整治培训
（区农业农村局提供）

（王天宇）

林 业

【概 况】 北京市通州区园林绿化局（简称区园林绿化局），挂北京市通州区园林绿化委员会办公室（简称区绿化办）牌子。负责全区园林绿化工作，设5个内设机构以及18个局属基层单位。

【规划编制】 年内，编制《国家森林城市建设总体规划》《新一轮百万亩造林绿化建设规划》《北京城市副中心园林绿化发展规划及三年行动方案》《北京城市副中心老城双修园林绿化三年行动计划》《通州区园林绿地景观特色研究》《通州区园林绿化空间规划》《通州区绿地系统专项规划》《通州区地被绿化导则》等多个专项规划。

【义务植树】 年内，完成党和中央领导人义务植树等大型义务植树活动100余次，参加义务植树人数22.13万人次，完成（折合）植树115.05万株。推进通州区“互联网+全民义务植树”基地建设工作。

【首都绿化美化创建】 年内，创建花园式社区3个，花园式单位2个，森林城镇1个，绿色村庄4个。建成义务植树基地12处、园艺驿站7处、森林休闲体验基地1处。

【森林防火】 年内，全面贯彻落实森林防火行政首长负责制，加强可燃物清理、社会面宣传和巡查防控力度，全区连续34年实现无重大森林火灾。

【林木有害生物防治】 2019年，飞机防治166架次，防控制面积约24.9万亩次。全年累计对美国白蛾、白蜡窄吉丁、春尺蠖、国槐尺蠖等6种重要害虫共计3500余个点位开展网格化巡查。不断加强副中心范围内的林业有害生物防控，强化绿色防控，无公害防治率达到95%以上，实现全区“有虫不成灾”的防控目标。

【林业行政执法】 年内，开展通州区“绿卫2019”森林执法专项行动和打击破坏野生动物资源犯罪行为专项行动，立案查处涉林案件16件，包括林业行政案件10件、刑事案件6件，有效打击破坏森林资源违法犯罪活动，维护林业秩序稳定。

（王伟）

农 机

【概　况】 2019年，区农机服务中心按照区委、区政府的总体要求，围绕全面推进城市副中心建设目标，以农机惠农政策为指引、农机技术推广为先导、农机安全监理为保障、农机技术培训为基础、农机管理服务为手段，扎实开展各项工作，进一步提升农机服务现代农业水平，完成各项工作目标。截至2019年底，全区拥有农机总动力11.88万千瓦；小麦万亩拥有联合收割机66台，万亩玉米拥有收获机35台，万亩耕地拥有总动力0.25万千瓦，拖拉机505台，其中大中型拖拉机401台，小型拖拉机104台，拖拉机配套农具1034台（件/套），其中大中型配套农具805台（件），小型配套农具229台（件）。收获机械127台，植保机械249台，农副产品加工机械77台，渔业机械4695台，畜牧业机械215台，青贮收货机14台，全区卷帘机5626台，微耕机1319台，农用排灌机械5205台。

【落实国补机具政策】 按照通州区农业产业结构调整和城市副中心建设要求，区农机服务中心贯彻落实国补机具政策，加大购机补贴政策的实施力度，加快提升农业重点产业机械化水平，发展都市农业急需的农业机械与设备，推进落实市农业农村局各项农机补贴工作。年内，区农机服务中心进一步加大对农机补贴政策的宣传，把“北京农机补贴App”“2018年北京市农机购置补贴政策问答”“购买及补贴申请、兑付流程图”“北京市补贴农机具购买及补贴申请、兑付流程”等宣传材料发放到各乡镇农业主管部门，发放宣传材料约1000份。区农机服务中心依据北京市农业农村局下发的通知要求，起草《通州区农机服务中心关于进一步做好农机购置补贴工作的通知》，并下发到各乡镇农业办公室、农业服务中心。督促各乡镇将材料发至相关村，各村发放至农户（组织、农业企业）手中，以便农户（组织、农业企业）熟练掌握购机软件。1月10日，区农机服务中心召开农机补贴工作宣传会，为各乡镇农办主任、农机办事员，宣传讲解“农机补贴政策、流程”等，并解答他们的相关疑问。8月27日，再次组织开展农机购置补贴培训工作，解读政策、讲解流程、解答疑问、实际指导，并再次发放4种宣传材料600份。根据北京市农业农村局农机处印发的《关于统一建立农机购置补贴信息公开专栏并做好维护工作的通知》要求，区农机服务中心建立“通州区农机购置补贴信息公开专栏”，并在通州区信息公开专栏中公布《2018年北京市农机购置补贴实施指导意见》《2018—2020年北京市农机购置补贴实施方案》《2018年度北京市第一批农机购置补贴产品归档信息表》《2018年度北京市第二批农机购置补贴产品归档信息表》等34条相关信息。

【农机安全生产】 年内，区农机服务中心狠抓农机安全生产工作，在宣传教育、规范管理、从严整治上下功夫。一是成立农机安全监督领导小组，全面落实安全生产责任制，农机安全和监管

检查农机具　　（区农机中心提供）

得到加强。二是抓检查督办。在春耕、“三夏”、“三秋”期间成立巡查组，“三夏”期间出动20车次，“三秋”期间出动16车次，对投入的各类农机具进行安全技术状态检查，保障安全生产。三是抓年检审验。采取送检下乡，服务上门的工作方式，为农民机手提供主动服务，对所有在册的符合年检条件的，特别是国补机具逐台进行预约上门年检。截至10月，区农机服务中心检验合格农业机械248台，拖拉机停驶64台，收割机停驶9台，年检率达到75%，启动在册农机催检和注销工作，发出催检信函125封并留存送达回证备查。区、乡镇、村三级联动，通过年检手段，提高投入作业农机装备的技术情况，保障农机安全生产工作，年内未发生农机事故，安全生产形势总体平稳。

【推广小型遥控自走式果园喷雾机】 为促进通州区果树产业健康发展，区农机服务中心开展小型遥控自走式果园喷雾机项目。年内，推广小型遥控自走式果园喷雾机2台，该项目安全节能、降本增效、生态环保，极大地降低作业劳动强度并且增加农民的收入。

发放小型遥控自走式果园喷雾机

（区农机中心提供）

【推广自动控制卷膜器】 年内，日光温室自动卷膜器推广项目主要在宋庄镇展开。经实地走访发现，宋庄金宏帝怡园农业园区、金仕生态农业园、鑫正玺达农林园都还在使用人工通风的传统方法，且这些园区都迫切希望引进技术与设备以代替人工操作。根据宋庄镇农办确定的帮扶名录，区农机服务中心联合农研所为各园区和种植户提供35台自动控制卷膜器支持，科学监控种植大棚棚内温度，为农作物提供理想的生长环境并减少病虫害，提高农作物质量，达到增产增收的效果。该项目由于择优选择机型、机械性能好，得到农户的普遍认可，且农户的经济效益也得到增加。受资金所限，该项目帮扶数量有限，无法满足所有种植园区和农户需求。截至年底，自动温控卷膜器项目已完成，正在进行后续追踪、回访、服务工作。根据各镇农办提供的信息进行实地走访、考核，初步确定2020年该项目的支持乡镇和支持对象。

【推广新型微耕机】 年内，结合通州区的实际耕地现状，通过走访、调研等方式，对有需求的种植用户提供微耕机，以此推动通州区保护性耕作机械化进程。鉴于农忙时期农机具使用集中、故障频发等特点，区农机服务中心联合农研所组建服务小分队，对微耕机等推广机型进行维修，做到急农民之所急，助农民之所需。通过及时有效的服务与支持，新型微耕机项目进展顺利，社会效益良好。

【蔬菜农机服务组织创建工作】 按照区农委《2018年通州区创建蔬菜农机专业化服务组织奖励政策》的文件精神和区农委相关工作部署，区农机服务中心继续推进蔬菜农机服务组织创建工作（工作期限：2018年6月至2019年6月）。2018年区农机服务中心依照相关程序与标准，对各乡镇的申请材料进行审查，经审查确立创建3个服务组织：宋庄镇的蓝湖庄园蔬菜农机专业化服务队、潞城镇的中农富通农机专业化服务组织、于家务的种业园区农机服务中心。自2018年8月至2019年6月，3个服务组织开展试运营与社会化服务。5月，区农机服务中心对3个农机服务组织创建及社会化服务工作进行实地检查，对于检查中发现的问题及时协助解决。6月21日，区农机服务中心组织有关专家对3个服务组织的创建及社会化服务工作进行验收。3个服务

蔬菜服务组织验收现场

（区农机中心提供）

联合收割机上牌照 （区农机中心提供）

拖拉机上牌照 （区农机中心提供）

组织开展农机作业服务4627.5亩，每个服务组织年对外作业面积300亩以上，服务对象满意度为90%以上，达到了项目建设预期目标，提供的资料完整翔实，项目投资规范合理，符合通州区创建蔬菜农机专业化服务组织奖励项目政策及创建标准。

【农机培训】 年内，区农机服务中心进一步增强服务意识，主动送技术进单位、到田间地头，做到“腿勤”，努力打通服务最后一公里。开展了金马拖拉机维修、保养专项讲座和拖拉机培训等工作，共计培训130人。为培养实用人才，农机中心联合农机学校，坚持“服务大局、服务三农”的宗旨，对马驹桥林业站雇佣的54名新机手进行系统培训和考试。鉴于该批学员相对集中离校较远且急需上岗作业的情况，对受训单位安全环境等要素实地考察评估，经研究后决定送教上门，安排专门的教员上门进行教学服务。培训内容包括农机生产法律法规、农机驾驶操作知识、农机使用维护和保养、安全作业常识等。年内培训农机从业人员184人次。

（牛仕芽）

工业·信息化

1月28日，北京城市副中心优化营商环境交流会，"高精尖"产业项目签约仪式，6家高精尖企业入驻中关村科技园区通州园

（中关村通州园区提供）

工 业

【概　况】　2019年，在区委、区政府的坚强领导及市经信局等部门的指导支持下，区经济和信息化局认真贯彻落实中央及市委、市政府建设北京城市副中心等工作的会议精神和要求，全面落实区委、区政府的决策部署，攻破坚壁，扎实推进工业经济和信息化领域的各项工作。

2019年区域工业完成总产值623.3亿元，同比下降5.8%；营业收入775.9亿元，同比下降4.5%；增加值183.9亿元，同比下降1.9%；利润总额60.0亿元，同比增长18.0%；上缴税金50.3亿元，同比下降2.0%。其中全区规模以上工业企业完成总产值593.3亿元，同比下降3.1%，占区域工业总产值的比重为95.2%。

经济运行特点：一是高技术制造业持续良好的发展态势。2019年以来，通州区高技术制造业一直呈现出良好的发展态势，为区域工业平稳发展提供重要支撑。其中作为高技术制造业主体的汽车与交通设备产业完成产值101.2亿元，同比增加3.7亿元，增长3.8%，拉高全区规模工业产值增速0.6个百分点；生物与医药产业完成产值83.6亿元，同比增加8.7亿元，增长11.6%，拉高全区规模工业产值增速1.5个百分点。二是疏解一般制造业形成一定规模减量，区域工业主要经济指标持续回落，全年产值增速同比下降5.8%。随着通州区工业疏解工作的深入开展，从2017年开始外迁或异地新建生产基地的企业逐步增多，累积起来对区域工业总量影响较大。三是全新的高精尖产业体系亟待建立。从经济指标完成情况看，工业经济结构仍然很不合理，六大产业总量排名第一的还是都市产业，完成产值168.0亿元，占全区规模工业的比重为28.3%，增速同比下降9.5%，拉低全区规模工业产值增速2.9个百分点。因此，急需引进发展高精尖产业，建立符合北京城市副中心定位的工业经济结构。

（金绍光）

【固定资产投资项目管理】　根据中央及市、区关于加强营商环境工作的要求，作为非政府投资工业和信息化领域固定资产投资项目核准和备案工作的行政审批单位责任部门，进驻区政务服务中心开展工作，同时按照深化“互联网＋政务服务”推进政务服务“一网、一门、一次”改革工作要求，部门备案工作实现网上办理。2019年，完成非政府投资工业和信息化领域固定资产投资项目备案156个。总投资221.96亿元；其中新建项目146个，技术改造项目9个，改扩建项目1个。

【高精尖产业发展】　年内，落实北京市政府“10+3”高精尖文件精神，构建高精尖经济结构，正式印发《通州区高精尖产业发展资金管理办法（试行）实施细则（2019版）》。发布2019年高精尖项目的征集通知，征集国家网络安全产业园专项奖励项目、企业平稳发展奖励项目、技术改造和产业化项目等，采取拨款补助、以奖代补等方式对高精尖企业及项目进行支持。通过征集、评审申报项目，有38个项目符合申报条件，共计支持2400万元。

（鲁云乐）

【疏解整治】　紧扣有序疏解北京非首都功能这个核心和首要任务，严格落实《北京市工业污染行业生产工艺调整退出及设备淘汰目录（2017年版）》，持续推进不符合首都功能定位的一般制造和污染企业关停退出。年内，在完成疏解一般制造业企业52家市级任务的基础上，根据市委书记蔡奇、市长陈吉宁调研北京城市副中心时的讲话精神，新增疏解一般制造业退出企业40家，全年完成92家一般制造业企业疏解任务。对符合奖励条件的企业，发放奖励资金3545万元。

（刘书标）

【社会信用体系建设】 年内，标本兼治，加强优化营商环境信用监测。一是制定下发《关于加快社会信用体系建设进一步提升城市管理水平优化营商环境工作推进方案》，明确工作重点，安排布置35项工作任务。二是根据国家发展改革委和北京市的文件精神，制定下发《通州区社会信用体系建设联席会议办公室关于报送优化营商环境城市信用监测指标的通知》，优化营商环境城市信用监测指标。三是针对企业反映出的政务诚信方面的问题，开展政务诚信存在突出问题专项治理活动，解决影响政务诚信建设的突出问题。依据政府机构列入失信被执行人惩戒前沟通机制解决60起政府机构失信案件。制定《北京市通州区加强政务诚信建设实施方案（试行）》，督促政府部门依法依规正确行使公权力，带头守信践诺，不断完善信用规章制度，助力北京城市副中心建设。四是依据《北京城市副中心控制性详细规划实施工作方案（2019年—2022年）》，按照北京市经信局《关于加强我市区级公共信用信息服务平台建设的指导意见》，对“信用通州”网站进行升级改造，迁入区电子政务云，改版与“信用北京”互联互通，完善通州区信用信息平台建设。五是运用联合惩戒手段，加强城市精细化治理。研究出台《关于规范违法群租房专项整治工作 加强对违法群租行为联合惩戒实施办法》，与有关部门联合制定《通州区工程建设领域审批承诺制失信行为惩戒管理办法（试行）》。发布第七期通州区诚信“红黑名单”，及时组织开展联合奖惩工作，其中联合奖励357起，联合惩戒469起，在社会上起到良好的奖优罚劣的震慑作用。六是开展信用进社区、进商圈、进园区、进企业、进校园的诚信万里行活动。七是表彰通州区第四批“文明诚信示范窗口”。决定授予出入境管理大队等13个窗口单位“文明诚信示范窗口”称号。

（魏永刚）

【工业领域空气重污染应急】 响应北京市经济和信息化局通知，2019年启动空气重污染应急三次，及时启动《北京市通州区空气重污染应急工业分预案（2018年修订）》。空气重污染应急期间，区经信局出动43人次，16台车次，对全区57家企业停限产措施落实情况进行抽查和督查；全区各乡镇、街道办事处出动人员1882人次，535车次，检查企业1841家次。所辖企业认真执行“一厂一策”停限产承诺，检查企业停产限产措施全部落实。按照北京市经济和信息化局通知要求，对通州区空气重污染应急减排名单进行调整，调整后重点行业空气重污染应急减排名单企业54家，工业企业空气重污染应急减排名单企业244家。

（张桂明）

【减轻企业负担】 贯彻落实国家和北京市清理拖欠民营企业中小企业账款工作部署，迅速开展摸底调查，认真建立工作台账，做好相关清欠工作，多次召开清欠工作协调会，加大力度推进清偿工作。2019年，通州区拖欠账款总额为3.77亿元，涉及13家统计单位，480笔欠款。还清451笔，偿还2.84亿元，清偿进度为75.3%。贯彻落实党中央、国务院减轻企业负担的决策部署，根据市减负办《关于印发北京市2019年减轻企业负担工作实施方案的通知》文件精神，结合通州区实际情况，制定印发《通州区2019年减轻企业负担工作实施方案》，加强对全区减轻企业负担工作的指导。按照市减负办《关于开展企业负担问卷调查的通知》精神，组织16家企业开展问卷调查，进一步了解企业负担和企业诉求，为国家和北京市制定惠企政策提供资料。按照北京市的统一安排，认真组织好第八届减轻企业负担政策宣传周活动，组织企业参加现场咨询，用多种形式开展政策宣传，以达到帮助企业了解有关惠企减负政策，营造社会关心支持实体经济发展的舆论氛围。

（刘建波）

【产业扶贫工作】 实地考察，精准对接。3月15日，带领北京花儿朵朵花仙子农业有限公司赴科右中旗对企业初步落地选址进行实地考察并进行座谈交流，进一步了解选址所在地的整体规划及相关配套设施；5月28日，接待拉萨市城关区副区长李多多等一行4人到通州区参观考察，参观2019年中国国际服务贸易交易北京城市副中心分会活动，并到北京花儿朵朵花仙子农业有限公司、北京汽车动力总成有限公司实地考察对接。8月28日，会同相关部门领导率8家意向企业赴赤峰市翁牛特旗、通辽市奈曼旗开展产业合作交流对口扶贫工作。9月23日，受通辽市奈曼旗人民政府邀请，携北京萱合震商贸有限公司等意向企业赴奈曼旗就扶贫协作项目进行交流考察。落实项目落地。5月14日，北京花仙子农业有限公司正式签约落户，成立内蒙古花仙子农业科技有限公司，将建立花卉创艺智慧博览体验中心、花卉创艺创客空间与云孵化平台研发中心、花卉高附加值文化创意与教育产品的研发中心，促进科右中旗精准扶贫和发展现代农业，促进农业产业结构调整，引领农业产业转型升级，助力脱贫攻坚和乡村振兴。

（刘书标）

【金通公司】 2019年，北京金通资产经营管理公司系统收取土地房产租金2949.23万元，与上年同期的3120.17万元同比下降5.48%；剔除北方亿立（涉及拆迁）2019年租赁收入609.94万元、对比2018年租赁收入945.68万元后，公司系统2019年租金实际增长7.57%。公司通过理财、减少非经营性开支等各种方式增收和节约近600万元，不仅体现预算管理的严谨，更体现在各项制度的执行力提升。

推进政府惠民工程。红星西五号征收工作，该地块坐落在通州区张家湾镇张辛庄村。2018年6月，该厂区被区政府纳入“绿心”工程征收范围。金通公司协调区征收办和承租人，按照相关政策逐步落实搬迁腾退事项，于2019年1月13日完成腾退。北方亿立征收工作，根据区征收中心统一工作部署，金通公司对于合同到期的租赁户，在发放腾退通知后滞留不搬的，一律采取法律途径解决；对双方无法达成一致的，尤其对居民自建房屋的面积确认，需通过多方协商解决；确保征收工作顺利进行。

推动冷冻小区简易楼解危进程。8月，金通公司接到区住房保障中心《关于提供并完善通州区老城范围内平房棚户区改造项目一期地上物情况有关的函》，金通公司作为产权单位做好前期工作后函复，确保推进解危进程。

重大历史遗留问题得到有效解决。开展“去僵尸”工作，2019年以来，公司对系统内不经营的权属企业开展“去僵尸”工作。依据区国资委的批复精神，金通公司对北京齐天乐园等6家自收自支事业单位和北京市通利达食品厂等22家企业进行处置。截至年底，北京市通州信用管理有限公司和北京华远顺达物业管理中心通过税务和工商注销；6家事业单位税务注销后，正等待编办的最终注销。解决金远洋抵押贷款问题。离退休人员社会化对接，根据区人社局的文件精神，金通公司离退办严格按照“两个移交、一个保证”（移交档案、移交党组织关系，保证社保外的福利待遇）落实移交工作。截至年底，正在统计每名离退休人员的基本信息并整理人员档案，将通过区人社局将档案移交属地管理，预计2020年10月底前完成全部移交工作。

年内，公司安委会组织召开全系统安全会议17次，开展安全检查260次，查出各类安全隐患399处，整改隐患391处，整改率98%。公司系统全年接待来人来访2000余人次，接到“12345”信访工单180件，实际办理和答复1800余件。除老旧小区停车位紧张、拆违和办理房屋变更等问题需要属地解决外，其余问题均给予满意答复。公司于12月3日设立“12345”市民服务热线接诉即办领导小组，党委书记、经理任组长，按照“谁主管、谁负责”的原则，推动、督促和落实各项民生工作。

（杨梦晨）

【电信科学技术仪表研究所有限公司】 电信科学技术仪表研究所有限公司建于1958年，位于北京市通州区北苑155号，历史上先后使用过邮电部北京仪表研究所、信息产业部电信科学技术仪表研究所以及电信科学技术仪表研究所等名称，2000年10月根据国家决定由科研型事业单位转制为科技型全民所有制企业，2017年11月根据中央和上级单位要求改为公司制企业，改用现名（简称“仪表所”），是通信测试设备研发与生产的高新技术企业，隶属于中国信息通信科技集团有限公司。截至2019年12月底，有在职职工294人。

2019年仪表所通过党建与经营相融合、产业与园区相融合、技术与服务相融合，在市场拓展上、科技创新上都取得了突出成绩。

资产经营板块。2019 年仪表所对园区客户结构进行优化调整，清理了与园区定位不相符的客户租赁面积达 1000 平方米，引进与产业相关的高新技术企业，逐步打造出大唐创业园的技术性和科技性，吸引更多的高新技术企业入驻。整合各方面的服务资源，搭建技术与服务之间的桥梁，提供多角度，全方位的创业创新服务，促进企业与企业，资源与资源之间的对接与协同，实现资源共享，优势互补，形成科技生态循环链。2019 年仪表所取得北京市众创空间资格。

SMT 产业板块。2019 年仪表所 SMT 产业通过深耕特通市场，聚焦质量改善，优化生产流程，提升生产效率，加强工艺指导，有力地保障企业经营目标的达成。在科技创新方面，围绕 SMT 工艺能力提升开展多项研究和技术交流。在产前智能点料、智能仓存、工艺治具等方面取得多项成果应用，获得专利授权 3 项。获得北京市“知识产权试点企业”称号，被工信部授予“制造业‘双创’平台试点示范企业以及“工业企业知识产权运用试点单位”称号。

（刘姣姣）

【北京现代坦迪斯变速器有限公司】 北京现代坦迪斯变速器有限公司（原名北京岱摩斯变速器有限公司）于 2019 年 9 月变更为现名称，公司成立于 2003 年 3 月 21 日，是由现代坦迪斯株式会社、韩国现代汽车株式会社、韩国起亚汽车株式会社、现代汽车（中国）投资有限公司共同投资设立的外商独资企业。公司投资总额约 4.3 亿美元，注册资金约 1.6 亿美元，2019 年有员工 458 名，是通州区大型的外商投资企业之一。

公司位于北京市通州区中关村科技园通州园·光机电一体化产业基地嘉创路 2 号，厂房面积总和约 10.3 万平方米，年生产能力 118 万台变速器。其中手动变速器工厂 3 个，年生产能力 73 万台变速器；DCT 双离合变速器工厂 1 个，年生产能力 45 万台变速器。

公司主要生产手动挡、双离合汽车变速器和汽车零部件，拥有独立的变速器实验室，2019 年主要为北京现代、东风悦达起亚汽车提供配套服务，服务的主要车型有北京现代的索纳塔九代、领动、新途胜、新悦动、名图、昂西诺、ix35、菲斯塔及起亚汽车的新一代智跑、KX5、新一代福瑞迪，新一代 K3 等车辆。

（张丽）

全面完成节能降耗目标。2019 年公司新增一系列节能项目及措施：合理减少空调开启时间，年节电 20.0524 万千瓦时；卫生间、浴室电热水器 4—10 月关闭，年节电 1.2012 万千瓦时；实验楼单独配置小型空压机，年节电 5.032 万千瓦时；DCT 工厂夏季冷冻机减少使用，年节电 54.33 万千瓦时；全工厂无生产时关闭设备电源，年节电 232.228 万千瓦时；路灯照明数量减少，年节电 1.0884 万千瓦时；现场漏气位置检查及维修，年节电 12.528 万千瓦时。2019 年万元产值能耗 0.023 吨标煤／万元，相比 2018 年 0.026 吨标煤／万元下降 11.5%，2019 年实施节能措施 27 件，节约能源费约 525 万元，减少碳排放 1972 吨。

（郝俊名）

【北京市通州烟草公司】 2019 年，通州烟草公司获得市局（公司）“不忘初心 牢记使命”党建微视频三等奖；通州区直机关工委“庆祝中华人民共和国成立 70 周年征文活动”二等奖；在通州区直机关工委“不忘初心 牢记使命”主题教育表彰宣讲会上，获得 2018 年度先进党组织称号，“优秀党务工作者”1 名、“优秀共产党员”1 名。

2019 年销售卷烟 68527 箱，同比增长 1.83%；单箱销售额 30605 元，同比增长 2%；重点骨干品牌 60968 箱，同比增长 2.78%；低焦油 14116 箱，同比增长 12.7%；细支卷烟 7759 箱，同比增长 21.5%；实现利税 45935.69 万元，同比增长 2.76%；费用率 1.6%，同比下降 0.05 个百分点。

进一步优化以主导规格为引领、护卫规格为支撑、潜力规格为补充的梯次化品牌发展模型，利用“四维立体式”品牌评价法，确定重点培育规格 12 个，全年重点培育规格销量 867 箱，同比增长 127.5%、再购率同比增长 44.7%。以为品牌找准市场、找准消费者、提高品牌培育精准度为目标，深挖新品卷烟潜力，确定一类新品重点培育规格 15 个，全年新品培育规格销量372箱，销量占比一类烟2.71%，与近郊五区平均水平持平。

以“一个核心、三路并进、六位一体”为工作思路，从网配、中烟新商盟使用、云POS应用三方发力，进一步深化客我关系，提升客户盈利水平。开展零售客户形象提升工程，确定10户零售户为首批试点，通过改善客户店面经营环境，扩大卷烟出样和陈列，打造辖区示范标杆。联合工业公司对辖区内4户存在经营困难、库存较高的零售户进行精准帮扶，通过站店促销、微信集赞、集合换礼等措施实施，有效提高客户卷烟动销水平。推进街区互助小组建设，全年建立街区互助小组202条，覆盖客户2063户，覆盖率为71%。坚持规范经营不破底线、不触红线，修订《辖区大户超限量供货管理办法》，从严控制大户比例。持续加强“天价烟”治理，坚决遏制“天价烟”问题反弹。

对客户经理工作模式及内容进行重新调整，建立组长责任制，发挥“泡菜效应”，促进队伍业务素质能力提升。开展“卷烟营销在基层”活动，通过“走一遍、查一遍、考一遍、讲一遍”活动深入开展，推动营销队伍政策把握能力和理论应用能力进一步增强。参加北京烟草营销技能大比武活动，荣获个人赛二等奖、集体赛三等奖。

始终发挥打网办案威慑作用，持续开展案件查办工作。全年查获涉烟违法案件443起，查获违法卷烟828.66万支，查获假、私卷烟320.5万支，查获“双5”案件39起，协助兄弟单位办理网络案件5起，自主办理国标网络案件2起，其中，“8·5”国标网络案件为通州烟草专卖局首次破获的国标网络案件。落实市场监管改革要求，加强高档户和重点违法户经营动态监管。调整“双随机”（随机抽取检查人员、随机抽取检查对象）检查工作模式，充分运用APCD法（分析、计划、检查、处理）和“12313”客服中心举报受理及“三统一”（专卖内管工作内容、流程、考核评价体系三统一）系统模型分析，深挖信息情报线索，做到精准打击。

发挥打击寄递环节违法卷烟试点单位作用，签订四部门联合治理协议，采取错时、突击检查等方式，严厉打击寄递环节涉烟违法行为，全年查获寄递环节违法运输案件43起，查获违法卷烟223.54万支。加强无证经营监管，开展联合执法，查办并移交市场监督管理局无证经营案件63起，查获违法卷烟151.06万支。制定《打击涉烟违法行为联合协作机制》，通过检查站查获案件10起，查获违法卷烟37.7万支。根据市局部署，开展违法违规大户、“天价烟”和电子烟等专项治理工作，卷烟市场环境明显改善，市场净化率达到96.7%。

深化行政许可“互联网+政务服务”，推进“一网、一门、一次”改革，根据通州区政府安排，烟草专卖行政许可服务事项迁移至通州区政务服务大厅。开展“学规范、用规范、大练兵、大比武”活动，在行政执法规范统一考试中成绩达到市局优秀分值。对暴力抗法事件处理过程及时进行经验总结，归纳梳理形成案例课题，获选北京烟草“十大精品案例”。开展中小学周边卷烟零售点清理整治，净化中小学周边卷烟消费环境。

强化规范经营主体责任，加强真烟非法流通治理，落实违法违规客户货源管控制度，全年真烟跨区流出0.34万支，跨省流出34.82万支。深入开展违法违规经营大户专项治理，进一步降低大户占比，大户销量占比3.93%，同比下降65.76%。持之以恒抓好“天价烟”治理，督促指导零售户做好卷烟明码标价和高价位卷烟上柜陈列工作，营造健康有序的卷烟消费环境。

强化普法宣传教育，落实“谁执法谁普法”责任制，全年开展联合普法宣传2次、新办证零售户法律培训319户次、职工“法律大讲堂”普法培训2次、执法人员专题培训4次、执法资格考试培训5次。强化法律监督力度，建立专卖执法全过程监督机制，进一步规范合同管理，严格履行采购监督职能，确保依法行政和依法经营，防范法律风险。依法依规履行控烟职责，主动联系区检察院等有关部门，积极协调、共同商讨、落实机制、稳妥处理，控烟工作获得区检察院好评。

以制约企业发展的短板和瓶颈问题为重点，实施有针对性的课题攻关，完成精益课题1项、质量信得过班组课题1项、QC课题7项、合理化建议9项、一页纸改进4项、OPL课程13项。其中，“打造‘2153’型质量信得过班组”课题获得信得过班组项目北京市二等奖；“提升15～20档客户月均走访频次”课题获得北京质量协会QC小组成果发表赛二等奖；获得北京烟草2019年优秀QC成果鼓励奖2项、十佳合理化建议1项、十佳OPL一点课1项、十佳一页纸改善课题1项。

落实安全管理主体责任，进一步完善三级安全责任体系。做好重大节假日及特殊时段安全管理，做好消防、交通、治安、食品、网络安全日常管理，组织开展安全教育培训19次。及时整改安全隐患，全面升级办公院内监控探头、改造食堂用天然气管线。2019年，实现“1002”安全管理目标。严格执行采购管理规定要求，强化采购全过程监督，预防重点、关键环节流程违规操作情况发生。落实办事公开民主管理相关制度，全年公开各类信息415项。

（李婧）

【北京中丽制机工程技术有限公司】 北京中丽制机工程技术有限公司成立于2005年，是中国纺织科学研究院有限公司全资子公司，隶属于中国通用技术（集团）控股有限责任公司，其前身为北京化纤机械厂。是专业从事化纤成套设备设计和制造的国际化工程公司，2019年有注册资本1.9亿元，资产规模16.88亿元，员工693人，子公司3家。公司拥有国家发改委颁发的甲级工程咨询资质，属国家高新技术企业，是国家科技部认定的国家合成纤维工程技术研发中心。拥有通州区首席技师工作室、博士后工作站、纺织行业熔纺成套装备技术重点实验室、东华大学—中丽制机研究生联合培养及创新研发中心等平台。公司为国际化纤机械制造和工程技术服务行业的龙头企业之一，是中国化纤装备行业的主要研发和生产基地。

公司被中国纺织工程学会评为改革开放三十年推动中国纺织产业升级重大技术进步企业，曾获中央企业先进集体、首都文明单位、工人先锋号、全国五一劳动奖状、全国尘毒危害治理示范企业、纺织行业智能制造系统解决方案优秀集成商等称号。2019年，实现营业收入7.61亿元，同比增长11.82%，科技投入2687万元，全年实现工业总产值6.93亿元，同比增长5.19%，年度纳税4400多万元。

年内，申请受理专利28项，其中实用新型专利18项，发明专利10项；全年获授权专利19项，其中实用新型专利13项，发明专利6项。建立健全公司知识产权管理体系，通过专家组现场审核，获得知识产权管理体系认证证书。

发明专利“支撑轴组件结构和长丝卷绕机的筒管夹头轴装置”获中国专利优秀奖。发明专利“拉丝装置及涤纶、锦纶6通用型分纤母丝纺丝系统”获中国纺织行业专利优秀奖。与江苏鑫博高分子材料有限公司等联合承担的“聚酯复合弹性纤维产业化技术与装备开发”项目获江苏省科学技术三等奖。参与完成国家GB 50508—2019《涤纶工厂设计标准》的修订。参编国家标准《化纤工程项目规范》《化纤原料生产工程项目规范》《厂区工业设备和管道工程通用规范》《纺织工业工程术语标准》。

年内，国际市场开拓继续布局“一带一路”沿线国家，在土耳其、印度建设区域性示范工程，稳固和拓展已有市场。参加欧洲纺织机械展览会、越南国际纺织机械展览会，拓展欧洲、中东以及东南亚市场。参加上海国际纺织工业展览会，展出新型外观设计的i-BWA40II-1800卷绕头、新型i-BWA40IIG-1600工业丝卷绕头、BZL66D锦纶假捻变形机等设备，将公司系列化产品强力推向市场。

年内，公司“双主业”战略发展进一步落地，绿色纤维项目EPC总承包工程如期推进到三期6万吨建设。智能化技术落地研发成为公司中长期研发规划，“大数据驱动的化纤高速卷绕头故障预测方法研究”开题立项。保持强有力的技术创新、业务开拓力度，优势非纺业务表现突出，法国西得乐水机灌装项目全年销售收入同比增长96%，取得该项目五年来最好业绩。

年内，强化全面质量管理，对重点产品进行针对性全程监控。配合公司设备转型升级，对新设备测试加工全程跟踪，确保设备验收质量。重点加强主要项目制造过程跟踪，强化过程检验针对性。加强操作者质量意识，加强生产制造源头质量管控。

2019年，通过博士后工作站，引进博士后1人。开展车间试点考核新机制，激励一线工人多劳多得、勇于争先。针对一线中高级工和研发设计工程师进行有针对性的能力提升培养培训，提高专业人员技术技能实战业务能力。开展师带徒活动，促进关键技术骨干人才和技术力量梯队培养，首批26对师徒，共计55人，按计划进行为期一年的一对一或一对二式精准培养，经过严格评审，年内评选出6对优秀师徒和8对良好师徒。

年内，公司通过ERP、PLM、OA系统功能开发，提高精细化管理水平和生产效率，降低运营成本，提升信息化管控水平，达到信息共享，过程可追溯、可监控。运营数据的挖掘为企业科学决策提供数据支持。为保证公司信息系统使用安全，年内架设VPN专用设备，员工可通过专用端口实现外网登录，提高工作效率。完成网络安全国家等级保护二级测评工作，全年未发生网络安全事故。电子商务方面，供应采购、外协、售后服务、配件销售等各个模块运行稳定，公司电子商务平台不断优化。

推进绿色纤维项目装备产业化，促进行业节能减排，加大行业节能减排科技项目立项攻关，降低设备能耗，提高生产效率。公司全年获得供电公司减免电费奖励4.52万元。持续深入开展“五小”活动，保持内部基层创新活力，全年奖励项目34项。按属地要求投入24万元进行厂区污水排放整改，加装处理设备，整体排放达标。投入6.6万元改造食堂油烟净化设施，完成烟道、风机、净化器等改造工作，实现区环保局在线监控。按照通州区节水事务中心要求，加大节约用水宣传力度，年内公司获评“北京市节水型单位”。

年内，公司严格按照安全标准化二级工作要求，全面管控，分级管理，全年整体平稳运行。做好职工日常教育和各层级人员安全培训、应急演练，不断提高职工安全意识。完成庆祝中华人民共和国成立70周年期间各项安保工作。严格执行北京市空气重污染期间限产工作，内部做好生产协调，确保符合国家环保要求下企业生产经营稳定。

（李奇芸）

【北京福元医药股份有限公司】 北京福元医药股份有限公司成立于2019年5月16日，前身为新和成控股集团旗下的三家药企（北京万生、浙江爱生、安徽福元）于2018年整合的北京万生药业有限责任公司。

公司总部位于北京，在北京、浙江、安徽、河北等地设有分子公司，拥有专业的现代化生产基地，产品涉及化学仿制药、医疗器械、中药、保健品、原料药等领域。2019年实现销售收入约24亿元，有总资产约17亿元，员工近3000人。

5月16日，北京福元医药股份有限公司创立大会在北京召开　（北京福元医药股份有限公司提供）

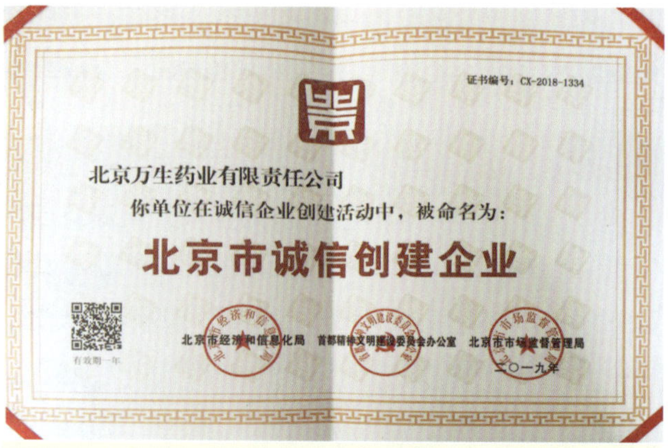

1月，获得“北京市诚信创建企业”称号
（北京福元医药股份有限公司提供）

4 月 18 日，福元医药沧州分公司高端原料药及中间体项目开工

（北京福元医药股份有限公司提供）

公司精心打造研发、生产、营销“三位一体”的核心竞争优势，根据不同客户采取与之相适应的特色营销模式，建立全国性销售网络，营销人员近千人。已上市产品中，盐酸莫西沙星片、苯磺酸氨氯地平片、奥美沙坦酯片、盐酸帕罗西汀片、盐酸曲美他嗪片、阿卡波糖片、瑞舒伐他汀、阿托伐他汀等品种通过（视同通过）国家仿制药一致性评价；匹维溴铵片、盐酸莫西沙星片、苯磺酸氨氯地平片、盐酸帕罗西汀片、盐酸文拉法辛缓释胶囊、瑞格列奈片、辛伐他汀片、阿仑膦酸钠、瑞舒伐他汀、阿托伐他汀等品种列入 2018 版国家基药目录；部分产品通过美国 FDA 认证及菲律宾、尼日利亚、肯尼亚、埃塞俄比亚等国家相关认证。

公司作为国家创新型仿制药产业化基地，确立临床急需、仿创结合的研发战略，建有国家级博士后科研工作站，有近 300 人的研发团队，核心技术人员具有国际化研发背景，研发生产的产品类别包括心血管、代谢、精神、抗感染、呼吸、营养、妇科、外用药等，每年申报近 10 个品种，高质量完成 15 项国家和省部级项目，获得 30 余项发明专利。公司连续多年荣列北京民营企业科技创新百强、中国化药研发实力百强，连续多年入选北京医药产业跨越发展工程 G20 企业，并获得国家高新企业、北京市科学技术奖等多项荣誉。

2019 年，公司推行 EHS 项目建设，通州工厂持续完善环境和职业健康安全管理工作，取得职业健康安全管理体系认证、环境管理体系认证双证书。2019 年沧州分公司通过安全生产标准化国家三级达标企业验收，投入 900 多万元改造环保设施实现清洁生产。

12 月，北京福元医药股份有限公司被中关村科技园区管理委员会认定为“中关村高新技术企业”

（北京福元医药股份有限公司提供）

12 月，下属子公司北京万生人和获得“中关村高新技术企业”资质

（北京福元医药股份有限公司提供）

2019 年度通州本级上缴税金近 1.8 亿元。下属子公司福元药业向受“利奇马”影响的宣城宁国市灾区捐款 5 万元。子公司万生人和发起“蓝色守护”计划，向内蒙古乌兰察布市公交公司患过敏性鼻炎司机、黑龙江省大庆市交警支队直属民警赠送“霾星人”。通州工厂携手“大山小爱”开展“点亮爱心，衣情暖春”活动，为灾区儿童捐赠衣物。

（王海明　郑立伟）

信息化

【概　况】　2019年，区经济和信息化局认真贯彻落实中央及市委、市政府建设北京城市副中心决策部署和整体工作要求，聚焦智慧城市顶层设计，搭建起通州区政务云平台，促进政务数据资源互联共享，探索应用场景构建，不断夯实副中心智慧城市建设基础，提升通州区政务信息化水平，为城市副中心建设“保驾护航”。

【智慧城市建设】　年内，加快信息化建设，打造智慧通州品牌。加强顶层设计，实现多规协同推进。编制《副中心数字生态城市建设方案（2019—2020）》《通州区政务大数据平台建设方案》《通州区大数据建设计划工作方案》《通州区大数据建设实施方案》《通州区大数据规划》等文件。夯实基础保障，强化设施要素支撑。建设区级政务云，参照市级政务云管理办法，会同区委网信办印发《通州区政务云管理办法（试行）》，推进各系统入云。打造示范工程，推进智慧城市建设。瞄准城市建设、治理、服务等热点和痛点需求，探索网络化、数字化、智能化的解决之道，引入城市大脑技术，建设生态环境综合治理平台，通过全面感知、智能识别、流程创新，推动全区在数字生态城市建设方面的突破和创新。严格执行技术评审，加强信息化统筹管理。按照《政府投资信息化项目管理办法》相关要求，统筹区级财政资金建设的信息化项目，对项目进行前置评审，通过管理办法实施，促使各单位信息化项目遵守数据资源整合的标准和技术规范，满足互联互通、共建共享、经济适用的要求。2019年，受理区内各相关单位78个信息化项目的申报材料，涉及资金5.5亿元。

【5G建设】　年内，推进5G基础设施建设。起草《关于规范通州区移动通信设施建设的通知》《通州区智慧灯杆建设导则》等文件，规范建设标准，统筹协调各运营商有序开展建设。截至年底，投资2.9亿元建成5G基站1886个，优先实现对商业、公园、学校和医院等公共区域的重点覆盖。　（刘天阳）

【政务外网运行】　年内，遵照《通州区政务专网管理办法》，对区级政务外网进行运行维护及安全保障。完善各类制度规范，提升通州区政务外网及政务数据中心机房运维保障能力；政务外网新接入单位10个，迁移10个，撤销1个。加强日常巡检和周末、节假日巡检，随时解决处置接入单位网络故障。采取远程和现场解决等方式，为各接入单位提供技术支持，包括机房设备调试、机房基础设施维护、政务系统服务器上架、下架及调试等工作。根据网络安全形势，随时进行安全策略调整和变更，确保政务外网安全稳定运行。

【政务网络信息安全】　开展区级政务网络接入单位的网络信息安全检查工作，对发现问题发出整改建议。对重要信息系统进行等级保护测评，对发现的安全隐患和漏洞及时进行修复。完成中华人民共和国成立70周年网络安全保障工作。开展政务外网应急演练、区政府门户网站应急演练、区政务协同办公系统应急演练。　（王超）

【政府网站集约化平台运行】　年内，区政府网站集约化平台总体运行良好，政府网站日均浏览量为4000多人次，各站点信息更新全年总量1.6万余条。加大政府网站信息公开力度，推进全市一体化网上互动交流平台（一网通答）市、区对接，提升政府网站服务能力。设置微通州专题页面，推动政务信息数据资源向“两微一端”等延伸拓展。

【区级办公系统运行】　年内，区政务办公系统平稳运行，根据各单位提出的新需求，随时调整、优化办公系统流程，保障全区各单位公文交换和公文流转，提高办公效率。加强日常办公系统的管理维护，对政务办公系统软硬件服务器等设备定期巡检，协调解决各单位办公系统故障问题。对办公系统进行优化升级，增加移动办公服务功能，并根据用户使用反馈每周更新优化系统，完善功能。

（樊家耀）

金　融

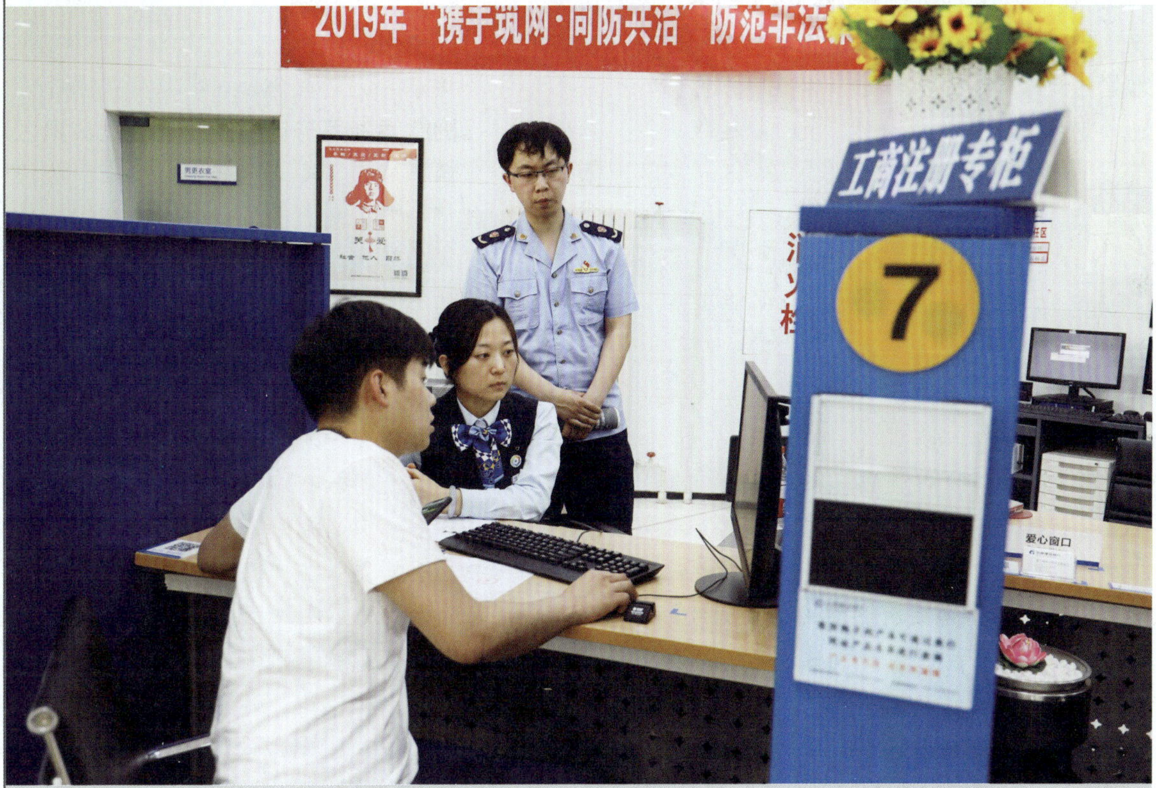

5月16日，中国建设银行北京通州分行政银合作工商登记“直通车”业务正式对外开办

（中国建设银行北京通州分行提供）

概　述

【概　况】　2019年，全区金融业主要指标实现快速增长。金融业增加值突破70亿元。根据初步核算数据，全区金融业增加值实现74.79亿元，同比增长11.1%，占全区GDP比重为7.1%，占第三产业产值比重为12.0%。金融业税收贡献显著提高。2019年金融业实现税收9.06亿元，同比增长65.1%；占全区税收比重3.3%，较2018年提高1.2个百分点；占第三产业税收比重5.4%。金融业存贷款规模保持较高增速。截至12月末，全区银行业金融机构人民币各项贷款余额1836.82亿元，同比增长11.9%；各项存款余额4945.47亿元，同比增长8.4%，其中外汇存款余额19.73亿元，同比增长69.2%。金融业收入利润均实现稳健增长。全区银行业金融机构资产总额同比增长5.6%，收入、利润同比分别增长5.8%和6.8%。

【金融业服务实体经济的能力不断提升】　区域金融体系逐步完善。截至12月末，全区有银行、保险、证券、财务公司等各类持牌金融机构72家，小额贷款公司、融资担保公司、典当行、融资租赁公司、交易场所等“7+4”类金融机构35家，逐步形成以银行、证券、保险为主体，各种新兴金融业态并举的金融体系。金融机构层级逐步提高。银行业方面，截至12月末，通州区28家银行中有一级分行2家，二级分行8家，营业网点151个。证券期货业方面，截至12月末，通州区有证券、期货公司营业部19家，较上年增加1家。保险及其他金融业方面，截至年底，进驻通州区保险公司分公司、支公司及营销服务部等94家；通州区最大的法人金融机构新华联财务公司，增资完成后注册资本达30亿元。多层次资本市场融资体系逐步健全。截至12月末，全区上市公司3家，其中深交所主板上市2家，港交所主板上市1家，2019年上市公司实现融资总额6917.04万元。全区新三板挂牌公司28家，其中基础层26家、创新层2家，主要集中于文化旅游、高端制造、现代服务等产业，在推进地区相关行业发展中发挥重要作用。2019年新三板挂牌公司实现融资总额1.12亿元。

【围绕运河商务区打造财富管理集聚区】　引进华夏银行城市副中心一级分行、招商银行和交通银行通州分行、北京国际财富中心公司、北京财富管理公司、北投融资担保公司、中投保科技担保公司、中债金科公司、北京国际财富管理研究院等财富管理、金融科技企业和机构，夯实高质量发展基础。

为加强副中心政策集成，打造服务业扩大开放综合试点先导区，以“金融开放，财富启航”为主题，组织“北京畅融工程”财富管理对外开放专题活动，30余家中外理财、资管、信托、基金等机构参加活动。重点宣讲解读国务院金融稳定发展委员会发布的金融业对外开放11条政策，介绍副中心在发展金融产业特别是财富管理方面所具备的资源禀赋和发展优势，与会机构进一步了解北京财富管理行业对外开放政策以及副中心吸引财富管理机构的优惠政策，取得积极效果。

10月26—27日，举办主题为“全球挑战下的财富管理新机遇”的2019年全球财富管理论坛，历时2天，中外专家、政商学各界68人参与讨论和分享，有850人次参会。此次论坛深度探讨国际视角下的财富管理、首都金融服务业发展、副中心财富管理中心建设等议题，为副中心打造财富管理新高地，实现财富管理、绿色金融和金融科技融合发展提供全新的视野和思路。

组织企业参加“2019年科创板专题培训会”，帮助企业了解最新监管政策。协调财政、税务等部门，为甘李药业、华安鑫创、中际联合等拟上市企业申请补贴落实工作。

（周亚琼）

中国工商银行股份有限公司北京通州支行

【概　况】 中国工商银行股份有限公司北京通州支行位于通州区新华西街47号，全行2019年有在职员工470人，支行下辖8个部室、2个团队、1个中心、19家网点，为客户提供专业、优质、高效的金融服务，同时代理人民银行国库业务和发行基金保管库业务。2019年，通州支行认真贯彻落实习近平新时代中国特色社会主义思想和总分行党委各项决策部署，结合通州区域特色，因地制宜，高标引领，制定打造区域内“金牌银行”的特色发展战略，紧跟副中心建设步伐，不忘初心、牢记使命，在加快经营发展和渠道建设的同时，着力提升支行核心竞争力，提升党建促经营发展动力，使各项工作取得卓越成效。

通州支行始终坚持以“双领先”（系统内领先，同业领先）银行和“六最”（同业占比最高、资产质量最优、经营效益最好、考核排名最前、内控案防最强、服务口碑最佳）发展要求为目标，支行各项经营业绩稳步提升。截至2019年末，通州支行全年实现本外币拨备前利润8.06亿元，同比增加0.27亿元，同比增长3.40%，支行人民币存款时点余额504.79亿元，突破500亿元大关，较年初增加42.07亿元，实现存款总量和增量四大行排名“双第一”。

【服务政务改革】 2019年，通州支行着力夯实对公客户基础，实现对公业务新发展。在市委、市政府东迁工作开展的同时，支行参与各单位变更银行账户项目，针对各单位职能特点制定专属金融服务方案，全年累计新开对公结算账户2203户。通过与区市场监督管理局合作，支行成功开通全市首笔工商登记“直通车”业务，实现全市首笔纸质营业执照银行网点端打印，率先实现“四个一”（一站式代理工商注册、一站式办税服务、一站式普惠金融和一站式自助填单）贴心式服务。“政银助企合作”是实现企业登记全程电子化的重要里程碑，开辟工商登记服务与银行金融服务对接的新通道，“四个一”贴心式服务是实现对公开户一站式服务的重要突破，实现银行与企业服务的新跨越。

【渠道建设】 通州支行坚持以渠道建设为中心，精细化布局，各条线协同发展，在2019年新开运河东大街支行和台湖支行2家网点，成为区域内探索政银合作的“排头兵”，为支行业务发展奠定渠道基础。支行服务考核连续七个季度排名分行前四水平，打造区域内服务口碑最佳银行。新华分理处作为通州支行旗舰网点，在2019年度成功争创中银协“百佳”示范网点，成为北京城市副中心元年首家、郊区首家、通州区唯一一家中银协“百佳”网点，至此，“百佳”服务成为通州支行新名片。

（刘洋）

中国建设银行股份有限公司北京通州分行

【概　况】 中国建设银行股份有限公司北京通州分行隶属于中国建设银行股份有限公司北京市分行，位于北京市通州区玉带河西街25号，下设12个部室（含营业部），16个营业网点。营业网点为潞河支行、运河支行、光谷支行、财满街支行、瑞都国际支行、群芳中三街支行、玉桥东路支行、玉带河东街支行、云景里支行、鱼市口支行、汇鸿家园支行、物资学院路支行、杨庄路支行、新华西街支行、玉桥支行、张家湾支行。年内在岗人员382人，平均年龄37岁，其中本科及以上学历人员306人，党员142人。2019年，通州分行党委带领全行员工坚持以习近平新时代中国特色社会主义思想为指导，全面贯彻中共十九大和十九届四中全会精神，围绕提升“三个能力”的目标，以党建为统领，推战略，抓机遇，强管理，促发展，全面服务北京城市副中心建设。

年内实现本外币账面利润7.08亿元。中间业务收入2.59亿元。本外币全口径存款时点余额487.78亿元；一般性存款余额483.15亿元。本外币各项贷款时点余额178.89亿元；五级分类不良贷款余额0.35亿元，不良率0.19%。

【建立“1112”党建设工作体系】 年内，围绕学习宣传贯彻中共十九大和十九届四中全会精神，建立以1套工作法、1轮巡访检查、1个品牌、2张联系单的“1112”党建工作体系。重点围绕习总书记批示的增强“三个能力”建设，杜绝软弱涣散、强化支部战斗堡垒、切实为基层减负。学习宣传“党的好战士”张富清事迹，党员干部从生活点滴入手，从实际工作出发，比贡献、找差距、抓落实，清正廉洁，争做表率，设立21个党员示范岗、16个张富清金融服务队、16个张富清党员突击队、1个张富清服务热线，以张富清精神为标杆，履职尽责，回馈社会。

【全面服务副中心建设】 通州分行积极推进“新金融”，承担社会责任，服务实体经济，践行大行担当。年内，通州分行为北京市委、市政府、市财政局、市发改委、市住建委、市规自委安装ATM机，助力北京市政府东迁；建设409个“裕农通”服务站，为通州区所有乡镇总计319个行政村提供金融便捷服务；为潞城镇“安寓”项目提供3亿元授信额度，深化服务北京市政府东迁；累计为1242户小微企业提供贷款支持。

【聚焦精准帮扶】 为区机关企事业单位累计发放“爱心扶贫卡”3057张，助力消费扶贫；走进北京市消费扶贫“双创”中心，开展“牢记初心使命 助力脱贫攻坚”主题党日活动；参加通州区“诚信万里行”新时代文明实践主题宣传活动；走进通州区光荣院，向英雄致敬，学习英雄事迹，慰问退役军人；走进西集镇低收入村耿楼村，开展“守初心 强本色 精准帮扶”共建活动等，取得良好效果。

8月7日，建行通州分行党委与西集镇车屯村委会开展“守初心 强本色 精准帮扶”共建活动
（中国建设银行北京通州分行提供）

（孟宪赟）

中国农业银行股份有限公司北京城市副中心分行

【概　况】 2019年，农行北京城市副中心分行作为属地国有大型商业银行，下辖17个营业网点，8个机关部室，在岗员工近400人。全行各项存款余额超过460亿元，各项贷款余额超过130亿元，服务对公客户9000余户，个人活跃客户数100余万户；全行法人有贷客户超过180户，个人有贷客户超过

3.5万户。年内，认真做好金融扶贫，通过集采商城购买云南和西藏地区的扶贫产品；响应区政府捐资助学活动；“温暖衣冬”捐献衣物88件。

【服务实体经济】　年内，为联东集团、二商大红门肉类食品有限公司等发放贷款数亿元。超额完成分行下达普惠任务，客户整体质量明显提升。至2019年末，银保监口径普惠金融贷款完成净增2.34亿元，完成率115.6%。其中对公净增1.20亿元，完成率103.97%；个人净增1.14亿元，完成率131%。“两户”建设成效明显，全力开展“营销风暴”活动，“两户”拓展亮点纷呈。银政合作取得突破，带动对公存款大幅增长。大部分业务指标完成分行下达的全年任务。

【转型创新】　年内，全力推进网点转型，提升服务效率和客户体验。完成第一批7个网点硬转工作。转出柜员43名到2支经理队伍，通过转出实现客户经理队伍42人，网均达到2.5人；大堂经理23人，网均达到1.4人，有效充实营销岗位，“三减两增一改”效果明显。压缩自助银行8个，压缩低效自助设备40台；推进5家网点拆迁或到期迁址重建等工作，实现富河园支行迁址购置新网点项目的落地签约。

【“双基”管理】　年内，开展“双基”（基层和基础）管理专项考核，涵盖信贷、运营、合规、员工管理等七大领域，健全全行“双基”管理体系。风险防控持续深化，打造集中办公区，“一户一策”防范信用风险，持续加强双录工作管理。加大不良贷款清收力度，通过法院强制执行收回已核销贷款金额210万元。深化“三线一网格”管理，全年产生履职任务16247条，发布6项常规和专项排查。夯实运营管理基础，3家网点获评“三铁”单位，柜面业务差错较上年同期下降55%以上；高效安全完成金库平稳交接，实现全行离行、在行所有ATM的全集中或者半集中的管理；完成非凭证及账簿类档案的整理归档、封箱入库，以及8003箱凭证类档案的集中上缴。

（王晗）

中国银行股份有限公司北京通州分行

【概　况】　11月7日，北京银保监局批复中国银行北京通州支行升格为北京通州分行。中国银行股份有限公司北京通州分行位于通州区车站路44号，内设8个部门，下辖10个经营性支行。分别是通州九棵树支行、通州新华西街支行、通州果园支行、通州梨园支行、通州马驹桥支行、通州光机电支行、青年路支行、朝阳北路支行、广渠东路支行、土桥支行。

【推进业务发展】　年内，通州分行响应总、分行号召，秉承“加快建设新时代全球一流银行”的经营理念，以“强责任，转作风，重服务，促效能”作为提升干部履职能力，推进内生动力机制的四个抓手，以基层支部为核心，确立“明确一个活动目标，解决一个发展短板，提升服务能力，提高盈利水平”的基层活动主题，组织各网点、部室，锁定客户基础差、业务较单一的发展短板，下大力气拓展、壮大通州分行的公司、个人、授信客户群体，着力拓展行政事业客户、中高端私人客户、普惠金融客户、民营企业客户，并对新增客户、目标客户“穷追不舍”，力求见到成效。

【机制建设】　年内，强化机制督促，重在奖优罚懒。持续完善服务奖惩制度，加大技能考核奖惩力度，提升整体服务效率。营造崇尚卓越服务的氛围，引领全行贯彻二线为一线服务，全员为客户服务的理念。

（田朕）

中国农业发展银行北京市通州区支行

【概　况】　中国农业发展银行北京市通州区支行成立于1997年3月，位于通州区新华北路55号，内设3个部室。2019年，通州区支行以“不忘初心、牢记使命”主题教育为抓手，以党建促发展，进一步加大营销力度，夯实基础管理，加强风险防控，提高队伍素质，提升服务水平，切实履行政策性银行的金融职能，各项业务实现快速发展。

【信贷“支农”显成效】　2019年，作为农业政策性银行的分支机构，通州区支行立足主业，精准发力，全年累计投放贷款12.35亿元。其中，根据市场需求，在继续服务北京市粮食龙头企业，支持粮棉油市场化业务的同时，为一家央企申请授信20亿元，全年累计向该企业发放粮棉油购销流动资金贷款8.7亿元，支持企业收购棉花、小麦、水稻、玉米、高粱等原粮，发挥农业政策性银行金融服务作用。

【落实京津冀协同发展战略】　为有效落实国家京津冀协同发展和关于大众创业、万众创新系列决策部署，支行向普天创新创业管理有限公司提供授信金额2.9亿元，2019年累计发放贷款1.39亿元，用于中国普天天津创新产业园项目地上、地下建筑面积10.3万平方米园区建设。通过合作，支行与企业共同践行央企社会责任，更好地落实国家战略决策部署。

【助力首都生态环境建设】　年内，为继续推进首都生态环境建设，支行在上年向桑德集团北京市垡头污水处理厂（一期）升级改造项目发放1.8亿元贷款的基础上，继续发放1.2亿元贷款，有力地支持企业对污水处理厂的升级改造，进一步推动首都重要河道流域、副中心水环境的改善，为首都建设资源节约型、环境友好型社会做出积极贡献。

（张钰培）

北京银行股份有限公司通州支行

【概　况】　北京银行股份有限公司通州支行成立于2004年4月，截至2019年末，有员工100人，在通州区设有5家营业网点，2家社区支行。5家营业网点分别为北京银行通州支行，位于中山大街59号院1层（北京ONE底商）；北京银行瑞都支行，位于九棵树大街165号（果园环岛家乐福超市南侧）；北京银行光机电园区支行，位于通州区台湖镇次二村南6号美达大厦一层；北京银行马驹桥支行，位于马驹桥镇245号院12号商业楼105号（兴华嘉园小区底商）；北京银行车站路支行，位于通州区车站路22号。2家社区支行分别为新华联家园社区支行，位于通州区杨庄南里8号楼－1（新华联家园小区）；怡乐北街社区支行，位于通州区怡乐北街92号1层B－通州区怡乐北街92号。截至2019年底，北京银行通州支行本外币各项存款时点余额121.77亿元，总贷款规模37.03亿元，本外币资产总额123.48亿元。

【优化网点布局】　2019年，北京银行通州支行在总分行的大力支持下，根据通州区经济发展特色，进一步加强网点建设。完成北京银行车站路支行的装修改造，实现支行公积金归集代办业务对外营业，为广大市民群众提供金融服务的同时提供便捷的公积金服务。在分行的正确指引下，完成通州支行迁址，由新华西街59号迁址至中山大街59号院1层（北京ONE底商）。同时，借助智能机具加速网点转型步伐，进一步提升客户服务体验。

【践行慈善公益事业】 2019年，北京银行通州支行参加了2019年度“爱满京城”首都学雷锋志愿服务推动日暨“迎国庆百万志愿者共建和谐宜居之都”主题活动，在活动现场为群众义务普及金融知识；参与“我是通州百姓，让爱温暖通州”学雷锋活动，为到场的群众义务提供金融咨询服务，普及防诈骗常识；赴梨园敬老院开展“学雷锋”慰问活动；联合通州区总工会开展“暖心伴考”支援服务活动，在潞河中学高考考点设立志愿服务站，为考生家长提供遮阳棚、座椅、饮用水、扇子、纸巾、充电设备、医疗物品等服务；深入到西集镇小辛庄村贫困户家中进行走访慰问；向内蒙古自治区奈曼旗慈善总会捐款十万元，作为帮助奈曼旗的扶贫专项资金。北京银行通州支行始终热心公益事业，从不同角度、不同途径、不同程度上为社会奉献爱心，关注关心弱势群体，积极倡导并实践崇德向善的社会正能量。

（周严妍）

北京农村商业银行通州支行

【概　况】 截至2019年末，北京农商银行通州支行有营业网点35个；在职员工612人；资产总额达到747.46亿元，各项存款余额746.83亿元，占通州区存款市场份额15.07%；各项贷款余额74.18亿元。

【支持通州区城市副中心建设】 随着京津冀一体化的不断推进和城市副中心建设的加速进行，北京农商银行通州支行持续提高区域内金融服务力度，全力支持潞城地区拆迁工作，积极介入区域内水务、园林、基础建设等重点项目，为行政办公区项目、城市绿心项目、人大附中通州学校项目等提供全方位的金融服务。大力支持副中心基础设施建设，为运河核心区冷热电三联产项目、乡镇再生水厂建设运营项目、国际物流有限公司通州口岸等重点项目累计投放信贷支持9亿元。

【普惠金融工作】 年内，主动服务属地实体经济，将普惠金融业务作为一项政治任务对待，践行社会责任，对接区域各类协会、商会组织，主动参与普惠金融业务宣讲，为企业面对面提供咨询解答、设计个性化金融服务方案。截至2019年12月末，普惠金融类授信业务总额2.05亿元，其中企业经营类1.3亿元，个人经营类0.75亿元。

【服务渠道多样便捷】 北京农商银行通州支行不仅拥有区域内数量最多的35家物理营业网点，同时开通乡村便利店140家，可办理小额存取款、转账、汇款、查询余额、补登存折、缴纳电费、燃气费、电费等业务。2019年，便利店交易50万笔、金额2.7亿元，有效解决辖内偏远地区金融服务盲区问题，受益百姓达20多万人，切实履行服务全区百姓的社会责任。支行的578台ATM机、自助终端、网银体验机、存折补登机等自助设备为广大百姓提供服务，方便客户办理业务，有效支持区域经济建设。

【拓展养老金融业务】 年内，支行大力拓展养老金融业务，着力打造为老服务特色品牌银行形象，截至2019年末，累计为60岁以上的北京户籍老人及外地常住北京老人发卡28万张，2019年新增发卡5.2万张，发放养老助残券70.4万人次、金额7184万元。为辖内养老驿站安装养老助残POS机34台，减免对公开户手续费，协助驿站开展为老服务，同时发展养老助残折扣商户累计124户，布放区域遍布通州区的街道社区及乡镇，搭建满足老年人方便、安全、便捷的养老助残卡受理渠道。

【助农惠农到基层】 惠农、便民始终是农商银行的主要工作，通州支行代理发放农村地区各项政策性资金，包括农村地区无保障人员养老金，城乡居民养老保险，民政部门各项低保金、抚恤金等30余项政策性资金，每年发放金额超过15亿元。

（岳俊磊）

中国人民财产保险股份有限公司北京市通州支公司

【概　况】 中国人民财产保险股份有限公司北京市通州支公司是中国人民财产保险股份有限公司北京市分公司的分支机构，位于通州区玉带河大街4号，是通州区内历史最悠久、业务规模最大、综合实力最强的财产保险公司。公司参与社会风险管理和社会保障体系建设，不断创新保险机制，服务社会管理，充分发挥专业技术和服务优势，利用保险市场化的风险转移机制、社会互助与管理机制，保障经济发展，促进社会和谐，认真履行社会责任。2019年，通州支公司以集团“3411工程”和“十项重点工作”为指引，持续提升承保理赔服务水平，提供风险保障1484.6亿元，实现保费收入3.21亿元。机动车辆保险是公司的支柱险种，在北京车险市场持续下行的不利情况下，通过细化过程管理、快速应对市场变化、调整发展策略，保持车险市场份额稳定，实现保费收入3.1亿元。

【安全生产责任险】 安全生产责任险是由安监局牵头，保险公司落地推广的险种。2019年，通州支公司进一步加强宣传，向投保企业提供风险排查服务，为投保企业提供风险预警设施，有效防范并降低企业经营风险，最大限度保障企业和员工利益。为通州区1103家企业提供保险服务，风险保障47.32亿元，保费收入95.56万元。

【打造理赔服务品牌】 2019年，通州支公司理赔服务以数字化为支撑，强化科技赋能，加快推广理赔移动化，提升在线服务能力。进一步推广“互碰快赔”的服务机制，实现“事故现场定责任，分开定损不相约，线上授权直接赔”的理赔服务新体验。

【政策性农业保险业务】 通州支公司持续加强对永乐店镇、漷县镇农户的承保理赔服务。2019年为532户次农企、农户提供风险保障6161万元，涉及奶牛、大棚、果树、小麦、玉米等11个险种，支付赔款410.2万元。在“5·17”风雹灾害发生时，通州支公司第一时间启动应急预案，第一时间赶赴现场、第一时间进行赔付，支付风雹灾害赔款238万元，充分体现“人民保险、服务人民”的社会担当。

（董延瑞）

商贸·文化旅游

10月24日，举办2019"通武廊"文旅产业发展·通州对话

（区文化和旅游局提供）

商 贸

【概　况】　2019年，在区委、区政府的正确领导下，区商务局围绕商务行业“稳增长、促发展、疏功能、惠民生”工作主线，凝心聚力，开拓创新。加强北京城市副中心政策集成，打造服务业扩大开放综合试点先导区。坚持稳中求进，商务经济总体水平不断提升；坚持功能疏解，推进通州商业体系调整升级；坚持聚焦民生，加快生活性服务业科学发展；坚持优化环境，服务业扩大开放先导区焕发新活力；强化安全管理，安全责任体系逐步完善。完成年度各项任务目标。全区总消费额实现826亿元，同比增长9.1%。其中服务消费实现355.3亿元，同比增长12.1%；社会消费品零售额实现470.7亿元，同比增长7%，增速全市第三。

【发展梨园夜间经济示范区】　2019年，出台《通州区统筹促消费增长工作的意见》《通州区关于进一步繁荣夜间经济促进消费增长的工作方案》，统筹推进全区夜经济发展；重点打造以东郎产业园为代表的梨园夜间经济示范区，形成试点。东郎电影创意产业园被评为北京十大夜消费打卡地。

【推动总部经济发展】　年内，开展商服产业空间调查和高端商务项目引进工作，建立数据库台账，为引进总部及高端商业品牌项目做准备。加大通州区发展环境和政策优势宣传推广力度，举办各种城市副中心推介活动。其中，2019年“京交会”副中心分会场活动得到市、区和社会各界的一致好评，“运河论坛”活动获得市“京交会”组委会颁发的“最佳会议活动”荣誉。

【优化营商环境】　年内，构建“试点工作领导小组＋总体协调专班+3个重点领域专班”的工作体系；制定《通州区创建北京市服务业扩大开放综合试点先导区实施方案》以及《通州区创建服务业扩大开放综合试点先导区三年行动计划》；完善项目“一库四机制”、加强统筹调度等系列工作措施；市级新设银行分支机构、全面优化政务服务等七项任务取得阶段性成果；区级88项任务中90%任务有序推进并实现8个重点产业项目落地。梳理出新建楼宇项目住所证明新方式、北交所企业登记分中心、政银合作“企业登记直通车”、人力资源服务产业园新模式、完善通武廊协同发展新机制、市场监管领域许可证套餐服务、外国人服务大厅“一桌办”模式、“四化”标准打造行政复议“副中心范式”8个具有首创性的试点案例。其中，优化监管模式创新案例“新建楼宇项目住所证明新方式”入选商务部印发的北京市服务业扩大开放综合试点第三批7个最佳实践案例。

【完成12家市场疏解提升工作】　2019年，通州区完成12家市场疏解提升工作任务，涉及商户1564户，从业人员2590人。

【新建和规范提升生活性服务业网点】　2019年，通州区持续提升生活性服务业品质，累计新建和规范提升生活性服务业网点117个，连锁化率达到51.5%，覆盖率达到98.5%。

【保障应急救灾物资的存储、调拨】　年内，做好应急救灾物资的存储、轮换、调拨。按照《通州区区级救灾储备物资调拨机制（试行）》有关规定，认真做好救灾储备物资调运工作。

【加强应急储备粮管理】　与粮贸公司签订2019年储备粮承储协议，开展储备粮轮换工作，并按时办理储备粮津贴拨付，对区储备粮粮情状况 、储存条件、账目数量进行全面彻底的清查工作，保证应急储备粮定期轮换保质保量。

【加强粮食市场信息监测】　年内，完善粮油市场信息监测预警体系，定期对监测点进行抽查，按时发布粮食供求、价格等相关信息。

【落实粮食安全区长责任制】 年内，切实提升全区粮食行业安全生产治理能力和管理水平，落实粮食安全区长责任制。进一步加强粮食市场信息监测，确保粮油市场供需平衡。储备粮轮换工作有条不紊。坚持统一认识，严密组织，按照有库必查、有粮必查、有账必核、查必彻底的原则，高标准完成政策性粮食库存数量和质量大清查工作。加强对粮食收储库及粮食加工企业进行全覆盖安全检查，全年检查企业32家次，出动检查人员66人次，对发现问题的企业要求现场整改并验收。做好粮食应急预警机制，提升应急保障能力，落实应急各项工作，组织粮食应急培训和应急演练。结合科技周、食品安全周、世界粮食日组织开展科技兴粮、节粮减损、粮食安全宣传活动。

【开展针对性专项检查和整治】 2019年，出动安全检查人员2228人次，检查规模以上企业1114家次，查处安全隐患708项。

【行业安全生产检查宣传工作】 2019年，通州区商务局组织联合检查41次；开展各类宣传教育培训20场次，其中大型培训活动9场次；召开行业安全会议11场次，下发红头文件39份。接受国务院、市委、市政府各类安全生产督查4次。

【加大行业安全巡查检查力度】 2019年，通州区商务局建立重要节日、重大活动、重大事件期间巡查、联合检查和局领导带队检查长效机制，对城区重点商业街区、大型商场、超市、餐饮企业各项安保工作落实情况进行重点巡查。同时，对全区粮食行业、外资外贸企业等主管行业企业加大安全监管力度，确保行业安全。

【对企业安全管理工作进行全面指导】 强化宣传教育培训，督促企业落实主体责任。2019年组织企业集中约谈培训会3次，共计104家次，对企业安全管理工作进行全面指导。组织烟花爆竹禁限放、国际民防日、“3·15”消费者权益保护日、安全生产月等6次上街宣传活动，发放宣传品3000余份，参与群众达到2500余人。

（马寅辰）

【北京市通州商业资产运营公司】 2019年，商资公司在区委、区政府和区国资委的正确领导下，以习近平新时代中国特色社会主义思想为指导，以党的政治建设为统领，努力完善企业内部制度，以提升服务促发展为切入点，巩固加强资产经营。年内，实现营业收入2.81亿元，同比增长12.6%，完成全年预算指标的106%。上缴税金1500万元，同比增长37%。实现利润总额626万元，同比增长168%。国有资产保值增值率101%。

冲破企业发展局限，拓新经营思路。所属基层单位北京市通州区糖业烟酒公司克服违建拆除的影响，与中粮酒业继续展开战略合作，召开业务促进会、经销商订货会，在各大网络销售平台发力促销；小楼饭店通过经营数据分析，总结出20道“顾客必点菜”，深度挖潜产品特色将其打造成小楼“看家菜”，根据季节时令推出“夏日烧烤季”“冬日新品火锅”“清真年货大集”，老字号大胆亮出“新操作”逐步焕发出夺目光彩；重新修订《商资公司租赁合同管理实施细则》，与八通网达成战略合作意向，对公司所属经营性房产以公开透明的市场化方式公开招租，拓宽选择面，维护国有资产安全，实现国有资产保值增值；公司注册成立的通智立达人力资源公司年内开始盈利，并获得区财政专项支持资金500万元。与8家单位签订劳务派遣协议，与236名派遣员工建立劳动关系。

围绕商资公司“服务年”的工作思路，组织开展各类专项培训，形成干部职工努力提升自我，服务副中心建设的学习高潮。利用自有资源建校办学，天鹅湖幼儿园重获办学资格，总建筑面积达5600余平方米，以争创优质的教育环境和保教水平为己任，为副中心学前教育事业贡献一份力量。

经过装修改造，北京市人力资源产业园国家级产业园通州园于10月开园，该园区占地1.46万平方米，总建筑面积5.5万平方米，引进中智、华夏银行、外企人力等大型企业进驻园区，为副中心缴纳税金超1亿元，入园企业在京津冀地区服务人次达到10万人次，协助副中心人才引进提供窗口。

加快扶贫对接进度，巩固民生工程建设成果。公司先后承载区级扶贫对口区县西藏城关镇及内蒙古翁牛特旗、奈曼旗、科右中旗扶贫攻坚工作。大昭圣水作为第一款扶贫代理商品，已销售68万瓶，实现销售收入117万元，为西藏教育事业累计捐款3.84万元。4家扶贫示范店通过加快落实推进扶贫“六进”工作，与150多家单位成功对接，扶贫总销售1521万元，实现由百万到千万的量级跨越。在扶贫目标区旗工作中，通过与当地企业开展合作，带动内蒙古地区2200余户脱贫。

公司所属北京市品农果蔬经营中心以保障百姓餐桌绿色、健康为前提，每日推出两款特价菜，价格低于周边市场10%～15%，其余菜品价格均低于或持平周边市场。逢假日，加大蔬果储备，保障节日市场供应。特殊时期还承担平抑价格的社会职责，解决部分通州种植户卖菜难的问题，真正体现便民、惠民、利民的企业宗旨。

进一步完善安全生产标准体系，推进企业稳定发展。加强全系统安全监督管理，更新各项工作方案、预案和宣传活动计划，签订年度安全协议，开展安全生产培训，安全检查自查等，将系统内所有行业领域纳入安全生产标准化管理，并计入工作台账，使公司安全工作更加清晰有序。

（高岩）

【通州区煤炭公司】 2019年，通州区煤炭公司坚持稳中求进的工作总基调，产业结构调整，转型升级步伐加快，全面贯彻落实区国资委安排部署的工作重点，稳步推进各项工作扎实开展。公司下属基层单位7个，即北京万方缘物业管理中心、通县节能技术推广站、北京蓝迪盛世建筑装饰材料科技中心、北京温馨假日快捷酒店、通州区煤炭公司驻山西办事处、北京通煤网讯科技有限公司、北京通煤创艺文化传媒有限公司。合作单位2个，即北京通煤盛昌燃料有限公司、北京通煤科信检测技术服务有限公司。注销单位1个，即北京市通州利达运输队。

2019年，区煤炭公司应对市场变化，挖掘自身优势，维持企业生存，转变工作思路，拓展生存空间，加快多元化产业发展步伐，逐步进入转型发展轨道。主营业务收入91.96万元，其他收入营业收入402.15万元，张辛庄地块拆迁补偿款2053.17万元。

年内，区煤炭公司全面优化资产经营，盘活有限土地资源，推进西果园2号西地块源创科技研发楼项目。按照源创科技研发楼项目进度，取得北京市规划委和自然资源委员会规划意见复函，与市规委和区规委沟通办理土地出让手续，取得规划许可证，2020年开始开工建设。

北京通煤创艺文化传媒有限公司在平面设计、品牌推广业务的基础上，转向影视制作，参与制作通州电视台文艺频道《园丁梦》《铸梦副中心》等节目的策划、宣传和制作，通过专业化和高品质的服务，区域品牌影响力稳步提升。

北京通煤科信检测技术服务有限公司，不断提升专业水平，拓展业务范围。全力筹备公共卫生环境检测扩项，2019年3月通过评审，涵盖公共卫生检测、环保领域检测、医疗卫生辐射防护检测，其中包括水、土壤、空气、辐射等总检测项目达340项。

北京通煤网讯科技有限公司，围绕通州区“第一书记”党建服务项目，与区台湖镇台湖村、区张家湾镇北许场新村、区潞城镇霍屯村等7个行政村对接，建立合作意向，策划项目方案，使各村党建宣传稳步提升。成立爱心365社工事务所，推进智慧社区建设和智能居家养老项目。与联想、惠普、华为等多家办公设备供应商达成合作，进入北京市政府采购商目录，有3个品类5个品目进入通州区政府采购，服务单位21家。

通县节能技术推广站，探索转型，围绕通煤科信检测业务开展配套治理。针对餐饮油烟检测提供油烟清洗及净化器改造服务，为区卫计委、区安监局、区工商局及下辖分所、区市政公司、区潞电电气公司、张家湾小学等35家机关单位提供服务。针对污水检测业务开展医疗废水处理改造，为区新华医院各社区服务中心提供改造服务。年内，中标北京市密云区医院的医疗废水改造项目。

（刘长庆）

【北京市通州区供销合作总社】 2019年，通州区供销合作总社坚持全面从严治党，以党建为引领，以高质量发展为目标，以传承“背篓精神”为使命，推动企业经济保持总体平稳、稳中有进发展态势。全年实现营业收入总额1525万元，同比下降14.7%；投资收益总额2636万元，同比增长25.64%；利润总额2000万元，同比增长33.07%；上缴税费总额791万元，同比增长97.3%；净资产收益率14.36%，同比增长1.74%。

打造服务城乡综合服务平台。在实施乡村振兴战略中主动担当、积极作为，在打造服务城乡综合服务平台中做出新的业绩。其中，原郎府供销合作社大院建设项目，主体工程封顶；原郎府供销合作社煤厂建设项目，与当地政府洽谈调控土地控规已完成，正进行下一步相关手续办理；宋庄文化产业园区项目，园区运转情况良好，招商工作稳步推进。

完善建立社有资产经营管理体系。在加强巡查、维护社有资产安全的基础上，根据区域经济发展，清退低端产业出租，回收资产重新规划，发展优质产业项目的遴选和落地。与中国供销中合养老公司接洽，争取北京通州区养老照料中心（系列）项目落地。

提升企业现代化管理水平。一方面部署和推进预算编制管理。为实现企业经济目标，在对上年企业财务收支情况全面分析前提下，拟定《通州区供销合作总社财务预算管理制度》，在4月初启动全社系统财务预算编制，做好预算管理中协调、分析、控制、考核等各环节工作；另一方面在强化巡察成果运用中，完善制度建设，规范企业运营，聘请第三方专业机构对区社企业内控与风险管理进行咨询服务，引入现代企业管理模式，实现企业现代管理。在安全生产工作方面，管理措施持续升级，年初制定全年安全预算，3月，取得安全生产三级标准化牌照。其间，与通州区玉桥街道安委会携手共创安全企业，荣获2018年度市级交通安全先进单位称号。

（博丽杰）

【中国烟草总公司北京市公司物流中心】 中国烟草总公司北京市公司物流中心（简称物流中心）成立于2004年7月，隶属于北京市烟草专卖局（公司），是以负责全市卷烟零售户所需卷烟的仓储、分拣和配送工作为特色的国有企业。中心位于首都北京五环、六环之间的通州区梨园镇大稿村，占地面积7.5万平方米，总建筑面积3.1万平方米，总投资1.98亿元。2019年累计入库卷烟79.87万箱，同比下降1.99%；累计出库卷烟80.69万箱，同比下降0.33%；平均每天库存为2.96万箱，同比下降3.72%；平均每天上线品牌规格数241种，同比增长0.32%；累计分拣、配送卷烟2.02亿条（约80.75万箱），同比下降0.3%；累计分拣配送127.16万户次，同比增长4.49%；累计配送车辆安全行驶247.94万千米，同比下降15.98%，其中直配车辆行驶170.25万千米、中转车辆行驶77.7万千米。

首次实现当日订单当日全部配送到户，物流中心与浙江物流中心、湖南中烟两家工业企业试运行跨省整托盘“一扫代车扫”新入库模式成功。物流中心对直配区京烟连锁店及14和15档客户共240余户进行裹膜回收试点工作，试点期间回收裹膜220余千克。6月，物流中心技改总包工程项目通过北京市建委联合验收。物流中心就地技改项目签订42个子项目合同，合同金额达2.34亿元，付款1.94亿元，合同执行率为83%。

年内，开展包括基建档案知识培训、职业病防治知识培训和2期配送经营管理培训活动。组织食堂人员开展火灾现场应急预案演练。加强安防设备检查，修复安防设备设施21次，调整中心安防摄像头位置50余次，维保10次，清洗有污物摄像头30余次，清扫设备设施11次，全年投入治安费用176.2万余元。

年内，物流中心代表提案代表提出的《关于零售户地理信息共享的建议》获得市局2018年唯一一个优秀提案奖。由物流中心申报的“一种裹膜烟包配送系统”“一种暂存区管理方法”“一种卷烟自动分拣系统”获得国家发明专利授权。由北京烟草提报的《物流物流中心就地技术升级改造项目》获得精益物流十佳改善项目集体奖。物流中心配送运营部精益项目《缩短北京烟草直配区订单完成时效》被评为市局精益十佳项目成果。物流中心配送运营部蓝海QC小组获得北京第74次QC成果发表赛最高奖和全国优秀质量管理小组称号。物流中心配送运营部蓝海QC小组成果《提高北京烟草接力配送装卸效率》获得北京市质量管理小组成果发表赛示范奖。物流中心配送运营部蓝海QC小组成果《提高北京烟草接力配送装卸效率》获得市局（公司）QC成果发表赛一等奖。物流中心被国家烟草专卖局评为全国烟草行业第七届先进集体。

（李涵嵋）

【北京市通州区粮油贸易有限责任公司】 截至2019年12月底，公司有职工219人，女职工50人，比上年同期222人减少3人。公司包括3家法人单位：北京市京粮潞河粮食收储有限公司、北京市永和信诚粮油供应有限公司、北京京粮运河粮油贸易有限公司。北京市京粮潞河粮食收储有限公司下设4个粮库：直属粮库、徐辛庄粮库、大杜社粮库、永乐店粮库。2019年公司全年实现总收入17.14亿元，同比增长53.22%。完成利润577.22万元，较上年度增长5.75%。上缴税金2289.03万元。全面推进“5S”管理工作，打造粮库管理新理念。2019年，“5S”管理项目在公司所属粮库全面展开，学习和借鉴“5S”管理理念的精髓，制作宣传展板，将口号、各种创意、优秀团队上墙公示，激发大家的积极性，制定操作性更强，更加细致地考核方案，并不断循环修正，在实际操作过程中寻求更好的做法，发现新的亮点，总结经验，积极探讨，真正地把“5S”融入工作中去，开创粮食仓储工作新局面。

深化储粮精细化管理，降低储粮成本。2019年经核算，储备粮损耗率为0.34%，比集团核定的1.2%下降0.86%。经过努力，实现集团核定的储备粮损耗在1.2%及公司核定的储备粮损耗在0.7%的管理目标，降低费用，提高效益，有力地推动储备粮管理工作的开展。

把握机遇找准方向发展贸易。在国内各方面对粮食企业的大力支持下，为了锁定利润，采取以销定采的经营策略，降低经营风险。与辽宁、黑龙江多家企业合作，分别签订采购及销售合同。由于贸易粮采购出库及销售库点位于山东及东北等地，公司委派专人把控各个环节，做到各个库点专人值守，并运用现代化手段实时监控。参与各级储备粮轮换工作、竞价粮采购与销售工作。

深化综合治理，安全生产持续稳定。公司始终坚持“安全第一、预防为主、综合治理”的工作方针，牢固树立安全责任意识，深化安全隐患专项整治，实现公司全年零事故的任务目标。对各基层单位及所属外租点进行5次地毯式大检查。组织召开“安全生产月暨应急宣传进万家”活动启动会，对公司4个收储库等安全生产工作进行检查，通过检查摸清了安全隐患底数，为安全生产无事故，打下坚实的基础。开展安全教育培训。聘请防火中心专家为机关全体职工和各单位安全员，开展防火用电安全知识讲座。完成公司风险分级管控和隐患排查治理双体系建设。完善、改造和维护安全防护设备设施，为直属粮库加装视频监控和门禁系统，为大杜社粮库和永乐店粮库改造室外消防水池，更换部分消防箱和电闸箱，对大杜社粮库消防栓进行更换。

加快推进项目建设，完成重点工程建设。非经营性资产移交工作，2019年10月底，开始与房地集团指派的物业公司对接家属楼房、家属平房现场接收工作。截至2019年底，除去云景里、八里桥两处供暖及南站、直属库44处平房家属院自来水一户一表未移交，其他项目移交完毕。滦县项目仓房整体工程及附属配套设施完工，委托给北京北咨工程咨询有限公司进行该项目施工单位的结算工作。

（杨新星）

对外及对港澳台经济贸易

【概　况】　2019 年，通州区新设立外商投资企业 68 家，增资企业 21 家。投资总额合计 35661.1 万美元，注册资金合计 22017.65 万美元，合同利用外资 19330.91 万美元。2019 年，通州区实际利用外资 59 笔入资，共计 60339.95 万美元。截至 2019 年底，通州区有境外投资备案企业 145 家。2019 年，通州区 17 家主体企业进行境外投资，7 家主体办理变更。

【服务外包合同备案登记】　2019 年，通州区新审核合同数 42 个，累计合同金额 7335 万美元，执行合同金额累计 3738 万美元。

【对外贸易经营者备案登记】　2019 年，通州区对外贸易经营者备案登记及变更的企业 728 家，其中新备案对外贸易企业 426 家，变更企业 302 家。

【113 家外贸企业办理出口信用保险】　2019 年，中国信保为通州区 113 家外贸出口企业提供出口信用保险服务，其中自付费投保企业 10 家，享受政府免费保单企业 103 家，小微企业占比超过 90%。中国信保全年支持通州全区企业出口 16.71 亿美元，赔付通州区 9 家出口企业合计 26.4 万美元。

【开展外商投资企业联合年报工作】　2019 年，外商投资企业联合年报工作从 4 月 1 日到 6 月 30 日进行，通州区参检企业 490 余家，投资总额 297.84 亿美元，注册资本 115.69 亿美元。

（马寅辰）

文化旅游

【概　况】　2019 年，通州区合并文化、旅游行政管理职能，正式组建文化和旅游局。文化和旅游部门的合并，是通州区加强党对文化旅游工作的全面领导，统筹文化旅游融合发展的必然要求，是通州区委、区政府贯彻落实中央和北京市深化改革精神的重大部署，是转变职能、建设服务型政府的重大举措。区文化和旅游局成立后，新一届党政领导班子带领全系统党员干部，围绕北京城市副中心建设以及市文化和旅游局、区委、区政府的中心工作，大力加强“四个中心”功能建设，提高“四个服务”水平，进一步聚力改革创新、研究发展思路、加速机制融合、强化职能调整，文化旅游各项工作稳步

3 月 25 日，北京市通州区文化和旅游局挂牌
（区文化和旅游局提供）

推进。3月25日上午，区文化和旅游局挂牌成立。根据《北京市机构改革实施方案》，整合区文化委、区旅游委职责，组建区文化和旅游局。

【《大运河文化带·通州故事丛书》发布】 1月19日，《大运河文化带·通州故事丛书》发布。该丛书由区文化委聘请刘祥、张建、陈喜波等专家，对通州运河文化遗产进行挖掘整理的专项研究成果，是全面展示通州独特大运河文化的巨著，以新的史料、更高的视点，全方位、立体式地呈现通州的运河文化精髓，激发社会各界对于运河文化的关注和认识。丛书分10册，共75万字，对文学、音乐、舞蹈、戏剧、曲艺、体育、手工艺、饮食、节庆等通州运河民俗文化做精简汇编，系统讲述通州与大运河的故事。

【通州区全民春节晚会举办】 1月28日，传统节日“小年”，由区文化委主办的金猪拱年——通州区全民春节晚会在区文化馆举办。活动分为3个篇章：“展——历史风情篇”“话——浓情桑梓篇”“望——明日辉煌篇”。该次晚会历经45天筹备，11个乡镇、4个街道积极参与，选送各类文艺作品406个，3600多人参与“我要上春晚”活动，展示副中心人民蓬勃向上、奋发进取的精神风貌。

【通州区举办新春团拜会慰问各界人士】 2月1日（腊月二十七），由区委、区人大、区政府、区政协主办，区委宣传部、区文化委承办的“踏上新征程 领航新时代——通州区2019慰问各界人士新春团拜会”在区文化馆举行，团拜会节目分为《新发展·最美通州》、《新征程·运河风采》和《新时代·古今同辉》三个篇章。区领导与区人大代表、政协委员、社区工作者、教师、部队官兵、志愿者以及各界人士齐聚一堂，齐迎新春，同贺佳节，共话发展。

【“2019北京·通州运河文化庙会”举办】 2月5—9日（正月初一至初五），“2019北京·通州运河文化庙会”在通州运河文化广场举办。该届庙会以“展大运河文化，望副中心盛景”为主题，涵盖逛、赏、品、尝、购、娱等内容，结合通州本土特点，重点突出“年味”“通州味”“文化味”，深度挖掘运河历史文化元素，营造欢乐、祥和、喜庆、文明的节日氛围，5天服务群众18.9万人次。

【春节期间京郊文化旅游平稳有序】 春节期间，通州区推出50余项新春文化活动，包括庙会、冰雪活动、民俗旅游活动、文艺演出、书法笔会等形式。通州区纳入旅游统计监测的6家重点住宿单位、4家旅游景区和9个乡镇总体接待情况良好，春节期间接待游客22.18万人次，获得旅游综合收入748万元。

【大运河国家AAAAA级旅游景区创建工作办公室成立】 2月22日，北京（通州）大运河文化旅游景区创建国家AAAAA级旅游景区工作办公室成立，明确各单位创建工作职责，为开启北京（通州）大运河文化旅游景区创建国家AAAAA级旅游景区工作奠定基础。

【开展基层文化组织员培训】 4月8—26日，区文化和旅游局举办全区基层文化组织员培训，11个乡镇、4个街道588名文化组织员参加。培训涵盖街道乡镇图书馆在首都文化建设中的使命与担当、通州区数字平台建设、基层综合性文化服务中心政策及实例解读、北京实体书店建设发展政策解读、公共图书馆总分馆制建设、社区乡镇图书馆现状与发展趋势、公共文化服务深化改革提质增效的思考、音乐欣赏与指挥、阅读推广活动的思考等内容，为加强基层文化人才队伍建设和干部素质、推进公共文化服务体系示范区建设起到积极的促进作用。

2月22日，北京（通州）大运河文化旅游景区创建国家AAAAA级旅游景区工作办公室成立大会召开（区文化和旅游局提供）

【开展"护苗·绿书签进校园"宣传活动】 4月25日，区文化和旅游局结合"4·26"世界知识产权日、全民阅读活动，联合区教委、新华街道办事处在通州区贡院小学，开展以"护助少年儿童健康成长，拒绝有害出版物及信息"为主题的"护苗·绿书签进校园"宣传活动。文化执法工作者走进课堂，向学生传授识别非法出版物知识，现场发放宣传纪念品6000余份，并与学生们进行深入交流互动，引导学生"多读书、读好书"，自觉开展绿色阅读，坚决抵制带有不健康元素的读物，共筑美好书香校园。

【"5·19"专题旅游活动】 5月19日，区文化和旅游局、天津市武清区文化和旅游局、河北省廊坊市文化广电和旅游局，在大运河森林公园柳荫广场举办以"最美通武廊 乐享好生活"为主题的2019年"5·19"中国旅游日宣传活动暨"通武廊旅游服务形象大使"展示活动启动仪式，向游客展示三地旅游工作者爱岗敬业、诚实守信、忠于职守、吃苦耐劳美好形象，为骑游爱好者推出20条主题骑游线路，户外图片摄影展和旅游商品现场宣传推广让游客领略通武廊三地的美好风光，加深对三地非遗产品的了解。

"5·19"中国旅游日活动
（区文化和旅游局提供）

【76名"运河计划"人才亮相文博会】 5月29日，第十四届中国北京国际文化创意产业博览会开幕，通州区参展。通州展区以通州文创人才为主题，重点推介通州区文化人才及营商环境相关政策。通过全景造台和LED灯带全面展现北京城市副中心的风貌，通过人才展示墙、文创精品展示和交互联动形成多组模块化设计突显通州多元化发展布局。展区以大运河文化带为线，串联起宋庄创意小镇、台湖演艺小镇和环球影城，将文化遗产和民俗资源与创新意识相结合，展示具有通州特色的文创精品。区文化和旅游局选取区内优秀文创企业和2017、2018年通州区"运河计划"文化领域入选的76名人才参加文博会。

【通州区获得首都公共文化服务示范区称号】 6月6日，通州区获得首都公共文化服务示范区称号，为全国公共文化服务体系创建工作奠定基础。创建工作中，汇集国家及市、区公共文化系列文件，编辑《北京市通州区创建首都公共文化服务示范区》文件汇编本；出台《通州区文化志愿者管理办法》，发展壮大文化志愿者队伍1万余名。推进文化馆图书馆总分馆制建设和实施公共文化机构法人治理结构改革，逐步实现四级公共文化服务资源互联互通。建立8个乡镇分馆，建成25家微型数字图书馆。全区基本实现区、乡镇（街道）、行政村（社区）公共文化服务设施网络全覆盖，包括11个乡镇级、5个街道级文化中心，558个行政村（社区）级综合文化室，459处室外文化活动广场，502家益民书屋，文化信息资源共享工程基层服务点82个，人均公共文化服务设施面积达到0.38平方米。

【"敕赐宝光禅寺碑"出土】 6月10日，区文化和旅游局接到施工单位线索，在台湖次渠医院东实施停车场建设项目时挖出一石碑。经现场勘查：此碑出土地点为台湖建筑公司受台湖镇政府委托建设的停车场施工现场，施工场地为8000平方米，现场未发现其他文物。此碑埋藏深度为1米深，碑首、碑身、碑底各有些许缺损，整体形制保存完整，碑上刻有"敕赐宝光"等铭文，且出土地点在原宝光寺南300米处，所以此碑初步判定为"敕赐宝光禅寺碑"，当日，将此石碑迁移到通州区三教庙处进行保护。

【参加“扫黄打非·护城河工程”活动】 6月27—28日，区文旅局参加在天津市武清区举办的京津冀“扫黄打非·护城河工程”联席工作会议，与河北省廊坊市、天津市武清区开展文化市场联合执法活动，实地察看全国“扫黄打非”基层示范点，并对武清区仓储物流、京迁印刷企业、文化娱乐等10余家单位进行联合执法检查，有效提高三地执法办案能力，确立案件信息共享、定期研讨等工作机制。活动中，区文化市场综合执法大队针对执法改革、行刑结合、印刷企业管理及“扫黄打非”大案要案等重难点问题进行深入交流研讨，共享执法经验。

【旅游“造血”】 6月6日、7月2日、7月11日，区文化和旅游局组织由爱心企业代表、新闻媒体、摄影师组成文化旅游宣传活动小组，赴内蒙古奈曼旗、翁牛特旗、科右中旗开展主题活动，并取得丰硕成果。北京花儿朵朵花仙子农业有限公司投资成立内蒙古幸福花仙子旅游开发有限公司，为实现旅游资源共享和深度合作奠定良好基础。通过电视、报纸、微信、微博等媒体平台，持续宣传内蒙古“三旗”旅游资源，加深合作，提升了内蒙古“三旗”的旅游品牌影响力。

【通州文创在2019北京文创大赛再创佳绩】 8月1日，历时3个多月的2019北京文化创意大赛落下帷幕。本界大赛中通州赛区6个分赛场中弘祥1979、东郎产业园区、双益发文创园区以及大稿国际艺术园区获得2019年北京文化创意大赛创业服务分中心授牌，其中东郎产业园荣获最佳众创（文创）空间，可米生活项目荣获本次文创大赛北京市三等奖；北京完美风暴体育发展有限公司的仿真雪儿童乐园项目获组委会特别奖；北京声影动漫科技有限公司荣获动漫游戏主题赛区动画类项目一等奖；担任通州赛区6场初赛的主持人尹涛获得最佳赛场主持人奖。区文化和旅游局荣获本届文创大赛最佳组织奖和最具成就赛场奖。

【组织开展建军节文化慰问演出】 为庆祝第92个建军节，8月1日晚，区委宣传部、区文化和旅游局，举办“热血铸军魂，文化传真情”八一建军节慰问演出，十多个精彩的文艺节目赢得在场部队官兵的阵阵掌声。

【完成中华人民共和国成立70周年文化活动保障任务】 组织社会各界群众代表，历时半年策划、彩排、联排，高质量完成10月1日晚在天安门广场举行的“庆祝中华人民共和国成立70周年群众大型文艺联欢庆祝活动”通州区板块的演出任务。国庆节期间，组织开展“庆祝中华人民共和国成立70周年文艺会演”、大运河文化展、国庆游园书香特展活动，服务群众4万人次，充分展示通州干部群众积极向上的精神面貌和北京城市副中心的良好形象。通州区文化和旅游局被北京市委、市政府评为国庆70周年庆祝活动筹备服务保障先进集体，被北京市庆祝中华人民共和国成立70周年活动领导小组阅兵服务保障指挥部通报表彰。

10月1日，中华人民共和国成立70周年庆祝活动通州板块　　（区文化和旅游局提供）

【大运河城市副中心段通航】 10月3日上午，京杭大运河北京城市副中心段旅游通航仪式在通州区运河奥体公园举行，副市长卢彦出席活动，并宣布京杭大运河北京城市副中心段正式通航。大运河副中心段通航展现首都生态文明和北京城市副中心建设成果，拓展集观光游览、文化体验、水工展示为一体的运河文化休闲度假空间，为加快大运河文化带建设、助推大运河国家AAAAA级旅游景区创建工作起到重要作用。

【2019 通武廊文化和旅游产业发展大会召开】 10 月 12 日，2019 通武廊（武清）文化和旅游产业发展大会在天津武清区南湖景区召开。三地本着“创新、协调、绿色、开放、共享”的理念，汇报展示通武廊文化和旅游合作联盟取得的硕果，共同签署《通武廊文化和旅游合作联盟框架协议》。该次战略合作框架协议的签署，是三地前期务实合作取得的阶段性成果，也是通武廊谋划协同创新发展共同体的又一重要举措。

【16 个非遗项目进入通州区非遗目录】 9 月 10 日，经过第 50 次区政府常务会审议通过，延寿圣会音乐、北京绢人、东堡高跷会、京剧彩塑脸谱、五行通臂拳、花丝镶嵌制作技艺（赵春明）、吴式太极拳、仙源腐乳制作技艺、口技、毛猴制作技艺（张正）、邵氏中医按摩针灸疗法、烙画制作技艺、雕漆制作技艺（王慧茹）、雕漆制作技艺（王继勇）、黄铜掐丝珐琅制作技艺、花丝镶嵌制作技艺（赵云亮）16 个项目进入通州区第三批区级非物质文化遗产代表性项目目录。10 月 20 日，通州区人民政府办公室正式发布《关于公布通州区第三批区级非物质文化遗产代表性项目名录的通知》。

【举办通武廊文旅产业发展对话活动】 10 月 24 日，通州区文化和旅游局、武清区文化和旅游局、廊坊市文化广电和旅游局共同举办“2019 通武廊文旅产业发展·通州对话”活动，特邀国内知名专家学者与业界精英为新时代通武廊文化旅游协同发展提供创新智慧，探索创新路径，注入创新动力，共同谋划“北运河”文化旅游品牌。通州区人民政府决定成立文化和旅游产业发展研究智库，为通州区文化和旅游产业发展提供智力支持。

【首家城市书房启用】 11 月 7 日，通州区首家无人值守“24 小时阅空间”在宋庄镇小堡文化广场启用。“24 小时阅空间”是以公众公益阅读便利服务为宗旨，以地方图书馆为依托的 24 小时无人值守城市书房，同时也是通州区图书馆宋庄镇分馆，通过智能化管理实现 24 小时“文化不打烊”，打通公共文化和居民读者间“最后一公里”，为社区居民全天候提供清新自然的阅读环境，极大满足群众对图书借阅及文化空间的需求，是公共文化服务体系建设的又一创新之举。

【大运河文化旅游景区纳入国家 AAAAA 级旅游景区预备名单】 大运河国家 AAAAA 级旅游景区创建工作进展顺利，明确国家 AAAAA 级旅游景区土地指标需求，加快旅游配套设施建设，确定景区申报和运营主体。11 月 9 日，通州大运河文化旅游景区通过文化和旅游部组织的国家 AAAAA 级旅游景区景观质量专家评审会，被文旅部列入创建国家 AAAAA 级旅游景区预备名单。

【2019 通武廊传统文化季启动】 12 月 5 日，由区文化和旅游局、天津市武清区文化和旅游局及河北省廊坊市文化广电和旅游局联合主办的“流动的文化·传承的运河——2019 通武廊传统文化季”正式启动。市文化和旅游局副调研员雷喜，通州区领导张绍武出席启动式，通武廊三地文化旅游工作者、文化旅游企业和群众代表 500 余人参加专场文艺演出。

12 月 5 日，2019 通武廊传统文化季启动式
（区文化和旅游局提供）

【通州区 3 种商品入选“北京礼物”】 12 月 27 日，2019 年我最心仪的“北京礼物”颁奖典礼在凤凰国际传媒中心举行，通州区唐人坊·国粹娟人系列、东方艺珍·花丝如意系列、东韵·北京人文系列丝巾 3 个商品经过线下征集、线上投票及专家评审等环节，最终获 2019 年我最心仪的“北京礼物”奖。

【安全生产检查】 2019年，结合安全生产月、“防风险、保安全、迎大庆”、城市安全隐患三年治理行动、防汛、烟花爆竹禁放等工作，召开安全会议10次，下发安全文件54份。开展领导带队检查28次、夜查8次，检查企业91家次；开展专项检查7次，组织联组互查3次，日常检查企业761家次，督促整改安全问题25处，约谈文化和旅游企业22个，对安全生产违法行为立案3起，罚款1.5万元。组织安全培训6次、安全宣传6次、安全应急演练3次，发放文化和旅游安全宣传材料20000余份。全年无重大安全责任事故发生。

【加大文物古迹保护利用管理】 年内，强化通州古城核心区域保护，开展文庙历史研究，持续对通州燃灯塔进行安全监测，通州燃灯塔正式公布成为全国重点文物保护单位。张家湾古镇考古工作全面展开，启动张家湾古城东城墙考古勘探项目，形成考古报告。加强西海子公园文物保护，配合开展石像生群文物搬迁保护项目，完成葫芦湖遗址考古报告。推进路县遗址公园建设，开展路县故城遗址考古工作，公布《路县故城遗址保护规划》。

【加强展会宣传】 2019年，区文化和旅游局参加在全国各地举办的旅游产业博览会，利用展板展示、发放宣传资料和现场咨询等方式，集中宣传展示通州文化旅游资源。4月19—21日，在福建省厦门市参加第十五届海峡旅游博览会暨第五届中国（厦门）国际休闲旅游博览会。5月3—6日，应江苏省扬州市人民政府邀请参加首届大运河文化旅游博览会。6月18—20日，在北京国家会议中心参加2019北京国际旅游博览会。8月30—9月1日，在广州市参加2019广东国际旅游产业博览会。9月6—8日，在天津梅江会展中心参加2019中国旅游产业博览会。9月6—9日，在四川参加2019中国特色旅游商品展。10月18—20日，在广西桂林参加2019中国—东盟博览会。10月18—20日，在中国国际展览中心参加第八届北京国际旅游商品及旅游装备博览会。10月25日，在北京市平谷区参加第三届中国（北京）休闲大会。11月15—17日，在云南昆明参加2019中国国际旅游交易会。11月22—24日，在海南国际会展中心参加由海南省旅游和文化广电体育厅主办的2019年（第四届）海南世界休闲旅游博览会。

（刘巍　蔺云霞）

建筑业

老楼加装电梯　　（区住建委提供）

概　述

【概　况】 2019年是推进北京城市副中心控规落实的第一年，区住建委按照区委、区政府的统一部署，全心、全力、全面推进工作落实，取得显著成果。

【重大工程项目取得新突破】 市郊铁路副中心线东延（乔庄东站）实现运营，八通线南延、地铁7号线东延年底正式运营；地铁17号线、广渠路东延、六环路立交节点等项目提前进场，完成投资111.5亿元；行政办公区二期、绿心“三大建筑”、副中心交通枢纽、东六环路入地等重大项目按期开工。

【工程监管水平有较大提升】 在监工程规模达到历史新高，房建面积突破2600万平方米，市政基础设施达到139项；建成施工现场综合监管平台，实现监管工程项目全覆盖，提高智慧化应用水平；重点项目实行驻场监管新模式，监管向纵深式发展，提高精细化管理水平。

【征拆安置工作推进总体平顺】 启动全区“拔钉子”行动，精准“点穴”方式，清理滞留户68户；绿心“三大建筑”、副中心交通枢纽区域实现场清地平，地块交付；潞城棚改安置房年底全部交付，绿心棚改安置房正在基础施工。

【住房保障、房屋管理和物业管理工作日趋完善】 2019年，筹集政策性住房1.15万套，3个共有产权房实现摇号，住房保障各项工作均在全市领先地位；落实房住不炒要求，严格执行限购政策，治理群租房1700户，房地产市场和房屋租赁市场总体有序；完成西营前街等23万平方米老旧小区改造，有序推进无物业小区规范化治理。

【制度体系建设有新成果】 围绕发展绿色建筑，制定《北京城市副中心（核心区）发展绿色建筑推动绿色城市建设指导意见》；围绕围串标、挂靠承揽工程等问题，制定《北京城市副中心工程建设项目招标工作暂行办法》；围绕规范征拆程序，制定《关于进一步加强城市副中心房屋征收拆迁管理工作的意见》。

（郑晴）

房屋管理和城镇住房制度改革

【区城镇直管公房解危及大中修工作】 住建委房管所依据2018年房屋安全普查结果确定2019年区城镇直管公房解危及大中修房屋修缮定案421间，自2019年4月开工至10月底竣工，解危加固房间164间，大中修房屋257间，重做楼平房屋面防水5300平方米。

【区城镇直管公房防汛工作】 5月，住建委房管所成立区直管公房防汛领导小组，组建抢险队伍，培训抢险队员，储备抢险物资，制定《2019年通州区直管公房防汛预案》和《2019年通州区直管公房汛期突发灾害应急救援预案》，完成责任制落实、预案落实、队伍落实、物资落实、避险落实的防汛备汛工作。6月1日至9月15日，房管所连续第35年实现通州区39万平方米直管公房“不塌房、不死人”安全度汛奋斗目标。

【区城镇直管公房房屋安全检查工作】 10—12月，住建委房管所依据《北京市房屋建筑使用安全检查技术导则（试行）》的规定和《住建委房管所房屋安全普查工作计划》，组织实施2019年度房屋安全普查工作，完成平房4775.5间、楼房103栋，总计39万平方米的房屋安全检查。

【区城镇直管公房转租转借专项行动】 住建委房管所根据北京市《关于组织开展疏解整治促提升十大专项行动（2017—2020）实施意见》的精神，对发现的18户转租转借情况全部清理完毕，完成2019年“动态清零”的“疏整促”直管公房专项行动工作任务。

（姚海东）

【房地产租赁市场违法群租房整治情况】 截至2019年12月底，通州区整治违法群租房2055户，疏解人口4534人，涉及街乡镇11个；通州区受理“12345”热线反映群租问题的投诉件2214件，经核查属实1681件，属实率75.9%，占全年整治量的81.8%。3月，通州区出台《关于规范违法群租房专项整治工作加强对违法群租行为联合惩戒实施办法的通知》，该办法为全市首个针对违法群租行为的联合惩戒措施，成员单位包括住建部门、市场监管部门、公安部门、税务部门、规自部门、经信部门。依托该办法，集中开展专项整治月、专项攻坚、打点治面、治乱清患四次专项整治行动，整治效果显著，实现违法群租房动态清零。

（邹孟禹）

【全区房屋深度核查工作】 2019年，区住建委与北京市测绘设计研究院共同开展通州区深度房屋核查工作。经过近一年的实地排查和测量，对全区房屋基础信息有了底数，并将房屋产权类别细化。在核查过程中，针对核查范围内的住宅平房院落及老旧小区的房屋情况进行安全情况调查；对于存在疑似安全隐患的房屋进行拍照和标记；整合非国有土地成套住宅及未登记成套住宅数据，在街乡镇的指认下，核查未登记成套住宅的坐落、建筑面积、地上层数、地下层数等信息；对照现有的普通地下室数据，对全区普通地下室进行补充核查，补充完善产权信息、管理信息、产权类别、规划用途、实际用途、建筑面积、租赁备案等信息。

（罗慧敏）

【农村危房改造工作】 年内，全区农村4类重点对象和低收入群众危房改造台账共365户，在区民政、区农业农村局、区残联等相关部门的配合下，及时调整身份变化、审计去除低收入农户的录入信息，对系统信息有误、鉴定有误的信息调出28户，最终台账数337户（4类重点对象144户，低收入群众193户）需要完成解危。其中，222户拟通过其他方式解决安全住所（4类重点对象79户，低收入群众143户），115户拟通过危房改造（新翻建）方式解危（4类重点对象65户，低收入群众50户）。115户全部开工、已竣工105户，危房改造开工率达100%，竣工率90%以上。通州区开工率在全市12个区中并列第一，竣工率在全市排名第三，完成2019年的危房改造任务。

（刘爱武）

【政策性住房竣工任务完成情况】 2019年，通州区竣工政策性住房7583套（含基本建成），具体项目如下：北京市通州区台湖镇B-07地块R2二类居住用地（配建“自住型商品住房”）项目463套，于2019年1月上报竣工；北京市通州区台湖镇B-07地块R2二类居住用地（配建“限价商品住房”）项目630套，于2019年1月上报竣工；通州区于家务乡A-06等地块居住用地、A-11地块托幼用地、A-27地块社会停车场库用地、A-28地块商业金融用地（配建经济适用住房）项目670套，于2019年1月上报竣工；北京市通州区TZ07-0103-0012等地块R2二类居住用地、TZ07-0103-0027等地块B1商业用地、TZ07-0103-L001地块A61机构养老设施用地（限价商品住房）1506套，于2019年1月上报竣工；武夷花园限价房项目1000套，于2019年3月上报竣工；西马庄经济适用房604套，于2019年9月上报竣工；通州区西集镇综合配套区F地块经适房项目903套，于2019年11月上报竣工；北京市通州区潞城镇棚户区改造土地开发项目A区后北营西南角及东侧地块安置房项目1807套，于2019年11月上报竣工。

（潘岩）

房地产开发

【概　况】　截至2019年12月底，通州区商品房在途项目123个（地块数量），开复工面积1303.9万平方米，同比增长7.5%。其中新开工面积400.4万平方米，同比增长33.7%；复工面积903.5万平方米，同比下降1.1%；竣工面积127.7万平方米，同比下降26.9%。通州区商品房开复工面积连续7年保持在千万平方米以上。

（罗慧敏）

【商品房入市情况】　截至2019年12月底，市住建委核发通州区预售许可证16个，新增预售许可房屋7607套，同比下降53%；预售许可面积878457.96平方米，同比下降46%。其中住宅类6954套（包括商品住宅1596套，均价56436元／平方米；共有产权房3752套，均价26500元／平方米；限竞房1606套，均价51000元／平方米），商业办公类653套，办公均价45000元／平方米、商业均价67500元／平方米；车位740个，均价7115元／平方米。通州区现房销售备案139件，其中住宅1276套、商业305套、办公517套、公寓883套、库房395套、车位4849套。

【商品房交易情况】　截至2019年12月底，通州区新建商品住宅成交4237套，同比增长64.9%；均价3.6万元／平方米，同比下降26.5%(因为2019年保障房大量成交，拉高数量，拉低价格)。商务型公寓成交472套，同比增长54.8%；均价4.8万元／平方米，同比下降20%。写字楼成交572套，同比下降48.6%；均价2.4万元／平方米，同比下降31.4%。商业成交375套，同比增长43.7%；均价3.7万元／平方米，同比下降24.5%。

（邹孟禹）

【房地产开发企业资质情况】　截至2019年12月底，在通州区注册的房地产开发企业218家，其中一级企业3家，二级企业10家，三级企业10家，四级企业156家，暂定级企业39家，总量同比增长3.8%。

（罗慧敏）

交通运输·邮电

土桥站电动车　（高潞秋／拍摄）

交通运输管理

【概　况】　年内，全区有郊区客运企业1家，运营线路61条，新清能源车辆623辆。出租汽车企业11家，巡游出租汽车2087辆。区域电动出租车企业1家，电动出租汽车500辆。旅游客运企业2家，运营车辆11辆。汽车租赁企业34家、车辆6963辆。游船企业2家，游船173艘。货运业户1992家，货运车辆12211辆，核载重量108035.9吨，其中，绿色货运企业6家，危险化学品运输企业28家，危运车辆795辆，核定载重量6106.3吨，货运业户较2018年减少2527户、货运车辆减少14969辆，驾培机构11家，教练车957辆、教练员1027人。机动车维修企业280户，其中，一类企业28户、二类企业81户、三类经营业户165户，二类摩托车维修业户6户。3月25日，通州区委、区政府印发《北京市通州区交通局职能配置、内设机构和人员编制规定》的通知，区交通局主要职责增加交通发展规划、智能交通系统建设、交通基础设施建设监督管理等。设置综合办公室、综合审批科、综合业务科、交通发展计划科、法制科、组织人事科6个内设机构。5月31日，完成“交通运输综合执法大队”对外挂牌工作。

【普通燃油出租汽车检查工作开展】　3月22日至4月30日，区交通局对普通燃油出租汽车行业开展集中检查和营运证换发工作，重点检查落实行业规定、人车对应信息、运营车辆车容车貌等内容，检查出租汽车企业11家，个体出租业户17户，营运车辆2087台，出租汽车驾驶员2956名，针对企业制度不健全、劳动合同、承包合同管理不到位、营运车辆车身辅色、厂牌型号等提交材料与数据库不对应等问题，下发整改通知书24份，经复查全部整改，制发2019年出租汽车营运证件2087件，完成人、车、户、网上信息核对与数据录入。

【第9个新建综检站建成并全面启用】　3月29日，徐尹路高各庄综合检查站新建完成并正式运行，货车通道2条，进行车辆违章、尾气污染排放及治理超载超限检查，小客车通道5条，每道设2组安检，每分钟约安检通行10辆小客车。该站打通燕郊至北京交通瓶颈，有效疏解副中心核心区交通压力。

【重大活动期间安保工作落实】　4月22日，区交通局启动“一带一路”国际合作高峰论坛、北京世界园艺博览会、亚洲文明对话大会“三件大事”期间的安保工作。加强对9个进京公路综合检查站、轨道交通站点人员密集区、危险化学品运输三大重点部位的监管和值守。

【交通综合治理实施方案印发】　4月25日，《2019年通州区交通综合治理行动计划》印发实施，治理任务44项，比2018年多14项，其中落实市级“规定动作”24项，全区“自选动作”20项，包括副中心智慧交通规划编制、智能停车诱导系统一期建设、信号灯升级改造二期工程、优化调整公交线路、3条城市主干路5条次干路5条微循环道路建设等。

【机动车维修企业质量信誉考核】　5月1日至6月15日，区交通局结合“双随机”入户检查，核对经营者行政许可登记信息，查看《北京市机动车维修管理服务系统一企业平台》使用情况，组织对221机动车维修企业的经营资质、安全生产、维修质量、服务质量、遵章守纪、环境保护、企业管理等内容进行考核评价，评出AAA级企业24家、AA级企业41家、A级企业62家、B级企业85家。

【区域电动出租汽车营运证换发完成】　5月15—31日，区交通局对新通惠捷出租公司500辆营运车辆及从业人员进行现场检查，同时对企业进行入户检查，换发营运证500件。

【京交会活动期间交通运输保障】 5月28日至6月1日，区交通局协调区内旅游客运企业顺风旅行社，开展京交会北京城市副中心分会场活动期间运输保障工作，每日提供28班次由故城东路十字路口—京交会会场8号门的摆渡车服务。活动首日接送嘉宾、志愿者、工作人员等100余人次。

【微信公众号开通】 5月30日，自主开通微信公众号“副中心交通”，建立网宣信息制度和工作体系，年内累计推送32期，关注人数和多期点击量破千。

【开展客运反恐演练】 5月31日，区交通局指导恒基客运有限公司开展反恐应急演练，模拟乘客携带可疑物品乘车，驾驶员进行询问和检查，发现可疑物品后及时报警；乘客不听驾驶员规劝，抢夺方向盘，驾驶员立即将车停靠路边、熄火报警；暴徒持凶器闯入公交车停放站，工作人员持器械与暴徒搏斗并制服暴徒。企业40余名从业人员参加，演练时间持续1小时，做到反应迅速、动作连贯、处置措施到位。

【防火防汛应急演练开展】 6月11日，区交通局组织郊区客运、旅游客运企业联合开展防火、防汛应急演练。模拟公交车着火，驾驶员疏散、指挥乘客有序逃生；公交车陷入积水点，公司救援队伍对乘客实施救援；为从业人员讲解火灾时正确逃生方法、灭火器和呼吸器正确使用方式等应急知识。北京恒基客运有限公司、通州顺风旅行社、京联出租汽车有限公司3家企业主要负责人和40余名从业人员参加演练。

【4条早晚高峰常规公交线路开通】 6月14日，开通4条工作日区域早晚高峰微循环线路。T113路，首末站为京东运乔建材城、大方居北门，营业时间为首站6：00—8：30、16：30—19：30，末站6：30—9：00、17：00—20：00，线路长度7.8千米，发车间隔10～20分钟，设置公交站14站，方便运河中学（高中部）师生上下学，以及大方居、怡然世家及运河大街沿线小区居民接驳地铁换乘公交出行。T110路，首末站为太玉园总站、地铁土桥站，营业时间为首站6：20—8：50、末站17：00—20：00，线路长度4.7千米，发车间隔10～20分钟，设置公交站7站，解决太玉园、高楼金村等小区居民早晚高峰公交接驳地铁需求。T112路，首末站为京东运乔建材城、地铁土桥站，营业时间为首站6：20—8：50、17：00—20：00末站6：35—9：05、17：15—20：15，线路长度4千米，发车间隔10～20分钟，设置公交站7站，解决合生滨江帝景小区居民公交出行不便问题。T111路，首末站为刘庄、北京物资学院，营业时间为首站6：00—8：30、17：30—20：00，末站6：30—9：00、18：00—20：30，线路长度7.1千米，发车间隔10～20分钟，设置公交站9站，解决市民热线集中反映的惠兰美居等小区居民公交通勤问题。

【安全宣传咨询日活动开展】 6月16日，区交通局在八通线果园地铁站站前广场开展“防风险、除隐患、遏事故”主题安全宣传咨询，组织百姓参观安全生产知识展板，宣传习近平总书记关于安全生产工作重要精神，进行安全生产法律法规及相关知识现场咨询。活动展出展板10块、悬挂横幅3条，设立咨询台1个，累计发放宣传品450余份。

【市郊铁路副中心线乔庄东站开通】 6月20日，市郊铁路副中心线乔庄东站开通试运营，线路延伸至副中心腹地，全长32.7千米，沿途设置北京西、北京、北京东、通州和乔庄东5座车站，早晚高峰时段开行4对列车，全程最快运行时间39分钟。服务范围扩大涵盖通州运河居、柳岸景园、幸福艺居等40多个小区，可与专205路、专206路、T109路、通18路、通45路、通60路等17条线路实现换乘。开通当日上午，乔庄东站进站76人次、出站881人次，免费办理市郊铁路一卡通324张。

【防汛应急暨游船救援综合演练开展】 6月20日，区交通局联合区文化旅游局在北运河通州漕运码头水域开展2019年防汛应急暨游船救援综合演练，新城基业、森林公园管理处100余名工作人员参加演练。

【货运企业事故应急演练】 6月21日，区交通局在北京腾韵达运输有限公司（以下简称韵达）开展货运行业事故应急演练，模拟车辆运输过程中车厢、车胎起火，司机采取灭火操作后火势仍无法控制，拨打火警电话及上报公司，由火警消防车及企业消防车到场对火情进行补救；分拣车间起火，人员紧急疏散；厂区火势较大，场内人员协同安全员组织员工紧急疏散、调遣企业消防车辆灭火。辖区16家重点普通货运企业和重点物流仓储企业参加观摩学习。

【区域电动车消防应急演练开展】 6月26日上午，区交通局联合北京新通惠捷区域电动小客车出租有限公司开展电动出租车消防灭火应急演练。详细讲解消防水带规格及使用方法、过滤式消防面具作用与使用方法、灭火器种类及应用范围，对着火点使用灭火器进行实际操作演练。

【危险品运输行业应急救援演练】 6月28日上午，区交通局联合区交通支队在液化空气（北京）有限公司进行全区危险品运输企业事故应急救援演练。模拟演练液氮槽罐车发生后车追尾事故泄漏施救、危险品运输车辆运输过程中轮胎起火救援。区交通支队负责人、全区29家危险品运输企业主要负责人、液化空气（北京）有限公司应急救援队参加演练。

【人大建议和政协提案办理】 6月30日，区交通局办结建议提案21件，满意率100%。

【区内公交车辆全部安装防护隔离设施】 7月1日至8月22日，区交通局分批次完成623辆公交车防护隔离设施安装工作。采取对驾驶区域进行全封闭防护，不会对驾驶员正常操作、调节座椅、观察后视镜产生任何影响，有效防止驾驶员在驾驶过程中遭受侵扰攻击导致安全事故发生。

【京津冀联合治超“百日会战”专项行动开展】 7月15日，为落实“两集、两严、两保”专项行动，通州区与天津市武清区、河北省廊坊市在天津市武清区大孟庄超限检查站启动京津冀联合治超“百日会战”专项行动，签订区域联合治超工作协议，集中严厉打击“百吨王”重载柴油货车等违法行为，出动执法车辆71辆次，出动执法人员149人次，查处超限超载车辆129辆。

【压缩市郊铁路副中心线通车时封闭铁路道口时长】 8月20日，区交通局协调市铁路局解决发车通知时间，加强值班管理确保时间准确性，签订安全协议书，协调北京电务处、城铁投等在行车线上加装无线预警设备，增派道口监护员加强人工盯守，安装视频监控设备，提前预知来车时间并做好相应准备，将行人和机动车等候时间逐步压缩至3分钟内。

【燃油出租车“油改电”工作启动】 8月27日，区交通局邀请市交通委出租（租赁）处、出租协会及北汽公司与辖区重点企业座谈交流，对“油改电”工作进行答疑解惑。全区1辆巡游出租汽车因事故提前报废，已更新为纯电动出租汽车。

【首都环线高速（通州段）完工后遗留问题解决】 8月29日至12月31日，区交通局组织调度首都环线高速（通州段）完工后涉及漷县、西集、于家务、永乐店4个乡镇的遗留问题，妥善解决垃圾清运等大部分问题，其他问题责成首环公司与乡镇协商，制定方案加快解决中。

【中华人民共和国成立70周年庆祝活动安全服务保障工作】 9月1日至10月15日，区交通局完成中华人民共和国成立70周年阅兵和群众游行、森林公园游园活动服务保障、安保、社会面巡逻防控等重大政治任务。制定落实《中华人民共和国成立70周年庆祝活动期间通州区交通局安全保障工作方案》，成立组织协调调度、交通服务保障、应急值守、执法、安全生产、信息报送、宣传7个工作组。

【“信用交通宣传月”法制宣传开展】 9月下旬至10月下旬，区交通局以送法进企业、进场站、到个人等形式，面向全区相关企业及经营者宣传“信用交通”方针政策和相关知识，各综检站以站区为依托，悬挂法宣条幅5条、张贴海报10余张、发放宣传知识200余份。

【北运河（通州段）第一阶段通航前安全管理】 9月20日，区交通局指导运营企业完成5艘新增和改造新能源船舶许可手续、夜航开通手续申报，制定《北运河（通州段）通航标志设计方案》，完成通航水域内助航标识、设施设置，设置助航灯90个，助航主标志2处，警示浮筒60个。

【新机场巴士线路开通】 9月27日，连接通州区与大兴新机场的机场巴士线路开通，该线路与大兴新机场同步投入运营，为通州百姓往返新机场提供优质出行服务保障。线路在通州区内设置太阳花总站，途径通朝大街、五环路、大兴机场高速至大兴新机场，单程运距60千米，统一票价为40元／人，线路配车14辆，运营时间为通州至大兴方向首班车5：00至末班车20：00；大兴至通州方向首班车7：00至末班车22：00。

【北运河（通州段）第一阶段通航】 10月3日正式通航，通航里程11.4千米，出航航次746次，客运量39200人次，其中夜航76次，接待人数3500人。区交通局制定《“十一”期间北运河通航工作安全应急预案》，开展安全巡查，重点对大客流时段进行应急安全保障和码头候船游客秩序维护。

【八通线部分区段停运拨线改造期间交通保障工作】 10月22日至11月2日，八通线土桥站后进行拨线施工，其间，涉及土桥站、临河里站、梨园站、九棵树站4座车站暂停运营。区交通局牵头组织相关单位出动1万余人次参与现场执法和秩序维护，实现公共交通补给到位，最大限度降低停运不利影响。11月3日，改造工程完工，全线恢复正常运营。

【外地小客车通州全境限行管理】 11月1日，外省、区、市核发号牌载客汽车进入六环路以内道路和通州区全域范围道路行驶的须办理进京通行证，区交通局牵头制定并落实《通州区落实外埠客车进京通行证管理政策分工方案》，按时限完成7处重点路段禁行和引导标志标牌的增设、改造工作。

【北运河停航期间船舶安全管理】 11月3日，运河游船全面停航。区交通局实施安全管理，包括船舶在规定码头、停泊区内统一停泊、系固牢靠，对船舶进行检查维修保养和季节性安全防护，开展码头、游船消防安全巡检，彻底清理船体、码头环境卫生，规范保管船舶适任证书、船名牌，救生、消防、防污染等设施器材，完善规章制度，组织员工教育培训。

【T114路早晚高峰常规公交线路开通】 11月8日，T114路开通运营，首末站为窑管路北、地铁通州北关站，线路长度12千米、发车间隔20～30分钟，设置公交站14站。提高宋庄镇香溪郡、融创千章墅和旭辉御景3个小区居民公交出行服务。

【专47路公交线路调整】 12月9日，区交通局协调市公交集团将专47路调整为上下行公交线路并延长线路至珠江四季悦城小区，新增星悦国际小区、驸马庄、珠江四季悦城小区、兴贸三街4站，方便珠江四季悦城小区居民公交出行。

【执法规范化】 12月13日，区交通局印发行刑衔接案件移送工作规程、交通行政复议规定、权力清单动态管理规定、交通运输行政执法证件管理办法等10项执法工作规则。

【执法3项制度制定】 12月27日，区交通局印发《通州区交通局行政执法公示实施意见》《通州区交通局执法全过程记录制度》《通州区交通局重大行政执法决定法制审核制度》执法工作3项制度。

【新开2条公交线路】 12月26日，新开T115、T116路2条公交线路，解决花石匠小区居民公交出行及大运河森林公园游客公交出行需求。T116路（土桥村—地铁潞城站），途经道路包括经京塘路、通怀路，通胡南路，设置土桥村、土桥欣村、土桥新桥东、北许场村、张家湾开发区、张辛庄村西、张辛庄村、梁各庄村、大运河森林公园、东夏园路口东、地铁潞城站11处站点，线路长度11千米，运营时间为首站6：00—21：00，末站6：30—21：30。T115路（土桥村—地铁潞城站），途经道路包括经京塘路、东六环西侧辅路，运河东大街、通胡南路，设置土桥村、花石匠小区、花石匠小区东、通州杨坨桥南、地铁郝家府站、地铁东夏园站、地铁潞城站7处站点，线路长度8千米，营业时间为首站6：10—21：10，末站6：35—21：35。

【地铁7号线东延和八通线南延公交接驳线路开通调整】 12月28日，7号线东延、八通线南延开通运营，区交通局调度解决涉及公交接驳条件保障问题，协调市公交集团新开和调整8条区内公交线路，新开通专172、专173、566路3条线路，调整T112、552、647、802、372路5条线路，接驳万盛西站、万盛东站、群芳站、高楼金等站，新开和调整线路总长约140千米，方便怡乐南街、玉桥、梨园、台湖等地铁沿线百姓出行和宋庄、永顺、武夷花园小区等居民换乘地铁线路。

【12条公交线路调整】 年内，822路调整运营时间，增设小豆各庄村站；910路增设大豆各庄村、小豆各庄村站；587路新增梨园南街西口站；通56路延长至东惠家园小区站；通69路增设马驹桥中心小学站；通60路增设惠兰美居临时站；通9路增设永乐店卫生院站；582路双向增设大稿南站、蓝调沙龙小区站；668路双向增设杨家洼路口北站，调整运营时间由5：00—22：55调整为4：50—23：05；快速直达专线64路调整常规线路专66路；快速直达专线77路调整常规线路专77路；快速直达专线88路调整常规线路专88路，由定点发车调整为常规线路后，增加发车班次。

【跨区超限超载治理】 年内，区交通局落实通武廊区域治超联动机制和联动方案，在G103国道等重点公路布控，联合行动8次，出动警车92辆次，执法人员312人次，查处超限车辆146辆次。

【驾培行业规范管理】 年内，区交通局召开驾培行业工作会、约谈会8次，检查驾培企业132户次，出动执法车辆55车次，执法人员277人次，检查教练车辆109部。

【机动车维修行业3个台账梳理建立】 年内，区交通局梳理建立区内维修企业区域分布台账、在用汽车喷烤漆房台账、维修危险废物回收协议签订情况台账。

【优化调整交通运输车辆结构】 年内，区交通局协调市公交集团在全区新增和更新新清能源公交车559辆，淘汰柴油公交车241辆，协调区电力部门完成刘庄公交场站充电设施发电工作。

【货运车辆结构优化调整】 年内，区交通局注销864家货运企业道路运输经营许可及1668辆货运车辆道路运输证，货运业户和车辆同比下降55.7%和54.3%。督促注销（报废、转出及更新）6804部老旧国Ⅲ排放货运车辆道路运输证，物流配送企业新增电动货车111辆，城市绿色货运企业6家、385辆车。

【机动车维修行业实现提质升级】 年内，钣喷作业全部退出副中心重点区域，首批33家重点企业编制实施空气重污染期间“一厂一策”应急方案，189户企业签订危险废弃物处置协议，签订率达80%。

【渣土车专项整治】 年内，区交通局联合市政、环保等部门开展渣土车专项整治55次（夜间37次），查处违法渣土车138辆，配合区住建委组织“六方工地验收”对工地车辆进行现场检查工作23次。参加交通支队联合执法61次、查处违规车辆44辆。

6月28日，通州区交通局执法队进行渣土车专项整治夜查　（高潞秋／拍摄）

【公路超限超载运输治理】 年内，区交通局加强综检站内部管理，治超持续保持高压态势，9个综检站检测货车318万辆次、查获超限车8728辆次、卸载6284辆次、移交交警处罚135件、非法改装处罚96件。卸载率87.24%、值守率92.22%、受检率43.84%，同比分别提高12.2、4.7、15.2个百分点。

【运政执法】 年内，区交通局开展执法检查11.8万起、行政处罚3032起、罚没款1306万元，分别是2018年同期44.7倍、7.5倍、6.3倍，自二季度起，多项执法指标位列通州区委办局、全市郊区局前列。其中，人均检查量867.22件、人均（一般案件）处罚量22.33件，均为全区第一；通州区处罚金额超千万的4家单位，区交通局排第二；处罚职权履职率12.79%，全市综合排名第二。

【行政许可事项办理】 年内，区交通局完成“一网、一门、一次”工作，实现“一网通办”“一窗办理”，政务服务“三减一取消”，即减事项、减要件、减时间、取消机动车维修经营许可。累计接待各种咨询4万余人次，办理政务服务事项32513件，其中许可事项2942件（其中，道路运输经营许可证业户325户，比上年同期上升65%；新办理货运车辆道路运输证车数是3487车，比上年同期4175辆下降16%；注销道路运输经营许可证业户219户，比上年同期170户上升28%）、备案事项9531件（其中，机动车维修备案287户）、小客车指标业务及其他事项20040件，全部无超时、无差错、无投诉。

【扫黑除恶专项行动开展】 年内，区交通局加大"黑车"治理，市区联动、部门联动、街乡吹哨联动，出动执法人次1938次，检查车辆1858辆，依职权范围在地铁6号线、八通线地铁站周边50米内查扣非法营运车辆832辆，做出处罚827起，处罚款940.6245万元，开展"并肩治乱"联合执法行动93次。同时加大对涉稳、涉恐、涉黑线索摸排，行业内未发现黑恶势力。完成中央扫黑除恶第11督导组督查迎检工作，高度重视整改工作，制定问题清单，立行立改。

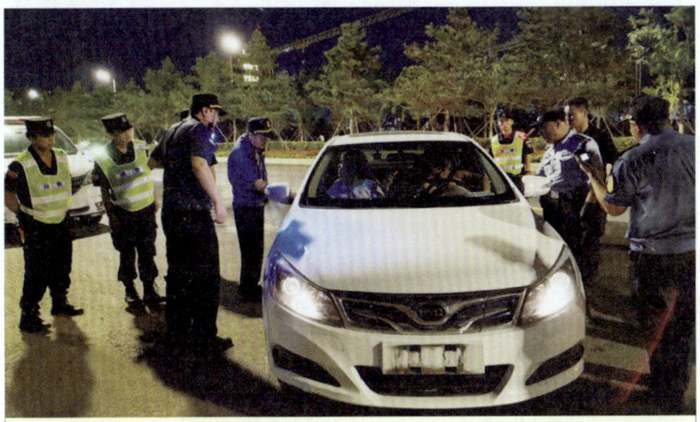

8月14日，通州区交通局在东夏园地铁站开展"并肩治乱"联合执法行动

（高潞秋／拍摄）

9月20日，通州区交通局开展"并肩治乱"联合执法行动 （高潞秋／拍摄）

【市民热线办理】 年内，区交通局以优化公交线路、规范驾培服务、打击"黑车"为重点内容，主动开展解民忧、强治理等一系列行业监管服务和执法。执行日转办、日通报机制，主要领导每日批办、盯进度。处理"12345"市民热线577单，响应率100%、解决率62.5%、满意率97.2%，多次跻身全区月度排名前列。处理街乡吹哨部门报到系统17单，办结率、反馈率、街镇满意率均达100%。吹好"监督哨"，主动吹哨2次，开展"有为监督"，强化主动服务。公交客运类387单，涉及运营服务投诉114单、公交线路需求投诉247单、其他投诉26单。

【"两客一危"行业企业的安全风险评估】 年内，全区28家危险品运输和2家旅游客运企业均完成企业基本信息、企业风险信息和风险等级的在线审核，审核风险等级为"一般"和"低"1项，均无重大风险源。

（陈颖）

邮　政

【概　况】 中国邮政集团公司北京市通州区分公司（以下简称通州区邮政分公司）位于通州区运河西大街174号。2019年，全分公司在册职工1005人，机构设置为六部一室及五个专业分局（公司），分别为寄递事业部、综合办公室、党委党建工作部、人力资源部、市场经营部、计划财务部、监督检查与安全保障部、商函分局、代理金融业务分局、报刊发行分局、电商分销局、集邮公司。下辖9个邮政支局，23个邮政所，2个主题邮局，代理邮政金融业务网点23个。设置区内邮路9条，投递道段200条，其中，汽车投递道段43条，电动三轮车投递道段157条，机要投递道段1条。投递里程6482千米，信筒信箱544处，村邮站479个，承担全区906平方千米150余万人口的邮政通信服务工作。主要经营国内、国际函件，包裹，特快专递，报刊，集邮，邮政储蓄、汇兑、综合理财、代销保险、中邮保险、代收付业务（代收代缴、代发工资）等业务。

【邮政速递业务整合】 年内，调整网运流程和邮路，整合邮速投递资源，将现有的20个邮政投递部、5个速递营业部，重新整合划分为14个营业部。整合后，邮件处理、传递时限、投递频次都有进一步提升。

【做好普遍服务和特殊服务保障工作】 年内，依托城市副中心建设，精细管理，推动城市副中心邮政服务形象。严格按照企业对外形象标准，规范企业名牌、店招及对外公示资料；落实营业、投递服务规范要求，严格执行营投“两个服务规范”和“三项基本制度”，强化窗口和投递人员服务礼仪和操作流程符合规定标准。加强网点的现场管理，确保窗口办理业务种类齐全、营业时间达标。通州区邮政分公司制定《通州区分公司三年服务质量提升方案》，涉及服务形象、服务水平、服务能力3个维度65项工作内容，以平常邮件大提升、“三大歼灭战”、平信条码收寄、邮件时限达标回头看、普服质量双达标、测试信等内容，全面提升邮政普遍服务和特殊服务水平、发挥好国家队作用，承担好国家赋予邮政普遍服务的责任。2019年，完成市级行政办公区特殊服务保障任务，保持质量零差错、工单零投诉，受到市级机关对投递服务的表扬和认可。

【接收统建配套设施】 年内，与通州区住建委、规划分局、国土局等相关单位密切联系，做到从规划到接收系列工作沟通畅通，从数量、位置、规模等因素考虑，参与到前期统建配套方案设计工作。2019年，接收并办理不动产登记配套设施5处，进入实质移交阶段。

【基础设施建设】 年内，投资174.6万元，提升营业部（投递部）基础设施，更新PDA机267部、电动三轮车198辆、伸缩滚筒线分拣机3部。投资187.07万元，完成5个局所“煤改电”（电力增容）工作，改善农村局所冬季采暖设施条件，实现消煤、减排，绿色环保；改善网点环境，投入284.4万元，对22处营投网点进行“微整治”，为用户提供更加优美舒适的用邮环境，提升邮政整体形象。

【安全生产管理】 年内，提高安全管理，把好风险关，强化安全生产督导和检查，做到安全网格化责任到人，确保通信生产正常运行。窗口收寄严格落实验视制度、实名收寄、严禁收寄禁寄物品。严格执行“扫黄打非”工作要求，严防相关出版物通过邮政渠道流通，2019年拦截非法出版刊物323件。强化安全管控，逐级签订安全责任书2259份。开展“安全月、消防宣传日”安全宣传教育活动，以《中华人民共和国安全生产法》《中华人民共和国消防法》等法律法规为宣传主线，广泛调动全员参与学习安全知识和普法教育，形成“从要我安全，到我要安全，再到我会安全”的良好局面。将消防工作列入日常检查内容。对622具灭火器进行检查和更新，专门为各网点的自助设备间配备二氧化碳专用灭火器，组织员工学习灭火器的使用，并组织实施演练，消防设备全部达到应急使用标准。

以安全服务保障为主线，发挥好寄递主力军作用，确保重大活动、机要通信和巡视信箱等服务保障工作万无一失，2019年，完成国庆70周年、全国“两会”等重大活动期间邮政通信服务安全保障工作。

【推动地方乡村振兴战略】 年内，按照中央一号文件、乡村振兴战略规划总体部署和集团公司相关工作要求，与通州农村农业局联合召开“共同促进农民专业合作社”座谈会，与全区23家农村合作社集中会谈，具体介绍邮政金融、物流寄递、电商平台等项目，听取合作社需求。结合通州邮政工作实际，发挥长期服务“三农”的经验优势，整合邮政电商、金融、物流、传媒等专业优势资源，加大邮政在乡村普遍服务、电商、金融、物流、扶贫等领域的投入和服务力度。区分公司成立乡村振兴战略领导小组，由局长侯杰担任组长，3位副局长为副组长，各部室主任、支局长为组员。制定《通州分公司乡村振兴战略实施方案》，以“邮政服务保障乡村民生、邮政电商打造农产品销售服务平台、邮政金融推动农村产业现代化、邮政物流助力培育乡村新动能、邮政扶贫提升农民获得感”为抓手，全面推动乡村振兴战略工作的实施。

【做好政务图书工作】 年内，参与张家湾镇民俗文化节和台湖镇图书城活动，做好属地服务，推动地方文化特色与邮政有机融合。增强与属地政府合作，服务乡镇图书室，为通州区55个乡镇图书室订阅100余种报刊。

【邮政融入社区服务】 年内，通州区邮政分公司根据区政府关于完善居民一刻钟生活圈建设，利用邮政网点基本处于居民生活区优势，协助政府增加便民网点，解决群众菜篮子问题，开办2家邮政惠民生活驿站。以惠农、便民为中心，按照规范化、连锁化、便利化、特色化原则，引进便民产品，销售新鲜蔬菜和水果等生活类用品，满足社区居民日常需求；与通州物业管理协会合作，在武夷花园小区设立邮政便民服务点，通过设立代投点和智能包裹柜，有效解决“最后一公里”投递工作，打造北京城市副中心邮政和物业携手服务的新亮点；积极进社区，开展“邮乐社区、乐享生活”活动，结合邮政自身资源优势，向居民宣传防假币、防诈骗及金融理财、惠民电商知识讲座，得到广大社区居民认可。

【完成无障碍环境建设工作】 年内，通州区邮政分公司根据《北京市邮政营业场所无障碍环境建设2019—2021年行动方案》，按照通州区政府、区残联要求，经区残联实地勘察，全部达标，完成32个网点无障碍基础数据报审工作。

【推进邮税合作项目】 年内，与通州区税务局达成合作，邮税合作是邮政和税务部门拓宽便民服务渠道、丰富便民服务载体、提升便民服务能力的有力举措，方便纳税人缴税、优化税收营商环境，为各级税务部门延伸税务服务触角，拓展邮政服务内涵。

【参与公益活动】 年内，在支局大厅新建暖心驿站，为社会外勤岗人员义务提供小药箱、雨具、工具箱等急救用品；继续落实志愿服务岗活动，组织交通引导志愿服务32人次。

（赵玉红）

通　信

【概　况】 中国联合网络通信有限公司北京市通州区分公司（以下简称“通州联通”）隶属于中国联合网络通信有限公司北京市分公司（以下简称“北京联通”），位于北京市通州区云景东路18号，2019年有全口径员工592人，员工年龄分布均衡、合理，平均年龄36岁。通州联通内设7个部门，下辖通镇、梨园、疃里、次渠、张家湾、漷县6个营服中心，是通州地区的主导通信运营商。

2019年通州联通深入贯彻落实中共十九大和十九大以来历次全会精神，在深化聚焦战略、落实互联网化转型、保障重大项目、提升网络质量等方面取得较好成绩。年内，通州联通《划小综合网格“五”协同营销服务体系》成果被评为第三十四届北京市企业管理现代化创新成果二等奖。

【保障副中心通信畅通】 年内，通州联通组建市行政办公区通信保障组，从综合协调、网络支撑和现场服务三个维度与市专用通信局进行运维和服务对接，同时做好移动、电信公司协调工作，全力保障市行政办公区网络、设备平稳运行，获得市政府感谢、表扬。按照“高站位、高标准”的要求做好副中心重要通信保障，在国庆阅兵、大运河森林公园国庆游园活动、全国“两会”、市行政办公区篮

通州联通在“中华人民共和国成立70周年”期间为大运河森林公园国庆游园活动提供重要通信保障
（通州联通提供）

5月28日，2019年中国国际服务贸易交易会北京城市副中心分会场，副区长苏国斌（右二）及区各委办局负责人视察通州联通5G展区
（通州联通提供）

球世界杯转播、通州第三届半程马拉松比赛等安保中，制定完善方案，展开周密部署，加强应急值守，完成84次重大通信保障工作，涉及电路191条。

【助力通州区基层干部选举】 年内，通州联通秉持“实时展现、科学管控、有效监督”的原则，开发、建设通州区村、社区“两委”换届选举平台，多次组织功能及压力测试、彩排演练，组织开展600多处手机信号测试及加强，在10多个乡镇街道部署两级指挥平台；同时选拔150余名员工承担1000余场选举现场的摄像工作，确保通州区“两委”换届选举顺利完成。

【推进区域党建创新发展】 年内，为贯彻落实“不忘初心、牢记使命”主题教育，落实为民服务解难题，发挥通州区党建协调委员会成员作用，通州联通与通州区委组织部研讨探索运用“互联网+”，打造通州区党建引领“双报到、双积分”信息平台。通州联通为全区17家乡镇街道及16家工委单位、33家单位的主管副书记及相关人员开展培训，讲解平台功能、操作流程并进行现场答疑，支撑4万党员熟悉使用平台。该平台的建设有效推进“双报到”工作扎实开展，夯实基层党组织的日常工作，并有助于将社区群众需求与双报到活动有效对接，起到化解群众投诉的作用。

【强力宣传5G的广阔应用】 在京交会展览期间，为分会场展区实现5G覆盖，配置5G+VR、5G+AI智能机器人、5G+万物智联三大5G典型应用场景体验区，通过5G网络实现与主会场的互动直播，在展览过程中确保各项直播、演示和体验设备的顺利运营；在通州区“诚信万里行”新时代文明实践主题宣传、团市委“学雷锋志愿服务”、社区青年会“开启5G新征程”等活动中，集中宣传5G技术、应用场景及产品资费。通过上述活动为通州区的政府、企事业单位展现5G技术与实体经济深度融合的典型案例，让民众切身感受到科技带来的智慧新生活，为副中心发展注入5G动能。

【助力“接诉即办”工作提升】 年内，通州联通与漷县、梨园、永顺等乡镇合作，采用业务外包方式承接乡镇“接诉即办”服务热线，按照热线7×24小时有人值守要求，提供专业呼叫中心运营人员进行案件分派、政策解答、案件回访及定期提供数据统计报表等服务工作，助力快速高效处理各街道、乡镇疑难问题及群众诉求。同时为区教委搭建“接诉即办”派单管控平台，认真细致开展培训，促进教委系统群众诉求工单顺畅流转、解决。

【打造院前远程急救项目】 年内，通州联通大力支撑医疗行业信息化项目，通过多次现场勘察急救车辆、与合作伙伴沟通技术及商务方案并进行实景模拟演练，为潞河医院打造全市首个以医院落地的院前远程急救标杆项目，该项目的方案还被世园会远程急救示范项目采纳。

【提升网络运载能力】 2019年新入网10G EPON网元，增补板卡，完成10G EPON端口割接；推进5G建设任务，开通5G基站数量在全市领先；优化4G网络，新开通4G基站，完成有源小基站建设。

（乔蕾）

生态环境

3 月 25 日，北京市通州区生态环境局揭牌仪式

（区生态环境局提供）

园林绿化

【概　况】　2019年，深入落实国家森林城市创建指标体系，完成4.5万亩造林任务，实施潮白河森林景观带、台湖万亩游憩园等14项重点绿化美化工程，实施宋梁路、六环西侧路等道路沿线绿化景观建设，推进千年守望林与大运河森林公园景观融合工程。截至2019年底，全区森林总面积29932.49公顷（44.90万亩），森林覆盖率33.02%。实施休闲公园6处、小微绿地7处，城市绿地总面积达7196.49公顷，公园绿地面积3235.16公顷，公园绿地500米服务半径覆盖率预计达91.46%。

【平原造林】　2019年，完成新一轮百万亩造林任务4.5万亩；完成留白增绿1935亩。

（王伟）

大运河森林公园建设

【参观接待】　年内，游客量达到427.87万人次，接待省、市、区考察参观团队340次，9000余人，接待中小型群体性活动76次，1.1万余人。全园景观进行改造提升，并完成国庆70周年游园活动。

【基础设施维护】　年内，新建月岛固定卫生间1座，翻修原固定卫生间7座；完成主大门透水混凝土铺装、园区道路铺砖、公园围栏建设等全园景观改造提升工程；维修黄木古渡、转角遇廊、运河风韵3座廊亭，维修木栈道及亲水平台近380平方米，并以国家AAAAA级旅游景区标准更换标识牌1700余个。

【开展主题摆花工作】　年内，大运河森林公园在“五一”“十一”期间继续开展主题摆花工作，“十一”期间，围绕“祖国颂、运河情”的主题特色，搭建立体花坛5座，地栽花120万株，花境4组，花箱130个，道旗362面，灯笼1250个，赢得广大市民游客的好评。

（王伟）

潮白河环境保护与治理

【概　况】　2019年底，在东部带完成潮白河生态带（三期）约6593.69亩的大树栽植，在西部带完成台湖万亩游憩园（四期）2782.25亩大树栽植；完成张家湾公园和副中心环城（张家湾镇）3974亩大树栽植；完成城市绿心建设8000亩。完成城市公园主体绿化13处，建设面积9.7万平方米，完成健康绿道160千米。完成城市绿心、张家湾公园（一期）（二期）3个城市森林约1万亩的主体栽植工作。稳步推进平原生态林养护管理、园林废弃物资源化利用工作，编制完成园林废弃物处理项目实施方案。

【京津冀协同发展】　年内，区生态环境局与武清、廊坊签订《区域环境保护合作框架协议》，建立定期会商、信息共享、协同治污、联合执法、环境事件应急联动的《通武廊区域生态环境保护协同机制》。聚焦准入关口、跨区协同治理、疏解整合发展，建立双边、多边协作机制。区水务局与廊坊市水利局及北三县水务部门召开对接会，商讨水务工程规划建设、防洪调度、水政执法、两岸飞地管理、水资源配置、大运河通航等问题，成立对接专班，建立协商对接工作机制。

【开展生态环境共建】　年内，落实京津冀生态环境建设的相关政策，在潮白河沿线拓展绿色空间1万亩，促进构建良好的区域生态空间格局。年底前，完成潮白河生态带（三期）约6593.69亩的大树栽植，做好冬季养护相关工作。

（丁媛）

环境保护

【概　况】　年内，通州区生态环境局全面贯彻中共十九大及十九届一中、二中、三中、四中全会精神，深入贯彻习近平总书记生态文明思想，围绕副中心战略布局，认真落实党中央、国务院和市、区关于加强生态文明建设和生态环境保护的决策部署，牢固树立节能减排、绿色发展理念，深入实施以空气质量改善、水环境提升、土壤环境安全为目标的污染防治攻坚战行动计划，形成各类污染物排放全面下降、生态环境质量持续转好、环境安全持续良好稳定、绿色发展生活方式深入人心的良好局面，“天蓝、水清、地绿”的美丽副中心建设再上新台阶。

空气质量改善明显，2019年，细颗粒物日均值为46微克／立方米，同比2018年下降16.4%，同比2015年下降50.2%，空气质量创历史最优水平，其他三项污染物均实现较大程度改善。水环境质量持续提升，2019年全区地表水环境质量改善率为9.03%。9个出境断面全年水质平均值全部达到国家目标要求，其中北运河、凉水河、凤港减河、港沟河和潮白河的7个断面实现Ⅴ类及以上，港沟河2个断面水质实现明显改善，地表水整体水质为Ⅴ类，水质达标率为55.6%，同比提高24.8个百分点。与2018年均值相比，水质总体提升1～2个水质类别，与2017年均值相比，水质总体提升2～4个水质类别。声环境保持稳定，建成区区域环境噪声平均值为54分贝，与2018年相比下降0.7分贝，与2015年相比下降1.3分贝；昼间道路交通噪声公里计权等效声级为68.8分贝，与2018年相比下降0.7分贝，与2015年相比下降0.1分贝。完成氮氧化物减排545吨、挥发性有机物减排332吨，完成化学需氧量减排895吨、氨氮减排139吨，分别为年度任务量的133%、103%、179%、232%。氮氧化物和挥发性有机物实际削减率为10.59%和4.04%，完成年度减排任务，十三五减排任务超额完成。

2019年3月25日，完成机构改革工作，撤并整合机构5个，成立北京市通州区生态环境局。5月31日，按照市区要求，采取"先挂牌，后组建"的方式，完成"北京市通州区生态环境综合执法大队"挂牌工作。8月16日，正式组建区委生态文明建设委员会。下设7个专项工作小组：生态环境保护督查专项工作小组、大气污染综合治理及应对气候变化专项工作小组、推动形成绿色发展方式和生活方式专项工作小组、自然资源管理专项工作小组、生态环境建设专项工作小组、水污染综合治理专项工作小组、土壤污染综合防控专项工作小组。

【大气污染防治】 年内，全区空气质量累计达标天数为226天，占比61.9%，同比增加31天；发生空气重污染13天，占比3.6%，同比减少15天。细颗粒物浓度为46微克／立方米，同比改善为16.4%。可吸入颗粒物平均浓度为78微克／立方米，同比改善率为17.9%。二氧化硫年平均浓度为5微克／立方米，同比下降28.6%。二氧化氮年均浓度为42微克／立方米，同比下降10.6%。年内，出台《通州区蓝天保卫战2019年行动计划》。进京路口检查柴油车38.09万辆，筛查超标3.66万辆，移交交管部门进行处罚超标3.50万辆。累计处罚施工工地1174起，罚款2097.01万元；处罚违规渣土运输车辆2630起，罚款318.11万元；处罚"三烧"类145起，罚款8.15万元。

【水污染防治】 年内，全区9个国市控出境考核断面水质全部达到年度考核要求，其中，4个断面提前达标，比生态环境部考核年限提前一年。全区地表水环境质量改善率为9.03%，全市排名第六。

精细化、信息化创新手段有所成效。持续开展水质提升运维项目，通过石墨烯、光催化技术，实现河道水质污染物浓度明显改善，考核断面水质达年度考核要求，与上年相比水质提升1～2个水质类别；全力保障光机电、开发区南区污染物排放精细化管控系统正常使用，集成在线监测大量数据，分析污染物形成区域及变化趋势，发现污染源形成问题7处，促进企业自查自改5家，查处水污染超标排放企业3家，已依法处理；制定《通州区碧水攻坚战2019年行动计划》，细化分解任务，责任至各牵头部门，按月调度任务进展，督促推进任务按期实施，每季度向区政府汇报进展情况，全面统筹推进全区水污染防治工作；按时完成每季度公开区级城镇饮用水安全状况信息工作；建立全区污水处理厂站监测监管机制，对全区159座厂站实施按周、月、季度监督性监测监管，抽测出水水质达标情况，按季度出具水质达标证明，确保各污水处理厂能够稳定达标运行。

【土壤污染防治】 年内，土壤环境工作目标实现受污染耕地和污染地块安全利用率均达100%。一是全面掌握耕地质量。完成耕地土壤环境质量调查工作，全区农用地均列为优先保护类，建立区级农用地土壤环境质量类别分类清单。二是构建土壤环境监测网络。完成15个市控土壤点位采样工作；布设20个耕地质量长期监测点位，掌握耕地质量动态变化趋势；开展通州区5大类型林业用地土壤调查工作，布设228个监测点位。完成全区17个乡镇级饮用水水源地土壤监测，布设53个点位，各指标检出值均低于筛选值。完成4家重点企业周边土壤环境质量监测，布设采样点位34个，各指标检出值均低于筛选值。配合市级完成19家工业企业用地土壤详查工作。三是持续实现污染减量。完成通美晶体、奥达石化2家土壤重点监管企业环境隐患排查和监测；华新绿源、伟翔环保、润泰3家危险废物处置利用企业提前启动土壤污染状况评估并完成土壤监测。推进化肥减量，开展测土配方施肥田间示范1000亩、配方肥应用4.2万亩、水肥一体化应用400亩、有机肥应用1万亩；农作物病虫统防统治示范面积5000亩；实现全区农药利用率44.3%，统防统治和绿色防控覆盖率分别为59.9%和60.5%，测土配方施肥技术覆盖率达到98%以上，肥料利用率达到40%。四是严控建设用地风险。完成2018年度116家关停企业原址用地筛查工作并对6个地块建立台账；建立7个疑似污染地块和5个污染地块名录；明确生态环境、规划、住建、乡镇对建设用地的联动监管职责，纳入网格化城市管理平台，实现信息共享；建立疑似污染地块区级备案和评审工作机制，7个疑似污染地块均完成评审工作，确保污染地块安全利用。绿心项目原东方化工厂区完成绿化施工94.4%，剩余2个污染地块均完成覆土阻隔风险管控措施，按月开展空气质量监测，均未超标。

【生态环境监督】 坚持整改成效“回头看”，紧扣强化督查反馈问题，严格落实领导包案、问题销号、奖惩挂钩机制，主动改、坚决改、彻底改。全年办结生态环境部强化督查反馈通报问题16件。对粗颗粒物全市排名靠后且问题多、整改不到位的街乡镇开展下沉预警监督，压实属地主体责任。推进农村厕所革命、农村生活污水治理、农村生活垃圾治理情况，针对群众身边环境问题开展日常监督。移交问题及时反馈责任单位办理，整改成效及时现场抽查复核，完成情况及时公开公示，阶段性进展及时汇总分析，全年检查各类点位4275处，发现问题并督促整改2214处，完成12次月排名和4次区委常委会季度通报。依托“雪亮工程”助力大气督查，全年办结“雪亮工程”监控系统转办大气问题343件。针对阶段性多发问题开展专项督查，开展核心区域、广渠路东延、消纳场、砂石料场等各类专项监督，督促举一反三、履职到位。

【两级督察问题整改】 有效调度两级督察整改，多举措推进第一轮中央环保督察群众举报重点问题自查自纠，开展联合督查督办，会同两办督查室开展专项督查，发现问题当场交办紧盯整改，现场监督城乡接合部环境、挂账村、黑臭水体、生活垃圾等重点整改任务点位233处，发现问题并督办98处。提前部署第二轮中央生态环境保护督察迎检保障工作，强化各级党委和政府及相关部门生态环境保护责任，规范和加强生态环境队伍建设，建立健全高效协调的运行机制。拓展渠道，准确及时公开，加强整改工作宣传，利用报纸、电视台、门户网站等区融媒体渠道，推出整改亮点工作专题周报道40余期次，以曝光促整改、以高压促履职。

【饮用水源保护】 年内，完成集中式饮用水水源地区级1个水厂、乡镇级17个水厂、乡镇级以下3个水厂4个村的环境状况年度评估，形成《2018年度通州区区级集中式饮用水水源地环境保护状况评估报告》等3份报告，联合区水务局上报市环保局、市水务局。区级水源地综合评估得分为99.01，评估结果为优秀，除二级保护区整治和管理措施2项不是满分外，其余各指标均为满分。推进饮用水水源地规范化建设，保证水源保护区标志牌全覆盖，研究并制定清理整治方案。

【生态保护红线】 对接市生态环境局，协调技术单位北京市测绘设计研究院，先后多次征求有关乡镇街道以及规自分局、水务局、园林绿化局、公路分局、文化旅游局等多部门意见，4月、7月分别与市生态环境局及市环科院等部门进行技术对接，并获得市级认可。通州区生态保护红线校核后面积为51.26平方千米，与校核前相比面积增加约0.31平方千米，满足“面积不减少、功能不降低、格局不改变”的原则。完成界桩点、标识牌点的选取，选定界桩点880个，标识牌点210个。编制完成《北京市通州区生态保护红线勘界定标方案》，方案分别于8月27日、9月10日、9月27日，先后经主管区长专题会、区政府常务会、区委常委会审议通过。进度在全市领先。

【京津冀协同发展】 年内，组织召开通武廊生态环境保护区域协同座谈会，通州区生态环境局、武清区生态环境局、廊坊市生态环境局（含三河、大厂、香河分局）三地的领导和相关部门负责人29人参会。编制并签订完成《通武廊区域生态环境保护协同机制》，确定定期会商、信息共享、协同治污、联合执法、环境事件应急联动等5方面重点内容，进一步明确下一步工作重点。全年多次组织联合执法行动。

【应对气候变化】 年内，完成职责从发展改革委到生态环境局的划转。组织辖区49家重点碳排放单位和22家一般报告单位及各乡镇街道代表开展碳排放及履约工作部署及专项培训。督促重点碳排放单位做好2018年度碳排放报告及核查报告上报工作，并按要求全部完成年度履约工作。做好“5·19”低碳日宣传工作，组织到宋庄镇北刘各庄宣传，配合区发改委参与并做好节能周活动。完成单位地区生产总值二氧化碳排放降低3.53%。

【生态文明体制改革】 年内，在区委正确领导下，区生态文明体制改革专项小组聚焦探索通州区乡镇林地绿地管养体制改革、探索建立生活垃圾资源化补偿机制、生态环境多元化生态补偿机制、环保机构监测监察执法垂直管理制度改革4项工作，组织乡镇政府签订完成平原生态林养护合同补充协议，推动形成“高位协调、部门联动、专办落实、重点突破”的垃圾分类组织领导体制和工作机制，制定完成并实施《进一步细化通州区水环境乡镇跨界断面补偿办法的实施意见》，推进17项环保机构监测监察执法垂直管主要职责的调整，进一步把生态文明体制改革的决策部署转化落实为生态环境保护的设计图和路线图。

【空气重污染应急】 年内，启动空气重污染预警3次，其中橙色预警3次。

【固定源污染防治】 年内，立案706起，处罚金额1127.69万元，全市排名第五。移送公安涉刑涉拘16起37人，占全市1/4以上。移送强制执行7起，涉案金额16万元。人均检查量、人均执法量均达到市级考核要求。行政职权履行率14.33%，全市环保系统排名第3。

【专项治理】 汽修专项成效明显。检查汽修300余家次，监测85家，一、二类汽修全覆盖，立案195起，处罚193万元。

涉水专项严密有效。实施清单管理，涉水企业台账、排污口规范化日趋完善，全年累计检查涉水企业545家次，餐饮企业1143家次，污水处理厂155家次，其他涉水检查53家次，河道沟渠巡查161个点位。立案处罚51家，处罚金额303万元。规范污染源排污口标志牌设置255家，发放编号270个。对凤港减河开展流域专项执法，出动执法人员112人次，检查排污单位及河道点位85个，涵盖污水处理厂站、汽车零部件制造、制药、畜禽养殖、河道沟渠等。发现环境问题30余起，其中河道问题23起。及时通报属地及水务部门开展清理及执法，有效调动责任单位，推动水务工程落实，2个日处理5000吨应急污水站年内建成投运。

区生态环境局夜查餐饮企业
（区生态环境局提供）

危废专项日趋规范。明确目标、建立台账、全面培训、靠前指导、规范细节，对涉及危险废物产生、处置的全行业进行规范化监管，全年处罚涉危废违法行为242起，处罚金额257万元。危险废物规范化建设较2018年大幅提升，市局现场抽查考核接近满分。

【无煤化治理】 为严防散煤复烧反弹，巩固无煤化治理成果与各街镇开展散煤清理专项排查，截至年底，累计巡查点位81492个，就遗存散煤、炉具及使用小煤炉、大灶等情况发现问题175个，遗存散煤由属地政府进行回收，对使用或遗留的小煤炉、大灶等进行拆除，年内全部整改完成。

【“散乱污”清零】 年内，纳入通州区“散乱污”台账104家，清退完毕103家，整改完毕1家，全部通过区级验收，全市排名第一。

【油烟改造】 年内，完成餐饮业油烟净化设施提标改造1564家，996家完成改造的餐饮单位数据接入区级监管平台，分别超额完成市级指标的195%和125%。181家机关事业单位食堂改造方案通过评审，正在改造过程中。运用信息化手段对餐饮单位实现闭环式管理，相关成果在《环境周刊》发表。

【专项执法】 年内，累计开展乡镇、街道“点穴式”专项执法33次，检查污染源4666家次，涉挥发性有机物418家次，涉工业粉尘39家次，涉扬尘2115家次。发现环境问题417起，对环保职责范围内80起违法行为实施处罚，处罚金额136.898万元，责令改正225起，查封扣押1起，移送公安1起，移送城管、市场、经信、水务、属地等30余起，清退“散乱污”企业5家。

【环境突发事件】 应急储备、仪器维护、应急演练、日常检查、监督整改各项工作有序开展，年内突发环境事件较极端年份下降80%以上，风险源、危废废物、医疗废物应急预案备案实现全覆盖，达近200份，有效提升责任主体对应急工作的重视程度和有效防控的意识与能力。

【建设项目事中事后监管】 事后监管分阶段实施，逐步实现全覆盖。污染源在线监管在原有重点污染源全覆盖的前提下，全市首个增加涉挥发性有机化合物企业、恶臭企业重点覆盖。2019年派发12次“双随机”抽查任务，完成829家污染源检查。6起环境违法行为受到处罚，公开信息12次。热点网格工作响应迅速。全年接收报警点位177个，出动执法人员354人次，发现问题11个，处罚2起，移交1起，立行立改8起。接收预警网格5个，检查49个点位，处罚6起，发现裸土未苫盖等扬尘问题8起，均移交属地政府。

【辐射监管】 年内，举办一次辐射监管集中受训，包括网格员在内的40人完成辐射监管专业培训并取得初级证书，使更多的监管人员能够安全走进无形环境实施监管。全年检查辐射单位134家，辐射类信访举报54件。

【移动源污染防治】 年内，进京路口、重点道路路检夜查、入户等检查重型柴油车40.11万辆，筛查超标3.9万辆，交管部门进行处罚3.63万辆（全年超标未处罚1619辆），环保处罚1040辆。检查燃气车125辆，环保处罚超标32辆；检查汽油车491辆，环保处罚超标78辆。办理进京口环保核查274.55万份，其中柴油车27.82万份。检查非道路移动机械3944台次，处罚超标机械231台；检查加油站1005家次，抽测242家次，处罚加油站12家。全年办理处罚案件1425件，移交交警处罚36346件，处罚金额244.58万元，环保处罚件数比2018年增加761件，处罚金额增加17.1万元。

【非道路移动机械登记管理】 在全市率先实行二维码登记管理，完善网络平台登记模式，环保登记证网上审核投入运行。2019年8月1日起，执行低排区政策，做好非道路低排区政策宣贯和落实，对辖区内使用的非道路移动机械进行执法检查，禁止超标排放机械使用，消除冒黑烟现象。累计检查3944台，办理环保登记5611件（其中办理环保登记证2535件，审核发放二维码3076个），处罚231台，金额120万元。

【依法行政】 年内，通州区生态环境局审核行政处罚案件966件，所有案卷经2次复审共1932卷次。全部按规定时限完成审核并给予反馈意见，要求修正相关内容后继续履行处罚程序。组织行政处罚听证会12起，涉及行政处罚案件19件。编制听证公告12份登网主动公开、19份入卷，制作听证通知书38份，听证笔录19份，听证报告19份，集体讨论记录19份，所有案件均按法定程序提请局务会研究讨论，得出结果反馈执法部门。审核合同99份，均提出书面反馈意见，并核对各申请科室合同修改情况。按照局系统流程进行线上流转办理，提请局务会研究讨论，保障生态环境局合法权益。办理行政复议案件1件，行政诉讼案件2件，全年未出现败诉或因行政复议、诉讼被撤销或变更行政行为的情况。赴法院申请司法强制执行案件10件，全年追缴回案款的案件24件，追缴回案款587716.71元。参加2019年全市环保系统行政处罚案卷评查工作及通州区执法单位行政处罚案卷评查工作，两次提交10本参评案卷均被评为优秀卷。分解通州区2019年度“平安北京”建设工作日常考核细则，作为牵头部门制定生态环境局《“平安北京”建设工作各科室责任分工表》，2019 年度各季度成绩在全区排名为第三名、第五名、第九名、第五名，在全区所有被考核单位中保持优异成绩。

【法治信访】 年内，接办环境投诉举报 1870 件，办结率 100%。“12345”市民热线 1049 件，自回访满意率 87.14%，解决率 81.68%，区中心三率综合得分排名第十。“12369”环保举报热线 375 件，全市综合得分蝉联第二。其他渠道接办 821 件。吹哨报到 249 件，年度评分满分，位列第一。涉气类投诉 1112 件，噪声类投诉 506 件，水类投诉 161 件，固废类投诉 42 件，辐射类投诉 54 件，环评类投诉 30 件，其他类投诉 144 件。

【网格化管理体系】 年内，规范推进网格化监管建设并提升智能化新系统升级，实现人、点、事的精准派发和检查整改的有效反馈，提升网格员工作针对性和实效性，有效支撑点穴执法、现场核实、辅助信访和精准削峰工作。全年各街乡镇巡查点位 34027 个，其中定点污染源巡查点位 5514 个，环境保护巡查点位 28513 个。发现并解决环境问题 114 个，清理整治散乱污企业 4 个，提供线索办理涉刑涉拘 1 件。

【环评审批】 年内，严格执行《中华人民共和国环境影响评价法》、《建设项目环境保护管理条例》、《建设项目环境影响评价分类管理名录》及“一会三函”制度。明确环境准入，对不符合区域产业政策和城市总体规划要求的建设项目，坚决不予审批。不断深化“放管服”改革，优化营商环境，全面兑现各项服务承诺，将审批程序、审批要件一次性告知企业，让企业根据要求一次性完成材料报送。利用网上申报平台，实现“一次网上申报、全程办理”，兑现“零跑腿”“只跑一次”承诺。营造项目审批绿色通道，将报告书、报告表的审批时限由法定的 60 天、30 天缩短为 30 天、15 天；设立综合业务窗口，梳理精简审批要件，政务服务实现“一网通办”率 100%。2019 年完成登记表备案项目 3179 件，同比 2018 增长 43.6%；完成项目审批 146 件，同比 2018 年下降 4.58%；完成项目验收 126 件，同比 2018 年下降 56.3%。

根据国务院《控制污染物排放许可制实施方案》的部署和改革的总体安排，继续推进排污许可制度工作，通过落实“摸、排、分、清”四项重点任务，全面清理辖区火电、造纸等 23 个重点行业无证排污单位，做到排污许可证应发尽发，固定污染源全覆盖。对完成排污许可核发的火电等 23 个重点行业排污单位情况进行梳理，对涉及的 42 家单位进行分类处置，其中 1 家应登记企业完成登记工作。2019 年发放排污许可证 406 张，其中热力生产和供应 D443 行业 386 张，木质家具制造 211 行业和竹、藤家具制造 212 行业 9 张，汽车制造 361-367 行业 2 张，电力生产 441（以生活垃圾、危险废物、污泥为燃料的火力发电）行业 1 张，环境治理业 772 行业 2 张，乳制品制造 144 行业 3 张，调味品、发酵制品制造 146 行业 1 张，电子元件及电子专用材料制造 398 行业 2 张。实现对《固定污染源排污许可分类管理名录（2017 年版）》涉及的 2019 年核发行业的企业排污许可管理全覆盖。

【信息化建设】 年内，通州区环境空气标准站建设项目于 2019 年 9 月底完成建设，正式投入运行。17 套新增的环境空气标准监测站监测数据接入通州生态环境局建设的大气质量监测系统，新增环境空气标准监测站监测数据实时传输至该平台，统一进行数据综合管理，保证对各乡镇大气考核的公平性、公正性。

通州区物联网车载走航监测项目于 2019 年正式开始建设，11 月建设完毕，正式投入运行。在通州区管辖范围内，部署 175 台移动物联网车载监测设备，全面监测城市道路污染状况。可实时抓拍并上传，经后台 AI 引擎利用模型分析，结果推送到指挥平台。为空气、水质、污染源等监测设备事件打造一款以互联网为基础的面向公众的“生态通州”App。

【基础数据管理】 年内，完成 2018 年度环统综合年报，对重点调查企业名录库进行更新确认，涉及重点调查企业 215 家。2019 年度延续企业联网填报、专网审核工作方式，提高数据的真实性和准确性。组织国、市控污染源环统季报直报工作，确定 2019 年直报企业 22 家，按季度组织企业填报，四次季度直报上报工作均已完成。

【污染源普查】 年内，完成五类源入户、普查数据校核，市两类源专项入户普查，定库前的质量审核，定库和排放量核算、审核，档案整理等工作，550 名普查员行进总里程达到 62 万余千米，普查表及佐证材料总量达到 27.2 万页，普查工作完成全部规定动作。市污普办抽检、抽审差错率、漏查率均低于标准，并形成一整套实用经验和技巧。

规定五类源。经清查后，通州区对 2079 家单位开展入户调查工作，其中工业企业 1119 家（新增 16 家、重复企业 7 家）、生活源社区（行政村）598 个（新增 10 个）、畜禽养殖企业 123 家、集中式污染治理设施 135 家、移动污染源 104 个。

市自选两类源。餐饮业——基础名录库减去异常及重复企业加扫街新增得到最终名单 4157 家，清查系统中 3963 个，最终纳普 531 家。汽车维修业——基本单位名录库 174 家单位，普查过程中补充 192 家清查单位。最终建立清查库的汽修单位 216 家，入户调查 94 家单位。

【环境监测】 年内，完成通州区空气质量、水环境质量、土壤环境质量、声环境质量的自动监测及手工监测工作。对 16 家废气重点排污单位、16 家废水重点排污单位、14 家城镇污水处理厂、6 家固体废物处理企业（包括垃圾填埋场 2 家）、2 家电子废物、3 家医疗机构、14 家重点挥发性有机物排放企业完成常规及特征污染物的监测工作。全年无酸雨发生。区级地下水饮用水源地及乡镇级地下水饮用水源地水质达标率为 100%。全区生态环境状况指数（EI）为 62.5，生态环境状况评价等级为“良”。2019 年北京市通州区生态环境局完成对《通州区水环境乡镇跨界断面补偿办法》的修订工作。《通州区水环境乡镇跨界断面补偿办法（修订稿）》以中共北京市通州区委生态文明建设委员会名义印发。

【第二届北京市生态环境监测专业技术人员大比武活动】 7 月，北京市生态环境局、北京市人力资源和社会保障局、北京市总工会、共青团北京市委、北京市妇联、北京市市场监督管理局共同举办第二届北京市生态环境监测专业技术人员大比武活动。北京市通州区环境保护监测站获得团体三等奖，李晴获得综合比武个人二等奖，郑金花获得综合比武个人三等奖。

【生态环境宣传教育】 年内，通州区生态环境局在北京市生态环境局宣教处、北京市环境保护宣传中心、通州区委宣传部等主管部门的关切与指导下，以市、区宣传工作总体要求为指针，制定并落实《通州区生态环境局 2019 年宣传和思想文化工作要点》、《通州区生态环境局新闻发言人及网络发言人制度》、《通州区“六五环境日”活动方案》、《通州生态环境局“三下乡”工作方案》以及《2019 年通州区生态环境志愿服务队工作方案》等 7 个方案，持续加强生态环境领域重大成果宣传，开展典型违法案例曝光，组织开展公益活动倡导绿色低碳生活，持续巩固、扩展宣传阵地，呼吁公众共同参与生态建设。

【倡导新风尚全民共践行】 把握“打造绿色城市、森林城市、海绵城市，构建蓝绿交织、清新明亮、水城共融的生态城市”的总体要求，以世界水日、地球日、环境日为契机，组织形式多样的生态文明主题活动及宣传，鼓励和动员更多的市民从我做起，积极行动，采取简约适度、绿色低碳的生活方式，不断提高公众节约资源意识、生态环保意识。突出绿色出行公益活动、公益演讲、环保公益设施参观等主题，不断强化市民环境保护意识，精心组织开展了形式多样、内容鲜明、影响广泛的系列宣传活动逾 50 次，辐射人群 10 万余人，发放各类宣传品 3 万余份。其中，围绕六五环境日“美丽中国，我是行动者”主题，于 6 月 2 日开展“副中心低碳生活行动有我”现场活动，向全社会发出低碳生活倡议的同时，邀请百姓参与低碳生活展示、体验、互动，更以动静结合的形式展现小学生环保呼声、通州区绿色生活好市民事迹。活动分为：“行动有我”集赞区、“垃圾分类”实践区、“低碳出行”体验区、“绿色消费”参与区四个部分，八大体验活动，每通过一个区域，在“行动有我”证书上加盖一枚活动专用印章，通过亲身参与感受绿色生活魅力。现场吸引数千人参与实践，仅活动当天，网上浏览量达数万人。参与活动的百姓们还纷纷写下对未来 365 天的环保理想和“致未来自己”的绿色承诺，点燃环保初心。在中小学开展生态文明教育，推进生态文明理念进社区、进学校，提升全社会生态文明意识。创建生态环境、节能减碳等宣传教育示范基地。联合区文明办、区教委、区广电中心联合举办通州区中小学生生态环保主题演讲比赛，31名小学组选手与21名中学组选手参与比赛。其中，北京市育才学校通州分校学生李晓晋代表通州区角逐市级奖项，获得市级二等奖。比赛实况通过北京电视台、《通州时讯》、大运通州网等媒体开展报道，并充分利用政务新媒体，通过“生态通州”微信公众号、通州生态环境局官方微博发布原创稿件对优秀作品进行展示，汇编优秀稿件2000余册面向中小学、社区免费发放。联合通州区教委先后到马驹桥中心小学等校开展环保宣讲16场，听众达3200余人。组织“节约环保开放日”，暑假期间组织学生及家长参观绿色动力再生能源发电厂。广泛发动社会力量用实际行动参与生态文明，截至2019年底，志愿北京官方网站注册志愿者达到118人，全年累计组织活动68次。

【借力“多”媒体传播正能量】 充分借助区融媒体中心的“两台、一报、一网、多平台”媒体平台，对重点工作及阶段性成果进行新闻挖掘，提高生态文明建设知晓率，普及生态文明建设法律法规，传播生态环境保护的科学知识。广泛深入开展生态文明宣传活动，传播先进、曝光违法。组织好节能宣传周、低碳日、环境日、植树节、首都全民义务植树日等主题活动，形成崇尚生态文明的社会氛围。做好信息共享，畅通生态环境投诉举报途径，加强生态环境类信息公开，强化重点排污单位环境信息自行公开。围绕蓝天保卫战等重点工作组织媒体通气会8次，组织媒体采访60余人次。中央及市、区各级媒体发布报道170余篇次，推送微信255期475篇、微博252期578篇，合计阅读量超过44万人次。开展违法行为曝光专题报道，占领舆论阵地，在《通州时讯》长期设立“曝光台”，发布专版18期。同时拓展区级以上媒体平台，进行违法行为曝光，跟踪报道执法现场，累积曝光各类环境突出环境违法问题700余起。

【践行常态化对标文明城】 对标《全国文明城区测评体系》中“公众参与”指标要求及督办事项，以低碳日、世界水日等为契机，携手区发改委等部门，共同宣传组织低碳健步行、节水周等等形式多样的生态文明主题活动，鼓励和动员更多的市民从我做起，积极行动，采取简约适度、绿色低碳的生活方式，不断提高公众节约资源意识、生态环保意识。突出绿色出行公益活动、公益演讲、环保公益设施参观等主题，扩大市民参与度，提升幸福感。以打赢三大攻坚为目标，推进通州区创慢指标涉及PM2.5下降指标任务，扩大创慢工作影响，为完成创慢工作建设良好生态基础。同时，在机关内部开展健康体检、健康教育、健身活动。完成创慢指标及材料报送。持续开展文明单位创建，拟定《2019年通州区生态环境局创建首都精神文明建设先进单位实施方案》，报送通州榜样候选人11名。

（丁媛）

城乡建设与管理

新华大街夜景亮化提升

（区城管委提供）

概　述

【概　况】 始终以群众诉求为导向，以“12345”市民热线为主要抓手，集中开展解民忧、整秩序、强治理、优环境等系列工作，城市运行保障能力显著增强，城乡治理水平进一步提升。

【狠抓“接诉即办、未诉先办”工作】 坚持民有所呼，我有所应，建立完善“三级书记抓热线、条块结合抓落实”工作机制、主要领导现场调研和定期回访调度制度，上下联动、齐心协力推进市民热线工作。积极推进“未诉先办”，制定准物业或无物业规范化管理等系列制度措施，切实解决一批群众的操心事、烦心事、揪心事。

【开展疏解整治促提升专项行动】 坚持清存量和控增量相结合，拆除违法建设1002万平方米，销账量、腾退量均居全市首位。一般制造业疏解、有形市场疏解提升等专项任务全部完成。“开墙打洞”“散乱污”等专项治理实现动态清零。注重“拆”“清”结合，建筑垃圾资源化利用效率不断提升。注重疏解腾退空间的统筹利用，新建和规范提升便民商业网点117个，实现留白增绿1935亩，疏解整治与优化提升的衔接更加紧密，群众生活便利性、舒适性明显提高。

【开展城市治理】 聚焦提升精细化、智慧化管理水平，增强城市保障能力。新增轨道交通13千米，完成28处秩序乱点整治和30个重点路口优化提升。新建路侧停车泊位3800个，初步实现副中心155平方千米电子收费全覆盖。高标准完成全区交通信号灯联网联控和智能提升，实现新华大街等5条主干道动态绿波控制，155平方千米内平均车速提升15.6%，区域交通状况进一步改善。完成一批变电站、供水、供热设施建设改造，城市运行保障能力进一步增强。

【推进老城双修和美丽乡村建设】 坚持“以新带老、新老融合”与城乡均衡发展，制定老城双修与更新三年行动计划。实施23万平方米老旧小区改造，完成41条背街小巷整治提升，果园路、粮食局直属库平房胡同入选北京最美街巷。改造老旧小区供水管线58千米，完成10个单位自备井置换。155平方千米范围“有路无灯”“有灯不亮”的问题得到妥善解决。全面实施美丽乡村建设三年行动计划，完成所有平房村规划编制和360个村的人居环境整治，在全市农村人居环境考核验收中名列前茅。

规划和自然资源管理

【概　况】 2019年，市规划自然资源委通州分局深入贯彻落实中共十九届四中全会精神，以总书记习近平视察北京城市副中心讲话精神为指导，围绕市委、市政府、区委、区政府、市规划和自然资源委、副中心党工委管委会及分局党组的工作部署要求及北京城市副中心建设的中心，提高政治站位，严格执行城总规、副中心控规，推进专项实施方案，落实改革措施，持续优化营商环境，推进“多规合一”平台高效运转，提高审批效率，统筹协调，密切沟通，圆满完成各项任务。3月26日，通州区副区长阳波、市规划自然资源委副主任兼市规划自然资源委通州分局局长郑皓，共同为新组建的北京市规划和自然资源委员会通州分局揭牌。

3月26日，北京市规划和自然资源委员会通州分局揭牌仪式　（区规自委提供）

【北京城市副中心相关规划编制及宣传工作】　北京城市副中心控制性详细规划获得党中央、国务院批复后，市规划自然资源委通州分局配合市级、区级相关部门，深入落实中央对副中心控规的批复精神。一是全力推进控规宣传工作，先后印发控规成果、专家解读材料600余册，邀请市规自委领导及专家为全区上千名领导干部开办讲座，完成2019年中国国际服务贸易交易会城市副中心规划及政务服务专题推介论坛，配合区委宣传部组建大运河文化宣讲团。二是有序开展副中心相关规划编制工作，年内完成全区344个美丽乡村村庄规划编制工作，其中179个村庄获得区政府批复。三是落实市级工作部署，研究制定中共北京市通州区委城市工作委员会相关工作制度并召开第一次全体会议。

【重点地区专项研究】　年内，市规划自然资源委通州分局开展张家湾设计小镇、文化旅游等示范性项目规划建设工作，集中力量逐步拉开城市副中心发展框架。配合副中心规划处组织设计小镇规划编制工作。组织开展用地权属、不动产信息、历史审批、违法建设、出让合同、企业经营情况、房屋使用状态、疑似污染地块查询等全面的摸底调研。通过搭建设计平台的方式，组织研究设计小镇的城市设计、产业策划、市政专题、交通专题、智慧城市、建筑设计导则、实施政策研究等相关工作。研究制定《文化旅游区规划建设工作方案》。结合副中心控规对12组团文化旅游示范区的规划定位，未来建设以文化旅游、文化创意、综合服务为主导功能的相关要求，开展城市设计、修建性详细规划、市政交通、公共空间、地下空间、规划实施单元等相关专题规划研究工作。

【基本农田储备区和耕地保有量储备区划定】　年内，市规划自然资源委通州分局完成永久基本农田储备区和耕地保有量储备区保护空间落地落图工作，并报市规划自然资源委。

【新一轮百万亩造林选址】　年内，市规划自然资源委通州分局依据副中心控规和相关规划，完成2020年新一轮百万亩造林2万亩任务的选址工作。

【供地上市任务控规编制】　年内，市规划自然资源委通州分局委托开展18项供地任务控规编制，同期开展校核工作。截至年底，6项居住类控规获得批复；其余供地项目根据现阶段工作要求，正在编制规划实施方案。

【征占地及农用地转用项目管理】　年内，市规划自然资源委通州分局有2个征地项目获得市政府批复，总用地面积63.776公顷，其中农用地面积22.9101公顷，涉及占用耕地13.3442公顷。

【优化营商环境】　年内，根据全市政务服务工作要求，市规划自然资源委通州分局在区政务服务局大厅设置“一站式”综合窗口。为进一步优化办理建筑许可营商环境，按照市委、市政府要求，全市范围内进一步扩大简易低风险的适用范围，项目办理时限缩减为5个工作日。截至年底，通州区有16个简低项目取得规划许可。分局窗口受理行政许可及其他事项528件（平均2.5件／工作日），校对、制作、核发规划审批决定508件（平均2.4件／工作日）。

【方案审查与行政许可办理】 年内，对于通过招拍挂方式获取土地的项目，积极提供设计方案审查服务，6个新项目中有4个项目取得规划许可，2个项目进入多规合一研究。办理完成中国人民大学通州新校区北区学生宿舍一期、绿心“三大建筑”、大健康产业园等项目设计方案审查意见函（含二函）36件。方案研究过程中，组织导则团队校核项目90余件，有效验证拟实施项目与副中心控规的契合度、天际线、风貌等相关因素；召开专家评审会10次，专场专家会2次，对40余个项目（首开新奥共产房、鑫苑项目、友谊医院二期等）进行把关研究；同时，针对居住类建设项目，召开建设项目设计方案配套审查会4次，打通“规划层面—项目层面”的信息数据壁垒，在一定程度上实现共建共治共享。办理各类建设工程规划许可162件，其中建设工程规划许可证138件，临时建设工程规划许可证24件。

【土地入市交易】 年内，通过土地市场供应经营性用地4宗，总用地面积22.78公顷，建设用地22.78公顷，建筑规模49.44万平方米，成交总额103.16亿元。

【划拨供应建设用地】 年内，通州区划拨供应建设用地3宗，总用地面积约19.49公顷，总建筑面积约27.87万平方米。

【市政交通专项规划编制】 年内，市规划自然资源委通州分局配合市规划自然委，开展城市绿心片区市政交通基础设施专项规划编制工作。完成城市绿心基础设施规划方案，涵盖交通、市政、排水防涝、海绵城市、竖向五个专项，成果深度可以指导后续设计工作，并为其他区域规划编制提供范本。

【重点项目市政交通基础设施保障】 年内，市规划自然资源委通州分局根据市领导指示精神，突出重点功能区定位、以近期重点项目为抓手，梳理宋庄镇域范围内市政交通基础设施情况，提出需配套实施的市政道路和市政交通场站设施并明确建设时序。保障重点项目落地实施，主动服务，逐项排查友谊医院、安贞医院、疾病控制中心、卫生职业学院四大医疗卫生项目的外部市政交通问题，并编制实施方案，截至年底，成果已通过党工委审查。

11月21日，卫生职业学院（新院区）项目外部市政交通基础设施对接会　（区规自委提供）

【不动产涉房登记】 年内，完成各类房屋登记业务88862件。其中，完成房屋登记发证66051笔，发证面积1942.36万平方米，登记金额1401.37亿元。其中，商品房办理22909件，发证面积219.63万平方米，登记金额419.11亿元。

【不动产涉地登记】 年内，办理不动产涉地登记业务930件。其中办理土地登记103件，面积8542969.864平方米；办理土地及房屋初始、变更、转移、换证登记284件，涉及土地面积12695957.866平方米，涉及房屋面积3143905.480平方米；土地注销登记54件，面积3028650.405平方米；办理抵押权登记489件，涉及土地面积18536424.16平方米，涉及房屋面积3129643平方米。

【规划核验】 年内，市规划自然资源委通州分局办理规划验收61件，验收面积2381795.49平方米。

【规划自然资源执法工作】 年内，通州区通过国家“大棚房”问题核查组验收，市规划自然资源委通州分局会同区农业农村局制定《通州区设施农业长效监管工作方案》，严格落实三级巡查制度。牵头制定违建别墅专项行动工作方案，完成重点区域违建别墅整改工作。开展历史存量违法建设底数摸排工作，对全区55万个，约8000万平方米手续待核查房屋进行梳理，推进各街乡镇上报举证材料的审核工作。完成自然资源部2018年度964宗图斑、第1—4季度卫片428宗图斑，北京市2018年第1—3季度和2019年第1、2季度卫片253宗图斑，北京市2019年1—12月卫片1207宗图斑的核查工作。完成非法占地行政处罚17件，面积102.5亩，罚款106.81万元。向各街道乡镇人民政府及城管执法部门出具协查认定函300余份。2019年11月，完成规划自然资源执法队伍整合工作。

【土地储备开发】 年内，在施项目25个，总占地面积约1840.65公顷，其中，联储项目2个，用地面积约898.19公顷，包括运河3号地、文化旅游区项目；分中心为主体项目14个，用地面积约552.99公顷；企业为主体项目9个，用地面积约为389.47公顷。

【第三次全国国土调查】 年内，组织第三次全国国土调查工作，完成通州区三调初始调查。该次调查图斑7.9万个，其中完成自然资源部下达重点“互联网+”举证图斑6.1万个的调查和举证工作，1.8万个非重点举证图斑的调查和取证工作。调查土地总面积905.81平方千米，共计17个乡镇、街道，调查行政村、街坊个数共计476个。在三调工作中，北京市规划和自然资源委员会副主任兼市三调办常务副主任谢俊奇，带领市三调办相关职能组负责人，对通州区的三调工作进行阶段性检查督导，并给予充分肯定。而后，本区三调工作代表北京市接受国家三调办阶段性工作督导检查，督导组对通州区底图制作、外业调查标准、全员培训等三调工作落实情况给与充分肯定。经过市级和国家级验收，初始成果上报国家三调办一类差错率0.03%，二类差错率1.55%。差错率合计1.58%，国家差错率0.05%。一类差错率较低，居全市第二名，远优于全国一类差错率。

【自然资源督察】 按照《国家自然资源督察例行督察意见书》相关要求，2019年度通州区对2016—2018年度督察意见书涉及3138个问题进行基础台账梳理，分类制定整改方案，逐一明确整改措施、牵头单位、责任单位和整改时限，同时采取月报制度进行整改进度上报。通过“管理平台”与“实地核查”相结合的技术手段，实现动态跟踪全区督查工作进展情况，对上报整改到位地块加强监管，避免违法行为的反复性，提高自然资源督察整改的通过率。

【测绘地理信息服务】 北京市通州区城乡测绘所加强通州区城市基础测绘和测绘成果管理及应用工作，及时为城市副中心建设总体规划和重点测绘项目提供1 ∶ 500大比例地形图，发挥测绘服务先行作用。服务副中心城市建设，主要完成通州区文化旅游区市政道路、北京城市副中心行政办公区配套的副中心周转房及自住房、杨坨与后北营安置房等重大项目。同时不断加强对测量标志保护和地形图的保密工作，杜绝地形图违规流通。

【信息化建设】 年内，市规划自然资源委通州分局启动副中心规建管区级平台搭建工作，完善平台数据库收集完成土地利用现状、规划数据等数据；完成城市双修约58平方千米、运河商务区13个建设项目、行政办公区、绿心三大建筑、人民大学、副中心站、小堡村精细三维模型的制作并入库。

【地名工作】 年内，市规划自然资源委通州分局开展道路命名2条、建筑物名称核准10件，办理标准地名使用手续10余项。

【城建档案管理】 年内，市规划自然资源委通州分局完成工程竣工档案登记75件（其中建安工程39件、市政工程36件）；工程竣工档案预验收50项、521栋，开具预验收合格意见79件（其中建安工程64件、市政工程14件、自管工程1件）；参加联合验收工作协调会8次，办理通过联验工程23项；工程竣工档案接收1项、15栋，编制案卷64卷；各类档案利用495人次、2054卷，出具证明296件；数字化整理档案9028卷/盒（其中扫描库存规划审批档案6504卷）。

（邵琳萍）

重点工程

【概　况】　2019年，负责24项市区级重点工程的建设和协调征地拆迁任务，道路总长约200千米。其中区级项目12项，其中续建项目5项，拆迁协调项目7项。市级拆迁协调项目12项，其中八通线南延、地铁7号线工程、地铁17号线、地铁7号线综合管廊、广渠路东延、京哈高速六环路立交桥、京唐城际铁路工程等7个工程于2019年内完成拆迁任务。

（杨云琪）

【八通线南延】　市级项目。为提升环球主题公园的交通服务保障能力，将现有八通线终点站土桥站南延至环球影城站。线路全长约4.2千米。沿线涉及张家湾镇和文化旅游区。建设单位为北京市轨道交通建设管理有限公司，该工程于2019年12月28日正式通车运营。

12月28日，八通线南延工程通车运营
（区住建委提供）

【地铁7号线工程】　市级项目。北京地铁7号线东延工程通州段长8.7千米，全线设置车站7座、停车场1座，占地860.11亩，沿线涉及梨园镇、文化旅游区。该工程于2019年12月28日正式通车运营。

12月28日，北京地铁7号线东延工程通州段通车运营
（区住建委提供）

【地铁7号线综合管廊工程】　市级项目。该工程通州段总长度约5.4千米，占地353.12亩，沿线涉及北京通州文化旅游区和梨园镇。截至2019年底，施工单位已进场施工，施工进展顺利。

【地铁17号线工程】　市级项目。该工程通州段长8.7千米，通州段设置4座车站、1座停车场（北神树站、次渠北站、次渠站、亦庄站前区南站、次渠南停车场），占地299.44亩，沿线涉及台湖镇光机电管委会、高端总部基地管委会。截至2019年底，该工程搬迁工作全部完成，施工单位全部进场施工，施工进展顺利。

【广渠路东延】　市级项目。该工程通州段全长约7.6千米，占用集体土地188.95亩，沿线涉及北苑街道办事处、梨园镇、玉桥街道办事处、永顺镇、潞城镇。截至2019年底，广渠路东延工程60米道路施工红线内拆迁工作基本完成，施工单位全面进场施工。

【京哈高速、六环路立交桥工程】　市级项目。环球主题公园增设六环路立交节点工程、环球主题公园增设京哈高速立交节点工程是经市政府集体审议通过的“一会三函”项目，占地522.31亩，该工程主要涉及台湖镇和文化旅游区。计划于2019年12

月31日前完成搬迁工作。截至2019年底，六环路立交节点工程施工进展顺利，具备通车条件；京哈立交节点工程全面进场施工顺利。

【京唐城际铁路工程】 市级项目。该工程通州段长9.22千米，占地807.22亩，沿线涉及宋庄镇、西集、潞城镇。根据工程建设需要，2019年12月31日完成搬迁工作，施工单位全面进场施工，施工进展顺利。

【东六环改造工程】 市级项目。该工程南起京哈高速，向北至终点潞苑北大街，道路全长约16千米，截至2019年底，签订征地拆迁工作委托协议，前期三处先期开工点于2019年11月30日开工建设。

【通马路工程】 市级项目。该工程北起京哈高速公路，南至京津高速公路，全长约6千米，占地898.34亩，其中梨园镇占地58.38亩、建筑物占地面积1.34亩，台湖镇占地839.96亩、建筑物占地面积136.7亩。截至2019年底，该工程与公联公司及台湖镇政府签订工作委托协议。台湖镇集体土地具备部分进场施工条件。

【九棵树西路道路工程】 市级项目。该工程南起万盛南街，沿既有九棵树西路布线至终点果园环岛，道路全长约4千米，占地320.5亩，建筑物占地面积5.28亩，沿线主要涉及梨园镇。截至2019年底，梨园镇政府拆迁签约完成率25%。

【副中心交通枢纽工程】 市级项目。该工程东至东六环外路县故城遗址区，北起京哈南侧路，南至杨坨中路、杨坨一街区域，西至大运河，总用地规模约61公顷。该工程于2019年11月30日开工建设，建成后可使车站、城际铁路、轨道交通与城市功能有机融合，打造站城一体、产城融合的北京新门户。

【高架桥（通马路—项目二层）工程】 市级项目。该工程主要以高架桥的形式向上跨黑庄户东路后，接入通马路主路，匝道全长约1.5千米，占地32.54亩，沿线主要涉及台湖镇。截至2019年底，该工程完成现场踏勘，完成与台湖镇征地拆迁工作委托协议的签订工作。

（王学勤　李雪敏）

【朝阳北路东延一期】 区级项目。工程西起通顺路，东至东六环西侧路，全长3.6千米，设计标准为城市主干路。该项目建设单位为北京新城基业投资发展有限公司，区住建委负责前期手续的办理、管线施工及协调征地拆迁工作。截至2019年底，征地完成90%、拆迁完成80%，施工完成85%。

【潞苑北大街二期】 区级项目。工程西起东六环路，东至任李路，全长4.167千米，设计标准为城市主干路。该项目于2013年12月启动，由北京新城基业投资发展有限公司负责建设实施，区住建委负责前期手续办理、管线施工及协调征地拆迁工作。项目于2019年5月建成通车。

【北运河东滨河路】 区级项目。该项目工程西起通胡路，东至东六环西侧路，全长3.1千米，红线宽度40米，设计标准为城市次干路。该项目于2014年3月启动，由北京新城基业投资发展有限公司负责建设实施，区住建委负责前期手续的办理、管线施工及协调征地拆迁工作。2019年该项目移交区城管委、绿化工程移交区园林局进行统一的提升改造。

【潞苑三街】 区级项目。工程西起潞通新路，东至东六环西侧路，全长约1.83千米，设计标准为城市次干路。该项目于2016年1月启动，由北京新城基业投资发展有限公司负责建设实施，区住建委负责前期手续的办理及协调征地拆迁工作。截至2019年底，拆迁完成24%，施工完成35%。

【漷小路一期】 区级项目。漷小路位于通州区南部，北起漷县，南至市界。是通州南部地区一条重要的南北向公路，同时也是通州南部地区与河北廊坊市联系的一条重要对外通道，是贯穿漷县镇、永乐店镇中心区、德仁务片区和永乐经济开发区之间一条重要的联络线。该次设计漷小路北起漷兴三街，南至恒兴二街，道路全长19.21千米。该项目于2016年5月启动，由北京新城基业投资发展有限公司负责建设实施，区住建委负责前期手续办理、管线施工及征地拆迁的协调工作。截至2019年底，拆迁完成95%、施工进展方面漷县镇区完成工程进度93.2%，德仁务片区完成69%，永乐经济技术开发区完成51%，永乐店镇区完成92%。

【孔兴路北延】 区级项目。工程南起京津公路，北至孔庄北，全长4.86千米，设计标准为一级公路。

该项目于2016年12月启动，由区公路分局负责前期手续办理及建设实施，区住建委负责拆迁征地的协调工作。截至年底，征地完成土地权属审查，拆迁完成80%。

【朝阳北路东延二期】 区级项目。该项目西起东六环西侧路，东至任李路，全长约4.3千米，红线宽度60米，设计标准为城市主干路。该项目于2017年启动，由北京新城基业投资发展有限公司负责建设实施，区住建委负责前期手续办理、管线施工及协调征地拆迁工作。因行政办公区规划调整，正在进行线路方案调整工作。

【九德路二期】 区级项目。从潞西路至九渺路，全长7.9千米，设计标准为二级公路。该项目于2017年1月启动，由通州区公路分局负责建造实施，通州区住建委负责前期手续办理及拆迁征地的协调工作。截至2019年底，拆迁工作全部完成。

【北京五中通州分校周边道路】 区级项目。该项目包括3条道路，一是潞邑二路（南起潞苑南一街，北至潞苑南大街，全长258米，红线宽度40米），设计标准为城市主干路；二是潞苑南一街（西起潞邑二路，东至东六环西侧路，全长557米，红线宽度40米）设计标准为城市主干路；三是潞邑东路（南起潞苑南一街，北至潞苑南大街，全长446米，红线宽度25米）设计标准为城市支路。全长1.4千米。该项目于2017年3月启动，由北京新城基业投资发展有限公司负责建设实施，区住建委负责前期手续的办理及协调征地拆迁工作。该项目2018年8月进场施工，其中潞邑东路于8月底实现主路通车，潞邑二路、潞苑南一街预计2020年完工。

【西潞苑二街】 区级项目。该项目西起潞苑东路，东至东六环西侧路，全长约1.6千米，红线宽度30米，设计标准为城市次干路。该项目于2017年7月启动，由北京新城基业投资发展有限公司负责建设实施，区住建委负责前期手续办理及协调征地拆迁工作。截至2019年底，拆迁完成20%。

【漷台路】 区级项目。工程西起张采路，东至G103国道，全长约8.12千米，设计标准为二级公路。该项目于2017年12月启动，由区公路分局负责前期手续的办理及建造实施，区住建委负责拆迁征地的协调工作。截至2019年底，拆迁完成50%。

【宋梁路北延】 区级项目。从潞苑北大街至京平高速，全长8.7千米，其中有1.7千米设计标准为城市主干路，其余7千米设计标准为一级公路。该项目于2017年启动，由区公路分局负责前期手续的办理及建造实施，区住建委负责拆迁征地的协调工作。截至2019年底，拆迁工作全部完成、征地完成土地权属审查工作。

（韩璐）

市政建设

【概　况】 2019年，区城市管理委坚持以习近平新时代中国特色社会主义思想为指导，深入贯彻中共十九大和十九届二中、三中、四中全会精神，践行初心使命，坚持党建统领，以提升城市服务保障管理水平为要求，以精细化管理为主线，强化统筹、攻坚克难，完成年度各项工作任务，副中心城市管理工作呈现出新的气象。

【精心建设副中心亮丽景观】 年内，完成燃灯塔，新华大街、通燕高速、通济路沿线约15.1千米照明设施改造和11.4千米大运河景观带及跨河桥建筑物轮廓灯等景观照明改造，开启北运河大桥、揽月大桥、天时名苑灯光秀，打造中国大幅宽的桥体水幕，用特色夜景提升门户形象。多家中央和市级、区级新闻媒体给予全方位宣传报道，成为副中心的响亮名片。

燃灯佛舍利塔夜景照明提升　（区城管委提供）

【开展有路无灯综合整治】　年内，根据照明使用需求和道路等级标准（四级公路，路基宽4.5米以上），对155平方千米范围内38条道路进行有路无灯整治，新增灯杆1780基、新安箱变41台，38条道路均实现亮灯；开展155平方千米范围内道路路灯接管工作，完成112条道路路灯设施摸底调查。

大运河景观亮化提升　（区城管委提供）

【推进智慧公服设施建设】　利用科技手段，为公共服务设施"上户口、亮身份"，解决管理权属难核实、问题难发现、违规设施难认定问题。2019年，完成通胡大街、怡乐中路等43条主次干路3500个公共服务设施确权及二维码铭牌粘贴工作，实现设施权属快速核实、违规设施快速甄别、设施问题快速举报、设施案件快速处置。

【实施智能交通信号灯和绿波带建设】　截至2019年底，对全区906平方千米内488处（其中一期建设255处，二期建设233处）在役信号灯陆续进行联网联控和智能化升级，所有改造路口统一由通州区城市大脑下设的智能交通信号控制平台进行管理，同时采用丰富多样的交通信号控制策略缓解交通压力，提升群众出行体验。通过多时段、多相位、单点自适应控制、行人过街自适应、反溢控制、绿波控制、区域控制等精细化信号控制手段，达到点线面相结合的治堵效果。优化形成新华大街、通胡大街、玉带河大街、芙蓉东路、东六环西侧路、宋梁路、赵登禹大街、温榆河西路8条绿波带。经由第三方评估单位对优化效果评估数据显示，155平方千米中心城区内整体平均行程车速提升15.6%，重要城市主干路平均旅行时间缩短32.5%。其中新华大街、通胡大街一线改善效果最为突出，平均车速提升48.1%，停车次数减少56.2%。

【推进道路体系建设】　年内，完成玉桥东二路、玉桥东三路、翠华西路、水仙东路一期4条次支路主体建设；全力推进通惠北路北延等3条城市主、次干路，京洲西路等5条微循环道路前期手续办理；完成葛布店南里锅炉房区域、罗斯福—家乐福商圈周边交通综合治理及30个路口交通组织优化提升，进一步降低区域通行压力。

完成道路工程改造——翠华西路
（区城管委提供）

【规范停车秩序】　2019年，在城市副中心155平方千米范围内开展停车诱导系统建设，通过智能化管理方式，引导车辆有序停放，有效提高公共停车设施使用率、周转率；充分利用待建土地、空闲厂区、边角空地、未移交道路等闲置场所，鼓励社会资本开展公共停车场建设，年内新建临时性停车场19处，增加停车泊位6390个，有效缓解停车难问题；全面梳理155平方千米城市道路，“精准定位”路侧停车泊位实施电子收费改革，在37条城市道路上设置路侧电子收费停车位3698个，其中包括147个可充电停车泊位，最大限度为市民提供更加全面、便捷的停车服务。

【解决市民出行最后一公里难题】 年内，加大地铁沿线及周边居民区公共自行车投放力度，规范共享单车运行，对全区1083处共享单车电子围栏重新施划，为行政办公区定位59处电子围栏，满足1500辆共享单车投放，保障办公区工作人员短途出行需求。

【多举措加强供热运行保障】 年内，对全区97家供热企业进行检查，2976项安全隐患全部于供暖季前完成整改；根据“96069”供热服务平台统计分析，对供暖投诉超过50件的小区供暖企业集中进行约谈；成立3支区属应急抢险队伍，并与市热力集团合作成立特欣抢险大队，抢险队伍24小时备勤，及时做好各类突发事件的应急处置工作；完成河东5号调峰热源厂建设，城市副中心河东新城及行政办公区形成多种能源耦合、互联互保的新格局。

【全力做好市民服务热线工作】 7月1日起，承接区级“12345”接诉即办工作，践行“闻风而动，接诉即办”，探索“12345”市民热线＋网格化工作模式，结合“吹哨报到”机制，强化分级协调调度，推动精准、快速、高效解决群众需求。2019年，总接诉量86260件，下半年平均满意率80.19%，较上半年提升25.16%。在全市城市管理系统率先构建“城指督办”派单系统，实现委内“12345”案件2秒派件，全年办理“12345”案件4768件、网格案件2183件、“街乡吹哨、部门报到”74件，响应处置率达100%，其中“12345”案件数量全区第二，办结率高于全区平均水平。

【城市基础运行保障】 年内，建立健全通州区地下管线综合协调管理机制，完成906平方千米市政道路地下管线普查；完成136条道路，46个小区及街巷、10座桥梁（含过街天桥）路灯管理维护工作，路灯亮灯率达99%；高标准完成252条市政道路约598万平方米，21座跨河桥、9座过街天桥和1座跨铁路桥的维护养护；开展不间断巡查，全年巡查发现问题1.7万余件，解决率100%。

【安全生产工作】 年内，开展季度安全形势分析，加强供热、燃气、环卫、市政领域，特别是项目施工、有限空间作业的排查和安全管控，抓好长输管道、城镇燃气占压隐患治理，全年妥善解决占压隐患问题40起，整治安全隐患58处，处置各类地下管线突发事件12起。加强应急管理，完善应急预案和队伍建设，开展多种形式防灾减灾应急演练，提高应急响应能力，完成城镇防汛、70年大庆、扫雪铲冰等城市运行保障任务。

（孟晓云）

水　务

【概　况】 2019年，通州区水务局对标市级机关高水平服务标准，对标副中心高质量发展要求，坚持以水生态建设为重点，水环境改善为核心，真抓实干，破难前行，如期完成市级绩效任务3项、区级绩效任务40项，水环境建设各项重点工作取得突破性进展。2019年全年用水量为3.70亿立方米，再生水用量1.81亿立方米。万元地区生产总值新水耗水量为17.84立方米／万元，较2018年耗水量降低4.14立方米／万元，万元地区生产总值新水耗水量同比下降3.12%，全部实现市政府绩效考核目标。

一是供水。严格用水总量控制，为全区4个街道、11个乡镇，409个村庄、3183户用水单位，合理分配用新水用水指标，全区计划用水覆盖率稳步提升。做好全区有取水许可证和正常缴纳水资源费用户“费改税”工作，协助税务部门征收水资源税1.33亿元。深入推进节水型社会建设。全年创建节水型单位22家、节水型村庄5个，开展节水宣传活动16场，安装节水器具1.2万套，创建节水型示范园区1处。二是治污。奋力攻坚、持之以恒，水污染治理各项重点工作成效显著。认真践行“绿水青山就是金山银山”理念，将水污染治理作为水务工作重中之重，攻坚克难补短板，争分夺秒抓落实，全年污水处理量10721.59万吨，污水处理率达到91.06%，完成年度考核任务。完成第二个三年治污行动计划。全年新建污水收集管线24.24千米，新建再生水管线17.44千米，改造雨污水合流管线6.37千米，均超额完成年度任务。完成马驹桥、台湖第二再生水厂（二期）项目选址，全区第一座污泥无害化处理及资源化利用工程——河东污泥处理厂正式开始商业运行，基本实现建成区内污水全处理。推进区、镇、村三级治污工程。全年完成东田阳、南火垡等30个村庄的污水收集处理任务。截至年底，全区完成271个村庄的村外截污，其中“城带村”解决110个、“乡镇建成区黑臭水体治理”解决49个、PPP治理解决112个。编制《通州区污水处理厂（站）运行监管方案（试行）》，对处理厂（站）的出水水质、在线监测、设施设备等进行巡查监管。开发建设通州区水环境在线监管平台，实时了解各污水处理设施的水量、水质及设备运转情况，实现业务联动及数据共享。以“河长制”为抓手，建立黑臭水体闭环管理机制，建成区19条段黑臭水体治理实现长治久清，非建成区34条段黑臭水体治理成效不发生反弹。全年自备井置换工程进场15个，累计敷设管线2.7千米，完成10个置换的年度任务。老旧小区内部供水管网改造工程进场66个，累计敷设管线26.6千米，完成59个，超额完成年度任务。三是水环境。开展流域水系综合治理，环球主题公园度假区景观水系、通惠河、港沟河治理等重点工程取得立项批复，玉带河（梨园南街—萧太后河）治理工程取得规划批复。第三四阶段中小河道治理工程中中坝河全部完成，萧太后河环球影城段完成95%，凉水河完成90%，凤港减河完成78%。河长制工作在全区河长的高位推进下，镇级河长巡河率全年均保持在100%，村级河长巡河率达至99.5%。完善河长制监督、考核制度，以第三方环境检查结果为基础，建立问题台账，每月通报河道、沟渠问题及处置情况，促进5533处问题得到解决。开展清河行动，完成118处问题小微水体治理和82处“清四乱”台账内问题整治。运潮减河上榜“2019年度北京市优美河湖”，人水和谐的优美水生态格局初步形成。2019年10月3日，京杭大运河（通州城市段）旅游航线正式通航，标志着运河文化和旅游融合步入新阶段。四是安全度

3月30日，区水务局局长房亚军（左四）到工地视察　（区水务局提供）

10月3日，大运河通航　（区水务局提供）

汛。全区依法落实以行政首长负责制为核心的防汛责任制，新增水务防汛专项指挥部、防汛宣传专项指挥部、通运街道及潞源街道防汛分指挥部，确立“1+9+3+17”新的防汛指挥体系。完成防汛应急、洪水调度、应急抢险等40余个防汛预案和通州区2019年防汛抗旱资料汇编工作。应对“5·17”及“7·28”强降雨的关键时刻，严防死守，以“不死人、少伤人”为底线要求，确保群众生命财产安全和城市运行安全。

（崔建梅）

【水务各个专项规划编制情况】 2019年为落实北京城市副中心控规，按照区政府要求，水务局开展减河北综合资源利用中心、城市副中心大运河左堤3千米堤防及通州区智慧水务等三项规划设计方案编制工作。其中前两项规划设计方案已经完成，并经区委、区政府及副中心党工委审议，通州区智慧水务正在编制顶层设计。对接北京城市副中心控规及镇域总规，完成《北京市防洪排涝规划》及“通州堰”规划编制工作，并取得最终成果，为城市副中心PPP水环境项目建设提供科学有效的依据。

【水务项目前期工作推进情况】 工程项目：通州区通惠河水环境综合治理二期工程，取得项目建议书批复；萧太后河（九棵树西路—京哈高速公路）景观提升及生态修复工程，取得水影响评价报告书的批复；玉带河（梨园南街—萧太后河）治理工程取得工程规划批复；城南水网于永、台马取得设计方案审查意见函——设计方案的复函，台马片区取得建设项目水影响评价登记表备案通知书，漷牛片区、台马片区取得环境影响报告表的批复；两河水网（一期）取得环境影响评价报告表的批复、水影响评价报告书的批复；港沟河治理工程（凉水河—凤港减河，凤港减河—市界）取得“多规合一”协同意见函、项目建议书批复、完成策划生成阶段的通知、环评批复、水评备案通知书；环球主题公园度假区景观水系工程取得项目建议书批复；河东资源循环利用中心取得“多规合一”协同平台初审意见函、取得环境影响报告表的批复、水影响评价报告书的批复。非工程项目：大运河（北京城市副中心段）旅游通航工作，牵头统筹区各相关委办局、新城基业，调研、协调、解决通航工作中遇到的各种问题，实现2019年10月大运河（北京城市副中心段）游船正式通航。京津冀协同发展工作方面，进一步增加双方沟通、交流、学习，按照《2019年通州区推进京津冀协同发展工作计划要点》，推进相关水务工作进展。与廊坊市及北三县开展京津冀协同发展水利工作对接，就潮白河、北运河等跨界河道治理成果和工作计划等深入沟通，并达成共识。

【综合统计及其他工作完成情况】 截至2019年底，统计工作完成统计联网直报平台月报［涉及通州区张家湾再生水厂配套管网工程、北京城市副中心雨污合流管网改造工程、萧太后河（环球影城段）改线等23项工程］、季报，北京市重点建设项目信息管理系统月报（涉及城北水网、萧太后河景观提升及生态修复工程），水务基本建设投资月报（23个工程）；组织完成北京城市副中心重大项目月报（涉及城北水网、两河水网等17个工程），通州区重点项目管理平台周报（22个工程）；协助完成北京市投资项目监管信息系统月报、水利安全信息月报共计7个系统的报表任务。协调其他科室及各基层水务所，完成全局综合统计工作。2019年，回复各委办局复函74项，行政许可事项审批2件，对来函事宜提出相应的意见和要求，保证各项目在不影响河道行洪安全及水生态环境治理的前提下有序推进。参加市水务局、市区两级发改、规划、住建等部门组织的会议，提出相关意见及建议。

（张占研）

【美丽乡村建设涉水项目】 2019年初，结合通州区美丽乡村建设工作安排，区水务局编制《通州区美丽乡村建设饮用水提升、雨水排除及利用、生活污水治理工作方案及技术细则》，明确村庄涉水方案编制的原则、参数标准、工作流程等内容，指导乡镇政府开展涉水工程。按照市级部门统筹分配，2019年通州区第一批实施农村污水治理村庄41个，涉及9个乡镇政府，实施方案达到初步设计深度，上报市发改委进行审批。根据区卫健委提供的360个村庄饮用水水质检测结果，完成饮用水水质提升工程及2019年通州区第一批饮用水管线改造工程的方案及资金测算，资金补贴方案通过区政府常务会审议。

（赵媛　刘雨）

【通州区污泥收运及处理设施规划编制】 年内，为尽快实现城市副中心污泥无害化处理率100%的目标，区水务局开展研究编制通州区污泥处置规划，并通过第56次区政府常务会议审议，按照会议要求进一步完善。作为全市第一个研究编制污泥处置规划的行政区，研究成果将对推动全市及京津冀地区污泥规划处置提供有力技术支撑。

【乡镇再生水厂建设运营项目】 年内，完成通州区乡镇再生水厂建设运营项目的建设，7座新建、2座升级改造水厂均实现通水，除甘棠再生水厂、西集中心区再生水厂正在调试，其他再生水厂均正式运行。通过项目的实施，实现乡镇地区镇级水厂全覆盖，每日增加污水处理能力5.6万吨。

（赵媛）

【农村生活污水治理村外截污工程】 区水务局作为建设主体，通过PPP模式，开展现阶段农村生活污水治理村外截污工程，下一步将由乡镇为主体继续开展村外截污工程，并结合美丽乡村建设，逐步完善村内截污管线。截至2019年12月底，已完成30个村庄的村外截污任务。

【再生水管线建设工程】 按照《2019年度北京市水务和河长制重点任务清单》，需建设完成新建再生水管线10千米。截至2019年12月底，实施通州区小城镇污水处理市场化建设配套管网二期、北京城市副中心行政办公区再生水工程（二期）工程，完成新建再生水管线17.44千米，超额完成新建再生水管线任务。

（赵媛）

【自备井置换工程和老旧小区改造工程】 2019年，完成10个自备井置换项目和35个老旧小区内部供水管线改造工程。自备井置换项目新建供水管线2.7千米，受益人口5300人。老旧小区内部供水管线改造工程改造供水管线26.6千米，受益人口约5万人。

【农村地区供水体系】 年内，全面落实农村饮水安全管理“三个责任”，健全“三项制度”。乡镇集中供水厂和村级供水站按照市水务局要求都将所有责任人、工作职责与联系电话在政府网站或有关媒体上公布；各供水单位（村居委会）设立公示牌，对责任人和供水单位的服务电话予以公示。

（高乐）

【污水管线建设】 按照《2019年度北京市水务和河长制重点任务清单》，需建设完成新建城镇污水管线10千米。截至2019年12月底，实施通州区小城镇污水处理市场化建设配套管网二期工程、农村污水治理等工程，完成新建污水管线24.24千米，超额完成建设任务。

【雨污合流管线】 按照《2019年度北京市水务和河长制重点任务清单》，需改造雨污合流管线5千米。截至2019年12月底，实施北京城市副中心雨污合流管网改造等工程，改造雨污合流管线6.37千米，超额完成年度任务。

（王彩霞）

【通州区第三四阶段中小河道治理工程】 第三四阶段中小河道治理包括凤港减河、中坝河、凉水河、萧太后河环球影城段4条河道，长约79千米。凤港减河、中坝河，由水务局负责实施，凉水河、萧太后河环球影城段由北控水务负责实施。截至2019年底，凤港减河完成78%，中坝河完成100%，凉水河完成90%，萧太后河环球影城段完成95%。

【通州南部城区外环路污水及再生水管线工程】 工程位于通州新城南部，沿万盛南街、群芳南街、张采路及乔庄南路新建污水管线10.2千米，管径400～1600毫米，新建再生水管线2.3千米，管径100～600毫米，总投资14644万元。截至2019年底，工程完成85%。

【积滞水点治理工程】 工程主要在通马路（萧太后河处）、通顺路（城北加油站对面辅路处）、玉带河大街（市政管理所路口处）、梨园南街（史家小学路口往西共200米）、玉桥西路（下凹式立交桥区）、杨庄路（下凹式立交桥区）、范焦路（200米）等7处实施排水管线改造等工程，属防汛应急工程。工程于6月5日完成施工、监理邀标工作，受交通导改及夜间施工扰民等因素影响，截至2019年底，通顺路、范焦路、杨庄路、玉桥西路等4处工程完工。
（肖羿）

【北京市通州区张家湾再生水厂配套管网工程】 工程沿张采路、垂柳路、萧太后河、凉水河北侧路新建污水管线11千米，新建再生水管线12千米。项目投资总额为25062万元，资金全部由市政府固定资产投资安排解决。工程于2016年9月15日开工，2019年底完成污水管线8.7千米，完成再生水管线9千米。工程划分为7个施工标段，截至年底，完成5个标段的单位工程验收及移交工作，工程计划2020年底完工。

【通州区2015中央财政农田水利项目县工程】 工程实施节水灌溉面积8745亩，其中喷灌1482亩、滴灌4489亩、小管出流1167亩。更新机井22眼，配套水泵77套，控制设备77套，新建井房58座，铺设输水管道173米，田间管道522千米。同时，建设智能用水管理系统：含安装智能计量设施440套，建设镇级管理平台3处，村级管理平台17处。工程总投资约3300万元。工程已完工，2019年12月完成工程竣工验收及移交工作。

【通州区小城镇污水处理市场化建设配套管网工程】 工程涉及11座（新建7座、升级改造2座、委托运营2座）再生水厂／污水处理厂配套管网。工程涉及8个乡镇，新建污水管网总长度约86千米，再生水管网总长度约16千米，工程总投资66512万元。工程于2019年5月完成工程竣工验收工作，均移交至各乡镇政府进行后期运行管理。

【通州区2016年中央财政小型农田水利项目县建设工程】 工程涉及通州区马驹桥、西集、于家务、永乐店4个乡镇的115个村，涉及2462眼农业灌溉机井，全部安装用水智能计量设施，并将采集到的用水记录传输到通州区水务局数据采集中心。主要建设内容包括：新设立镇级平台1处、位于马驹桥镇115个村各设立村级平台1处、2462眼农业灌溉机井全部安装用水智能计量设施。工程总投资为3429万元。工程已完工，于2019年12月完成工程竣工验收工作，工程移交手续正在办理中。

【通州区2015年节水与水资源节约保护项目】 项目包括运乔嘉园透水砖铺设项目，铺设9条行车道、6条人行路、2处人行广场及4处车行广场透水砖，铺设总面积6660.73平方米；小堡村坑塘雨洪利用项目，沿蓄水池周围设置雨水篦子、雨水管道，坑塘南岸边坡护砌处理，设置透水砖步道；雨水利用工程项目，在北京育才中学通州分校、北京史家小学通州分校、北京同仁堂制药厂通州分厂、北京通州贡院小学、北京铁路人民警察训练学校5家单位分别建设集雨池1个，共计5个，设计总容积为1750立方米。工程总投资1200万元。2019年4月，完成工程财政结算评审工作。

【通州区漷县镇于家务乡机电井智能计量系统工程】 工程对所涉及机井全部安装用水智能计量设施。对农业机井中以前安装水电转换计量设备仍可使用的919套设备进行改造，其余机井全部新建。新建机井计量1090套，改造机井计量919套，建设区县级管理平台1套，乡镇级平台管理4套，村级管理平台61处。雨洪利用建设内容包括年收集雨水4768立方米，温室膜面雨水集蓄利用（14亩）、雨水渗透（2840平方米路面）、雨水收集、雨水调蓄、绿地雨水灌溉及雨水利用文化广场（800平方米）。此外，再生水灌溉试验区滴灌工程（20亩）。工程总投资约2500万元。

【通州区漷县镇农业高效节水灌溉试点工程】 工程涉及通州区漷县镇内后地村、觅子店村等6个村及北堤寺基地、小屯基地2个园区。节水灌溉总面积5463亩，其中粮田2015亩、菜田1896亩、果树1436亩、花卉116亩。工程包括水源工程与田间管网工程2部分，工程总投资为1780万元。工程已完工，完成单位工程验收、水土保持验收、环境保护验收工作，于2019年6月完成竣工验收工作。

【通州区2016年雨洪利用工程】 工程涉及张家湾镇、于家务乡、宋庄镇、梨园镇4个乡镇及中仓街道办事处。主要工程内容：对项目区内的2个集雨坑塘进行疏挖整治、新建6座集雨池、新建透水砖铺装5887.13平方米及湿地雨洪利用1处。工程投资约1000万元。工程已完工，计划2020年1月底前完成单位工程验收工作，2020年底前完成竣工验收工作。

【通州区2017年雨洪利用工程】 工程位于于家务回族乡。主要工程内容：在于家务回族乡神舟绿鹏农业科技有限公司与汉唐文化产业园园区内新建集雨池及配套设施2处，包括配套矩形水表井、格栅沉降井、雨水拦截溢流井、配套雨水管线、雨水检查井、大田绿化带等喷灌设施以及路面拆除、恢复施工等。工程投资约403万元。由于汉唐文化园区因产业结构调整，现场不具备施工条件，取消该单位工程施工。工程已完工，于2019年12月完成竣工验收及移交工作。

（郭子彪）

【农业户口移民人口核定及资金发放情况】 针对2017年7月1日至2018年6月30日期间户口在通州区的大中型水库农村移民及其后代（移民后代因上大中专转居的学生在校期间享受此政策）登记汇总，对新增、减少人口进行核定和公示，经调查核准新增农业移民43人，减少农业移民171人，2019年度总计农业移民人口2530人，涉及全区11个乡镇。各乡镇在2019年度核定移民人口的基础上做好后期扶持人口核查工作，重点对2017年7月1日至2018年6月30日24时期间新增、减少人口进行核定和公示。2019年，通州区核定登记农业户口移民2530人，需发放移民扶持资金152.52万元。

【农转非移民人口核定及资金发放情况】 2019年，通州区核定符合农转非培训补贴人口1083人，新增51人，减少90人。分布在全区11个乡镇和4个街道办事处。2019年，市下发资金62.608万元。2019年，通州区农转非移民实际核定人口1083人，实际发放资金60.928万元。

【移民安置村教育帮扶情况】 2019年度教育帮扶学生人数444人，其中大专或高职学生126人，本科学生289人，研究生29人。8个移民安置乡镇：台湖96人 、宋庄68人、漷县50人、潞城59人、马驹桥83人、西集43人、永乐店5人、张家湾40人。

（林丽娜）

【专项资金的使用情况】 按照北京市水库移民事务中心的时间要求完成通州区8个镇111个移民安置村扶持项目的统计、汇总、上报工作，年初上报了2019年通州区大中型水库移民安置区扶持项目承诺书、申报书、汇总表、情况表等；于年底收集本年项目的完成资料，包括验收单、决算表、票据证明等并对资料进行审核。2019年，市下拨通州区扶持项目后扶资金330万元，区级专项资金1000万元，涉及7个镇9个项目10个村。

【中央扶持资金项目实施情况】 2018年至2019年正在实施中央资金项目有5个，项目涉及西集镇、张家湾镇2个镇8个村，项目投资6194.07万元，2020年中央资金正在前期准备阶段，项目涉及张家湾镇、马驹桥镇、宋庄镇、台湖镇、永乐店镇、潞城镇6个镇8个村，项目预计投资1740万元。

（武立雄）

【水法规宣传】 3月22日是第二十七届世界水日，全市“世界水日”“中国水周”宣传活动主会场设在通州区运河文化广场，区水务局与北京市北运河管理处共同承办“坚持节水优先，强化水资源管理”主题宣传活动；组织局属各单位开展“唱响国歌、守护国旗、致敬国徽”主题法制宣传教育活动；优化营商环境等电子挂图播放活动，充分利用电视、报纸、电子屏幕、自媒体等播放宣传口号、相关法律法规等内容，收到很好的效果。参与2019年通州区法治书画和动漫微视频作品征集活动。

（纪斌）

【降雨量分析】 通州区2019年累计降雨量373.9毫米，比上年降雨量600.3毫米下降37.7%，比多年平均降雨量492.7毫米下降24.1%。汛期呈现降雨量减少特点，汛期降雨量237.5毫米，比上年同期516.1毫米减少278.6毫米，下降53.98%；比多年同期平均398.9毫米减少161.4毫米，下降40.46%。5月17日17时至23时，通州区出现强降水并伴有冰雹、龙卷风等强对流天气，全区平均降雨量48.5毫米，最大降雨点出现西集镇101农场182.4毫米，达到特大暴雨量级。汛期最强降雨出现在7月28日20时至29日19时，全区普降暴雨，局地大暴雨，最大小时雨强出现在张家湾镇牛堡屯站70.5毫米（28日22时）。应对“5·17”及“7·28”强降雨的关键时刻，组织召开防汛紧急视频会，强调务必严防死守，以“不死人、少伤人”为底线要求，全力确保群众生命财产安全和城市运行安全。

（安志彬）

【全区水资源利用情况】 2019年全区总用水36987.33万立方米，其中用再生水18090.55万立方米，用地下水18896.78万立方米。农业用地下水4233.92万立方米；工业用地下水3423.33万立方米；家庭居民生活用地下水7716.39万立方米；公共服务用地下水3328.3万立方米；环境和生态用地下水194.84万立方米，用再生水18285.39万立方米。

【全区地下水监测情况】 2019年有地下水人工观测井38眼，其中2眼专用观测井，36眼农灌井，人工观测井分布在农业区，使通州区基本形成观测井网；承压井观测点27眼，据水文总站提供的观测数据，2019年年末，地下水实测值为7.90米，与2018年同期7.28米比较，地下水位下降0.62米。

（高淑红）

【海绵城市建设试点工程】 2016年北京市入选第二批国家海绵城市建设试点城市，试点区域位于北京城市副中心中心区域，范围西、南起北运河，北到运潮减河，东至规划春宜路，总规划面积19.36平方千米，自海绵城市建设试点申请成功后，完成海绵城市建设改造工程类项目109项，其中建筑与小区类45项，道路类11项，公园绿地类9项，防洪排涝类21项，水系治理类1项，管控平台建设、管线建设改造与效果监测评估类22项；在建项目12项，其余13项处于前期工作状态。编制完成并发布海绵城市建设非工程类项目18项。拨付中央补助资金2.92亿元。《通州区海绵城市建设专项规划》由北京市规划和自然资源委员会批复。《通州区海绵城市建设试点系统化方案》完成专家评审，系统方案成果已经全面指导试点区海绵城市建设工作。

（蔡殿卿）

【通州区河长制工作】 2019年，在全区河长的高位推进下，镇级河长巡河率全年均保持在100%，村级河长巡河率达至99.5%。各区级河长开展巡河72次，约808.7千米；乡镇（街道）级河长巡河2171次，约7004.8千米；村级河长巡河41762次，约87308.6千米。按照2019年北京市第1号总河长令要求，通州区各乡镇排查出问题小微水体371处，其中2019年计划完成101处，实际完成118处。截至2019年4月，全区台账内82处“四乱”问题全部清理完成。水利部遥感发现疑似“四乱”19处问题，经排查9处不属于“四乱”问题并申请销号，3处整改完成，7处正在进行整改中。自2019年1月起，聘请第三方对通州区的河道沟渠开展河湖水生态环境检查。检查范围覆盖16个乡镇（街道），26条区级重点河道，168条乡管沟渠，总计长874.51千米。检查内容涉及污水直排、垃圾渣土、水面漂浮物、私搭乱建、河道围垦、河长公示牌问题等内容。通过各级河长共同督促，全区整改问题5533处，其中，垃圾渣土4074处、水面漂浮物394处、私搭乱建329处、污水直排246处、公示牌损坏问题169处、影响河道水环境行为和存在隐患161处、岸坡垦殖问题160处。

（邵春刚）

【工程质量监督管理】 2019质量监督站完成监督工作的工程项目有通州·北京城市副中心水环境治理PPP（两河片区）建设项目生活污水治理工程、通州·北京城市副中心水环境治理PPP建设项目（台马片区）农村生活污水治理工程等共18项，跨年度续建工程15项，项目涉及总投资约为25亿元（本年度），涉及施工单位14家，涉及监理单位8家，涉及施工标段64个。截至年底，质量监督站交底18次，体系检查18次，质量大检查（飞检）9次。参加重要部位验收24次，检查过程中形成检查记录190份，发出停工整改通知2份，提出整改意见25条，行政处罚4起。进行工程竣工验收的项目有通州区萧太后河治理工程、小辛庄移民排水工程、潞城镇谢楼移民安置村排水工程、通州区2015年中央财政农田水利项目县建设工程。监督管理过程中严格按照规定办理监督注册手续，严查体系建设和工程实体质量，把好工程验收关，全年工程项目质量处于受控状态。

（缪学文）

【有效控制区域用水总量】 2019年，北京市水务局核定通州区用水计划指标为4.06亿立方米，全年实际用水量为3.70亿立方米，其中新水用量1.89亿立方米，再生水用量1.81亿立方米。2019年通州区生产总值为10592278万元，增长率为6.6%，万元地区生产总值新水耗水量为17.84立方米／万元，较2018年耗水量降低4.14立方米／万元，万元地区生产总值新水耗水量同比下降18.8%。

【计划用水管理】 2019年，通州区按照北京市水务局提出的用水指标要下达到每个村的要求，对全区各村的人口、面积、果林、灌溉等情况进行系统收集和整理，在此基础上结合各乡镇实际情况制定乡镇用水指标分配方案，确保用水指标科学合理分解到每个村委会。3月，为全区4个街道、11个乡镇，409个村庄、3183户用水单位，合理地分配用新水用水指标，并在《通州时讯》上刊登《关于下达2019年计划用水指标的公告》。通过以上工作，全区计划用水覆盖率稳步提升。全年严格执行单月预警双月考核制度，发出预警通知单940户次，发放超定额用水加价通知单377户次，累计收取超额用水加价费1310386.76元。

【节水型社会建设】 2019年，通州区进一步落实北京市人民政府《全面推进节水型社会建设的意见》及《通州区“十三五”时期节水型社会建设规划》的文件精神，大力推进节水型社会和海绵城市的建设，加大水资源保护及节约用水的工作力度，开展城镇节水器具普及、节水载体创建、用水计量设施完善、节水宣传、通州区节水示范园区建设和节水设施建设。全年创建节水型单位22家，创建节水型村庄5个，建设节水型示范园区1处，换装节水型花洒1.2万套，建设节水设施9处。

【节水宣传】 在2019年5月12—18日全国城市节约用水宣传周期间，通州区开展“建设节水城市，推进绿色发展”的节水主题宣传活动，通过张贴宣传横幅、设置宣传站点、刊发节水宣传文章、播放节水宣传短片等线上与线下多种途径开展节水宣传，引导群众用实际行动节约生产生活中的每一滴水。

活动期间，通州区节水事务中心设计并印制宣传册1万本、宣传页4万张、宣传条幅244条、宣传展板40块以及印有节水宣传标语的环保袋、鼠标垫、毛巾、围裙等宣传品11万余件；借助“通州水务”“通州节水”“大运通州网”“通州小兵”等公众平台开展宣传；围绕进社区、进学校、进医院、进公园、进企业、进机关、进农村“七进”的原则，在滨惠南三街社区、通州区税务局、于家务中学、通州区潞河医院、通州区图书馆、上海烟草集团北京卷烟厂、台湖镇政府等单位设立节水宣传站点16个，向群众分发《北京市节约用水办法》、节水宣传彩页、节水宣传品，传播节约用水理念。

（翟光耀）

【北京市自来水集团有限责任公司通州分公司】 2019年10月18日，北京潞洲水务有限公司更名为北京市自来水集团有限责任公司通州分公司。年内，严格落实集团公司三级水质检测制度，完成副中心行政办公区重大活动及重要节假日期间供水水质保障工作；加强对供水部、通州二水厂及甘棠水厂出厂水水质的检测；定期巡查甘棠水厂工艺及水源井运行情况；调整通州二水厂药剂投加工艺运行参数，解决通州二水厂高效池矾花上浮及上游原水消毒副产物较高影响水质问题；编写和修订公司《水质管理标准化手册》。

完成供水部1、2、3号清水池及通州二水厂高效池6个池体的清洗工作；按时完成公司2个水厂春、秋季电检和设备维修工作；通州二水厂完成排水池清淤、对4#高效池排泥泵定子、污泥车间6块滤板进行更换及12组砂滤池浸泡消毒、池壁冲洗和10组碳滤池池壁的冲洗工作。

制定迎高峰供水保障工作方案，优化配置5路水源，实施精细化管理，仔细记录各个测压点的实际压力，做好相关数据采集和分析工作，确保实现安全稳压供水目标。6—9月，建立高峰调度领导小组会商制。7月4日，公司日供水量18.71万立方米，再次刷新公司历年日供水量新高。

在集团公司、区政府的正确领导下，在集团公司兄弟单位的大力支持下，公司配合区水务局、区住建委、中仓街道办事处等部门，完成运河湾小区水质问题处置工作。

建立公司客服“三级”派单体系，编制《“12345”接诉即办工作服务手册》，成立由公司党政正职领导为组长的接诉即办领导小组；制定处置流程及回访制度；完成客服代表倒班工作制；全年完成管线干线修漏92处，其中DN75以上大口径管线抢修73处，修漏换管383米、故障换表735支、上门服务零活小修241户，解决非公司管辖的用户报修15户，安装测压表85块，冲管放水30次，修漏及时率达到100%。

配合集团完成创新路、潞城东街等给水管线的安装和冲洗消毒及城市副中心行政办公区范围内北区职工保障房、南区职工保障房、召里安置房等项目约6.4千米供水管线的主体建设工作；推进大营村职工保障房及北京学校周边配套大市政管线建设；受理工程办关于A5纪委、C7联勤警卫楼、C6信访中心、修理厂和加油站的报装，完成供水方案的编制工作；对行政办公区地下管廊所有闸阀、排气、消火栓进行编号；编制城市副中心水质风险内部管线冲洗方案；完善《行政办公区供水服务保障方案》《副中心管网保障方案》；通过控闸方式，开展保障城市副中心行政办公区安全用水应急演练活动；实现14支高精电子远传水表数据自动上传；安排6名责任心强、业务能力强人员专门负责行政办公区的巡线检查。

多次对公司入驻“一站式”服务大厅工作人员及窗口接件人员进行业务解读、业务知识培训和考核，参加发改委组织的新政宣讲培训考核；优化小微企业报装通水业务时限，做到用水报装“五零”服务，耐心解答用户来电咨询的问题。

完成核工业北京化工冶金研究院等3处职工家属区供水改造工程。完成10个自备井置换和35个老旧小区内部供水管线改造工作。为确保项目顺利实施，公司配合施工单位，帮助协调工程中存在的问题；每周参加由区水务局组织召开的工程调度会，汇报工程进度和存在的问题；根据需要将疑难问题报区水务局，安排在区政府专题会上进行协调。

（张小莉）

供　电

【概　况】 国网北京通州供电公司（简称通州公司）成立于1958年，2015年12月，国网公司将通州公司升格为大型重点供电企业，是北京市电力公司授权经营的区域供电企业，主要负责通州地区906.28平方千米的电网规划建设、运行管理、电力销售和供电服务。营业区域内，2019年底，拥有客户69.81万户，其中第一产业0.27万户，第二产业0.65万户，第三产业4.55万户，居民客户64.33万户。通州公司肩负着建设北京城市副中心坚强智能电网、行政办公区常态化政治供电保障、重要用户和居民生活安全供电的使命。通州公司设有9个职能部门、6个业务支撑机构及10个乡镇供电所。截至年底，通州公司管辖范围内有变电站48座，其中500千伏变电站1座（容量240万千伏安），220千伏变电站8座（容量360万千伏安），110千伏变电站31座（容量345.2万千伏安），35千伏变电站8座（容量20.5万千伏安）。35～110千伏线路495.9千米，10千伏线路5135千米、配电变压器8609台。地区电网历史最大负荷158.1万万千瓦，发生于2019年12月30日20时31分。截至年底，通州公司有全口径用工1248人，全民职工385人，其中博士生1人，研究生学历101人，本科学历183人，专科学历67人；高级职称42人，中级职称84人；高级技师146人，技师55人，高级工37人，中级工31人。

【电网建设】 电网发展成效显著。紧密对接副中心控规落地进展，全力推动重点输变电工程建设，运河商务区220千伏运河站、110千伏岳庄站相隔一个月连续投产，文化旅游区110千伏大高力站竣工投运、田府站开工建设，为重点功能区建设提供坚强电力支撑。110千伏驸马庄站提前9个月投运，极大缓解热点区域用电紧张局面。主动融入地区审批制度改革，推动副中心工程办建立电力工程专题调度机制，形成前期工作合力，500千伏北京东、通州北两项工程取得政府前期资金2.3亿元，220千伏梨园站争取到建设用地39.5亩。克服环境复杂、交叉作业等难题，完成龙旺庄老旧小区整体改造和8个老旧小区紧急增容，加快补齐老城区供电短板。主动对接地区发展重点工程，北京学校小学部、黄城根小学、南区周转房等项目全部按需送电。高效实施10千伏配网迁改48项，保障城市绿心三大建筑、副中心交通枢纽、广渠路东延等重点工程顺利推进。

岳庄变电站发电启动 （高鹏超／拍摄）

【安全生产】 安全生产保持平稳。落实安全生产责任制，全面推行领导干部安全述职制度，严格执行岗位安全责任清单，加大安全奖惩考核力度，层层压实安全责任。坚持聚焦一线、重心下沉，加强产业单位、外协单位安全同质化管理，现场检查数量同比增长253%，召开安全警示大会4次。强化

国庆70周年庆祝活动保障期间开展重点输电线路特巡 （姜珊／拍摄）

电网风险防控，22项度夏工程、13项度冬工程均超前投运，保障电网平稳应对负荷屡创新高、极端天气频发等诸多挑战。持续提升设备管理，实施10座变电站文明生产达标整治，退运35千伏马桥站、宋庄站，完成149条架混线路故障自愈功能投入，配网和低压故障同比降低45.2%、23.5%。完成国庆70周年庆祝活动、驻华使节招待会等92项重大保电任务。

【营销服务】 服务品质不断提升。强化供电服务指挥中心建设，将配网抢修、业扩流程等6类15项业务纳入集约监控，实现工单一级直派、过程督办、精准预警，全年客户投诉、“95598”工单数量同比下降75.4%、22.9%。深化“三零”“三省”服务，创新开展低压报装“双循环”模式，高压临电、低压客户平均接电时长分别降至12.4天、3.3天，接电总量49.2万千伏安。落实国家一般工商业降价政策，为2.27万客户减少用电成本3300万元。实施23万户HPLC改造，超额完成48万客户信息采集，为户变关系识别、停电主动上报等精准服务提供基础支撑。重组重要客户供电服务中心，正式入驻行政办公区实体化运转，进一步提高服务便捷度和品牌影响力。

（王宇曦）

燃　气

【概　况】 截至2019年底，通州区有16家拥有燃气经营许可证的企业；市政管道天然气实现镇镇通，全区燃气管网铺设总长度约1941.91千米，建成各类燃气调压站（箱）1539座，管道燃气用户达57.12万户；9个乡镇103个村实现“煤改气”；全区液化石油气惠民气送气工程基本实现全覆盖，总体运行情况良好。

【制定燃气供应企业检查标准】 年内，委托第三方安全技术机构依据相关法律法规，针对通州区燃气供应企业实际情况，制定涵盖管道天然气供应企业、压缩天然气供应企业、液化石油气灌装站、液化石油气充装站四种类型的《燃气企业生产经营规范标准（试行）》及《燃气供应企业安全检查索引》，为各燃气企业开展自查自纠提供标准依据。

【持续做好“煤改气”相关工作】 年内，落实“煤改气”长效管护方案要求，聘请第三方加强对设备企业售后服务工作的监督、考核，提高售后服务水平；协调美丽乡村建设燃气管线切改工作，组织项目实施主体与燃气集团专业拆改队伍进行工作对接，确保拆改队伍顺利进场施工；开展“煤改气”资金补贴审核发放工作，完成2017—2018年度5.7万余户农村“煤改气”冬季运行补贴资金的审核和发放工作，2018—2019年度补贴资金的审核及发放工作。

【燃气安全检查】 年内，对通州区19家燃气供应企业进行日常检查262次，发现隐患问题141项；全国“两会”、国庆等重大节日期间对燃气企业进行安全生产大检查，发现隐患问题3处；联合属地政府及相关职能部门，对燃气经营企业进行抽查、检查2次，并开展“护航70双查双改”大检查，发现问题隐患129项。截至年底，全部隐患问题落实整改完成。

12月5日，区委副书记、区长赵磊（前排右一）带队检查燃气安全工作　（区应急局提供）

【开展液化石油气气质检测】 年内，聘请第三方气质检测公司，对通州区液化石油气充装站进行气质检测工作，抽检5家企业19个样本，其中2家企业气质检测不合格，移交相关执法部门进行处理。

【安全宣传培训】 年内，在《通州时讯》刊发“煤改气”用户安全知识普及专版，以漫画形式提示广大“煤改气”用户安全使用燃气设施；开展燃气安全宣传进公园、进社区、进家庭活动7次，通过摆放展板，发放安全使用燃气手册，现场讲解燃气安全使用常识等方式，提高全民安全使用燃气意识；加强社区、餐饮企业、供气企业等燃气相关工作人员培训，全年集中开展100人以上培训工作8次；组织燃气企业开展应急演练5次，切实提升燃气企业处置突发燃气事故能力。

【及时处置燃气管道事故】 年内，配合相关部门妥善处置天然气管道事故5起，液化石油气闪爆事故3起，最大程度保护人民生命安全和财产安全。

（孟晓云）

防震减灾

【概　况】　2019年，区地震局扎实推进监测预报、震害防御工作体系建设，完成全年各项工作任务。2019年，区地震局被北京市地震局评为2019年度区地震监测预报工作先进单位。

【地震测报体系建设】　年内，开展观测环境保护工作，对区属驻外8处前兆观测台站开展检查；强化资源整合，发挥“三网一员”（“三网”就是地震宏观测报网、地震灾情速报网、地震知识宣传网；“一员”就是防震减灾助理员）信息员作用，丰富监测预报数据，全面提升观测站点的建设新水准；落实会商制度，参与和开展市、区两级会商会，为落实全国“两会”、高考、世界园艺博览会、“一带一路”和国庆70周年等特殊时段地震安全保障服务有关文件精神，特开展53期加密会商。翔实分析数据变化，科学研判震情趋势。

【宣教活动】　年内，选择“3·1”“5·12”等重大纪念日作为宣教节点，深入开展防灾减灾知识讲座、主题宣传教育活动。3月1日，区民防局和消防支队、地震局、气象局、红十字会、玉桥街道、民防特种救援队等多家单位在通州区玉桥南里广场开展以“以人为本　民防为民”为主题的防灾减灾宣传活动；5月12日，以“提高灾害防治能力、构筑生命安全防线”为主题，区地震局分别在贡院小学、玉桥东里南社区开展宣教演练活动。防灾减灾日期间，区地震局联合主流媒体大运通州网，开展“防震减灾知识微信有奖答题活动”，根据后台统计数据，5月11—27日，此次答题活动微信文章阅读量9415次，总答题次数40558次，总参与人数9725人，总获奖人数2045人。

年内，联合区教委组织全区中小学生各项竞赛和比赛活动。选送潞河中学代表队参与2019年北京市中学生防震减灾知识挑战赛北京市级比赛；组织2019年北京市中小学生防灾减灾作品创作征集比赛；组织参加2019年北京市防震减灾“小讲解员”技能竞赛，选送大东各庄小学、张家湾镇陆辛庄学校和通州六中共15名学生参加北京市讲解比赛。

10月11日，区地震局联合中仓街道上营社区，组织辖区居民及志愿者在社区居委会开展防灾减灾科普宣传活动。10月29日，区地震局在北苑街道玉带路社区开展防震减灾宣传活动，50多位社区居民参加。11月19日，结合“不忘初心、牢记使命”主题教育，区地震局联合运河湾社区居委会开展宣传教育活动。

【副中心控规任务及市级部署工作落实情况】　年内，落实控规分解任务台账内容，配合市地震局等主责业务单位进一步细化分解任务，参与其中的“风险隐患排查基础工作”初步推进，采集、报送相关城乡建设基础资料。配合副中心“城市体检”的技术推进，提供辖区地上（室外）避难场所现状资料。

（蔡轶）

城管监察

【概　况】 2019年，在区委、区政府的坚强领导下，以习近平新时代中国特色社会主义思想为指导，深刻领会“四个中心”战略定位、“四个服务”中心任务；围绕北京城市副中心建设大局，把握“强班子带队伍，严执法求精细，重服务保中心”三个关键点。坚持“全面履职能、主动有作为，反复抓落实、实现高标准”工作思路，狠抓城管队伍建设和环境秩序综合治理，城乡环境秩序持续健康发展。全年，出动执法人员11万余人次，执法车辆3.5万车次。处罚各类违法行为21049起，罚款2681.8万元，全面履职率达到53.16%。在全市城管系统综合考核和社会满意度测评中均排名第二。全区违法建设治理工作，拆除、销账和腾退土地面积均为全市第一。

【大气污染防治执法】 年内，严格落实绿色施工要求，不断加大日常巡查检查频次，提升执法检查量、违法查处率，有力打击各类扬尘、遗撒等行为；对“三烧”问题“零容忍”，做到未乱先治；充分使用视频监控系统，落实技防人控；应对极端天气，对重点违法形态严格管控。全年，处罚施工扬尘和夜施扰民1178起，罚款2116.11万元；处罚违规运输车辆和泄漏遗撒2593起，罚款319.8万元；处罚“三烧”145起，罚款8.15万元。清洁空气计划及蓝天保卫战各项任务较好完成，区内环境空气质量明显提升。

【街面环境秩序执法】 年内，落实提升城市管理精细化水平要求，依托属地街乡镇，集中整治无照经营、店外经营、非法运营、违规广告牌匾、非法小广告等违法行为，巩固整治成果，严控反弹，街面环境秩序基本达到“六无”标准。全年，非法小广告申请停机警示4033个，没收4万余张，拆除、责令修复广告牌匾9500个，拆除大型单立柱广告2个，拆除地桩地锁520个，处罚各类街面环境秩序问题17026起，罚款187.3万元，各类街面环境秩序类问题得到有效解决，城乡环境秩序水平显著提升。

【占道经营专项治理】 年内，建立月度通报机制，每月通报各属地占道经营工作进展情况、督导检查情况以及媒体宣传情况；每月结合市占道办通报、热线举报分析、重点点位督导检查等形式开展指挥协调工作；督促各属地政府整改重点点位，联合相关部门，采取多种措施共同予以治理取缔。2019年占道经营203处市级重点点位全部提前完成销账并保持“动态清零”。全区17个街乡镇累计受理占道经营类市民举报2789件，同比下降32.73%。

【拆除违法建设】 2019年，拆除违法建设1010.39万平方米、销账1043.16万平方米、腾退占地1296.23公顷，实现自主动作与规定动作双优。美丽乡村建设侵街占道、私搭乱建整治，全区360个村，拆除76730处、333.36万平方米违法建设，实现三年任务两年完成；摸底安全上不托底企业300家、库房611家，一般退出制造业厂房295家，拆除存在严重安全隐患的52处；52个挂账村整治，拆除87处违法建设；清理六环路重点廊道、市郊铁路沿线疑似违法建设点位26处；对39家工业大院进行清理整治，20家涉违企业建筑被依法拆除。

（于鹏）

交通管理

【概　况】　2019年，通州交通支队认真落实区委、区政府工作部署，围绕“五大安保”和副中心警务建设两条工作主线，细化部署，狠抓落实，较好地完成全年各项工作任务。

【特勤警卫工作】　年内，采取常态化勤务工作模式、方案、路线，进一步优化岗位和警力，主要领导组织实地踏勘，逐岗逐人落实工作任务和职责，精准掌握勤务运行节奏。以核心办公区为重点，按照核心区、控制区、外围疏导区的顺序，分层次对行政办公周边岗位进行梳理、测算，形成交通安保防控体系。坚持“一勤一部署，一勤一总结”机制，利用执法记录仪、行车记录仪、勤指监控视频为教材，持续分析特勤警卫工作中的短板和不足，采取送训上门、实战演练等形式，强化特勤警卫培训。2019年，支队执行特勤警卫任务525次，同比上升238.7%。

1月，副中心铁骑在行政办公区周边执行巡逻管控任务　（通州交通支队提供）

【秩序整治工作】　年内，持续推进缓堵工程和交通环境净化措施。以核心办公区为中心，增加、巩固货车劝导岗位，严格落实货车禁行措施。进一步强化非机动车整治固定岗位，持续对僵尸车、违规摩托车、电动车、皮卡车上路等进行整顿。按照“两打击一整治”工作部署，联合分局治安、人口等部门，深入开展机动车动态核录等工作，严厉打击涉牌违法行为。配合区城管委，推进停车规范化管理，在全区范围内重新施划停车泊位，并落实电子收费管理，有效提高了停车管理水平。认真落实“鹰眼”执法、新型测酒仪、新型执法记录仪、“平安扣”软件等科技执法手段，科技管理应用水平显著提高。

【“12345”办理工作】　年内，将“12345”派单中群众的反映与实际工作相结合，优先治理、解决群众反映的交通乱象，协调区属相关部门解决道路优化渠化、交通设施建设等问题。相继解决东亚台湖印象、惠兰美居、友谊大桥等群众反映的集中的拥堵点段。紧密结合副中心交通发展需要，推进信号灯远程系统控制、停车位电子化管理、重点路段绿波通行等科学管理手段，取得良好效果。

【源头监管工作】　年内，紧密结合安保工作和路面管理实际，采取约谈等方式，强化对外卖寄递企业管理。组织安监民警深入专业运输单位开展安全监管工作。2019年，支队召开寄递企业集中约谈会8次，通过“三个一批”专项行动对存在安全隐患的136家专业运输企业下发限期改正通知书，对59家重点运输企业进行停车整顿，停驶车辆128辆，19名安全不把牢人员被企业辞退。“两客一危一货”交通违法处理率保持在99%以上，重型货运处理率保持在98.5%。

（杨浩）

公路建设与养护

【概　况】 2019年，通州公路分局完成建设养护投资4.47亿元，全力推进8项新改建工程，实施大修工程2项，综合治理工程3项，中修工程9项，较好地完成公路建设、养护和管理等各项工作任务。

【推进副中心配套基础设施项目的前期工作】 紧抓政策机遇，围绕京津冀一体化、城市副中心建设等重大战略任务，2019年取得漷马路、漷台路工程规划许可证，办理完成漷台路、宋梁路北延工程的可研批复，取得采林、觅西路初步设计批复。灵活运用“一会三函”机制，启动开展日新路道路工程前期工作，分局首次牵头前期工作。在时间紧、没有前期费用的情况下，协调台湖镇和项目中心编制规划条件及雨水排除规划编制，沟通委相关处室纳入“一会三函”项目，开展测绘、项目建议书编制等工作，截至年底，设计方案基本编制完成，通过市政府“一会三函”审查会。在开展日新路前期工作的同时，配合项目中心开展武窑桥改建前期工作，取得规划条件，编制完成设计方案。

【推进重点项目工程】 年内，借助市交通委、区政府领导靠前指挥的高位协调优势，分局集中发力，强力推进，高标准落实重点工程项目。市重点工程宋梁路北延公路段贯通，九德路二期主体完工，孔兴路、漷台路等6项新改建项目持续推进，区域路网结构逐步改善。继续开展交通综合治理和公路提级改造，通顺路、武兴路、胡郎路3项市级交通综合治理项目以及张采路、孔兴路大修工程完工，马大路提级改造工程完成沥青底面层施工并开放交通，道路承载能力和服务水平稳步提升。

【安全生产】 年内，遵循“统一管理、分级实施、属地负责、全面覆盖”的原则，2019年，通州公路分局开展平安工地建设工作，组织开展日常安全生产监督检查、专项安全生产监督检查、节前安全生产监督检查，发现问题及时整改，将风险隐患降到最低。制定《通州公路分局2019年安全生产监督检查工作计划》和《通州公路分局2019年“安全月”活动方案》确保安全生产各项活动的有序开展。

【道路管养】 年内，结合全区路网状况，合理使用养护资金，统筹安排项目，实施开展通怀路、张采路、漷马路、潞城中路、张凤路等中修项目，在保证质量的前提下加快施工进度，减少施工对周边居民和交通的影响，改善道路整体环境。做好副中心道路保障及全国文明城区测评检查为工作重点，大力倡导“以人为本”的养护服务理念，实现“高标准、高水平、高效率”不断提高道路基础设施服务质量。承接市行政办公区城市道路管养任务，着力打造城市道路拳头产品。实施通怀路和张采路路面、步道及二次过街设施改造。完成潞城中路、张凤路等中修工程和G103国道黄金护栏更换工程。开展应急保障体系建设，实现办公区15分钟、副中心155平方千米30钟内到达的快速响应和应急处置，做到路面病害24小时修复。2019年获评全国交通战备先进单位。

【公路路政执法】 年内，针对副中心各类基础设施集中建设，路政大队加大对涉路违法行为的查处力度，全年办理路政行政处罚案件201件，处罚金额94万元，结案率为100%。超限运输173件，处罚金额71.75万元。外业处罚28件，处罚金额22.28万元。办理行政许可30项，收取补偿费349.7万元，赔偿案件37件，收取赔偿费23.6万元。开展批后监管502次，召开大件运输许可宣讲会1次，组织八通线南延、富壁路暗涵施工座谈会2次，做出批后监管处罚3次，处罚金额4万元。继续保持对超限车辆的高限处罚，与交管、运管等部门按照“政府主导、部门联动、源头控制、综合治理”的工作原则，深入开展车辆超限联合治理工作，充分发挥综合检查站的职能，加大对违法超限车辆的发现和治理。年内，将原有4个巡查中队调整为3个，充分依托养护单位进行巡查工作，路政执法人员重点负责对案件的处理及对巡查结果进行监督检查，提高路政案件的发现率。成立副中心巡查中队，选派政治素质过硬的骨干年轻队员，对行政办公区内清风路、临镜路、达济路、清盛路、宏安街等7条道路，以及运河大街、宋梁路、北运河新堤路、通胡路等进行统一巡查工作，与相关道路巡查企业对接，确保办公区周边道路巡查到位，发现问题第一时间解决，确保城市副中心道路完好、安全、畅通。

【路网运维】 设施建设稳步推进，科学开展运维工作。2019年，公路路网交通信息采集与发布设施投资为258万元（含情报板信息安全改造、雪亮工程、新建交调项目），治超专项投资802万元（含公路超载非现执法设备、治超站静态秤改造项目），宋梁路北延随路外场设备建设投资164万元。运维外场设备317套，2019年运维工作开展期间，排除外场设备故障384次，截至年底，设备完好率为99.95%。科技引领，为出行者提供综合信息服务。利用路网运行监测平台，安排专人每月对进出行政办公区、进出副中心155平方千米、重载路线、高速口周边、重要景点（保障路线）及进出京道路的交通量变化情况进行分析研究，形成《交通量运行简报》，对每月道路的交通量状况进行总结。结合已建成的外场设备，通过软、硬件相结合的方式，掌握道路运行状态及道路基础设施状况，为出行者提供综合信息服务、为管理者提供精细化的决策支持。每周编写路网管理周报，共计41篇，对路网运行及业务数据进行分析。

【乡公路行业管理】 2019年，以巩固“四好农村路”创建成果为目标，以落实副中心控制性详规、服务副中心建设和市级机关搬迁为宗旨，全面提升乡村公路工作标准和管理水平。强化政府职能，形成以绩效考核为抓手的行业管理新模式，分局作为考评主体对全区乡镇四好农村路建设进行个性化考评，截至年底，完成市级绩效任务。以规范招标、强化建立责任为抓手，加强廉政风险防控，严把建设质量关，大修项目质量监督覆盖率100%，未发生重大安全生产事故及质量事故。努力推动路网结构转型升级，全面提升综合服务和保障水平，以首都标准首善要求推动副中心乡村公路高质量发展。全年实施乡村公路道路大修78项，99千米，实施桥梁改造17座，完成建养投资3.2亿元。

【交通服务保障】 年内，开展胡郎路、武兴路、通顺路交通综合治理工程；完成2019年既有国道命名编号调整工程、“国三货车”限行交通标志调整工程、公路安全生命防护工程，重点对城区道路相交路口、郊区常年磨损严重的标线进行施划，并于9月底完成全部标线施划工作，很大程度上改观现状标线不清晰的现状，路容路貌也因此而有较大程度的提升，道路行车效果有显著提升，使行车更为舒适安全。完善提升城市副中心综合路域环境，坚持道路保障常态化、系统化、精细化标准，设立古城应急保障队、杜柳棵夜间保障队，加强夜间保障力量，新增步巡养护作业方式，加强路面附属设施细节维护，全面提升管养水平。应急保障工作科学有效。总结历年防汛及除雪工作经验，结合副中心特点，把握重点，立足于应对极端天气和突发事件，修订应急保障预案，细化每个专养段的专项预案，将重点部位责任落实到每个人。成立养护单位张家湾应急保障站，对京塘线、张采路、张凤路、通马路等重要路线能够进行快速处置，坚决落实市抗旱指挥部、交通委的决策部署，响应市防汛办指示，根据科学预报、云图分析，提前做出预判，严防死守，成功应对“5·25”“7·2”“7·4”“8·4”暴雨蓝色预警中的强降雨过程，未发生积水断路问题，确保管养设施安全度汛。以规划建设应急保障站点为基础，重点提升副中心155平方千米范围道路养护管理精细化水平，完善副中心应急保障体系，成立副中心城市道路养护管理专班，有效提高行政办公区道路通行保障能力。完成习总书记考察调研副中心、春节、全国“两会”、“一带一路”国际高峰论坛、国庆70周年等12项重大活动和汛期以及节假日保障任务。出动人工6350人次，出动工程车1026台班，出动清扫车160台班，出动洒水车191台班。全年实施小灰店桥、史村桥、张家湾3桥中修工程，胜利渠桥大修工程。有针对性地安排桥梁改造及中修工程，有效延长桥梁的使用寿命，增强桥梁各结构物的耐久性，使用安全性，使桥梁可用的、持续的、健康的运营。加强桥梁的经常性检查频率管理，加大日常检查的力度，实时掌握桥梁运营的健康状态，巡视与养护作业队伍分开，发挥监督合力，保证桥梁状态安全、健康、可控。

【宣传工作】 年内，做好北京城市副中心交通基础设施建设的宣传报道。以服务副中心建设为主线和出发点，密切与各级媒体沟通，深入挖掘，做有深度的报道。全年，北京交通台、首都之窗等市级媒体对分局工作开展情况进行报道，开展各类宣传活动32次，被市、区等新闻媒体报道52篇次，树立良好的行业形象。

（霍冲）

环境卫生

【概　况】 2019年，通州区城乡环境建设管理工作，坚持以习近平新时代中国特色社会主义思想为指导，全面贯彻中共十九大精神，把握北京城市副中心战略定位，强化统筹，协调发展，攻坚克难，进一步营造整洁有序的市容环境。

【高标准实施环境提升工程】 年内，高标准完成通勤站周边、行政办公区周边、环球影城周边区域（含梨园、张家湾）及中心商务区周边区域（含永顺、新华）环境综合提升工作，得到群众一致好评。其中，天桥湾小区成为副中心第一个完成“精细化试点改造”的老旧小区，市委、市政府主要领导到现场参观给予充分肯定，“学习强国”、《北京日报》、《今日头条》等多家媒体进行宣传报道，天桥湾老旧小区精细化改造模式，将有望在通州区其他范围内进行推广。

【背街小巷综合提升】 年内，按照“十无一创建”，高标准完成20条市级、21条区级背街小巷整治提升，

副中心首个“精细化试点改造”老旧小区——天桥湾小区　（区城管委提供）

获评全市最美街巷的粮食局直属库平房胡同　（区城管委提供）

2019 年完成整治后的背街小巷永顺南街分巷
（区城管委提供）

通信架空线入地——通济路
（区城管委提供）

精品背街小巷——梨园中街一巷
（区城管委提供）

打造出一批特色鲜明的精品街巷，一揽子解决建筑立面破旧脏污、停车难、出行难、绿化空间、活动空间不足等诸多民生问题。其中果园大街、粮食局直属库平房胡同被评为“北京十大最美街巷”。

【营造清朗优美公共空间环境】 年内，大力开展“蜘蛛网”治理，完成 7 条主次干路、62 条背街小巷通信架空线入地任务；持续开展广告牌匾治理专项行动，“动态清零”违规户外广告标识 44 块；在新华大街、通胡大街、芙蓉路等主要干道黄金护栏上安装 5470 盆花钵，覆盖长度 22 千米，打造“车循花走”的靓丽风景线；对通胡路铁路桥、滨河中路铁路桥等 9 座铁路桥及通胡路六环路公路桥桥底，以艺术彩绘的手法进行空间营造，营造时代的、开放的通州新景观。

【编制《北京城市副中心农村环境建设标准》】 年内，委托北京社科院共同编制《北京城市副中心农村环境建设标准》。该标准从农村市容市貌环境、环境卫生、秩序环境、设施环境、生态环境、垃圾污水 6 个方面，对农村地区环境建设提出明确的标准和要求。同时，结合农村乡镇所在地和村庄不同地域资源和环境建设要求，提出分类分层的建设管理标准尺度。年内先后 2 次集中征求相关部门和街乡镇意见建议，多次跟有关部门沟通对接，完成初稿。

【持续推动环境脏乱点“清零”】 年内，每周针对市、区两级脏乱点开展不同层级检查和挂账督办，对重点脏乱点曝光和整改跟踪。累计检查市区台账、群众举报、媒体曝光、领导批示等环境问题 1.5 万处，整改率 100%。全市城乡环境总成绩、城市环境总体满意度均位列五个发展新区第一名。

【城乡接合部重点村环境整治】 年内，落实“疏整促”专项行动，针对村庄环卫设施建设滞后及生活垃圾乱倒问题，对宋庄、马驹桥、台湖、张家湾、漷县、宋庄 6 个镇域范围内的 52 个重点村开展环境整治。清理乱堆乱放卫生死角 39969 处，清理乱倒垃圾暴露垃圾近 56541.5 吨，清除乱贴乱画非法小广告 62.15 万处（张），完善环卫设施配置 2177 处，修缮公共厕所 42 座，修复照明设施 554 盏，规范治理拆除广告牌匾 1871 块。

【强化垃圾分类工作】 年内，完成覆盖行政区域 60% 的垃圾分类示范片区建设，对 3484 家餐饮单位、

积极推行垃圾分类宣传　　（区城管委提供）

361家公共机构开展强制分类；搭建生活垃圾排放登记系统，实现对垃圾路径的全程追踪；全市率先上线“潞晓分”垃圾分类微信小程序，实现在线分类积分兑换；设置再生资源回收点540座，回收各类可回收物2.3吨／日。全区生活垃圾资源转化率达到62%，日均垃圾产生量1916.28吨，生活垃圾年增长率控制8.5%。

【提升道路清扫保洁作业质量】　年内，落实环境卫生重点工作，新购置纯电动环卫作业车85辆，对155平方千米可上大型机械作业的道路每日进行“一扫、两保、一洗地、一冲刷、两降尘”作业，机械作业率达92%以上，全区环境作业质量处于全市前列。

【推进“厕所革命”】　年内，155平方千米范围内改造完成并投入使用公厕159座，不具备建设条件的区域放置临时公厕111座，满足市民如厕需求。

公厕革命——小稿村公厕　　（区城管委提供）

【环卫设施建设及运营情况】　通州区2019年有生活垃圾处理设施6座，分别为西田阳生活垃圾填埋场、北神树生活垃圾填埋场、通州再生能源发电厂、董村综合处理厂、通州区污物处理站及通州区有机质生态处理站。全区产生各类生活垃圾2232吨／日，其中“干”垃圾1862吨／日，“湿”垃圾190吨／日，粪便180吨／日。“干”垃圾全部进入发电厂焚烧处理，“湿”垃圾及粪便进入区污物处理站、有机质生态处理站、董村综合处理厂消纳。

【完善农村环卫体系建设】　年内，编制《通州农村地区生活垃圾、粪便、餐厨收运及处理设施规划建设实施方案》，于4月经区长办公会议研究审议通过，确定在9个乡镇新建及改造9座综合生活垃圾转运站、8座餐厨粪便处理站、购置分类收运车辆、配备村级环卫保障力量，取消农村地撮式转运及村内大箱式收集模式。年内，各属地开展项目选址及前期手续办理工作。

【推进农村应急填埋场整治及渗滤液综合处理】年内，完成8座应急设施筛分整治方案，其中潞城、马驹桥西、张家湾、永乐店4个应急填埋设施完成筛分整治任务，筛分陈腐生活垃圾37.83万余立方米，均被有效处理。马驹桥东、西集、漷县、于家务、宋庄完成筛分整治招标、好氧及筛分厂房建设等前期工作。5—10月开展除臭降尘保障，责成通州京环公司对各应急设施产生的渗沥液进行运输处理。截至年底，除臭降尘作业2215次，抽运渗滤液1.93万吨，每日进行渗滤液观测，均低于预警线，无外溢情况。

【深化街巷长和小巷管家队伍建设】　年内，全区在4970条街巷设置街巷长3053名，招募小巷管家4174名，实现街巷长、小巷管家全覆盖。街巷长“日巡、周查、月评”，小巷管家“每日巡、经常访、随手做、实时报、及时记”，自愿参与家门口的环境建设。全年累计巡访时长超100万小时，处理各类事件约9万件。

（孟晓云）

气　象

【概　况】　2019年，区气象局以需求为引领，持续提升预报预警能力，全力服务城市副中心建设，落实京津冀协同发展战略，全面贯彻习总书记在通州调研时的系列讲话精神，在进一步提高气象现代化水平的同时，持之以恒加强作风建设，深入推进“不忘初心、牢记使命”主题教育，并获中央第十一巡回督导组指导和表扬，在行业管理、安全生产等各方面工作取得新成果。

服务副中心，年内新建42个自动气象监测站，其中在大运河周边布设28个，为大运河通航提供专项气象服务保障。全区监测站数量达66个，副中心核心区内站网密度一举达到每百平方千米13个，略高于城区水平；核心区外密度达到每百平方千米6个，为郊区领先水平。区突发事件预警信息发布平台建设工作稳步推进。“通州区气象水务信息共享App”投入使用。主动对接区“雪亮工程”，加强对重点路段和场所天气现象、气象灾害的监测。

京津冀协同合作开启新篇章，通武廊气象灾害协同防御平台通过验收并试运行，实现三地气象灾害联防联动。京杭大运河通航气象服务保障项目于“十一”期间正式启动。

坚持党建带团建，强化青年干部培养，局团支部“展团旗，迎盛世华诞；观天象，听风吟雨落”活动申报区团委特色金牌项目，并获资金支持。

严格落实对口支援青海省玉树藏族自治州气象部门的工作，提供援助经费12万元，并智力帮扶青海省玉树藏族自治州气象部门，共享气象现代化建设成果。

（张明远）

【气候评价】　2019年度的气候特点：气温偏低，降水量偏少，日照时数与常年持平。

2019年度平均气温为12.7℃，比常年13.4℃偏低0.7℃。其中1月、5月、6月、9月平均气温与常年接近，4月、7月、8月、11月、12月较常年偏低，2月、10月比常年明显偏低，3月比常年偏高。年极端最高气温为37.9℃，出现在7月4日；年极端最低气温为−14.4℃，出现在12月31日。年降水量为445.6毫米，比常年512.4毫米偏少1成多。年内降水分布不均，2月、3月、6—8月、10月降水量比常年偏少，4月、9月比常年偏多，5月、11—12月比常年明显偏多，1月无降水。年度最长连续无降水日数73天；日最大降水量68.5毫米，出现在5月17日。年日照时数为2541.8小时与常年（2399.7小时）基本持平，其中3月、9月日照时数比常年同期偏多，12月比常年同期明显偏多，其他月份与常年基本持平。

5月17日，通州区出现强对流天气，17时左右开始出现强降水，伴有雷暴大风和冰雹，降水持续至18日凌晨1时左右结束。通州区平均降水量50毫米，最大累计降水量为182.5毫米、最大雨强为78.6毫米，均出现在西集镇101农场，多地出现8级以上短时大风及强冰雹，最大冰雹直径5厘米左右，造成农田受灾14209亩，蔬菜大棚损毁3821亩，果园受灾9563亩，房屋损毁1804间，安置转移52人，车辆受损1200辆等灾情，大风冰雹还造成11个村庄断电。

（赵岩）

【气象宣传】 在“3 · 1”国际民防日、“3 · 23”世界气象日、气象科技活动周等进行一系列气象科普、气象法制进社区、进农村、进校园的宣传活动，普及气象灾害防御、应对气候变化以及探测环境保护知识。围绕第59届世界气象日主题——“太阳地球和天气”，组织潞城镇大豆各庄小学学生参加气象科普基地开放日活动，气象科普大讲堂走进永顺镇中心小学、贡院小学。利用网络、电视媒体开展科普宣传，通过微信公众号、今日头条推送气象科普文章，在通州电视台天气预报节目中，以滚动字幕、宣传海报的形式展示世界气象日主题。《通州时讯》、通州时讯微信公众号、通州新闻、大运通州网、融汇副中心App对系列科普活动进行报道。在气象为农服务中融入科普宣传，通过对区特色农产品张家湾葡萄的气候品质认证，为提高农业质量效益和竞争力，实现传统农业向现代农业转型保驾护航。

（高晓容）

【气象服务】 2019年，通州区气象局完成全国“两会”、“京交会”通州分会场、北京（台湖）国际影偶艺术周、通州运河半程马拉松、七夕文化节、中华人民共和国成立70周年庆祝活动等十余项大型活动的气象服务保障任务，服务效果获得主办方高度肯定。

年内，通州区气象局发布预警信号150期，天气快报59期，重要天气报告6期，大型活动服务专报113期，天气预报365期，专项气象服务57期。同时，通过手机短信、微信等方式，向社会公众提供未来两天天气预报、预警信号发布情况及未来七天天气趋势分析，手机短信累计发布400余万人次。

（王雅琪）

【气象行政】 年内，全面推进“放管服”改革，压减政务服务事项办理时限，严格落实“互联网＋监管”事项目录梳理、网办深度提升、减少跑动次数等工作。充分发挥“政府统一领导、气象部门牵头、有关部门配合”的防雷减灾监管联动作用，全年与台湖镇、梨园镇、北苑街道等10个乡镇、街道开展联合执法检查，做到行业管理主动服务基层。同时，与朝阳区气象局、大兴区气象局开展东南片区联合执法检查。强化科技手段在施放气球安全监管领域的应用，利用区“雪亮工程”对接成果，开展电子巡查。对检查中发现的安全隐患问题，加大跟踪落实及处罚力度。2019年，区气象局受理行政许可2件，开展执法检查220次，做出行政处罚7次。年度行政许可信息及处罚信息均能在北京市气象局、北京通州等网站及时公示。拓宽普法渠道，以进社区、进学校等形式开展“法律十进”活动，营造良好的气象法治环境。加大防雷服务行业及施放气球服务市场监督管理，督促行业规范、健康发展。

（宋明）

消 防

【概　况】　根据中共中央《深化党和国家机构改革方案》，组建国家综合性消防救援队伍要求，通州区消防救援支队于2019年12月31日挂牌成立，支队下设16个业务科（室、中心），下辖13个消防救援站，分别为新华街、玉桥、马驹桥、西集、梨园、商务园、漷县、宋庄、张家湾、潞城、台湖、潞源和前营小型站，执勤消防车辆79部，总载水量475.7吨，泡沫62吨，干粉1吨。2019年，在区委、区政府的坚强领导下，在各相关委办局、乡镇、街道办事处的大力支持下，通州消防救援支队完成全国“两会”、“一带一路”高峰论坛、世园会、亚洲文明对话、中华人民共和国成立70周年庆祝活动等重大保卫任务。支队获应急管理部集体三等功，获评全国消防救援队伍2019年度“安全工作先进单位”，被北京市消防救援总队评为“工作先进支队”。

12月31日，通州区消防救援支队举行挂牌仪式
（通州区消防救援支队提供）

3月9日，副市长，城市副中心党工委书记、管委会主任隋振江（左一）深入全区厂库房、建筑工地进行消防安全大排查
（通州区消防救援支队提供）

1月28日，通州区委书记曾赞荣（右一）等13位区领导节前带队对人员密集场所开展消防安全检查
（通州区消防救援支队提供）

【火灾防控】　2019年，通州区消防救援支队以落实《消防安全责任制实施办法》为引领，推动乡镇、街道落实政府第一责任，行业系统的监管责任，社会单位的主体责任，全面加强火灾防控能力，努力提升人民群众的安全感和满意率。压实各级责任。区委书记曾赞荣、区长赵磊、常务副区长刘贵明、副区长朱益军等主要、主管领导25次专题听取工作汇报、部署工作，先后40余次带队检查，解决各类突出问题50余件。印发《重拳治病整治突出消防安全隐患行动方案》《“三自活动”专项宣传活动工

9月21日，通州区委副书记、区长赵磊（右三）带队到阅兵村外围安保分指挥部调研指导工作，同时慰问支队消防指战员

（通州区消防救援支队提供）

3月3日，通州区副区长、区公安分局局长朱益军对万达广场、大连一方写字楼、西门金街、北苑加油站、京东生鲜超市、佟麟阁大街电动车销售点进行消防安全检查　（通州区消防救援支队提供）

作方案》和《“防风险、保平安、迎大庆”消防安全执法专项行动工作方案》，为消防工作提供政策支撑。制定“11类场所严管严控”、乡镇街道“10个必须”和行业部门“7个一律”的刚性措施，将责任压实到每个层级。抓实专项治理。抓住建设北京城市副中心的历史机遇和疏解整治促提升的重大契机，打捆推进“重拳治病”“金盾3号”“防、保、迎”等系列专项行动，全力清缴火灾隐患，累计检查单位8002家，督改隐患9929件，“三停”（停产、停业、停止使用）85家，查封355家、罚款497.83万元、245人被拘留。紧盯厂库房、电动自行车、村民自建出租房屋等三大重点，清空拆除厂库房836家，推动拆除厂库房等违建700余万平方米。申请专项资金对25个挂账隐患村进行升级改造，推动安装电动自行车户外充电装置3112处，推动安装独立式烟感报警装置3.3万余个，安装物联网远程监控系统48套。推动宣传培训。聘请第三方专业机构开展全民消防宣传培训，累计培训7.39万余人，将消防安全知识传播至最基层，举办第二十九届119消防宣传月系列活动暨“防范火灾风险　建设美好家园”启动仪式。年内，张贴宣传海报20余万张，开展消防知识培训1700余场，联合北京电视台、今日头条等媒体刊发新闻报道100余期，官方微博、微信发布提示讯息3000余条。

【灭火救援】　2019年，通州区消防救援支队全面提高国家队、主力军意识，构建完善高效的应急救援体系。深化全员练兵提升素质。支队党委瞄准“全灾种、大应急”职责任务，印发全员岗位大练兵总体方案，细化战训、通信、政工等13个练兵子方案，制定专门奖惩规定，将岗位练兵向纵深推进，组织天然气事故处置、水域救援、破拆器材等17类技能培训，累计培训人数800余人次，职业技能显著提升。全面调研演练夯实基础。以系列重大活动消防安保为主线，对高层建筑、商市场、石油化工、文物古建、厂库房区域、人密场所开展调研熟悉1325次，修订灭火救援预案632份，调研重要道路、水源732个，检查维护消火栓2260座，开展实战化灭火救援演练531次，全面做好各项应急救援准备。建强专业队伍提升能力。依托所属基层队站全面深化高层灭火、地下空间、水域救援、地震救援等6支专业队建设，开展水域救助、地下空间、施工现场、危化品处置等专项演练20余次。全年，接出各类警情3762起，接火警2178起，成灾174起，较2018年同期下降7.9%，抢救被困人员117人，疏散遇险人员30人，社会救助733起，警情稳中有降。

【消防基础设施建设】　2019年，通州区消防救援支队全面夯实消防基础设施建设，不断提高消防工作整体水平。队站布局更加合理。支队党委将消防队站建设等项目作为“党委工程”“主官工程”重点推进，全面推进落实《北京城市副中心消防规划》，完成潞城、台湖、永乐店3座消防站建设，实现运河商务园区小型消防站开工建设，推动西集太平庄利用现有建筑改造为小型消防站，填补区域消防力量空白。水源建设提档升级。借力美丽乡村建设，印发《通州区农村地区消防水池建设实施方案（试行）》，由属地政府建设、区财政资金补助、消防部门验收，将360个村庄的消防水池、水鹤建设纳入美丽乡村规划建设范畴，并先期完成18个消防水池，18个消防水鹤的建设；在温榆河、北运河等15个点位完成取水码头的选址和设计工作，极大缓解农村地区消防取水难题。保障能力稳步提升。争取区政府资金和政策支持，2019年支队获得区财政拨款8925.2万元，实现经费增长46.19%。完成220名政府专职消防员招录，缓解基层一线灭火救援力量不足的压力。

（文添砖）

通州区消防协会

【概　况】 通州区消防协会是北京消防协会第三届、第四届常务理事单位，连续两次获评AAAAA级社会组织，2019年有团体会员68家，并有中仓、张家湾、漷县、西集等4个地区基层活动片组。年内，全会坚持以民生需求为本、以新城区建设为要，抓住北京城市副中心建设的契机，广泛深入地开展

11月5日，区消防协会召开四届五次理事会（区消防协会提供）

消防安全宣传教育活动，组织10轮次消防安全流动展览和10场次消防知识培训、灭火逃生演练等活动，使全区132609人次的企事业员工、大专院校师生、医患人员、商市场人员、社区居民和社会群众接受消防安全的宣传教育，为维护公共安全做出积极贡献，社会效果凸显。

3月27日，协会四届三次理事会在北京东方宾馆召开，会议以总结部署协会工作为主题，并就协会配合全区春季防火工作进行部署，会议审议并通过《通州区消防协会2019年度工作计划要点》和《通州区消防协会2019年度会员会费收缴工作的通知》等文件。由于协会副会长人事变动和增补调整理事及新会员入会等诸多事项急需商议，协会秘书处依据协会章程第十九条规定，于6月19日召开协会第四届四次理事会电话会议。此次会议审议通过通州区平利创安职业技能培训学校等4家单位的入会申请；审议通过增补通州区工贸职业技能培训学校法定代表人杨朝松等3人为协会理事的提议；审议通过金马驹开发建设有限公司安全管理部部长张亚利接替万友凤出任通州区消防协会副理事长的提议。11月6日，消防协会第四届第五次理事会暨会员代表会议在北京东方宾馆召开。会议就协会配合全区“119”消防宣传月活动，在协会规模较大的防火重点会员单位以及中仓、张家湾、漷县、西集等4个地区集中组织的消防安全流动展览的组展工作和消防安全培训演练等活动进行部署。

【流动展览】 年内，协会以北京城市副中心建设为着力点，配合职能部门科普宣传部署，广泛开展消防宣教活动：组展“不断线”；坚持“点”“面”结合的组展方针，以“送展上门”“送宣传资料上门”等形式广泛开展消防安全流动展览、消防知识培训和灭火逃生演练等消防宣教活动；其中，以“点”的形式在协会的理事、监事单位和规模较大的防火重点会员单位以及人员密集型会员单位中组展。有通州商业资产运营公司、马驹桥物流园区、潞河医院、北京工业大学等防火重点单位参展；以“面”的形式在中仓、张家湾、漷县、西集4个地区基层

6月27日，区消防协会在漷县镇小学组织消防安全流动展览　（区消防协会提供）

活动片组的企事业单位中组展。公益活动“随时搞”；努力服务政府、服务社会。协会分别于5月16日、5月23日、5月30日和6月4日的下午，在通州区运河苑温泉度假村酒店为区城管执法局开展消防安全知识培训、油盆灭火等实操演练，4期共280名城管执法人员参加培训和演练；12月18日，协会与北京达康残疾人事业服务中心联合在永乐店后营村开展消防安全知识培训，附近村落的50余名残疾人参加培训。协会副会长、阳光鑫隆百货市场总经理司志青就家庭燃气和家庭用电以及灭火器使用方法等消防安全常识向与会人员进行宣讲，普及安全知识；11月8日下午，协会与通州区应急管理局、通州区消防救援支队等单位指导通州区文化中心开展消防知识培训和紧急疏散以及灭火实操演练；11月9日，协会秘书处5位办事人员分成2组分别到西集镇政府、潞河医院和鑫隆百货市场，协助指导以上单位开展消防安全流动展览和消防知识义务咨询，发放消防宣传购物袋、消防知识掌中宝宣传册等。对农村群众、商市场人员和医患人员进行消防安全的宣传教育。

【实操演练】　为促进参培人员消防安全知识向能力的即时转换，协会在开展消防安全流动展览的同时，组织消防知识培训和灭火实操演练。年内，在协会组织的10场次消防知识培训和灭火逃生演练中，有区城市管理局、区文化中心、北京财贸职业学院、潞河医院、鑫隆百货市场等10家单位近万人次的单位员工、大中小学师生和社区居民、农村群众参加消防知识培训和灭火实操演练。

5月16日，区消防协会在运河苑度假酒店分4期对区城管局执法人员进行消防知识培训　（区消防协会提供）

（郭淑云）

科　技

5月23日，通州区科技活动周启动仪式

（区科委提供）

概　述

【概　况】 2019年，区科委围绕全国科技创新中心和北京城市副中心定位，聚焦实施创新驱动发展战略，全面深化科技体制改革，不断优化营商环境，打造创新创业优良生态，科技服务质量明显提高，技术创新能力显著提升，科技对经济社会发展的支撑引领作用持续增强。

【主要工作】 立项实施区级科技创新项目62项，开展科技创新人才资助奖励工作，资助奖励科技创新人才项目90项；全区高新技术企业保有量达到1073家，技术合同成交总额达到213.6亿元；首都科技条件平台通州工作站成员单位保有量153家，经市级认定的重点实验室、工程（技术）研究中心、科技研究开发机构等创新平台增至38家，国家及市、区级众创空间19家；市级科普体验厅达到11个，区级科普体验厅13个，全区科普基地达到23家。

（邬奇洋）

科技创新

【立项实施区级科技创新项目62项】 2019年，区级科技创新项目重点围绕北京城市副中心建设及全区经济社会发展科技需求，组织凝练项目，为北京城市副中心的城市建设与管理、生态环境改善、高精尖产业发展、医疗卫生事业建设等方面提供有力科技支撑。

立项实施“建筑固废再生骨料制备GRC装饰制品关键技术与应用”“基于智慧消防的电气火灾监控平台的研究与应用”等项目，开展电子信息、节能环保等技术在城市建设中的创新应用研究，推动云计算、大数据、新材料等先进技术与城市建设、社会治理的深度融合，提升城市运行效率、保障重点行业运行安全、提升风险防范与应对能力。

立项实施“北京乡土林木品种选育及工厂化繁育技术示范”“毛白杨无性系种质资源收集及优良雄株选育与示范”等项目，支持林业科技新产品、新技术的研发应用，推动森林城市建设。

立项实施“通州区海绵城市建设关键技术研发及适宜性技术评估”“基于微纳米气泡技术智能化污水深度处理工艺的研究及示范”等项目，开展污水提标排放、大气治理、废弃物资源化利用等技术开发和示范应用，促进环保产业快速发展。

立项实施“基于深度学习和多模自主导航的安全生产巡检机器人研究与产业化”“生物类似药利拉鲁肽的临床前研究”等项目，鼓励重点企业走高精尖技术攻关道路，依靠科技项目带动，激发创新活力，逐渐形成一批创新能力强、市场竞争力突出的科技型企业。

立项实施“基于固定翼飞机的空中无线高清视音频信号中继系统的应用推广”“大运河文化

传奇”等文化科技项目，强化文化领域具有自主知识产权的关键技术研发和集成创新，培育新兴文化产业。

立项实施“重磅大品种氯沙坦钾氢氯噻嗪片的人体生物等效性评价研究”“静脉射频消融系统研发与应用”等项目，提升通州生物医药特色产业技术水平，为构建高精尖经济结构提供科技支撑。

立项实施“中医药干预优势病种的综合研究”“内分泌与免疫转化医学研究”等项目，聚焦重点学科，在疾病预防、诊断、精准医疗等领域开展科研攻关，形成一批创新性成果并转化应用，提升医疗卫生事业整体水平。

（张永浩）

【科技创新人才队伍建设】 年内，实施2019年“两高”人才工程，建立“运河计划”科技领军人才初选平台，科技领域入选通州区2019年度“两高”人才“运河计划”45名。开展科技创新人才资助奖励工作，资助奖励科技创新人才项目90项。

【举办通武廊科技创新成果对接活动】 7月18日，由北京市通州区人民政府、北京市科学技术研究院主办的以“协同创新京津冀 开放共赢通武廊”为主题的通武廊科技创新成果对接活动在北京国际财富中心举行。活动由通州区科委和武清区、廊坊市科技局以及北京对外科学技术交流中心共同承办。活动通过展览展示、主旨演讲、交流对接等形式，加速创新资源融通共享，推动通武廊科技成果转移转化。

（康连元）

【创新创业平台建设】 年内，经市级认定的重点实验室、工程（技术）研究中心、科技研究开发机构等创新平台增至38家；国家及市、区级众创空间19家；实施科技服务业促进专项，立项支持重点实验室、科技研发机构、科技孵化器、众创空间等科技服务机构项目32项，支持资金1115万元。

（康连元　燕艳）

科技成果

【科技政策法规宣传培训】 年内，深入街道、企业、园区广泛开展科技政策法规宣传、培训，组织科技政策培训10次，参训人员500余人次。

4月23日，区科委召开2019年度通州区科技创新项目管理培训会（第一期）　（区科委提供）

5月29日，区科委召开2019年度第二期通州区科技创新项目管理培训会　（区科委提供）

（康连元）

【通州工作站“百进千”专场对接活动】 5月27日，由通州区科委主办的首都科技条件平台通州工作站“百家重点实验室进千家企业”专场对接活动在通州区举办，该次活动以“共享科技创新资源 ，服务科技成果转化”为主题，充分利用平台科技资源，增强科技创新能力。

【首都科技条件平台通州工作站建设】 年内，首都科技条件平台通州工作站成员单位保有量153家，聚集该区域内的科技需求52条，吸引条件平台内的科技成果落在该区域2个，参加“百进千”活动2次，申请到创新券36.2万元。

（燕艳）

【高新技术企业服务】 年内，受理高新技术企业申报材料372份，发放高新技术企业证书303份，高新技术企业保有量达到1073家。

【技术合同认定登记】 年内，深入企业开展技术合同认定登记方面的需求和存在问题的调研，挖掘未登记技术合同企业技术性收入存量，开展面对面、有针对性的辅导服务6次，技术合同成交总额达到213.6亿元。

（温兴茂）

【2019年通州区科技周活动】 5月23日，以“科技强国 科普惠民”为主题的2019年通州区科技活动周在运河文化广场正式启动。主场展示活动紧扣科技创新、科技成果转化主题，融展览展示、互动体验、科学表演、全民科普于一体，科技创新板块集中展示通州区装备制造、民生医疗等领域优新科技产品；信息科技板块集中展示智慧城市科技成果、5G传输应用、城市智慧管廊等智慧通州建设情况；百味科普板块通过35个互动展项传播人工智能、防灾减灾、航空航天、自然科学、新媒体等不同科技知识，辖区23家单位200余项展示资源精彩纷呈。

【科普服务】 年内，支持潞河中学天文科普教育资源、梨园学校科技教育园地、宋庄中学智慧校园科普资源建设，配置40余套科普设施、600余册科普图书、各类科普讲座40余场，进一步丰富青少年科技教育能力和水平；建成300平方米农业科普展厅，配置“中国土壤分布”“显微镜下的土壤世界”等科普设施和120余项生物标本，通过互动体验、新媒体等形式揭示农业中蕴含的自然科学原理，普及农耕文化；开展科普基地培育与能力提升，通过增设科普设施、布置科普展示沙盘、建设科普长廊、完善科普标牌等形式进一步丰富辖区科普服务能力和水平。

（李牧）

教　育

3月8日，北京学校共享区和中学部工程破土动工

（区教委提供）

概　述

【概　况】 2019年，在区委、区政府的正确领导下，区教育两委一室始终坚持以习近平新时代中国特色社会主义思想为指导，全面贯彻中共十九大和十九届二中、三中、四中全会精神，深入落实全国全市教育大会精神，立足北京城市副中心建设发展大局，围绕办好人民满意教育，加快推进教育规划落地、教育品质提升、服务能力增强等方面工作，完成全年各项工作任务。

落实党的全面领导新要求，党的建设得到新加强。

【教育统筹力度持续增强】 召开全区教育大会，研究发布《加快推进通州区教育现代化实施方案》《北京市通州区教育集团化办学管理办法》等重要文件。成立区委教育工作领导小组，支持、服务教育事业优先发展的体制机制进一步健全。

【主题教育高质量开展】 严格落实区委部署要求，制定《通州区教育系统开展“不忘初心、牢记使命”主题教育的实施方案》，建立教育系统主题教育指导组，以集中学习、专题研讨、主题党日、讲党课等形式，稳步推进教育系统主题教育。

【党组织建设进一步加强】 全年新成立独立党支部9个，联合党支部3个。组织任届期满的122个基层党组织完成换届选举。新接收预备党员130名，转正27名。组织92名基层党组织书记分2批到红旗渠干部学院开展党性教育。结合“不忘初心 、牢记使命”主题教育，全区4000余名党员实现全员轮训。落实党组织书记工作室实施方案，党建品牌引领作用进一步发挥。开发红色教育资源，建成通州区教育系统党性教育基地，为全区各单位开辟党性教育新阵地。

【全面从严治党持续推进】 制定《教育系统2019年全面从严治党工作任务分工方案》，全面压实从严治党主体责任。形成各类个性化全面从严治党主体责任清单504份，签订廉洁自律承诺书4237份。贯彻落实中央八项规定精神，做好重要节点四风问题监督检查，组织观看警示教育案例，及时传达区纪委监委通报文件精神，全年严肃处理违法违纪干部教师5名，拒腐防变的思想堡垒进一步筑牢。

【干部人才队伍建设成效显著】 开展中小学骨干校长培训等各类干训项目47项，组织干部下校研修50余次，培训干部1000余人次。组织校长读书活动，举办名校长名园长工作室研修成果交流大会。落实党管人才要求，扎实做好“运河计划”教育领域人才工作室组织管理工作，选拔优秀青年教师参加“面向未来”——通州区教育系统优秀青年管理人才培训班，开展北京市名校长名园长发展工程成果展示活动。干部素质能力和理论水平显著提升。启动中小学校长职级制改革，出台《关于通州区推行中小学校长职级制度的实施方案（试行）》，认定初级校长4人，中级校长39人、高级校长48人，4名校长入选北京市中小学特级校长。

【思想建设持续加强】 理论学习中心组开展学习活动20次，教育系统“学习强国”排名稳居全区前列。完成全国文明城区年度复审工作，精神文明建设工作进一步加强。以培育和践行社会主义核心价值观为主线，评选表彰160名通州区美德少年、新时代好少年，136个最美家庭。征集评选出100首优秀童谣作品，组织7所学校参加“童心向党”歌咏活动。培育选树道德典型，2名教师入选月度通州榜样。扎实推进中共十九大精神实施方案落实，“教育的魅力”优秀教师宣讲团先后到教委机关和基层学校开展巡讲。签订意识形态责任书148份，意识形态责任制进一步落实。

【完成重大活动服务保障工作】 组织94名青年教师完成国庆70周年群众游行、群众联欢任务，100余名少先队员参加天安门广场少年先锋岗活动，举办壮丽七十年、奋斗副中心教职工文艺会演，组织开展“我和我的祖国”系列庆祝活动，完成社会面安保等服务工作，营造教育系统喜庆国庆的良好氛围，充分展现副中心教育系统和广大师生的崭新精神风貌。

【工会工作扎实推进】 教职工权益维护机制进一步健全，教代会源头参与作用得到有效发挥。完善特困教师档案，建立动态信息库，全年帮扶困难教职工113人，帮扶精准度不断提升。职工互助保障教师参保100%，6项险种全覆盖单位占比较上年度提高25.4%。组织参加第二届“京教杯”青年教师教学基本功展示活动，获市级奖项90个。组织4961人参加心理健康压力测评，开展教师心理辅导。举办青年专场联谊会，搭建交流平台。组织“聚人心、增活力”普惠性文体活动，8814教师参与其中。服务教职工体系建设成果显著。

【共青团、少先队工作成果显著】 组织完成4个团总支、30个团委、267个团支部换届工作，新发展团员612名。开展团课学习1400多课时、主题团日500多次，覆盖团员青年3.6万余人次，团属仪式教育扎实开展。成立57个校级少工委，以学校党支部为引领、党建带团建队建工作机制进一步完善。推进分批入队试点工作，通州区经验在北京市少工委七届三次全会上推广。评选区级少先队名师10名，建成4个名师工作室，组织首期辅导员骨干培训班等项目，干部专业水平进一步提升。

【教育宣传工作有序开展】 微信微博发布信息近1200篇，完成活动宣传报道92项，各级各类媒体报道教育新闻300余次。教委微信公众号综合排名始终保持全市前列。开展寻找北京“美丽乡村学校、美丽乡村校长、美丽乡村教师”等系列活动，策划区域教育特色等10余项专题报道，展示教育发展成果和师生风采，副中心教育形象呈现新面貌。

【学前教育普惠优质发展】 北京一幼海晟实验园等13所幼儿园实现开园，扩充学前学位4290个。认定通州区优质园24所，新增普惠园9所，学前教育普惠率升至87%。制定《通州区无证幼儿园转化及社区办园点审批备案方案》，集中审批治理无证园85所，涉及学位2.1万个。开展第八届“启蒙杯”半日活动评优，启动幼儿园文化建设培训与辅导项目，学前干部教师队伍专业素养显著提升。开通学前督查热线“52113010”，组建16人的学前教育专职督查队伍，家园沟通渠道进一步拓宽。

【中小学教育质量稳步提升】 制定《北京市通州区集团化办学管理办法》，推进集团化办学模式改革，建设4个教育集团。翱翔计划、“1+3”贯通培养、全学科阅读等项目深入推进。完成第二批义务教育学校管理标准化建设验收，73所中小学达标。新核准32所学校校章，现代学校制度体系日益完善。开展春华杯、秋实杯课堂教学评优活动，加强学校发展共同体校本教研交流，持续组织学科质量调研。坚持毕业年级目标管理和过程管理相结合，实施学科导师精准指导，切实提高备考质量。2019年全区高考本科上线率89.8%，清华北大人大等双一流大学录取92人，较2017年翻一番。农村生源进入全区前100比例提高至30%以上，中考530分以上学生实现全区中学全覆盖，400分以下占比6.91%，全市最低。

【职成教育加快发展】 新开设娱乐设施运营与维护专业，推进“3+2”中高职衔接办学项目7个。举办首届通武廊职业学校学生技能大赛。推进职普融通，在职业学校开展初中开放性科学实践活动。深化校企合作，与吉利汽车、国家大剧院舞美艺术中心、环球主题公园启动合作。扎实开展成人教育、社区教育，全年开展各类培训3000余次，参与人员13万人次。举办第十五届全民终身学习活动周，组织开展第二十二届全国推普宣传周。完成学校语言文字工作规范化达标建设工作。培育认定区级学习型社区11个，学习型家庭100个。评选出“通州区市民学习之星”73人，“首都市民学习之星”3人。建成北京市终身学习品牌项目2个，建成国家级优秀成人继续教育院校2所，建成市民终身学习示范基地、职工继续教育基地12个。

【文体特色教育创新发展】 全区学校引入159家课后服务机构，成立2681个课外活动社团，学生参与率100%。实行弹性离校制度，减轻家长接送负担。国家京剧院等16家单位的专业艺术院团走进校园，33所学校3540名师生走进梅兰芳大剧院等剧场观演，开阔师生视野，提升艺术欣赏水平。组织美育工作调研，建成学校美育发展状况数据库。全年新增国家级足球、篮球特色校3所，市级足球特色幼儿园4所，国家级球类特色校达34所。获批全国冰雪特色校7所、奥林匹克示范校6所。新认定运之魂体育队22支，韵之灵艺术团36支、蕴之星科技社团26支，建成一批高水平学生社团。组织22项阳光体育活动，覆盖全区所有学校。参加市级阳光体育比赛，取得156个市级名次。参加北京市第四届冬运会，获单项第一名4个。参加北京市艺术节获得8金8银，科技比赛获国家级、市级一等奖170余项。

【德育工作体系持续完善】 组织全区6万余名学生开展“学习新思想，做好接班人主题阅读”活动，参与市级“四个一”活动，11362名中学生走进国家博物馆、中国革命军事博物馆，开展形式多样的仪式教育，推进爱党爱国、社会主义核心价值观教育，学生爱国情怀进一步厚植。开展传统节日文化活动，学校结合办学理念形成一批养成教育特色模式。落实《通州区中小学家校合作工作指导意见》，家校协同育人机制进一步健全。开展雏鹰建言活动，推进模拟政协系列活动，启动政协委员进校园，征集学生建言314份。5名学生获评市级新时代好少年，28名学生获评北京市优秀学生干部，29个班级获评北京市先进班集体，700名学生获评北京市三好学生。

【民族、特殊、国际教育取得新进展】 加快建设第三批示范性学区融合教育资源中心和示范性自闭症儿童教育训练基地，表彰第八届启慧杯融合教育课堂教学评优活动获奖教师。组织民族团结教育走进校园活动，开展第七届民族杯课堂教学评优和民族团结教育先进个人评选活动。开展暑期夏令营、中华文化小使者交流等活动，教育对外合作交流品牌逐步树立。德闳国际学校、人大附中通州校区国际部开始招生，国际学校引进工作取得初步成果，国际教育布局进一步完善。

【教师招聘制度改革全面推进】 成立通州区教师服务中心，通州区教师服务能力与专业化水平全面提升。全年调入外区优秀在职教师69人，面向全国公开招聘优秀毕业生353人，硕博毕业生比例增加至47.6%。招聘优秀社会化教育人才121名，实行编内编外人员同工同酬。落实“区管校聘”改革，建立教育部门统筹教师资源配置、学校负责岗位聘用新机制，向人员紧缺学校调配教师100余名，实现教职工编制城乡、区域统筹和动态管理。

【教师培训扎实有序开展】 《促进通州区教师素质提升支持计划》稳步推进，实施20个推动教师发展项目，建成24所市区两级教师培训培养基地，“名校长、名园长、名教师”工作室高端师训品牌辐射引领作用进一步发挥。组织教师参与开放型教学实践活动950余次、参与市级高端研修近9000人次，完成第二轮万名教师轮训，教师队伍整体素质显著提升。新评选通州区骨干研修员50名、区青年骨干教师594名、区优秀教育工作者30名、区优秀教师70名。新评定高级教师140人，一级教师399人，7人被市高级专业技术职务评审委员会认定为正高级教师。

【师德师风建设持续加强】 研究制定《新时代通州区中小学教师职业行为十项准则》《通州区中小学教师师德考核细则》《通州区中小学教师违反职业道德行为处理办法实施细则》，师德师风建设融入教师培养全过程，师德考核导向作用进一步凸显，师德教育、宣传、监督、考核奖惩长效机制不断完善，师德建设全方位体系搭建形成。

【信访、接诉即办工作取得实效】 全年接收来信33件，其中转办信30件，同比下降61.6%。接待来访13批次、72人次，同比下降63.6%。2019年入学季未出现一例因升学问题越级访案件。成立通州区教育咨询服务中心，完善“62512345”专线职能，制定发布教育系统接诉即办工作实施方案，实行分管领导每日调度机制，服务质量显著提升，全年接收“12345”市民服务热线案件数量基本呈逐月递减趋势。

【对口帮扶支援协作工作不断深入】 选派援疆教师14人，援青援藏教师3人。向内蒙古翁牛特旗、奈曼旗、科尔沁右翼中旗三旗选派教师146人，培训当地教师近1.5万人次，接收副校级挂职干部25名，帮扶资助建档立卡学生16名，新增内蒙古对口支援学校15所，援助教育设备价值309.3万元。向拉萨市城关区提供基建修缮资金49万元。与武当山特区签订教育对口协作协议，全覆盖一对一帮扶特区学校。加强与武清区、廊坊市的交流对接，三地30所中小学构成10个基础教育协同发展共同体，9所幼儿园、3所中等职业学校分别组建幼儿园、职业教育联盟，通武廊教育共同体建设进一步深化。

【教育基础设施建设加快落地】 黄城根小学通州校区、北京学校小学部、运河中学附属小学等实现开学，首师大附中通州校区、景山学校通州校区、小务小学等工程完成结构施工，北海幼儿园主体结构封顶，杨庄小学加快开工建设，北京二中通州校区、玉桥小学改扩建等工程前期手续持续推进。启动物资学院附属中学等6项工程地块控规编制工作。实施学校维修改造工程，新增教学班94个，扩充学位3760个。完成5所学校的操场改造提升，改造面积5.4万平方米。接收小区配套幼儿园9所，可提供学位2430个。

【完成招生入学工作】 开展招生专项调研，启动适龄儿童网上数据调查，进一步完善入学政策。优化入学咨询服务，咨询专线扩容后可同时接听20个来电，增加现场咨询接待力量，推出划片范围、六年一学位网上查询系统，印制入学手册，极大地方便家长查询、降低入学焦虑。2019年，全区小学入学人数13756人，初中入学人数7637人，生源结构整体呈京籍人数增加、非京籍人数减少的趋势。此外，妥善安置首批市级机关搬迁干部子女入学607人。

【财务、审计工作稳步开展】 严格执行2019年预算，搭建高效资金管理体系，资金支出进度完成财政要求，全年盘活、统筹使用存量资金14434万元，资金使用效率显著提高。教育系统内部控制建设工作进一步完善，完成2019年住房补贴测算及发放工作。严格落实资助政策，精准资助工作机制初步建立，全年各类学生资助投入1845.18万元，困难学生得到有效帮扶。全年完成领导干部离任经济责任审计15项，设备采购专项资金支出审核276项，基建修缮工程资金支出审核52项，开展后续审计5项，预算执行和决算审计32项，基建修缮工程招投标审计12项，提出审计建议209条。受理教育乱收费举报60件，经查属实26件，并按有关规定及时处理。

【法治安全工作扎实有效】 牵头制定《通州区落实〈北京市中小学幼儿园安全管理规定〉工作方案》，学校安全工作区级联席会议制度和联合检查机制正式建立。印发《通州区教育系统关于开展扫黑除恶专项斗争的工作方案》《防治中小学生欺凌和暴力的实施方案》，形成扫黑除恶与校园欺凌暴力防治相结合的工作机制。高质量完成国庆期间安全保卫工作，专项检查单位228家，排查整改隐患501处。为学校购置安装防冲撞升降柱设备1773根。全区学校安装摄像头33157路，实现重点部位全覆盖。完成四批次平安校园验收，达到市级任务通过率70%的既定目标。深入推进毒品预防教育“五个一”活动，组织4万余名学生完成禁毒课程学习。开展法治安全知识大讲堂宣传教育网上答题活动，15万余名学生参与其中。组织依法治校暨法治教师培训和保卫人员培训，安全法治队伍人员素养明显提升。

【学校卫生防控体系持续优化】 开展全区学校卫生、托幼机构监督抽检评价工作，做好教育系统慢病综合防控，开展视力不良和肥胖的干预指导工作，学生肥胖新发率得到有效控制。组织10期学校卫生工作技术人员业务培训，卫生工作队伍专业水平逐步提升。强化传染病防控信息网络运行，有效遏制传染性疾病的群体性爆发。多举措开展无烟日、防艾等宣传，组织66场“健康中国行”活动，健康宣传教育扎实开展。

【完成教育督导工作】 完成迎接北京市教育督导组对通州区政府履行教育职责的检查，受到好评。制定《通州区中小学全面落实素质教育综合督导工作方案》和《通州区落实〈北京市幼儿园办园质量督导评估办法（试行）〉三年实施方案(2019—2021年)》。组织137所幼儿园完成自评工作，自评率为100%，组织督导专家对31所幼儿园进行实地督导并定级。组织20所学校600余名师生完成国家义务教育质量监测工作。组织督学参加各类培训500余人次，督学素质进一步提升。聘请中小学责任督学19名，完成107所中小学（含农村完小45所）的经常性督导。聘请学前教育责任督学119名、乡镇街道总督学15名，实现对各类幼儿园督导全覆盖，全年入园督导4100余人次，促进依法办学、规范办园。

（白文会）

学前教育

【概　况】 2019年，通州区幼儿园136所，入园幼儿11020人，离园幼儿7613人，在园幼儿29797人。其中，教育部门办园44所，在园幼儿13882人。民办幼儿园49所，在园幼儿11768人。其他部门办园（含村办）43所，在园幼儿4147人。全区幼教职工4395人，其中，园长209人，专任教师2358人，保育员（含保健医）918人，其他910人。专任教师中，本科学历955人，专科1206人。教师中，高级教师职称69人。全区北京市市级示范园6所、北京市一级一类园13所，北京市早期教育基地8个，北京市学前儿童特殊教育基地4个。

年内，学前教育普惠优质发展。北京一幼海晟实验园等13所幼儿园实现开园，扩充学前学位4290个。认定通州区优质园24所，新增普惠园9所，学前教育普惠率升至87%。制定《通州区无证幼儿园转化及社区办园点审批备案方案》，集中审批治理无证园85所，涉及学位2.1万个。开展第八届“启蒙杯”半日活动评优，启动幼儿园文化建设培训与辅导项目，学前干部教师队伍专业素养显著提升。开通学前督查热线“52113010”，组建16人的学前教育专职督查队伍，家园沟通渠道进一步拓宽。

【接管公租房项目配套学前教育设施】 4月2日，通州区教委接管台湖镇4-1-014、4-1-015、4-1-019地块居住、托幼用地（配建公租房）项目配套幼儿园设施。该设施为北京市保障性住房建设投资中心承建的马驹桥物流B东地块公租房项目配套工程。该幼儿园占地面积3000平方米，建筑面积2400平方米，设计规模为9个教学班。该配套设施的接管和使用，扩大马驹桥镇学前教育资源规模，进一步满足当地民众对学前教育的需求。

（李健）

【组织文化建设专题培训活动】 5月26日至6月1日，通州区教委组织公办幼儿园及部分民办幼儿园园长赴浙江杭州，进行以“幼儿园文化建设”为主题的培训活动。为期7天的培训学习中，园长们通过专家讲座、基层园长交流介绍、实地参观园所、交流分享等多种形式，先后聆听朱宗顺、王相荣等6位教授专题讲座。内容涉及文化品牌建立、法律法规、园本课程建立、幼儿园规划与管理等多个内容，深入浅出地对幼儿园文化、课程建立有了细致了解与思考。干训部研修员及公办园、民办园园长等50人参加培训。

（谷梦茜）

【开展爱心义卖活动】 10月16—17日，新城东里幼儿园组织开展第三届“手拉手献爱心，心连心共成长”爱心义卖活动。该次活动筹集善款3.5万余元，所得爱心款将全部捐献给“太阳村的孩子们”。活动款项由东里幼儿园教师、幼儿及家长代表送往太阳村。全园400名幼儿参与活动。

（史新杰）

【扩充学前教育学位】 落实155平方千米范围内的教育专项规划，规划新建幼儿园83所。支持优质幼儿园通过租赁场地等方式举办分址、分部。支持占地、教室面积较大的现有幼儿园增加班级，合理扩充学位。支持其他国有单位和社会资本开办幼儿园。统筹利用腾退出的闲置国有、集体资产场地，符合办园条件的均优先用于举办幼儿园。探索在有条件地区统筹利用中、小学资源开办附属幼儿园。支持农村地区举办生态化幼儿园和办园点。在学位矛盾比较突出的街道和乡镇，通过自办、委托、举办分址分部等方式扩充学位。鼓励农村地区利用特色资源筹建生态化幼儿园和办园点。

（王恩承）

基础教育

【概　况】 2019年，通州区小学84所（公办校77所、民办校7所），教学班1845个。招生13906人，毕业9963人，在校生69657人，在校生中北京市户籍学生43419人。教职工4498人，其中专任教师4249人。中学43所（完中9所、高级中学2所、初中15所、九年一贯制学校12所、十二年一贯制学校5所）。教学班799个（初中571个、高中228个），招生10293人（初中7553人、高中2740人），毕业6722人（初中4365人、高中2357人），在校生27228人（初中19299人、高中7929人），在校生中北京市户籍学生21945人（初中14679人，高中7266人）。教职工4872人，其中专任教师3954人。特殊教育学校1所，在校生153人。教育部门办中小学专任教师学历合格率99%，教职工中高级教师职称1388人。中小学占地总面积3375100.92平方米，总建筑面积1599016.96平方米，固定资产总值324497.014739万元，图书365000册。电子图书1188752册，音视频26595小时。全年教育投入446127.34万元，其中，国家拨款429505.27万元，自筹经费16622.07万元。

年内，中小学教育质量稳步提升。制定《北京市通州区集团化办学管理办法》，推进集团化办学模式改革，建设4个教育集团。翱翔计划、1+3贯通培养、全学科阅读等项目深入推进。完成第二批义务教育学校管理标准化建设验收，73所中小学达标。新核准32所学校校章，现代学校制度体系日益完善。开展春华杯、秋实杯课堂教学评优活动，加强学校发展共同体校本教研交流，持续组织学科质量调研。坚持毕业年级目标管理和过程管理相结合，实施学科导师精准指导，切实提高备考质量。2019年全区高考本科上线率89.8%，清华、北大、人大等双一流大学录取92人，较2017年翻一番。农村生源进入全区前100比例提高至30%以上，中考530分以上学生实现全区中学全覆盖，400分以下占比6.91%，全市最低。

【中学生代表列席区政协六届三次会议】 1月3日，通州区运河中学、潞河中学等12所学校的20名师生代表列席政协北京市通州区第六届委员会第三次会议开幕式。开幕式结束后，区政协主席赵玉影看望“小政协委员”。2018年，通州区教委首次将“模

1月3日，18位中学生代表列席区政协六届三次会议　（白文会/拍摄）

拟政协”项目纳入年度工作计划。12所学校1000余名中学生参与。一年来，各项目学校将“模拟政协”活动与学科实践课程有机融合，依托学生社团，通过自主理论研究、广泛社会调查等活动形式，收集社情民意、反映社会热点，集结文字，撰写提案46件，其中《关于通州驿保护和修复的提案》《关于改进通州区电动汽车充电难问题的提案》《关于在通州区人口密集区设置自动饮水机的提案》等27件模拟提案被政协委员们作为素材采用，形成正式提案带上全国“两会”。

（白文会）

【举办“潞城古韵杯”展示活动】 1月11日，通州区教委举办中小学师生第三届“潞城古韵杯”展示活动暨2018年书法教育研究会年会。活动中，通州区教育学会、通州区教委小教科、通州区关工委分别就书法创作、书法教育、书法教师、书法教学等做主旨发言，对获奖师生进行表彰并颁奖。基层学校专兼职书法教师和学生130人参会。

（王伟）

【举办体育文化节启动仪式】 2月25日，北京小学通州分校举行2018—2019学年春季开学典礼暨活力体育文化节启动仪式。中国首位自由式滑雪项目世界冠军郭丹丹应邀参加。升旗仪式后，郭丹丹为全体师生讲述她的励志成长故事。学校领导做新学期寄语，向全校师生提出新学期的希望，倡导全体教师追求主流价值观，鼓励全体师生发扬体育精神，以饱满的热情迎接新的挑战，不懈努力，实现梦想。全校2000余名体师生和40名家长参加活动。

（代佳）

【举办学生艺术节器乐专场展演活动】 2月28日至3月16日，通州区教委举办第二十二届学生艺术节器乐专场展演活动。该次展演特聘国家交响乐团合唱团指挥、中国音乐学院声乐歌剧系指挥等5位专家担任现场评委。最终，芙蓉小学、育才通州分校、于家务乡渠头小学、玉桥中学、运河中学等5所学校管乐团展演的管乐节目获奖；潞河中学、潞河中学附属学校、马驹桥镇金桥小学、台湖学校等4所学校民乐团展演的节目获奖。该届学生艺术节分为校级艺术节活动、乡镇（街道教委办）艺术专场会演及区级艺术节展演3个阶段，参加区级展演的21个优秀乐团是层层选拔确定的。全区11个乡镇、4个街道60余所中小学、职业学校参加。

（王艳霞）

【开展国际民防日活动】 3月1—8日，通州区教委在全区范围内开展各类宣传教育活动。在防范意识方面，通过宣传横幅、标语，液晶显示屏，国旗下讲话，班队会，校园广播等多形式进行宣传教育；在知识普及方面，通过专题讲座、宣传橱窗、手抄报、板报、系列贴画等途径让防空防灾知识真正转变成安全常识；在能力培养方面，通过应急演练、视频展播、现场展示、模拟实践等方式加强安全体验，提高应对能力。全区9万余名师生参与其中。

（李瑶）

【北京学校共享区和中学部工程破土动工】 3月8日，北京学校共享区和中学部工程破土动工。该学校位于潞城镇大营村东侧，是市教委直属的12年一贯制公立学校。根据规划设计，学校将建设为具有北京特色的森林式生态校园、装配式绿色校园，是文化艺术基地和国际交流平台。学校占地面积约300亩，规划建筑面积16万平方米。规划48个小学班、30个初中班、30个高中班，总招生规模为108个班，预计提供3000余个学位。学校分为3个区，北部为小学部、南部为中学部，两者中间建设共享区。在校园建设方面，北京学校突出绿色、生态、智慧、共享的科学理念，打造一所花园式学校。学校共享区内建设体育中心、文化交流中心、艺术中心，双休日将面向市民开放。学校小学部工程主体结构于2018年底封顶。

（李瑶）

【启动SCL教学法】 3月10日，“以学生为中心教学法（SCL）”教师培训启动仪式在西集中学举行。英国教育与教学质量控制协会主讲教师罗德·罗伯逊博士（Dr. Rod Robertson）针对项目进行“SCL教学法”相关介绍，开启为期一周的培训。通州区教育学会、通州区教师研修中心相关负责人及研修员，通州区西集中学、郎府中学、甘棠中学、漷县中学、西集镇中心小学和香河县第二中学、第五中学、第六中学、第八中学、第九中学的36名学员参加活动。

（李连江）

【召开“运河计划”教育领域人才工作研讨会】 3月14日，通州区“运河计划”教育领域人才工作研讨会在潞河中学召开。会上，“运河计划”领军人才逐一从工作目标、工作思路及支持资金使用等方面进行讨论交流，并重点对加强团队建设、引领团队教师专业发展提出自己的工作设想。“运河计划”教育领域人才工作室相关负责人及区委教工委党建科工作人员，同入选“运河计划”领军人才的19位教师进行座谈研讨。

（白文会）

【35所学校获北京市首批管理达标校】 3月25日，北京市通州区35所学校为北京市首批义务教育学校管理标准达标学校。分别是潞河中学、北京市育才学校通州分校、永乐店中学、第六中学、玉桥中学、中国人民大学附属中学通州校区、梨园学校、牛堡屯学校、大杜社中学、陆辛庄学校、北京理工大学附属中学（通州校区）、首都师范大学附属中学（通州校区）、马驹桥学校、于家务中学、北京市史家小学通州分校、贡院小学、中山街小学、后南仓小学、芙蓉小学、北京教育科学研究院通州区第一实验小学、张家湾镇中心小学、北京小学通州分校、北京第二实验小学通州分校、东方小学、永顺小学、北苑小学、官园小学、潞苑小学、梨园镇中心小学、漷县镇中心小学、宋庄镇中心小学、西集镇中心小学、台湖镇中心小学、马驹桥镇中心小学、于家务乡中心小学。根据北京市教委《推进义务教育学校管理标准化建设实施方案》的整体安排，全市于2018年全面启动义务教育学校管理标准化建设工作，市教委对各区达标验收工作进行抽样调研。在学校申报、各区推荐的基础上，经过市教委2019年第9次主任办公会审议，认定北京市第一中学等426所学校为北京市首批义务教育学校管理标准达标学校，其中通州35所。

（王蕾）

【联合举办老科学家走进校园活动】 3月25日—29日，通州区教委与区科协会同中科院老科学家报告团联合举办“科普中国通州行——老科学家走进副中心”校园系列科普报告活动。邀请中科院从事航天研究的老科学家张厚英、地球与空间物理学家白武明、植物学家王康、心理学家吴瑞华、航空学家徐邦年、生态环境专家李皓、遥感专家刘定生等10名老科学家分别走进通州区玉桥中学、潞河中学、运河中学、永乐店中学、首都师范大学附属中学（通州校区）、次渠中学、牛堡屯学校、梨园学校、第六中学、第二中学、理工附中通州校区、育才学校通州分校做14场专题报告。总受益人数近万人。

（王艳霞）

【中国人民大学通州新校区正式开工】 3月30日，中国人民大学通州新校区在城市副中心正式开工。中国人民大学通州新校区位于北京市通州区潞城镇，将按照“一核、两轴、多中心”的总体规划框架，突出绿色生态校园、人本人文校园、兼容开放校园、智慧科技校园、持续生长校园的规划特色。总用地规模110公顷，总建设规模为105万平方米，其中一期工程建设规模约为58.3万平方米，建设内容主要包括图书馆、学部学院楼、公共教学楼、公共实验中心、学生宿舍、食堂、音乐堂、校园运行中心、体育配套设施、市政道路基础设施等，确保一期工程建成后能够独立运行，具备基本办学条件，计划4年完成。对于学校更好地服务于北京市非首都功能疏解、北京城市副中心建设和京津冀协同发展重大战略，推动“双一流”建设具有重要意义。

（白文会）

【承办梅西耶马拉松竞赛活动】 3月30—31日，通州区教委承办2019年北京市中小学生天文观测竞赛——梅西耶马拉松竞赛活动。活动分为理论知识测试、天文系列嘉年华活动、梅西耶天体实际观测、天文系列创意展示活动等4个环节。最终海淀区中关村第二小学、海淀区101中学和东城区汇文中学、朝阳区第八十中学和东城区科技馆分获小学组、初中组、高中组一等奖。北京市中小学生天文观测竞赛——梅西耶马拉松竞赛首次纳入北京市教育委员会正式赛事。

（吴秀玉）

【举行特别主题团日活动】 4月1日，共青团通州区教育委员会在潞河中学革命烈士纪念碑前举行教育系统“青春心向党 建功新时代”特别主题团日暨2019年清明祭英烈活动。活动中，通过团员代表讲述潞河学子的感人事迹、师生肃立默哀、师生代表为烈士敬献鲜花、重温入团誓词、齐唱团歌等形式表达对烈士的崇敬与哀思以及传承先烈精神，担负历史责任的决心。共青团通州区教育委员会、潞河中学党员干部和来自通州区团员干部和团员代表、少先队员代表300人参加活动。

（史新杰）

【启动爱国主义教育活动】 4月3日，通州区委教工委、区教委在潞河中学解放楼举行教育系统庆祝中华人民共和国成立70周年“我和我的祖国”爱国主义主题教育活动启动仪式。会上，通州区教委领导解读《通州区教育系统庆祝中华人民共和国成立70周年“我和我的祖国”爱国主义主题教育活动方案》，该《方案》指出，要以“契合、整合、融合、结合”为总体思路，开展以“我和我的祖国”为主题的爱国主义主题教育活动，活动要遵循“知、情、意、行”的教育规律，精心组织以“学起来”“唱起来”“讲起来”“做起来”为主要内容的教育活动，并结合重要节点和重大节日开展主题教育活动。后南仓小学学生、潞河中学教师分别发起倡议。区委教工委、团区委、区委宣传部、区教委、区文明办等领导及各中小学、幼儿园主管德育工作者200余人出席启动仪式。

（王彦东）

【举办廊坊、内蒙古教研员综合素养提升研修班】 4月22—26日，通州区教委举办“2019年通州区支持廊坊、内蒙古教研员综合素养提升高端研修班”。按照培训方案和活动安排，参训成员先后听取通州区教委《副中心发展形势与研修挑战》、吴正宪《从教研视角——看教师教学能力提升》、陶昌宏《核心素养理念下的教研创新与实践》、李万峰《研学共振，改变始于自己》等专题讲座，走进牛堡屯学校、中山街小学等学校观摩教研活动。廊坊、内蒙古两地教研员59人参加培训活动。

4月22—26日，举办2019年通州区支持廊坊、内蒙古教研员综合素养提升高研班

（肖月／拍摄）

（肖月）

【召开“高参小”交流展示研讨活动】 4月23日，通州区教委在芙蓉小学召开“高参小”教育教学改革经验交流展示研讨活动。活动中，通州区芙蓉小学等4所学校的管乐、舞蹈、合唱、舞台剧社团进行演出，展示戏剧课程成果；将中国音乐家协会管乐学会和北京儿童艺术剧院项目实施发展中的突出做法经验进行分享与交流。“高参小”市级领导小

组办公室、中国音协管乐学会、北京儿童艺术剧院、通州区教委相关领导和专家，以及全区中小学艺术教育主管领导及艺术教师代表参加活动。

（白文会）

【联合举办宣讲团进校园活动】 4月24—25日，通州区教委、教工委、教育工会联合组织“教育的魅力”宣讲团走进永乐店和西集地区，为各中小学、幼儿园、成人学校、镇教委办的干部教师带来2场宣讲会，500余名教职工参加活动。通州区“教育的魅力”宣讲团由全国劳模、首都劳动奖章、通州榜样、通州骨干教师等5位先进代表组成。

（王蕾）

【联合举办健康主题宣传活动】 4月25日，通州区教委联合区卫生健康委员会、区妇联、区社会工作者联合会等单位在北京市史家小学通州分校举办“防控传染病　接种疫苗最有效——你我共参与　携手为健康”主题宣传活动。活动中，通州区卫生健康委员会回顾通州区免疫规划工作的发展历史，播放“防控传染病　接种疫苗最有效”主题宣传片，并展示社会各行各业共同携手助力通州免疫规划“百人签字画卷”展。通州区教委、市区疾病预防控制中心、区卫生健康委员会、区妇女联合会、西藏自治区拉萨市卫生系统同仁、全区各医疗卫生机构领导及免疫规划工作人员、中小学校、托幼机构校医、保健医生、园医代表200人参加活动。

4月25日，联合举办通州区“4·25”全国儿童预防接种日健康主题宣传活动　（王艳霞／拍摄）

（王艳霞）

【举办师生作品展】 4月28—30日、5月5—6日，通州区教育团委、通州区少工委在北京五中通州校区体育馆举办“同心共筑中国梦　我与祖国共成长”2019年通州区教育系统作品展。展出优秀作品626件。自2019年1月至4月，区教育团委、区少工委收到来自全区师生书法、绘画、诗歌、摄影、工艺、模型作品2310件。其中诗歌365篇，摄影220幅，书法549幅，绘画945幅，工艺作品196件，模型作品35件。为期5天的作品展，有5000余名师生现场参观。

4月28—30日、5月5—6日，举办师生作品展（朱宇／拍摄）

（朱宇）

【出台入学政策】 4月29日，通州区教委发布2019年义务教育阶段入学工作实施细则。北京市户籍适龄儿童入学：凡年满6周岁的北京市户籍适龄儿童，在参加学龄人口信息采集后，按照规定时间、地点持实际居住所居住证明及户口簿等材料到实际居住地小学办理登记入学手续。根据学位供给情况和户籍、房产等因素，在区直小学试点单校划片和多校联合派位相结合的入学方式。北京市户籍的小学毕业生，按区教委确定的“单校对口划片分配入学，且学生实际居住地在中学服务范围内”的办法升入初中。非北京市户籍的适龄儿童入学：开具在京就读证明并参加学龄人口信息采集的非北京市户籍适龄儿童，在区直地区居住的按照“多校联合电脑派位”的方式进入通州区有空余学位的小学就读，在乡镇地区居住的按照“分配入学”的方式进入通州区小学就读。通州区教委采取在微信公众号、教育考试中心网站首页公布入学细则、政策解读、家长问答等内容，印制发放小学、初中入学手册，明确入学时间安排、入学流程图，方便家长阅读，设立咨询专线，组建10余人专业团队全天候接听家长电话、完善全线联网审核机制等多举措做好义务教育阶段适龄儿童入学工作。5月6日开通小学网上报名平台。

（白文会）

【举办运河文化创客挑战赛】 5月6日，通州区教委举办以“传承运河文化，迈向智能未来”为主题的第二届通州区青少年运河文化创客挑战赛。小学组以“水脉相连——运河全景纸电路创意赛”为主题，携手创作完成30多米长的运河全景图，并通过设计纸电路点亮运河全景。初中组以“漕运沧桑——无人驾驶运河仿古漕船创作赛”为主题，完成智能古漕船循迹行驶通过开合桥等任务。高中组以“天下粮仓——智能运河仓储码头搬运赛”为主题，学生们利用智能无人车识别盐、粮食、木材等货物，并分拣到指定货仓。经过专家多轮选拔评审，评选出一、二、三等奖，并从不同视角评选出最佳创意奖、最佳创作奖、最佳团队奖和优秀辅导教师奖。该次赛事，通过赛前集训、方案设计、作品创作、创意编程、现场答辩等环节，70多支代表队参加大赛。

（王艳霞）

【召开跟岗研修活动启动会】 5月13日，通州区教委召开跟岗研修活动启动会。会上，通州区教师研修中心领导围绕跟岗研修工作安排、对接学校工作要求、跟岗学员的研修要求等3个方面，进行工作布置。要求认真学习借鉴各方面的先进经验，为推动教育协同发展贡献力量。按照北京市教委2019年教育扶贫协作与支援合作工作安排，内蒙古兴安盟科右中旗和河北省廊坊市北三县的51名干部教师，到通州区22所学校开展跟岗研修活动。廊坊市北三县教育和体育局，科右中旗教育局，接收跟岗研修学员的中小学、幼儿园领导等80余人参加启动会。

（白文会）

【参与融合体育艺术节】 5月17日，通州区教委组织60名中小学市区骨干及青年体育教师参加“2019培智学校融合体育艺术节”。60名体育教师是充满爱心的志愿者，他们参与每个环节的互动，带领孩子们开展玩转足球、牵手过障碍、铺石过河、春播秋收、托包比稳等游戏活动。

（张金玲）

【举办棒垒球比赛】 5月18—19日，通州区教委举办“阳光体育”2019年通州区第二届小学生棒垒球比赛。比赛分为小学甲组、乙组，有6所学校10支棒球队，近200名学生参加。台湖学校、北京市育才学校通州分校分获甲乙组别冠军。

（王艳霞）

【签订2019年度教育对口帮扶合作框架协议】 5月20—22日，通州区教委一行5人，应邀到内蒙古奈曼旗对接2019年度对口帮扶合作事宜。在对口帮扶合作座谈会上，通州区教委和奈曼旗教科体局对2018年双方帮扶合作工作交换意见，充分肯定通州区教育帮扶工作取得的效果。通州区教委根据奈曼旗教育科技体育局提出的教育需求，明确2019年度5大类17项帮扶任务。随后双方签订2019年教育对口帮扶合作框架协议，一同参观奈曼旗第一中学、第三小学、东明中学、东明镇学区中心校和八仙筒镇学区中心校等学校考察调研办学情况，充分听取校长介绍，观看学校基础设施和硬件建设，了解制约学校进一步发展的瓶颈，向奈曼旗赠送《十德树人——中华传统美德教育读本》，赠送3000册教研员用书，通过师徒结对、线上线下研讨互动等形式提升奈曼旗教研员队伍整体水平，为当地教师培养提供全力支持。

5月20—22日，签订2019年教育对口帮扶合作框架协议 （杨瑞勇／拍摄）

（杨瑞勇）

【开展辅导站进校园活动】 5月23日，通州区教委在永乐店中学开展“关爱自己 绽放青春”辅导站进校园服务活动。活动中，表彰17名优秀志愿者并颁发荣誉证书。德育研修部辅导站站长、永乐店中学校长、运河中学党总支副书记、玉桥中学心理教师分别从区域、学校以及区校联动的角度，介绍心理健康教育工作开展情况。北京师范大学教授刘文利以《如何帮助中小学生顺利度过青春期》为题做专题讲座。志愿者老师李瑶带领永乐店中学全体学生开展“爱心漂流”“暖心抱抱”户外体验活动，辅导站7名志愿者通过专题讲座、团体心理辅导课为永乐店中学学生开展“生涯规划”“考前辅导”“情绪调适”主题的辅导服务活动，志愿者老师张二虎为永乐店中学家委会成员开展青春期健康教育家长沙龙。通州区教委相关领导、全区中学德育干部和心理教师100人参加活动。

（邵红云）

【开展第二届中小学师生“漕运杯”书法作品展示活动】 5月24日，通州区教育系统关心下一代工作委员会联合区教育学会书法教育研究会在张家湾镇中心小学召开通州区第二届中小学师生“漕运杯”书法作品展示活动。教育关工委组织书法教师、书法家对征集到55所学校师生的596件书法作品进行初评与复评，10所学校荣获区级优秀组织奖，262件书法作品分别获得区级书法作品教师组，小学低、中、高年级组，中学组等5个组别的一、二、三等奖，131件书法作品被编入《“漕运杯”书法作品选》，90名教师分别获最佳指导教师奖与优秀指导教师奖。通州区关工委、张家湾镇、区委教工委、相关负责人，区教育关工委、区教师研修中心及全区各中小学关工委相关负责人、师生代表等300余人参加活动。3—5月，通州区教育系统关心下一代工作委员会组织通州区中小学师生开展“漕运杯”书法征集、展示活动。该次活动由区教育系统关心下一代工作委员会主办、区教育学会书法教育研究会、张家湾镇中心小学承办。

（王蕾）

【启动政协委员进校园活动】 5月28日，通州区第二届青少年模拟政协暨政协委员进校园工作启动会在潞河中学召开。会上，区政协组织安排42位政协委员为通州区青少年创新人才培养提供专业支持，通州区政协主席赵玉影、区政府副区长董明慧、北京市教育科学研究院教育创新研究推广中心主任张毅、区政协副主席王子江、区政协办公室主任胡晓东、区教委主任申键分别为政协委员代表颁发聘书。北京市政协研究室主任为师生代表做《了解人民政协 体验协商民主》的专题讲座。会后，42名政协委员走进次渠中学、张家湾中学等14所模拟政协项目学校，全程参与指导青少年模拟政协工作，为师生讲解人民政协的职能作用、工作方式，帮助学生确定模拟议题的方向，指导学生完成调研报告、撰写模拟提案等。

（郭书彤）

【开展读书征文演讲比赛活动】 5月28日，通州区教委召开《我为祖国点赞》读书征文演讲比赛暨总结表彰大会。会上，对评选出的一等奖88篇，二等奖151篇，三等奖66篇的获得者进行表彰并颁发证书。区委教工委、区教育关工委、全区各中小学关工委相关负责人以及师生代表等1000人参加活动。2018年12月至今，通州区教育关工委组织全区中小学开展《我为祖国点赞》读书征文主题教育活动，收集读书征文261篇、演讲稿45篇。

（白文会）

【召开区教育大会】 5月29日，通州区教育大会召开。北京市委教育工委副书记狄涛对近年来通州教育发展给予充分肯定，并从实施教育优先发展战略、落实立德树人根本任务、深化教育领域改革创新、加强教师队伍建设、强化党对教育工作的全面领导等五个方面为通州教育改革发展提出建议。通州区区长赵磊强调，要认真学习，对标对表，深入贯彻习近平总书记关于教育的重要论述和全国、全市教育大会精神；要认清形势，扬长补短，以落实城市副中心控规为机遇，深入思考未来一段时期教育事业的谋篇布局；要改革创新，优先发展，高质量实现教育事业发展与城市建设深度融合。市委教育工委副书记狄涛、通州区人民政府区长赵磊、区人大常委会主任李玉君、区政协主席赵玉影、区人大常委会副主任张绍武、区政府副区长董明慧、区属相关委办局主要领导、乡镇街道党政正职和主管教育工作的负责人及教育系统各单位、各部门的负责人，教师代表，民办教育机构代表等参加大会。区委副书记初军威主持会议。

5月29日，召开通州区教育大会
（白文会／拍摄）

（白文会）

【举行科技嘉年华活动】 5月30日，通州区教委举行第37届通州区学生科技节开幕式暨中小学科技嘉年华活动。活动分为市级科技示范校展示区、科学互动体验区、运河文化创客挑战赛展示区三大部分。市级示范校展示区，学生们的科技作品及科学幻想画展示各自学校的科技教育成果，最终通过观众的现场投票，评选出后南仓小学、第一实验小学、潞河中学3所最受欢迎的展示校。现场的探梦科学秀表演、科学幻想画优秀作品展示、近百个科学互动体验项目，感受科技的魅力。运河文化创客挑战赛展示区，利用现代智能技术进行创造性传承。小学组“运河纸电路智能全景图”、初中组“无人驾驶运河仿古漕船”、利用智能无人车识别分拣货物的高中组“天下粮仓——智能运河仓储码头”，从不同层面阐释运河场景。全区有62所学校3000多名中小学生参与体验。

5月30日，举行科技嘉年华活动
（王艳霞／拍摄）

（王艳霞）

【区领导与少年儿童过六一】 5月31日，通州区委、区人大、区政府、区政协的领导先后到贡院小学、北京市一幼海晟实验园城市副中心园以及芙蓉小学，为孩子们送去节日的祝福，并向辛勤耕耘在教育一线的教师致以敬意与问候。区领导在芙蓉小学参加红领巾小社团活动——模拟政协社团提案发布会，参与特色课程展示——“艺术＋国防教育”。在贡院小学区领导们走进校史馆，了解学校建校史。到北京市一幼海晟实验园城市副中心园进行慰问。

（白文会）

【举办融合体育艺术节活动】 5月，培智学校开展主题为“融心通乐·爱彩缤纷”的通州区培智学校2019融合体育艺术节活动。活动中，培智学校师生进行身体音阶操、轮滑、滑板车、独轮车、跳竿、武术、篮球舞等项目表演；通州区中山街小学、运河小学、东方小学、史家小学通州分校等融合学校的学生分别进行健美操、足球技能、花样跳绳、拉丁操表演；国安足球队原队长周宁向学生们赠送亲笔签名的足球；特教与普教的学生一起开展“牵手障碍跑”“铺石过河”“春播秋收”“托球走”等体育项目的活动。市智力残疾人及亲友协会、区教委工委领导、社会各界人士、联盟校、家长代表及师生等600余人参加活动。

（吴峥）

【举办第二届科技创意挑战赛】 6月3日，通州区教委举办通州区第二届“STEM+”科技创意挑战赛。有中小学39支挑战队报名参赛，其中中学20

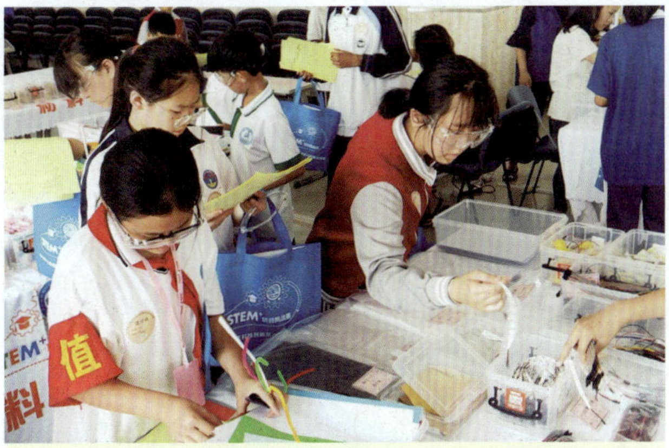

6 月 3 日，举办第二届科技创意挑战赛
（刘士东 / 拍摄）

队，小学 19 队，每队 4 名学生，进行创意彩车现场制作活动。经过专家和评委的严格评审，最终，通州区梨园学校、梨园镇中心小学、第二中学和牛堡屯 4 所学校以及区青少年活动中心共 6 支队伍胜出。“STEM+”科技创意挑战赛是以“培养学生科技创新基本能力、传播新时代工匠精神”为宗旨，以“科技冬奥、筑梦未来”为主题，组织学生运用身边的工具与材料进行现场造物的综合性科技实践活动，旨在加强学生科技创新基本知识、技能与方法训练，提升学生综合应用科学、技术、艺术等多学科知识与技能进行创新的能力。

（刘士东）

【完成高考工作】　6 月 7—8 日，通州区教委完成高考工作。全区考生 2144 人，其中统考生 2109 人，单考生 35 人，设潞河中学、运河中学高中部（南校区）、北京二中通州校区 3 个考点 75 个考场。高考期间，区人大、区政协领导到区考试中心考务指挥巡视检查全区考生考试情况；主管区长、区教工委书记、区教委有关领导全程坐镇区考试中心，指挥通州高考组考工作。高考前区教委联合宣传部、保密局、文化旅游局（旅游）、商务局、经信局、住建委、卫健委、市监委（食药）、城管执法局、公安分局、交通支队、供电公司等单位在考前全面排查隐患，做好高考的安全保障和服务工作。6 日下午，区长赵磊、副区长董明慧带队先后到区教育考试中心、潞河中学、运河中学高中部（南校区）实地检查高考准备工作。

（王洪建）

【举办优秀童谣传唱汇报演出活动】　6 月 11 日，通州区教委联合区委宣传部、台湖镇人民政府共同主办第六届优秀童谣传唱汇报演出活动。该次活动主题为“我和我的祖国”。活动中，对 2019 年度“我和我的祖国”新童谣征集评选活动 100 首优秀作品和台湖镇中心小学、玉桥小学等 10 家组织工作先进单位代表进行颁奖表彰。此次童谣征集活动收到稿件 500 余篇。市委宣传部未成年人工作处、区教委、区委宣传部部门领导，团区委、区妇联、区文联、区关工委、主承办单位相关主管领导，各街道乡镇宣传部部长，全区各中小学副校长，幼儿园副园长以及学生代表 500 余人参加活动。

（王蕾）

【举办第五届国学课堂教学大赛活动】　6 月 12 日，通州区教委举办第五届国学课堂教学大赛活动。活动以单元主题建构为重点，开展主题单元教学大赛。会上，对通州区十年传统文化启蒙教育的历时性与共识性研究进行回顾，提出该届赛课跨越单一文本、知行合一创生课程、碎片集成完整认知链、返本开新意义构建；并解读该次说课的 5 个关键词：主题、单元、目标、活动、诵读的四个创新点。交流点评阶段，说课展示分为小学一组、小学二组、中学组、综合组 4 个会场，共计 30 节课。对获得该届 11 名特等奖、19 名一等奖的教师进行表彰。北京市教科院基础教育研究中心、首都师范大学国学院、区教育委员会、通州区图书馆、文化馆领导及各实验校教师代表 100 余人参加活动。

（李哲）

【举行教职工六年级毕业班子女托管班开班仪式】　6 月 17 日，通州区教育工会举行“快乐一夏”教职工六年级毕业班子女托管班开班仪式。托管班设置 2 个班级，共 45 名孩子。在课程设置上，以兴趣为出发点，从体质提升、文化素养培育、语言能力训练、手工创意实践 4 方面安排国学、心理、航模、街舞等课程。通州区教育工会根据前期对教职工需求调研，针对六年级毕业班放假早，教师没有放假，子女无人看管，无法安心工作的实际情况，协调各方资源，在暑期为教职工六年级毕业班子女开设为期2周的托管班，以缓解假期孩子“看护难”问题。

（白文会）

【完成中考工作】 6月24—26日，通州区教委组织完成2019年中考工作。全区报考考生4132人，比上年多223人。设立潞河中学、通州二中、通州四中、通州六中、玉桥中学、北京理工附中通州校区、西集中学、漷县中学、永乐店中学、于家务中学、张家湾中学、马驹桥学校、台湖学校等13个考点，共计876个考场。考试期间，区公安分局、交通支队、供电公司、城管执法局、卫生健康委等部门通力协作，全程为通州考生保驾护航。阅卷、成绩登统于6月26日正式开始，7月2日结束。

（白文会）

【举行党性教育基地揭牌仪式】 6月27日，通州区委教育工委组织开展通州区教育系统党性教育基地揭牌仪式暨“红色基因 薪火相传”主题活动。活动中，潞河中学党总支副书记对党性教育基地建设情况做具体介绍，区委教育工委书记为党组织书记代表赠送《深入学习习近平关于教育的重要论述》和《方田古校长——方校长传奇经历及教育思想与实践》等书籍，党朝红、杨满银介绍方田古先进事迹，通州区区长助理傅骞、通州区委组织部副部长王鑫为通州区教育系统党性教育基地揭牌。通州区委常委、宣传部部长汤一原参会并讲话。区委教育工委领导班子成员、机关科级干部、各基层单位党政正职、党务干部和党员代表400余人参加活动。

【联合承办“童心向党”歌咏活动优秀节目展演活动】 6月28日，通州区教委联合通州区委宣传部、区文明办承办北京市“童心向党”歌咏活动优秀节目展演。整场展演活动以时代变迁为基本线索、以歌舞朗诵为主要形式。分为红色基因代代传、童心飞扬同追梦、童心向党新时代等3个乐章，来自通州区中山街小

6月28日，联合承办北京市“童心向党”歌咏活动优秀节目展演活动 （王蕾／拍摄）

学、中央军委幼儿园、北京市少年宫、朝阳区第二实验小学双桥分校等11所中小学校幼儿园的小演员代表进行表演。此次活动由市委宣传部、首都文明办、市委教育工委、通州区委、市教委、团市委、市妇联、市关工委、通州区委、区政府主办。市区各相关单位有关领导，通州区各乡镇街道教委办主任，各中小学校、幼儿园主要领导以及师生代表700余人参加活动。

（王蕾）

【北京拔萃骏源学校获批复】 6月24日，北京市通州区人民政府批复成立北京拔萃骏源学校。该校位于马驹桥物流园区B东地块，占地面积1.5万平方米，建筑面积1.35万平方米。学校为九年一贯制学校，办学规模为27个班，可提供1080个学位。

（李瑶）

【承办京台基础教育校长峰会】 7月10日，由通州区政府主办，北京教育学院、首都师范大学等单位协办的第五届京台基础教育校长峰会开幕式、主论坛以及分论坛在通州区潞河中学、贡院小学举行。通州区区长赵磊、北京市教委副主任赵海兴、台湾中小学校长协会荣誉理事长薛春光分别在开幕式上致辞；首都师范大学副校长杨志成、潞河中学校长徐华、贡院小学校长左春云、台北市南港小学校长简邑容围绕京台两地办学育人的经验理念等方面先后发言。该届峰会启动京台中小学校际交流合作暨

7 月 10 日，承办 2019 · 第五届京台基础教育校长峰会　　（白文会 / 拍摄）

文化体验（营）联盟。两地师生分别共读共思共谈《论语》经典篇目和进行古诗词“同课异构”；两地学生共同参与体验国画、书法、剪纸、烫画、太极等中华传统文化课程；两地校长还围绕面向未来、传承中华文化、塑魂育人展开深入探讨和对话。国台办、市台办、市教委、北京教育学院、通州区委、区政府、台湾教育发展协进会等相关领导嘉宾出席峰会。京台两地中小学校长、教师和学生代表 400 余人参加峰会并进行交流研讨。

（白文会）

【举行工作室联盟启动仪式】　7 月 10 日，通州区“运河领军人才”“青年拔尖人才”初中语文 8 个工作室联盟启动仪式在通州区研修中心举行。会上，各工作室负责人围绕统编版初中语文教材确定年度工作重点、利用阅读批注，引导学生与文本自主对话研究、名著整本书阅读教学策略研究、古诗文修辞专题教学研究、古诗文章法教学研究等方面介绍工作室建设情况及工作重点。中国教育学会中学语文教学专业委员会理事长、通州区“运河计划”教育人才工作室负责人及北京市教育学院通州分院领导和教师以及“运河领军人才”张慧林、高美玲、仇玉红、毛丽稳，“青年拔尖人才”张佑及各个工作室核心组成员 40 余人参加活动。

（郑铉）

【中韩交流活动】　7 月 18—23 日，永乐店中学老师刘文雷带领 14 名高一学生赴韩，进行为期 6 天的“北京市通州区—首尔市九老区青少年文化交流活动”。永乐店中学学生在韩国期间进行穿韩服、做韩国菜、手工、跆拳道体验，观看特色表演，参观梨花女子大学、63 大厦及水族馆、明洞、南山、首尔塔，并且到寄宿家庭体验日常生活。8 月 8—13 日，韩方学生在韩国首尔市九老区对外政策负责官申银玉组长和两位职员老师的带领下，到北京进行交流。永乐店中学安排一节书法体验课和橡刻体验课，中韩师生一起写福字、刻脸谱，韩方学生到中方家庭体验生活。

（刘文雷）

【13 所学校榜上有名】　7 月 23 日，教育部公布全国青少年校园冰雪运动特色学校、北京 2022 年冬奥会和冬残奥会奥林匹克教育示范学校名单。其中，北京小学通州分校、北京第二实验小学通州分校、北京市通州区梨园镇中心小学、北京市通州区梨园学校、北京市通州区马驹桥镇中心小学、北京市通州区潞河中学、北京市通州区永乐店中学等 7 所学校为全国青少年校园冰雪运动特色学校，北京第二实验小学通州分校、北京市通州区张家湾镇中心小学、北京市史家小学通州分校、北京市通州区贡院小学、北京市通州区芙蓉小学、北京市通州区马驹桥学校等 6 所学校为北京 2022 年冬奥会和冬残奥会奥林匹克教育示范学校。

【成立教育咨询服务中心】　8 月 14 日，成立北京市通州区教育咨询服务中心。该中心为通州区教委所属相当正科级财政补助事业单位，类别为公益一类，核定全额拨款事业编制 15 名，相当科级领导职数 1 正 2 副。主要职责为承担通州区教育服务相关的事业性、服务性和辅助性工作。同意设立批复文号为通编办〔2018〕52 号。

【成立教师服务中心】　8 月 14 日，成立北京市通州区教师服务中心。该中心为通州区教委所属相当正科级财政补助事业单位，类别为公益一类，核定全额拨款事业编制 20 名，相当科级领导职数 1 正 2 副。主要职责为承担通州区教师服务相关的事业性、服务性和辅助性工作。同意设立批复文号为通编办

〔2018〕54号。

【开展支教帮扶工作】 8月20—22日，通州区教师研修中心小学部、初中部5名研修员赴奈曼旗开展支教帮扶工作。活动中，教研员分别围绕《立足课程标准 聚焦核心素养——小学语文教学实践研究》《如何用好统编教材》《立足课程标准 聚焦核心素养——小学语文教学实践研究》《学科核心素养观下的小学英语教学》《未来教师与更好的教育》等主题为奈曼小学三年以内学科教师和2019年新入职教师进行专业知识和教学技能培训。通过讲座，观摩研讨等方式进行交流，发挥人才培养和对口帮扶的作用。

（白文会）

【举行第四届暑期英语夏令营活动】 8月28日，通州区教委协同北京市国际教育交流中心共同举办以“运河贯南北、文化通东西，走近新时代、聚焦副中心”为主题的“2019BIEE北京学生暑期英语夏令营——通州分营”闭营仪式。北京市国际教育交流中心领导为学生代表颁发夏令营结业证书；学员们通过英语交流、舞蹈、乐器演奏、书法等形式，展示学习英语的成果。夏令营采取多元化、多维度的教学模式，为北京、天津、河北及内蒙古地区的学生营造全英文沉浸式语言环境，践行区域教育协同发展。北京市国际教育交流中心、通州区教育委员会、通州区教师研修中心、通州区中小学卫生保健所相关领导及负责人，通州区部分初高中校、部分通武廊基础教育共同体学校、北三县及对口帮扶内蒙古地区学校的师生及部分学生家长近300人参加闭营仪式。该届夏令营活动于8月19日开营，35名中外教师组织170名学员开展活动。

（陈冠宇）

【通州区运河中学附属小学落成揭牌】 8月29日，通州区运河中学附属小学落成揭牌仪式举行。区委教育工委书记刘青松和永顺镇党委书记邓忠义共同为新落成的运河中学附属小学揭牌。区长赵磊为运河中学附属小学按响新学期的上课铃声。学校位于永顺镇小圣庙村西，占地面积约37亩，办学规模为18个班，业务范围为实施小学阶段义务教育。运河中学附属小学与运河中学是“小学—初中—高中”十二年集团化办学、探索学校一体化管理模式的一种创新。7月18日，北京市通州区人民政府批复成立北京北京市通州区运河中学附属小学。这所学校是将原永顺镇中心校下辖的发电厂小学更名为运河中学附属小学，成为独立法人单位，纳入运河中学教育集团，与运河中学实现师资共享、资源共用，贯通培养。通州区委常委宣传部、区人大、区政协领导出席揭牌仪式。

【北京黄城根小学通州校区举行落成揭牌仪式】 9月2日，北京黄城根小学通州校区举行落成揭牌仪式，投入使用。西城区教委主任赵蓬欣和通州区委教育工委书记刘青松，共同为新校区揭牌。北京黄城根小学教育集团校长麦峰为北京黄城根小学通州校区授旗，北京黄城根小学通州校区负责人刘冬执旗。通州区委书记曾赞荣为孩子们按响上课铃声并讲话。通州区委、区人大、区政府、区政协部分领导和西城、通州两区教委领导出席落成揭牌仪式。8月1日，北京黄城根小学通州分校通过五方验收，确保9月入学条件。学校工程总建筑面积38073.73平方米，地上5层，地下3层，主要包括小学普通教室、科学实验室、音美劳教室、风雨操场、游泳馆、食堂等10余个校内实勘场地。办学规模为24个教学班，学校由黄城根小学本部派驻管理团队、教师团队，与校本部共享教育资源。学校落成将更好满足周边居民及市级机关搬迁干部子女就学需求。

（白文会）

【两名教师获得全国表彰】 9月4—5日，北京教育科学研究院通州区第一实验小学被评为全国教育系统先进集体，北京市通州区次渠中学英语教师杜金茹、北京市通州区潞河中学化学教师郭子亮两名教师分别被评为全国模范教师、全国优秀教师。北京市18个全国教育系统先进集体，55名全国模范教师、教育系统先进工作者、优秀教师、优秀教育工作者入选。

（马杰）

【举办文艺会演】 9月21日，通州区教委举办“壮丽七十年 奋斗副中心”通州区教职工文艺会演。文艺会演分为老师您好，追梦教育人；通州您好，筑梦副中心；祖国您好，圆梦大中国3个篇章。会演的节目经历各基层单位申报、教委组委会遴选、专业人士指导3个阶段，从来自全区63个单位推荐节目中精选出舞蹈、器乐、歌曲等15个节目参加会演。全区1000多名教职工参与活动。

（张俊英）

【召开落实《中小学校幼儿园安全管理规定（试行）》宣贯培训会】 9月27日，通州区教委召开落实《中小学校幼儿园安全管理规定（试行）》宣贯培训会。会上为第二批22所区级“平安校园”单位颁发平安校园奖牌，并邀请市教委后勤处处长武怀海解读《中小学校幼儿园安全管理规定》的制定背景，分析工作落实中的要点难点。全区各乡镇、街道教委办主任，成人学校、直属单位党政正职，各中小学、幼儿园、职业学校党政正职及主管安全工作的副校级领导等400余人参加会议。

【9所学校入选北京市教育基地】 10月8日，根据《北京市教育委员关于遴选北京市中小学教师教育基地学校的通知》要求，市教委确定入选2019年北京市中小学教师教育基地学校106所（含特殊学校）。通州区有北京小学通州分校、北京教育科学研究院通州区第一实验小学、通州区贡院小学、通州区张家湾镇中心小学、通州区漷县镇中心小学、通州区潞河中学、通州区运河中学、通州区永乐店中学、通州区第六中学等9所学校入选。承担北京地区相关高校培养师范生的教育教学实践任务、由市区教师培训（研修）机构开展的新任教师培训中的实践学习任务、农村与城区普通学校骨干教师的实践培训任务、教师培训（研修）课程资源开发任务等。

【开展对口交流活动】 10月9日，根据通州区教委《关于进一步推进教育扶贫协作和支援合作工作实施方案》的总体安排，以及与内蒙古通辽市奈曼旗教育科技体育局签订的《2019年教育对口交流工作协议》，奈曼旗教育科技体育局选派10名后备干部、25名骨干教师分别到通州区运河中学、北京史家小学通州分校等5所中学、5所小学开展为期一至两个月的挂职锻炼和跟岗研修，结合所到学校教育教学实际开展沉浸式学习，各校为其安排优秀干部教师进行全程指导。

（白文会）

【举行学生艺术节舞蹈专场展演】 10月9—10日，通州区教委举行第二十二届学生艺术节舞蹈专场展演。舞蹈节目内容涉及历史、古诗、书法等。北京市通州区芙蓉小学等9所学校获得小学组金奖并推荐参加市级展演；运河中学附属小学等20所学校获得小学组银奖；永顺镇乔庄小学等16所学校获得小学组铜奖；北京市通州区中山街小学等3所学校获得1～3年级组金奖；临河里小学等6所学校获得1～3年级组银奖；运河小学等4所学校获得1～3年级组铜奖；育才学校通州分校等4所学校获得4～6年级组金奖；通州区贡院小学6等所学校获得4～6年级组银奖；漷县镇中心小学等4所学校获得4～6年级组铜奖；潞河中学等3所学校获得中学组金奖；运河中学等6所学校获得中学组银奖；梨园学校等7所学校获得中学组铜奖。该届学生艺术节舞蹈专场节目有88个，全区74所学校1500余人参演。

10月9—10日，举行通州区第22届学生艺术节舞蹈专场展演（刘启航/拍摄）

（刘启航）

【举行建队70周年主题活动】 10月11日，通州区教委举行“红领巾心向党 争做新时代好队员”主题活动。活动包括少先队员齐唱队歌，讲我和红领巾的故事、红领巾风采展示、重温入队誓词、全场合唱《我和我的祖国》、红领巾小社团展示互动活动、书写张贴爱国爱队寄语等环节；为新成立的一缕阳光、雏鹰启航、青春逐梦、领巾飘扬等4个通州区少先队名师工作室授牌，聘任工作室市级导师4人。市区领导、全区少先队大队辅导员及少先队员代表1300人参加活动。

（刘开江）

【办公室岗位职能研修班开班】 10月16日，通州区教育系统办公室主任岗位职能研修班开班。区教委领导围绕指导思想、培训目标、培训内容、组织和管理等多个方面，对举办培训的背景、目的、意义进行说明，北京教育学院教育管理与心理学院陈丹教授从“校办的职能”“校办主任的职责”“校办主任工作方法”3个方面做题为《校办主任职责与工作方法》的专题讲座。来自基层单位的110位办公室主任参加培训。

（白文会）

【召开小学科学教师第八届科技趣味运动会】 10月16日，通州区教委召开小学科学教师第八届科技趣味运动会。活动中，研修员阐述趣味科技运动会的宗旨，趣味科技运动分为花分有序、小车竞远、飞机掷准3个项目比赛。全区150多名科学教师参与竞赛。

（曹春浩）

【开展对口帮扶访学活动】 10月16—18日，运河中学初中部副校长和初中3位区级骨干教师代表运河中学到内蒙古奈曼旗东明中学进行访学交流活动。活动中，采取听课观摩、集中说课展示、讲座等形式进行，指导提高东明中学教师的课堂教学水平，帮助他们加强对年轻教师的培养。同时提高运河中学优秀教师整体素质，达到共同成长的目的。

（刘凌）

【举行第二届戏剧节】 10月21日，北京市史家小学通州分校借建校10年契机，举行第二届戏剧节。《哈姆雷特》《妈妈咪鸭》《红孩子》《骆驼祥子》等节目依次登场。随后进行学校戏剧课程展、社团展、书画展等多种形式的活动，从多个角度体现欣赏教育办学特色课程建构取得的成果。自2015年开始，在北京市教委高参小项目的支持下，由北京儿艺专业演员为任教教师，进行戏剧教学，学校将戏剧课程与英语、国学、音乐等其他课程有机融合，截至年底，有2200余人受益。

（刘艳）

【新增1所全国青少年校园足球特色学校】 10月22日，教育部公布2019年全国青少年校园足球特色学校、试点县（区）和“满天星”训练营遴选结果。北京市通州区入选2019年全国青少年校园足球试点区，成为全国25个试点县（区）之一，是北京市唯一的试点区。北京市通州区永顺镇中心小学被拟定为2019年全国青少年校园足球特色学校。截至年底，通州区有19所全国校园足球特色校，2所市级足球特色校，9所全国校园篮球特色校，7所市级冰雪特色校，6所奥林匹克示范校。

（白文会）

【台湾专家进校园】 10月24日，张家湾镇中心小学学区融合教育资源中心组织“台湾专家进校园”暨学区融合教育资源中心教师、家长培训、咨询活动。活动邀请台湾资深教育专家许钰玲老师。活动首先由张家湾中心小学的老师张晨静执教五年级美术课《京剧脸谱》。许钰玲进行点评，并为张家湾镇中心小学学区融合教育资源中心覆盖学校的教师及所辖范围内部分学生家长分别进行关于融合教育课堂教学支持策略、家长如何支持学生的学校生活的讲座和咨询。有30名教师、60余位家长参与活动。

（张海涛）

【举办青年专场联谊活动】 10月29日，通州区教委针对教育系统青年教师多的特点，着眼青年需求，善做“红娘”，坚持每年举办一场青年联谊活动，青年专场联谊活动在宋庄镇举行，吸引通州区教育系统、政法系统、企事业单位的单身男女170多人参加。活动包括破冰游戏、联谊互动，为单身青年男女搭建一个相识、相知、相爱的平台，增进副中心青年之间的相互交流。

（白文会）

【举行文艺惠民活动】 11月7日，通州区教委、通州区文联联合举行“通州区美术教师文艺志愿团走进潞城镇前疃村文艺惠民活动”。活动中进行新时代“精神文明实践基地”和18家单位“文艺之家”的颁牌仪式；美术志愿者团队把一幅由10名美术教师精心绘制的国画作品《长春》，赠给前疃村村委会；随后文艺志愿者们挥毫泼墨，用手中画笔表达对美好生活的追求和向往。书画家华敬俊、高星魁、张亚祥参与现场书画活动。全区120名美术教师文艺志愿者参与活动。

（孟庆臣）

【组织活动课程集中展示】 11月6—7日，通州区教委组织少先队活动课程集中展示活动。通州区永顺镇龙旺庄小学、通州区南关小学、通州区马驹桥镇小张湾小学、通州区西集镇杜柳棵小学、通州区北苑小学、通州区牛堡屯学校等6所学校分别进行“我为红领巾代言”“胡同娃 运河情”“人工智能我先行”“小垃圾 大学问”“向最美逆行者致敬”“Say bye 小食品”等活动课程现场展示。6所学校的180多名少先队员参与活动，98所学校300多名大中队辅导员观摩，聘请2名北京市少先队专家进行现场点评。

（刘开江）

【举办机器人智能大赛】 11月9日，通州区教委举办2019年通州区中小学生机器人智能大赛。比赛设机器人工程挑战赛、VEX-EDR竞赛、乐高FLL竞赛、少儿创意搭建赛、循迹赛等项目。最终潞河附属学校、人大附中通州校区、北京小学通州分校、北京黄城根小学通州校区、通州区运河小学、通州区运河中学、通州区第四中学、北京市第二中学通州校区、通州区北苑小学等12支队伍捧得参赛项目奖杯。全区有37所学校300多名师生参与比赛。此次大赛首次加入主题“未来城市”，专为1～3年级学生设立少儿创意搭建比赛。

11月9日，举办机器人智能大赛

（刘启航 吴秀玉／拍摄）

（刘启航 吴秀玉）

【举行民办学校工会联合会工资集体协商推进会暨签字仪式】 11月12日，通州区举行民办学校工会联合会工资集体协商推进会暨签字仪式。会上，回顾总结通州区民办教育行业工资集体协商工作情况，介绍民办教育行业概况，以及2019年工资集体协商情况。由区总工会专职集体协商指导员做工资集体协商专项培训，详细讲解工资集体协商的内容、程序、要求及主要做法。随后，大会选举工会方和法人方双方协商代表和首席协商代表，讨论并签订《通州区民办教育行业集体合同》、《通州区民办教育行业工资专项集体合同》、《通州区民办教育行业女职工权益保护专项集体合同》和《通州区民办教育行业劳动安全卫生专项集体合同》等4项合同。通州区总工会、通州区教育工会、各民办学校法人和职工方代表80余人参加会议。

（白文会）

【举办英语教师综合素质提升研修班】 11月25—29日，通州区教委举行“通州区国际视野下小学英语教师综合素质提升研修班”活动。开班典礼上，通州区教师研修中心师训部主任介绍活动背景、英国北安普顿大学教育学院教授杰姆斯·安德伍德介绍研修班的主要课程。该次活动围绕主题单元教学、绘本资源教学、课堂管理实践等内容安排4次集中讲座、2次说课备课，安排2次中外教师共上一节课、

2次听评课。北京市国际教育交流中心、通州区委教育工委、通州区教师研修中心（分院）领导和研修班的60余名小学英语教师参加活动。

（王芳）

【举办金鹏科技论坛活动】 11月30日，通州区教委举办2019年通州区中小学生金鹏科技论坛活动。设置小学组、初中组、高中组3个比赛学段，参赛项目按照研究领域划分为自然科学类、社会科学类和工程设计3大类别。学生项目均需提交研究方案、研究报告和研究的过程性资料，参赛选手现场展示作品，就研究项目与来自清华大学、北京自然博物馆、北京师范大学、中国科普研究所等重点科研院校的8位专家进行交流答辩，评选出区级一、二、三等奖分别为22名、29名、38名，并挑选出优秀项目晋级北京市中小学生金鹏科技论坛评选。全区有30余所中小学近200名学生报名参加98个项目比赛。

（刘启航）

【推行校长职级制】 12月1日，通州区教委在全日制中小学校（含特教学校、大学附中附小和民办中小学校）、幼儿园（含其他性质公办园和民办园）、职业高中学校中，对在职在岗的正职校（园）长（含党组织书记）（以下统称“中小学校长”）推行中小学校长职级制。校长职级设置特级、高级、中级、初级四级。其中，高级、中级分别设置一、二、三等。特级、高级、中级、初级校长结构比例控制为0.5：4：4.5：1。实行中小学校长任期目标管理制度，中小学校长一般任期为3～6年。同时将建立中小学特级校长流动制度，引导优秀校长从中心城区向郊区学校、从优质学校向一般学校流动。每次评审过程中设置不超过20%特级校长指标作为校长流动专项指标，经过评审认定后直接到通州区对口合作交流的郊区学校、农村学校（乡村和镇区学校）或新建学校支援工作。职级制根据市委组织部、市委教育工委、市教委、市人力社保局、市财政局等部门《关于印发〈关于北京市推行中小学校长职级制度的实施意见（试行）〉的通知》和通州区委教育工委、区教委《关于印发〈关于通州区推行中小学校长职级制度的实施方案（试行）〉的通知》文件要求执行，评审认定中级校长39名，高级校长48名。

（白文会）

【举行中学生业余党校、少年先锋团校培训活动】 12月28日，通州区教委举行中学生业余党校、少年先锋团校培训活动。该次党团校课程设计专家讲座、基层团委书记讲团课两个模块。邀请北京青年政治学院教授刘世保为学生们作题为《团旗飘飘——学习团史，继往开来》的专题讲座。小务中学、首都师范大学附属中学通州校区、通州区第六中学等团委书记从不同角度带领学生深入认识团员身份的意义与责任、党团组织的初心传承、新时代青少年为实现伟大复兴中国梦所肩负的奋斗使命，从而教育引导学生争做中国特色社会主义事业的建设者和接班人。全区34所中学通过校级遴选出100名追求进步的入党积极分子，200名入团积极分子参加培训。

（刘开江）

职业与成人教育

【概　况】 2019年，通州区职业高中2所，其中，教育部门办1所、民办1所，开设专业11类。招生127人，毕业102人，在校生353人。教职工140人，其中专任教师121人。职业高中学校（非学校产权）占地总面积201799平方米，（学校产权）建筑总面积49636平方米，（非学校产权）建筑总面积29210平方米，图书室藏书115469册，固定资产总值12163.2万元。成人教育单位12个，其中成人教育中心1个、区教委辖管乡镇成人学校11个。开设计算机、职业技能、文化艺术、文明素质、家政服务等培训科目。教职工140人（不含外聘教师），其中专任教师104人。区教委辖属乡镇成校占地总面积59071平方米，建筑总面积24302平方米，图书馆藏书40442册，计算机614台，固定资产总值967.44万元。

年内，职成教育加快发展。新开设娱乐设施运营与维护专业，推进“3+2”中高职衔接办学项目7个。举办首届通武廊职业学校学生技能大赛。推进职普融通，在职业学校开展初中开放性科学实践活动。深化校企合作，与吉利汽车、国家大剧院舞美艺术中心、环球主题公园启动合作。扎实开展成人教育、社区教育，全年开展各类培训3000余次，参与人员13万人次。举办第十五届全民终身学习活动周，组织开展第二十二届全国推普宣传周。完成学校语言文字工作规范化达标建设工作。培育认定区级学习型社区11个，学习型家庭100个。评选出“通州区市民学习之星”73人，“首都市民学习之星”3人。建成北京市终身学习品牌项目2个，建成国家级优秀成人继续教育院校2所，建成市民终身学习示范基地、职工继续教育基地12个。

【召开职业院校座谈会】 2月25日，北京市教委有关处室及相关职业院校在副中心调研并召开座谈会。与会代表围绕“职业院校如何从区域、行业、企业发展和人才需求角度为北京城市副中心建设服务”的主题展开广泛交流与讨论，提出需求导向、订单培养；发挥优势、精准培养；校企合作、共同培养等一系列合作思路与方向。与会代表考察调研国家大剧院台湖舞美艺术中心。市教委职成处、通州区教委、北京财贸职业学院、北京新城职业学校负责人以及国家大剧院、首寰公司、北京国际度假区有限公司等企业代表20余人参加调研与座谈活动。

（刘琼）

【北京市高等教育自学考试通州区报考工作】 3月9日，北京市高等教育自学考试通州区报考工作结束。有考生6745人报考19213科次；注册新生1358人，使用考场数619个；设通州二中、通州四中、通州六中、玉桥中学、运河中学（高中部）、台湖学校、梨园学校、北京育才学校通州分校等8个考点；在通州区考试中心为残疾考生设立特殊考场1个。本次考试于2019年4月13日、14日、20日、21日进行。

9月9日，北京市高等教育自学考试通州区报考工作结束。本期通州区开考42个专业，其中注册新生1603人，报考人数最多的专业有《工程管理（项目管理方向）（专升本）》869人，《人力资源管理（独立本科段）》688人等。本期报考课程总计268门，有考生6982人，报考总科次20517；报考课程人数较多的有《中国近现代史纲要》2001人，《马克思主义基本原理概论》1843人。《英语（二）》1209人等。使用考场数合计664个。设通州区第二中学、通州区第六中学、北京二中通州校区、张家湾中学、台湖学校、梨园学校6个考点；在通州区考试中心为残疾考生设立特殊考场1个。本次自考于2019年10月19日、20日和26日、27日进行。

（王洪建）

【召开社区教育课程开发研讨会】 3月20日，通州区社区教育课程开发研讨会在通州区教师研修中心召开。会上，全员围绕社区教育课程“隔代育婴”配套教材的编写思路、大纲、体例、样张等，进行交流探讨，直面教材编写工作中的问题与困惑。北京教科院终身学习与可持续发展教育研究所社区教育研究室主任赵志磊予以指导，来自职成教育的20名骨干教师参加研讨会。

【组织翻转课堂教学活动】 4月4日，北京新城职业学校组织翻转课堂教学听、评、指导研学活动。整体活动分为：教师讲课、说课研讨及专家点评等环节。教师对翻转课堂教学中某些环节的教学方法、技巧得到理解掌握（如课前学生的情况反馈掌握、课前教学设计的再调整、课中的学生问题解决、知识应用及评价等），知道自身的不足及改进措施。参与活动的有北京教育学院信息技术与职业教育学院黑岚副院长、职业教育研修员及北京新城职业学校相关领导及工作室成员。

（刘琼）

【举办第九届艺术节】 6月14日，北京新城职业学校举办第九届艺术节活动。学前教育专业、数字媒体技术应用专业等多个专业的学生全程参与到艺术节中。北京新城职业学校落实《国家职业教育改革实施方案》，促进产教融合，校企“双元”育人。校方主动与具备条件的企业在人才培养、技术创新、就业创业、社会服务、文化传承等方面开展合作，成立与行业、企业一线对接的工作室。通过构建校企合作机制，创新人才培养模式。

（侯洋）

【举办蔬果创意T台秀】 9月22日，通州区潞城镇成人文化技术学校在北京国际都市农业科技园举办“喜迎建国70年——亲子‘蔬果创意T台秀’”活动。活动中，每个家庭用红果、葡萄、红辣椒、玉米、瓜秧、树叶、菜叶等素材装扮自己的孩子，孩子们在舞台上展现装扮成果。来自潞城镇各村的20组家庭参加活动。

9月22日，举办亲子蔬果创意T台秀

（孙雨仙／拍摄）

（孙雨仙）

【完成全国统一考试工作】 10月26—27日，在通州考区进行的北京市成人高校招生全国统一考试结束。设置通州潞河中学、通州运河中学高中部、通州四中、通州玉桥中学、北京育才通州分校等5个考点，此次考试通州区有考生3056人，109个考场，组织341场考试。8月29日至9月4日，成人高考网上报名成功的考生3332人。9月7—9日，现场确认成功的考生3056人，其中高中起点883人，专升本2173人。11月29日至12月14日网上录取。

（王洪建）

【举办“丹佛斯”杯通武廊职业学校学生技能大赛】 10月22—25日，通州区教委与北京新城职业学校、天津市武清区职业教育中心、廊坊市电子信息工程学校、河北省香河县职业技术教育中心联合举办“2019年‘丹佛斯’杯通武廊职业学校学生技能大赛”。该次大赛中，有来自北京新城职业学校、天津市武清区职业教育中心、廊坊市电子信息工程学校、河北省香河县职业技术教育中心等4所学校的142名选手、70名指导教师、40名裁判员参加“汽车机械拆装”“汽车营销赛项”“数字影音后期制作技术”“学前教育专业美术与手工”“职业生涯设计技能挑战赛”“电子商务运营技能”6项比赛，6项比赛分别由4所学校承办。85名选手获得不同赛项奖励，其中北京新城职业学校参赛选手2人获一等奖，6人获二等奖，11人获三等奖。

10月22—25日，举办“丹佛斯”杯通武廊职业学校学生技能大赛　（侯洋／拍摄）

【启动第十五届全民终身学习活动周】　12月13日，主题为“城教融合谋发展，需求导向促改革”的通州区第十五届全民终身学习活动周在张家湾成人文化技术学校开幕。区教委领导介绍2019年度通州区学习型城区建设工作情况，对十五年来通州区继续教育、终身教育、学习型城区建设取得的成就进行详细总结，对通州区学习型城区工作未来发展进行展望。区成教中心领导宣读《关于表彰2019年通州区建设学习型城区工作先进个人和先进单位的决定》，表彰2019年在通州区建设学习型城区工作中取得突出成绩的国家级“优秀成人继续教育院校”2个，市级“首都市民学习之星”3人，通州区市民学习之星73名，学习型家庭100个，学习型社区（村）11个，社区教育先进工作者30名，并为4个北京市民终身学习示范基地、1个北京市职工继续教育基地以及7个通州区市民终身学习示范基地颁牌。开幕式当天还举办通州区第四届社区教育成果展示活动，有近200个社区教育优秀作品参展。该届活动历时2个月，全区17个街镇、职业学校、成人学校等各组织单位，安排1200余场学习活动。11万余人次在学习周期间参加学习活动。市教委职成处、区委教育工委、区妇女联合会、区成教中心、区教委、区民政局、张家湾镇以及国家级、市级、区级获奖个人和单位代表100余人参加开幕式活动。

（侯洋）

12月13日，启动通州区第十五届全民终身学习活动周　（侯洋／拍摄）

【开展《隔代教育》系列培训活动】　2019年12月20日至2020年1月3日，通州区教委职成总务研修部面向通州区北苑、新华、中仓、玉桥4个街道的7个社区开展2019年通州区社区教育大课堂——“隔代教育”系列培训活动。由职成成长工作室的5位骨干教师围绕《怎样带好您的孙辈》《帮助孩子面对他的感受》等专题进社区讲解，向社区居民发放历经5次修改完善编印出的《隔代教育手册》300余本。共计培训280余人。《隔代教育手册》包括我家温馨、我要有好习惯、我可以、我在努力成长中、我是个小太阳、我是社交小大人等6部分内容，历时3年的调研与分析、培训与实践形成。

（丁佳）

教育督导

【概　况】 年内，完成迎接北京市教育督导组对通州区政府履行教育职责的检查，受到好评。制定《通州区中小学全面落实素质教育综合督导工作方案》和《通州区落实〈北京市幼儿园办园质量督导评估办法（试行）〉三年实施方案（2019—2021年）》。组织137所幼儿园完成自评工作，自评率为100%，组织督导专家对31所幼儿园进行实地督导并定级。组织20所学校600余名师生完成国家义务教育质量监测工作。组织督学参加各类培训500余人次，督学素质进一步提升。聘请中小学责任督学19名，完成107所中小学（含农村完小45所）的经常性督导。聘请学前教育责任督学119名、乡镇街道总督学15名，实现对各类幼儿园督导全覆盖，全年入园督导4100余人次，促进依法办学、规范办园。

【开展教育督导交流】 5月28日至6月1日，通州区选派32名干部教师到内蒙古科右中旗进行教育帮扶工作，通州与科右中旗两地教育督导工作交流。5月29日上午，在巴彦呼舒第六中学召开北京市通州区与内蒙古科右中旗教育督导工作交流会。北京市督学肖宝军为科右中旗专兼职督学做"不辱使命，尽心尽责做好兼职督学工作"的专题讲座。双方就教育督导责任和面临的问题展开研讨，并就进一步深化两地督导交流合作畅谈工作设想。两地督学先后深入巴彦呼舒第七小学、第五中学、杜尔基中学、巴彦呼舒第三中学、高力板中学、好腰苏木学校，对责任区督导工作的开展情况进行现场观摩交流；实地查看校园环境、队伍建设、办学条件、课程设置、专业教室的管理使用，校园文化建设及义务教育均衡发展工作的巩固提高等情况。此次督导工作交流，双方在督导理念、督导方法、规范督导、智慧督导等方面相互学习借鉴。督学之间交流充分，工作上相互启发。借助跨省市的督导工作交流合作，促进通州区教育督导工作更加规范有效，助力北京城市副中心教育的发展。

（李壬戌）

【召开办园质量督导评估专家培训会】 9月18—19日，通州区教委督导科联合区教师研修中心召开幼儿园办园质量督导评估专家培训会。培训会邀请北京教育学院丰台分院学前教研室教研员范惠静和北京师范大学石景山附属幼儿园园长马炳霞分别就《北京市幼儿园办园质量督导评估标准（试行）》和《北京市幼儿园办园质量督导评估办法（试行）》进行解读，并对该《标准》的管理工作部分和该《评估办法》的保教部分做深入讲解。区级督导评估69名专家参加培训。

（王恩承）

【迎接市政府教育督导检查】 10月29—31日，北京市政府教育督导检查组对通州区2019年区政府履行教育职责情况进行综合督导检查。督导检查组对通州区"十三五"基础教育设施专项规划布局、教育经费、学位、控辍保学、近视肥胖防控、贫困生资助、学前入园率、普惠园覆盖率、配套园治理、办学条件等情况，分组召开座谈会，与区政府相关委办局、教育行政相关科室和校长、园长开展深入交流。督导检查组查阅档案材料并深入北京人大附中通州校区、通州区甘棠中学、通州区次渠家园小学、通州区教工幼儿园等7所中小学和3所幼儿园进行实地查看，了解学校、幼儿园办学条件、办学规模、专用教室（功能教室）使用、教室配置等情况。听取校长、园长的汇报，并进行详细的交流。市教委原副主任、正局级巡视员罗洁，市政府教育督导室副主任冯义国带队督导检查。

（李壬戌）

教育机构选介

潞河中学

【概　况】 2019年，北京市通州区潞河中学占地面积17.06万平方米、建筑面积10.0216万平方米、运动场地面积2万平方米，绿化用地面积6万平方米。图书馆藏书15.3万册，包括电子图书2.8万册。固定资产总值28956万元。全年教育经费投入19040万元。学校信息化经费投入约100万元，拥有计算机2600台，多媒体教室78个，校园网出口总宽带700兆字节（Mbps），数字资源量2500千兆字节（GB），“信息技术”课程初中1课时/周、高中2课时/周。教职工383人，其中，正高级职称5人，高级职称165人、中级职称134人。专任教师310人，包括特级教师11人、北京市骨干教师16人、北京市学科教学带头人6人；本科及以上学历310人，副高级及以上职称158人、中级职称114人。专任教师312人，包括特级教师15人、市骨干教师16人、市学科教学带头人6人；本科及以上学历312人。开设教学班78个，其中，初中班30个、高中班48个。毕业897人，其中，初中286人、高中611人；招生1183人（初中432人、高中751人）；在校生2996人（初中1170人、高中1826人），包括寄宿生961人，随班就读学生1人。高中录取分数线520分（通州区统招），应届高考本科上线率96%。

2019年，全面落实立德树人根本任务。在教育教学各项工作中，全面落实立德树人根本任务，以庆祝中华人民共和国成立70周年为契机，开展具有潞河特色的主题教育活动，传承红色基因，塑造学生健全人格。

全面提升学校教育教学质量。全面组织实施初高中课程改革，落实招考制度改革。初、高中部各年级结合学生特点全面落实新课程要求，遵循教育规律和学生成长规律，围绕立德树人根本任务，把科学的质量观落实到教育教学全过程。围绕选课走班模式下的教学改进，做好考试改革背景下初高中教育教学组织管理工作，科学指导学生选课和学习。做好创新人才培养实验项目。进一步落实学校与高校、优质资源单位的教育合作，满足资优学生个性化和多样化发展需求。命名“辛德惠”班，与前期命名的“钱学森”班一同，开展教育教学改革实验，探索人才培养新模式。依托“金鹏天文团”“翱翔计划”“创客教育”“斯坦福创新实验室”等项目开展创新人才培养，加大学科竞赛及培优课程培养力度，组织学生参与高级别高水平学科竞赛。

两支队伍建设成效显著。年内，学校采取切实措施，增强干部、教师思想和业务修养，提高工作的责任感和使命感，形成学校干部、教师昂扬向上，积极进取的教育生态。开拓市、区两级资源，大力加强学校干部、教师培训力度，特别重视骨干教师及青年教师培养。

（刘晓蕾）

【举办首届学生发展规划高峰论坛】 3月25—29日，北京市通州区潞河中学开展为期一周的“学生发展规划”高峰论坛活动。论坛中，学校邀请来自医生、法官、人工智能等各行各业的时代先锋、道德楷模、精英人士14人，为学生们讲述他们的求学求职历程，分享他们的人生感悟。学校组织家长代表和学生的活动交流分享会，与新高考改革相适应，协助学生做好生涯发展规划，针对学生对职业发展做好正确的认知需求。

【举行纪念五四运动100周年、庆祝中华人民共和国成立70周年暨感动潞河人物表彰大会】 5月5日，潞河中学举行纪念五四运动100周年、庆祝中华人民共和国成立70周年主题活动暨2019年感动潞河人物表彰大会。观看感动班级人物、感动年级人物的事迹介绍，学校领导为5名获奖学生颁发证书、奖杯及奖品。期望通过活动，同学们能够汲取榜样力量，继承和发扬五四精神，在奋斗实践中练就过硬本领、锤炼品德修为，成为德才兼备、知行合一的新时代潞河人。

【开展支教活动】 7月14—18日，潞河中学校长带领学校14位特级、市区骨干教师，2位行政干部赴甘肃张掖二中进行支教活动。送教活动采取教学观摩、专题讲座、互动交流的形式，各位教师重点展示英语、数学、音乐等多个学科的课堂教学如何落实学科素养，高中新课程标准下打造高效课堂的方式方法，传播先进的教学理念和教学方法。张掖二中领导及相关学科教师参加，两校老师们纷纷表示收获颇丰，决定在教书育人的路上，不忘初心，牢记使命。

【举办生涯教育师资培训】 8月29—30日，潞河中学举办首期潞河中学生涯教育师资培训。学校邀请国家生涯规划师及职业咨询师为老师们讲授，主要围绕生涯教育，联系当前的高考改革，结合上海和浙江的课程改革实施方案，向老师们介绍如何在工作中实施生涯教育。并通过游戏、问卷等互动方式指导老师们掌握生涯教育中的兴趣、性格和价值观探索的自我认知探索方法，以及在日常教学和班级管理中如何运用。通过培训，希望老师们能通过新知识的流入让自己成长迭代，能够在自己的课程中有新的增长点。在教育教学中，切实科学地指导帮助自己的学生做出适合自己发展的决策。

【设立"辛德惠班"】 9月1日，潞河中学举行"向祖国致敬，向梦想出发"——潞河中学2019—2020学年度开学典礼。会上，学校领导为获得"潞河学子奖奖学金"、"陈昌祐校长奖学金"、"周文彬烈士奖学金"、"韩美林艺术奖学金"以及"李宁优秀运动员奖学金"的学生颁奖。潞河中学副校长谢宏春宣读辛德惠班命名决定，中国农业大学资源与环境学院院长吴文良和潞河中学校长徐华共同为"辛德惠"班授牌，并设立"辛德惠励志奖学金"，以此激励潞河学子。

【举办科技节系列活动】 9月，潞河中学举办科技节《科学大讲堂》系列活动。学校邀请众多高校

7月14—18日，北京通州潞河中学"送教团"教学示范课（李柯／拍摄）

9月，举办2019年潞河中学科技节《科学大讲堂》活动（李柯／拍摄）

科研院所专家，为同学们奉献36场最近距离聆听、第一时间交流、与专家深度沟通、充实精彩的科学营养课。专家们用生动易懂的语言为同学们讲述科技前沿问题，与同学们畅谈科技创新给生活带来的巨大改变，使同学们感受到科技就在身边。讲座结束后，31位专家受聘为校外科技辅导专家。

【承办北京市学生生涯发展指导现场会】 10月25日，潞河中学承办北京市学生生涯发展指导现场会。现场会以“加强机制建设，提升指导实效”为主题，聚焦高中育人方式改革、生涯核心素养、机制建设、指导实效的议题。潞河中学以17节课程展示（包含生涯专业课1节、学科渗透生涯指导课12节及生涯指导主题班会4节）、三组潞河中学的学生社团（学生公司、模拟政协、天文社团）的代表做关于生涯感悟的演讲、学校经验介绍等形式多维度展示学校成长指导教育体系。来自北京市各区以及武清、廊坊、天津的近500位领导、专家和教师参加活动。

【承办研讨会】 10月30日，潞河中学承办“通武廊教育协同发展第一共同体培养学生学科核心素养和关键能力的课堂教学实践研究”研讨会，潞河中学、廊坊一中、天和城实验中学的校长和相关领导10余人参加研讨。潞河中学从学科关注、研究内容、行动路线等多个角度对项目实施方案进行全面细致的解读，受到与会成员学校的好评并一致通过。

10月25日，承办生涯发展指导现场会
（李柯／拍摄）

【建立结对帮扶学校】 10月31日，潞河中学与四川省凉山彝族自治州宁南中学建立结对帮扶学校。潞河中学从学校层面将此次帮扶行动从政治任务转化为责任担当；在教师层面由教师援教转化为协同发展的共同体建设；学生层面转化为共同交流共同成长。两校组织开展“潞河宁南共读一本书”活动，潞河中学师生捐赠书籍4500册，两校师生互相交流读书心得，共同进步。

【参加2019首都文明校园创建故事分享会】 12月13日，潞河中学参加“逐梦新时代”——2019首都文明校园创建故事分享会。分享会以“逐梦新时代”为主题，校长徐华、副校长谢宏春和内高班学生热汗古丽讲述潞河中学办班近20年来干部、教师、当地学生与内高班学生的感人故事。

【入选中国20世纪建筑遗产项目】 12月，潞河中学入选中国20世纪建筑遗产项目。由中国文物学会、中国建筑学会联合主办的“致敬百年建筑经典——第四批中国20世纪建筑遗产项目公布暨中华人民共和国70年建筑遗产传承创新研讨会”在京召开，北京有21个项目入围。

（李柯）

北京物资学院

【概　况】 2019年，北京物资学院占地面积43.16万平方米，建筑面积28.64万平方米，其中，产权建筑面积27.60万平方米、非产权建筑面积1.04万平方米。教育经费投入51849.50万元，其中国家拨款42493.54万元，自筹经费9355.96万元。固定资产总值105473.77万元，其中，教学、科研仪器设备资产值29855.69万元。图书馆建筑面积13258平方米，馆藏图书126.12万册，电子图书192.13万册。拥有计算机6068台，多媒体教室224个，信息化设备资产9481.01万元，网络信息点11374个，校园网出口总带宽3300兆字节（Mbps），电子邮件系统用户8335个，上网课程309门，数字资源量9000千兆字节（GB），管理信息系统数据总量3400千兆字节（GB）。设有8个学院，开设27个本科专业及方向，覆盖6个学科门类；拥有一级学科5个；硕士学位授权点5个，专业学位授权点4个。北京市重点建设学科2个、国家级特色专业2个、市特色专业3个。教职工781人，其中，专任教师496人，包括教授74人、副教授191人；硕士研究生导师159人。毕业生2173人，其中，学历教育学生中全日制研究生210人，普通本科生1360人；成人教育本专科生617人（本科生226人、专科生391人）。招生2408人，其中，学历教育学生中全日制研究生352人，普通本科生1487人，成人教育本专科生569人（本科生496人、专科生73人）。北京地区高考录取线提前批理科527分，本科批理科500分、文科539分；在校生8107人，其中，学历教育学生中全日制研究生913人，普通本科生5962人，成人教育本专科生1232人（本科生1087人、专科生145人）。留学生毕（结）业80人，招生178人，在校生178人。2019年，学校以习近平新时代中国特色社会主义思想为指导，贯彻党的教育方针，将立德树人作为根本任务落实到办学治校全过程。以把学校建设成为物流与流通领域国内领先、国际有影响力、与北京城市副中心相称的高水平应用型大学为目标，坚持走差异化、特色化发展之路。

【人才培养】 学校全面修订本科专业人才培养方案，推进人才培养模式改革与创新。以审核评估整改为契机，全面提高人才培养质量。新增安徽、宁夏、新疆3个省、自治区本科一批次招生，合计在12个省（自治区／直辖市）投放一批本科招生计划，多个省份录取最低分超当地一批本科控制线50分以上。2019年，本科毕业生就业率94.43%，研究生毕业生就业率98.48%。开设企业家课堂（计39门课程）、暑期国际学校（计25门课程）等特色课程。学校大学生艺术团原创话剧《杨洪璋》在第六届北京大学生戏剧节中荣获多幕剧金奖。

【专业和学科建设】 继续推进2018—2020年博士学位授予立项建设单位建设工作，联合培养博士生4人。获批会计专硕学位点。物流管理、信息管理与信息系统专业获批2019年度国家级一流本科专业建设点，采购管理专业获批2019年度省级一流本科专业建设点。新获批供应链管理、数据科学与大数据技术2个本科专业。获批北京高等教育“本科教学改革创新项目”立项项目4项。4门课程入选2019年北京高校“优质本科课程”。

【师资建设】 独立设置教学质量监控与评估中心（教师发展中心），进一步强化治理体系的管、办、评分离，加强对教师专业发展的支持力度。全年引进26名专任教师，9名教师晋升教授职务，14名教师晋升副教授职务。获得第三届北京市高等学校青年教学名师奖1人，2名教师获批通州区“两高”人才工程“运河计划”领军人才项目。选拔资助5名教师、支持1名教师申报国家留学基金委项目赴国外知名高校访学研修，新增9名教师申请挂职，有14名教师完成挂职备案工作。组织新入职青年教师参加“首都国企开放日”活动，开展师德师风专题培训、新入职教师师德专项培训及青年教师成长沙龙活动。组织教师参加北京哲学社会科学教学科研骨干培训班、“习近平新时代中国特色社会主义思想”理论培训班、北京高校思想政治工作骨干研修班培训。

【科研和对外合作工作】 获批国家自然科学基金项目4项、国家社科基金项目3项、教育部人文社科基金项目3项，获北京市社科基金项目立项13项。新签署国际合作协议11份，成立北京物资学院马来西亚物流教育与科研中心。立项建设中国物流大数据中心，组建面向不同用户群体的物流服务大数据库，包括物流基础设施、物流企业、物流运营、物流技术与标准、物流教育等专业数据库。梳理和整合物流行业内外部数据的获取渠道，推动物流大数据共享，促进中国物流业高质量发展。何明珂教授主笔修订《物流术语》国家标准，姜旭教授主笔修订《冷链物流分类与基本要求》国家标准，推动新时代背景下的物流行业发展。

【主办物流与供应链国际会议】 11 月 30 日至 12 月 1 日，学校主办 2019 年物流与供应链国际会议，该次会议主题为“智慧供应链管理与创新研究”，校长刘军致欢迎辞，副校长何明珂主持会议。国内外管理科学与系统工程学界及相关学科的 150 余位知名学者参会。会上，专家学者交流各自最新研究成果，探讨当前智慧时代的供应链管理、管理创新理论前沿以及社会热点问题。会议第一阶段，葡萄牙里斯本大学教授弗朗西斯科、德国巴登符腾堡州双元制大学教授阿明、日本爱知学院大学教授丹下博文、香港物资采购与供销学会会长吴惠群 4 位学者，分别以《物流网络设计中的多周期随机设施选址问题》《物流服务提供商如何创新？——历史形式与未来展望》《促进日本物流业和供应链的高效管理》《智慧供应链管理与创新》为题作了主题报告。会议第二阶段，北京交通大学教授华国伟、葡萄牙里斯本大学教授弗朗西斯科、中国物流与采购联合会采购与供应链专家委员会副主任史文月、《中国流通经济》杂志主编郝玉柱、北京交通大学教授孙会君、南开大学教授李晌，分别以《易货交易中的报童问题》《计算机与运筹学：如何发表？》《智慧时代的供应链创新：机会及挑战》《〈中国流通经济〉来稿要求及热点选题》《科研论文撰写的体会与建议》《国际期刊 JMOM 简介与物流供应链国际期刊发表》为题作了交流报告。该次会议是国际供应链管理学术领域的高水平研讨会议，是国内外物流与供应链领域专家学者交流的重要窗口，是促进中国当前管理科学与系统工程学术水平提升的高端平台。

【参与国庆 70 周年庆祝活动】 北京物资学院在参与中华人民共和国成立 70 周年庆祝活动中，按照市委统一部署完成国庆阅兵预备役方阵、民兵方阵、群众游行方阵、庆祝大会广场合唱、群众联欢合唱及舞蹈演出、城市志愿者、彩车服务志愿者以及全国巡讲等 8 项任务。学校师生有 2400 余人次参与到各项活动中，他们亲身体验一堂生动的中华人民共和国历史课、爱国主义教育课、新时代思政课，切身感受非凡的思想引领效果、精神价值实现的骄傲和“四个自信”的自豪感。参与“人类命运共同体”方阵训练和演出工作的有 311 名学生，参与国庆庆祝大会广场合唱、群众联欢合唱及舞蹈演出活动的有 900 多名师生。训练排练时间合计 60 余天。在活动训练阶段，进行党团活动 12 次。学生在活动期间撰写总字数约 20 万字的训练感想，表达高昂的爱国热情。在活动表彰大会上，获得“精彩 70”最佳方阵流动红旗、“精彩 70”最佳大队、“国庆 70 群众游行合练优秀方阵”和“32 方阵最佳集体”等称号。

（丁兆博）

成人教育中心

【概　况】 2019 年，成人教育中心围绕副中心建设，区委、区政府中心工作和市民教育需求，以学习宣传贯彻中共十九大精神为动力，以北京城市副中心的标准定位，以服务区域经济社会发展和促进市民综合素质提升为办学宗旨，完成年度工作。

【市民教育】 年内，以新时代文明实践活动为契机，以践行社会主义核心价值观、弘扬社会主义新风尚为重点，深化市民教育活动，开展社会主义核心价值观、社会文化生活等主题教育公益讲座，组织讲座活动 4 场，参与市民 800 余人。在提升居民道德、文明、文化知识和提高居民素质、传播正能量等方面，取得良好效果。

【农民教育】 年内，加强农广校乡镇工作站建设，促进通州区农村职业教育和成人教育的融合发展，农民田间学校把四级教学网络体系建设落到实处，为农广校培训体系建设发挥引领示范作用。抓好农民学历教育，在6个乡镇开设8个中专班，在籍学生312人，毕业生70人。继续推进“文化驻乡”工程，开设3个文艺中专班。农广校乡镇工作站发挥自身优势，开展国画素描、全民国家安全教育、书法课程和舞蹈等丰富多彩的培训，传播科学文化知识，促进乡风文明建设，推动新农村精神文明建设。

【成人学历教育】 年内，运用国家开放大学和北京开放大学资源，构建具有通州区特色的新型开放大学和远程教育学习中心，做好社会需求和生源状况调研，开拓生源渠道，不断加大开放教育的招生办学力度。开放大学专、本科共招生432人，在校生1552人。充分发挥奥鹏远程教育中心的网络教学优势，加强与相关行业与组织间的合作，整合教育资源，做好新增专业的申报和宣传工作，专、本科共招生192人，在校生309人。与中国政法大学深入合作继续开展研究生层次教育。

【开展送课进社区、校园活动】 年内，依据受众群体学习需求，面向社区和学校开展内容丰富的送课活动。推出“正面管教家长课堂”“文明礼仪”等7门课程，送课至芙蓉小学、临河里小学等20多所学校和多个社区，授课38次，累计培训学员2800人。“绿色同享——助力副中心建设”环保课是中心自主研发和推广的公益课程，为社区和23所学校，开展63次送课活动，服务社区居民和中小学师生2754人，通过讲授垃圾分类、垃圾减量的知识及技能，帮助社区居民和中小学生提升环保意识，助力副中心建设，践行绿色生活理念。

【各类培训和组考工作】 年内，加强与各委办局沟通合作，与区旅游委、区妇联合作，开展行业安全知识等培训，培训学员500余人。与中仓街道合作开展各类社区活动，组织文艺会演等比赛，1000余人参加。中心设立正面管教家长课堂，开设亲子课，累计授课37次。剑桥少儿英语和新概念英语班培训学员25人。开展社会化考试组考工作，北京地区全国专业技术人员计算机应用能力考试和北京市会计专业技术资格考试分别组考2次，累计服务考生1200余名。

（郑琛颖）

文　化

通州区文化和旅游产业发展研究智库成立仪式

（区融媒体中心提供）

广播电视

【概　况】　2019年3月，通州区委、区政府《关于调整北京市通州区融媒体中心职能配置、内设机构和人员编制的通知》对区融媒体中心职能、内设机构和人员编制作出调整。整合北京市通州区广播电视中心（北京市通州区融媒体中心）、北京通州报社职责，以及其他区域公共媒体相关机构的职责，组建通州区融媒体中心，为区政府直属相当正处级财政补助事业单位，归口区委宣传部领导，类别为公益一类。调整后，区融媒体中心编制83人。处级领导班子一正三副。16个内设机构分别为：办公室、政工科、财务部、总编辑部、融媒评审部、融媒采访部、外联合作部、播音主持管理部、视频编辑部、音频编辑部、平面媒体部、新媒体部、融媒制作部、融媒经营部、技术部、播出部。

【打造通州区融媒体矩阵】　年内，遵循融媒体业务流程规律，再造融媒体工作流程和管理体系，为全媒体宣传积累经验。发挥“中央厨房”的作用，实现策采编发评一体化管理。建立重大选题媒体例会制度和选题调度制度，共同研究宣传重点，策划申报重点选题，统一调度安排宣传报道工作和人员安排，进行采编力量的整合和发布平台统一协调等，统一宣传报道方向和口径，扩大宣传报道的传播力和影响力。贯通通州电台、电视台、通州时讯报社、大运通州网、北京通州发布官方微信公众号、通州官方微信微博等传统媒体和新媒体平台，在策划融媒体宣传上进行有效尝试，着力打造“通州发布”融媒体品牌，形成以此为核心的通州区融媒体矩阵。

【打造移动客户端】　年内，坚持移动优先的原则，高标准打造具有副中心特色的移动客户端——融汇副中心。根据北京市委宣传部《关于加强区级融媒体中心建设的实施方案》要求，移动客户端App要贯通融媒体中心建设和新时代文明实践中心建设，做精做强“媒体＋服务”功能定位，实现客户端用户在通州“一端在手，基本满足需求”的目标。“融汇副中心”手机App测试版于2019年2月3日上线运行，在试运行的基础上进一步优化调整客户端功能及内容。10月9日，举行移动客户端双系统正式上线运行仪式，并在大运通州网、大运通州网微信公众号、融汇副中心移动客户端进行全程直播。

【典型宣传及重大主题宣传】　年内，着力打造“2018通州榜样”颁奖典礼、第五届“感动永乐好村民”评选授奖等品牌活动；承接“情暖运河 德耀中华”5月中国好人榜发布仪式、京交会副中心分会场活动、“爱上大运河”等重大特色活动；以大运通州网、微信公众号北京通州发布、融汇副中心App平台，围绕重大主题创新开展2019运河绿道骑游周、“我在通州为祖国庆生”、“大运河通航”、“新地铁线开通试运营”、“大运河灯光秀”等各类新媒体活动，尝试进行网络直播、微视频宣传和系列深度新闻报道工作。

通州榜样2018颁奖典礼

（区融媒体中心提供）

5月中国好人榜发布仪式

（区融媒体中心提供）

【提升新闻质量】 年内，在各级领导的高度重视和直接指挥下，融媒体中心与市级媒体进行高频高效的工作对接。7月1日起，《通州新闻》在北京电视台新演播室录制和采集，由北京电视台新闻节目播音员与通州台播音员组合共同进行节目主持。在节目制作、策划、包装上引入北京电视台资源，实现《通州新闻》全新升级改版亮相，社会反响强烈，进一步优化提升新闻质量；分批次选派骨干力量到北京电视台、北京日报社顶岗培训，共享市级媒体选题信息，同时，北京电视台、北京日报社到通州采访拍摄重大选题时，通州选派区属媒体力量贴近学习，新闻栏目制作水平和采编人员新闻专业化水平得到同步提升。

【日常新闻宣传报道】 在宣传报道策划的形式上突出重点、亮点纷呈。9月1日，《通州新闻——新闻一周》节目配备的手语主持人正式亮相，成为北京市16区中首家开播的手语电视新闻；10月下旬，融媒采访部抽调专人与《通州时讯》记者成立时政新闻专班，从人员配备、新闻策划、选题梳理、报道方式等多个方面下足功夫，专注于区委、区政府领导的新闻采编报道；在“京交会”北京城市副中心分会场报道中，首次实现全英文专访让副中心新闻报道更具国际化。

在宣传报道选题的把握上服务大局、关注民生。牢牢把握舆论导向，把节目视角聚焦一线，聚焦热点，聚焦民生，聚焦文化，在《通州新闻》中设置《沿着总书记的脚步》《优化营商环境》《美丽乡村进行时》《疏解整治促提升》《脱贫攻艰》《扫黑除恶》《壮丽七十年、奋进新时代》《不忘初心，牢记使命》《民有所呼，我有所应》等专栏；《看通州 记者视点》推出《我和我的祖国》、《通州记忆》、《副中心建设探访》、《我身边的变化》、《古镇文化行》、《舌尖通州》和《副中心我们去哪里感受文化》6大选题系列。同时做好服务，打造独家品牌栏目，北京通州发布公众号策划推出“两会”《小布帮打听》栏目，征集市民留言600多条，将问题带至“两会”现场，帮助市民答疑解惑。春节前夕，推出6期《逛大集》栏目，图文并茂带回新鲜、接地气的服务信息，单篇稿件平均阅读量过万，成为独家品牌栏目。

在宣传报道效果上坚持提高质量、增强深度。围绕区委、区政府中心工作刊发播报反映副中心建设成就的综合性、系统性、成就类新闻50余条，刊发播报评论类文章20余篇次，社会各界反响良好。其中评论员文章《把副中心生态环境建设紧紧抓在手上》《减出高质量，注入新动能》等文章获社会各界积极评价。成就类报道《北京城市副中心高质量发展引领经济“开门红”》被学习强国北京平台重磅推出。

外宣报道主动作为，上稿“量”与“质”双提升。截至年底，在北京台播发通州区新闻90条，其中自采新闻60条，配合采访新闻30条，完成区级绩效考核任务。7月以来，协调配合北京电视台《美丽乡村风景线》栏目组，分3批播出7条展现通州美丽乡村建设成果的专题报道；配合中央电视台北京站记者，在70年大庆前夕，拍摄完成展现北京城市副中心的成就性新闻报道，在《新闻联播》中播发，向全国人民展现北京城市副中心发展的良好风貌。

【安全播出保障工作】 保障中华人民共和国成立70周年等重要时间节点的安全播出和安全生产工作。中心严格落实总局、市局对中华人民共和国成立70周年安全播出工作的各项指示要求，牢记“安全播出工作事关政治稳定，事关国家形象，是一项政治任务”的要求，认真抓好中心各媒体的安全播出和刊发工作，建立健全各项制度和应急预案，做好日常安全播出和刊发工作，做到重要时期坚持领导带班制度和巡查制度。全体值班人员以高度的政治责任心和严谨细致的工作作风，保证中华人民共和国成立70周年期间的安全播出工作。全年电台播出6750小时，通州综合频道播出2008小时，发射2190小时，公共频道播出1643小时，通州文艺播出3276小时，无任何人为安全播出事故。

加快技术升级，提升融媒体中心节目制作能力。打造适合融媒体发展的技术平台作为媒体融合改革发展的重点之一。电视高清二期项目改造系统建成后将提高全流程化节目制播体系的综合能力。推进通州融合媒体平台项目方案设计和预算申报工作，预计2020年，完成项目建设及验收。

（张斌）

报　纸

【概　况】　通州区融媒体中心于2018年7月18日正式挂牌成立。2019年3月19日，通州报社正式转入融媒体中心。2019年，《通州时讯》立足融媒体新时代，按照区委宣传部和融媒体中心的要求，推动媒体业务、人员、平台、机制间的融合，在守正创新上谋发展，做好新闻舆论宣传工作。围绕副中心建设重点工作，做大做强主流舆论。结合重要时间节点，统筹重大主题，主动策划做好新闻宣传，展示全区党员干部建设副中心昂扬奋进的精神风貌。

【围绕重点工作进行报道】　年内，对落实副中心控规，全面推进副中心建设、市级机关搬迁带来新气象、文明城区建设常态化、万亩大造林创建国家森林城市、美丽乡村建设、实现帮扶地区全部脱贫摘帽，以及2019年全区全力推进的重要节点项目建设等内容进行重点宣传报道。围绕中华人民共和国成立70周年，开辟《壮丽七十年 奋斗新时代》专栏，推出我和我的祖国之街乡巡礼、主题故事、通州大事记、游行群众及阅兵故事等系列报道。受到北京市委宣传部阅评组的好评，并给予《通州时讯》评价。围绕城市精细化管理，美丽乡村建设，民有所呼、我有所应等内容进行重点报道。

【推进融媒体建设】　年内，落实平台融、业务融、人员融等相关工作，并逐步推进。在融媒体中心领导的推动下，2019年创新电视台稿件的融媒采写编发模式。形成报社记者为电视台、微信、网站、学习强国、App等多平台供稿编辑的融媒体新闻采编模式。

（余莹）

有线电视

【概　况】　2019年是北京歌华有线电视网络股份有限公司通州分公司“服务质量加强巩固提升年”及转型发展的关键之年。分公司结合中共十九大精神提出的“以疏解北京非首都功能为‘牛鼻子’推动京津冀协同发展”理念，认真学习习近平总书记视察北京重要讲话和对北京工作的一系列重要指示精神。全体干部员工配合市、区两级政府高质量推动北京城市副中心公共文化服务体系和智慧城市建设做出新的贡献。

【推进营维一体融合服务保障工作】　年内，分公司践行“用户全生命周期服务体系”的工作宗旨，依据北京城市副中心的高规格和要求，全面提升副中心服务品质。摸清用户真正诉求，以改革创新的态度建立长效机制，解决长效问题。同时，注重“12345”诉求的快速解决以及降低用户投诉率问题。

【服务质量建设成果】　2019年，分公司继续全力保障北京城市副中心行政办公区网络运维服务工作。严格落实“集中领导、统一指挥，组织完整、分工明确，响应迅速、协同高效”的运维保障与应急响应体系，不断提高副中心驻场组维护人员技术水平，加大培训力度，确保服务和维护质量能够充分满足用户需求。

【安全传输保障】　为确保全国“两会”、中华人民共和国成立70周年期间安全传输保障工作。分公司认真准备、周密部署，做到“六个确保”。同时，提高员工的政治思想觉悟和工作责任心，熟知分公司安全播出应急预案处置流程，确保重大节日期间遇有突发事件做到正确处置，保障了全国“两会”、中华人民共和国成立70周年有线电视网络安全、正常、稳定地运行。

【配合区政府开展相关工作】　年内，配合通州区相关部门的工作要求，落实企业安全生产，有限空间、消防演练等工作；配合通州区社会信用体系建设联席会议办公室的相关工作部署，分公司富河园营业厅被授予“2019年度首都文明商户”称号。参与通州区宣传部举办的“诚信万里行”新时代文明实践主题宣传活动。

通州区“诚信万里行”新时代文明实践主题宣传活动　（通州歌华提供）

【开展美丽乡村服务工作】　年内，分公司推进信息进村入户工程，结合美丽乡村建设，深度融合智慧与特色，搭建高清电视云平台，定制村内专属生活圈，通过歌华电视云平台了解到国家方针惠民政策及百姓身边的大事小情，增强村民与政府之间的联系。

（胡博）

地方志

【概　况】 2019年，区地方志工作办公室围绕区委、区政府的中心工作，以存史、资政、育人为根本任务，狠抓资料收集、著作编研等工作。完成《通州区地名志》样书。完成《北京通州年鉴（2019）》编辑出版。做好特色乡镇村志编修工作，开展地方志宣传教育活动。

【完成《通州区地名志》样书】 年内，根据北京市政府召开的《北京市地名志》《北京市地名词典》编纂工作部署会要求，为全面准确记录全区地名现状，方志办按照资料权威、齐备、文简事丰、便于利用的基本原则，通过对地名含义、历史沿革、地理实体概况等属性信息进行综合、全面、深入地考证与核查之后，完成《通州区地名志》的初稿编修，全书约50万字。

【《北京通州年鉴（2019）》出版】 年内，完成《北京通州年鉴（2019）》的编辑出版工作，全书94.4万字，图片286张，是自1999年以来连续出版的第21部年鉴，翔实记载2018年全区基本概况和重大事件，为领导决策和社会各界参考提供依据。

【编修特色乡镇村志】 年内，按照相关要求，通过充分调研和组织协调，根据乡镇村实际情况和修志意愿，确定潞城镇、西集镇、漷县镇等镇开展特色镇志编修工作，宋庄镇小堡村、漷县镇张庄村等村开展特色村志编修工作。截至年底，《潞城镇志》《西集镇志》《小堡村志》形成初稿，正在广泛征求意见，《张庄村志》完成资料收集工作，进入撰写阶段。

【美丽乡村建设相关工作】 年内，根据《通州区2019—2020年美丽乡村建设繁荣发展乡村文化工作实施方案》要求，党史办是深入挖掘乡村特色历史文化符号的牵头单位和推进乡情村史陈列室建设的责任单位。2019年，各乡镇都在编写村简志或村史集，区志科的责任是根据乡镇需要进行业务指导和质量把关。截至年底，帮助漷县镇审阅《周起营村简志》《北堤寺村简志》初稿并提出修改意见，帮助马驹桥镇审阅《六郎庄村简志》大纲。

（张莉）

档案工作

【概　况】 2019年，区档案馆在区委正确领导下，认真学习贯彻落实习近平新时代中国特色社会主义思想以及系列重要讲话精神，牢固树立“四个意识”，坚决做到“两个维护”，服务大局，开拓创新。3月，区档案局的行政职能划归区委办公室，不再与区档案馆合署办公。区档案馆是全区集中保存、管理档案的事业机构，为区委直属相当正处级财政补助事业单位，归口区委办公室管理，类别为公益一类，内设6个科室。

【到期档案开放鉴定】 年内，完成馆藏1989年形成档案的鉴定初审工作，共92个全宗、9358卷、87119件；开放1988年档案4428件，累计开放档案21536件。

【利用服务】 年内，接待社会各界利用者7635人次，利用档案9222卷次，出具各类证明10524件、30399页。

【编印刊物】 年内，编辑出版《档案与文化》杂志第七期和第八期。编纂《通州档案馆藏精品集粹》，收录268张档案精品照片。出版张源先生主笔的《秋印晚霞——双埠头拾忆》。

【举办高占祥新书捐赠仪式】 2月1日，文化部原常务副部长高占祥委托其夫人林秀珍、女儿高青向通州区代为捐赠2018年出版丛书《高占祥文艺集》2套。

2月1日，文化部原常务副部长高占祥夫人林秀珍（左五）、女儿高青（左六）向通州区档案馆捐赠《高占祥文艺集》——《诗论》《刻字集》《生态三元》等16本新书

（区档案馆提供）

【举办版画艺术展】 4月20日，联合区图书馆、张源艺术馆，在区图书馆八层举办为期15天的“艺海拾忆”——张源及其同仁版画艺术展，展出书画家张源及其老师于20世纪下半叶所创作的44幅作品。

4月20日，“艺海拾忆”——张源及其同仁版画艺术展开幕

（区档案馆提供）

【举办学雷锋主题活动】 年内，与首师大附中共同举办雷锋日活动。借助市委宣传部创立的“京华丹心”爱教基地宣传平台，展示雷锋档案资料，弘扬雷锋精神。

【举办名人书画捐赠仪式】 10月28日，在通州会议中心举办董树旺全家捐赠所藏名人名家书画作品仪式。董树旺携全家捐赠书画作品72幅，王六净捐赠作品1幅。此次捐赠的作品主要有老革命家、老将军的书法作品，也有近现代名家书画作品，为弘扬传统文化，留存地方特色记忆实现新的跨越。

10月28日，董树旺（左）全家所藏名人名家书画作品捐赠仪式。右为区档案馆馆长刘海涛
（区档案馆提供）

10月28日，举办董树旺全家书画藏品捐赠仪式
（区档案馆提供）

【开展国际档案日宣传活动】 年内，举办“剪纸艺术进校园运河文化我来传”活动；与中山街小学共同举办“情系家园筑梦想 争做爱国好队员”主题

5月29日，通州区档案馆举办“剪纸艺术进校园 运河文化我来传”——庆祝中华人民共和国成立70周年暨国际档案馆日活动 （区档案馆提供）

入队仪式；与梨园镇共同组织“档案——中华人民共和国的记忆”主题宣传活动；举办“馆藏艺术家档案作品展”网络展览。

【档案数字化】 年内，完成85家单位的数据挂接工作，接收90个全宗、339个目录、714568件、5254756页。核查宅基地档案数据约4万份。核对馆藏档案数字化成果约1100万页。

【档案征集】 年内，征集运河号子传承人赵义强捐赠的《运河号子》电子影像资料一份；征集《漕帮条规》复印件一本、《军粮密符扇》复制件一把、《水神谢绪图像》一件。征集通州籍戏剧家刘康达撰写的广播剧《扫雷英雄杜富国》电子手稿及资料共计数据容量510MB。征集宝通银号暨慰安妇旧址、日军侵华罪证碑、王芝祥故居、潞河中学周文彬塑像、第三十届农民艺术节等内容的电子手稿和电子照片。征集鱼市胡同、熊家胡同、八里桥新旧桥等反映历史变迁题材的照片。征集行政办公区所在地潞城镇A、B、C、D地块、绿心城市公园所在地东方化工厂地块数据容量4.76T的棚改影像资料。征集广渠路东延工程（北京城市副中心建设交通组成部分）影像资料，共计数据容量3.91GB。征集艺术家作品43幅。接收机构改革单位的原牌匾18块。

（白云）

通州区文学艺术界联合会

【概　况】 2019年，区文联坚持以习近平新时代中国特色社会主义思想为指导，全面贯彻落实中央及市委和区委关于文艺工作的部署要求，主动作为、精准发力、创新发展，思想引领不断加强，主题活动出新出彩，文艺创作引领有力，文联组织的活力、向心力、吸引力和行业影响力进一步增强。

【文艺惠民服务】 区文联与中国美术家协会艺术委员会、通州区人民政府、荣宝斋画院共同举办《笔墨春秋》第二届中国画学术交流展活动，引导文艺工作者崇德尚艺、潜心耕耘。举行“新春送福进万家”、“京城大运河60米长卷展览”、“翰墨金陵十二钗写真红楼大观园”吴逊忠红楼梦专题展，“情浓端午　爱在运河　第二届运河民俗文化节”，“妙笔写担当　丹青绘忠诚”八一书画家进军营等文艺惠民活动。区文联推进“街乡吹哨　部门报到”工作，结合社区和市民需求，组织文艺工作者深入群众开展了书法、舞蹈、民间艺术、养生知识等培训讲座几十场，受众人群近千人次。区文联大力开展新时代文明实践活动，探索性建立“文艺之家”29个，以艺术工作室、书院等为载体，搭建良好的服务百姓平台以及艺术展示平台。

【培养文艺人才】 创新举办“不忘初心、牢记使命”文艺人才培训班，获得参训学员及上级领导的肯定。与中国书协、北京市文联、北京书协等联合创新举行“2019北京市新文艺群体书法艺术家高研班”，区内近20名新文艺群体艺术家参加培训。与宋庄镇联合举办新文艺群体专题培训，邀请区委党校涂清华教授进行“北京城市副中心与运河文化建设”的专题辅导。组织各文艺家协会学习习近平新时代中国特色社会主义思想、中共十九大精神和习近平总书记关于文艺工作的重要论述。编辑出版《运河》杂志4期，培养和发现文学新人，打出运河文化品牌，提高地区文化知名度。与区作协、区剧协、于家务乡政府联合举办“礼赞中华人民共和国70年讴歌新时代”——通州区文联作家的时代担当精神座谈会。特邀《中国人物传记》副主编、杂志社编辑以及全区10余名作家代表参加座谈会。

6月，举办“不忘初心、牢记使命”文艺人才培训班　（区文联提供）

【开展庆祝中华人民共和国成立70周年主题活动】 年内，与区委宣传部共同举办“北京市通州区庆祝中华人民共和国成立70周年‘我和我的祖国’书法、

1月29日，新春送福进万家活动　（区文联提供）

6月6日"翰墨金陵十二钗写真红楼大观园"吴逊忠红楼梦专题书画展开幕式
（区文联提供）

6月7日，"爱在运河 情浓端午"第二届通州运河民俗文化节活动——龙舟点睛
（区文联提供）

美术、征文获奖作品展暨京津冀书画巡展活动"。与天津市宝坻区文联、河北省唐山市文联共同举办庆祝中华人民共和国成立70周年"致敬祖国"京津冀书画展等主题鲜明、感染力强、社会影响大的文艺活动，推出一批讴歌党、讴歌祖国、讴歌副中心、讴歌人民的优秀作品。

【开展对外文化艺术交流活动】 发挥文联对外文化交流优势，增强副中心国际影响力，与区政府外事办共同接待以色列代表团到访通州区活动，与以色列文化交流团开展文化艺术交流活动，参观艺术展、艺术家工作室，连续两年与北京市文联、区委宣传部、台湖镇等联合举办北京（台湖）影偶艺术周，此活动作为北京市打造台湖特色演艺小镇的重要艺术活动之一。

8月27日，以色列代表团到访通州区文联，开展文化交流活动
（区文联提供）

（崔琪）

卫　生

12 月 28 日，北京中医药大学东直门医院通州院区二期大楼正式开诊

（北京中医药大学东直门医院通州院区提供）

概 述

【概　况】 2019年通州区全区户籍人口总出生率为13.15‰，总死亡率为6.92‰，全区户籍人口自然增长率为6.23‰。户籍人口因病死亡5288人，占死亡总人数的比率95.80%。户籍人口主要死亡原因顺位：心脏病、恶性肿瘤、脑血管病、呼吸系统疾病、损伤和中毒、内分泌、营养和代谢疾病、消化系统疾病、神经系统疾病、泌尿生殖系统疾病、传染病。通州区0岁组期望寿命为80.95岁，男性为78.74岁，女性为83.24岁，女性高于男性4.50岁。

6月，完成机构改革，北京市通州区卫生和计划生育委员会更名为北京市通州区卫生健康委员会。9月，按照北京市通州区机构改革和区委编办《关于调整北京市通州区老龄工作委员会办公室机构编制等有关事项的通知》的有关精神，将北京市通州区老龄工作委员会办公室更名为北京市通州区老龄事业发展中心，隶属关系由北京市通州区民政局所属调整为北京市通州区卫生健康委员会所属。

【区医疗卫生改革情况】 一是根据北京市统一安排，于6月15日正式启动医耗联动综合改革，135家参改单位运行平稳有序，医疗收入呈现结构性调整。二是深化与北京中医药大学的合作，通州区人民政府与北京中医药大学共同签署《关于合作建设北京中医药大学东直门医院（通州院区）的深化协议》，实现东直门医院“两院合一、主体东迁”战略。

区内医院级别及隶属关系的改变等。首都医科大学附属北京潞河医院床位由1200张变更为1300张；通州区精神病医院床位由120张变更为160张；北京市通州区马驹桥镇马驹桥社区卫生服务中心（北京市通州区第二医院）床位由99张变更为100张；北京京通医院床位由40张变更为90张；北京先和妇产医院变更为北京先宝妇产医院；北京市通州区宋庄卫生院变更为北京市通州区宋庄社区卫生服务中心（北京市通州区宋庄卫生院）；北京市通州区大杜社卫生院变更为北京市通州区马驹桥镇大杜社社区卫生服务中心（北京市通州区大杜社卫生院）；北京市通州区西集卫生院变更为北京市通州区西集镇西集社区卫生服务中心（北京市通州区西集卫生院）；北京市通州区张家湾卫生院（北京市通州区张家湾镇张家湾社区卫生服务中心）变更为北京市通州区张家湾镇张家湾社区卫生服务中心（北京市通州区张家湾卫生院）；北京市通州区潞城镇潞城社区卫生服务中心（北京市通州区潞城卫生院）增加第二执业地址为北京市通州区胡各庄大街9号院14号楼一层房屋108、110、113、115；北京市通州区张家湾镇牛堡屯社区卫生服务中心（北京市通州区牛堡屯卫生院）地址变更为北京市通州区张家湾镇后坨村186号。

医联体建设。高质量推动并开展区域影像医联体互联互通。有漷县、永乐店等11家社区卫生服务中心加入影像医联体，累计完成远程影像读片报告3万余例，有效补充基层技术力量薄弱、人才短缺、诊断水平不高等短板。创新筹划片区制医联体。充分发挥友谊医院、人民医院等国家级、市级三甲医院作用，带动全区诊疗水平快速提升，形成条块结合联动的医联体新模式。结合全市儿童血液病和实体肿瘤治疗网络建设，建立上下联动互通机制，提升基层诊疗服务能力和团队协作能力。持续推进二三级医院与基层单位专业科室见的精准对口帮扶团队建设，确保基层医疗服务水平稳步提升。开展医师多点执业医疗单位数量103家，总人数493人。

2019年通州区内医疗机构一览表

表1

序号	医疗机构名称	级别
1	首都医科大学附属北京潞河医院	三级
2	北京市通州区中医医院	三级
3	北京市通州区妇幼保健计划生育服务中心（北京市通州区妇幼保健院）	二级
4	北京市通州区中西医结合医院	二级
5	北京市通州区新华医院	二级
6	北京市通州区老年病医院	二级
7	北京市通州区精神病医院	二级
8	北京市通州区梨园镇梨园社区卫生服务中心（北京市通州区梨园卫生院）	一级
9	北京市通州区永顺镇永顺社区卫生服务中心（北京市通州区永顺卫生院）	一级
10	北京市通州区漷县镇漷县社区卫生服务中心（北京市通州区漷县卫生院）	一级
11	北京市通州区漷县镇觅子店社区卫生服务中心（北京市通州区觅子店卫生院）	一级
12	北京市通州区潞城镇甘棠社区卫生服务中心（北京市通州区甘棠卫生院）	一级
13	北京市通州区张家湾镇张家湾社区卫生服务中心（北京市通州区张家湾卫生院）	一级
14	北京市通州区马驹桥镇马驹桥社区卫生服务中心（北京市通州区第二医院）	一级
15	北京市通州区台湖镇台湖社区卫生服务中心（北京市通州区台湖卫生院）	一级
16	北京市通州区宋庄镇宋庄社区卫生服务中心（北京市通州区宋庄卫生院）	一级
17	北京市通州区宋庄镇徐辛庄社区卫生服务中心（北京市通州区徐辛庄卫生院）	一级
18	北京市通州区西集镇郎府社区卫生服务中心（北京市通州区郎府卫生院）	一级
19	北京市通州区永乐店镇永乐店社区卫生服务中心（北京市通州区永乐店卫生院）	一级
20	北京市通州区于家务回族乡于家务社区卫生服务中心（北京市通州区于家务卫生院）	一级
21	北京市通州区潞城镇潞城社区卫生服务中心（北京市通州区潞城卫生院）	一级
22	北京市通州区张家湾镇牛堡屯社区卫生服务中心（北京市通州区牛堡屯卫生院）	一级
23	北京市通州区马驹桥镇大杜社社区卫生服务中心（北京市通州区大杜社卫生院）	一级
24	北京市通州区台湖镇次渠社区卫生服务中心（北京市通州区次渠卫生院）	一级
25	北京市通州区西集镇西集社区卫生服务中心（北京市通州区西集卫生院）	一级
26	北京市通州区卫生和计划生育委员会驻北京市通州区看守所社区卫生服务中心	一级
27	北京市通州区北苑街道社区卫生服务中心	一级
28	北京市通州区中仓街道社区卫生服务中心	一级
29	北京市通州区新华街道社区卫生服务中心	一级
30	北京市通州区玉桥街道社区卫生服务中心	一级

【人才队伍建设与人才引进】　2019年通过公开招聘应届毕业生、引进外省高级人才、调入北京市外埠成熟型人才、医学定向生分配等途径，引进195人，其中硕士研究生学历94人、博士研究生12人，中级职称3人、副高级职称3人，正高级职称2人。为50名高层次人才发放特殊津贴和购房补助77.5万元，为10名高层次人才申请人才公寓配租，组织54人参加通州区高层次人才体检疗养活动。　（李珺）

医疗卫生

【社区卫生】 全区规划设置社区卫生服务中心19所、服务站137个；建成并规范运行社区卫生服务中心18所，服务站66个（其中政府办53个、社会办13个）。社区卫生服务中心（站）有在岗卫生技术人员2639人，其中医师953人（含全科医师524人），注册护士818人，执业（助理）医师中公共卫生类别86人。社区卫生服务机构总诊疗495.9万人次，出诊服务1228人次。家庭医生累计签约53.9万人，占常住人口的34.2%，其中重点人群签约24.7万人，签约率91.7%。二、三级医疗机构派出医务人员862人支援18个社区卫生服务中心，累计支援3733.5天。上转患者211409人次，其中执单转诊210921人次；下转患者22人次，其中执单转诊10人次。建立个人电子健康档案1290093份，电子健康档案率81.8%，健康档案使用率45.0%。

【农村卫生】 年内，辖区村卫生室357家（均为村办），全年诊疗量485881人次。乡村医生数470人，岗位培训5716人次。

【老龄健康】 截至2019年底，通州区户籍人口80.76万人，其中60周岁及以上户籍老年人口20.01万人，占全区户籍总人口的24.78%；60～64岁无保障老年人24人；政府办社区卫生服务机构累计为210.2万人次的北京市户籍老年人减免医事服务费。65周岁及以上老年人13.77万人，占户籍总人口的17.05%，健康管理人数是87420人，健康管理率是63.48%；80周岁及以上高龄老年人口2.11万人，占户籍人口总数的2.61%；百岁以上老人31人。全区老龄工作保障机制不断增强。增强体制机制，不断充实老龄委工作力量。9月通州区老龄办划归卫健委管理序列，更名为通州区老龄事业发展中心，原老龄办职责不变。加大财政投入，建立老龄经费保障机制。基层老龄工作职能得到加强。全区养老体系建设不断完善。加大为老服务设施建设力度。以民政部居家养老服务试点项目为契机，深入推进居家养老服务。提高养老服务机构服务质量。投资5000余万元用于政府购买养老服务。老年人优待与权益保障等。全区老龄宣传工作形式多样。搭建多种宣传平台，开展形式多样的宣传活动。开展孝星的评选和宣讲活动，大力表彰宣传敬亲孝老事迹。开展《中华人民共和国老年人权益保障法》宣传活动。开展积极老龄观教育活动。开展多项活动，以多种方式展现老年人积极健康的生活方式。“医养结合”工作不断深入。促进医养深度融合。提升养老机构的医疗服务能力。加强老年人健康管理服务。探索中医药健康养老模式。开展老年友善医院创建工作。

（李珺）

公共卫生

【疾病控制】 年内，甲类传染病无发病及死亡，乙类传染病发病2853例，死亡7例，发病率前三位的疾病为肝炎、肺结核、梅毒。肺结核患病总人数980例，其中新发病总人数932例，死亡总人数9例。HIV感染者及艾滋病患者累计1978人，新发282人，累计死亡54人。5种性病患者新发1121人。手足口病发病人数1400例，死亡人数0例。布病15例，死亡人数0例。

【慢病防治】 2019年，全区社区卫生服务机构管理高血压患者9.43万人，规范管理6万人，规范管理率63.6%；管理糖尿病患者3.93万人，规范管理2.55万人，规范管理率63.6%。

【精神卫生】 年内，全区严重精神障碍患者3926人，报告患病率2.6‰，其中六类疾病患者3916人。对在册患者开展随访并评估22094人次，入户随访10473人次，面访率达86.40%，在册管理率93.98%，在册规范管理率91.93%，在册服药率88.16%，在册规范服药率81.48%，在管患者稳定率99.35%。免费服药人数2794人，免费服药办理率71.2%。

【学校卫生】 年内，全区中小学生88377人，体检86247人。营养不良、超重及肥胖（BMI）体检86246人，其中超重12196人、肥胖16553人，营养不良5407人。营养不良检出率6.27%、超重检出率为14.14%、肥胖检出率为19.19%。视力不良。体检86222人，检出视力不良50300人，检出率为58.34%。龋齿。体检85882人，龋患人数8414人，检出率为9.80%。贫血。体检86200人，检出1620人，检出率为1.88%。传染病暴发3起、集体食物中毒等重大事件为0。

【计划免疫】 2019年，接种第一类疫苗654743人次，第二类疫苗276976剂次。其中第一类13种免疫规划疫苗常规接种501804剂次；强化查漏补种接种2058剂次；外来务工人员麻疹、流脑疫苗分别接种4539、3992剂次；学校查验接种证实种1624剂次；应急接种1698剂次；医务人员麻类疫苗接种54剂次；免费流感疫苗接种108189剂次；65岁以上老年人肺炎链球菌疫苗接种32843剂次。全年报告疑似预防接种异常反应102例，病例均为散发，无地区聚集性，无疫苗批次聚，无严重AEFI发生，无接种事故发生，无群体性反应发生。

【职业卫生】 年内，全区接触矽尘、水泥粉尘、铝尘、电焊烟尘、苯、铅、噪声、布鲁氏菌8种重点职业病危害因素的企业186家，职工人数13391人、接触有害因素作业工人为4648人。应体检人数为4648人，接受体检为3384人；自2019年8月起，监督6户次，立案2起，罚款5万元；新发职业病人数29人，疾病分类中，石棉肺22例、铸工尘肺1例、职业性噪声聋4例、职业性肿瘤2例，死亡病例46例，均为尘肺病死亡病例（其中石棉肺38例、其他尘肺4例、矽肺2例、铸工尘肺2例）

【食品卫生及生活饮用水监测】 2019年，食品化学污染物及有害因素监测采集14类185件样品，检测结果。10件鸡蛋样品中1件检出甲硝唑，监测结果异常；食品微生物及其致病因子监测采集5类145件样品，检测结果。25件冷锅串串样品、40件网络配送餐样品以及40件熟肉样品中各检出1件检出单核细胞增生李斯特氏菌。

监测生活饮用水样品310件，水样总体合格率87.7%（272/310），不合格项目主要是砷、氟化物、锰、菌落总数。

存在问题。城市市政供水系统、二次供水设施水质良好。农村饮用水既存的安全风险仍然是微生物污染和偶发的感官性状的超标，微生物污染仍旧是农村饮水安全风险的首要因素；同时存在着毒理学指标的氟、砷超标问题尚未得到有效处理的问题。消毒设备的配备、应用及维护仍然不到位。消毒设备使用率连年呈明显下降趋势。农村集中式供水单位管水人员普遍相关知识水平不够，设施设备的运行维护能力跟不上也制约饮水质量的提高。

【健康促进】 全区所有机关（单位）83家，均为无烟机关（单位）。培养家庭保健员883人。全年开展各类控烟监督执法工作4792户次，其中合格3892户次，不合格900次。接到控烟投诉举报案件数626起，办结622起，办结率99.36%。对控烟检查不合格单位依法予以查处。下达责令改正通知书279份，实施行政处罚621起，罚款157800元。其中处罚单位36起，罚款128400元，处罚个人585起，罚款29400元。

【综合监督】 公共卫生监督。公共场所被监督单位1905户，应量化本底1730户，完成量化分级1181户，量化分级评定率68.3%。全年监督1884户，监督覆盖率98.9%，合格1643户次，合格率87.2%。行政处罚299起，简易程序131起，一般程序168起，累计罚款金额31.15万元。生活饮用水被监督单位461户，监督455户，监督覆盖率98.7%，合格618户次，合格率98.25%。行政处罚70起，简易程序32起，一般程序38起，累计罚款金额14.81万元。学校卫生被监督单位139户，监督139户，监督覆盖率100%，监督353户次，合格341户次，合格率96.6%。行政处罚12起，均为警告。

【医疗卫生监督】 年内，传染病消毒被监督单位609户，监督599户，监督覆盖率98.36%，合格率97.33%。处罚59起，罚款金额9.1万元。放射卫生被监督单位60户，监督60户，监督覆盖率100%，合格率95.19%。处罚6起，罚款1.1万元。医疗机构被监督单位572户，监督571户，监督覆盖率99.83%，合格率97.74%。处罚32起，罚款4.7万元，没收违法所得12.5万元。血液管理被监督单位9户，监督9户，监督覆盖率100%，合格率100%。查处非法行医案件80件，累计罚没款159.34万元，其中罚款131.7万元，没收违法所得27.64万元，没收药品18箱、器械34件，申请法院强制执行23例。移送公安机关4人。因出租科室给非本医疗机构人员并以本医疗机构名义开展诊疗活动，吊销北京京都博爱门诊部“医疗机构执业许可证”。办理医师多点执业数量493人次。

【计划生育行政执法督查】 年内，监督计划生育与母婴保健专业62户次。

【妇幼卫生】 年内，辖区常住孕产妇死亡1例，户籍孕产死亡0，常住孕产妇死亡率5.21/10万；本地孕产妇死亡率为0。新生儿死亡数15例，新生儿死亡率1.43‰，婴儿死亡数24例，婴儿死亡率2.29‰，5岁以下儿童死亡数33例，5岁以下儿童死亡率3.15‰。新生儿出生缺陷发生率20.20‰，主要病种有先天性心脏病 、多指趾、肾积水、尿道下裂、马蹄内翻足。

【计生药具免费发放】 人工发放网点609个，自助箱609个。全区自助发放机天津系统51台，上海系统27台，合计78台运转。发放药具种类、数量及总金额，紧急避孕药发放2730盒、短效口服避孕药12580盒、避孕凝胶1660盒、避孕套2622000只、环1350套。2019年，累计发放避孕药具金额649748.60元。

【生殖健康】 2019年，提供生育咨询服务226人，其中北京市97人，外地129人，男17人，女209人。通州区开展免费孕前优生健康检查定点医院。通州区妇幼保健院。2019年，孕前优生健康检查2257人，其中男1058人，女1199人，孕前优生检查风险人群数1669人（男530人，女1139人），风险人群比例73.95%（男50.09%，女95.00%），其中病史异常1630人，体格检查异常1238人，生殖系统异常1185人，检测梅毒筛查阳性4例，淋球菌检测阳性3例，沙眼衣原体检测阳性25例，乙型肝炎血清学检测异常222例，合并肝肾功及甲状腺功能异常408例。为农村采取长效避孕措施育龄群众免费健康体检10553人。制作下发健康教育材料6种，

2万余份。联合18家社区中心，组织专家走进村镇，开展“覆盖生命全周期，妇幼健康进社区”活动20余场，惠及乡医、计生专干、百姓近2000余人。组织专家走进社区、学校，开展健康大讲堂和义诊咨询活动近70场，惠及百姓万余人。

【计生关怀】 2019年，符合计划生育奖励扶助政策人数16633人，奖励总金额4309.992万元，其中农村部分计划生育家庭奖励扶助15226人，3197.46万元；独生子女伤残家庭特别扶助661人，467.988万元；独生子女家庭特别扶助746人，644.544万元。享受独生子女父母奖励人数22249人及总金额437.8695万元，其中独生子女父母奖励费资格确认18989人、111.8695万元，独生子女父母一次性奖励资格确认3260人，326万元。独生子女奖励扶助金（农村部分计划生育家庭奖励扶助金）每人每月175元、特别扶助金标准每人每月720元（伤残扶助金标准每人每月590元）。奖励扶助对象人数及发放总金额。农村部分计划生育家庭奖励扶助15226人，3197.46万元。其他奖励、救助项目内容及发放(投保)总金额。独生子女家庭低保补助资格确认766人，发放补贴10.56万元。独生子女意外伤亡一次性经济帮助资格确认42人，发放补助37.9万元。失独家庭两节慰问417户，发放62.55万元。失独家庭体检458人，投入637802.12元。失独家庭扶助金746人，发放179.04万元

【医疗工作】 年内，辖区医疗卫生机构616家，其中营利性医疗机构61家、非营利性医疗机构548家，其他卫生机构7家；民营医疗机构117家。全年出院121924人次，病床使用率74.85%，平均住院日8.0天（不含精神专科医院），全年住院手术43783人次，医护比1 ：0.99。

【对口支援】 年内，围绕精准扶贫政策，开展签约全覆盖和落实消费扶贫工作。援派23名医务人员到内蒙古地区开展志愿活动；持续推进区属二三级医院与基层单位各科室间精准专科对口帮扶团队建设，确保基层医疗服务水平平稳提升；畅通双向转诊路径，在基层单位开展新技术新项目，通过免费进修和帮扶带教等措施，提升基层医务人员业务水平和工作主动性与积极性。

【血液管理】 2019年，采集全血100610单位，同比增长3.36%，临床供应红细胞类血液109989.5单位，同比增长5.07%，供应血浆96626.5单位，同比增长2.93%，供应机采血小板21158.5单位，同比下降7.09%，供应手工血小板106单位。与北京市红十字血液中心建立血液调剂机制，2019年度调出红细胞637单位，血小板765单位，血浆320单位；调入红细胞18350单位，血小板1572单位，血浆10944单位。

【信息化建设】 2019年总投入约903万元。重点项目建设及成效。拓展社区信息化系统应用。建设“智慧家医”微信公众号，将移动终端应用与机构应用的社区卫生信息管理信息系统相衔接，提供档案管理、家医签约、慢病管理等服务，实现健康管理线上线下一体化服务。严格落实市级软件正版化工作，完成区内29家医疗卫生单位所有在账办公电脑的操作系统、办公软件、杀毒软件正版化整改工作。远程对口帮扶工作。对内蒙古赤峰市翁牛特旗、通辽市奈曼旗、兴安盟科尔沁右翼中旗、西藏拉萨市城关区内4家对口帮扶机构远程会诊设备送达并安装完成，同时完成与潞河医院远程会诊中心的对接联调工作，实现以潞河医院远程会诊中心的对口帮扶远程会诊系统建设。区卫生健康综合视讯平台雪亮工程应用扩展。监控布点覆盖率达到标准要求，大部分基层单位全高清全覆盖。安全整改和重点保障。对现有信息系统进行等级保护备案，新增两个三级等保系统，并进行等保定级和测评。同时针对出现系统漏洞及病毒问题，对全区卫生系统进行安全扫描，修补漏洞。

【经费管理】 2019年，全区卫生系统总收入792538.56万元，其中财政拨款金额208952.44万元，业务收入517379.08万元，其他收入66207.04万元；总支出746838.60亿元。期末专用基金16884.59万元。计划生育财政总投入金额5533.74万元。

【基本建设】 2019年，基建总投资11490万元，其中财政投入11490万元。2019年社区卫生服务中

心（站）医疗用房的建设46项，涉及资金13074.4万元。在施工程项目进展情况。中西医结合医院工程（北大人民医院通州区院区）项目基本情况，该工程位于通州区漷县镇中心区，占地面积147亩，建筑面积约12万平方米，床位数800张，概算批复金额8.2亿元，全部为区自筹。工程于2014年8月开工建设，整体工程进度完成81%。2019年完成投资35198万元。潞河医院分院（含郎府卫生院）工程项目基本情况，该工程位于通州区西集镇中心区。占地面积28亩，建筑面积约1.68万平方米，床位数259张，概算批复金额1.08亿元，全部为区自筹。工程于2017年3月开工建设，整体工程进度完成96%。2019年完成投资3310万元。已竣工工程项目。潞河医院四期工程项目基本情况，该工程建筑面积约3.78万平方米，总投资3.25亿元，其中市级资金2.27亿元。工程于2017年11月开工建设，2019年6月初竣工。中医医院二期工程（东直门医院通州院区建设）项目基本情况，该工程建筑面积约14.2万平方米，概算批复金额9.67亿元，全部为区自筹。工程于2013年10月开工建设，截至年底，竣工投入使用。

（李珺）

首都医科大学附属北京潞河医院

【概　况】 2019年，潞河医院"十三五"规划实施已进入末期，也是北京市推行医改政策的关键之年，潞河医院继续秉承"两个以人为本"的办院宗旨，坚持一贯的发展战略和发展模式，沿着打造优秀学院型医院的发展方向，持续推进医院各项工作，使医院继续保持稳步、快速发展。2019年，医院业务收入23.43亿元，总成本23.84亿元。全年总门诊量238.07万人次，日均门诊量8282.41人次，总出院人数5.57万人次，年手术量66557例次。医保患者占74.84%，外埠患者占24.81%，平均住院日7.28天。

医院完成国家药品集中采购试点和北京市医耗联动综合改革工作，医院编制床位增至1300张。年内，医院西门开放、四期工程正式投入使用；"以器官系统为基础，以疾病为核心"的学科建设内涵持续提升，卒中中心、放疗科、核医学、介入疼痛治疗中心、风湿免疫病区、男科、康复医学科等缺失学科相继开放；按照医院"近谋远交"发展战略，与外埠多地医院建成医联体，临床医疗能力和影响力提高；教学工作持续推进，医学教育与临床实践中心建设项目正式启动；循证医学中心成立，科研能力日渐提升；医院通过老年友善医院评估，全院、全域、全过程的"三全"慢病管理模式建立；行政管理效能进一步提升。2019年，潞河医院成为国家肺癌防治健联体早诊早治中心、中国微循环学会神经变性病专业委员会——神经变性病联盟高级中心、中国前列腺癌联盟前列腺癌诊疗一体化单位、国家心血管病高血压专病医联体通州中心、全国改善医疗服务创新型医院，医院软实力和影响力明显提升。

2019年，各级各类立项课题55项、获批总经费1438万元，其中，国家自然科学基金2项；北京市自然科学基金2项，北京市教委科技计划一般项目1项，首都医科大学科研培育基金4项；吴阶平医学基金会临床科研专项资助基金1项；通州区科技计划项目8项；通州区财政实验室专项2项；潞河医院青年科研孵育专项35项。截至年底，潞河医院总在研项目142项，总在研经费2310万元，其中，国家级项目11项、省市级项目15项、校局级项目8项、区级项目27项、院级项目26项、合作项目26项。发表论文197篇，其中中文核心期刊论文127篇，SCI论文80篇，累计影响因子为203.87。18项专利获得授权，其中实用新型16项，外观设计1项，计算机软件著作权1项。举办科研活动33场。GCP机构受理药品类实验立项33项，医疗器械类11项，临床药理科签订合同金额达1806万元，临床试验工作已成规范。

1月24日，在北京市卫生健康委员会和国家卫生健康委脑卒中防治工程委员会承办的"2019年提升急性心脑血管疾病医疗救治能力推动会"上，潞河医院获得优秀静脉溶栓医院、优秀动脉取栓医院、优秀急性心梗救治医院的殊荣，是唯一一家囊括全部三个奖项的医院。潞河医院神经中心获得中国神经变性病联盟成员单位高级中心称号

【开展黑质超声检测技术】 1月9日，潞河医院超声科开展黑质超声检测技术(TCS)，该技术无创、简便、价格低廉，检查中患者不必完全制动，检查时间短，易于被患者接受，对发现早期帕金森患者的黑质病变，发病高危人群的筛查、随访是一种非常理想的检查方法。

【承办京津冀首届疝外科高峰论坛】 1月24日，由中国医师协会疝和腹壁外科分会青年委员会和北京医学会疝和腹壁外科学组主办，潞河医院承办的"疝行运河 潞河论道——京津冀首届疝外科高峰论坛"在潞河医院举行。是潞河医院普外科推出的学术品牌，旨在为京津冀的疝腹壁外科医生提供一个高端的学术交流平台，共同探索与推广该专业领域的新技术与新方法，同时提高潞河医院普外科疝和腹壁专业的影响力和知名度。

【成立潞河—北三县儿科专科联盟】 1月28日，在廊坊市卫健委医政科的协调下，在各联盟单位领导的支持下，潞河医院儿童中心与北三县（大厂县、香河县、三河市）儿科专科联盟正式成立。

【实施多学科协作"术中唤醒"手术治疗功能区肿瘤】 潞河医院神经外科与北京天坛医院神经外科江涛、周大彪教授团队合作，完成一例"术中唤醒"开颅神经导航辅助大脑功能区胶质瘤切除术。手术中不但没有损害患者神经功能，"沉睡"的右侧肢体也重获新生，患者已出院。首例"术中唤醒"开颅手术的成功，标志着潞河医院神经外科脑肿瘤诊疗水平迈上新台阶。

【首届北京—雄安健康促进高峰论坛暨雄安脑科论坛召开】 6月29日，潞河医院和雄安新区雄县医院联合主办的北京—雄安健康促进高峰论坛暨第一届雄安脑科论坛召开。潞河雄县医院脑科中心的成立以及此次论坛的举办，标志着雄县医院走上学术型医院转型之路，搭建起雄安—潞河—北京的三级联动构架，切实提高雄安新区医疗技术水平。潞河医院和雄县医院建立的"紧密医联体"作为可复制的医联体模式，也将得到进一步深化和推广，更好地为雄安新区人民的健康保驾护航。

【开展首例脊髓腹侧内肿瘤切除术】 潞河医院神经外科首次完成一例脊髓腹侧髓内肿瘤显微切除手术，切除肿瘤的同时，没有神经功能的损害，患者已出院。此例脊髓髓内腹侧肿瘤手术的成功，是潞河医院神经外科在脊髓肿瘤领域的重大突破，标志着潞河医院显微神经外科技术达到新的高度，也为潞河医院神经外科在脊髓脊柱疾病的治疗积累经验，为患者带来新生。

【完成通州区首例儿童颅内巨大肿瘤切除术】 潞河医院神经外科团队为一名13岁儿童完成左侧丘脑巨大肿瘤切除术，术后患儿恢复良好，标志着潞河医院神经外科在小儿神经外科颅内肿瘤治疗领域再上新台阶。

【潞河—雄县危重症绿色通道正式开启】 8月2日7时40分，急救医学部主任翁以炳带领移动ICU和救治团队经过两个半小时到达雄县医院重症监护室查看病人，11时03分踏上归程。13时05分移动ICU抵达北京潞河医院。8月3日上午10时经过多科室共同协作手术完成。此例急危重症病人的转运和救治，体现潞河医院多学科通力协作的成果。

【胆道外科"移动手术台"】 由北京大学第一医院普外科冯秋实和首都大学附属北京潞河医院普外科主任韩威两位教授联合发起的"微创肝胆外科诊疗实战营"通过12期的实践，在两年时间内将胆道外科的"移动手术台"转遍华北六省，538家基层医院成为首批"受惠者"。随着肝胆外科实战营培训师规范化培训项目的启动，这项活动将进一步延续，普惠更多基层院，最终惠及更多患者。

【召开静脉血栓栓塞症防治与管理学术会】 潞河医院护理部召开"医院内静脉血栓栓塞症防治与管理学术会"，此次学术会的召开标志着潞河医院VTE管理体系的不断完善，医护人员也将坚守着临床技能持续发展的理念，凝聚各方力量，提升自身

综合素质，为VTE的防治和治疗贡献力量，造福患者。

【京东首家造血干细胞移植病区在潞河医院成立】 位于潞河医院住院楼3部九层的造血干细胞移植病区正式投入使用，意味着京东地区拥有首家造血干细胞移植病区。自病区正式接收患者开始，在医护团队的协作以及药房、供应室、化验室、器械科等各科室的大力协助下，病区完成1例异体造血干细胞移植，3例自体造血干细胞移植，患者均安全出院，身体状况良好。

【潞河医院核医学科开诊】 位于潞河医院住院楼3部地下一层的核医学科正式成立，占地面积约1370平方米。主要包括SPECT/CT检查区、PET/CT检查区、甲状腺功能检查室、负荷心肌运动检查室、核素治疗病房等。科室拥有德国Siemens Symbia T16双探头SPECT/CT、联影PET/CT一台（通州区首台PET/CT）、甲状腺功能测定仪、负荷心肌显像运动踏车等。SPECT/CT是将SPECT代谢显像与CT精确解剖定位相结合，生成融合图像，使病变更加突出显示。

【核素肺通气/灌注扫描技术的使用】 潞河医院核医学开展的核素肺通气/灌注扫描技术为一位105岁的老人进行肺核素灌注检查，检查结果明确，收住院。经过一个星期的治疗，之前的胸闷、气短的症状消失，达到临床治愈标准。此项新业务——核素肺通气/灌注扫描为临床诊断提供精准的可靠依据，提高潞河医院的诊断治疗水平。

【救治上腔静脉综合征患者】 潞河医院肿瘤中心救治一例上腔静脉综合征患者。经过此次院内多学科协作诊治，患者通过“绿色通道”接收到有效的诊治，也体现潞河医院多学科协作模式可以使患者在最短时间内接受科学治疗。

【参观与学术交流】 美国糖尿病专家珍妮特·麦吉尔教授、鲍顺忠医生到潞河医院内分泌代谢与免疫性疾病中心参观访问。在中心主任赵冬和助理研究员杨龙艳的带领下，对标准化代谢性疾病管理中心MMC及内分泌病区进行参观，赵冬将科室环境、仪器设备、人员构成及医疗科研情况向两位专家进行简要介绍，两位专家对潞河医院及内分泌代谢与免疫性疾病中心的发展建设取得的成就表示赞赏。

【开展高血压药物基因检测项目临床治疗】 潞河医院检验科分子诊断实验室开展高血压药物基因检测项目，利用ABI7500荧光定量PCR仪节省时间、灵敏度高、准确性好的优点，针对血管紧张素受体拮抗剂（ARB类）药物、β受体阻滞剂药物、血管紧张素转化酶抑制剂（ACEI类）药物三类药物的敏感性相关位点和代谢相关位点进行检测，依据检测结果为临床医生制定个体化治疗方案提供参考，从而推动高血压药物治疗的有效性和安全性。

【康复医学科开诊】 11月15日，潞河医院康复医学科开诊。医院引进一批康复专业研究生学历的康复医师及康复治疗师，开始为脑卒中患者开展早期康复治疗，针对专科患者，在病情稳定后48小时即可开展早期床旁康复，康复医师及治疗师将会深入科室，经过康复评定，为患者制定出具体的、个性化的治疗方案，由治疗师实施。

【开展光动力治疗新技术】 潞河医院肿瘤中心开展光动力治疗新技术，填补区域技术空白，新技术的开展将为肿瘤患者的诊治开辟新的思路。

【开展局麻食道超声引导下卵圆孔未闭封堵术】 潞河医院心脏外科开展第五例局麻食道超声引导下卵圆孔未闭（PFO）封堵术。卵圆孔未闭封堵术的推广，可降低脑卒中复发率和瘫痪概率，减少相关治疗费用，提高患者个人生活质量，节约社会公共医疗资源，具有一定的社会经济效益。潞河医院心脏外科自主开展卵圆孔未闭（PFO）封堵术，翻开潞河医院乃至区域内卵圆孔未闭诊断治疗水平的新篇章。

（赵娜）

体 育

2019 北京通州半程马拉松赛男子第一名

（区体育局提供）

概 述

【概 况】 2019年，在区委和区政府的正确领导下，在市体育局的具体指导下，区体育局坚持以习近平总书记系列重要讲话精神和治国理政新理念新思想新战略为指引，深入学习贯彻中共十九大精神，全面贯彻落实习近平总书记视察北京重要讲话精神，立足北京城市副中心建设发展大局，推进全区体育工作取得新进展。

【主要工作】 年内，全面实施全民健身国家战略，充分发挥体育部门职能，努力打造“健康通州”，大力推广全民健身运动。发展群众体育社会化组织，以发展体育运动促进群众健康，以改善健身环境推广全民健身，满足人民群众对幸福生活的新追求。5月，启动编制《通州区体育事业发展研究》工作，完成初步提纲设计，从体育设施硬件建设、全民健身体系建设、竞技体育发展水平、青少年体育发展、体育产业等5个方面研究分析通州区体育事业发展存在的问题，梳理全局各项工作的发展路径，指导通州区体育工作开展，并于12月份编制完成。

（冯晶晶）

体育设施建设

【统筹规划公共体育设施建设】 年内，加强顶层设计，推动新版规划落地。启动编制《通州区体育事业发展研究》工作，在完成初步提纲设计基础上，对10余个乡镇街道进行实地调研。全力做好规自分局牵头制定的《北京城市副中心规划设计导则》—D绿色空间篇体育场地面积和体育设施内容规划相关任务。做好关于街乡镇体育设施以及市场化体育设施规划建设和使用情况的调研。

【体育设施配建情况】 年内，全力推进重点工程，为民办事工程。全力推进通州体育场升级改造工程，同步办理建设项目手续。全年为各乡镇街道配建30个篮球场、17个足球场、3个门球场，更新150套健身路径、25个健身室、25个全功能智慧健身驿站、116个室内乒乓球台、88个台球桌，建设5千米全民健身健走步道。

（冯晶晶）

竞技体育

【参加全国及市级赛事】 年内，参加全国及市级比赛并取得优异成绩。参加全国第二届青年运动会空手道第一次预赛，获得女子甲组团体型第三名。参加2019年全国青少年游泳U系列比赛，获得1金3银5铜。参加空手道、田径等9个项目市青少年锦标赛，获得26金、32银、33铜。参加空手道、跆拳道等6个项目市U系列冠军赛，获得35金、22银、19铜。

【审批办证工作】 年内，完成北京市运动员注册及二三级运动员审批办证工作。截至年底，通州区注册22个项目。新增网球、冰壶项目，注册总人数达到2036人，为下一届市运会储备运动员。认真做好二级、三级运动员的审批办证工作。办理2级运动员31人。

【发展青少年体育】 年内，推进冰雪进校园工作。开展冰雪活动，举办区青少年冰雪季嘉年华活动；举办冰雪明星进校园活动暨奥通之翼杯第二届轮滑锦标赛。发展冰雪特色校及组建冰上项目运动队，命名7所冰雪项目特色校并给予扶持。注册冰上项目运动员241人，其中冰壶12人、冰球87人、花样滑冰和短道速滑142人。同时，加强冰上项目运动队的日常训练及管理，组建5支冰上项目38名运动员代表队，代表通州区参加市级冰雪项目比赛。大力发展青少年三大球及球类工作。合理布局，加强三大球梯队建设，组建16支三大球重点运动队，代表通州区参加北京市比赛。对确认的重点运动队给予经费扶持，保障三大球重点运动队日常训练及比赛。与教委联合举办中小学三大球联赛，做好三大球教练员培训工作。组织通州区篮球、排球、乒乓球、羽毛球传统校参加北京市传统校比赛，并举办通州区第一届青少年棒球比赛。

【传统项目学校建设】 截至年底，通州区区级传统校18所，市级传统校16所，国家级传统校1所，并组队参加市传统校比赛。

（冯晶晶）

群众体育

【举办半程马拉松赛】 5月12日，举办北京银行·2019北京通州（运河）半程马拉松。该届赛事由中国田径协会、北京市通州区人民政府、北京国资公司共同主办，北京市通州区体育局、北京市通州区残疾人联合会、北奥集团、时博国际联合承办，天津市武清区体育局、河北省廊坊市体育局联合协办。主承办单位的主要领导和运动员许海峰、叶乔波出席起跑仪式并为赛事起跑鸣枪。该届赛事有近万名跑者参与，除北京地区跑者外，天津武清、河北廊坊两地体育部门特组织近百名跑友参加比赛。在“残健融合”赛事

5月12日，北京银行·2019北京通州（运河）半程马拉松赛　（区体育局提供）

2019中国（北京通州）残疾人半程马拉松　（区体育局提供）

举办的基础上，有400名视力残疾、听力残疾与上肢残疾的跑友在通马的赛道上与健全选手同场竞技。

【举办运河绿道骑游周】　11月16日，举办2019通州运河绿道骑游周。该次骑游周以“绿色副中心，‘骑’聚迎冬奥！”为主题口号，延续前七届的主会场——以漕运码头为主会场起点，进行万人骑游活动，活动范围是围绕万亩运河森林公园及运河绿道骑行，穿越最美乡道，骑行运河沿岸，一览通州风光，宣传通州运河文化。骑游周线路包括10千米、40千米。活动有来自各骑行爱好者1.5万余人参加。范围涵盖全国25各省市地区的骑游爱好者。该次活动由区体育局与区宣传部、区融媒体中心合作，利用融汇副中心客户端为广大骑友提供报名服务，另外与区创森办、区慈善协会、区科协等单位合作，宣传公益活动。

【举办徒步大会】　11月23日，举办2019（第六届）北京徒友嘉年华暨通州区徒步大会。由通州区人民政府、北京市徒步运动协会联合主办，通州区体育局、通州区徒步协会、北京市徒步运动协会秘书处共同承办的“行走千年运河　感受文化魅力”2019年第六届北京徒友嘉年华暨通州徒步大会在通州大运河森林公园举行。该次徒步活动线路全长约为8千米。

11月23日，2019年第六届北京徒友嘉年华暨通州徒步大会在通州大运河森林公园举行　（区体育局提供）

【常规赛事】　年内，举办通州区全民健身乒乓球团体对抗赛暨通州区第十三届“和谐杯”乒乓球比赛、2019年通州区拔河比赛、足球赛事。举办千人广场舞展示和长跑健儿乐跑大运河、北京记录挑战赛——通州赛区比赛等活动、京津冀武术比赛、京津冀风筝联谊赛等活动。活动与京津冀和创森工作有机结合，推动京津冀体育工作协同发展。承办华北五省市门球精英赛、2019年京津冀社会体育指导员交流展示大会——通州分站赛、北京会员杯门球比赛、北京市首堂全民健身科学指导大讲堂活动等一系列活动。活动的开展为群众参加体育活动提供健身平台，增强全区群众的健身素养。

3 月 30 日，举办 2019 通州区拔河比赛
（区体育局提供）

6 月 15 日，举办通州区全民健身乒乓球团体对抗赛暨通州区第十三届“和谐杯”乒乓球比赛
（区体育局提供）

7 月 30 日，举办通州区第八届武术比赛
（区体育局提供）

10 月 31 日，举办 2019 年京津冀风筝联谊赛
（区体育局提供）

【健身指导】 完成 2019 年通州区国家体育锻炼标准测试，测试 6000 余人；完成 2019 年区国民体质测试工作，测试 1.3 万人。推动全民健身活动经常化、科学化、生活化，规范体育社团管理，促进各级各类协会规范化发展。完成扶持 125 个全民健身团队建设，每个健身团队一次性扶持 2000 元。加大社会体育指导员培训力度，推动完善以培训、使用、管理和激励为核心的工作体系，培养和建立一支高效高能的社会体育指导员队伍。开展 10 场区级全民健身科学指导大讲堂活动，受众人数 2000 余人。成立篮球协会裁判委员会并举办篮球裁判员培训班。开展裁判员组织定向越野、速度滑冰、毽球、和武术裁判员培训班，培训 148 人。

【普及冰雪运动】 年内，面向全区和京津冀地区发放冰雪知识折页 2 万册、冰雪体验票 5000 张，推广普及冰雪运动，营造良好冰雪氛围，为后续冰雪活动开展奠定良好基础。

【搭建全民健身服务平台】 坚持共享发展理念，完善多元共促的“大群体”工作格局。加强相关部门资源整合，充分调动社会力量，形成政府主导、部门协同、全社会共同参与的全民健身“大群体”工作格局。发挥体育人才优势，提升全民健身公共服务水平。

【体育生活化社区和体育特色乡镇建设】 年内，推动体育生活化社区提档升级，加强“街乡吹哨，部门报道”工作，主动服务基层。争创北京市特色乡镇和示范街道。根据市体育特色乡镇和示范街道评选标准，在全区推选2个市体育特色乡镇和1个示范街道，推选梨园镇、潞城镇为市特色乡镇，玉桥街道为北京全民健身示范街道并上报市体育局。创建市体育特色村，根据评选标准，梨园镇半壁店村、北杨洼和曹园村等10个行政村被评为市体育特色村。

（冯晶晶）

体育产业

【安全检查】 2019年，检查经营单位409家次，出动执法人员累计818人次，车辆195台次，发现安全隐患3类81项，整改73项。针对重要节点以及重大政治活动的安保工作，确保辖区内体育运动项目经营单位无安全生产事故发生。日常检查中，对有问题的经营单位进行重点约谈，及时消除安全隐患。继8月2日房山瑞莱健身游泳馆疑似氯气中毒事故后，区体育局进行为期一个月的游泳馆专项检查工作，深刻吸取事故教训，杜绝此类安全事故的发生。召开相关会议，提高安全意识。组织召开相关会议，重点对安全生产责任险、安全生产标准化三级达标以及春夏季火灾防控、游泳场馆安全等各项工作进行详细说明，同时开展体育行业安全风险评估等工作。组织开展安全生产宣传及应急演练活动。

【体育研讨和洽商】 开展体育产业研讨、洽商活动。全力做好体育产业扶持工作。对10余家体育运动项目经营单位慧动平台的申请进行实地勘验，并组织辖区内单位参与市产业示范基地、示范单位、示范项目的申报工作。

（冯晶晶）

社会生活

10月26日，首届社区邻里节

（区民政局提供）

民　政

概　述

【概　况】 2019年，区委社会工委、区民政局围绕北京城市副中心建设大局，大力践行以人民为中心的发展理念，深化改革补短板，优化服务惠民生，统筹推动社会治理、社会救助、社会福利、社会事务等各项业务全面发展，市区折子工程、为民办实事、政府绩效考核任务、“12345”便民服务热线等重点工作完成，取得显著成绩，全区民政事业呈现稳中有进、不断向好的良好态势，为北京城市副中心建设做出新的贡献。12月10日，调整通州区社会建设工作领导小组成员单位主要领导47人，调整领导小组办公室组成人员8人。

（刘涛　张博）

【信息宣传】 2019年，为扩大区委社会工委、区民政局信息的宣传面和影响力，及时传递各项民政民生和社会建设领域政策法规，使群众第一时间了解最新工作动态，编写报送两办信息240篇，刊登采用108篇；市委《北京信息》刊登采用1篇；全年向市、区新闻媒体发布信息283篇，其中报纸媒体采用刊登163篇，新媒体发布转载信息达到178篇，通州电视台采播22期次。

（郭玥）

【民政信访】 年内，在落实《中共北京市委办公厅北京市人民政府办公厅关于印发〈北京市信访工作责任制实施细则〉的通知》的基础上，制定《领导干部在岗接访制度》《领导干部定期下访制度》《领导干部重点约访制度》。设立接访日，制作领导接访工作安排表，全年领导接待有效来访群众7人次。2019年处理自收纸信4封，接待来访群众23人次。处理上级转办、交办信访事项28件，其中信件16封，来访3次，群众网上诉求9件。主要涉及困难群众求助、福利彩票运营、超转人员更改定点医疗单位等，初信初访的一次性办结率达到100%，做到件件有着落，事事有回音，群众满意度颇高。

（张亚军）

【便民服务热线】 为提高便民服务热线办理效率和办理质量，区民政局坚持“群众利益无小事的工作原则”，高度重视“12345”便民服务热线工作，制定《通州区委社会工委区民政局关于落实“接诉即办”工作有关要求的通知》。年内，收到区“12345”便民服务热线工单349件，其中受理303件，退回46件，主要涉及社会福利类、社会事务类、社会救助类问题，市民反映的问题主要集中在高龄老年人津贴、失能老年人津贴、婚姻登记咨询和预约、低保待遇发放和残疾人两项补贴发放。除历史遗留问题、涉法涉诉问题和政策性原因不能解决的工单外，受理工单均妥善解决并取得当事人的认可。

（朱志媛）

【“三社联动”项目】 4月8日至12月31日开展“三社联动”项目，涉及6大项20子项，投入资金350.4万元。5月29日至12月31日，开展“大培训、大练兵、大比武”活动，完成“社会工作进万家”宣传活动35次，通过走访座谈开展社会工作优秀内容征集工作35次，社工理论及实务知识技能大赛2次。

（张博）

社会救助　社会福利

【概　况】 2019年，通州区慈善协会工作本着“坚持自愿、多少不限、多多益善”的募集原则，不断创新筹募方式，充分培育慈善资源，稳步提升募集能力，在实际工作中，逐步形成慈善分会、专项基金、党员献爱心、线上线下群众性募集和突发事件善款接收的“五种渠道”募集长效机制，募集基础不断夯实，善款吸纳力持续稳定并显著增强，累计接收社会各界捐款618.03万元，保持通州区慈善事业稳定发展的良好态势。

4月16日，通州区慈善协会第二届五次会员大会暨第四次理事会召开

（区民政局提供）

【实施精准帮扶】 为最大限度发挥慈善资金的使用效益，提升精准救助实效，聚合更多影响力，协会通过“四个重点”理顺救助工作重点和难点，在“扶老、救孤、济困、恤病、助残、助学”等群众普遍关心且需求迫切的民生领域，不断增强救助工作的针对性和实效性，累计救助1926人次，支出善款647.88万元，充分发挥慈善工作在精准帮扶中的重要作用。

【加强慈善信息宣传】 年内，不断加大信息公开力度，通过协会微信公众号及市区两级媒体等将慈善项目动态进行公开，将捐赠收入和救助支出数据进行公示。不断丰富宣传内容，举办京津冀蒙公益慈善书画展，开办“通州有爱　慈善有我”公益慈善图片展，参与“运河绿道骑游周”群众活动、与京东图书频道开展快乐阅读活动等，打造透明慈善，增强慈善公信力。

【认定公开募捐资格】 2019年，区慈善协会获得税前扣除资格，被认定具有公开募捐资格，被评为AAAAA级社会组织。各项工作为推进民生保障补充作用、促进社会和谐稳定建设，实现首都城市副中心的首善之区建设中发挥积极作用。

（王鹏飞）

儿童福利和保护工作

【概　况】 2019年，通州区民政局以全力争创全国困境儿童和留守儿童保障示范区为统领，深入推进体制机制建设、保障力量投入、注重工作成效，多角度、多维度、深层次构建城市副中心儿童关爱保护体系，全方位开展儿童福利和保护工作。

【儿童关爱保护体系建设】 年内，贯彻落实《关于进一步健全农村留守儿童和困境儿童关爱服务体系的意见》，由区民政局牵头，联合区检察院、公安分局、法院等11个部门制定出台《通州区关于建立侵害未成年人案件强制报告制度的意见》，建立全市首个区级层面的强制报告制度与多部门协同转介机制，成立多领域专家团队。以福利院为平台载体，发挥业务指导和资源枢纽作用，统筹管理全区16个街乡儿童福利督导员和儿童主任，引导爱心企业和志愿者团队参与全区困境儿童关爱工作，初步形成政社协同的儿童福利服务新格局。

【困境儿童帮扶工作】 2019年，在儿童福利领域投入购买服务资金953万元，其中100万元中央福彩公益金，用于儿童福利服务体系标准化建设、困境儿童法律保护和司法救助、开通儿童救助服务热线，以及为困境儿童提升社会心理支持和安全自护教育；795万元市级福彩公益金，为16个街乡儿童成长驿站和200个儿童之家注入服务力量，举办全区儿童督导员、儿童主任及社工业务培训，为全区近700人的儿童服务队伍赋能；58万元区级购买服务资金，为73名散居孤儿、事实无人抚养儿童、贫困重残重病儿童提供持续帮扶。

【儿童福利保障政策落实】 年内，全区800余名困境及困境边缘儿童建立“一户一档”。申领困境儿童生活费儿童101人，其中机构内孤弃儿童28人，社会散居孤儿4人，事实无人抚养儿童47人，贫困家庭重病、重残儿童22人，累计发放困境儿童生活费和物价补贴142.97万元。“两节”期间，为42名事实无人抚养儿童和散居孤儿发放慰问金2.1万元。完成市级福利机构2名成年孤儿安置工作，为其申请低保、残疾人两项补贴和保障性住房。

【社会福利院服务管理】 截至2019年底，区福利院有孤残儿童32名，其中院内集中供养31名，家庭寄养1名。年内1名儿童被国外家庭收养。全年投入58万元，用于完善儿童庇护中心服务保护设施，增加监控探点和存储容量，安装电气报警装置，实现院内主要场馆消防报警系统联动。完成低压配电室改造和水泵设备更新，福利院综合服务设施及消防系统全面升级。

5月28日，福利院媒体开放日

（区民政局提供）

（李金龙）

老龄工作

【健全老年政策体系建设】 区民政局印发《关于推进通州区2019—2020年度第二阶段居家和社区养老服务医养结合实施方案的通知》《通州区农村互助养老服务试点实施方案》《关于开展通州区老年人能力综合评估培训的通知》，与区人力资源和社会保障局联合印发《关于通州区及北三县养老服务从业人员技能提升专项培训实施方案》等一系列文件，为老年人居家养老提供支持和保障。

【居家改革试点工作】 2019年初，通州区继续推进第三批国家级居家和社区养老服务社区改试点工作，5月迎接民政部组织的中期验收评比工作，通州区在36个地区中排名第六，被评为优秀。

5月26日，召开通州区居家和社区养老服务改革试点工作验收汇报会 （区民政局提供）

【落实老年人优待政策】 为全区80～89周岁老年人发放居家养老服务补贴金2654.34万元，为全区90周岁及以上老年人发放高龄津贴464.35万元，为全区48名95周岁及以上老年人发放医疗补助约11.01万元，全年办理老年证248个。为1000户经济困难、劳模、见义勇为、农村退役军人等老年人家庭进行适老化改造。

【完善残疾人保障体系】 逐步健全完善残疾人保障体系。完善在库人员预警信息核实与变更程序，核准应发人员资金实发编制。截至2019年12月，发放困难残疾人生活补贴96914人次，累计发放金额4874.92万元；发放重度残疾人护理补贴107377人次，累计发放金额1504.61万元。参照低保标准对失业无稳定收入的困难残疾人和老年重度残疾的困难残疾人的补贴，每月均上调100元。

【区级养老院重点工程】 北京市住房和城乡建设委员会和北京市规划和自然资源委员会多次调研和跟踪项目建设情况，于5月28日在项目部召开现场办公会议、6月6日在市住建委召开进度协调会议，经过现状调查和接续建设内容核实，结合区养老院复工前期图纸深化、财政评审、土地手续办理和招投标的实际工作，在尊重建设规律、保障合理工期的前提下，市建委和市规自委同意调整项目完工时间，计划于2020年完工。区养老院的运营准备工作同时展开，区民政局委托专业机构所做的建设运营计划专题报告经区政府常务会议研究审议通过。

【养老设施建设】 年内，完成38家养老驿站建设任务并运营，超额完成8家养老驿站建设任务。开展台湖、潞城、梨园、永顺、宋庄、郎府、马驹桥第二社会福利中心等7家敬老院的升级改造工程建设。

【政府购买助老服务项目】 年内，制定出台《通州区居家养老巡视探访服务实施办法（试行）》，累计巡访总人数4899人，为通州区日常生活照料存在困难，有精神慰藉需求，高龄、独居、空巢等老年人提供政府和社会的关爱服务及个性化、精准化的养老服务，使老年人共享改革成果。

（李学民）

社区建设

【概　况】 按照“依法依规、减量降频”的要求，区民政局对全区各部、委、办、局、公司、中心、各街道要求社区报送的各类表格集中开展社区表格专项清理规范工作。区级部门要求社区填报表格事项由19个部门的66项精简为4个部门的4项，精简幅度达93.93%。印发《关于贯彻落实社区表格保留清单的通知》和《关于严格社区表格清单化管理的通知》，严格按照规定进行填报，不得以任何形式搞变通，增加填报表格种类和频次。清理规范社区挂牌，对各街道、乡镇的142个社区挂牌进行深入调研和梳理，深入开展社区挂牌清理规范工作。

【农村社区建设】 年内，将农村社区建设与北京城市副中心建设、新型城镇化、基层社会治理创新相结合，全区打造34个市级农村社区建设试点单位。开展农村社会服务、农村便民服务、协商治理、志愿服务和公益服务等32个项目，累计活动1890次，服务215000人次。其中，规范化建设培训、农村社区治理培训和专家指导培训活动790场，培训61500人次。整合各类社会公益服务资源243家，孵化农村草根组织和本土志愿队伍220家。

【社区服务社会化】 年内，调研居民需求及项目征集，制定2019年度“三社联动”服务实施方案。围绕社区治理精细化、社区服务社会化、社区减负增效、老旧小区治理、民生微实事等开展20个服务项目。坚持引入专业社会力量，探索通过专业社工机构助力社区治理体系建设，深入调研北苑街道“三化治理”模式、成效，为加快探索形成科学有效的“副中心社区治理体系”夯实基础。

11月15日，社区邻里节闭幕式

（区民政局提供）

【暖心服务惠居民】 年内，以“亲情陪伴”为重点，开展“暖心服务惠居民志愿服务进社区”活动，开展6次风采展示活动，为300名老人提供一次免费上门修脚服务，为通州区救助站、康福星老年公寓、台湖敬老院、北关清真寺、西关清真寺开展保洁服务。

（曹新亮）

基层自治组织建设

【概　况】 2019年，按照全市统一部署，完成村委会、社区居委会换届选举工作。为进一步加强农村基层自治组织建设，密切党群干群关系，维护农村社会和谐稳定，2019年，进一步规范全区村务公开工作。按照区委、区政府要求，依法有序推动北京城市副中心行政区划调整各项工作。

【城乡基层自治组织建设】 2019年，在全区范围内于7月组织开展村级“民主日”活动、集中召开社区居民会议，极大地调动居民群众参政议政的积极性，提高城乡基层干部的决策水平和解决实际问题的能力，进一步密切党群干群关系。指导北苑街道筹备成立官园社区居委会，指导马驹桥镇筹备成立兴贸北街、逸景家园、富力尚悦居社区居委会，指导永顺镇筹备成立惠兰美居、榆东一街、运河滨江社区居委会，指导台湖镇筹备成立润枫领尚、拾景园、印象北里、印象南里社区居委会，指导于家务乡筹备成立永济社区居委会。全区经区政府批复成立的社区居委会142个。

【村（居）委会换届选举】 2019年，按照全市统一部署，完成村委会、社区居委会换届选举工作，选举出470个村和130个社区的新一届领导班子，选出村（居）委会成员2450名，实现“四个100%”目标，即除党组织书记是从机关企事业单位选派的村外其他村100%实现“一肩挑”，100%一次选举成功，村和社区参选率100%，社区书记、主任“一肩挑”比例100%。

【行政区划管理】 年内，在区委、区政府的领导下，依法有序推进城市副中心行政区划调整工作，围绕文化旅游区和北苑、玉桥、永顺、梨园等重点地区，进一步深化城市副中心行政区划研究，行政区划调整方案正式提交市政府研究。　（邓长富）

殡葬管理

【殡葬惠民】 按照《通州区城乡无丧葬补助居民丧葬补贴办法》，严格丧葬补贴操作手续，防控风险，避免重复申领、避免政策规定的十类人员申领（该类人员已在其他渠道享受丧葬补助）。年内，核准丧葬补贴申请699件，区、镇（乡）两级财政拨付丧葬补贴资金349.5万元。深入推进“零百千万”工程，即零元骨灰撒海、百元骨灰盒、千元殡仪服务、万元墓地，全区销售百元骨灰盒185个，提供千元殡仪服务2480次。继续推进落实《北京市通州区节地生态安葬补贴实施细则》。

【殡葬便民】 殡仪馆不断落实殡葬改革，强化服务意识，牢固树立“民政为民、民政爱民”理念，以群众满意为出发点和落脚点，全年举行告别仪式3087场次，火化遗体9844具。惠灵山陵园年内出售穴位114个，截至2019年底，累计出售穴位4770个。

【清明祭扫】 做好清明节群众祭扫服务接待服务工作，在全社会大力倡导移风易俗新风。清明节期间，通州区殡仪馆、永安公墓、通惠陵园、京运陵园、惠灵山陵园等几处重点祭扫接待点，累计接待祭扫群众48.39万人次，机动车辆10.63万辆次，其间，未发生一起安全责任事故。

【殡葬执法】 年内，区民政局针对社会车辆非法接运遗体进行严格执法，张贴禁止社会车辆接运遗体告知书，制作3件社会车辆非法接运遗体一般行政处罚案卷。清明节前夕，对区内殡葬用品经营网点进行执法检查，制作17件简易行政处罚案卷。及时、妥善处置殡葬领域群众来信来访6件，及时应答“12345”热线转来的群众反映问题或诉求5件。

3月31日，局领导检查清明祭扫活动现场
（区民政局提供）

（马兆东）

社会组织管理

【概　况】 年内，区民政局累计完成登记成立社会组织416家，其中，民办非企业单位318家，社会团体98家。志愿团体增长201家。志愿者增长21244人。

（徐颖　张博）

【顶层设计明确社会组织发展方向】 年内，草拟出《通州区关于改革社会组织管理制度促进社会组织健康有序发展的实施方案》、《通州区社区社会组织管理办法》和《通州区关于大力发展社区社会组织的工作方案》文件初稿，明确通州区社会组织发展规划和扶持政策，管理体制建设进一步完善，引导社会组织朝着健康有序的方向发展。

【社会组织年检评估】 2019年，应参加年检的社会组织335家，已年检的社会组织321家，年检率96%；累计应参加评估社会组织为254家，已评估社会组织247家，评估率为97%。

【社会组织信用管理】 年内，社会组织信用信息的采集、录入、发布率100%。依托区经信委信息平台，发布区级社会组织诚信"红黑榜"，营造社会组织"守信光荣、失信可耻"的社会环境。

【社会组织培育孵化】 年内，完善三级孵化培育体系，打造全区社会组织孵化网络。基本形成区、街乡、社区三级培育孵化体系。区级孵化中心——通州区社会组织双创发展服务中心培育孵化社会组织30家，开展合作交流、培训指导等活动200余场次。

【购买社会组织服务工作】 年内，在"三品一口"为项目战略引导和"爱延续"统一服务品牌下，按照"一项目一特色"稳步推进，社会组织在参与社区治理、社区服务，承接政府职能转移工作中均发挥良好作用，特色品牌服务项目有序实施，2019年购买社会组织服务资金达300万元，累计开展服务活动600余场次。

【开展社会组织清理整顿工作】 此次工作涉及全区业务主管单位23个，涉及社会组织416个。完成50家社会组织行政检查，行政约谈110家。启动社会组织财务监督管理工作。通过政府购买服务选定1家会计师事务所，对社会组织是否从事营利性经营活动，是否存在侵占、私分、挪用社会组织资产，是否违规收取费用等财务情况进行专项审查。

【健全新任法人约谈制度】 年内，制定《新任法人约谈书》，对新成立36家社会组织的法定代表人及17家新变更法人进行权利、义务告知，要求社会组织法人按照社会组织条例和单位章程行使权利、承担义务。

【社会组织党建工作】 年内，在已建立区民政局社会组织综合党委基础上，筹备建立区社会组织党校。切实加强党的政治建设，深入推进"不忘初心、牢记使命"主题教育，为80余家社会组织开展党建专项培训。2019年，区委社会工委、区民政局系统的社会组织89家，党员130名，建立联合党组织6家，区民政局为业务主管单位单独建立党组织的6家，选派兼职党建指导员10名，着力推动党的组织和党的工作全覆盖。

（徐颖　翟玉萵）

婚姻收养登记

【概　况】 2019年，婚姻登记管理工作依照《中华人民共和国婚姻法》、《婚姻登记条例》和《婚姻登记工作规范》要求，坚持依法行政、热情服务的基本原则，继续巩固、提高等级婚姻登记机关创建成果，各项工作顺利推进，群众认可度持续增长。全年办理结婚登记6994对（较上年下降10.8%），离婚登记4150对（较上年增长11.7%），补领婚姻登记2581对（较上年下降7%），涉外及涉港澳台婚姻登记28对，为行动不便的老人、残疾人、病人提供上门登记服务23次，出具婚姻记录证明19份，配合公证处、公安、检察院、法院等部门调查当事人婚姻登记情况126次，受理当事人查询婚姻档案283件，接待群众电话咨询及现场解答3万余人次。

【婚姻健康特色服务】 为提高通州区新人婚检率，有效降低新生儿出生缺陷，8月26日，通州区委社会工委、区民政局与区妇幼保健院联合在婚姻服务中心设立“免费婚前医学检查中心”，为新人免费提供婚前医学检查服务，此中心配备专业医护人员及完备婚检设施，通州区一站式婚检、婚登服务正式开启，通州区新人从此告别医院、婚姻登记机关“两头跑”现象，年内为709对新人免费提供婚前医学检查。

【婚姻家庭辅导及颁证服务】 2019年，区婚姻服务中心继续与通州区金蓝途社工事务所、春晓心理咨询事务所签订政府购买服务合同，年内，为3233对初婚当事人提供免费颁证服务，颁证率达89%。举办5次主题颁证活动；年内，有782对离婚当事人接受婚姻家庭辅导，深入基层社区组织开展4次“婚姻家庭辅导进社区”活动，参加人数300余人，得到群众好评。

【特殊婚姻登记日工作】 2019年，三次高峰日办理结婚登记615对（2月14日办理201对，5月20日办理254对，9月9日办理160对），为做好特殊婚姻登记日服务工作，预先制定工作方案和各项应急预案，并做好相关引导工作，未发生一起投诉事件。

8月7日，区民政局七夕婚姻登记集体颁证服务
（区民政局提供）

【收养登记移交工作】 按照市、区机构改革工作相关文件精神，通州区收养登记工作于2019年9月18日由通州区委社会工委、区民政局婚姻服务中心移交到通州区委社会工委、区民政局社会福利综合科。

【群众信访投诉处理解答工作】 年内，区婚姻服务中心对群众拨打“12345”以及来访来信等反映涉及婚姻登记问题全部进行及时答复，群众满意率在全局位居前列。

【婚姻法律法规宣传】 年内，区婚姻登记处通过多种媒体向全社会宣传婚姻法律法规，并在《通州时讯》《通州新闻》等新闻媒体刊登宣传稿件10余篇。不断加大婚姻政策法规宣传，全年向全区群众发放《中华人民共和国婚姻法》《婚姻登记条例》及婚检、计划生育相关知识等宣传资料1.1万余份，取得良好的宣传效果。

（刘广宇）

捐赠中心

【概　况】 2019年通州区救灾捐赠工作在市民政局的指导下，在区民政局的正确领导下，开展各项工作，提高捐赠保障水平，接收捐赠工作有新突破。2019年，累计接收社会捐款471586.9万元，接收物资6.0769万件。

【对口帮扶情况】 区民政局以《2019年区委社会工委区民政局扶贫协作和支援合作工作实施方案》为引领，助力对口支援单位脱贫攻坚，精准对焦、靶向发力。7月16日、7月29日、8月13日，分

8月10日，赴内蒙古开展对口帮扶
（区民政局提供）

别赴内蒙古奈曼旗、翁牛特旗、科右中旗和西藏拉萨城关区开展对口支援。向奈曼旗、科右中旗捐赠棉大衣、棉被等救灾物资 1.5 万件、价值 32 万元，对口帮扶资金 130 万元。

【移交救灾物资】 根据机构改革的相关要求，年内完成向区应急局、商委移交救灾物资帐篷 740 顶、折叠床 1940 张、气垫床 1200 张、折叠桌椅 580 套、棉大衣 2000 件、应急灯 600 台、救生绳 500 套、强光手电 200 个、救生衣 500 件、交通指挥棒 100 个、雨衣 200 件、雨鞋 200 双、铁锨 300 把、对讲机 30 台、发电机 10 台。

【强化捐赠物资管理】 年内，对捐赠储备库进行盘点管理，其中捐赠物资有棉被 1900 件、棉衣 498 件、棉大衣 1000 件、毛毯 300 件，春秋夏装 7800 件，厚外套 1500 件，共计 12998 件。

【开办慈善超市】 2019 年，区捐赠中心与养老驿站的合作项目，共享平台，新增北苑慈善超市与潞城康各庄慈善超市，通州区累计开办 5 家慈善超市。

【新增捐赠站点】 2019 年，北苑街道办事处新增 18 家捐赠站点，其中有 9 家捐赠站点落实“五个一”规范化建设。通州区共计 54 家捐赠站点。

（周丽杰）

福彩中心

【概　况】 年内，全区销售福利彩票 29360.7494 万元。其中，电脑票销售 25875.3694 万元，即开票销售 3485.38 万元。超额完成北京市福利彩票发行中心下达的销售任务。总销量列全市第四名。

【巡视检查】 年内，对全区各网点的水电气安全、环境卫生、防盗、防汛、投注机维护和理性购彩等方面进行巡视检查。特别是在春节、“两会”、国庆等重大节会期间，督促区内销售站做好安全自查，坚持“有事上报，无事报平安”制度，提高思想意识，倡导销售站严格履行安全责任，强化社会责任，切实保证全区彩票销售市场的安全与稳定。

【促销活动】 年内，大力开展福彩各项游戏营销活动。电脑票方面，分别在全区进行“快乐 8”“3D”、“快 3”“双色球”游戏营销活动，在提高销量的同时，进一步扩大福利彩票品牌影响力。即开票方面，按照市福彩中心要求，大力开展“戊戌猪”“魅力 4 射”“中国龙”“黄金传奇”等即开型福利彩票宣传促销活动，努力开拓福彩即开票新市场。

【表彰先进】 年内，通州区获评“市十佳销售站”6 个，“市优秀销售站”19 个，“市优秀销售员”3 名。

（陈蕾）

劳动就业

【概　况】 2019 年，区人力社保局全面实施就业优先战略，采取切实有效措施，突出就业政策落实、就业岗位挖掘、困难群体帮扶、就业技能培训、服务效能提升五个着力点，精准发力，向全区就业交出了一份群众满意的“民生答卷”，百姓获得感和幸福感增强。2019 年，区人力社保局疏堵结合、情法兼顾，不断完善劳动关系协调机制，坚持源头治理，健全“源头预防，动态监管，失信惩戒”相结合的长效机制，坚持调裁结合，搭建多元化基层调解平台，从源头化解矛盾纠纷。

【全区就业情况保持稳定】 年内，全区城乡劳动力就业 19275 人，完成指标的 160.6%，城镇登记人员就业率达到 68.82%；期末实有城镇登记失业人员 5603 人，城镇登记失业率 2.81%，同比增长 0.07 个百分点。

【完成城乡就业困难人员就业工作】 年内，全区城乡就业困难人员就业14030人，完成任务指标的255%，就业困难人员就业率达到69.91%。

【落实各项促进就业政策】 2019年，为204家用人单位招用的944人次城乡就业困难人员申请岗位补贴351.6万元，为2228人次城乡就业困难人员申请社会保险补贴1622.7万元；为符合通州区政策的67家次用人单位的710人次城乡就业困难人员申请市级岗位补贴107.1万元；为符合通州区政策的92家次用人单位的716人次城乡就业困难人员申请区级岗位补贴37.2万元。全区15家社会公益性就业组织累计安置1253名就业困难人员，为5561人次申请市级岗位补贴1807.3万元，为5093人次申请区级配套资金736.5万元。新增10792名自谋职业（自主创业）、灵活就业人员，累计享受补贴33631人，累计享受补贴金额2.68亿元。受理541家企业稳定岗位补贴申报材料，批复资金2126.2万元，涉及人数达70805人。审核接收550家企业的4408名退休人员转退休化管理，为574人次的社会化管理退休人员申报清洁能源自采暖补贴51.2万元。

【创业促进就业工作】 2019年，实现创业387人（指标240人），带动就业1370人（指标700人），分别完成全年指标的162%和195%，比2018年同期分别增长21%和13.9%。联合区财政局、区商务局、区科委印发《通州区关于鼓励创业带动就业的实施办法》，全市率先从个人、创业团队和企业及优化创业服务三个层面，出台创业一次性补贴、创业场地房租补贴、创业带动就业一次性奖励、创业孵化示范基地运作补贴等9项政策，完善创业政策扶持体系。

【职业技能培训】 2019年，全区新增4家民办职业技能培训机构，截至年底，共有23家。全年开展城乡劳动力政策性补贴培训17166人次，超出前三年培训量总和。开展创业一体化见习培训22期，共计596人。全年批复培训补贴资金1109.188万元，其中市级培训补贴资金119.829万元、区级培训补贴资金989.359万元。实施区级政策扩面，加大重点群体职业技能培训。结合就业援助月开展保育员、面点师等技能培训3726人次；联合妇联等部门开展通州巧娘茶艺师、建（构）筑物消防员培训1854人次；联合区市场监管局、应急管理局、住建委等单位，加强智能楼宇、电工、建（构）筑物消防员、社区物业管理员等相关工种培训1448人次；组织开展技师班及技师研修培训班4期、参培技师158人次。组织抽查定点校开展的市区级培训补贴培训班286班次、抽查率达100%、平均出勤率60%以上。全年完成职业技能鉴定考试资格复审236批次，共计26490人次，复审合格25937人次；辖区内3所鉴定机构组织考试24719人次，取证20455人，其中初级工16756人、中级工1879人、高级工448人、技师1354人、高级技师18人；完成辖区内职业技能鉴定考试督考213场次，鉴定量和资格复审量在全市16个区鉴定管理中心中位列第一。

【围绕副中心发展储备技能人才】 根据《通州区职工岗位技能提升专项培训管理办法（试行）》，着眼副中心功能定位，围绕重点项目、重点区域对于技能人才需求，开展专职消防员、基层社区管理、热力管网系统运行、养老机构管理者等工种培训12期、参培2358人次。其中，围绕老城区“城市双修”工作，组织全区7个街乡基层社区管理人员开展岗位技能提升培训参培722人；围绕城市公共基础设施维护，组织热力管网系统运行工近200人开展技能理论加实操演练岗位提升培训；围绕生活性服务市场急需紧缺职业，如社区居家养老，与民政部门对接，组织区养老机构院长及中层管理人员59人开展技能提升培训。围绕副中心控规，在服务保障特色小镇建设方面，与北大人民医院对接，开展免费培训服务保障人员近1000人，选取部分工种组织定向招聘，有25家物业企业176个岗位参加招聘，近300人参与面试，初步达成就业意向187人，搭建一条从技能培训到实岗就业的直通快车道。

【举办通武廊职业技能大赛】 根据通武廊三地高技能领域人才战略合作协议，年内，举办第二届通武廊职业技能大赛，比赛项目为电工、育婴员、中式烹调师3个职业。初赛报名465人，参赛选手367名，112人通过参赛取得职业资格证书，有18人获得一、二、三等奖，25人获得优秀奖。

【百姓就业空间全面拓展】 2019年，组织各类招聘活动301场，提供岗位9.3万个次，2.9万人现场达成就业意向。与行政办公区、北京环球度假区等重点项目对接，进一步明确岗位需求，组织开展专场面试会12场，促进252人就业；与京环公司等重点企业以及朝阳区、大兴区等周边区企业对接，采集岗位900余个，促进748人就业；深化与天津武清及廊坊北三县的合作，组织开展各类跨区域招聘活动9场，提供就业岗位8500个。

【重点群体就业】 年内，针对就业困难人员，联合"通州小兵"向其提供"一对一"岗位推荐，促进435人就业。针对高校毕业生及长期失业青年，组织开展"校园行""企业行"等各类活动23场，就业率达98.2%。针对低收入农户，与区农业农村局联合开展帮扶，实现有就业意愿低收入农户劳动力百分百就业。针对因家庭、身体等原因不能外出就业的特困人员，将其安置到公益性就业岗位中，共安置1283人。

【百姓技能水平不断提高】 实施城乡劳动力技能提升三年行动培训计划，2019年，开展城乡劳动力政策性培训17111人次，是前三年培训量的总和。根据环球主题公园、老城区城市管理等重点项目用工需求，开展游乐设施操作员、物业管理等技能人才提升培训，培训人数达7800余人次，自环球主题公园"1531"培训工程（实施"1531"培训工程是指围绕环球主题公园直接或间接就业需求，加强地区人力资源培养，利用4年时间实现培训1万人的工作目标。开展创业培训1000人。开展技能培训5000人。开展提升培训3000人。开展高技能人才培养1000人）启动以来，已培训1.6万余人次。

【服务水平持续升级】 年内，启动"企业人力资源服务公益行"活动，宣讲人力社保政策，组织开展培训交流活动27场，1930家单位2082人参与；实现供需双方精准对接，组织举办精品面试会28场，319人上岗就业；升级改造"通州就业服务"微信订阅号，更好地为供需双方搭建交流平台，关注量达到4.7万人，阅读量189万人次。

【对口帮扶工作】 2019年，向内蒙古三旗提供岗位信息14586个，与三旗联合举办专项招聘会5场，提供就业岗位5969个，在通州企业就业4人。向每旗拨付公益性岗位补贴200万元，将1500余名建档立卡贫困劳动力安置到护林员、环卫保洁员、巡路员等岗位。开展技能培训32期，累计培训938人次，经过培训实现就业177人。向拉萨城关区拨付资金50万元，建立2个实训基地。2018年人力社保局在内蒙古三旗建立的6家劳务实训基地2019年全部投入使用。

【退休审核工作】 2019年，核准退休待遇5848人，其中正常4276人，特殊工种643人，病退218人，一次性待遇711人。受理外埠户籍退休申请132人，办结104人。

【工伤认定工作】 2019年，接待工伤来访9940人次；认定工伤1254件，其中建筑业农民工工伤认定104件，个人申请工伤认定84件，工伤康复26人。

【劳动能力鉴定人次增加】 2019年，组织劳动能力鉴定35场，外出鉴定3场，鉴定人数960人次，其中工伤评残鉴定715人次（含配置辅助器具），病退鉴定245人次，结论改变率为零，组织医疗专家培训2次。外出审核病历39人次，外出总行程约2200千米。组织召开通州区劳动能力鉴定委员会医疗专家聘用会，聘用医疗卫生专家31人，18个科别。

【集体合同覆盖工作】 年内，全区执行期中的集体合同户数1377户，覆盖职工7.9万人。其中2019年新增备案企业114户，涉及职工16574人。

【严格特殊工时审批许可】 年内，为115家企业7527名职工申请综合工时和不定时工作制度进行行政许可。

【加强劳务派遣审批管理】 年内，全区审批经营劳务派遣企业96家。

【加大监察执法管理力度】 年内，办结各类案件1625件，涉及劳动者3583人，涉及各类款项5237.63万元。其中，投诉举报案件206件，“12345”非紧急救助1401件，突发事件18件，结案率100%。巡查检查用人单位3462家，纠正企业违法行为限期改正62起，行政处罚8起，处罚金额9.7万元。

【压实根治欠薪工作责任】 年内，进一步健全“源头预防，动态监管，失信惩戒”相结合的长效机制，坚持源头治理，创新管理模式，全面压实根治欠薪工作责任。以制度为保障，全面推进农民工实名制管理和农民工工资专用账户管理制度，督促工程建设领域用人单位依法按月足额支付农民工工资；以联动为手段，组织行业监管单位开展根治欠薪专项执法行动，定期通报情况、研判问题、制定措施、通力合作，精准治欠；以约谈为抓手，多方收集汇总舆情信息，盯住苗头性、倾向性问题，对出现问题多或涉及项目多的开发商和建筑集团进行“大户约谈”，通过启动约谈机制，解决工程款、劳务费、工资等合计3.07亿元。

【高效化解群众诉求】 2019年，劳动监察队处理“12345”案件1401件，同比增长67%。为优化完善接诉即办机制，成立“12345”市民服务热线诉求办理工作专班，制定诉求办理工作规范，明确响应、办理、回复、回访、移送、考核各环节工作的规定和要求，实现诉求事项办理全流程有效闭合，有效提升诉求的解决率、满意率、回复率。

【优化人力市场环境】 年内，对工商企业密集区、流动人口集散地和自发形成的人力资源交易场所等重点区域进行常态化监管，严厉打击扰乱人力资源市场秩序的违法行为，连续四年被人社部和国家工商总局评为全国清理整顿人力资源市场秩序专项行动成绩突出单位。

【实施通武廊资源共享】 年内，探索联动处置机制，签署通武廊《关于跨地区劳动保障监察案件协查协议》，在跨区调查中三地监察互相协助调查并提供调查结果，调查结果互为有效证据，实现劳动者跨区域维权，为构建通武廊和谐稳定的劳动关系奠定坚实基础。

9月5日，通武廊三地劳动关系座谈会在大厂举行

（区人力社保局提供）

【提供法律援助服务】 年内，“治欠保支”法律援助站设立在劳动监察接待室。对劳动监察不能受理、需通过司法渠道解决的诉求，由法律援助律师当场为农民工免费解答相关法律问题，符合受理条件的免费代理、现场立案，在第一时间帮助劳动者解决困难，降低维权成本，引导劳动者理性维权。全年接待司法政策咨询695人，登记受理法律援助70人，收集证据齐全法律援助成功38人，援助金额105.51万元。

【劳动人事争议调解工作】 2019年，区仲裁委受理各类劳动人事争议案件7375件，与上年同期相比上升9%。全年审结7150件，结案率96.95%，支持总金额1.4亿元，以调解方式结案4549件，调解率63.63%。各街乡调解组织调处案件4090件，成功调解4079件，调解成功率达到99.73%，支持总金额达4454.36万元。同时，六方联动调解中心约谈案件当事人3600余人次，调解案件2498件，审查确认置换调解书886份。

【加强基层调解工作】 年内，建立街乡调解工作指导员制度。从现有的仲裁员中选拔出13名办案经验丰富、业务能力突出、法律功底扎实的仲裁员担任街乡调解工作指导员，通过与各街乡调解组织签订工作责任书，建立一对一的业务指导关系，加强基层调解组织的专业化、实体化、规范化建设。2019年，工作指导员开展指导40余人次，完成19家调解组织的新建工作。

【深化区域协同处理机制】 年内，在与天津市武清区、河北省廊坊市签署《关于通武廊劳动人事争议协同处理工作的意见》和《关于通武廊劳动人事争议处理过程中委托调查取证、委托送达仲裁文书的协同合作意见》的基础上，畅通交流渠道、探索先行先试机制，在武清区召开首次三地劳动争议合议庭和一次调查取证，在廊坊市开展一次跨区域文书送达。2019年，仲裁受理涉及河北、天津地区企业劳动争议93件，涉案金额531.6万元。

（何媛媛）

社会保障

【概　况】 根据国务院机构改革相关具体要求，3月，区人力社保局将城镇职工和城镇居民基本医疗保险、生育保险职责整建制划转至区医疗保障局，区社会保险事业管理中心的主要职责调整为负责全区社会保险基金管理工作，经办社会保险事务，为参保人提供政策咨询、权益记录查询和其他社会保险服务。为进一步做好社会保险工作，区人力社保局社保中心紧跟副中心建设，不断提升服务质量，完善监督机制，构建起社会保险基金管控体系、内控监督体系和综合管理体系，持续优化营商环境，有效提升社保经办效能。2019年，全区各项社会保险参保单位达4.4万家，养老、工伤和失业保险参保规模分别达89.81万人、44.02万人和46.82万人，各项基金收支规模达144.90亿元，社会保障范围不断扩大，待遇标准和水平逐步提高。

【城镇三险扩面征缴工作】 年内，辖区城镇三险参保规模进一步扩大，参保单位4.4万家，参保人员59.21万人，同比分别增长20.6%和6.8%。基金累计收缴64.04亿元，同比增长14.7%，完成全年任务指标的99.0%。其中，基本养老保险、失业保险和工伤保险累计收缴分别为59.87亿元、2.69亿元和1.48亿元。

6月13日，2019年通州区用人单位工伤保险宣讲会　（区人力社保局提供）

【城乡居民养老保险续保】 年内，全区城乡居民养老保险累计参保22.66万人，续保率达98.6%。基金累计收支14.83亿元，有6.41万人享受居民养老保险待遇。

【社会保险待遇标准不断提高】 年内，及时上调养老、失业、工伤等社会保险待遇标准。其中，全区8.09万名企业离退休人员月人均领取养老金达3591.22元；城乡居民养老保险待遇人员基础养老金标准调整为每人每月800元/810元/820元；无保障老年人福利养老金标准调整为每人每月715元/725元/735元；失业保险金发放标准每档增加

170元；工伤人员伤残津贴按工伤等级逐级增加，最低档每人每月增加320元；工亡人员供养亲属抚恤金每人每月增加200元。

【社会保险降费政策落实到位】 年内，及时开展社会保险降费减负惠民政策的业务培训、政策宣传与基金测算等工作，落实职工基本养老保险单位缴费比例降至16%、失业保险总费率1%，延长执行至2020年4月30日的政策。确保社会保险降费政策改革的平稳有序推进。

【落实机关事业单位养老保险各项政策规定】 年内，协同区税务局，组织召开501家辖区市、区属机关事业单位社保费征收税务切换工作培训会；组织召开全区469家机关事业单位缴费工资申报、养老待遇调整工作部署会，并完成28026名在职人员社保缴费基数申报和10266名退休人员2019年待遇调整工作；组织召开全区机关事业单位新老办法比对业务指导培训会，集中完成843名改革后“中人”退休人员新老办法待遇比对工作；完成全区2649名应届毕业生、调动人员及其他人员的社会保险补缴工作；完成全区919名工作人员社会保险退费业务；完成通州区原国税局464名工作人员的准备期补缴工作。

【转非人员安置工作】 2019年，完成漷县、潞城、台湖、马驹桥、梨园、张家湾、西集、宋庄和永顺9个乡镇28个村1379名劳动力的转非安置补缴社会保险工作，涉及基金22048.20万元，其中补缴养老保险20491.19万元、失业保险1557.01万元。

【推进社会保险费征收改革】 年内，按照北京市社会保险费交由税务部门征收，实现税费统收统管的工作要求，开展社会保险费征收业务对接工作，与税务部门进行政策座谈会6场，为税务部门派驻人员进行培训12期，完成区属范围470家单位、近3万名在职参保人员社保费征管职责划转税务部门的切换工作，研究处理参保单位切换有误等问题300余条。

6月4日，通州区人力社保局“12345”案件分析座谈会　　（区人力社保局提供）

【优化社会保险经办服务效能】 年内，提升“通州社保”微信平台服务功能，增设社保记录查询、缴费金额计算、常用表格下载等模块。全年微信公众号累计发送图文200余篇，关注人数近4万人，阅读转发量超100万人次。通过微信公众号上线运行“社保知识大讲堂”培训预约平台，实现企业自助填报、系统自动审核、数据导出、二维码电子化签到等多重功能，举办培训14次，1260余人次参加，课件关注转发量超6000次。

【推进市属单位社保经办业务】 年内，结合市属单位人事工作的特点，查找业务衔接点，于每周五开设一个市属业务办理窗口，设立三人专属权限，做好市属单位的服务工作。因外区转入、新成立单位、区属变市属等因素，承接38家市属机关事业单位，涵盖在职3881人，退休1620人的社保登记类、征缴类、支付类等业务。

【强化基础管理工作】 年内，按照优化营商环境工作要求，优化经办业务32项、精简材料22项，推行网上办理事项8项，推行“一增三减”办事流程（“一增三减”办事流程是指减环节、减材料、减时限，增加群众满意度）。企业新参保登记、核定工伤保险费率、在京首次新参保登记的人员等业务可通过网上办理，实现即时生效办结，无须现场提交材料的“全程网上办”。

（何媛媛）

医疗保障

【概　况】　按照区委机构改革统一部署，区医保局2019年3月23日挂牌运行，年内完成局机关及区医疗保险事务管理中心“三定”方案制定，完成与相关部门的职责和人员划转，完成机关党支部、局工会组建，完成41人的职级晋升等工作。区医保局在市区相关部门的指导与帮助下，攻坚克难，完成打击欺诈骗保、药品集中采购、医耗联动综合改革三大“攻坚”任务，稳妥实现基本医疗保险制度和生育保险制度的合并实施运行，有力促进辖区医疗保障服务水平的持续提升，全面确保医疗保险基金的安全运行。

3月23日，北京市通州区医疗保障局挂牌
（区医保局提供）

【参保规模】　年内，全区医疗保险和生育保险参保规模分别达到94.37万人和41.86万人，同比分别增长7%和8%。其中，城镇职工基本医疗保险参保达到62.19万人，同比增长10%；城乡居民基本医疗保险参保达到32.18万人，同比增长1%。

【医保基金】　年内，医疗、生育两项保险基金收支合计72.03亿元，同比增长18%。其中基金收缴45.37亿元，同比增长22%；基金支出26.66亿元，同比增长14%，总体运行平稳。

【医药费审核结算】　年内，医疗费用审结1686.8万笔，支付基金28.3亿元，拒付不合理医疗费用301.56万元，分别同比增长6%、12%和199%。其中，审结跨省异地就医直接结算业务10439笔，支付基金1.73亿元，拒付不合理医疗费用2.96万元，分别同比增长145%、144%和151%。

【打击欺诈骗保专项治理工作】　年内，协调区人力社保局、区卫生健康委、市公安局通州分局等部门成立专项行动工作小组，集中力量打击欺诈骗保行为。年内完成辖区124家定点医药机构现场检查工作，追回违规金额50.1万元；对4188名大额门诊费用超2万元以上的参保个人就医信息逐一进行核查，追回违规费用6.98万元；向区公安分局环食药旅执法队移交欺诈骗保问题线索1起，涉及总金额751万元。同时，专门制发《关于规范机关事业单位及公职人员参保就医行为有关事项的通知》，要求公职人员就医要带头落实“三要、七不要”，并明确对违反医保规定的公职人员给予相应的惩处。

4月23日，通州区2019年打击欺诈骗保专项工作启动会
（区医保局提供）

【医耗联动综合改革】 按照全市统一部署和具体政策要求，对6621项医疗服务项目价格进行规范调整。组建督导组，通过电话、微信、现场督导等多种方式指导院方及时进行目录对照、价格调整，确保医耗联动综合改革政策在6月15日施行。

【国家药品集中采购任务指标全面完成】 年内，配合区卫生健康委推进实施国家药品集中采购和使用试点工作，辖区24种中选药品带量采购任务指标超额完成，67家医疗机构累计采购中选药品2285万（片／粒／支），完成试点总任务量的167%。

【定点医疗机构初步实现向提质增效深度转变】 按照全市统一部署，将医保基金“总额控制管理”优化升级为“提质增效、总额预算”管理。区医保局充分发挥定点医疗机构自我管理的积极性和能动性，指导医疗机构结合实际情况制定院内提质增效工作方案，进行重点督导，引导医疗机构实现从“控制费用”“分解指标”的粗放型管理，向提高医疗服务质量、提升基金使用效率、减少不合理费用支出的科学化管理转变。

【大病保险和医疗救助业务】 年内，为辖区符合条件的2989名城乡居民和117名城镇特困职工发放大病保险和一次性救助资金3612万元；为4171人次社救对象发放医疗救助资金1058.2万元；为229户因病致贫家庭发放医疗救助资金201.3万元。

【提升医保经办服务效能】 年内，认真梳理经办服务指南，依托“通州医保”微信公众号，及时公开经办业务的受理范围、办理材料、办理流程等内容；按照市中心工作要求，着力优化营商环境，及时调整和优化门诊实时结算、住院实时结算、手工报销等业务流程11项；全面梳理完善区域内医疗保障政务服务事项，编制部门政务服务事项清单，进一步明确设定依据、办理材料、办理流程等内容。

（张雪）

人口管理

【概　况】 2019年，通州区有户籍人口402275户807646人（男399724人；女407922人），其中非农业人口546966人，农业人口260680人。全年登记出生11595人（男5932人；女5663人），死亡3327人（男1732人；女1595人），迁入17203人（省内迁入11370人；省外迁入5833人），迁出4660人（迁往省内4180人；迁往省外480人）。

（吕伟华）

【流动人口和出租房屋管理】 截至2019年，通州区登记流动人口795690人，办居住证430825人，登记出租房屋150566户376940间，建立出租房屋管理站346个（来京人员和出租房屋服务站），配备专职协管员2476人。

（孙胜杰）

【户口申报审批】 2019年，通州公安分局办理各类审批户口2475份5833人。

【证件管理】 2019年，通州公安分局办理二代居民身份证74237个，办理临时居民身份证3855个。

（吕伟华）

人民生活

【概　况】 2019年，全区城乡居民收入稳步增长，消费结构继续优化。抽样数据显示，全区居民人均可支配收入44190元，比上年增长9%；全区居民人均消费型支出31004元，比上年增长8%；城镇居民人均可支配收入53088元，比上年增长9.1%；城镇居民人均消费支出37187元，比上年增长8.2%。个人存款余额1700.8亿元，较年初增加219.7亿元。

【全区居民家庭人均可支配收入增长9%】 2019年，全区居民家庭人均可支配收入44190元，比上年增长9%。其中，全区居民人均工资性收入达到30954元，同比增长7.7%；人均经营净收入1143元，同比下降5.7%；人均财产净收入5240元，同比增长4.8%；人均转移净收入6853元，同比增长22.7%。人均工资性收入、经营净收入、财产净收入、转移净收入占可支配收入的比重分别为70%、2.6%、11.9%和15.5%，工资依然是居民家庭最重要的收入来源。

【全区居民人均消费性支出比上年增长8%】 2019年，通州区居民人均消费支出31004元，比上年增长8%，八大类消费支出“七升一降”。其中，增幅靠前的有其他用品及服务支出、医疗保健支出和居住支出，增速分别为44%、26.9%和10%。

【城镇居民人均可支配收入增长】 2019年，城镇居民人均可支配收入53088元，比上年增长9.1%。其中，城镇居民人均工资性收入达到37966元，同比增长8.2%；人均经营净收入618元，同比下降8.3%；人均财产净收入6723元，同比增长4.3%；人均转移净收入7780元，同比增长19.9%。人均工资性收入、经营净收入、财产净收入、转移净收入占可支配收入的比重分别为71.5%、1.2%、12.7%和14.7%，工资依然是居民家庭最重要的收入来源。

【城镇居民人均消费性支出比上年增长8.2%】 2019年，城镇居民人均消费支出37187元，比上年增长8.2%，八大类消费支出“六升两降”。其中，增幅靠前的有其他用品及服务支出、医疗保健支出和用于居住的支出，增速分别为51.5%、25.3%和10.1%。

（范丽华）

残疾人事业

【概　况】 2019年，在北京市残联的有力指导和社会各界的大力支持下，通州区残联以习近平总书记关于残疾人事业的重要论述和指示精神为指导，以加快推进残疾人小康进程为重点，结合建设北京城市副中心工作任务，将“不忘初心、牢记使命”主题教育落到实处，通过党性修养抓在前、组织建设强在前、作风转变走在前、服务中心干在前，扎实做好残疾人社会保障、康复、教育就业、宣传文体等各项工作，不断创新，积极开拓，推动副中心残疾人事业高质量发展。

【社会保障】 年内，残联配合民政部门完成困难残疾人生活补贴和重度残疾人护理补贴的发放工作。为6210名残疾人发放养老助残券，发放养老助残券补贴683.76万元。对全区重度残疾人、一户多残、老残一体、低收入、因灾因病等6322户困难残疾人家庭进行慰问，共计金额520.23万元。为全区3512名60岁以上重度残疾人提供居家助残服务，项目总资金1053.6万元。完成11户农村困难残疾人的危旧房翻建维修补贴审核工作。向全区692名符合条件的残疾人机动轮椅车主发放燃油补贴179920元。完成1502户农村残疾人家庭吊土炕升级碳纤维炕暖设备工作。完成困难残疾人"一人一案"精准帮扶建档工作，做好西集镇3个低收入村残疾人农户精准帮扶工作。

【康复工作】 年内，为全区700名持证残疾人（400名肢体残疾人和300名精神残疾人）提供社区和居家康复服务项目。开展成年残疾人康复工作，在原有4家康复机构和1家评估机构的基础上新增5家备案康复机构，扩大2家康复机构康复范围。通州区有817人申请成人康复服务，其中视力残疾人生活能力训练9人、肢体残疾人康复训练372人、生活重建352人、智力残疾人生活能力训练62人、听力言语康复训练3人、精神残疾人日间照料18人、精神残疾人转衔1人。建立基层残联与康复机构的沟通渠道，扩大受益面。鼓励温馨家园引入康复机构，为8家社区卫生服务中心，1家社区卫生服务站配备康复配套设施，实现残疾人就近就便进行康复服务。全区累计18045人申请残疾人辅具，26018个订单的残疾人辅具免费发放到位，补贴金额14246283.35元。

【教育就业】 年内，对通州区安置残疾人的企业进行残疾人职工核实，完成全区安置残疾人1115家企业资料审核工作，审核残疾人职工2631名，安置残疾人企业数量和就业人数稳步提升。鼓励社会组织、国企、高新企业安置残疾人就业。为符合条件的残疾人发放城镇个体就业、灵活就业保险补贴。推进残疾人大学生就业扶持。建立17家职康站，有人员365人，每年对职康站进行检查，确保职康站规范运营。建设15家残疾人帮扶性就业基地，依托非遗手工艺类、特教学校、旅游等优质资源提高残疾人创业、就业水平。推进落实2020年区政府残工委成员单位至少安排一名残疾人就业工作。对4家盲人保健按摩企业和15家盲人保健按摩个体机构进行年审并通过市残联的审批。组织4名盲人进行盲人医疗按摩人员考试报名。完成4名盲人定向行走1+1培训活动。与区教委、区培智学校共同举办通州区残疾学生助学服务项目评估咨询会，启动全区40名残疾学生包括康复、辅助适配、家庭无障碍改造在内的助学服务。

【文体活动】 年内，成立北京市首家残疾人文化创意产业基地，打造残疾人文创就业的新模式。举办2019中国（北京通州）残疾人半程马拉松比赛，吸引近400名残疾人运动员和马拉松爱好者参赛。举办"运河梦"大型文艺会演活动，展示残疾人不畏艰辛、顽强拼搏的意志与勇气，中国残联主席张海迪，北京市副市长张家明等领导参加活动并走访慰问残疾人。举办通州区第二届残疾人运动会、摄影培训班、书法绘画培训班、综合素质提升班、象棋友谊赛、"欢乐二打一"友谊赛、台球赛、文化融合展示活动，充分展现残疾人积极向上的面貌和顽强拼搏的精神。"全国助残日"等节日期间，利用平面媒体报道、电视台宣传报道、悬挂道旗等形式广泛宣传残疾人事业。

5月12日，2019中国（北京通州）残疾人半程马拉松 （区残联提供）

全国助残日期间，“运河梦”残疾人文艺演出（区残联提供）

【为残疾人办实事】 年内，大力推进温馨家园改革工作。发展助残类社会组织，开展各项活动。全面推行网上办理残疾人证工作，优化办证流程缩短办证周期。加强专职工作者组织建设，组织残疾人专职委员手语培训、残疾人政策法规培训，参加市残联举办的专职委员知识技能大赛并取得冠军。加强副中心无障碍建设，配合做好美丽乡村、无障碍环境建设工作。细化区级无障碍建设工作方案。为通州电视台通州新闻的《新闻一周》栏目配备新闻手语主持人。做好内蒙古三旗残疾人对口帮扶工作，全力支持内蒙古三旗残疾人事业，多次携助残类社会组织深入三旗，完善对接机制，在残疾人精准康复、就业创业、精准扶贫、文化体育等方面与内蒙古三旗加强协作，加快推进内蒙古三旗残疾人家庭脱贫攻坚步伐。

（张悦）

红十字事业

【概　况】 2019年，通州区红十字会围绕城市副中心建设大局，始终坚持以人民为中心的发展理念，把握人道惠民的工作主线，开拓创新，狠抓落实，高水平推动各项工作又好又快发展。

【人道救助】 年内，募集善款205.4万元。持续推进“四美助学”等人道品牌，完善绿色通道，提升突发事件救助时效，救助力度进一步加大，覆盖面进一步拓展，年内发放救助款物合计451.7万元，救助困难家庭5436户。

【对口帮扶】 年内，邀请内蒙古自治区奈曼旗、翁牛特旗、科右中旗红十字会到通州交流，实现两地4家红十字会的互联互通。主要领导带队赴西藏拉萨市城关区开展对口帮扶。累计为内蒙古、西藏自治区4个对口帮扶地区捐款130万元，并分别签订了“助飞梦想”协议书，帮助当地1300名家庭贫困学生解决经济困难。

区红十字会赴西藏自治区拉萨市城关区开展对口帮扶救助工作，捐款100万元，定向用于救助当地1000名建档立卡贫困家庭学生（区红十字会提供）

【应急救护培训】 年内，举办取证培训班64场，培训学员2888人。举办应急救护师资初训班，63名参训学校卫生教师、校医全部通过实操考核，为中小学应急救护培训开展奠定师资基础。深入社区、机关、企业，举办健康知识和应急救护知识讲座39场，听众7353人次。开展应急救护服务城市副中心活动，向副中心建筑工地赠送急救箱66个，对相关工地工人开展培训；为交通支队赠送车载急救包50个，并对130余名一线干警开展救护培训。

区红十字会为区交通支队赠送50个车载急救包，便于交警在现场的急救处置（区红十字会提供）

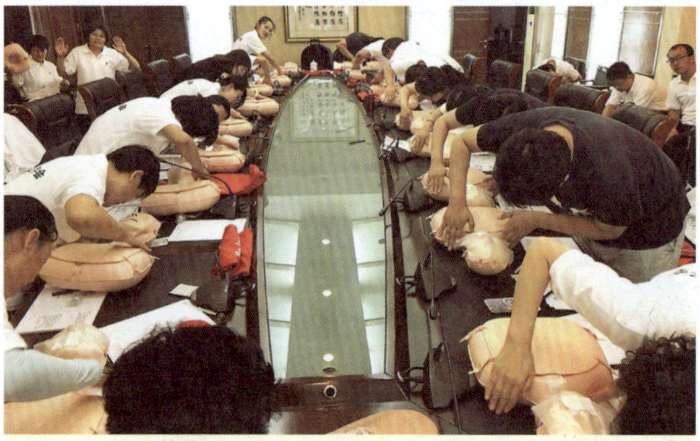

区红十字会为区教育系统60余名教师举办应急救护师资培训（区红十字会提供）

【应急救援体系】 年内，组织大众供水和卫生救援队开展为期3天封闭训练，并开展地震灾害现场救援演练和水上救生演练，现场救援能力进一步增强。同北京市红十字会合作，为160辆区内公交安装车载急救箱，为群众出行提供安全保障。在4个街道办事处及区会议中心设置5个应急救护志愿服务站，配置AED机及训练机、外伤急救包、训练模拟人，举办5场应急救护及AED机使用培训，累计培训工作人员60余人。购置80顶12平方米应急帐篷。截至年底，备灾库各项救灾物资价值近200万元，备灾救灾实力进一步提升。

区红十字会为街道政务大厅建立红十字应急救护志愿服务站，安装AED（自动体外除颤仪）急救设备（区红十字会提供）

【宣传活动】 以纪念“五八”世界红十字日为契机，全区红十字组织上下联动，组织开展扶危助困、敬老助老、应急救护培训、集中宣传等系列宣传实践活动27次，发放宣传材料5000余份，宣传品1.4万余件，张贴宣传海报1万余份，服务群众3700余人次。立足生命永恒工作室平台，加强“三献”工作宣传，年内全区新增器官捐献志愿者1例，造血干细胞捐献者1例。截至年底，通州区有56位居民完成捐献手续，有6位居民完成捐献，其中1岁8个月的满玉昂小朋友身后捐献器官和组织，使6名儿童重获新生。

区红十字会在全市率先制定遗体捐献志愿者慰问制度，并对完成捐献志愿者家属进行慰问（区红十字会提供）

（李朝飞）

街道·乡镇

8月31日，永乐店镇党委副书记、镇长林正航（前左）参加全国农村产业融合发展联盟成立大会战略签约仪式

（永乐店镇提供）

潞源街道

【概　况】　潞源街道地处北京城市副中心行政办公区核心区，是北京市委、市政府办公驻地，总面积约6.9平方千米，辖区西起东六环，东至宋梁路，南临北运河，北靠运潮减河，四至范围与行政办公区完全重合。截至年底辖区建成区1.2平方千米，包括市级机关办公区、人大附中通州校区、黄城根小学、古月佳园小区等。2019年，潞源街道围绕服务保障市级机关正常运行及行政办公区建设总目标，以党建工作为统领，以接诉即办和智慧城市建设为抓手，全力保障社会安全稳定，大力提升社区服务管理水平和城市精细化治理水平，构建文明活力宜居平安的街区环境。

【党建工作】　2019年，着力构建区域化党建工作新格局。扩大党建协调委员会规模，吸收市委办公厅、市直机关工委、市总工会、黄城根小学4家新成员单位。成立潞源街道建筑企业党建工作协调委员会，吸收区住建委和辖区16个项目党支部为成员单位。开发“家在潞源”小程序，依托“爱心家源”双报到、双积分项目，实现辖区党组织、在职党员线上报到、活动报名、积分兑换等功能。坚持党建引领，组织成员单位党员开展“党建引领　清洁家园”“庆七一·主题演讲比赛”“庆八一·向英雄致敬”等活动，累计3000余人次参与，统筹联动、合作共赢的成效初步体现。高标准打造党群服务中心，项目12月15日完工，以提升党组织组织力为重点，突出政治功能，设置党建文化展区、图书阅览区、社区道德讲堂、书记谈心室、初心讲堂等区域；以提升辖区党员群众的幸福感为着力点，拓展服务功能，设置便民服务区、社会组织中心、群团活动中心、新时代文明所、暖心驿站等区域。

【宣传文化】　2019年，强化多渠道宣传力度，充分发挥“潞源街道”微信公众号作用，围绕政务解读、民生服务、节日民俗等主题，推送信息184篇，其中原创158篇。充分利用媒体宣传潞源经验特色，在各类媒体上发表信息124篇，其中市级媒体49篇、区级媒体73篇和其他媒体2篇。加强社会面宣传，及时新增和更换辖区范围主次干道、古月佳园小区、潞城中心公园、工地围挡等点位的公益广告，全年制作安装公益广告500余处。高标准完成创城迎检任务。对照实地考察、问卷调查等65项指标内容，开展环境秩序专项整治和交通秩序专项整治，通过2019年北京市文明城区测评检查。

【接诉即办】　2019年，建立“12345”接诉即办“五全机制”（全时接派单、全方位下沉、全要素响应、全员齐参与、全天候服务），全力提升辖区居民获得感、幸福感、安全感。全年收到市民热线派单300单，在街乡镇接诉即办月度考核中5次位列全市第一，总响应率100%，总解决率87.15%，总满意率94.87%，“三率”综合成绩93.26，年度总排名位列全市第三。

【吹哨报到】　2019年，通过吹哨系统吹哨19次。吹“服务哨”，解决黄城根小学周边交通安全及环境治理问题。吹“联动哨”，解决堡龙路绿化清扫等日常维护问题。吹“安全哨”，完成辖区地铁站周边“黑车”违规载客、乱停放整治。吹“连环哨”，查处古月佳园无证无照经营超市和理发店。

【安全稳定】　2019年，检查生产经营单位4200家次，覆盖率100%，完成率100%。建立街道应急救援车组，指导古月佳园小区、燕彩公寓建设微型消防站，全年组织消防救援演练6次，提升生产经营单位消防应急处置能力，确保行政办公区及周边安全形势持续稳定。对重要节点进行防控，“潞源巡查”2个车组和32名安保人员24小时对辖区内主要道路进行机动巡查防控，确保突发情况10分钟应急处置到位。开展“治乱清患”专项整治行动、黑车治理专项行动，确保辖区秩序平安稳定。在街道党工委统一领导下，潞源司法所、潞源派出所等多部门联合对矛盾纠纷进行调解，主动与副中心工程办和保障房中心对接，建立多方信息共享机制，2019年接待信访诉求15件、80人次。

【环境治理】 2019年，推进辖区生态环境保护工作。对施工工地扬尘、裸地覆盖、加油站、涉气行业及机动车、非道路施工机械尾气整治等重点污染源进行全面深入细致检查。建设环境监测系统，采取固定点位与走航监测相结合，加大对环境指数的监测预警并配备小型雾炮车加大降尘力度。与京环公司建立长效联系机制，完善清扫范围，推动垃圾分类工作。裸地治理成效明显，大型裸露土地齐抓共管；中型裸露土地再利用，建设公共卫生间及停车场；小型裸露土地自处置，进行绿网苫盖及播撒草种。高标准推进网格化治理，5月起，网格员对街道辖区巡查4456人次，发现并上报智慧潞源平台事件902件，办结740件，自行处置162件，网格工作在全区考核中连续多月排名第一。落实河长制工作，制定《潞源街道办事处河长制工作方案》及配套制度。3月起，每月报送巡河情况，两名河长巡河28次，有效巡河里程77.6千米。

【智慧城市】 2019年，对辖区5万多个城市部件进行国标普查，建立智慧潞源全要素即时响应平台，平台涵盖街道概况、党的建设、城市规划、城市建设、城市管理、城市应急、领导驾驶舱等应用场景，为实现城市精细化管理和维护地区的安全稳定提供有效支撑。深度融合“吹哨报到”、“12345”、雪亮工程等平台，实现一键切换、实时对接。建立10分钟响应机制，打造“问题发现、平台派单、响应处置、核查反馈”的城市管理闭环工作模式。年内，发现、解决问题981件。

【社区建设】 2019年，在小区开展入户调研工作，收集和掌握居民服务需求及小区建设存在问题等信息。强化管理，开展楼道堆物清理行动、组织集中清除荒草，开展楼门平安守护工作，安装修复小区无障碍通道栏杆、清理单元墙面、宣传栏小广告等，全力营造安全舒适小区环境。立足居民需求，通过实地调研、召开意见征求会、公示绿化方案，调动居民参与积极性，共同谋划小区绿化改造项目。聚焦民生，落地实施惠民举措，邀请书法名家进小区送春联、为小区青少年普及安全常识、为亲子家庭组织“跳蚤市场”、为居民美化楼门、引入便民菜车等。引入社会组织，助力社区治理创新，统筹设计3大类8个服务项目，开展活动32场，约5000人次受益。参与创建公共文化体育示范区，完善一批群众健身体育设施，为燕彩公寓、区信访办配建室内健身房，为街道配备大众健身设施，在古月佳园建设健身驿站。2019年组织辖区居民、单位、机关人员参加市、区、街道各类文化体育活动17场次，举办街道第二届全民运动会，13家单位560余人报名参赛。

10月27日，潞源街道第二届全民运动会拔河比赛 （潞源街道提供）

【民生保障】 2019年，开展规范用工管理培训12场次，培训180余人，出动巡查112人次，发现5家施工单位存在欠薪隐患并责令整改，接待24起92人次农民工讨薪事件，讨回工资110余万元。通过制定创慢工作方案与计划，建设健康步道、健康食堂等健康场所和支持性环境，开展预防慢性病知识宣传及义诊活动3次，设置健康宣传栏、宣传橱窗、宣传标语75组，助推通州区通过国家级慢性病示范区的验收。制定病媒生物防治工作方案，深入小区实地调研，组织辖区12家重点单位召开病媒生物防治工作部署会，带领专业消杀公司进行5次集中消杀，投放或喷洒灭鼠、灭蟑、灭蚊蝇药100余处，投放和补充毒饵站800余处，投放鼠药90余千克，病媒生物防治工作获得辖区居民一致好评。有序推进便民服务中心各项工作，按照“一窗受理，集成服务”模式布置、整合网络，开通业务办理权限，制定工作规则与行为规范，加强服务礼仪与业务知识培训，加快配齐软硬件设施，实现“一门一窗一网”（一门办理、一窗受理、一网通办）。政务服务管理系统中，已开通服务事项96项，全年解答咨询、办理业务90余件。开展拥军优属及退役军人工作，利用多种形式广泛宣传，开展“送法进军营”“国防教育进机关”等活动，联系驻通州部队开展慰问活动4次，增进军地情，加强军民共建。按照“五有”（有机构、有编制、有人员、有经费、有保障）要求，挂牌成立退役军人服务站，建章立制，配齐设备，建立退役军人信息数据库，解答相关政策咨询30余次。

（胡仲琪）

通运街道

【概　况】　通运街道于2018年底正式挂牌成立，辖区面积约5.5平方千米，北至通胡大街、芙蓉路、运潮减河一线，与永顺镇、潞城镇相接；东至六环路，与潞源街道相接；西南至北运河，与中仓、玉桥街道相接。下辖7个社区，1个筹备组，辖区户数21902户（其中紫运园708户，三元村1224户），常住人口40484人，流动人口21500人。通运街道办事处按机构改革要求设立6办1队3中心（综合办公室、党群工作办公室、平安建设办公室、城市管理办公室、社区建设办公室、民生保障办公室、城管执法队、市民活动中心、便民服务中心、市民诉求处置中心），另有4个派驻科室（司法所、统计所、市场所、食药所）。7月，通运街道正式与潞城镇、永顺镇、中仓街道办事处所辖各社区居委会实现属地管辖交接后，整体运转有序，各项工作初见成效。

【运行保障工作】　2019年，通运街道抽调精兵强将，选调优秀干部，机关干部队伍从无到有，逐步充实。党工委紧抓学习和干部教育培训，机关干部在加强学习过程中熟悉情况、摸清底数、开展工作。在融合成为大集体的过程中，逐步形成“忠诚、尊重、卓越、奉献”的机关文化，并以此增强团队战斗力、向心力。建立“两走两联系”（街道干部和社区工作者走出办公室、走进群众中，机关干部联系社区、机关干部和社区工作者直接联系居民）工作机制，认真研究破解社区发展面临的重大问题、基层党建面临的紧迫问题，特别是“12345”市民热线群众反映的突出问题。先后组织党工委委员下社区开展“深蹲式”调研累计76次，现场解决问题69个。制定实施《党工委工作规则》《“三重一大”决策制度》等一系列规章制度，进一步明确责任主体、工作程序和管理要求，从制度层面保证街道机关正常运转。

【接诉即办及“吹哨报到”工作】　2019年，不断完善“12345”市民热线工作制度，建立每日调度、每周党工委会专题汇报工作机制。加大未诉先办力度，建立“两线并一线”工作模式，把市区派单和街道主动发现的群众诉求放在同一个平台上办理。通运街道“12345”市民热线诉求量始终在低位运行。通过接诉即办、网格、吹哨报到、街巷长、小巷管家实现五方助力、五网融合局面，将辖区的大事小情汇聚一点，以点带面地解决问题。全年“吹哨报到”4次，“12345”市民热线三率平均成绩85.76，全市排名49，全区排名第2。

【平安建设工作】 2019年，开展地下空间综合整治，排查地下室122处，未发现散租住人情况。完善应急管理工作，制定应急方案，整合巡查力量，实现联防联控工作机制，开展实战演练活动2次。国庆期间，完成检查16次，值守迫降点23次，获北京市应急局“护航70”专项行动安保应急优秀集体称号。强化安全生产责任落实，制定安全生产“党政同责、一岗双责”实施办法，建立街道防灾减灾救灾工作联系机制，签订《安全生产责任书》《消防工作责任书》210份。

【城市管理工作】 2019年，开展大气治理工作，制定大气污染检查计划，建立裸土、施工工地动态台账，开展施工项目扬尘治理行动、监督、检查417次，落实环保督查问题18件。12月，全市大气粗颗粒物浓度排名全区第1，降尘量为8.6，全区排名第11。9—12月$PM_{2.5}$平均值为46，全区排名第2。全面整治餐饮油烟，制定提标改造实施方案，完成全年任务。制定“散乱污”整治工作方案和三级责任书，“散乱污”企业巡查全覆盖，保持动态清零。开展气象站工作，完成气象信息员培训、自动气象监测站选址及建设工作。

【社区建设工作】 2019年，常态化开展社区文化活动，社区文化建设取得明显成效，家庭、学校活动受到社区居民广泛欢迎。凝练“和合进禁”（和善、平和，合作、融合，进步、上进，知禁、行禁）社区文化，以社区之歌征选、老物件展等活动为载体，提升居民对社区的认同感和归属感。成立社会工作服务指导中心和社区社会工作站，为社会治理与社区建设领域相关议题提供建议、咨询、研究支持，为社区居民提供情绪疏导、精神抚慰、资源链接等方面服务。参与社区协商与动员，助力8号院成立自管会，创建水仙园亲子课堂，承接社区接转的困境儿童救助、婚姻家庭暴力个案，在化解矛盾纠纷方面取得一定成效。按照党建引领、政府主导、社会协同、专业支持、家校共建的工作思路，着力从亲子教育、家庭关系的热点、难点问题切入，构建开放式、参与式、互动式、共享式的家庭教育课程体系，通过系统授课、家庭间的互动互助以及问题家庭的个案跟踪服务，努力构建和谐家庭关系，推进亲子教育的科学化。

【民生保障工作】 2019年，研究制定并施行《通运街道关于推进居委会公共卫生委员会建设工作实施方案》，成立公共卫生委员会领导小组，建立推进社区公共卫生委员会管理的长效管理机制。为7个社区更换标识、示意图及发放宣传手册3000余份。推进深夜食堂建设，开展服务监督工作，为通过认定的22户商家挂标识牌，张贴服务监督电话，确保居民权益。完成2019年新增荔景园和京贸家园两家“一刻钟社区服务圈”的建设任务，申请拨款各5万元。对辖区14位90岁以上的老人走访慰问，组织街道“孝顺之星”评比，宣传“孝顺之星”星河社区居民王华珍事迹，为街道居民树立榜样。推进运河园养老驿站建设，对接运营商完成驿站改造设计方案和总体预算。促成河南省漯河市与静心养老照料中心的对接帮扶，并送去价值5000余元的慰问品。协助完成紫荆园社区大学生申请助学贷款、协助完成河南省漯河市莲花镇低保人员跨省认定，帮扶水恋晶城一名困境儿童联系区慈善协会并申请临时救助金1万元。

（陈思宇）

中仓街道

【概　况】 中仓街道位于通州城市副中心核心区域，属于老城中心区，东起滨河中路，西至新华南街，南起京秦铁路，北至新华大街。总面积约4.85平方千米。下辖14个社区，共38960户，87575人。街道工委下设19个党总支、62个党支部，有党员3195名。2019年，中仓街道以“12345”市民热线和“吹哨报到”为抓手，深入开展“四有四服务”（工委有驿站、支部有帮手、党员有责任、居民有榜样；走问式服务、协商式服务、网格式服务、智能式服务）党建引领，创新开展城市基层治理，推进创城常态化，全面做好安全保卫、安全生产、大气环保、民生保障等各项工作。年内，中仓街道获评2019年全市民族团结进步创建示范单位和民族团结进步教育基地，南大街熊家胡同获评市级最美街巷；“小诸葛行动队”获评2019年首都未成年人思想道德建设创新案例（通州区唯一案例）。

【党群工作】 2019年，以开展“不忘初心、牢记使命”主题教育活动为契机，开展理论中心组专题学习6次、集体研讨交流5次、主题党日活动2次、廉政警示教育2次。完成庆祝中华人民共和国成立70周年群众游行方阵、精彩行动舞蹈队组织工作。深入推进学习强国App使用，激活辖区2150名党员，不断提高党员学习党的理论和时事政治等知识的积极性和学习实效。完成“两委”换届选举，17个社区（含划转通运街道3个社区）党组织换届均为一次选举成功；深化“四有四服务”党建工作新机制，搭建“先锋e家”微信小程序，创新开展党建引领“双报到、双积分”工作，发布活动558次，发动在职党员参与5400余人次，征集民意诉求278件。落实“街乡吹哨、部门报到”工作，并发挥辖区单位党组织、在职党员支部帮手作用，解决居民困难110余件。利用融媒体构建全新宣传工作格局，弘扬街道先进典型工作经验，在7家市级媒体刊播16条。

【“12345”市民热线工作】 2019年，“12345”市民热线接到市民反映问题3216件，按照主动治理、未诉先办的工作要求，街道提出“三必访两必问”（接单必访、处理中必访、处理完必访，解决吗、满意吗）工作模式，实现辖区接件100%入户回访。坚持“支部牵头、多方参与、精准对接、共商共治”的协商共治机制，推广“和巷驿站”、居民议事会等民主协商模式，打造“家和文化”解决家门口的问题。自主研发“民生通”微信小程序，线上线下有机结合，2019年有注册居民5205人、党员2649人、企业249个，收集事件总数460件，解决率约为81%。自主成立便民服务队（无物业小区便民服务队和平房区小巷管家服务队），确保群众普遍反映的问题“及时报、及时结、全响应、无遗漏”。

【民生保障】 2019年，中仓温馨家园开展助残活动100余场，服务残疾人近4000人次，获评北京市温馨家园改革示范基地（全市唯一一家五星级示范温馨家园）。通过政府购买服务启动“精微计划”服务项目，为居住在辖区内的80岁以上低保（低收入）、困难、残疾、空巢老人（60岁以上无儿无女）、军烈属等5类人群224人，开展以送菜、理发、送餐及保洁为主的生活服务，项目完成100%。搭建“三社联动”（社区、社会组织、社会工作专业人才）

服务平台，孵化12支社区社会组织，建立社区资源、居民需求与社区社会组织常态化对接机制。新建白将军、西营2所社区养老驿站，2019年有建档老人495名，累计提供服务9341次。建立14个退役军人服务站，采集辖区退役军人信息。

【城市管理】 2019年，作为全市首批垃圾分类管理试点，中仓街道实现65个居民小区垃圾分类100%覆盖，推动“两网融合”（再生资源回收和垃圾清运）工作整合并轨，安装可回收资源收集器80个，打造西上园和运河明珠小区为垃圾分类精品小区；按照“十无一创建”（无私搭乱建、无开墙打洞、无乱停车、无乱占道、无乱搭架空线、无外立面破损、无违规广告牌匾、无道路破损、无违规经营、无堆物堆料和暴露垃圾；创建文明街区）标准，完成4条区级和1条市级背街小巷环境整治提升，着力打造“美丽街区”。全面深化森林城市创建，设立中仓街道北人家园“园艺驿站”。采用“三查三改”（环卫科巡查并责令整改、社区排查并协助整改、外包服务队伍自查并自行整改）工作模式，整治辖区地面7000余平方米、立面2000平方米、裸露土地800余平方米。拆除违建315处，销账面积1.22万平方米，完成全年任务指标比例100%，实现违建“零增长”。6月，启动中仓小区1～18号楼老旧小区上下水签约改造工作，2019年有65%居民受益。按照分区合理、整齐统一标准进行市场改造，疏解运河通源和东里市场，市场摊位由改造前581个减至355个，营造干净整洁的市场环境。整治以北人家园为代表的违法群租房590户，约谈中介机构，与区住建委实施联合惩戒。严格落实大气污染治理、占道经营和“散乱污”企业“回头看”等工作。

【平安建设】 2019年，完成庆祝中华人民共和国成立70周年游行方阵和重点时段的服务保障工作。落实“党政同责、一岗双责”安全生产责任体系，开展联合执法35次，整改建筑工地、生产型企业、南街平房区等重点场所各类隐患300余处。

【社区建设】 2019年，作为北京市基层减负试点单位，中仓街道党员干部纷纷下沉到社区，通过走网格、入庭院、进家庭、建立小区微信群等方式，提高社区精准化、精细化服务水平。发挥党建引领作用，成立西上园物业服务联合党支部，稳步推进准物业或无物业管理小区规范治理工作，引进物业服务企业进驻，不断提高老旧小区物业管理水平，提升居民幸福感和获得感。建设中仓、四员厅社区党群服务中心。为白将军社区北小园小区加装电梯，已投入使用，是通州区老旧小区加装的第三部电梯。2019年6月，运河园、运河湾、星河社区划转至通运街道。

（袁源）

新华街道

【概　况】 新华街道地处北京城市副中心运河商务区，东至芙蓉路，南至新华东街、通胡大街，西至新华北路，北至温榆河、运潮减河，面积4.31平方千米，辖如意、天桥湾、司空、贡院、东大街、新建、北关、盛业家园、京贸国际城9个社区（盛业家园、京贸国际城2个社区自5月1日由永顺镇划入新华街道）。实体社区有常住居民9510户，户籍人口22979人。新华街道5个拆迁社区2.02平方千米，全部为运河商务区内的商务楼宇用地，占辖区总面积的47%。辖区内有新光大，保利，侨商，富华水乡南、北区，复地，绿地，绿地中央城，运河壹号，京杭府，万科，远洋，智富等13个开发项目，交付新华属地管理的商务楼宇总体量为：写字楼2733套、公寓3251户、市场经济主体1418户。

【党建工作】 2019年，深入学习习近平总书记系列重要讲话精神，贯彻落实市、区两级会议精神，以党的政治建设为统领，全面落实党建工作责任。全年开展理论中心组学习8次，组织机关集中学习15次，把学习贯彻城市副中心控规与学习总书记重要指示精神及学习市委、区委重大决策部署精神结合起来，进一步统一党员干部思想和行动，全面提高领导班子的科学决策水平，增强机关干部敢于担当的意识和攻坚克难的能力。聚焦基层建设，夯实基层组织党建堡垒。以提升党组织凝聚力为目标、强化基层党组织的政治功能和服务功能为统领，不断深化区域化党建工作模式，充分发挥“聚能双协商 党建微创投”特色党建品牌效应，促进机关、社区、“两新组织”（新经济组织、新社会组织）、商务楼宇等领域的党建工作统筹推进。

【区域化团建工作】 2019年，按照“区域覆盖、尊重主体、开放互联、促进活跃”的总体思路，以组织联建、载体创新、制度建设、骨干培养、服务联动、信息共享为重要内容扎实推进区域化团建工作，建立独立工会9家，发展会员150人，开展职工沟通会9场，企业沟通会5场，走进辖区未建会企业进行一对一沟通10场。立足团组织归口、工作归口等多重工作覆盖需要，用好“一云一网一入口”（共青云系统一个网站入口）北京共青团线上系统，自觉开展网络团务，创新团的管理运行机制，促进“三会两制一课”（支部团员大会、支部委员会、团小组会、团员教育评议制度、团员年度团籍注册制度、团课）制度落实，推动“6+N”（每年6次主题团日活动加N次自主组织团员活动）支部工作内容体系高效规范运行，不断增强团组织活力。按照“区域统筹、资源整合、优势互补、共建共享”的原则，以“青年汇”阵地为依托，联合辖区团建共建单位，广泛开展志愿服务、爱心公益等各类主题活动，团结带领广大团员青年为建设和谐美丽新华打下坚实基础。

【文化宣传】 2019年，立足区域优势，着力打造“通州古城”大运河文化系列项目，邀请运河文化权威机构、专家，深入挖掘辖区内以京杭大运河北端点和“三庙一塔”（儒教的文庙、佛教的佑胜教寺、道教的紫清宫、燃灯佛舍利塔）景区为中心的历史文化内涵，打造富有“大运河文化带”深厚历史底蕴的文化品牌。编撰《通州古城历史文化研究白皮书》21万字，完成红色主题文化街区、大运河时空电话亭及大型高科技沙盘、25个古城视觉符号、古城LOGO的设计和通州名人文化廊文案编辑工作。

【“疏整促”工作】 2019年，新建9处便民商业网点，建成338平方米“天桥湾社区便民空间”并投入使用，切实增强人民群众获得感和满意度。进一步做好背街小巷环境整治提升工作，不断完善街巷长、小巷管家等常态化工作机制，在辖区开展“小巷管家”志愿服务5次，出动小巷管家20余人，日常通过“街巷长”工作机制处理相关问题点位3处，确保“监管无盲区、管理无空白”，推动辖区形成“共治共管、共建共享”的社会治理新模式，逐步实现“人民城市人民管”的良好氛围。

【安全保障】 2019年，加强城市精细化管理，加快推进综合执法平台和“智慧新华”智能感知大数据社会治理平台建设。完成680平方米的综合执法中心室内装修工作，综合数据大屏幕正在数据调试中。大数据平台将综合利用“天眼”“智慧门禁”等技术手段，重点针对有人社区和未来商务区内商务楼宇进出人员实行精准化、精细化管理。依托智慧门禁、小区监控、车棚监控等三大监控平台，完成吉祥园小区 2966 人、如意园小区 3261 人的信息录入工作。

【社区建设】 2019 年，持续探索老旧小区引进物业新模式，对天桥湾、如意、月亮河、盛业家园、京贸国际城等小区物业管理情况进行摸底调查工作并建立台账，小区管家项目完成招投标程序。试行社区、社会组织、社区志愿团队“三社”联动机制，推动建立以社区为平台、社会组织为载体、社区志愿团队为支撑的社区治理新机制，联合开展“如意益 +”社区系列公益活动 15 场，志愿服务活动 8 场，参与居民群众 600 余人次。

【“接诉即办”工作】 建立 7×24 小时热线专人值守工作机制，专人“接诉即办”，做到第一时间响应市民，明确办理时限，分级分类办理处置。同时，要求社区书记直接与居民见面，做好“敲门、见人、带文”工作，加强各环节与人民群众的沟通交流，做到“合理诉求上门办”“不合理诉求上门劝”。2019 年收到“12345”热线市民反映问题 708 件，办结 701 件，解决率为 77.89%，满意率为 45.51%。

【民生保障】 2019 年，发放城市公共服务岗位宣传材料 700 余份，采集空岗信息 500 余个，召开小型招聘会 7 场，提供就业岗位 610 个，为失业人员发送招聘信息 11 次。成立全区首家社会动员中心，以“一中心，五空间，N 服务”为服务体系，开展多元立体化服务，为打造“共建共治共享”的社会治理新格局奠定基础。

（代诺）

北苑街道

【概　况】 北苑街道位于通州新城中心区西部。东起新华南北路，西与朝阳区相接，南至运河西大街，北临通惠河，是京通快速路进入通州的第一站。辖区面积 8.7 平方千米，设有 19 个社区，2019 年有常住人口 94071 人 ，常驻外来人口 38018 人，登记流动人口 50773 人。

【党建工作】 2019 年，以“双向积分”党建模式深化落实“双报到双积分”工作，实现智慧公益。通过“服务累积分，积分享服务”模式促进支部主动作为，广泛动员党员、群众参与社区建设，破解城市治理难题。组织非公志愿服务联盟开展精准扶贫、图书捐赠等共建行动，完成联盟党委及第二届理事会换届选举，实现非公党建“两个覆盖”（党组织和党的工作）。搭建智慧公益平台，为志愿者建立“红色账户”，参与公益活动即可实时记录服务积分，实时销分享受服务，激发社会参与活力，接收报到党组织 45 个，吸收志愿者 9237 名，其中在职党员 3433 名，在册党员 3648 名，群众志愿者 2156 名，线下组织活动 1070 次，累计参加活动 32645 人次，累计服务时长 166824 小时，报到党组织承接服务项目 4 个，公益成果凸显。

深化“吹哨报到”工作机制，增强统筹能力。落实“街乡吹哨，部门报到”工作，并在全区率先实现党建引领“吹哨报到”下延到社区，形成网格、社区、街道三级“吹哨报到”模式，充分发挥“第一双眼睛”的作用，畅通问题反馈渠道，增强街道社区协调解决问题的能力。2019年，街道发起吹哨85次，解决问题48件，吹哨数量位于全区街道首位；社区发起吹哨19次，解决事件17件，有效解决公厕升级改造、占用便道、老旧小区改造、噪音扰民等问题。

【宣传工作】 2019年，抓好舆论宣传引导，健全完善街道新闻发布“三审制”（科室审核、部长审核、书记审核），对新闻稿件导向性、真实性、严谨性、准确性严格把关。政务微博发布动态691条，其中，原创188条，转发503条。配合区委宣传部开展正面宣传，利用社区平台，在市级以上媒体刊登信息60余条，区级媒体刊登信息90余条，引导社会舆论，凝聚思想共识。深入开展精神文明创建工作，牢固树立“创城永远在路上”工作理念，接收创城实地督办问题2164个，解决1938个，解决率90%，总成绩全区第一。常态化开展“等灯等灯”文明交通引导等公益、利他服务，深入开展“北京榜样”“通州榜样”举荐和学习宣传工作，推荐25名人选，4人上榜，其中1人获评北京榜样。组建“身边故事”百姓宣讲团，在全区宣讲比赛中取得优异成绩。成立新时代文明实践所（站），通过“七六五”工作模式，依托“文明北苑10万+”项目开展特色志愿服务活动，组建志愿服务队伍，开展志愿服务活动1500余场。坚持以服务促管理，开设“每周一堂专题课”线上课堂、萌宠文明学院，开展“最美养犬人”评选活动，引领文明养犬新风尚。加强未成年人思想道德建设，深化“宝贝计划”体验式教育活动品牌建设，依托“寒暑假集中教育＋日常持续教育”工作模式，开展“生肖送福　娃娃庙会”、书香宝贝秀等活动20余场。创新青少年公益活动形式，开展“文明送福”烟花禁限放、“致敬最美劳动者”、青少年“遛弯儿计划”等活动，在实践中提升青少年思想道德水平。推进公共文化示范区建设，坚持文化惠民原则，充分发挥文体中心阵地作用，提供“7+8”式服务（7天＋8小时），并开设古琴、书法、绘画等文化培训班，增强群众文化获得感。建设“白领文化生活馆”，为万达商圈青年群体提供阅读、文化活动、工作减压等服务。举办第二届全民健身运动会，切实增强群众幸福感。举办“请到北苑来　同绘副中心”文艺演出、“我和我的祖国”纪念建国70周年群众性主题教育宣传系列活动等，向中华人民共和国成立70周年献礼。

1月29日，北苑街道举办“文明北苑10万＋”项目发布会　（北苑街道提供）

【“疏整促”专项行动】 2019年，整治占道经营21处、无证无照经营16户，封堵“开墙打洞”8处，提前完成年度任务。拆除违法建设122处，销账面积10715.62平方米，完成全年任务的268%。治理违法群租房338处，拆除违法隔断间702间。新建或规范提升生活性服务业网点12家，新建“社区之家”示范点1家。打造通州区深夜食堂特色街区，向区商务局上报街区名称、经营特色、业态品牌、夜间经营时间等情况。

【环境秩序综合整治】 年内，人居环境持续改善。推进旅游新村老旧小区改造。落实4条背街小巷综合整治提升任务，施工工程主体完工，更换街巷长牌110块，解决问题点位342个，开展街巷长、小巷管家志愿服务活动9场。加强115个小区的垃圾分类工作，举办垃圾分类宣传活动22场。加强环境卫生清理整治，清理杂物约730车，2880吨。多措并举整治万达广场非机动车占道问题，规范外卖送餐车辆，畅通道路微循环。组织各社区拆除私装地锁175个，清除障碍物49个。加强网格化治理，网格化综合平台系统收到上报事件53306件，实际处置53306件，结案52637件，结案率98.74%。生态质量稳步提升，加强大气污染防治，细化完善14个基础台账，完成子站周边污染源摸排，治理新增“散乱污”企业1家，完成4块小型裸土苫盖绿化工作。落实“三查十无”要求，检查点位3876处，整治问题449起，检查施工工地扬尘778家次，整治问题217起。推进117家餐饮企业提标改造工作，回收燃煤2.875吨，及时启动空气重污染应对措施，整改环境污染问题34起。1—9月，$PM_{2.5}$累计浓度45微克／立方米，全区排名第三，改善率15%，全区排名第二。街面环境秩序持续好转，加强挂账重点地区联合执法和综合整治力度，辖区商市场及路面扒窃案件高发警情同比下降71%；后南仓小学、官园小学周边无证游商乱摆摊点、非法小广告、车辆乱停乱放等问题整治达标。加强“门前三包”管理，检查单位900家次，规范灯箱牌匾条幅213处，查处涉及店外经营和堆物堆料立案17起。规范工地违规施工55起，查处施工类违法行为44起。暂扣小广告6800余张，上报停机358起，已停机21起，立案处罚14起。

【民生保障】 年内，落实社会保障政策，核发低保金181.15万元、特困供养金11.9万元；办理医疗救助194人次，发放救助金14.6万元；办理补助84人次，补助11.7万元；核发残疾人生活补贴、护理补贴80.2万余元；为128名严重精神障碍患者监护人发放补贴28.5万余元。完成退役军人及其他优抚对象信息采集。优化政务服务，在街道建立政务服务中心，自主研发“通州区北苑街道政务综合服务办公系统”，推出一窗办理、一证采集、一次办结“三个一”服务，业务经办效率提高50%，同时做好档案保存、灵活就业保险缴纳等业务代办，提高群众满意度，工作经验在全区推广。做好劳动就业服务，完成民营企业招聘月和春风行动专场招聘会活动，促成就业478人，城镇登记失业率控制在1.85%。受理投诉欠薪案件12起，解决8起，涉及金额5万余元。做好计生卫生服务，推进创建国家级慢病防控示范区工作，有针对性地开展麻风等疫苗接种工作，开展全民健康教育活动，强化社会共治控烟体系建设，关心关爱失独家庭。推进养老驿站建设，完成两家社区养老驿站的选址，完成服务商备案，已开始试运营。

【社会安全稳定】 年内，抓好安全生产工作，持续推进城市安全隐患治理三年行动，年度挂账隐患整改率100%。常态化开展安全隐患排查整治，累计检查各类生产经营单位5858家次，排查安全隐患8222项，督促整改完成5583项，责令限期整改2567项。开展安全生产“七进”（进企业、进学校、进机关、进社区、进农村、进家庭、进公共场所）活动10次，累计培训人数900人。组织127名生产经营单位负责人和安全生产管理人员参加安全生产大培训，提高安全生产意识和管理水平。完成10家小微企业安全生产标准化创建、158家企业的安责险投保工作。做好37个共5万平方米库房摸排，清理“僵尸车”41辆，核发电动车临时标识13296面，清理可燃物121吨，最大限度消除安全隐患。完成重要时期安保任务，启动社会面一级加强防控等级6次、二级加强防控等级4次，组织执勤57天，日均投放群防群治力量近4000人，做好8名重点人员、37个重点岗位、90个流管岗位巡查管控工作，确保春节、全国“两会”、第二届“一带一路”国际合作高峰论坛北京峰会、北京世园会、亚洲文明对话大会、庆祝中华人民共和国成立70周年等重要时期辖区安全稳定。

（宗博华　房艳梅）

玉桥街道

【概　况】　玉桥街道位于通州城区东南部，北以京秦铁路为界，西南到果园环岛沿京津公路，东南由大运河接市六环路环绕，毗邻中仓街道、北苑街道、梨园镇、永顺镇，区域面积11.2平方千米，2019年，辖区人口11万左右。设6个办公室、3个事业单位、1个执法队，派驻司法所、统计所、市场所、教委办、消防工作站、交通安全委员会等6个职能部门。有正式在编人员96人。下设18个社区，有社工231人。

2019年玉桥街道办事处在区委、区政府的正确领导下，围绕北京城市副中心建设及2019年区委、区政府折子工程、为民办实事工程工作安排，高度关注民生、主动服务群众，各项工作取得良好实效。

【“疏整促”提升工作】　年内，拆除违法建设56处，共8466.46平方米，完成全年任务目标的393%。基本完成老旧小区15栋楼本体综合整治、改造工作。完成6条背街小巷环境提升，玉桥直属库平房区获评北京市“最美街巷”。清理无证无照经营5户，治理“开墙打洞”点位3处，均完成全年任务的100%。占道经营15个点位全部提前销账，实现整治工作常态化。地下空间综合整治、违法群租房专项整治全部实现动态清零。打好“蓝天保卫战”，全年$PM_{2.5}$平均浓度为47微克／立方米，低于目标浓度，各类环保督查期间，玉桥街道未发现问题。

4月8日，背街小巷提升改造拉练检查活动
（玉桥街道提供）

【棚户区改造工作】　2019年，坚持“四心五动”（用心、细心、耐心、热心；广泛发动、多方联动、实时调动、真情感动、重点撬动）工作法，棚户区改造任务完成。广渠路东延道路工程国有土地上住宅房屋及非宅征收项目中，住宅仅用时28小时，78户居民全部完成签约选房，签约率100%，非宅涉及辖区36个点位，全部完成征收补偿工作。东方厂周边棚户区改造（二期）国有土地上住宅及非宅征收项目中，一标、二标、三标共202户居民入户任务完成。

【社区建设及民生保障】　年内，举办第二届玉桥街道“玉桥嘉年华·社区欢乐汇”活动，以建设文化玉桥、宜居玉桥、和谐玉桥、平安玉桥为目标，通过展示玉桥街道在街巷治理、社区服务、居家养老、楼门文化建设、市民文明素质提升等方面取得成果及街道各类品牌特色工作，充分调动居民参与辖区建社、副中心建设的积极性。活动区分为展示区、体验区、游戏区、知识问答及抽奖区等10个区域，表演歌曲、舞蹈、快板、小品、戏曲等原创节目30多个，开展手工艺、文化艺术、挑战10秒等50多项活动，提高居民的幸福感，居民获得感不断提升。由政府打造指导、专业机构运营、社会多方力量参与合作的“1+2+3+N”精准为老服务模式，再建两家养老服务驿站；开展“三社联动”（社区、社会组织、社会工作）、“一社一特”（整合社区社会组织资源，在每个社区各自找准一个“点”，因地制宜打造“一社区一特色”社区社会组织服务品牌）项目，17个

6月10日，玉桥街道举办“庆祖国70华诞　唱最美玉桥”群众歌咏活动

（玉桥街道提供）

9月24日，“孝行玉桥”敬老助老宣传活动

（玉桥街道提供）

社区做到全覆盖；依托“垃圾分类全流程精细化系统”平台，全面做好玉桥街道垃圾分类工作，垃圾分类示范片区以优异成绩通过市城管委示范片区的验收，北京电视台《向前一步》《北京新闻》栏目分别播出报道。

【“接诉即办”工作】　年内，按照“闻风而动、接诉即办”工作要求，街道全体人员不断提高政治站位，坚持“以人民为中心、为居民解难题”的工作理念，街道主要领导始终做到“四个亲自”，每周组织一次专题调度会，深入社区一线调研解决问题，在狠抓“三个关口”（即办结关、反馈关、回访关）的同时，创新提出“五式工作法”“三上门、两必访”等做法，有力地促进市民热线反映问题的解决。2019年，街道市民热线办理情况位于全区前列。

【平安建设】　年内，大力做好社会面安保工作，全部落实管控措施，实现零漏管、零失控。安全生产检查队启动“5+2”“白＋黑”工作模式，检查823家次，出动人员1726人，发现隐患307项，下达隐患整改通知书179份，确保重大活动期间辖区的平安稳定。玉桥街道庆祝中华人民共和国成立70周年群众游行队伍完成游行任务，获第四分指挥部和区委表扬。2019年玉桥街道安全生产工作获评北京市安全生产先进单位。

（柳雯雯）

永顺镇

【概　况】　永顺镇处在北京城市副中心155平方千米范围内，地域面积38.13平方千米，与通州区5个街道办事处交叉包容，全镇人口27.7万人，其中常住人口25.3万人，户籍人口7.7万人（其中农业户籍人口数7228人）。下辖25个村委会、25个社区居委会，管辖158个小区。2019年4月，盛业家园、京贸国际城两个社区划归新华街道、京贸家园划归通运街道。2019年12月，新成立运河滨江、榆东一街、惠兰美居3个居委会。村级建制中，撤队转居的有竹木厂、杨富店、岳庄、龙旺庄4个村，整建制转非的有杨庄、南关、乔庄、上营、小圣庙等5个村。征地转非的有北马庄、苏坨、范庄等3

个村。全镇有党支部73个，党员4636人。2019年完成税收40.3亿元，同比增长11%；形成区财力11.2亿元，同比增长12.1%，全年固定资产投资完成17.1亿元，超额完成119%。

【疏解整治促提升工作】 年内，拆除违法建设总计25.02万平方米，销账建筑面积37.21万平方米。“开墙打洞”、无证无照经营以及群租房治理“动态清零”，疏解一般制造业2家，提升改造3家有形商品交易市场，新建或规范提升便民商业网点10家，进一步提升生活性服务业品质。注重疏解腾退空间的统筹利用，利用腾退地块打造果园全龄体育公园和西马庄公园“花海”，推动老旧厂房改造升级成以文化＋科技为主题的“新潞·运河文创园”。推进垃圾资源化综合利用，建成全区首个废旧家具分拣处置场所。

【优化产业结构】 年内，推动重点产业项目引进落户，主动对接“高精尖”要素，引进亿元以上项目3个、5000万元以上项目7个。

【城市治理体系建设】 年内，城市建设水平明显提高，大力推动完成王家场村“拔钉行动”，为该地块上市打下基础，创造全区首例以村民自治方式清理滞留户。扎实推进万国家园项目和北苑国际项目。完成上潞园小区老旧楼本体及公共区域改造工作。严格落实街巷长管理机制，高标准完成11条背街小巷环境整治提升工作，果园路入选“北京最美街巷”。主动治理，不断强化，全面推广“社区领跑、居民联动”的居民议事协商模式。推进党建引领物业治理，试点探索永顺镇物业治理联合会和物业管理委员会模式，实行物业联席会议制度。各网格片区靠前服务，全年主动发现并处置各类问题3万余件。

【生态环境建设工作】 年内，持续提升空气质量，完成餐饮油烟提标改造工作155家，超额完成全年任务。聚焦控车、扬尘、减排等领域，综合施策，重拳出击，$PM_{2.5}$年均浓度下降到50微克／立方米，完成全年任务指标。针对各施工工地、裸露土地扬尘、“散乱污”企业等问题，开展专项检查，问题整改率100%。持续改善水环境质量，严格落实水污染防治责任，镇级河长巡河率达到100%，村级河长巡河2155人次。出境断面水质主要指标年均值达到Ⅴ类水质标准，考核成绩位居全区前三。大尺度拓宽绿色空间，完成2019年新一轮百万亩造林工程572亩土地流转工作，刘庄公园、永顺城市公园、龙旺庄公园对外开放，绿色休憩空间进一步拓展。

【民生建设和公共服务】 年内，全面推进社会事业，新成立惠兰美居等3个居委会，完成10个社区的“一刻钟社区服务圈”挂牌工作，社区服务能力不断提升。扩充教育资源，发电厂小学搬迁，合生滨江帝景小区幼儿园开园招生。提升基层公共文化服务水平，建成富力惠兰美居综合文化服务中心。补齐设施短板，加大资金投入，彻底解决通惠小区电容不足问题，推动镇域内17个自备井置换项目，大力解决“有路无灯”“有灯不亮”问题。不断增进民生福祉，持续促进就业，实现新增就业2077人，城镇登记失业率3.29%。关注百姓健康，为4526人完成惠民健康体检，与友谊医院签订医联体合作协议，对大额住院费用实行二次报销。加快“一门一窗”办理，原有15个业务窗口整合为8个综合窗口。聚焦“老有所养”，完成永顺镇敬老院升级改造以及2家养老驿站建设。完成乔庄村、南关村农转非工作。所有低收入农户全部完成低收入农户退出手续，彻底解困脱贫。

【安全保障工作】 年内，精细抓实安全生产工作，实行全区域、全领域严防、严控、严处，安全生产形势保持平稳，被评为北京市安全生产先进单位。维护社会稳定，做好积案排查和矛盾化解，确保矛盾纠纷消化在基层，完成重点时期安保工作。

【“接诉即办”工作】 年内，以群众需求为导向，落实“接诉即办”要求。构建一个网络，完善服务群众的基层响应机制，畅通永顺便民服务热线和“永顺民声”微信公众号两条渠道，架通政府与居民沟通的便捷桥梁，7×24小时倾听群众呼声，健全跟踪落实机制、监督考评机制、沟通反馈机制，形成长效工作闭环，打造城市治理新模式。用好“六加一减”（加强党建引领、加强巡查力度、加强诉求预判能力、增加居民诉求渠道、加强统筹协调、加强检查与考核、减少或消除居民痛点）处置模式，打造永顺镇综合服务管理指挥中心，不断推进城市治理现代化。突出“主动治理”和“未诉先办”，梳理出“一方案五清单”，制定整改方案，逐步落实，分类分层破解群众“急难愁”问题，促进为民服务提质增效，群众诉求的解决率、满意率逐步提升。

【党建工作】 年内，强化领导班子示范作用，领导班子带头研究部署、学习研讨、调研指导和整改落实，紧扣副中心建设、“接诉即办”等重点工作深入基层蹲点调研，现场解决问题134个。力求主题教育接足地气、真查实改，突出永顺特色，全面开展“守初心、担使命，做百姓贴心人”主题实践活动，72个党总支部1800余名党员服务群众8000余次。把服务保障中华人民共和国成立70周年庆祝活动作为主题教育的生动实践，完成群众游行、观礼、游园等各项任务。强化村、社区党组织班子队伍建设，组织完成新一届党组织成员各级轮训工作。焕发党员队伍活力，严把入口关，全年发展党员60名。健全完善后备干部快速成长“培养链”，确定村级后备干部38人，针对后备干部、非公党组织书记、科级干部开展精准化专题培训，打造过硬基层干部队伍。加大基层党建工作保障，持续推进资源、力量、服务下沉基层，全年投入党建资金1785万元用于基层党组织规范化建设和为民服务工作，建成镇级党群活动中心，丰富党员群众精神文化生活。继续推进软弱涣散基层党组织整顿工作，针对1个市级软弱涣散村、3个市级后进社区和1个区级党建工作加强提升村，分类施策，加强整改。不断扩大非公企业党组织覆盖面，新成立2家非公企业党支部，推进非公企业成立工会、共青团等群团组织，打造“党建＋群团”一站式服务格局。着力打造基层党建品牌，实施“党建楼门长”“功能型党小组”“非公企业1+3”党建创新项目，推进永顺镇服务型党组织工作再上新台阶。创新党建引领“未诉先办”机制，从最开始的“闻风而动，接诉即办”，到“补齐短板，主动治理”，再到“主动发现，未诉先办”，推动“接诉即办”工作机制在基层治理的丰富实践中向“未诉先办”递进。扎实推进党建引领“双报到、双积分”工作，强化基层党组织对物业企业和业委会参与基层治理的领导，提高共商共治的水平。

【党风廉政建设】 年内，逐级签订个性化责任书，强化日常监督考核，针对“疏整促”、接诉即办等重点工作开展动态监督。推动全面从严治党向基层延伸，实现25个村级党组织巡察全覆盖。持续深化作风建设，完善《基层党员外出管理办法》。切实减轻基层负担，清理“一票否决”事项1项，取消责任书17项。加强党对意识形态工作的领导，完善全时高效的媒体监测预警机制，用好每月媒体联席会议制度，强化各类宣传思想文化阵地的管理。

（王晓冰）

梨园镇

【概　况】 梨园镇位于副中心南部，西距北京中央商务区（CBD）22千米，北距首都国际机场16千米，南邻文化旅游区，地铁八通线有5站在辖区内，京津公路穿境而过，两广路横向贯穿北京核心区域，紧邻六环路、京哈高速公路，区域内城市道路三纵四横，路网畅达，镇域面积约19.87平方千米。辖区内总人口30.73万人，户籍人口6.5万人。下辖26个行政村，26个社区居委会，有基层党组织89个，党员3976名；社会单位2000余家，居住楼房1120栋，基本实现城市化。2019年实现税收15.3亿元。

【产业结构】 年内，围绕副中心控规，结合功能定位，梨园镇主动调整发展思路，破解发展难题，明确以商务服务、文创产业为重点的城市空间与功能布局。形成以金融商业综合体为核心的“罗斯福—家乐福”商圈，以大型商业零售卖场为主体的“贵友—蓝岛”商圈，以文化创意、时尚休闲业态为特色的“弘祥—东郎”商圈，以社区精品业态组合为生活中心的“华远—华业”商圈。建立镇、村90万平方米的商业资源数据库，为盘活优化产业空间奠定基础。

【“疏整促”工作】 年内，完成90家无证无照经营点位的清理和销账任务。对无证无照、“开墙打洞”、一般制造业及“散乱污”企业开展“回头看”联合执法59次，实现动态清零。拆除各类违法建设4.82万平方米，拆违销账18.78万平方米，均超额完成年度任务。以通景园、园景西区为重点，开展“治乱清患”违法群租房治理行动，抓违法房源，整治源头，消除群租房安全隐患。新设便民服务网点10家，完成通州区首家市级生活性服务示范街区创建，完成对69处产业用地和18个楼宇经济体的现状调查。

【重点工程建设】 年内，配合区住建委、区水务局等基本完成外环路污水及再生水管线工程、地铁7号线、7号线综合管廊工程和附属设施工程的拆迁、改移和临时占地等工作。协助乐成公司完成半壁店医养结合试点项目拆迁、征地扫尾工作，取得“一会三函”手续，部分建筑已封顶。完成妇幼保健院新址、新华医院新址、广渠路东延拆迁和九棵树西路拆迁腾退签约工作。“小街之春”老旧小区楼本体改造阶段完工。孙庄、大稿村集体土地租赁住房、将军坟自住楼等项目手续正在有序办理。

【公共基础服务设施】 年内，持续巩固和扩大创城、创卫成果，全面强化城市秩序治理和环境综合整治提升。改善背街小巷环境秩序，对翠屏路等6条背街小巷进行整体提升改造，累计拆除违建1600余平方米、立面整饰4400余平方米、修整路面3900余平方米。推行“小巷管家”管理模式，招募小巷管家志愿者503人，组织开展培训、志愿服务、宣传等大型活动33场，累计处理各类问题4300余件。推广垃圾分类管理，全面摸底调查，健全工作台账，全年宣传垃圾分类5场次。新增格瑞雅居、戎泰苑2个垃圾分类示范片区。

【城市精细化管理】 年内，坚持“接诉即办”与“未诉先办”两手抓，坚持个性与共性同治理、治标与治本相结合，强化统筹调度与分级协调调度，建立市民热线指挥中心，开通梨园镇市民热线App，全力打通服务群众的“最后一公里”。全年处理市民反映问题11256件。制定“无物业小区管理办法”等方案措施，一批难点问题得到有效解决。围绕停车难、物业问题等治理重点，持续提升精细化、智慧化管理水平，对全镇信号灯进行联网联控和智能升级，新增路侧停车泊位3800个，打通一批微循环道路，治理28个道路堵点和秩序乱点，优化提升30个重点路口交通组织。

【城市环境建设】 年内，园林绿化水平持续提升。完成新一轮百万亩造林工程21.95万亩，建成玫瑰园、欣达园义务植树宣传驿站。全年清理绿地可燃物及垃圾近900吨，林业有害生物测报准确度达98%以上。完成辖区内50.51万平方米的公共绿地养护工作，镇域内绿化率达27%，人均绿地18.97平方米。大气质量持续改善。坚持工程减排和管理减排并重，聚焦重点，持续发力，全镇$PM_{2.5}$累计浓度下降至50微克／立方米。严格控制扬尘污染，加大联合执法检查力度，实行在线监测和驻场监督。开展挥发性有机物排放专项整治，完成餐饮企业油烟排放提标改造。强化散煤治理，全镇散煤使用实现动态清零。水环境建设持续加强。深入落实河长制，推动玉带河、萧太后河、大稿沟、南大沟4条河道流域的水污染治理、水环境治理、河道管理等工作的实施与协调。全面开展小微水体专项整治工作，对玉带河分支和大稿村京洲园宾馆西侧沟渠进行综合治理，建立长效管护机制。2019年，梨园镇水生态环境质量得到不断提升，实现水清、岸绿、安全、宜人。

【民生保障】 年内，保持充分就业的良好态势，实现城乡劳动力就业1151人，培训劳动力1200人，保障退伍军人100%安置就业。制定《村级参加城乡医保人员住院补助办法》，解决“因病致贫，因病返贫”问题。创新消费帮扶、创业帮扶、产业帮扶、教育帮扶4种模式，开设5家农贸市场专柜，对口帮扶企业提供创业担保和产业资金50余万元，援助42名困难家庭学生，帮扶经验走在全区前列。完成镇域11个网格细化调整工作，加快多网融合，切实发挥网格化治理体系在解决市政维护、环境治理、背街小巷、交通秩序等难题的重要作用。完成974名非京籍适龄儿童入学审核工作，指导16家无证幼儿园完成首批办学许可申请，成人学校被评为国家级2019年优秀成人继续教育院校。聘请创卫评审专家开展迎检培训和实地指导，通过国家卫生镇复审工作。

【民主法治建设】 年内，收到区人大代表意见建议5件，其中主办件1件，分办和会办4件，意见建议均在规定的时间内给予答复。依法全面履行政府职能，建立完善“三重一大”决策制度，加强督查和行政问责，政府执行力和公信力进一步提升。完成26个村和26个社区“两委”换届选举工作，均为一次性选举成功，实现书记、主任100%“一肩挑”。召开梨园镇第十八届人民代表大会第四次、第八次会议。会议期间，各位代表依法履行职责，提出具有建设性、可操作性的意见和建议。在重大事项的决策上，征求人大代表的意见和建议，自觉接受人大代表监督，协助办理人大代表建议和政协委员提案。年内办理区镇两级人大代表议案和政协提案24件。

【社会面防控工作】 2019年，组织志愿者2399名，全面加强社会面防控，完成“两会”、“一带一路”国际合作高峰论坛、庆祝中华人民共和国成立70周年等重大活动的安保任务。

（朱琳）

宋庄镇

【概　况】 宋庄镇地处通州新城北部，京杭大运河的源头、百里长安街的东端，紧邻市级行政办公区，距天安门24千米，距北京中央商务区（CBD）20千米，距首都机场T3航站楼2千米，交通路网便捷，区位优势明显。宋庄镇域面积115平方千米，辖47个行政村，总人口13万人。镇域由温榆河、潮白河、运潮减河三河环绕，水网密集，是北京市东部的水源保护地。在规划发展生态型都市旅游观光农业的同时，镇域内还规划多处集中绿地，为创意企业和人才居住提供生态宜居的环境。自20世纪90年代中期，宋庄镇逐渐形成当代艺术大本营。在宋庄生活的艺术家超过7000人。有艺术展馆30多家、画廊200多家、艺术家工作室4500多个，集中展览、经营面积达10多万平方米，艺术工作区从原来的零散发展到近20个，餐饮、休憩、时尚空间150个，年均举办各类文化艺术活动过千场次，慕名而来的海内外游客达到年均50万人次。2019年，宋庄镇完成税收11.9亿元，完成区级财力3.1亿元。

【党的建设】 年内，精心组织“不忘初心、牢记使命”主题教育，全面贯彻“守初心、担使命、找差距、抓落实”的总要求，坚持把学习贯彻习近平新时代中国特色社会主义思想作为主题教育主线，紧密结合中共十九届四中全会精神，围绕党的政治建设、全面从严治党、强化宗旨意识等10项主题，深入学习研讨交流，推进学习教育往深里走、往实里走，全面提高党员干部思想意识。坚持以上率下、上下联动，强化班子成员与党支部书记示范作用，带头讲党课抓学习、找差距抓整改，聚焦突出民生问题，深入基层调研94次，发现并整改问题39项，切实帮助群众解决操心事、烦心事、揪心事。坚持学做结合，多形式、分层次、全覆盖开展学习教育活动，开展“党旗飘扬副中心、不忘初心践使命”主题党日、“我是副中心党员”承诺践诺等活动，组织基层党员服务群众3000余人次，全面提升党员干部初心意识，强化使命担当。

全面加强党建引领作用，不断夯实党建工作基础，加强基层党组织规范化建设，持续完善“三会一课”、组织生活会等工作制度，强化包片包村干部抓党建工作责任，加强流动党员、失联党员、党员积分管理工作，抓好非公企业党建管理工作，进一步提升党建工作水平。坚持共治共建，开展党建引领物业服务企业和业主委员会参与社会治理工作。充分发挥镇、村党组织及非公党组织作用，组织开展好“双报到、双积分”工作，在全国文明城区复检、疏解整治促提升、重点时期安保、防汛抗灾等重点工作中，充分发挥共产党员的先锋模范作用，推进全镇中心工作全面开展。

以党建统领艺术区高水平管理建设。以艺术区党委为统领，不断加强艺术区思想建设，相继举办学习习近平总书记在全国政协文艺界、社科界小组会上的讲话精神，贺共和国70华诞井冈山采风，走进革命老区延安培训写生等系列活动，激发艺术自由职业者弘扬正能量的责任感和使命感。聚焦新时代社会发展新形势，带领广大艺术从业者主动担当，围绕庆祝中华人民共和国成立70周年，发挥艺术原创优势，举办“礼赞新中国　筑梦新时代——首都新的社会阶层人士主题艺术作品展”，集中展示宋庄艺术区以人民为中心、唱响主旋律的精神面貌，不断以精品文化活动服务社会建设发展。高标准打造艺术区党群服务中心，完成3000平方米提升改造项目，集中党建活动、展览展示、文化交流、公共服务等综合功能，实现“一委一办、四部四会”联合办公，打开以党建引领艺术区管理服务的新局面。

【镇域规划】 2019年，严格落实市委书记蔡奇关于艺术创意小镇调研的指示要求，镇域总体规划指

11月8日，安贞医院通州院区建设项目开工动员现场会　（宋庄镇提供）

标和体系基本稳定。推进艺术创意小镇建设。围绕文化创意功能定位，由市、区、镇、村四级平台公司出资，成立北京宋庄小堡艺术区投资发展有限公司，作为小堡艺术区提升改造工作实施主体。坚持国际化发展眼光，加快推进小堡艺术区城市设计及实施方案国际征集工作。紧抓关键节点，强化区域联动，启动印象街、小堡文化广场和小堡南街特色街区示范改造工程。严格落实减量发展要求，建立常态化巡查管护机制，加快原有工业厂房腾退，拆除建筑面积4万平方米，腾退土地75亩。推进艺术区产业发展，中国艺术品交易中心实现正式开工建设，盛唐时代、“数园·艺苑”科技与艺术融合园等重点项目稳步实施，进一步激发小堡艺术区发展活力。同时，加快推进市、区重点工程。始终牢记服务保障副中心建设使命，主动担当，攻坚克难，倒排工期，挂图作战，腾退发展空间，温榆河治理工程完成全部迁改移和地上物清退工作，宋梁路北延实现全线8.6千米入场施工，安贞医院通州院区实现开工奠基，编制床位1500张，为城市副中心建设及群众健康提供优质医疗保障。全力推进朝北路东延、西路苑二街、京唐城际铁路、北京疾控中心迁建等重点项目拆迁工作，有力保障副中心控规落地实施。

【疏解整治促提升】 年内，坚决落实中央及市、区关于以疏解促发展的指示要求，主动加压，积极探索，努力在疏解中谋求更好更大发展。坚持清理

存量和严控增量相结合，加大新生违法建设管控力度，超额完成2019年违法建设拆除任务，拆除违法建设180万平方米，销账201万平方米，拆除量、销账量居全区第一。持续推进不符合镇域规划定位的企业关停退出，疏解一般制造业25家，整治关停有形商品市场3家，查处无证无照经营154家，整治占道经营19处，新建生活性服务业网点7家，构建“疏整促”常态化工作格局。

【生态环境建设】 坚决打好蓝天保卫战。加强环保人才队伍建设，构建网格化巡查模式，建立“散乱污”企业台账，对整改完成的537家企业进行“回头看”，实现“散乱污”动态清零。持续开展散煤清理整治行动，全年$PM_{2.5}$累计浓度为48微克/立方米，改善率18.4%，全区排名第一，空气质量改善效果显著。

坚决打赢碧水攻坚战。高标准推进黑臭水体综合治理工程，新建村级污水处理站28座，日处理污水总量达1.5万吨，建设截污管线总长2.1万米，累计清淤9.5万立方米，小堡2000吨污水处理站完成进水调试，潞苑北大街雨水管线截污应急工程完成施工，镇域水污染治理能力全面提升。严格落实河长制工作，镇村两级河长巡河率达100%，组建专业河道巡查管护队伍，全力开展清“四乱”（乱占、乱采、乱堆、乱建）专项行动，完成55处小微水体整治任务，全镇河流水质大幅提升。

多层次推进园林绿化建设。统筹推进新一轮百万亩造林工程，完成7423亩百万亩造林工程土地腾退和609亩土地留白增绿，实现大树种植3685.49亩，扎实推进森林防火、林业有害生物防控及平原生态林、城市绿地资源管理保护工作。统筹利用腾退闲置地块，宋庄文化公园二期实现对外开放，栽种樱花2000余株，打造“京东第一樱花园”。广泛调动群众参与创建国家森林城市的积极性，制定创森工作方案，建设宋庄义务植树基地，增强群众爱林护林意识，为建设蓝绿交织的城市副中心做出积极贡献。

【美丽乡村建设】 2019年，高质量完成美丽乡村农村人居环境整治工作。组建镇级美丽乡村建设工作专班，坚持一竿子插到底的工作作风，直击问题，狠抓整改，完成全镇45个村美丽乡村农村人居环境整治工作，第二批38个村人居环境整治拆除私搭乱建89万平方米，一次性高标准通过验收，15个村获得满分，占比40%，村庄人居环境全面提升。同步启动美丽乡村村庄规划，发挥村级主体作用，深入发掘传统历史文化和产业发展特色，坚持“一村一规划”，充分调动村民参与热情，打造个性化、差异化规划发展模式，实现镇村整体面貌焕然一新。

【城市管理】 年内，严格落实区委书记曾赞荣拉练检查指示精神，持续巩固和扩大创城、创卫成果，高标准通过国家卫生城区、全国文明城区复审。严格落实“门前三包”责任制，路段细化到人，责任落实到商户，开展街巷长、小巷管家志愿者活动，镇域环境得到显著提升。探索创新准物业化管理模式，以富豪村和草寺村为试点，先试先行，不断完善工作方案和考核机制，逐步推进全镇环境卫生精细化管理机制。明确六合、宋庄等7个村为垃圾分类试点村，不断增强群众垃圾分类再利用意识，为生活垃圾分类工作全覆盖打下坚实基础。

【市民热线办理】 年内，坚持“闻风而动、接诉即办”，把市民热线办理作为转作风、提效能、促提升的重要抓手。强化顶层设计，优化人员配置，完善办件流程，以狠抓“见面率”为主线，建立“响应必见面、见面促解决、解决须满意”工作路径，深入推进镇便民办与镇网格办合署办公，创新接诉办理全程专人跟踪工作机制，强化“日梳理、周通报、月考评”工作措施，全年接办市民热线反映问题13976件，办结13605件。不断加强主动治理能力，充分运用“街乡吹哨、部门报到”工作机制，解决历史遗留问题，寨辛庄五村棚改、富豪村旧村改造等重难点项目明确实施路径并制定工作计划，供水、供电、供暖等重点民生问题正在逐步解决，形成“未诉先办”的良好工作氛围。

【社会民生】 年内，围绕群众所忧所盼的“七有”“五性”问题，持续在补齐民生短板上发力，扎实推进民生保障工作。大力提高公共服务水平，完成汇禧润福艺术家养老公寓楼封顶、疃里村集体土地租赁住房开工建设、丁各庄公租房土方施工，加快实施宋庄敬老院改扩建工程，新建并投入使用2家养老驿站，实现住有所居，老有所养。引进泰禾国际医疗、北京疾控中心、首都儿研所等重点医疗单位，不断提升医疗服务能力。持续加强校园安全管理工作，签订教育系统安全稳定责任书，全力保障在校师生安全。多渠道拓展就业，实现新增就业1977人，建立通州区首个村级法官工作站，打通司法为民的“最后一公里”。

持续提升社会保障能力。完善社会救助兜底保障机制，完成373户低保信息核查，实现一户一册，动态管理，全面加强老年人权益保障，持续做好215名高龄老人巡视探访工作，开展贫困群体慰问帮扶，不断加强扶贫协作和对口支援工作。全面推进公共文化建设。围绕中华人民共和国成立70周年，策划开展爱国主题文化系列活动，大力弘扬京津冀非遗文化传承和工匠精神。扎实推进24小时城市书房建设，打造“一刻钟阅读文化圈”。全区首家24小时阅读空间落户小堡，进一步满足广大群众阅读需求。开展2020年冬奥会冰雪知识宣传，组织多项冰雪活动，全力营造冬奥氛围。举办第十一届宋庄文化艺术节，开展“星火工程”仲夏活动系列演出105场，放映电影800场，持续推动文化事业繁荣发展。

（郭浩正）

张家湾镇

【概　况】 张家湾镇位于通州区东南，是通往华北、东北和天津等地的交通要道，镇域面积105.4平方千米，下辖57个行政村，全镇常住总人口10.5万人，其中外来人口3.5万人。镇域内交通便利，文化特色突出，工业基础雄厚，是一座具有千年历史的文化古镇，曾作为京杭大运河北端起点上重要的水陆交通枢纽和物流集散中心，有“大运河第一码头”之称。2019年，张家湾镇得到党中央及市、区等各级领导部门的高度关注。1月18日，习近平总书记到城市副中心视察城市“绿心”项目建设情况并发表重要讲话，4月8日，习近平总书记又到“绿心”参加义务植树。4月1日，北京市委书记蔡奇到张家湾镇调研，对设计小镇建设高度关注。通州区委、区政府对张家湾各项事业发展给予大力支持，设计小镇建设被写入政府工作报告，优先进行发展。全年累计实现税收总额11.3亿元，实现区财力2.8亿元。

【规划布局】 坚持规划先行，2019年完成镇域规划编制，提前谋篇布局。北部地区，全面保障副中心建设，配合推进城市绿心、环球影城、设计小镇等重点项目建设，八通线南延实现通车，梁各庄棚改进程全面加快。南部地区，建设张家湾民俗文化大集，打造文化休闲小镇的重要载体，研究启动“运

2月19日，张家湾镇第二届民俗文化节
（张家湾镇提供）

河文化产业园”项目，加快文化实景演出项目落地，带动产业转型。

【党的建设】 年内，突出抓好领导班子建设，打造一支忠诚、干净、担当的干部队伍，组织开展党委理论中心组学习25期，班子成员理论素养不断提升，意识形态把控力得到加强。完成村“两委”换届选举，基层党组织战斗堡垒作用进一步增强。高度重视机关干部队伍建设，加大对年轻干部的培养使用力度，提拔使用两名35岁左右的正科级干部，扎实推动职务与职级并行，30余名干部得到相应晋升，干部队伍活力显著增强，选任24名党建督导员和网格长充实村级工作力量，强化督导检查，推动各项工作有效落实。强化党建统领作用，扎实开展“不忘初心、牢记使命”主题教育活动。党委主要领导先后两次讲授专题党课，号召全镇上下牢记初心使命，尊法创业，加快建设幸福美丽张家湾。突出棚改、美丽乡村建设、“12345”“接诉即办”三项重点工作，强调守初心担使命，班子成员累计开展调研105次，指导解决各村问题135个。围绕“四个对照”，查摆领导班子问题，明确整改措施。

【项目引进】 2019年，加快推进经开产业园、宏泰陽等重点项目建设，完成建安投资4.5亿元。张家湾设计小镇建设得到市、区高度关注，北建院总部等首批33家企业入驻，华源梁氏集团签约落地，加快引进创展家居、众城、中天建设、九源天能等多家优质企业。镇级土地联营公司成立，统筹研究推进集体土地发展利用，促进农民就业增收，设计小镇建设进程全面加快。

【美丽乡村建设】 2019年，创新“两上两下一公示”（上图上会、下村下户、公示）工作法，全镇上下齐上阵，累计拆除私搭乱建43万平方米，清理街巷2607条。市级检查验收第一批9个村全部被评为优秀，第二批19个村得到满分，数量位居全区首位，得到上级部门高度肯定。完成第二批32个村庄的规划编制，改造户厕2038座，改造公厕5座。

【疏解整治促提升】 年内，持续推进疏解整治促提升，全年累计拆除违建220万平方米，任务量、完成量位列全区第一。其中市、区高度关注的通州区高层写字楼东方国际大厦实现首例自主拆除。全年疏解一般制造业20家，取缔无证无照点位154处，清理占道经营11家，实现“开墙打洞”动态清零，清理“散乱污”企业12家，新建便民服务网点5家，疏解整治与优化提升的衔接更加紧密，群众生活便利性、舒适性明显提高。

【生态环境建设】 年内，生态环境建设不断优化。全力打好蓝天保卫战，$PM_{2.5}$改善率全区第二。严格落实河长制，主要河道水质稳中向好。深入开展“散乱污破”环境整治“回头看”行动，源头问题得到根治。试行垃圾分类，整治市区环境问题1426件。全年环境考核位列全区第五，达到历史最好水平。启动张家湾公园二期、城市副中心环城景观生态林建设工程，新增绿地9200余亩，张家湾体育生态公园等多个特色公园相继建成，推窗见绿、出门见景成为群众生活新体验。

【重点工程建设】 年内，梁各庄棚改启动，六小村棚改取得新进展，投资1450余万元完成9千米的道路大修及8.7万平方米的中小修工程，九德路二期、漷台路改扩建工程进场施工，九德路一期、漷马路改扩建工程地上物拆迁接近收尾，路网结构逐步完善。

【社会治理精细化】 年内，完成9千米的道路大修及8.7万平方米的中小修工程。检测农产品样品4800个。上报网格事件5.6万余件，处置率达100%。辖区企业安全生产检查覆盖率和隐患消除率100%，全年未发生重大安全事故。建立15个农村交通劝导站，社会秩序进一步改善。

【社会保障】 年内，新增就业1638人，城镇登记失业率控制在5%内。人均可支配收入达4.1万余元，高于全区目标。实施大额住院费用年终补助，新建2家养老服务驿站。办理劳动监察案件281件，办结率达100%。所有窗口部门进驻政务服务大厅，实现“一窗受理”，群众办事更便捷。

【社会安全稳定】 年内，坚持以人民为中心的发展思想，扎实做好各项民生事业，群众的获得感、幸福感进一步提高。以“12345”市民热线为抓手，扎实做好“接诉即办”工作；创新推动“察民情、解民忧、聚民心”专项活动，完善工作机制，加强督导落实，提升满意率、解决率。加大政务信息公开，化解矛盾隐患，主动公开101条，申请公开62条。提升公共服务和社会事业建设水平，企业安全生产检查覆盖率和隐患消除率达到100%，全年未发生重大安全事故。完成庆祝中华人民共和国成立70周年活动及大运河森林公园群众游园活动的安保任务，组织人员参加国庆游行和联欢表演。强化群防群治，整改各类隐患，保证阅兵村周边绝对安全。班子成员主动接访，解决突出问题6件。

【文化工作】 年内，通过党建统领、文化引领，推动党风政风民风全面向好。以博物馆、艺术博览苑为载体，举办农民书画展等大型文化艺术活动，10余万人参与。举办民俗文化节，3万余群众参与。以庆祝中华人民共和国成立70周年为契机，举办“我和我的祖国”系列活动，群众爱国热情空前高涨。

（姜春杰）

漷县镇

【概　况】 漷县镇位于北京市通州区东南部京津冀交界处，京杭大运河畔，是北京连接天津、河北香河的必经之路。镇域面积113.7平方千米，辖61个行政村、3个居委会，总人口8.1万人，其中，户籍人口5.7万人、流动人口2.4万人。2019年实现税收8.04亿元，同比增长0.5%，完成建安投资4.46亿元，完成建安投资任务的111%，工业总产值67.96亿元，同比增长7.2%；人均所得25462元，同比增长8.3%。

【重点项目工程】 年内，城镇综合承载能力不断增强。镇域总体规划雏形初现，北大人民医院通州院区、觅子店组团路网项目、集中供热管网及养老院周边市政配套工程取得阶段性成果。北京卫生职业学院项目完成地上物签约和拆除。高精尖产业落地不断推进，引进世界五百强中国铁建的二级总部、万生药业两家大型企业。甘李药业新建生产车间项目已办理规划意见复函审批，恒亿盛世大健康产业园“一方健康谷”项目正在进行地基施工，通州益生详明科技产业园项目正在办理规划意见复函。交通基础设施加快建设，漷城西三路工程北段、鑫觅西三路至鑫觅西六路段等道路工程有序推进。乡村公路小修工程完成54881.85平方米，超额5000余平方米；大修工程完成14千米，进一步畅通道路微循环。

【环保工作】 2019年，细颗粒物（$PM_{2.5}$）年均浓度趋势向好，全镇$PM_{2.5}$浓度平均数值下降至50微克／立方米，全区排名第7位，改善率13.2%，居全区第六。全面整治餐饮油烟，31家餐饮改造单位全部安装净化设备，并通过核查验收。严格控制扬尘污染，完成4个自动气象监测站建设工作。坚持打好蓝天保卫战，能源消费总量控制在4.91万吨标准煤以内。水环境建设持续加强。以“清河行动”和清“四乱”行动为抓手，深入落实河长制，完成14条小微水体治理。全面推进水污染防治，完成小微水体排查整治和阶段性养殖业调整退出工作。落实企业治污主体责任，严查“无证排污”违法行为。大力倡导节约用水，全年用水总量约1653万立方米，较年度目标节约647万立方米。园林绿化水平持续提升。深入落实国家森林城市创建指标体系，新一轮百万亩造林绿化工程任务全部完成，大树种植绿

8月30日，副区长王岩石（右三）到漷县镇调研美丽乡村建设工作　　（漷县镇提供）

化面积5623.7亩。建设义务植树基地1处，面积96.69亩，完成义务植树尽责率80%以上。群众“出门见绿、起步闻香”的绿色生活体验不断增强。

【疏解整治促提升】 年内，高质量完成市、区任务的落点落图，2019年完成销账61万平方米，腾退土地73万平方米，拆除违法建设141.95万平方米，新生违法建设零增长。疏解一般制造业15家，新建或规范提升生活性服务业网点6家。占道经营、一般制造业疏解、“开墙打洞”、无证无照经营等清理完成，并保持动态清零。截至年底，全镇基本农田面积44655亩，全部设置村级基本农田保护标识牌。

【接诉即办工作】 年内，实施《领导调度制度》《领导干部回访制度》《工作制度要点》《机关干部下村接访、约访制度》等制度，有效压实各方责任，形成长效工作机制，着重解决一批农村管理类、公共服务类、市政类等诉求，成效显著。同时，成立“街乡吹哨、部门报到”工作专班，围绕环境整治、重点工程等内容，发起吹哨21件，结案17件。不断创新信访工作机制，受理群众来访321件，解决314件，为全镇的社会稳定发挥积极的作用。大力推进网格化社会服务管理、网格员队伍建设，形成处置快速的网格化工作体系，新形势下群众工作不断创新，镇村群众工作网络逐步完善，各类信访问题、社会矛盾纠纷得到有效化解。

【社会各项事业建设】 年内，民生保障工作持续加强。持续促进就业，针对漷县镇“散乱污”及工业大院企业清退，造成的富余劳动力就业工作困难问题，主动精准对接用人单位，2019年，全镇实现就业1292人，失业率为2.26%，比目标值低0.74%。以北大人民医院就业项目培训为重点，鼓励城乡劳动力创业发展，开展技能培训1665人。研究制定《关于2019年度对大额住院费用年终补助实施意见》，防止因病致贫、返贫情况发生，有序推进低收入农户帮扶工作。进一步提升养老工作水平，完成吴营村、周起营村两家养老驿站建设并试运营。推进双拥优抚工作，完成退役军人“光荣之家”挂牌。加快推进社区规范化建设工作，开展楼门文化及“一刻钟服务圈”建设。政务服务水平不断提升。政务服务中心加快“一门一窗”办理，完成综合窗口整合，养老助残、医疗卫生、社会保障等80%政务服务事项“一门”进驻，推动70%事项“一窗”分类受理，全年审批服务事项4158件，办结4158件，按时办结率达100%，群众满意率99%。

【村史馆建设情况】 漷县镇有2个村史馆。漷县村村史馆位于漷县村委会后院，占地面积200平方米，于2013年底建立。展柜内陈列着1951年通县市第四区颁发给农民的“土地房产所有证”和曾经使用过的票证、购物券；农民们使用过的生产工具镰刀、锄头、镐头、铡刀等，生活用品煤油灯、掸瓶、麻篓、管篓等实物。

榆林庄村运河文化展览馆于2016年7月建成，占地面积500平方米。榆林庄村位于北运河大堤内，榆林庄人以“古运传承、榆林有责”的决心和信念，在村党支部、村委会的领导下开始筹建榆林庄运河文化展览馆。选址紧邻京津公路旁，聘请专业的设计施工单位承建，发动群众献计献策，广泛征集相关的历史资料和物品。展览馆展出的文物有画家绘制的《乾隆御赐榆林》的画卷、四爷台运河钞关的场景。清代的《万国通商图》《钦定户部漕运全书》《水流经注》《潞城考古录》。《永定河志》1～15卷、光绪二十九年的《地理志略》《清朝进士提名录》《钦命四书题词》，《宣统二年手谕》等珍贵的文献资料，在解放战争时期英勇就义运河岸边的杨国章烈士生平连环画。展览馆内还陈列着运河上的渔船、铁锚等实物展品，开辟根雕艺术展室、榆林庄村党支部大运河生态文明党建创新基地展室。开馆以来，接待过区镇级领导、各界社会团体、媒体记者及中小学生2000余人次。

（张丽娟）

马驹桥镇

【概　况】　马驹桥镇历史悠久，曾是北京最大的湿地、是辽、金、元、明、清五朝皇家猎场和明、清两朝皇家园囿。地理位置独特，地处北京东南郊、通州区西南部，背依京城、朝阳区，西望大兴，镇中心区距通州新城20千米左右，距首都机场40千米，京沪高速公路与北京六环路在镇中心交会。镇域面积82平方千米，辖45个行政村，8个社区居委会，实有人口20万人，其中该镇人口5万余人，流动人口15万余人。有基层党组织79个，其中，1个党委、78个党支部、2737名党员。2019年，在区委、区政府的正确领导下，马驹桥镇立足“一核两翼”和京津冀协同发展大局，围绕北京城市副中心建设，紧抓亦庄协同发展机遇，乘势而上、奋发作为，实现经济社会的平稳较快发展，完成各项目标任务，全年完成税收26.41亿元，形成区财力7.37亿元，完成工业总产值81.8亿元，完成建安投资11.6亿元。

【党建工作】　年内，扎实开展“不忘初心、牢记使命”主题教育活动，引导全体党员牢固树立“四个意识”，做到“两个维护”，自觉践行维护核心、绝对忠诚、听党指挥、勇于担当。不断加强党的建设，完成村、社区以及机关企事业单位党组织换届选举工作，新建1个非公企业党组织和1个社区党组织。持续规范马驹桥镇党群服务中心建设，推动“党旗飘扬马驹桥，美丽乡村我先行”主题活动，深入推进“党员户前三包”制度落实，组织开展“最美院巷”推选活动，创新推动基层党建全面发展。

【基础设施建设】　年内，主要经济指标平稳增长。调整产业结构，挖掘经济增长新动能，产业调整初见成效。把握亦庄协同发展机遇，不断优化营商环境，持续完善配套设施，推进道路管网、电力设施、水暖设施建设。按轻重缓急准则认真梳理出拟实施的涉及土地开发、基础设施建设等方面的23个项目，厘清存量资源，加快产业对接，全力推进项目落地。

6月5日，区委常委、宣传部长汤一原（右一）到马驹桥联东U谷调研经济发展情况

（马驹桥镇提供）

【民生工作】　年内，狠抓接诉即办、未诉先办。压实村居责任，围绕未诉先办降总量。及时排查化解矛盾纠纷，从源头上预防和减少“12345”诉求问题的发生。2019年，马驹桥镇承接“12345”市民热线9388件，日均接单25.72件，全年平均解决率58.33%，满意率74.18%，响应率100%。在全镇各村（社区）、各部门共同努力下，总量同比呈下降趋势，实现未诉先办降总量。文教卫事业加快发展。

继续强化文化阵地建设，镇级图书馆建设基本完工，国风美仑文化用房即将投入运营，富力尚悦居文化用房完成交接。西马各庄幼儿园完成建设并移交教委，燕保家园拔萃骏源幼儿园于年内投入使用。社区卫生服务中心软硬件设施全面升级，居民就诊更加便捷，探索施行二次报销制度，减轻镇域内农业户籍人员看病就医负担。

【整治城乡接合部】 年内，城乡接合部整治成效显现。以21个挂账村为重点，结合“大马行动”，整合工商、食药等多个职能部门人员力量，集中开展综合整治行动，切实消除安全隐患，维护社会稳定。完成庆祝中华人民共和国成立70周年服务保障工作。游行、演出、观礼三支队伍始终坚持高点站位，坚决扛起政治责任，以饱满的工作热情和良好的精神风貌完成任务。同时，消防部门紧抓安全底线不放松，在国庆期间加大力度开展消防安全大检查，确保不起火、不冒烟，镇域内安全形势持续稳定。

【生态环境建设】 年内，常态化开展大气污染防治工作。聚焦工地扬尘、道路扬尘、机动车尾气污染等问题，逐一排查、梳理重点点位，确保管控到位。全年$PM_{2.5}$指数为53微克／立方米，全区排名上升4位，大气质量逐渐向好。水环境建设持续加强。完成六马沟、八支沟黑臭水体治理工程，河道、沟渠环境改善效果显著，2座5000吨临时污水处理站建设工程基本完工，实现污水全部进厂处理。城市园林绿化有序推进。初步完成马驹桥镇集体林场试点建设，有序推进马驹桥（六环路）城市景观建设项目，持续建设东南郊湿地一期养护工程，开展国家森林城市创建工作。美丽乡村建设进展良好。32个美丽乡村创建村在2019年农村人居环境整治中全部通过市级考核验收，其中陈各庄、后堰上、神驹等13个村达到百分标准。同时，形成村庄环境长效管护机制，为打造清新明亮、绿色宜居的村庄环境夯实基础。

【社会建设】 年内，纵深推进“疏整促”。拆除违法建设200万平方米，销账200万平方米，疏解一般制造业2家，占道经营保持动态清零，清理整治无证无照经营123户，动态关注“开墙打洞”，防止反弹。扎实开展社会治理。完善网格化体系构建和队伍建设，提升基层社会治理能力，扎实推进4G无线专网系统工程建设，对接区“雪亮工程”，实现镇级平台与区级平台无缝衔接。不断提高精细化管理水平。建立健全小区物业相关制度，利用“吹哨”机制，推进重点小区物业管理，打造“一刻钟社区服务圈”，提升居民生活品质。有效提升城市管理水平。持续开展交通综合整治行动，规范镇域内餐厨垃圾收运，开展垃圾分类和“厕所革命”，维护市容市貌整洁卫生。

马驹桥镇海子墙公园一景　（马驹桥镇提供）

【村史馆建设】 2019年马驹桥镇结合美丽乡村建设，在六郎庄、柏福、小松垡、神驹、姚辛庄5个村建设乡情村史陈列室。其中，柏福村陈列室展室占地面积94平方米，设计主题为“百姓德福”；六郎庄村陈列室展室占地面积75平方米，设计主题为“六郎新声”；小松垡村陈列室展室占地面积90平方米，设计主题为“松垡风情”；神驹村陈列室展室占地面积160平方米，设计主题为“神驹传奇”。截至年底，柏福村、六郎庄村陈列室展室基础装修完工，装饰布景正在制作中；小松垡村陈列室展室基础装修完工，装饰布景设计完成；神驹村陈列室展室整体设计完成，未进场施工；姚辛庄村陈列室正在选址中。

（卫艳红）

西集镇

【概　况】 西集镇位于通州区东南部，距通州城21千米，紧邻北京城市副中心，镇域面积91.4平方千米。耕地面积37.8平方千米，永久基本农田17.5平方千米，辖57个行政村。截至2019年底，全镇户籍总数27916户，户籍人口48707人。其中，农户15870户，农业人口30381人，非农12046户，非农人口18326人。全年新出生638人。户籍人口以汉族为主，兼有满族、回族、蒙古族等民族。全年有外来人口6209人，出租房屋1435户。全年实现税收10.03亿元，实现区级财政收入2.28亿元。

【城镇开发建设】 年内，重点工程稳步推进。配合上级部门做好国家网络安全产业园区的规划对接和用地调整等工作，为1平方千米起步区调整建设规模指标38万平方米，配备“拆五还一”（以西集镇现状集体产业建设用地总量为基数进行腾退，腾退总用地面积的1/5规划为新的集体产业用地面积，腾退用地面积的4/5进行还绿）集体产业建筑指标25万平方米。腾退不符合园区功能企业28家，新进驻企业32家，梆梆安全、西北工大等项目稳步推进。北运河综合治理拆迁工作顺利推进，全区任务量占比最大，签约交付进度最快。500千伏高压走廊拆迁工作靠前推进。首环高速民宅扩拆工作正式启动。京唐城际铁路项目搬迁工作完成现场踏勘。基础配套设施全速建设。西觅路、北环路东段、规划二路道路投入使用，规划一路完成施工，于岳路北段进场施工。完成文化广场公厕室内改造。完成4条乡村公路、6座桥梁大修工程。西集镇养老照料中心项目进入财政预算评审阶段。郎府中学项目完成初步方案设计，西集镇第一幼儿园项目正在深化设计方案。镇域开发扎实推进。西集综合配套区C地块“两限房”项目完成销售。D地块共有产权房项目取得规划复函。E地块回迁房项目完成8栋楼建设施工。F地块“经适房”项目建设完成。综合配套区大市政配套供电、供水工程，外电源管廊工程，配套区供水管并线工程等进场施工。

【美丽乡村建设】 年内，57个村两批验收成绩均位列全区前三，共21个村荣获百分村庄称号，农村人居环境明显提升。全年镇域内拆除私搭乱建点位9692处、20.3万平方米，清理乱贴乱画3156处，清理污水溢流64处，清理河塘沟渠303处，清理农村生活垃圾1.2万吨、清理农业生产废弃物805.1吨，完成40.6万立方米建筑垃圾资源化处理，57个村全面实施垃圾分类。改造24个、新建8个农村公厕。落实“门前三包”，加强对在施工地的环卫监管。持续推动留白增绿、拆违添绿，王庄街心口袋公园受到区级关注，前寨府、沙古堆、南小庄等村利用村域空地修建街心公园、绿地。

【生态环境建设】 年内，蓝天保卫战成效显著。严格落实环保举措，集中整治污染物排放密集场所近7000处次，每日洒水降尘，严控冬季“三烧”行为。拉网式排查保障全镇散煤使用动态清零，劝返大货车近3万辆次。全年$PM_{2.5}$月均浓度52微克／立方米，改善率12.2%，全年月均降尘量5.5吨／平方千米，区级排名第一。水环境治理持续发力。完善河道管理长效机制，全年镇级河长巡河率100%。加强农村治污设施建设，新建污水管线5.78千米，新建污水场站2座，完成16处小微水体排查和8处小微水体整治，完成4条行洪沟渠及5条污水场站退水沟渠（塘）的清淤、修坡、护砌工作。加强畜禽养殖粪污治理，调整退出备案规模养殖场11家，清退养殖散户407户。北运河杨洼闸出境断面全年平均水质达到Ⅳ类标准。园林绿化水平持续提升。持续巩固创森成果，荣获全区首个“首都森林城镇”称号，开展义务植树和创森宣传活动，建设尹家河村义务植树基地，义务植树尽责率达86%。完成西集镇2019年百万亩平原造林工作，绿化面积4681亩。有效推进集体林场试点改革，完善森林管护工作机制，解决当地就业291人。

【社会治理】 “接诉即办”一抓到底。建立“日签批、日调度、周会商”“双派单”工作机制，形成镇、村、网格分层“吹哨报到”联动格局。打造镇域内30分钟服务圈，有效处置涉及用电、用水、道路、林业等问题。全力推进“12345”市民热线办理从“接诉即办”向“未诉先办”转变，年均响应率100%、办结率70.94%、满意率80.55%，实现“三率”稳步提升。“疏整促”行动持续深化。实现“散乱污”企业、“开墙打洞”经营、大棚房等问题零反弹。拆除违法建设30.03万平方米，销账31.53万平方米，腾退占地45.44万平方米。召开140余次“五方认定”会议，确认126家企业腾退土地面积44.26万平方米。围绕首都功能定位，有序开展腾退土地复耕、复林工作，牛牧屯引河公园改建受到市级媒体报道。

【安全保障】 年内，社会治安平稳有序。依托“大防控”重点工程和“大综治”工作平台，完成全国“两会”、第二届“一带一路”国际合作高峰论坛、北京世界园艺博览会、亚洲文明对话大会等重大活动服务保障任务。组织参与中华人民共和国成立70周年庆祝活动群众游行和群众联欢表演。有序开展安全生产三大行动，全年累计检查生产经营单位8562家次，整改隐患6094项。及时有效落实“5·17”雹灾应急预案，实现安全度汛，零伤亡。党管武装工作有效落实，完成适龄青年兵役登记，民兵全年上岗执勤。

【民生建设】 2019年，有序落实“七有”“五性”要求。全镇城乡居民医疗保险参保24529人，城乡居民养老保险续保参保8850人，举办各类招聘会10场，实现城乡劳动力就业800余人，全年调解劳动纠纷案件18起，追缴工资292万元，保障农民工的切身利益。为低保、特困、残疾人、优抚人员等发放补助1134万元，发放红白理事会补贴、医疗救助金等共计1424万元。实施大额住院费用年终补助，补助金额31.5万元。加快养老驿站建设，新建6家养老驿站，累计15家驿站投入运营。深入开展精准帮扶和对口支援。实现低收入农户人均收入1.7万元，脱低率达到93.5%，车屯村从“低收入帮扶村”升级转型成为“集体产业示范村”，“车屯经验”受到《清风北京》栏目报道。完善西集镇与内蒙古、西藏、湖北地区的五个受援单位一对一联系机制，通过调研对接确立帮扶产业项目，使“输血式扶贫”逐步转变为“造血式扶贫”。

3月12日，西集镇2019年“春风行动”大型招聘会（西集镇提供）

【文化建设】 年内，完成3个村文化活动室改扩建项目，新增3个室内健身室，通过举办“美在西集·品味乡愁”系列文化体育活动、西集镇“迎新年”系列活动、“最美西集人”评选等，形成文明和谐浓厚的文化宣传氛围。深入推进公共文化示范区创建，在57个村设立文明实践站，每月开展文明实践志愿活动，打通宣传、引导、服务群众的“最后一公里”。深入挖掘传统文化，完成西集民间故事集小样。

10月19日，西集镇“美在西集·品味乡愁”广场舞大赛　　（西集镇提供）

【政府自身建设】　加强法治政府建设。聘请法律顾问对重大事项、重大决策、合同文件等加强合法性审查，推进政府重大行政决策法制化，全年累计接收法律建议110余条，起草、审查合同220余份。全年办理行政复议案件1例，参与行政诉讼案件与劳动仲裁各1例，镇政府备案村级诉讼43例，强化法治工作制度落实。全年理论中心组学法7次，组织全体机关人员学法3次，提升干部懂法、用法的能力。不断优化营商环境。全面实施综合窗口服务模式，将原21个窗口缩减整改为10个窗口，实行“一窗受理”，加大产业扶持力度，接档“通八条”制定促进西集镇产业经济发展相关扶持政策，大力扶持中小企业落地和发展。深化政务公开。全年主动公开700余件，依申请公开10件，按时完成行政执法机构相关信息公示，每月定期公示城管处罚结果。自觉接受人大监督。坚持重大事项请示报告制度，主动邀请人大代表参加依法行政工作监督活动。做好区级人大建议、政协议案办理工作，全年主办议案建议3件，会办议案建议18件，按期办结率100%。充分发挥工会、共青团、妇联等人民团体的桥梁纽带作用，广泛征求社会各界人士的意见和建议，主动接受新闻舆论和公众监督。

（刘珊杉）

潞城镇

【概　况】　潞城镇位于北京市正东，长安街东延长线上，处于京杭大运河、运潮减河、潮白河三河环绕之中，呈西北—东南斜向狭长形，西北端与现通州主城区相接，北临宋庄镇以及河北省三河市，南接张家湾镇，东南端与西集镇相连，距首都机场20千米，距首都CBD商务区22千米，北京六环路、京哈高速公路贯穿境域。潞城镇下辖56个自然村、54个行政村，户籍人口50164人，常住人口77471人。潞城镇全域71平方千米，其中北部约26平方千米纳入北京城市副中心范围内。

【党建工作】　年内，潞城镇坚持以学习贯彻习近平新时代中国特色社会主义思想为主线，扎实开展“不忘初心、牢记使命”主题教育，牢牢把握“守初心、担使命，找差距、抓落实”总要求，将维护副中心安全稳定、加强支部规范化建设、推进美丽乡村建设、开展移风易俗等重点工作与主题教育紧密结合，推动主题教育取得良好成效。坚持多元化学习载体，利用党群服务中心开设“初心课堂”，针对基层党支部，开展“党旗飘扬副中心、不忘初心践使命”主题党日活动、“迎国庆　颂祖国”诵读会和“我与国旗、党旗同框，向祖国表白”最美朋友圈评比等活动，推动主题教育向基层延伸、向纵深推进，全镇108个党支部、3336名党员实现全覆盖。镇党委班子召开理论学习中心组学习19次，党委班子成员参加研讨发言102人次、二级班子讲党课16次，基层党组织书记讲专题党课87次，采取“四不两直”方式深入基层调研120次、高质量完成调研成果14份，发现问题173处，现场解决131处；落实“四个对照”标准，检视、剖析和整改问题155个，解决75条；全镇各级干部聚焦“12345”市民热线接诉即办5870件次；由镇纪委牵头，全面启动第二批村级政治巡察工作，把巡察延伸至25个农村基层组织，强化农村党的领导，聚焦基层组织全面从严治党，处置信访举报件321次，其中区纪委转291件，初核了结124件次，立案5件次，给予党纪处分2人。

【经济发展】 2019年，主要经济指标实现平稳较快发展，税收实现22.8亿元，同比增长4%；利润总额实现10.6亿元，同比增长136.3%；销售收入实现208.6亿元，同比增长10.8%；工业总产值实现84亿元；工业增加值实现32.8亿元，同比增长8.2%；完成全社会固定资产投资额220.4亿元；农村居民人均可支配收入实现26584元，同比增长8.96%。

【重点工作】 2019年，分2批次启动20个村年度非住宅腾退工作，完成拆除50.06万平方米，拆除比例100.12%，销账50.76万平方米，销账比例101.52%，腾退土地71.32万平方米。美丽乡村建设拆除私搭乱建3500余处，约10万平方米。同时，疏解一般制造业企业8家，动态摸排清退“散乱污”企业4家，清退规模养殖场17家。完成210家物流仓储企业规范整治工作，超额完成年度任务。完成11个占道经营点位、36户无证无照经营销账工作。违规牌匾治理、地下空间整治和“开墙打洞”治理实现动态清零。完成有形市场疏解提升年度目标。完成2019年新一轮百万亩造林任务2900余亩，水梦园湿地建设工程、潮白河森林生态景观带二期项目、重要通道生态游憩带建设工程一期全部实现100%进场施工和主体栽植工作。环区界生态过渡带建设工程三期、潞城中路绿化景观工程、留白增绿项目基本完工，全年种植苗木近25万株，新增绿地面积7200余亩，全镇林木覆盖率提高至34%，绿地面积大幅增加、绿化成果不断巩固。

【生态环境建设】 年内，坚持源头治理与过程控制并重、总量减排与质量改善同步，空气质量不断优化。持续强化大气日常监管，日常管理“三查十无”全面落实。全镇$PM_{2.5}$累计浓度为49微克／立方米，同比下降10微克／立方米，改善率达17%。针对污染企业重拳出击，全年出动巡查人员6800余人次，开展大型联合执法40余次，检查点位9100余处次，整改问题1300余项次。加强扬尘治理工作，开展施工扬尘治理“六个百分百”专项行动，检查1500余处次，整改问题650余项次。同时，采取拉网式排查强化散煤治理，巩固“无煤化”治理成果，全镇散煤使用实现动态清零。全面推行“河长制”工作，严格落实“三查”“三清”“三治”“三管”责任，进一步压实河道、沟渠管护责任，镇村两级河长巡河3200余人次，巡河里程7200千米，综合治理26条重点河道、沟渠，整体巡河率达86%；水务重点工程顺利推进，建成大营、凌家庙、贾后疃、太子府4个重点防汛村的雨水排除工程，进一步消除汛期隐患。农村生活污水治理工程一期建成污水处理站10座，铺设污水管线2万米，村污二期工程、美丽乡村涉水工程、两河水网项目、北运河综合治理工程有序开展。

【民生工作】 年内，为彻底改善百姓生活环境，结合美丽乡村建设，清理各类积存垃圾3600余处、1.8万吨，清理农业生产废弃物250余处、2800吨，清理污水溢流180处，“厕所革命”工作完成1300余处户厕改造，新建公厕81座。“街巷长制”“小巷管家”等措施进一步夯实。建筑垃圾资源化处理完成70余万吨，实现垃圾分类全覆盖。33个平房村完成美丽乡村人居环境整治市级验收工作，人居环境整治工作不断推向深入。结合“七有五性”工作要求，持续促进就业，组建集体林场，发挥平原造林经济效益，组织开展13类、共计18期技能培训班，培训950余人，主动对接上百家用工单位，召开12场招聘会，提供就业岗位4200余个，全镇实现新增就业近1900人，城镇登记失业率控制在3.8%以内。

全年医疗救助260人次，帮扶因病致贫家庭8户，救助金额150余万元；慢病综合防控示范区建设不断强化，投入近600万元，为2万余人进行筛查体检；教育体系不断完善，太子府幼儿园正式开园招生，兴各庄幼儿园完成主体工程建设，镇域南部地区学前教育水平实现总体提升。

【精神文明建设】 年内，“文明银行”建设全面铺开。引导百姓投身公益，通过精神文明储蓄、积分服务兑换，形成有效公益闭环，实现精神文明与社会治理有机融合，累计开卡约1.6万张、储存文明积分43万余分，开展各类积分活动300余场，服务群众3.6万余人次。移风易俗工作持久深入。完成40个村的村规民约修订工作，持续发挥红白理事会制度作用，坚持白事硬约束、红事软引导。全年简办白事332件，分别于5月和10月为25对新人举办汉唐集体婚礼。举办“庆祝中华人民共和国成立70周年”“聚美潞城”等活动，组织拍摄《我和我的祖国》快闪宣传片，开展以“我们的中国梦、文化进万家”为主题的迎新春文艺会演43场，“星火工程”文艺演出175场，114支由群众自发组织文艺队伍参与到合唱、舞蹈、才艺大赛之中，由潞城百姓组建的“千人腰鼓队”作为特色节目亮相北京世园会；举办潞城镇第二届全民运动会、第二届残疾人运动会。

【村史馆建设情况】 东堡村乡情村史陈列室建址

5月18日，潞城镇在药艺公园举办第二届集体婚礼（潞城镇提供）

在东堡村文化广场北房古建二层，室内分为东西2个展室，东堡村乡情村史陈列室从2016年开始着手建设，已收集各种生产生活民俗物品300多件。陈列室被评为通州区青少年校外教育基地，每年组织青少年参观，举办青少年学习教育活动，让青少年对村民生活、国家历史都有更好地了解。陈列室建成以来累计接待1300余人次，接待人群以青少年、潞城文友、各级领导和附近村民为主。陈列室有村内全景沙盘，生动形象地展示出村容村貌，还有展现临河村民捕鱼种田、做饭制衣等日常生活的老工具老物件，真实记录农村的发展轨迹和历史变迁。

前疃村乡村史陈列室及配套设施，选址于前疃村村委会内，总占地面积103.2平方米，陈列室建设与前疃村村委会的建筑风格基本保持一致。馆内包含图文影像资料、实物展陈和荣誉展示。文字介绍阐述该村概况、发展特色、经济状况、农民生活、典型事例、获得荣誉等内容；图片展览与文字资料相结合，包括村容村貌、历史沿革、道德模范、工农业生产、文化生活、生态环境、教育卫生等栏目，照片突出新旧对比，充分展示农村面貌大改变、生产大发展、生活大提升的显著成就。影像资料为前疃村宣传片，记录该村经济人文等生活材料，让参观者更为直观地了解前疃。陈列不同年代、不同时期的劳动工具、生产资料、生活用品、家居陈设、工农产品等实物或模型，并配以简单的文字说明或情景介绍，真实记录农村的发展轨迹和历史变迁。荣誉展示陈列该村集体及优秀村民获得的各级各类荣誉证书、奖牌、奖杯、奖状等，表彰规格较高的奖项摆在突出位置，配以情况介绍，充分展示该村在各个领域发展中的突出成绩。崔家楼村陈列室位于崔家楼村委会对面，原村委会院内，建于2019年，占地面积105.2平方米，与村委会的建设风格基本保持一致。馆内陈列的资料包括文字讲解和图片展览，通过图文并茂的形式介绍该村村名的由来、发展历史、文化特色、村内大事件、美好明天等，展示崔家楼村的过去、现在，让人们在重温历史的过程中，重获归属感、自豪感和成就感。武疃村陈列室位于武疃村委会南侧，党群服务中心院内，展馆面积约116.2平方米。由村情简介、乡情民风、历史沿革、美丽乡村等内容构成，多角度展示武疃村人文美、风光美、家风美、田园美。肖庄村陈列室位于肖庄村委会对面，原村委会院内，建于2019年，占地面积128平方米，全新的室内及院内设施，馆内陈列的资料包括文字讲解、图片展览、视频影像资料和实物展览。

（刘轶欧）

台湖镇

【概　况】 台湖镇位于北京市东南部，通州区西南部，五环路与六环路之间，镇域西侧与朝阳区、大兴区相接。京哈高速、京津高速、京沪高速和六环路在镇内交会贯通。镇域面积81.5平方千米，全镇辖41个行政村，2个居委会。全镇有党支部124个，党员3315人。2019年，在区委、区政府的坚强领导下，台湖镇把握城市副中心建设和演艺小镇发展的重大历史机遇，围绕中心工作，实现经济社会的平稳较快发展。完成税收27.7亿元，同比增长8.9%；形成区级财力8.4亿元，同比增长26%。全年固定资产投资项目37个，完成建安投资24.7亿元。全镇累计实现工业总产值101.5亿元。

【党建工作】 年内，大力开展“一村一特色”党建品牌创新活动，每位镇党委委员认领一个村，打造了“321+艺术之村”等多个基层党建特色品牌，其中村转社区党建“五创五转”（创新党的组织设置，推进职责定位转型；创新干部队伍建设，促进能力素质转变；创新党员教育管理，加速身份角色转换；创新为民服务工作，推动组织功能转移；创新社区治理模式，实现体制机制转轨）模式获得2017—2019年度区级党建创新优秀奖。建筑面积2700平方米的台湖党群服务中心和次渠亦企服务港投入使用。完成全镇6个事业单位和42个非公企业党组织换届选举，均为100%一次选举成功。新成立4个社区党支部，全面提高社区治理党建工作水平。对软弱涣散村专题会诊，找准不足和薄弱环节，加强整改和督办，强化班子队伍建设。

【生态环境】 年内，重点开展台湖万亩游憩园建设工程（四期）建设，完成绿化总面积4万亩。$PM_{2.5}$年度日均值为47微克／立方米，同比改善率为12.2%，全区排名并列第一。河长制落实卓有成效，巡河总里程5370千米，发现537处问题，均及时解决。完成17条小微水体的治理工作。同时，加大污水治理的投入，新建德邑新时空、江场、唐大庄污水处理站3座，污水处理能力持续增强，全镇3条出境断面考核水质总体为四类水质，完成区政府下达的出境断面水质达到五类水体的任务目标。全年组织开展15场次垃圾分类宣传活动，开展多部门联动执法检查，督促餐饮单位、居住小区（村）落实《北京市生活垃圾管理条例》要求，提升垃圾分类效果。

【社会治理】 年内，以改善人居环境和美丽乡村建设为抓手，全面启动平房村违法建设拆除工作。先后投入资金约1.3亿元用于拆除、建筑垃圾清运、厕所租赁、拆除奖励等工作，为全镇环境整治工作顺利推进提供有力保障。全镇各部门、各村完成拆除任务。2019年，台湖镇拆除任务50万平方米，完成拆除53.57万平方米；销账任务77万平方米，完成销账77.08万平方米。其中，胡家垡村拆除面积最多，为 30445.45 平方米；外郎营涉及改燃气线路，拆除难度大，拆除面积约 9895.32 平方米，村域面积占比较大；白庄村群众工作扎实，村东沿街商铺拆除彻底，拆除面积 9728.81 平方米。超额完成 2019 年占道经营、无证无照、散乱污企业动态清零，城乡接合部整治改造等各项工作任务。工业大院腾退补偿签约工作有序开展。

【精神文明建设】 年内，严格落实理论中心组学习制度，开展理论中心组学习 26 次。深入推进文明实践站所建设，夯实意识形态责任，始终保持台湖镇意识形态领域安全稳定。高度重视信访矛盾隐患和媒体舆情工作的排查和化解工作，在全国“两会”“三件大事”等重大活动期间，均实现大事小事都不出的目标。中华人民共和国成立 70 周年庆祝活动服务保障工作作为重大政治任务和全镇工作的重中之重，全力做好全镇群众游行、观礼等活动组织工作和安全稳定、环卫、交通、水务、电力、通信、燃气等保障工作，运行平稳有序。完成 70 周年服务保障工作。在流动人口与出租房屋“四大专项”行动中，台湖镇新录入流动人口 2.2 万余人，居全区第一，受到区级点名表扬。

【民生保障】 落实大额住院补助政策，完成 2018 年度年终补助发放工作，此项惠民政策得到区里认可并向全区各乡镇推广。推进就业再就业工作，全年举办“就业援助月”“春风行动”等 6 场专项活动，累计有 2042 人与企业达成初步就业意向。全年举办创业、技能培训班 22 期，培训人员 1069 人次，不断提高台湖百姓的就业竞争力。关爱老年人，新建定海园二里、次渠嘉园三区 2 个老年驿站，次渠嘉园三区养老照料中心。慰问低保户、困难户、残疾人等人群。不断提高台湖镇居民的健康管理水平，投入 1150 万元为镇内育龄妇女及 50 岁以上老人进行免费体检。

【社区建设】 年内，次渠南里、次渠北里等镇内多个停车场启用，实现规范化管理。完成东居时代小区监控安装、德邑新时空小区居民用电改造等工程。成立印象台湖北里、印象台湖南里、润枫领尚、泰禾拾景园 4 个居委会。启动轻轨 L2 线通州段两站一街定向安置房（次渠南里、次渠北里）“不动产权证”发放工作，发放 4285 套，发放比例 96%。

【文化事业】 年内，举办第九届文化艺术节、第十二届全民运动会、“我和我的祖国”系列文化体育活动，极大地丰富人民群众的精神文化生活。不断加大教育投入，2019 年投入近 1000 万元，用于各学校、幼儿园开展特色教研活动、校园文化建设，教育事业取得丰硕成果。镇内 2 所中学中考均取得优异成绩，双双荣获通州区农村中考优秀校称号，次渠家园幼儿园被评为通州区示范幼儿园，成人学校被评为北京市民终身学习示范基地，“台湖 · 俯仰艺林”获评北京市 2019 年终生学习品牌项目，台湖成人文化技术学校获评北京市民终生学习示范基地。举办台湖镇第九届文化艺术节开幕式暨台湖镇

2 月 27 日，台湖镇社保所举办春风行动大型专场招聘会 （台湖镇提供）

9 月 6 日，台湖演艺艺术周开幕式 （台湖镇提供）

与国家大剧院台湖舞美艺术中心文化共建启动仪式、2019台湖演艺艺术周、2019北京（台湖）影偶艺术节等特色品牌活动，开展各类演出百余场、参与群众2万余人次，极大丰富百姓的精神文化生活，进一步提升台湖演艺小镇的影响力和知名度。

【市民热线】 年内，建立健全各项工作机制，将“12345”市民热线工作情况，科学纳入台湖镇村级（社区）千分考核，并对各个科室“三率”情况每月进行综合排名，对在工作中懈怠、解决问题不力的单位进行严肃追责。全镇各级领导干部、工作人员齐心协力，“12345”诉求量较前期明显下降，解决率、满意率得到不断提升。2019年台湖镇接收“12345”市民热线反映问题8674件。其中，市级有效回访1711件，平均解决率为56.62%、满意率为76.57%，平均得分为76.87分。实行主要领导日调度工作制度，对疑难件、重点件、重复件进行逐一分析、逐一安排，层层压实责任，要求每个案件都要做到见人见事、群众满意。坚持镇主要领导定期接待机制，以上率下、抓好落实。成立台湖镇次渠家园社区委员会，并采取三方联合（居委会、服务站、物业）工作方法，主动上门见人见事，多措并举为群众排忧解难。及时传达市、区最新政策，解读相关工作规则，定期对相关单位具体经办人进行系统性业务培训，着力提高人员综合业务素质，解决一批多年未解决的“老大难”问题。

（崔淑艳）

永乐店镇

【概　况】 永乐店镇位于通州区东南部，处京、津、冀三省市的交界处，距通州城区23千米，京津塘高速公路穿境而过，京、津第二条高速公路和京、津城际铁路途径镇域腹地。镇域面积104.68平方千米，下辖38个行政村，全镇常住户数24617户，常住人口46211人，其中户籍人口数44855人，农业人口数29767人，是国家重点小城镇。2019年，全镇实现税收7.01亿元，同比下降22.5%，实现区财力1.75亿元，同比下降26.2%，全镇工业总产值完成16.1亿元，同比下降5.8%。全社会固定资产投资达到12.6亿元，农村居民人均劳动所得实现2.5万元，全镇经济实现稳中向好的态势。

【新市镇规划工作】 年内，镇政府邀请中规院（北京）规划设计公司团队共同研究编制了永乐店镇域总规2020—2035版规划，初步形成“一轴、一带、三片区”的镇域空间体系规划成果。“一轴”指城镇发展轴，串联镇中心、德仁务、永乐开发区等重要功能片区，形成联通镇域的发展命脉。“一带”指休闲景观带，串联镇中心区、通武廊森林公园、东南郊湿地公园、核心历史元素和重要公共活动空间，凸显永乐店绿色生态特色。“三片区”指镇中心区、德仁务组团、永乐开发区，作为永乐店地区经济社会发展和城镇化进程的主要支撑。将环首都城际轨道的线路和交通枢纽编入此版总规，推进连通京津冀区域的轨道线路，为永乐店未来发挥区域交通枢纽作用奠定了基础。在总规编制工作中，镇政府邀请北京北建大城市规划设计研究院有限公司、北京冠亚伟业民用建筑设计有限公司等7家专业团队先后完成第一批10个村庄规划编制、报审工作和建设实施方案编制工作，正在完善第二批28个村的村庄规划编制工作。与艾奕康咨询有限公司合作进行新市镇产业定位初步研究，和清华大学新时代城市发展研究院进行新市镇总体研究，和北京工业大学合作进行交通疏解实施方案研究，为下一步新市镇建设明确方向。

【推进重大项目落地】 年内，永乐店镇永一村、后甫村旧村改造项目取得立项批复和规划许可，做开工准备工作。G地块土地一级开发项目完成权属二次核查和征地手续前期准备工作并签订征地补偿费补充协议。东内环路项目完成地下管线建设并实现主路通车，学府路项目漷小路以东部分地下管线建设完成并实现主路通车。永乐花园商品房、经适房项目主体结构完成，内外装修工程、机电设备安装工程均完成60%以上。联东U谷永乐产业园三期二组团项目主体结构和内外装修完成，市政管线、道路基本完成。

【疏解整治促提升】 年内，疏解一般制造业企业8家，其中市级退出企业2家，区级退出企业6家。持续开展无证无照经营清理整治联合执法行动，对55家违法经营商户进行清理、规范。“开墙打洞”整治工作有序推进，在账44家仓储物流企业、6家清理类企业全部清理完毕，38家规范类企业坚持常态化监管。持续开展永乐店商业街、小务商业街和柴厂屯商业街清理整治，清理无证无照商户10家，引导办照3家，更新《2019年永乐店镇“门前三包”单位管理工作台账》，与商户签订《“门前三包”责任书》和《北京市“门前三包”责任告知书》。为进一步推进永乐店镇经济发展，与北京开心麻花娱乐文化传媒股份有限公司、北京华联商厦股份有限公司等30余家企业接洽合作事宜，全年完成工业总产值11.56亿元，营业收入11.94亿元，税收7.01亿元，经济运行保持在合理区间。

【“接诉即办”工作】 年内，镇党委、政府高度重视“12345”市民热线工作，由点及面，及时了解、及时反馈、及时处理，解决一批历史遗留问题，解决许多百姓关心的身边事。严格落实“日签批、周调度、双接单、必见面、全回访、严考核”制度，第一时间解决百姓诉求，全年接单2772件，全部办结，响应率100%，解决率63.75%，满意率66.93%，17个乡镇街道中综合排名第四名，全年5次进入全市前100名，是通州区唯一从未进入过全市后十名的乡镇。

【丰富群众精神文化生活】 年内，全区最大的乡镇文体中心、38个村级综合文化室准时免费对外开放，逐步完善村级体育设施，扎实推进镇域内晾鹰台、姑子庵、永济渠故道等文物保护工作。全年组织1场讲座、1次体测、4场比赛、5场演出、6场巡演。开展镇级、村级电影放映1830场次，“星火工程”演出130场。满足群众文化需求，丰富群众精神文化生活。

【民生保障工作】 年内，扎实有效开展精准救助，将城乡低保、医疗救助、优抚对象、因病致贫救助、残疾人两项补贴等各项救助政策落实到位，提升保障水平，全年发放各类救助资金1070余万元。关心关爱老年人，努力提高老年人生活质量，投入资金828万余元，为8400余名60岁以上农村户籍老人每月发放生活补助金。努力构建社区养老服务体系，全年建成3家幸福晚年驿站。公平、公正、公开做好公租房申请、审批环节，按时完成补贴发放和资格复核工作。为1200名残疾人在网上申请辅助器具。协调社会服务公司对300余户残疾人家庭进行入户服务工作。开展中秋国庆文艺会演、国际残疾人日等活动，丰富辖区内残疾人精神文化生活。全镇开设职业技能培训班31个班次，培训1327人，累计发布空岗信息2200条，有685人与企业达成用工意向。解决劳动争议举报案件36起，结案率达到100%，为农民工追回工资420余万元。面向全镇户籍就业困难人员增设公益性就业岗位116个，实现精准扶贫，动员社会力量协助销售滞销产品，总额达数十万元。

【美丽乡村建设】 年内，全镇38个美丽乡村创建村在市级考核中，第一批10个村庄7个优秀、3个良好，第二批28个村庄16个满分，以全区第二的成绩通过市级验收，是受表彰的全区人居环境验收优秀乡镇。全年拆除私搭乱建9277处、83.62万平方米，清理农村生活垃圾7708处、5.15万吨，清理农业生产废弃物1646处、5773吨，清理村内主要道路乱贴乱画1545处，清理村域河塘沟渠11处，清理生活污水、粪污直排溢流8条。

【优化乡村人居环境】 年内，全面推广水冲式厕所，具备条件的纳入污水收集管网并连接污水处理设施，达到无害化要求。改造1668座户厕，新建公厕7座，提升改造公厕15座，第二批28个村庄公厕提升改造工作正在进行中。开展镇中心区、行政村及周边环境综合整治，完成脏乱点整治1200处，清理清运生活垃圾1400余吨。组织机关干部、支部书记到衢州学习垃圾分类先进经验，对全镇垃圾分类路径进行探索，形成专题报告。完成7个垃圾分类试点村建设，启动后营村生活垃圾转运站升级改造、推进生活垃圾暂存场治理、孔兴路两侧绿化提升等工作。全年完成景观生态林建设工程3294.52亩，造林总面积达4.3万亩，位居全区前列。

【打好蓝天保卫战】 年内，依托网格化管理机制，严格落实乡镇大气污染防治责任，对企业环境问题开展全方位、不间断巡查，出动人员13991人次，检查点位17737频次。严格落实空气重污染应急措施，各职能部门、各村在空气重污染期间按照应急预案和减排清单台账落实各项措施。全年降尘量月平均值为7.7吨／平方千米，$PM_{2.5}$日平均值为54微克／立方米，改善率13.2%，改善排名全区第六。加强扬尘管控治理，为各村购置800目加密苫网，发放苫布330余万平方米，加强村域拆除后裸露土地和建筑垃圾堆放点苫盖工作。清理及验收24家“散乱污”企业，提升改造87家餐饮企业油烟处理系统。推进美丽乡村向乡村振兴和乡村治理现代化深入，坚持党建引领，坚持以人民为中心，引入专业团队利用美丽乡村建设成果推动产业兴村，初步构建全域乡村旅游一二三产融合兴农兴村新格局。

（王爽）

于家务回族乡

【概　况】 于家务回族乡位于通州区南部，距通州城区21千米，是北京市五个少数民族乡之一，同时也是通州区唯一的少数民族乡。全乡下辖23个行政村，总面积65.7平方千米。2019年实现税收8.2亿元，同比增长2.5%，形成区财力1.5亿元。

【顶层规划设计取得进展】 年内，乡域总规修编取得阶段性成果。编制完成产业总体开发规划和集体建设用地整治方案。确定科技农业小镇总体发展定位，为全乡发展提供规划保障。初步形成3个城镇集中建设区域的控规编制。完成23个村村庄规划编制，正在深化建设实施方案。制定《村容风貌管控导则》，完成12个村村容风貌初步方案编制。

【产业结构优化升级】 申报国家级农高区，推动与中关村管委会的深度融合。主动整合园区土地资源，摸清产业发展底数，不断完善产业政策。2019年，引进中审联合、天安财险、阳光印易等企业36家。

【城镇化建设】 乡中心区B、D地块一级开发方案正在编制。次中心区2019年度的上市地块通过市土储中心验收。乡域基础设施逐步完善。完成张大路等23条道路和桥梁修缮。完成张凤路、采林路景观提升。完成张凤路公交站亭提升改造。完成16条“有路无灯”道路综合治理。

【美丽乡村建设】 全乡23个村人居环境整治效果显著，平均成绩98.43分，百分村18个，全区排名第一。在长效管护期间，“回头看”工作中仍保持全区第一名的优异成绩。

【城乡环境建设】 年内，开发全区首个乡镇智慧环卫工作系统。完成23个村建筑垃圾、杂物临时堆放点的布点工作。完成871户户厕新建改造和25座生态（化粪池）一体化户厕试点改造。完成45座公厕升级及新

8月22日，农业农村部农村改厕专家服务团到于家务回族乡调研指导农村改水改厕工作
（于家务回族乡提供）

建工作。城乡环境考评综合成绩位列全区前列。

【空气质量持续改善】 年内，围绕扬尘污染精细化管理，强化在施工地的责任落实，实现裸地苫盖全覆盖。围绕移动源监管整治，重点加大过境大型货车管控。加大散煤销售和燃煤行为的查处，拆除燃煤茶浴炉8台，实现散煤污染“动态清零”。餐饮业油烟净化设施改造超额完成。全年$PM_{2.5}$日平均浓度为51微克／立方米，降尘量为6.1(吨／平方千米·月)，均完成全区的任务要求。

【生态建设】 年内，围绕科技农业小镇定位，推进现代农业产业园建设与特色示范农业发展。留白增绿、“大棚房”清理整治、经营性养殖退出等一系列工作顺利开展。2019年，新一轮百万亩造林工程景观生态林建设任务和东南郊湿地公园（二期）土地流转工作完成。

【污水治理】 年内，深入落实河长制工作，乡级河长巡河率达100%，村级河长巡河率为95%，完成河道问题整改396处。全面加强对乡域内河道黑臭水体、工业企业（生产、生活）废水、畜禽养殖污水排放等问题的监管，清理涉水“散乱污”1家。全乡河道、沟渠无污水排放。

【解决群众诉求】 以“接诉即办”为抓手，不断优化工作机制，提升服务水平。注重平时与群众的联系，及时解决群众诉求，做到未诉先办。2019年“接诉即办”工作在全区考核排名第三，乡镇排名第一。

【社会事业】 年内，城镇登记失业率为2.17%，城乡居民养老保险参保率98.85%。全年为全乡低保、优抚、残疾、60岁以上老人，发放各类补助资金700万元。为全乡8800余人提供免费体检。110户低收入农户全部完成平台注销手续。新建老年驿站两家，便民销售网点3家。完成吴寺、南三间房等8个村级文化中心升级改造，前伏、崔各庄等5个村的标准化灯光球场建设，神仙、前伏等8个村的室外健身路径建设。

【社会秩序安全稳定】 年内，完成国庆、“一带一路”等重大活动期间全乡社会面安全稳定。南刘庄、枣林村被评为全国综合应急示范社区。

【加强基层民主建设】 年内，完成第十一届村（居）民委员会选举工作。完成永济社区居委会筹建工作。

（王鑫）

人物·荣誉

全国先进单位、先进个人

2017—2018 年度全国青年文明号

通州区发改委固定资产投资科

北京市公安局通州分局出入境管理支队

全国最美志愿服务社区

通州区北苑街道新华西街社区

第五批“全国学雷锋活动示范点”

通州区图书馆

2019 年度全国清理整顿人力资源市场秩序突出成绩单位

通州区人力资源和社会保障局劳动保障监察队

第一届全国法院审判管理优秀业务单位

通州区人民法院

全国法院学术讨论会三十年组织工作突出贡献奖铜奖

通州区人民法院

在司法宣传工作中表现突出的人民法院

通州区人民法院

全国“青少年维权岗”

通州区人民法院刑事审判第二庭

全面停止军队有偿服务工作先进集体

通州区人民法院执行局

2018—2019 年度全国消协组织消费维权先进集体

北京市通州区消费者协会

全国市场监管系统优秀市场监督所

北京市通州区市场监督管理局永顺镇市场监督管理所

中央企业先进集体

通州供电公司

全国教育系统先进集体

北京教育科学研究院通州区第一实验小学

“第二届全国电视公益节目”优秀公益专题奖项

《耿术文：大爱谱写无悔青春》（郑育娟、赵佳琼、李晶主创）

第 12 届中国旅游电视周旅游电视节目暨中国大运河文化国际电视周“优秀宣传片”

《通州欢迎您》（赵佳琼、郑育娟、李晶、李骁主创）

“人文中国第八季——我和我的祖国”主题视频推选活动获评中篇好作品

《春天的故事》（郑育娟、赵佳琼、巩羽、李晶主创）

2019 年中国农民艺术节年度“优秀对农电视作品”好作品奖

《风吹这方土 纪念改革开放四十周年——传家风承文化》（赵佳琼、郑育娟、李晶主创）

全国五一劳动奖章

张　强

全国模范退役军人

于文静

全国最美志愿者

于文静

全国优秀法官

晋　怡

全国生态建设突出贡献先进个人

王　岩

2019 年先进网评工作者

谢振平

全国气象部门优秀县气象局局长

李文华

全国模范教师

杜金茹

全国优秀教师

郭子亮

中国法学会审判理论研究会司法改革专业委员会 2019 年年会征文三等奖

王　薇

北京市先进单位、先进个人

北京市工人先锋号

通州区人力资源和社会保障局劳动保障监察队

通州区园林绿化局生态环境指挥部园林绿化分指挥部办公室

北京市“时代新人说——我和祖国共成长”演讲大赛优秀组织奖

中共北京市通州区委宣传部

第九届书香中国·北京阅读季优秀组织奖

中共北京市通州区委宣传部

北京市“新闻发布优秀单位”

中共北京市通州区委宣传部

2018年度首都文明街巷

鱼市胡同建设路牡丹路复兴里西路群芳四路

富河园路云景中街肖庄村内路前上坡村中路

北京小学东侧路果园路果园大街

2018年度首都文明商户

北京东兴楼餐饮管理服务有限责任公司

北京苏宁易购销售有限公司通州西门店

北京热风时尚贸易有限公司通州第三分公司

博马努瓦服饰商贸（上海）公司北京第二十八分公司

北京鼎宴兴顺餐饮有限公司

北京东一聚餐饮管理有限公司

北京将太无二餐饮有限责任公司通州第一分公司

广州市质品服饰有限公司通州第一销售分公司

北京市通州小楼饭店

北京顶好创兴服装店

北京物美超市有限公司通州梨园店

北京西贝一村餐饮管理有限公司三店

北京韩时餐饮有限公司第九分公司

2019年十大“北京最美街巷”

永顺镇果园路

玉桥街道粮食局直属库平房胡同

2018年度全市人力社保系统优秀政务信息工作单位

通州区人力资源和社会保障局

第二届“创业北京”创业创新大赛优秀组织奖

通州区人力资源和社会保障局劳服中心

2018年度北京市人力资源和社会保障系统优秀调研成果一等奖

调研《关于北京城市副中心建设背景下通州区高层次人才发展现状的思考》（执笔人：吴绍伟、冯洋）

2018年度北京市人力资源和社会保障系统优秀调研成果二等奖

调研《通州区城乡统筹就业创业培训工作面临现状、存在的问题及对策》（执笔人：李军、高家骥）

调研《通州区编外用工数据调研报告》（执笔人：杨连元、黄凤东、田佳硕）

2018年度北京市人力资源和社会保障系统优秀调研成果三等奖

调研《北京城市副中心建设背景下通州区的就业现状分析》（执笔人：杨连元、赵海和、周真真）

调研《通州区事业单位人员队伍基本情况的调研》（执笔人：吴绍伟、孔德旭、刘楚萍）

北京法院2018年调研成果三等奖

《关于违法占地案件行政非诉审查与执行情况的调研报告》（佟艳艳、李福华）

市级交通安全先进单位

通州区人民法院

国家税务总局北京市通州区税务局

北京市通州区供销合作总社

2018 年度北京法院司法警察擒敌技能考核第一名

通州区人民法院法警大队

2018 年度北京法院司法警察业务理论考试第一名

通州区人民法院法警大队

2018 年度新闻宣传工作优秀组织单位

通州区人民法院

2018 年度优秀调解速裁团队

张金孝审判团队

2018 年度十佳调解速裁团队

徐明祺审判团队

信息工作先进单位

通州区人民法院

行政年度报告工作先进单位

通州区人民法院行政庭

行政审判典型案例工作先进单位

通州区人民法院行政庭

北京法院 2018 年调研成果三等奖

《关于违法占地案件行政非诉审查与执行情况的调研报告》（通州区人民法院）

北京法院 2018 年调研报告优秀奖

《关于北京城市副中心建设法治保障的调研报告》（通州区人民法院）

《立案阶段群体性诉讼预警和干预法律机制研究》（通州区人民法院）

2018 年多元调解与速裁先进单位

通州区人民法院民三庭

北京市法院优秀党建项目

“四微·六谈·双服务”党建项目（通州区人民法院台湖人民法庭党支部）

北京市法院优秀党小组

通州区人民法院执行局党支部王林速执团队党小组

通州区人民法院民三庭党支部徐明祺审判团队党小组

通州区人民法院民一庭党支部王宝荣审判团队党小组

全国法院第六届微电影微视频评选中荣获十佳提名奖

《尽爱》（通州区人民法院）

北京市节水型单位

通州区人民法院

“安全生产月”活动优秀组织单位

通州区应急管理局

2019 年北京市“应急宣传进万家”系列活动优秀组织奖

通州区西集镇人民政府

通州区文化和旅游局

2019 年北京市“应急宣传进万家”系列活动最佳实践活动奖

通州区台湖镇人民政府“我为安全月添色彩，留言点赞‘礼’到家”活动

通州区应急管理局“通州区 2019 年第十四届安全文化节暨通州区应急安全文艺节目会演”

通州区商务局“大型消防应急演练”活动

2019 年北京市“应急宣传进万家”系列活动最佳公益作品奖（新增）

通州区梨园镇人民政府《安全防范进社区宣传手册》

通州区永顺镇人民政府《电动自行车安全宣传折页》

2019 年北京市“应急宣传进万家”系列活动优秀新闻报道奖

通州区融媒体中心

中国应急管理报社应急管理新闻舆论阵地建设暨“学报用报”先进单位

通州区应急管理局

2019 年北京市安全文化建设示范企业

蒙牛高科乳制品（北京）有限责任公司

“护航·70”专项行动成绩突出安全生产检查（督查）队

通州区张家湾镇安全生产检查队

通州区新华街道安全生产检查队

通州区潞源街道安全生产检查队
通州区通运街道安全生产检查队

“V蓝北京”2018年度优秀环保公益组织

中国建设银行股份有限公司北京通州分行

首都精神文明建设奖

中国建设银行股份有限公司北京通州分行

北京市筹备和服务保障中华人民共和国成立70周年庆祝活动先进集体

通州区文化和旅游局

在庆祝中华人民共和国成立70周年阅兵服务保障工作中，成绩卓越，贡献突出

通州区文化和旅游局

北京文化旅游扶贫协作和支援合作工作成果图片展示活动组织奖

通州区文化和旅游局

2019年中国北京世界园艺博览会会期文化活动积极贡献

通州区文化和旅游局

首都公共文化服务示范区

通州区文化和旅游局

首都环境保护先进集体

通州区住房和城乡建设委员会

第十五届北京青年规划师建筑师工程师演讲比赛优秀组织奖

北京市规划和自然资源委员会通州分局

2018年度“政府采购”“非税收入”两方面财务管理业绩突出单位

北京市规划和自然资源委员会通州分局财务科

国庆70周年阅兵服务保障工作贡献奖

通州区城市管理委员会

首都环境建设样板单位

通州区城市管理委员会

《迈向明天》荣获北京市党员教育电视片观摩交流活动一等奖

通州区城市管理委员会

首都拥军优属拥政爱民模范单位

通州区城市管理委员会

北京市交通安全先进单位

通州供电公司
通州区西集镇人民政府

北京市控烟示范单位

西集供电所

亚洲文明对话大会供电保障先进单位

通州供电公司

北京市级示范性职工创新工作室

徐向东创新工作室

中国最美供电所

漷县供电所

电力行业卓越绩效（AAA）企业

通州供电公司

北京市农广教育先进单位

北京市农业广播电视学校通州区分校

北京市农民教育培训先进工作站

通州分校西集镇工作站
通州分校宋庄镇工作站

“我和我的祖国”——庆祝中华人民共和国成立70周年主题优秀纪录短视频奖

《共和国同龄人——邢仲山》（赵佳琼、郑育娟、李晶主创）

北京市广播影视协会2018年度优秀广播节目

广播新闻：《早安，副中心》（王娟、王姝、郑丹、王延伟、张兆年、周思思）

电视新闻：《长消息：世界屋脊上的通州力量》（汪淞阳、吕建杰、柴福娟、李岳）

新媒体创意互动作品：《通州上河图》创意互动H5——生成通州专属记忆明信片（贾英、杜婧、王璇、李艳波、杨琼）

2019北京市文联团体会员单位原创优秀文艺作品展演歌曲《当兵就是那么帅》荣获优秀奖

通州区文学艺术界联合会

2019北京市文联团体会员单位原创优秀文艺作品展演戏曲《家风代代传》荣获优秀奖

通州区文学艺术界联合会

不忘初心、牢记使命，"运河情 诗歌美 筑梦 70 年"诗歌朗诵会活动荣获北京十月文学月优秀组织奖

通州区文学艺术界联合会

北京市安全生产先进单位

通州区永顺镇人民政府

通州区西集镇人民政府

首都绿化美化先进单位

通州区马驹桥镇政府

安全生产检查队示范教学基地

通州区马驹桥镇安全生产检查队

北京市"应急宣传进万家"活动优秀组织单位

通州区西集镇人民政府

中华人民共和国成立 70 周年阅兵服务保障先进单位

通州区潞城镇人民政府

首都劳动奖章

高颖　张洪

2018 年首都优秀街巷长

岳洪霞　高洪元　姚大海　赵凤义　囤成维

王海东　贾旭峰　蒋宝才　杨文亮　芦加利

王建国　车殿华　贡洋洋　徐雅珍　赵来春

2018 年度优秀小巷管家

李婷月　王玉敏　由胜德　李玉华　鲁志荣

高杨　奚海鸥　范恩利　赵赴超　曹建龙

朱悦伍　纪淑红　崔敏　吴国全　王立国

2019 年十大"最美小巷管家"

王玉敏

首都新时代好少年荣誉称号

赵佳蕊　肖京东

北京市构建和谐劳动关系先进个人

王士柱

2018 年度全市人力社保系统优秀政务信息工作者

申晓娟

信息宣传工作先进个人

于　影

优秀监察员

曹立春

2018—2019 学年度职业培训成绩突出教育工作者

李　宁

北京市筹备和服务保障中华人民共和国成立 70 周年庆祝活动先进个人

王新瑜　张春　张梁　张旗　刘志富

崔京伟　戴明强　徐键　安冉　潘林

陈学庆　孔文军

北京青年榜样・时代楷模

张　旗

2019 年度"北京榜样・最美警察"

赵志明

第六届首都公安杰出青年卫士

赵志明

2018 年度北京市纪检监察系统调研成果一等奖

《关于通州区政治生态指标体系及其建设的探索研究》（郑宇）

2018 年度北京市纪检监察系统调研成果三等奖

《关于强化问题线索分析研判工作的实践与思考》（吴涛）

2018 年度北京市人力资源和社会保障系统优秀调研成果三等奖

调研《浅析调裁衔接机制在疏解非首都功能过程中发挥的作用》（执笔人：李祥辉）

在北京市法院第十五届党课评比中获最佳党课

《以党的政治建设为统领　引领红色新风尚　塑造司法新生态》（陈立如）

北京市法院第三十届学术讨论会三等奖

魏文凤　李春雨　胡佳琦

北京市法院第三十届学术讨论会优秀奖

杨娴婷　贺娜　齐茜　燕若瑜

北京市法院第十三届学术讨论会优秀奖

《论基层法院审判团队组建模式的检视和重构》（黄源泉）

新闻宣传工作先进个人二等奖

郑纪优

新闻宣传工作先进个人三等奖

米　粹

联络工作优秀个人

杜　磊

信息工作十佳个人

李亚琳

北京法院办案标兵

王林　徐明祺

北京法院司法辅助标兵

豆　鹏

北京法院调研宣传标兵

王　俊

北京法院综合保障标兵

李　波

数据统计分析一等奖

《关于财产保全工作的统计分析》（黄源泉）

数据统计分析二等奖

《关于“比对”与“探知”：司法改革背景下新审判管理模式制度化构建的统计分析》（龚茜）

北京法院2018年优秀司法建议三等奖

《关于行政诉讼应诉给北京市通州区住房和城乡建设委员会的司法建议》（孟强）

北京法院2018年优秀数据统计分析一等奖

《关于北京市住宅区涉物业纠纷案件的统计分析》（黄源泉）

北京法院2018年度司法警务信息工作先进个人

胡　祥

北京法院第30届学术讨论会优秀奖

王　俊

2018年度行政裁判文书二等奖

邱春阳

2018年度司法建议二等奖

孟　强

2018年度行政裁判文书三等奖

佟艳艳

2018年北京市法院行政调研成果三等奖

佟艳艳

北京市优秀聘用制书记员

王妍杰

北京市优秀聘用制审判辅助人员

李　画

北京市优秀聘用制法警

李　杨

北京市法院第三十届学术讨论会优秀奖

刘青霞

2019“首都最美家庭”称号

李中华　陈默　高颖　刘月珊

2018年度立案先进个人

何婉如

第三十届学术讨论会三等奖

贺　娜

北京市法院2018年度优秀调研成果三等奖

黄源泉

北京法院调研课题优秀奖

《北京城市副中心法治保障问题研究》（王俊）

北京法院2018年调研成果优秀奖

《立案阶段群体性诉讼预警和干预法律机制研究》（李娜）

全国法院系统第三十届学术讨论会优秀奖

魏文风　李春雨　胡佳琦

“2018·中国电子政务年度人物”称号

徐廷杰

第十四届“环渤海”区域法治论坛征文全国三等奖

梁睿诗

“百名法学家百场报告会”首都法学家专场报告会优秀奖

杨娴婷　黄源泉　孟强　王薇

刘紫微　徐晶　晋怡

第十四届中国法学青年论坛一等奖

《以习近平总书记全面依法治国新理念新思想新战略为指引：司法改革背景下新审判管理

模式的制度化构建》（龚茜）

2018 年度查处重大侵权盗版案件有功个人，有功个人一等奖

赵程宇

2019 年度查处重大侵权盗版案件有功个人，有功个人二等奖

蒋为杰

荣获《法律适用》2019 年“南太湖杯”征文二等奖

钱笑　马帅

参与国庆 70 周年安保等各项服务保障工作表现突出的同志

李　璠

第五届“中国司法论坛”征文优秀奖

余　海

北京市法院第十六届党课评比最佳党课

《我们的初心在哪里？》（陈立如）

北京法院优秀法治副校长

王欢欢

第五届京津冀法学交流研讨会优秀奖

周　芸

北京市法学会行政法学研究会 2019 年年会暨行政复议、行政诉讼与法治政府建设论坛一等奖

徐晶　胡佳琦　张志豪

北京市法学会行政法学研究会 2019 年年会暨行政复议、行政诉讼与法治政府建设论坛二等奖

张璐　甄硕　刘云鹏　毕安迪　陈幽燕

立案（速裁）业务标兵

何　琳

商事审判业务标兵

于素娟

司法警察业务标兵

豆　鹏

北京市优秀思想政治工作者

陈　默

首都拥军优属拥政爱民模范个人

陈　默

2019 年北京市“应急宣传进万家”系列活动优秀新闻报道奖（个人）

龚克强

北京市应急管理徐彤政务心系工作优秀个人

荆春花　刘馨泽

“2019 安监之星·北京榜样”年“安监之星”

夏　源

“2019 安监之星·北京榜样”月“安监之星”

苏春兰

“2019 安监之星·北京榜样”周“安监之星”

赵冬梅　张磊　方志强

最美安监巾帼

荆春花

“护航·70”专项行动优秀专职安全员

李耀祖　王永刚　吕克　王春国　张骏
张成　李岩　张建　李俊波　张海涛
丁景华　王云龙　李春涛　李刚　游海清
杨文龙

优秀新闻报道奖

龚克强

2019 年北京市“法律十进”及“以案释法”普法宣传活动优秀法宣员

吴海燕

2019 年北京市“青年安监卫士 重大活动保障先锋”

田恺　鲁智伟　庄威　田志强　张莹洁
黄冲　孙晶　邹欢　张千　刘猛
杨文龙　冀峤　徐瑞　张开飞　高伟
王权　张纲　刘晨虎　刘磊　李欣玫
杜建伟　翟强　张东琦　商建齐　田乐
王少斌

2019 安监之星·北京榜样月星

苏春兰

“2019 年度北京市安全生产专职安全员领军人才”称号

李玉海　刘勋　张文　李震

首都精神文明建设奖

李峻峰

北京市文化市场第三季度"办案能手"

姚显强　王红玲　李剑萍

庆祝建国 70 周年摄影、书法作品比赛二等奖

《辉煌岁月七十岁 执法战线展风采》（郭文忠书法作品）

首都绿化美化先进个人

周颖　郑伟

第十五届北京青年规划师建筑师工程师演讲比赛三等奖

高　淼　李永亮

2018 年度市规划自然资源委优秀调研成果三等奖

张　洪

财务管理业绩突出个人奖

王洪伟

国庆 70 周年游园活动组织保障工作贡献奖

马劲松　卢子山　薛立军　王博文　张贺然

"绿色公益好市民"荣誉称号

聂胜男

首都环境建设突出贡献个人

韩寄洲　徐佳

北京市"美丽乡村教师"称号

李晓泉　杨滨　魏敬　李术伟　马赵慧

市农民教育培训先进工作者

岳金岭

市农民教育培训优秀授课教师

周春琳

市农民教育培训信息宣传先进个人

路月仙

支持农广教育突出贡献奖

郭新友

北京市广播影视协会 2018 年度优秀广播节目

广播播音:《燃烧我，照亮你们的人生》(石靖楠)

电视播音作品:《老旧小区加装电梯》(王垚之)

北京市安全生产先进个人

耿文胜　赵宝权

北京市"青年安监卫士　重大活动保障先锋"安全生产专职安全员

张千　黄冲

首都城市环境建设突出贡献个人

张全启　张伟

北京市退役军人工作先进个人

刘洪远

北京市交通安全先进个人

郑江龙

首都环境保护先进个人

郭丽丽

北京市交通安全优秀管理干部

杨　汉

人物简介

张 强 男，2019年获得全国五一劳动奖章。1973年6月出生，汉族，中共党员，大学本科，1993年7月参加工作。2018年获得首都劳动奖章。

在税务部门，掌握一类业务，便有了安身立命的根本；精通两类业务，人们会忍不住竖起大拇指；如果能同时熟练掌握计统、稽查、征管等多业务领域知识，便不得不引人交口称赞了。2019年全国五一劳动奖章获得者——通州区税务局马驹桥税务所所长张强，就是这样一位扎根基层26载初心不改，历经岗位轮换处处争先的税务干部。

精算师：通州税源分布活地图

张强曾是全局最年轻的计划统计科科长，在终日与数字打交道，勤奋钻研数据16年后，变成了“样样精通的老计统科长”。为弄清通州区的税源结构，张强带领科内干部梳理11个乡镇4个街道，走访各类企业近500家，记录企业经营模式、盈利状况和纳税情况……在记满了几十个笔记本后，把自己跑成了一张“税源分布的活地图”、反映区域经济晴雨表的税收“精算师”。在稽查局任副局长期间，“精算师”打起了新算盘。他响应“双随机一公开”号召，对以往3年查处案件逐案剖析，组建了重点税源名录库和异常纳税人名录库，凭借“精算”本领高效完成专项案源处理工作。

狙击手：打虚打骗揉不下半点沙子

城市副中心确立之初，不法分子面对虚开发票暴利铤而走险，严重影响了区域营商环境。时任稽查局副局长的张强开辟出“打虚打骗组合拳”：向内加压，采用“项目式管理、团队化作业”模式，向团队作战要成效；向外联手，强化税警协作机制建设，向联动合作要成果。为保证团队步调一致，张强逐一梳理政策文件，整合问题类型，拟定取证要求和定性依据，在全市率先制定《走逃（失联）企业涉嫌虚开案件检查工作指引》，打造处理打虚打骗案件的“通州样板”。带领团队认定虚开发票3.6万份，联合公安机关抓捕涉票犯罪嫌疑人5人，捣毁制售假发票窝点1个，查获空白发票9000余份，对涉票违法犯罪分子形成了强大震慑。

卫成员：集中精力抓好风险防控

到税务所工作后，张强提出了风控工作要利用“互联网+大数据”分析手段，构建风险监控与税源管理新思路。他在所里建立了专项组，对新增的申请增值税专用发票的纳税人加强排查，验证虚开“潜伏户”。对企业法人变更的纳税人进行筛选、分析，发票开具异常的采取约谈、评估的方式加强后续管理。同时，对注册在高风险地址的企业法人代表、财务负责人开展风险核查，要求“四员”到场核实。通过上述措施，该所辖区内的走逃企业和涉及税额均大幅降低。

老党员：我的初心就是为别人做点什么

作为一名有着20年党龄的老党员，张强把“不忘初心、牢记使命”当成了座右铭，时刻不忘自己为人民服务的初心。在张强眼里，身在征管一线，只有“心为企业所系”，才算“尽到本分”。调研时，他发现一户被认定为福利企业的药材加工厂，企业资金链空前紧张，便带领干部加快该企业的退税审核速度，并协调相关科室和国库，将退税时限压缩到一周内，解决了企业的燃眉之急。“这家企业雇的都是残疾人，企业倒了，他们身后的家庭该有多难呀！我们要把企业的困难当成自己的困难去解决”。

当获得全国五一劳动奖章时，面对褒奖，张强显得异常从容：“我是老税务，也是老党员，实现税收现代化，建设北京城市副中心，必须义不容辞。”

于文静 女，2019年被评为全国模范退役军人，全国最美志愿者，中国青年志愿者优秀个人，通州区青年榜样。1978年3月出生，汉族，中共党员，硕士研究生。1996年9月参加工作，现任北京市公安局通州分局白庙北站派出所政委。先后多次荣获嘉奖和优秀复转军人称号，两次荣立个人三等功；2012年获中国孝老爱亲好人、北京榜样提名奖、通州区第二届道德模范，北京市公安局优秀复转军人、北京市十大慈善义工等称号；2013年获第四届首都道德模范和首都精神文明建设奖等称号；2014年当选通州区第四届妇女代表和北京市第十三届妇女代表，同年获北京市三八红旗手、北京市公安局优秀复转军人等称号；2015年被授予北京市先进工作者称号；2016年被授予北京青年五四奖章；2017年被评为全国三八红旗手，北京市优秀复转军人，通州区志愿服务优秀个人，北京市骨干职工志愿者；2018年被评为第四批全国岗位学雷锋标兵。

于文静所在团队扎实开展学雷锋志愿服务活动，先后被授予多项荣誉。2014年团队被授予首都精神文明建设先进单位和首都学雷锋志愿服务站称号；被北京市公安局授予于文静学雷锋志愿服务队，于文静先锋示范岗等称号；被北京市公安局通州分局授予巾帼文明岗，集体二等功、优秀辅警集体等荣誉。2015年，于文静学雷锋志愿服务团队的服务项目被北京市公安局评为优秀学雷锋志愿服务项目。2016年3月被通州区评为2015年通州区志愿服务优秀队伍；5月被北京市评为首都学雷锋志愿服务示范站。2016年7月被北京市公安局评为于文静杰出民警工作室。2017年2月被评为通州区志愿服务优秀组织。2018年，于文静学雷锋志愿服务团队的关爱老兵项目被评为首都志愿服务“五个100”最佳志愿服务项目。

于文静来自山东临沂，家庭的特殊性让她有了四个毫无血缘关系的妹妹（妹妹们是于文静的姥姥先后收养的四个孤儿）。2003年，于文静在姥姥去世后，毅然承担起照顾四个还未成年妹妹的重任。整整15年——于文静从妹妹们的穿衣吃饭、学习工作、创业发展，直至成家立业，于文静和姥姥一样，为了这几个妹妹操碎了心。有关妹妹们的事，从小到一个月几百元的生活费，大到几千元的学费，于文静从来没有短缺过。因为太过劳累，于文静曾经一个月内因为胃痉挛先后住了三次院。也因为心疼妹妹，于文静把自己卖房钱和积蓄近五十万元都拿出来，两次支持妹妹们创业。别人看来这样会惯坏了妹妹们，可于文静觉得妹妹们命运已如此多艰，她又怎么忍心不让妹妹的生活中多见一些阳光！

作为一名军转干部，部队的大熔炉中的锤炼让听党指挥、敢打敢拼、勇于奉献，忠诚为民的军人本色始终伴随着于文静转业后的工作和生活。转业后，于文静成为一名光荣的人民警察，岗位上于文静兢兢业业，锐意进取，以强烈的责任心为城市副中心政治稳定和社会平安保驾护航。由于出色的工作，于文静先后出任出入境副大队长和白庙北站派出所政委。任职出入境副大队长期间，她务实为民，依托老百姓的反馈和意见，不断创新工作举措。大厅先后新增30余项便民措施，并结合办证群众的需求先后推出了“三二三”和“五争五创”工作法，得到市局总队领导的一致认可，将她主管的出入境接待大厅作为办理出入境证件工作的创新典型在全市推广。在白庙北检查站任政委期间，作为北京市公安局唯一的检查站女民警、女领导，于文静不怕苦不怕累，总是身先士卒、率先垂范。卡点上，她既是指挥员，又是战斗员，从盘查车辆到核查录入，从拦截到抓捕嫌疑人，她总是冲在前面，用无声的行动告诉大家：公安局的基层一线，我们女民警一样干得了，更干得好！

除此之外，于文静还利用业余时间带领她的学雷锋志愿服务队活跃在公益舞台上。因为血脉里的军人情结，于文静和她的团队利用业余时间全身心地投入到关爱老兵的志愿服务活动之中。三年半的时间里，团队把全区的600余名八十岁以上的老兵和优抚对象都走遍了，而且很多家庭都去了很多次。于文静和团队为这些老兵送去关爱，解决困难，更把老兵的故事拍成视频，做成纪录片。三年半的走访，志愿团队拍摄视频约630G，视频片段2900多个，照片9600余张。志愿活动引起了央视的关注。2018年7月25日，央视主持人朱迅、宫岩、马悦受志愿精神的感召，到通州活动现场主持了“崇尚英雄 关爱功臣”大型老兵慰问演出；全国妇联宣传部部长张晓媛、首都文明办副主任韩龙斌和通州区领导均到活动现场，并给予高度肯定；央视电视台、北京电视台、通州电视台先后予以专题报道。于文静和团队长期开展助残活动。七年的助残经验，让于文静为这些残疾家庭全新设计并扶持起了一个以助人实现自助的独特的庇护性就业模式——于文静帮助他们成立自己的志愿服务队，并注册民非，让这个群体由受助者变成助人者。如今这个由100多个孤儿、残疾家庭和困境家庭组成的团队已经开始承接项目，并得到各级领导的高度认可。北京市残联也关注到了这只成员独特的团队，称赞这是北京第一家、甚至可能是全国第一家“残疾人帮助残疾人、服务残疾人、实现自我造血”的创新就业模式，并开始对团队调研，为复制推广作准备。同时与其他志愿团体携手开展公益，实现众木成林，聚沙成塔的良性示范。

2015年以来，以于文静名字命名的学雷锋志愿服务团队的服务项目被北京市公安局评为优秀学雷锋志愿服务项目；团队被通州区评为2015年通州区志愿服务优秀队伍、通州职工志愿文明礼仪服务队、通州区志愿服务优秀组织，被首都文明委命名为首都学雷锋志愿服务示范站。

晋 怡 女，2019年被评为全国优秀法官。1987年10月出生，汉族，中共党员，西南政法大学本科学历，法学学士，2010年7月进入北京市通州区人民法院工作。2015年8月被任命为审判员及民四庭副庭长。作为一名奋斗在商事审判一线的85后女法官，晋怡用担当与碰硬的精神勇担审判重任，用清正廉洁的工作作风争当道德楷模，用服务大局的观念助力北京城市副中心建设。正因为晋怡担当与碰硬的精神，她成为通州法院第一位“金法槌奖”获得者，并荣获通州榜样、通州青年英才奖、北京市审判业务标兵、北京市法院模范法官、北京市三八红旗奖章、首都劳动奖章、首都政法先锋和全国法官办案标兵等荣誉称号。晋怡审判团队也荣获第一届北京市法院模范审判团队。

用担当与碰硬的精神，勇担审判重任。随着北京城市副中心建设的快速推进，通州法院商事案件数量激增，晋怡作为一名87年出生的年轻女法官，带头发扬敢于担当、勇挑重任的工匠精神。在担任审判工作的七年里，审理各类商事案件2756件。2016年收案141件，结案130件，结案率92.2%，生效案件改判发回重审率、再审审查率及裁判文书上网率等多项指标均位列全市法院商事领域第一名。2017年收案514件，结案436件，结案率84.82%，生效案件改判发回重审率、法官人均结案数、一审服判息诉率、再审审查率及裁判文书上网率等多项指标均位列全市法院商事领域第一名。2018年1—9月，收案479件，结案373件，结案率77.87%，生效案件改判发回重审率、法官年人均结案数、再审审查率、裁判文书上网率等多项指标均位列全市法院商事领域第一名，立案变更率、一审改判发回重审率等指标均位列全市法院商事领域第二名。法定（正常）审限内结案率均达100%。晋怡在保持结案数量领先的同时，还主动承担涉北京城市副中心建设的农村土地承包等疑难复杂案件的专业化审理工作，公正高效地审理了涉及棚户区改造、北京市百万亩平原造林工程、京秦高速建设工程、首环高速建设工程、“大棚房”拆改项目、疏解整治促提升、落后产能淘汰、污染企业退出等副中心建设案件250余件。2017年，在司法体制改革纵深推进的背景下，晋怡虽然处于哺乳期，仍然不遗余力地分担审判重任，带头组建“晋怡服务副中心商事审判团队”，试点运行“1+2+1”工作模式，通过创新团队运行，规范团队管理，以党建带队建促审判的方式，全面激发办案合力。该团队自2017年6月组建以来，公正高效审理了各类商事案件954件，审结796件，案件平均审理时长97天，同比缩短39天。

用服务大局的观念，助力北京城市副中心建设。晋怡在审理涉副中心案件时，始终牢记大局意识、稳定意识和宗旨意识，以政治的眼光开展各项审判工作，维护人民群众合法权益的同时，兼顾党和国家的工作大局。她审理的台湖某村委会诉23位村民的土地承包纠纷案，通过多次实地勘察，与村民促膝长谈，化解群众心结，保障了影响通州135万老百姓日常供水的南水北调配套工程通州水厂的顺利开工。审理的漷县某村委会诉园林公司的土地承包纠纷案，在受理后仅用20天，就解决了18亩土地的腾退问题，保障了首都环线高速公路通州段的顺利开工，打通了该路段建设的最后100米。为了培养与副中心建设标准相匹配的业务水平，晋怡参与了北京市法学会重点调研课题“北京城市副中心建设法治保障问题研究”。为了提升通州法院商事审判整体的服务和保障水平，晋怡担当起培训讲师的角色，撰写了长达三万余字的授课讲稿，为全体商事法官和助理授课。在高质高效地审结涉副中心建设案件的同时，晋怡注重审判职能作用的延伸，就副中心的食品安全问题，参与策划、召开了2018年度消费者维权案件情况新闻通报会，引导辖区内的商家诚信守法经营，为副中心百姓构建便捷、安全、放心的日常消费环境。就副中心营商环境的优化问题，开展企业走访和座谈活动，参与策划、召开了通州法院首届企业家法治论坛，并参与撰写了《企业法律风险防控白皮书》，对规范、指引副中心商事主体合法合规经营，保护企业家创新创业的合法权益，优化辖区营商环境积极发挥作用。

用清正廉洁的作风，争当道德楷模。作为一名共产党员，晋怡认真学习贯彻习近平新时代中国特色社会主义思想，坚持用党的创新理论武装头脑，用理论上的清醒保障政治上的坚定，自觉在思想上、政治上、行动上同以习近平同志为核心的党中央保持高度一致。“淡泊名利，宠辱不惊，两袖清风，一心为民”是晋怡的工作追求也是座右铭。商事审判涉及经济利益较大，当事人经常设法干预审判，晋怡始终保持清醒的头脑，将廉洁自律作为护身符，绝不触碰廉洁的高压线，拒绝办理人情案、关系案、金钱案。自工作以来，从未发生过任何违法违纪行为。在保证自身廉洁的过程中，晋怡还担负起监督他人的职责，向身边的同志强调廉政建设的重要性，提示其他同志严格自律，决不越线，并因认真履职荣获“优秀廉政监察员”称号。

王　岩　女，2019年被评为全国生态建设突出贡献先进个人。1977年2月出生，汉族，中共党员，大学本科学历，2000年7月参加工作。现任北京市通州区园林绿化局党组成员、副局长，区建设协调办副主任，负责副中心园林绿化重点工程建设全面工作；负责区城乡园林绿化建设和养护管理工作；负责园林绿化规划管理和科技管理等工作。自2010年至2019年间，王岩所参与实施的工程有多项荣获市级绿化美化优质工程、优秀设计等奖项；王岩多次荣获市、区级表彰，曾获得首都劳动奖章、青年文明号，通州区优秀共产党员、科技带头人、环境保护先进个人、通州区青年岗位能手、通州区“勤廉之星”等称号。

认真学习，创新工作，带头开展优质服务。作为一名共产党员，王岩坚决拥护党的各项路线、方针、政策，并积极响应党的号召，深入细致地学习实践科学发展观。平常不管工作多忙，都会抽出时间来翻阅党的理论书籍，坚持党课学习，积极参加党员活动，并把学习、思考所领悟的心得体会应用于园林绿化工作实践中去，时刻保持着严于律己，与时俱进的工作作风，在对自己严格要求的同时，也积极热情地帮助身边其他同志提高党性觉悟。

作为一名党员，王岩秉承着大公无私、勤勉务实的精神，将其运用到实际工作中去。分管的规划发展科负责建设项目附属绿地专业审查、公共绿地设计方案审查等两项审查，日常工作量大，并且与副中心建设紧密相关。为进一步方便百姓、提高办事效率，规划发展科与规划部门建立联席会议制度，为咨询办事单位提供来访登记、电话回复、网上预审图纸等服务。这项工作得到办事人员的称赞，多次送来锦旗表示感谢。对于各项审查，王岩都坚守原则，实事求是，按规程办事。面对前来咨询和办件的建设单位，要求科室人员热情接待，审查过程中细致认真，廉洁公正，不消极怠慢，不吃拿卡要，既对上级部门负责，也对建设单位负责。

担当作为，勇挑重担，践行初心使命。自参加工作以来，王岩始终保持着饱满的工作热情，乐观的工作态度。对待工作一丝不苟，兢兢业业，认真落实中心各项目标的相关责任制，将各项任务落实到人，从一名业务干部到处级领导岗位，工作环境和岗位的变化，有过恐慌，有过迷茫。面对巨大的工作压力，注重调整心态和角色转变，努力在工作中转变思路，摸索新的方法，在实践中锻炼自己。

2012 年起，为充分落实第一轮北京市平原造林工程总体规划要求，将平原造林任务落到实处，在平原造林工程启动阶段通过对森林建设方式、景观特色等进行深入研究，组织编制完成了《北京市通州区平原造林工程总体规划》（2012—2015 年），为造林工程的实施、审定提供了依据，为平原造林工程的实施提供了明确的指导。当时王岩作为平原造林指挥部办公室副主任，从项目的技术特点和工作需要着手，突出自身的技术优势和专业特长，充分发挥部门在工程技术管理上的核心作用，通过制定工作流程、项目包装审批、设计把关、施工现场把控等各项技术工作，严格控制工程质量及工程进度，圆满地完成了通州区平原地区造林工程建设。在各级领导检查的过程中，从公园的总体规划，建设理念及施工技术等各方面都进行详尽的解说，受到了领导的肯定。

2015 年，随着通州区作为北京城市副中心定位的确定，对园林绿化工作提出了更高的要求标准，也为园林绿化事业带来新的机遇。作为行业的先头部队，在市园林绿化局的指导下，王岩带领规划发展科高质量完成了《北京城市副中心园林绿化发展规划及三年行动方案》的编制，通过了市政府、区政府的专题会议审定，为打造千年标准、北京特色，实现国家生态园林城市的目标提供了依据。根据规划，梳理了 92 个重点建设项目，为确保建设项目按计划落实发挥了重要作用。

2016—2017 年，王岩作为前期规划组组长，负责从前期手续办理到工程立项批复，从设计构思到施工图纸绘制，从项目包装到项目招投标，为了尽早完成工程前期的规划和招标文件的编制工作，和组员们连续数周通宵加班，为后面的绿化施工抢占了有利时机；招投标工作中，作为甲方专家对设计、监理、施工投标文件严格把关，确保政府资金能够得到合理使用；设计中，严格按照相关园林设计技术规范，在新建、提升改造的园林绿化工程项目中，将“海绵城市”“智慧城市”的设计理念融入园林生态建设中，利用海绵理念提升园林建设水平，努力营造适用、经济、美观的生态景观；在项目批复过程中，与发改、规划、国土、水务、环保等部门及乡镇进行沟通，确保项目顺利有序审批，确保项目实实在在落地。

2018—2019 两年间，新一轮百万亩造林工程 48 个项目，新增面积 8.85 万亩。每一个工程从方案设计、实地考察、专家反复论证；从施工建设、监督管护到检查验收，王岩都亲力亲为。台湖镇、马驹桥镇、西集镇等10个乡镇沟通协调腾地问题，规土委、发改委、市园林绿化局之间沟通协调工程手续办理等问题；在推动工作的同时，还承受着巨大的工程进度压力，接收市、区级各项考核和检查。为落实用地，先后组织各乡镇召开用地落实会议并书面征求各乡镇意见，与各乡镇主管镇长或林业站长多次对接落实用地问题，多次现场踏勘，反复调整绿化用地，完成各重点项目方案设计和深化工作。

谢振平 男，在中央网信办组织的2019网评工作先进集体和个人评选工作中，被评为2019年先进网评工作者。1968年3月出生，汉族，中共党员，研究生学历，高级工程师，现任中共北京市通州区委网络安全和信息化委员会办公室主任。

谢振平始终坚决落实“副中心无小事”的政治责任，切实增强责任感和紧迫感，时刻保持清醒头脑，全面提高政治站位，以时不我待的精神状态，增强“四个意识”，坚定“四个自信”，坚决做到“两个维护”；紧抓党风廉政建设和反腐败工作，坚守底线、不越红线、不碰高压线，清白做人、干净做事。

2019年，他带领全区网信系统以习近平新时代中国特色社会主义思想特别是总书记关于网络强国重要思想为指导，以服务保障庆祝中华人民共和国成立70周年为主线，围绕区委、区政府中心工作，把握稳中求进的总基调，强统筹、建机制、重实效，加强网上宣传引导、网络安全保障，各项工作取得突破性进展，为高标准推进城市副中心建设提供强大的网上舆论支持、可靠的网络安全保障，构建了副中心风清气正的网络空间。

李文华 男，2019被中国气象局评为全国气象部门优秀县气象局局长。1966年出生，中共党员，1985年参加工作。现任北京市通州区气象局党组书记、局长。自工作以来，他驻扎过高山站，履职过京郊5个区局，扎根基层34年，实干担当，在气象业务、管理、党建和精神文明建设等方面做出突出贡献。

在他主导下，昌平、通州均被评为全国标准化现代农业气象服务区，8个乡镇被评为全国标准化气象灾害防御乡（镇），北京市农业农村信息化示范基地，他在气象为农服务体系建设方面的创新思路取得了示范成效，是北京基层气象的标杆和旗帜。

推进气象监测体系建设，深入山区开展风险普查，主持加密自动站网建设，创建山洪暴雨泥石流预防示范点、标准化人工影响天气作业炮站，在通州履职期间，他主持在全区范围内新建52套自动气象站，并将气象现代化建设成果融入城市服务，重大活动保障、汛期服务多次获得国家局、北京市及主办方的表彰。

在他的带领下，昌平局获评市局廉政文化建设和局务公开双示范点、首都文明单位标兵、全国文明单位，多次获得市局优秀气象服务奖，连续11年考核位于全市前三名；通州局2017、2018连续两年获考核第一名，2019年获考核第二名，被评为全国气象科普教育基地、北京市科普教育基地、首都文明单位。

统计资料

2019年通州区国民经济要主指标统计表

表2

项　目	单　位	2019年	2018年	增速%
区域概况				
全区土地面积	平方公里	906	906	持平
乡镇数	个	11	11	持平
#镇	个	10	10	持平
街道办事处	个	6	6	0.0
村民委员会	个	470	470	持平
平均气温	度	12.7	12.3	3.3
常住人口				
年末常住人口	万人	167.5	157.8	6.1
#常住外来人口	万人	64.6	65.7	-1.7
按性别分				
男　性	万人	86.4	81.5	6.0
女　性	万人	81.1	76.3	6.3
按城乡分				
城镇人口	万人	118.0	106.7	10.6
乡村人口	万人	49.5	51.1	-3.1
按年龄分组情况				
#0～14岁人口	万人	15.7	15.1	4.0
15～64岁人口	万人	137.6	129.8	6.0
60岁及以上人口	万人	24.0	22.5	6.7
65岁及以上人口	万人	14.2	12.9	10.1

续表 2

项　目	单　位	2019 年	2018 年	增速 %
户籍人口情况				
总户数	户	402275	396646	1.4
农业户	户	129915	131964	-1.6
非农业户	户	272360	264682	2.9
户籍人口	人	807646	786844	2.6
按性别分				
男	人	399724	389594	2.6
女	人	407922	397250	2.7
按城乡分				
农业人口	人	260680	263708	-1.1
非农业人口	人	546966	523136	4.6
劳动力情况				
乡镇及行政村从业人员	人	388751	390268	-0.4
国民经济核算				
地区生产总值（初步核算数）	万元	10592278	9867017	6.6
按产业分				
第一产业	万元	125494	161397	-23.8
第二产业	万元	4221056	3843990	8.8
第三产业	万元	6245728	5861630	5.9
财政税收金融				
地方财政收入	万元	2401976	1269849	89.2
# 一般公共预算收入	万元	887278	830715	6.8
地方财政支出	万元	5010281	5268833	-4.9
# 一般公共预算支出	万元	3598016	4054044	-11.2
各项税费收入	万元	3004534	2807797	7.0
人民币各项存款余额	万元	36384537	33068786	10.0
人民币各项贷款余额	万元	11327105	8950572	26.6
对外贸易				
实际利用外资	万美元	60339	55389	8.9
新增三资企业个数	个	68	49	38.8
进出口贸易总额	亿元	211	181	16.6

续表 2

项 目	单 位	2019 年	2018 年	增速 %
#出口创汇总额	亿元	65	61	6.6
固定资产投资				
固定资产投资（不含农户）		—	—	15.5
#基础设施投资		—	—	24.7
民间投资		—	—	37.8
建安投资		—	—	10.6
按产业划分				
第一产业		—	—	- 22.0
第二产业		—	—	- 32.9
#工 业		—	—	- 32.9
第三产业		—	—	21.1
房地产开发投资		—	—	16.7
农村经济				
农林牧渔业总产值（现价）	万元	302603	396246	- 23.6
#农 业	万元	99721	140813	- 29.2
林 业	万元	138532	135400	2.3
牧 业	万元	49683	93060	- 46.6
渔 业	万元	12730	17082	- 25.5
农林牧渔服务业	万元	1936	9891	- 80.4
粮食总产量	吨	16229	21433	- 24.3
夏 粮	吨	4049	6209	- 34.8
秋 粮	吨	12181	15224	- 20.0
农作物总播种面积	公顷	7537	10195	- 26.1
粮食作物	公顷	2589	3463	- 25.3
经济作物	公顷	7	8	- 4.3
其他作物	公顷	4941	6724	- 26.5
农副产品产量				
蔬菜产量	吨	166411	251121	- 33.7
出栏生猪	头		196976	
出栏羊	只	57490	55903	2.8
出栏牛	头	9828	10833	- 9.3

续表 2

项　目	单　位	2019 年	2018 年	增速 %
水产品	吨	4258	4520	-5.8
鲜奶产量	吨	57207	78083	-26.7
鲜蛋产量	吨	537	2901	-81.5
园林水果产量	吨	23797	30885	-22.9
瓜果类产量	吨	3649	6208	-41.2
鲜切花产量	万枝	391	704	-44.5
盆栽花产量	万盆	588	605	-2.8
都市型现代农业				
观光农业				
农业观光园	个	44	58	-24.1
从业人员	人	2097	2533	-17.2
接待人次	人次	657545	1028977	-36.1
观光园总收入	万元	14080	22471	-37.3
#采摘收入	万元	2210	4848	-54.4
设施农业				
设施农业销售收入	万元	62766	91911	-31.7
设施农业实际利用面积	公顷	1428	2043	-30.1
温室占地面积	公顷	908	1337	-32.1
大棚占地面积	公顷	477	634	-24.7
中小棚占地面积	公顷	43	71	-39.9
籽种农业				
总收入	万元	400	1313	-69.6
农　业	万元	400	450	-11.1
林　业	万元		393	-100.0
牧　业	万元		471	-100.0
渔　业	万元			
工　业				
规模以上工业总产值（现价）	万元	6165701	6206224	-0.7
#高技术制造业	万元	1346698	1201631	12.1
规模以上工业主营业务收入	万元	7733068	7807740	-1.0
#高技术制造业	万元	1299399	1202270	8.1

续表 2

项　目	单　位	2019 年	2018 年	增速 %
规模以上工业利润总额	万元	591470	527555	12.1
#高技术制造业	万元	335822	361610	－7.1
建筑业				
建筑业企业个数	个	209	196	6.6
建筑业总产值	万元	14143555	12674388	11.6
按行业类别				
房屋工程建筑业	万元	8128125	7354938	10.5
土木工程建筑业	万元	5590055	4964074	12.6
建筑安装业	万元	88017	91531	－3.8
建筑装饰和其他建筑业	万元	337358	263844	27.9
施工面积	万平方米	15359	12699	20.9
#本年新开工面积	万平方米	4383	3857	13.7
竣工面积	万平方米	2540	1860	36.5
竣工产值	万元	5113558	5178536	－1.3
签订合同额	万元	54337942	44552360	22.0
#本年新签订合同额	万元	21084633	14230991	48.2
消　费				
社会消费品零售额	万元	5907046	5522493	7.0
按规模分				
限额以上	万元	3644361	—	—
限额以下	万元	2262685	—	—
人民生活				
全区居民人均可支配收入	元	44190	40553	9.0
全区居民人均消费支出	元	31004	28696	8.0
城镇居民人均可支配收入	元	53088	48682	9.1
城镇居民人均消费支出	元	37187	34361	8.2
个人存款余额	万元	17007733	14810903	14.8
社会保障				
参加基本养老保险单位数	家	43567	36110	20.7
参加基本养老保险人数	人	592137	554417	6.8
参加基本医疗保险单位数	家	42279	34814	21.4

续表 2

项　目	单　位	2019 年	2018 年	增速 %
参加基本医疗保险人数	人	621900	566688	9.7
城乡居民基本医疗保险参保人数	人	321800	317557	1.3
参加失业保险单位数	家	43359	35935	20.7
参加失业保险人数	人	486196	435167	11.7
领取失业保险金金额	万元	45860	33870	35.4
参加城乡居民养老保险人数	人	226605	225563	0.5
城乡居民养老保险续保率	%	99	99	
参加工伤保险人数	人	440202	415174	6.0
领取工伤保险金金额	万元	10014	9924	0.9
劳动就业				
城镇登记失业率	%	2.81	2.74	
城镇登记失业人员就业率	%	68.82	64.32	
城镇登记失业人员就业人数	人	12812	10601	20.9
职业介绍服务机构	家	89	59	50.8
失业人员参加培训人数	人	1659	944	75.7
职业技能鉴定人数	人	24719	18371	34.6
参加职业技能培训人数	人	20892	8766	138.3
职工最低工资	元 / 月	2200	2120	3.8
企业退休人员基本养老金最低标准	元 / 月	1714	1714	0.0
企业退职人员基本养老金最低标准	元 / 月	1559	1559	0.0
企业退养人员基本养老金最低标准	元 / 月	1418	1418	0.0
失业保险金最低标准	元 / 月	1706	1536	11.1
基本养老金平均增加水平	元 / 月	212.3	201.2	5.5
文　化				
公共图书馆	个	1	1	持平
公共图书馆藏书	万册	81.3	74.3	9.4
区级以上非物质文化遗产项目	项	49	33	持平
教　育				
幼儿园	所	136	131	3.8
# 在园人数	人	29797	26938	10.6
小　学	所	84	84	0.0
毕业生数	人	9963	9255	7.6
招生数	人	13906	14024	－0.8
在校生数	人	69657	67320	3.5

续表 2

项　目	单　位	2019 年	2018 年	增速 %
中　学	所	43	41	4.9
毕业生数	人	6722	6399	5.0
招生数	人	10293	8997	14.4
在校生数	人	27228	25543	6.6
卫　生				
卫生机构	个	616	616	0.0
#医　院	个	23	24	-4.2
社区卫生服务中心（站）	个	98	98	0.0
卫生机构病床数	张	4113	3802	8.2
#医　院	张	3353	3044	10.2
社区卫生服务中心（站）	张	460	458	0.4
卫生技术人员	人	10217	9966	2.5
#执业（助理）医师	人	3932	3789	3.8
注册护士	人	3894	3642	6.9
公共卫生类执业（助理）医师数	人	186	175	6.3
5 岁以下儿童死亡率	‰	3.15	3.14	
婴儿死亡率	‰	2.29	2.26	
公共设施				
公　园	个	25	24	4.2
体育多功能球场	个	50	40	25.0
更新全民健身器工程器材	套	150	100	50.0
全区公路总里程	公里	2408	2386	0.9

注：1. 部门数据来源于通州区民政局、气象局、环境生态局、公安分局、北京市规划自然委员会通州分局、财政局、税务局、商务局、人力资源和社会保障局、文化和旅游局、教委、卫生健康委、园林绿化局、公路分局；

2. 土地面积为 2009 年全国第二次土地调查数据；

3. 常住人口数据为人口抽样调查推算数据；

4. 存贷款数据来源于北京市统计局；

5. 全社会固定资产投资为项目建设地口径；地区生产总值产业划分依据国家统计局 2012 年制定的《三次产业划分规定》，行业划分依据《国民经济行业分类》（GB/T4754—2011），为可比价增速；

6. 规模以上工业为年主营业务收入 2000 万元及以上的工业法人单位；

7. 社会消费品零售额按“产业在地”原则核算；

8. 个人存款余额来源于北京区域统计年鉴

附 录

2019 年中共通州区委主要文件目录

2019 年中共通州区委文件目录

京通发〔2019〕1 号	中共北京市通州区委关于设立中共北京市通州区投资促进局党组的通知（2019-01-11）
京通发〔2019〕2 号	中共北京市通州区委关于印发《通州区委常委班子 2018 年度民主生活会方案》的通知（2019-01-22）
京通发〔2019〕3 号	中共北京市通州区委　北京市通州区人民政府关于印发《通州区公共文化服务供给侧改革的实施意见》的通知（2019-01-26）
京通发〔2019〕4 号	中共北京市通州区委　北京市通州区人民政府关于授予丁增杰等同志第三届“通州科技创新人才奖”的决定（2019-01-22）
京通发〔2019〕5 号	中共北京市通州区委　北京市通州区人民政府关于印发《北京市通州区机构改革实施方案》的通知（2019-03-08）
京通发〔2019〕6 号	中共北京市通州区委　北京市通州区人民政府关于印发《统筹推进台湖镇、马驹桥镇项目加快建设工作方案》的通知（2019-03-19）
京通发〔2019〕7 号	中共北京市通州区委关于调整组建区委全面深化改革委员会的通知（2019-03-21）
京通发〔2019〕8 号	中共北京市通州区委关于在机构改革中调整部分单位党组（党委）设置的通知（2019-03-14）
京通发〔2019〕9 号	中共北京市通州区委关于组建中共北京市通州区委退役军人事务工作领导小组的通知（2019-04-28）
京通发〔2019〕10 号	中共北京市通州区委关于调整组建中共北京市通州区委网络安全和信息化委员会的通知（2019-05-14）
京通发〔2019〕11 号	中共北京市通州区委关于成立中共北京市通州区庆祝中华人民共和国成立 70 周年国庆游园活动分指挥部临时支部委员会的通知（2019-05-25）
京通发〔2019〕12 号	中共北京市通州区委关于调整六届区委常委分工的通知（2019-06-04）

京通发〔2019〕13号	中共北京市通州区委关于更名调整北京市通州区机构编制委员会的通知（2019—06—01）
京通发〔2019〕14号	中共北京市通州区委关于组建区委全面依法治区委员会的通知（2019—07—03）
京通发〔2019〕15号	中共北京市通州区委关于印发《2018—2022年通州区干部教育培训规划》的通知（2019—07—23）
京通发〔2019〕16号	中共北京市通州区委关于组建中共北京市通州区委教育工作领导小组的通知（2019—07—24）
京通发〔2019〕17号	中共北京市通州区委关于组建区委财经委员会的通知（2019—07—30）
京通发〔2019〕18号	中共北京市通州区委关于调整组建中共北京市通州区委外事工作委员会的通知（2019—08—16）
京通发〔2019〕19号	中共北京市通州区委关于组建中共北京市通州区委生态文明建设委员会的通知（2019—08—16）
京通发〔2019〕20号	中共北京市通州区委关于成立中国共产党中华人民共和国成立70周年庆祝大会服务保障和群众游行32方阵总队临时委员会及下设29个临时党支部的通知（2019—08—16）
京通发〔2019〕21号	中共北京市通州区委关于组建区委农村工作领导小组的通知（2019—08—09）
京通发〔2019〕22号	中共北京市通州区委关于调整组建中共北京市通州区委北京市通州区人民政府推进京津冀协同发展领导小组的通知（2019—08—27）
京通发〔2019〕23号	中共北京市通州区委　北京市通州区人民政府关于印发《北京市通州区国庆70周年庆祝活动服务保障总指挥部工作方案》的通知（2019—09—06）
京通发〔2019〕24号	中共北京市通州区委关于成立区委“不忘初心、牢记使命”主题教育领导小组办公室临时党委及下设21个临时党支部的通知（2019—09—11）
京通发〔2019〕25号	中共北京市通州区委印发《关于在全区开展“不忘初心、牢记使命”主题教育的实施方案》的通知（2019—09—20）
京通发〔2019〕26号	中共北京市通州区委关于调整部分单位党组（党委）设置的通知（2019—09—27）
京通发〔2019〕27号	中共北京市通州区委关于新时代加强和改进人大工作的意见（2019—10—15）
京通发〔2019〕28号	中共北京市通州区委　北京市通州区人民政府关于印发《通州区2019年度绩效管理工作方案》的通知（2019—11—25）
京通发〔2019〕29号	中共北京市通州区委关于新时代加强和改进政协工作的意见（2019—12—12）

2019年中共通州区委办公室文件目录

京通办发〔2019〕1号	中共北京市通州区委办公室　北京市通州区人民政府办公室　北京市通州区综合考评委员会办公室关于统筹规范督查检查考核工作的通知（2019—01—10）
京通办发〔2019〕2号	中共北京市通州区委办公室关于印发《通州区政协2019年专题协商议题计划和民主监督议题计划》的通知（2019—03—01）
京通办发〔2019〕3号	中共北京市通州区委办公室　北京市通州区人民政府办公室关于印发《通州区国家安全发展示范城市创建工作实施方案》的通知（2019—03—26）

京通办发〔2019〕4号	中共北京市通州区委办公室关于印发《2019年度区委重点督查事项》的通知（2019-05-13）
京通办发〔2019〕5号	中共北京市通州区委办公室　北京市通州区人民政府办公室关于对通州区2018年度综合考评优秀单位进行表彰的决定（2019-05-14）
京通办发〔2019〕6号	中共北京市通州区委办公室印发《关于解决形式主义突出问题为基层减负的工作方案》的通知（2019-06-29）
京通办字〔2019〕1号	中共北京市通州区委办公室关于印发《中共北京市通州区委全面深化改革委员会工作规则》、《中共北京市通州区委全面深化改革委员会专项小组工作规则》和《中共北京市通州区委全面深化改革委员会办公室工作细则》的通知（2019-03-21）
京通办字〔2019〕2号	中共北京市通州区委办公室北京市通州区人民政府办公室关于调整北京市通州区城市管理委员会机构编制的通知（2019-03-25）
京通办字〔2019〕3号	中共北京市通州区委办公室　北京市通州区人民政府办公室关于印发《中共北京市通州区委农村工作委员会、北京市通州区农业农村局职能配置、内设机构和人员编制规定》的通知（2019-03-25）
京通办字〔2019〕4号	中共北京市通州区委办公室　北京市通州区人民政府办公室关于印发《中共北京市通州区委卫生健康工作委员会、北京市通州区卫生健康委员会职能配置、内设机构和人员编制规定》的通知（2019-03-25）
京通办字〔2019〕5号	中共北京市通州区委办公室　北京市通州区人民政府办公室关于印发《北京市通州区退役军人事务局职能配置、内设机构和人员编制规定》的通知（2019-03-25）
京通办字〔2019〕6号	中共北京市通州区委办公室　北京市通州区人民政府办公室关于印发《北京市通州区审计局职能配置、内设机构和人员编制规定》的通知（2019-03-25）
京通办字〔2019〕7号	中共北京市通州区委办公室　北京市通州区人民政府办公室关于调整北京市通州区体育局机构编制的通知（2019-03-25）
京通办字〔2019〕8号	中共北京市通州区委办公室　北京市通州区人民政府办公室关于调整北京市通州区统计局机构编制的通知（2019-03-25）
京通办字〔2019〕9号	中共北京市通州区委办公室　北京市通州区人民政府办公室关于印发《北京市通州区政务服务管理局职能配置、内设机构和人员编制规定》的通知（2019-03-25）
京通办字〔2019〕10号	中共北京市通州区委办公室　北京市通州区人民政府办公室关于印发《北京市通州区人民防空办公室职能配置、内设机构和人员编制规定》的通知（2019-03-25）
京通办字〔2019〕11号	中共北京市通州区委办公室　北京市通州区人民政府办公室关于印发《北京市通州区医疗保障局职能配置、内设机构和人员编制规定》的通知（2019-03-25）
京通办字〔2019〕12号	中共北京市通州区委办公室　北京市通州区人民政府办公室关于印发《中共北京市通州区委北苑街道工作委员会、北京市通州区北苑街道办事处职能配置、内设机构和人员编制规定》的通知（2019-03-25）
京通办字〔2019〕13号	中共北京市通州区委办公室　北京市通州区人民政府办公室关于印发《中共北京市通州区委中仓街道工作委员会、北京市通州区中仓街道办事处职能配置、内设机构和人员编制规定》的通知（2019-03-25）

京通办字〔2019〕14号　中共北京市通州区委办公室　北京市通州区人民政府办公室关于印发《中共北京市通州区委新华街道工作委员会、北京市通州区新华街道办事处职能配置、内设机构和人员编制规定》的通知（2019-03-25）

京通办字〔2019〕15号　中共北京市通州区委办公室　北京市通州区人民政府办公室关于印发《中共北京市通州区委玉桥街道工作委员会、北京市通州区玉桥街道办事处职能配置、内设机构和人员编制规定》的通知（2019-03-25）

京通办字〔2019〕16号　中共北京市通州区委办公室　北京市通州区人民政府办公室关于印发《中共北京市通州区委潞源街道工作委员会、北京市通州区潞源街道办事处职能配置、内设机构和人员编制规定》的通知（2019-03-25）

京通办字〔2019〕17号　中共北京市通州区委办公室　北京市通州区人民政府办公室关于印发《中共北京市通州区委通运街道工作委员会、北京市通州区通运街道办事处职能配置、内设机构和人员编制规定》的通知（2019-03-25）

京通办字〔2019〕18号　中共北京市通州区委办公室关于印发《中共北京市通州区纪律检查委员会、北京市通州区监察委员会机关职能配置、内设机构和人员编制规定》的通知（2019-03-25）

京通办字〔2019〕19号　中共北京市通州区委办公室关于调整中共北京市通州区委办公室职能配置、内设机构和人员编制的通知（2019-03-25）

京通办字〔2019〕20号　中共北京市通州区委办公室关于调整中共北京市通州区委组织部职能配置、内设机构和人员编制的通知（2019-03-25）

京通办字〔2019〕21号　中共北京市通州区委办公室关于印发《中共北京市通州区委宣传部职能配置、内设机构和人员编制规定》的通知（2019-03-25）

京通办字〔2019〕22号　中共北京市通州区委办公室关于印发《中共北京市通州区委统一战线工作部职能配置、内设机构和人员编制规定》的通知（2019-03-25）

京通办字〔2019〕23号　中共北京市通州区委办公室关于印发《中共北京市通州区委政法委员会职能配置、内设机构和人员编制规定》的通知（2019-03-25）

京通办字〔2019〕24号　中共北京市通州区委办公室关于调整中共北京市通州区委　北京市通州区人民政府研究室职能配置、内设机构和人员编制的通知（2019-03-25）

京通办字〔2019〕25号　中共北京市通州区委办公室关于印发《中共北京市通州区委机构编制委员会办公室职能配置、内设机构和人员编制规定》的通知（2019-03-25）

京通办字〔2019〕26号　中共北京市通州区委办公室关于印发《中共北京市通州区委巡察工作领导小组办公室职能配置、内设机构和人员编制规定》的通知（2019-03-25）

京通办字〔2019〕27号　中共北京市通州区委办公室关于印发《中共北京市通州区委综合考评委员会办公室职能配置、内设机构和人员编制规定》的通知（2019-03-25）

京通办字〔2019〕28号　中共北京市通州区委办公室关于印发《中共北京市通州区委老干部局职能配置、内设机构和人员编制规定》的通知（2019-03-25）

京通办字〔2019〕29号　中共北京市通州区委办公室关于调整中共北京市通州区委区直属机关工作委员会职能配置、内设机构和人员编制的通知（2019-03-25）

京通办字〔2019〕30号	中共北京市通州区委办公室　北京市通州区人民政府办公室关于印发《中共北京市通州区委网络安全和信息化委员会办公室职能配置、内设机构和人员编制规定》的通知（2019—03—25）
京通办字〔2019〕31号	中共北京市通州区委办公室　北京市通州区人民政府办公室关于调整北京市通州区融媒体中心职能配置、内设机构和人员编制的通知（2019—03—25）
京通办字〔2019〕32号	中共北京市通州区委办公室关于调整北京市通州区档案馆职能配置、内设机构和人员编制的通知（2019—03—25）
京通办字〔2019〕33号	中共北京市通州区委办公室　北京市通州区人民政府办公室关于印发《北京市通州区人民政府办公室职能配置、内设机构和人员编制规定》的通知（2019—03—25）
京通办字〔2019〕34号	中共北京市通州区委办公室　北京市通州区人民政府办公室关于调整北京市通州区发展和改革委员会机构编制的通知（2019—03—25）
京通办字〔2019〕35号	中共北京市通州区委办公室　北京市通州区人民政府办公室关于印发《中共北京市通州区委教育工作委员会、北京市通州区教育委员会职能配置、内设机构和人员编制规定》的通知（2019—03—25）
京通办字〔2019〕36号	中共北京市通州区委办公室　北京市通州区人民政府办公室关于印发《北京市通州区科学技术委员会职能配置、内设机构和人员编制规定》的通知（2019—03—25）
京通办字〔2019〕37号	中共北京市通州区委办公室　北京市通州区人民政府办公室关于印发《北京市通州区经济和信息化局职能配置、内设机构和人员编制规定》的通知（2019—03—25）
京通办字〔2019〕38号	中共北京市通州区委办公室　北京市通州区人民政府办公室关于印发《中共北京市通州区委社会工作委员会、北京市通州区民政局职能配置、内设机构和人员编制规定》的通知（2019—03—25）
京通办字〔2019〕39号	中共北京市通州区委办公室　北京市通州区人民政府办公室关于印发《北京市通州区司法局职能配置、内设机构和人员编制规定》的通知（2019—03—25）
京通办字〔2019〕40号	中共北京市通州区委办公室　北京市通州区人民政府办公室关于调整北京市通州区财政局机构编制的通知（2019—03—25）
京通办字〔2019〕41号	中共北京市通州区委办公室　北京市通州区人民政府办公室关于印发《北京市通州区人力资源和社会保障局职能配置、内设机构和人员编制规定》的通知（2019—03—25）
京通办字〔2019〕42号	中共北京市通州区委办公室　北京市通州区人民政府办公室关于印发《北京市通州区生态环境局职能配置、内设机构和人员编制规定》的通知（2019—03—25）
京通办字〔2019〕43号	中共北京市通州区委办公室　北京市通州区人民政府办公室关于印发《北京市通州区住房和城乡建设委员会职能配置、内设机构和人员编制规定》的通知（2019—03—25）
京通办字〔2019〕44号	中共北京市通州区委办公室　北京市通州区人民政府办公室关于印发《北京市通州区交通局职能配置、内设机构和人员编制规定》的通知（2019—03—25）
京通办字〔2019〕45号	中共北京市通州区委办公室　北京市通州区人民政府办公室关于印发《北京市通州区水务局职能配置、内设机构和人员编制规定》的通知（2019—03—25）

京通办字〔2019〕46 号	中共北京市通州区委办公室　北京市通州区人民政府办公室关于印发《北京市通州区商务局职能配置、内设机构和人员编制规定》的通知（2019—03—25）
京通办字〔2019〕47 号	中共北京市通州区委办公室　北京市通州区人民政府办公室关于印发《北京市通州区文化和旅游局职能配置、内设机构和人员编制规定》的通知（2019—03—25）
京通办字〔2019〕48 号	中共北京市通州区委办公室　北京市通州区人民政府办公室关于印发《北京市通州区应急管理局职能配置、内设机构和人员编制规定》的通知（2019—03—25）
京通办字〔2019〕49 号	中共北京市通州区委办公室　北京市通州区人民政府办公室关于印发《北京市通州区市场监督管理局职能配置、内设机构和人员编制规定》的通知（2019—03—25）
京通办字〔2019〕50 号	中共北京市通州区委办公室　北京市通州区人民政府办公室关于调整北京市通州区人民政府国有资产监督管理委员会机构编制的通知（2019—03—25）
京通办字〔2019〕51 号	中共北京市通州区委办公室　北京市通州区人民政府办公室关于印发《北京市通州区园林绿化局职能配置、内设机构和人员编制规定》的通知（2019—03—25）
京通办字〔2019〕52 号	中共北京市通州区委办公室　北京市通州区人民政府办公室关于印发《北京市通州区金融服务办公室职能配置、内设机构和人员编制规定》的通知（2019—03—25）
京通办字〔2019〕53 号	中共北京市通州区委办公室　北京市通州区人民政府办公室关于印发《北京市通州区信访办公室职能配置、内设机构和人员编制规定》的通知（2019—03—25）
京通办字〔2019〕54 号	中共北京市通州区委办公室　北京市通州区人民政府办公室关于调整北京市通州区地震局机构编制事项的通知（2019—03—25）
京通办字〔2019〕55 号	中共北京市通州区委办公室　北京市通州区人民政府办公室关于调整北京市通州区农村合作经济经营管理站机构编制事项的通知（2019—03—25）
京通办字〔2019〕56 号	中共北京市通州区委办公室印发《关于开展集中整治形式主义、官僚主义问题的工作方案》的通知（2019—03—27）
京通办字〔2019〕57 号	中共北京市通州区委办公室　北京市通州区人民政府办公室关于印发《落实蔡奇书记、陈吉宁市长调研城市副中心产业发展重点任务清单》的通知（2019—03—28）
京通办字〔2019〕58 号	中共北京市通州区委办公室印发《关于进一步加强同党外人士团结联系的实施意见》的通知（2019—04—16）
京通办字〔2019〕59 号	中共北京市通州区委办公室关于印发《中共北京市通州区委办公室职能配置、内设机构和人员编制规定》的通知（2019—05—15）
京通办字〔2019〕60 号	中共北京市通州区委办公室关于印发《通州区新时代文明实践中心建设工作方案》的通知（2019—05—23）
京通办字〔2019〕61 号	中共北京市通州区委办公室关于成立中共北京市通州区委督促检查工作领导小组的通知（2019—06—05）
京通办字〔2019〕62 号	中共北京市通州区委办公室　北京市通州区人民政府办公室关于印发《落实蔡奇书记、陈吉宁市长调研城市副中心生态环境建设重点任务清单》的通知（2019—06—11）
京通办字〔2019〕63 号	中共北京市通州区委办公室关于印发区委全面依法治区委员会协调小组成员名单的通知（2019—07—03）

京通办字〔2019〕64号	中共北京市通州区委办公室关于印发《中共北京市通州区委全面依法治区委员会工作规则》《中共北京市通州区委全面依法治区委员会协调小组工作规则》、《中共北京市通州区委全面依法治区委员会办公室工作细则》和《中共北京市通州区委全面依法治区委员会专家决策咨询议事规则》的通知（2019−07−03）
京通办字〔2019〕65号	中共北京市通州区委办公室关于印发区委平安通州建设领导小组组成人员、成员单位及其办公室成员名单的通知（2019−07−09）
京通办字〔2019〕66号	中共北京市通州区委办公室印发《关于调整区属国有企业领导人员管理体制的意见》的通知（2019−07−12）
京通办字〔2019〕67号	中共北京市通州区委办公室印发《中共北京市通州区委关于开展村（社区）巡察的意见（2019−2021年）》的通知（2019−07−17）
京通办字〔2019〕68号	中共北京市通州区委办公室关于印发区委国家安全委员会成员及其办公室成员名单的通知（2019−07−22）
京通办字〔2019〕69号	中共北京市通州区委办公室关于印发《中共北京市通州区委财经委员会工作规则》和《中共北京市通州区委财经委员会办公室工作制度》的通知（2019−07−30）
京通办字〔2019〕70号	中共北京市通州区委办公室 北京市通州区人民政府办公室印发《关于加强通州区城市公共空间艺术品建设管理的意见》的通知（2019−08−08）
京通办字〔2019〕71号	中共北京市通州区委办公室 北京市通州区人民政府办公室关于印发《北京市通州区漷县镇机构改革试点方案》的通知（2019−08−16）
京通办字〔2019〕72号	中共北京市通州区委办公室 北京市通州区人民政府办公室关于印发《落实蔡奇书记调研台湖演艺小镇重点工作任务清单》的通知（2019−08−26）
京通办字〔2019〕73号	中共北京市通州区委办公室 北京市通州区人民政府办公室关于印发《落实蔡奇书记、陈吉宁市长推进副中心规划建设重点任务清单》的通知（2019−08−26）
京通办字〔2019〕74号	中共北京市通州区委办公室关于印发《通州区深入开展“以案为鉴、以案促改”警示教育的实施办法》的通知（2019−09−20）
京通办字〔2019〕75号	中共北京市通州区委办公室关于印发《中共北京市通州区委生态文明建设委员会工作规则》《中共北京市通州区委生态文明建设委员会专项工作小组工作规则》和《中共北京市通州区委生态文明建设委员会办公室工作细则》的通知（2019−09−20）
京通办字〔2019〕76号	中共北京市通州区委办公室关于印发《全区“不忘初心、牢记使命”主题教育专项整治工作方案中区委办牵头三项重点任务具体实施方案》的通知（2019−11−12）
京通办字〔2019〕77号	中共北京市通州区委办公室印发《关于区管干部交流轮岗的意见》的通知（2019−11−15）
京通办字〔2019〕78号	中共北京市通州区委办公室 北京市通州区人民政府办公室关于印发《通州区市民热线“接诉即办”工作实施意见》的通知（2019−12−20）
京通办字〔2019〕79号	中共北京市通州区委办公室关于印发《通州区党委（党工委、党组）网络意识形态工作责任制实施细则》的通知（2019−12−31）

2019年通州区人民政府主要文件目录

2019年通州区人民政府文件目录

通政发〔2019〕1号　北京市通州区人民政府关于印发通州区2019年为群众拟办重要民生实事的通知（2019−2−26）

通政发〔2019〕2号　北京市通州区人民政府关于印发赵磊同志在区六届人大五次会议上作的《政府工作报告》的通知（2019−2−25）

通政发〔2019〕3号　北京市通州区人民政府关于印发2019年通州区政府折子工程的通知（2019−3−11）

通政发〔2019〕4号　北京市通州区人民政府关于机构设置的通知（2019−4−23）

通政发〔2019〕5号　北京市通州区人民政府关于印发通州区控制在施违法建设若干规定的通知（2019−6−19）

通政发〔2019〕6号　北京市通州区人民政府关于印发通州区创建服务业扩大开放综合试点先导区实施方案的通知（2019−8−15）

通政发〔2019〕7号　北京市通州区人民政府关于进一步促进就业创业工作的实施意见（2019−9−10）

2019年通州区人民政府办公室文件目录

通政办发〔2019〕1号　北京市通州区人民政府办公室关于印发通州区2019年提升农村人居环境推进美丽乡村建设工作方案的通知（2019−2−22）

通政办发〔2019〕2号　北京市通州区人民政府办公室关于认真做好2019年重大（区域性）火灾隐患挂牌督办工作的通知（2019−3−14）

通政办发〔2019〕3号　北京市通州区人民政府办公室关于印发通州区污染防治攻坚战2019年行动计划的通知（2019−3−18）

通政办发〔2019〕4号　北京市通州区人民政府办公室关于进一步明确责任加快实施《通州区国民经济和社会发展第十三个五年规划纲要》的通知（2019−3−19）

通政办发〔2019〕5号　北京市通州区人民政府办公室印发关于加强准物业或无物业管理小区规范治理工作方案的通知（2019−3−19）

通政办发〔2019〕6号　北京市通州区人民政府办公室关于印发通州区农村产权交易管理办法（试行）的通知（2019−3−19）

通政办发〔2019〕7号　北京市通州区人民政府办公室印发关于规范违法群租房专项整治工作加强对违法群租行为联合惩戒实施办法的通知（2019−3−25）

通政办发〔2019〕8号	北京市通州区人民政府办公室关于印发通州区美丽乡村建设专项资金管理办法（试行）的通知（2019-4-15）
通政办发〔2019〕9号	北京市通州区人民政府办公室关于印发通州区2019—2020年餐饮业油烟净化设施提标改造实施方案的通知（2019-4-17）
通政办发〔2019〕10号	北京市通州区人民政府办公室关于印发通州区耕地保护责任目标考核办法的通知（2019-4-17）
通政办发〔2019〕11号	北京市通州区人民政府办公室关于印发《通州区城市地下管线管理办法（试行）》的通知（2019-4-17）
通政办发〔2019〕12号	北京市通州区人民政府办公室关于印发《2019年通州区交通综合治理行动计划》的通知（2019-4-26）
通政办发〔2019〕13号	北京市通州区人民政府办公室关于加强通州区城乡劳动力职业培训提高就业能力工作的意见（2019-4-28）
通政办发〔2019〕14号	北京市通州区人民政府办公室关于印发2019年通州区非本市户籍适龄儿童少年接受义务教育证明证件材料审核实施细则的通知（2019-4-29）
通政办发〔2019〕15号	北京市通州区人民政府办公室关于印发通州区“防风险保平安迎大庆”消防安全执法检查专项行动方案的通知（2019-6-3）
通政办发〔2019〕16号	北京市通州区人民政府办公室关于通州区统筹促消费增长工作的意见（2019-7-19）
通政办发〔2019〕17号	北京市通州区人民政府办公室关于印发通州区全面推进行政复议规范化建设工作方案的通知（2019-8-26）
通政办发〔2019〕18号	北京市通州区人民政府办公室关于公布通州区第三批区级非物质文化遗产代表性项目名录的通知（2019-10-21）
通政办发〔2019〕19号	北京市通州区人民政府办公室关于印发通州区全面推行行政执法公示制度执法全过程记录制度重大执法决定法制审核制度实施方案的通知（2019-12-3）

2019年通州区社区居委会名录（共计142个）

新华街道办事处（9个）

名　称	地　址	电　话
天桥湾	天桥湾13号楼前平房	69551634
东大街	如意园小区12号楼－7（此为临时租赁办公场所）	69551624
新　建	北大街17号（此为临时租赁办公场所）	69551274
贡　院	如意园小区12号楼－7（此为临时租赁办公场所）	69551604
司　空	北大街59号（此为临时租赁办公场所）	69551430
如　意	吉祥园甲18－1	69551294
北　关	北大街17号（此为临时租赁办公场所）	69551284
盛业家园	通胡大街23号院206号楼北侧平房	51070549/53315611
京贸国际城	京贸国际城南门西侧二层楼	89587323/89587321

北苑街道办事处（20个）

名　称	地　址	电　话
果园西	北苑南路48号院内平房	81531314
新北苑	杨庄南街1号	60534924
后南仓	后南仓12楼北侧	69553562
新城南街	后南仓32号楼金禧花园小区内1层	69519160
新华西街	新华西街15号院北门外	69531046
长桥园	八里桥南街87号院8号楼104、105室	89503063
五里店	杨庄路5号	60533861
玉带路	潞河中学北街13号	80886601
帅府	帅府小区40楼北侧	69516593
西关	万方家园锦园1号楼1－21	80880548
复兴南里	北苑南路38号院底商2号楼2－6号	80814056
北苑桥	八里桥南街1号院E座105室	60530243
锦园	五里店西路6号院6号楼底商101	60536578
中山街	中山大街52号6单元102号	80880623
京贸国际	八里桥南街68号院1号楼107室	89506243
滨惠南三街	万方家园锦园1号楼1单元301室	80888362

新华联家园北区	新华联家园北区东北门旁	80812378
天时名苑	天时名苑小区 10 号楼 1 单元 102 室	80574061
广通	广通小区 1 号楼 2 单元 102 室	60534924
官园	中山大街 56 号院 2 号楼	

中仓街道办事处（14 个）

名　称	地　址	电　话
中　仓	中仓小区 10 号楼东侧平房	69513099
四员厅	新街下坡 9 号	69536342
东　里	新城东里 17 号楼后平房	69536431
西　营	玉带河大街 50 号楼院内	69548171
悟仙观	南大街 47 号	69555872
莲花寺	南大街莲花寺 5 号	69554865
白将军	南大街东顺城街甲 8 号	69551915
小　园	东营前街 3 号楼底商一号	69513149
西上园	西上园一区甲 13 号楼	60562853
上　营	潞通大街 198 号院 8 号楼 2 单元 101	60561778
东　关	潞通大街 198 号院 11 号楼 1 单元 101	60561467
新华园	故城东路 51 号院北侧平房	69536809
中上园	玉带河东大街 145 号	60563020
滨　河	运河明珠小区 2 号楼 3 单元 4 层	52113080

玉桥街道办事处（17 个）

名　称	地　址	电　话
乔庄北街	乔庄东区 91 号院南侧灰楼一层	81598082
土　桥	临河里 106 号楼首、二层	56405153
玉桥东里	玉桥东里 6 号楼底商 6 － 1,6 － 2	81546160
艺　苑	艺苑西里 7 号楼 111 室	81534001
运河东大街	葛布店东里 12 楼南平房	81525744
玉桥南里	玉桥南里 22 号楼北平房	81586364
玉桥北里	玉桥北里 47 号楼	81586392
葛布店南里	葛布店东里 100−8（当代名筑底商）	81512199
葛布店北里	蓝山国际小区 2 号楼 1 单元 101 室	81524780
梨 花 园	梨园北街 18 号院 5 号楼南侧	60526533
柳岸方园	玉桥西里中街底商 28、30 号	52101079

柳 馨 园	乔庄东区 91 号院南侧灰楼一层	60549175
玉桥南里南	玉桥南里 50 院 2 号楼底商（景馨家园）	81598088
净水园	净水园 12 号楼	59757433
玉桥东里南	玉桥东里南 115 号楼二层、三层	81575317
新通国际	梨园西里 21 号楼南侧	89542940
潞阳桥	砖厂北里 101 号楼 1 单元 101 室	56530064

通运街道办事处（7 个）

名 称	地 址	电 话
京贸家园	京贸国际城南门西侧二层楼	89583178
运河湾	水仙西路 83 号	80858505
运河园	通州区兽医站南侧	80852774
星 河	水仙西路 89 号（运河湾北区底商）	80855652
荔景园	通胡大街 3—15 号	89587331
紫荆雅园	通胡大街 3—15 号	89587331
水 仙 园	通胡大街 68 号	89587639

永 顺 镇（28 个）

名 称	地 址	电 话
富河园	通州区永顺镇富河园小区门口	69556193/89500119
天赐良园	榆景园二区巴厘岛小区 22 号楼底商东侧	80544295/80508774
运乔嘉园	通州区永顺镇博客园 62 号楼 4 单元 411 室	56865917/56865219
龙旺庄	龙旺庄煤气站东院停车场院内平房	89517535/89591736
世纪星城	世纪星城小区 77 号楼 6 单元 102	52998951/52998952
潞苑南里	东亚逸品阁小区 20 号楼物业二层	80807501/80807582
东潞苑西区	东潞苑五区甲 12 号楼四层	89596690/89557332
潞邑	新潮家园小区 21 号楼商 2	89597806/89557652
运通园	潞苑南大街 614 号院西花园平房	89557072/89557280
杨庄南里西区	杨庄小区 1 号楼平房院内	60533302/60539200
西马庄	西马庄 34 号楼东侧平房	60512196/60511759
苏荷雅居	通州区通朝大街 196 号房间	51819871
永顺西里	永顺西里甲 38 号院东门	60511094/60510545
永顺南里	永顺南街 234 号（永顺南里社区居委会）	60514252/60510483
艺苑东里	艺苑东里小区 A3 号楼 1 单元 101-104 室	81538215/60522980

杨庄南里南区	杨庄小区 13 号楼对面 杨庄电信局南侧	60531051/60533871
潞苑嘉园	永顺镇社会服务管理中心西二楼	89588600/89588670
竹木场	永顺镇竹木场村委会	60514342
岳庄	永顺镇永顺路 45 号岳庄社区股份合作社	69551671
杨富店	永顺镇杨富店村党支部（果园地铁站南侧 ）	81564891
通广嘉园	通州区怡乐园一区 123 号楼底商 14-15 号	81562541/81562624
西潞苑北区	永顺镇安顺路 368 号三楼	69531218/69531219
潞苑北里	珠江国际家园 3 号地 31 号楼、32 号楼	57907159/57907157
珠江家园	通瑞嘉园小区 2 号商业楼二层	81560641/81560642
西潞苑南区	永顺镇安顺路 368 号二层	69530501/69530502
惠兰美居	惠兰美居 8 号楼 4 层	80858520
榆东一街	金地格林小区南区 1 号楼 1 单元旁小门	80840915/80840912
运河滨江	玉桥东里 122 号楼 2 层	81516966/81520866

梨 园 镇（26 个）

名 称	地 址	电 话
新华联家园南区	新华联家园南区 10 号楼 5 单元 502 号（地下室）	81557495
格瑞雅居	格瑞雅居小区北平房	81539489
靓景明居	梨园镇怡乐园三区靓景明居西会所二层居委会办公室	58013927
万盛北里	梨园镇万盛北里 380 号楼 2 层	81573410
龙 鼎 园	翠景南里西区 6 号楼 104 号	81551872
金侨时代家园	花涧溪 28 号楼 2 层	60550769
梨园东里	梨园东里南区物业楼一层	81573402
京洲园	京洲园 413 号楼底层（京洲馨园院内）	60545691
翠景北里	梨园镇瑞都国际小区（南区 9 号楼）	81518043
葛布店东里	北杨洼小区 28 号楼前平房	81541462
群芳园	云景东路 66 号院群芳园小区老年活动中心二楼	81524368
云景东里	梨园镇园景阁东区南门平房 5-7 号	81577966
云景里	云景里社区 10# 楼前社区服务站一楼。	60529914
颐瑞西里	梨园镇群芳中二街 152 号瑞都公园世家小区 5 号楼	60529747
颐瑞东里	梨园镇颐瑞东里 C 区 147 号 2 层	81578395
欣达园	群芳四园桃花岛小区商 AA 座 998—5 号	81526302
曼城家园	梨园镇万盛北里甲 420 号楼地下室	81532973
云景北里	新城阳光小区 32 号楼 511 室 512 室 513 室	60529512
翠屏北里	翠屏北里小区 1 号楼北侧平房	81517532
大方居	大方居小区 331 号楼 1 层	57055500

翠屏南里	通景园 194 号楼 2 层	56852916
新城乐居	梨园镇新城乐居社区 207 号楼 2 层	57553900
铭悦园	砖厂南里 23 号楼 203 室	
砖厂南里	砖厂南里 43 号楼 3 单元南侧铭悦雅园小区内	
临河里	东方华业玫瑰 A8 号楼三单元旁临河里社区居委会	81591507
玫瑰园	华业东方玫瑰 D 区 34 号楼 D1117	81599002

台湖镇（6 个）

名　称	地　址	电　话
定海园一里	通州区台湖镇定海园小区一里	80822476
定海园二里	通州区台湖镇定海园小区二里	69508386
润枫领尚	润枫领尚居住小区 22 号楼 1 层	
拾景园	拾景园居住小区 4 号楼 1 层 101 和 2 层 205 号	
印象北里	8 号楼一层 102、103 和二层 202 室	
印象南里	20 号楼一层 102.103 和二层 201 室	

马驹桥镇（10 个）

名　称	地　址	电　话
新海南里	新海南里 39 号楼一单元 101 室	60509328
新海北里	新海南里 39 号楼 3 单元 102 室	60509590
新海祥和	新海北里 8 号楼一单元 101 室	60509527
宏仁	马桥路 228 号院 1 号楼 2 单元 102 室	56650187/8
瑞晶苑	马驹桥镇景盛北二街 15 号院东亚瑞晶苑小区 9 号楼 2 层 202 房间	59397075/6
国风美仑	马驹桥经贸二街国风美仑 7 号院 6 号楼一层	80595810
香雪兰溪	马驹桥香雪兰溪 14 号楼 2 单元一层	61587510
富力尚悦居	马驹桥镇富力尚悦居社区 B 区西门	80805205
兴贸北街	马驹桥物流 B 东公租房项目小区 11 号楼 2 层	
逸景家园	珠江逸景小区 228 号楼一层	

漷县镇（3 个）

名　称	地　址	电　话
绿茵小区	绿茵小区南门西侧	80586010
绿茵西区	绿茵西区二期院内	80520295
金三角	金三角商贸城内	80566298

于家务乡（2个）

名称	地址	电话
于家务西里	北京市通州区于家务回族乡于家务西里社区 A13 地块 26 号楼一层	80532976
永济	渠头二路永济社区 14 号楼	80552040

2019 年通州区村民委员会名录（共计 470 个）

永顺镇（21个）

上营	60560765	乔庄	81582577
小圣庙	69572219	范庄	69555513
南关	52353387	焦王庄	58011003
果元	81517118	王家场	89590826
杨庄	81566266	刘庄	89597779
永顺	89532535	李庄	89594266
前上坡	80887261	耿庄	89593772
西马庄	60512253	龙旺庄	89590733
邓家窑	80541089	小潞邑	89597311
新建	69543380	苏坨	89597682
北马庄	89576102		

梨园镇（26个）

半壁店	60558867	孙庄	60521755
李老公庄	81561744	车里坟	60521574
刘老公庄	81542917	孙王场	81533342
小稿	60522734	九棵树	60522782
东总屯	81525795	东小马庄	60528361
西总屯	60529897	魏家坟	60557573
小街一队	60525633	将军坟	60524095

小街二队	60525822	高 楼 金	61568873
小街三队	60525079	三 间 房	60520967
西小马庄	81521609	梨　园	60524999
大 稿 村	81563977	北 杨 洼	81514505
曹　园	58019983	公　庄	81530435
大 马 庄	81533853	砖　厂	69573088

宋庄镇（47个）

关 辛 庄	89571580	辛　店	69591318
郝 各 庄	89572596	大 兴 庄	69596764
西　赵	89572556	宋　庄	52100642
港　北	89572534	小　堡	80856711
南 马 庄	89572537	疃　里	89599012
高 各 庄	89571189	六　合	69591432
翟　里	89572180	后夏公庄	69591012
北 寺 庄	89571591	前夏公庄	69591015
小杨各庄	89572939	邢 各 庄	52112046
白　庙	69596618	丁 各 庄	52107606
任　庄	52337325	高 辛 庄	52103301
喇 嘛 庄	69596776	菜　园	52103588
小邓各庄	52105295	富　豪	89551542
大邓各庄	69598092	尹 各 庄	89551774
师 姑 庄	89513098	草　寺	89567384
北刘各庄	69593069	岗　子	80857681
摇 不 动	69597529	北 窑 上	80857071
平 家 疃	80859335	王 辛 庄	80857764
大　庞	89567534	寨　里	89559724
小　营	89567347	寨 辛 庄	80519389
内 军 庄	89567704	葛　渠	89559541
徐 辛 庄	89567414	吴 各 庄	52330970
沟 渠 庄	89567694	管　头	89559388
双 埠 头	52115902		

路城镇（54个）

东杨庄	89526240	七级	89581804
魏庄	89521688	堡辛	69594175
霍屯	89521653	常屯	69594280
古城	89582750	东堡	89581927
杨坨	89515336	西堡	89592060
郝家府	52110100	召里	69594138
辛安屯	89515031	后屯	69594387
胡各庄	89582070	孙各庄	89598871
大台	89583154	兴各庄	61521186
留庄	89580738	燕山营	61525258
东夏园	89582453	凌家庙	61522002
庙上	89582475	李疃	61520575
大营	89582543	武疃	61529663
东小营	89582652	前疃	61525848
前北营	89582674	东前营	61529355
后北营	89582760	贾后疃	61521244
黎辛庄	89581373	前榆林庄	61523101
南刘各庄	89581206	后榆	61522290
八各庄	89583992	卜落垡	61529885
东刘庄	61529815	夏店	61522700
岔道	61520832	崔家楼	61521364
侉店	52339226	肖庄	61521090
大甘棠	61522818	大东各庄	61521324
小甘棠	61521214	小东各庄	61521046
大豆各庄	52119752	谢楼	61559044
小豆各庄	52119772	康各庄	61552047
武窑	61521505	太子府	61551656

西集镇（57个）

曹刘各庄	61576083	东辛庄	61576095
南小庄	61576061	大灰店	61576109
上坡	61576063	大沙务	61576046
和合站	61576065	小灰店	61576113

安辛庄	61578189	小沙务	61576119
吕家湾	61576014	牛牧屯	61576584
杨家洼	61579713	桥　上	61576107
辛　集	61576238	杜　店	61576105
肖家林	61576040	前东仪	61576121
前寨府	61577119	史东仪	61576004
后寨府	61576093	侯东仪	61576005
黄东仪	61576009	耿　楼	61558230
尹家河	61576124	陈　桁	61558203
赵　庄	61513442	王　庄	61558204
侯各庄	61576013	金　坨	61558993
于辛庄	61576015	何各庄	61558213
车　屯	61571336	金各庄	61558240
武辛庄	61576371	张各庄	61558132
胡　庄	61579436	望君疃	61558243
协各庄	61576043	杜柳棵	61558259
西　集	61576041	马　坊	61558126
石　上	61516914	任辛庄	61558047
王　上	61576115	太平庄	61558008
林　屯	61576059	小　屯	61558186
岳　上	61576081	小辛庄	61558148
郎　东	61558071	供给店	61558618
郎　西	61558003	儒　林	61558184
老庄户	61558374	沙古堆	61558610
冯各庄	61558147		

漷县镇（61个）

马　头	80586102	周起营	69568414
马　堤	80599103	北堤寺	69568405
三黄庄	80586945	黄厂铺	69568457
石　槽	80586105	小　屯	80566043
毛　庄	80586107	曹　庄	80561183
高　庄	80587899	纪各庄	80569674
沈　庄	80599660	侯黄庄	80566515
后　地	80599770	马　庄	13801052382
小香仪	80580180	张　庄	80563274

大香仪	80580723	东寺庄	80566123
东黄垡	80586034	凌庄	80566350
西黄垡	80586024	前尖平	13911183839
漷县	80586302	后尖平	80566149
杨堤	80586109	徐官屯	80562346
长凌营	80581411	东定安	80561195
榆林庄	80582877	西定安	80562348
苏庄	80586097	军屯	80564522
马务	80586007	柏庄	80560069
翟各庄	80585242	龙庄	80566131
许各庄	80583480	李辛庄	80566059
南阳	80586090	尚武集	80566145
靛庄	80599700	觅子店	80566221
吴营	13701140525　80525890	南屯	80567245
王楼	80581902	穆家坟	80590341
郭庄	13699108950	军庄	80590724
中辛庄	80586091	边槐庄	80566038
南丁庄	69568406	梁家务	80565218
东鲁	69569754	罗庄	80566045
西鲁	69569348	前元化	80561003
草厂	69568404	后元化	80567268
大柳树	80563774		

张家湾镇（57个）

张湾村	61506019	南姚园	61569450
张湾镇	61568516	齐善庄	61502914
施园	69573004	牌楼营	69573014
宽街	69572972	马营	69573714
唐小庄	69573703	前街	69581366
立禅庵	69573724	中街	69581403-8003
大高力庄	69573432	后街	69581407
南许场	69571033	后坨	69580496
北许场	69571866	小耕垡	13716464092
土桥	69572122	前南关	69587401
皇木厂	69573040	后南关	69586221
上马头	69573247	北仪阁	69571435

张辛庄	69571661	前青山	69580028
梁各庄	69572274	后青山	69589049
东定福庄	69573431	苍　上	69588665
西定福庄	69573749	王各庄	69581457
贾各庄	69573743	东永和屯	13716464318
姚辛庄	69573493	西永和屯	69581459
里二泗	61563348	小北关	13716464633
烧酒巷	69573451	大北关	69581417
上　店	69571300	垡　头	69581420
大辛庄	69571097	三间房	69588620
枣林庄	69575208	北大化	69584315
何各庄	69573746	陆辛庄	69581126
瓜　厂	69573747	苍　头	69581153
南火垡	69585262	坨　堤	69583433
十里庄	69586164	高　营	13716464635
南大化	69581415	样　田	60570147
柳　营	69582151		

台湖镇（41个）

董　村	81501225	垛　子	69509532
北神树	81502473	徐　庄	69500545
丁　庄	69501648	台　湖	61531983
白　庄	69501282	玉甫上营	61532683
马　庄	69501280	西下营	61535015
东下营	61531705	北姚园	61531732
唐大庄	61574707	碱　厂	61531737
尖　垡	61531742	朱家垡	61531895
水　南	69503089	兴武林	61531754
北小营	80823591	窑　上	61531763
西太平庄	69502474	北火垡	61534143
次　一	69501725	蒋辛庄	61531903
次　二	69501029	外郎营	52105926
东　石	69502248	周坡庄	61538152
桂家坟	81509719	胡家垡	61531936
麦　庄	69502417	江　场	61531950
永隆屯	69503727	口　子	61531952

大　地	69509494	铺　头	61531962
新　河	69500545	前　营	61532014
高古庄	69500416	田家府	61531335
桑　元	69501548		

马驹桥镇（45个）

北门口	60509484	大周易	60509219
二　街	60509416	史　村	60507775
三　街	60599947	前银子	60509338
一　街	60508866	后银子	60500244
西后街	60502930	驸马庄	60591198
辛　屯	60509516	南　堤	60591108
大葛庄	60500272	大杜社	61585729
东　店	60509861	小杜社	61585740
西　店	60509403	西马各庄	61582737
马　村	60509581	六郎庄	61583915
小　白	60509327	大松垡	61584561
姚　村	60505858	小松垡	61585747
张各庄	60509774	神　驹	61585753
大　白	60509745	柏　福	61585752
张　村	60509227	东田阳	61583398
古　庄	60509490	南小营	61582571
房辛店	60509517	团瓢庄	61582666
小张湾	60505058	姚辛庄	61585996
周　营	60509228	前堰上	61585951
杨秀店	60594082	后堰上	61585935
郭　村	60501226	陈各庄	61582958
柴　务	60509519	西田阳	61585950
小周易	60505899		

永乐店镇（38个）

永乐店一村	69569024	新西庄	69568493
永乐店二村	69568744	南堤寺东村	69568489
永乐店三村	69568632	南堤寺西村	69568487
小南地	69569656	马合店	80553586

大　羊	69569314	后　营	80551315
孔　庄	69569684	西槐庄	80551454
老槐庄	69564047	坚　村	80598008
陈辛庄	69564646	小　安	80551312
邓　庄	69567975	临沟屯	80511342
后　甫	69568355	应　寺	80511306
东张各庄	69564024	胡家村	80512105
德仁务前街	69569990	柴厂屯	80511241
德仁务中街	69568153	熬硝营	80515506
德仁务后街	69568308	小甸屯	80511475
西　河	80551310	三　垡	80511407
东　河	80551978	半截河	80514388
小　务	80551012	兴隆庄	80511424
大　务	80551192	前马坊	80511397
鲁　城	80552715	后马坊	80511492

于家务回族乡（23个）

于家务	80531963	小海字	80522196
东马各庄	80531950	渠　头	80521362
西马坊	80534891	南三间房	80529409
果　村	80531962	富各庄	80523575
神　仙	80534596	王各庄	80523898
北辛店	80532820	满　庄	80523633
大耕垡	80533588	崔各庄	80810466
南仪阁	80531946	东　垡	80521474
仇　庄	80521158	西　垡	80521359
南刘庄	80521997	前　伏	80521379
吴　寺	80529028	后　伏	80529268
枣　林	80521014		

组织机构及负责人

区委序列

中国共产党北京市通州区委员会

书　记	曾赞荣
副书记	赵　磊
	初军威
常　委	洪　波
	韦　江（女，5月免）
	洪家志（土家族，5月免）
	查显友（5月免）
	郑　宇
	陈江华（5月任）
	刘贵明
	汤一原（5月任）
	张宏韬
	张德启（5月任）

组织部

部　长	韦　江（女，5月免）
	陈江华（5月任）
常务副部长	赵志刚
副部长	杨连元（兼）
	王增哲（兼）
	汪　维（女，满族）
	王　鑫

政法委员会

书　记	刘贵明（5月免）
	张德启（5月任）
常务副书记	张志军
副书记	朱军辉
	任存高
	石国庆（4月任）
政治部主任	张立志（4月任）

宣传部

部　长	查显友（5月免）
	汤一原（5月任）
常务副部长	陈立军
副部长	张卫东（兼，3月免）
	刘　磊
	吴亚西
	杜妍杰（女，8月任）

区委办公室

主　任	鲁新红
常务副主任	张　华（3月免）
副主任	赵振华（兼）
	魏　欣（女）
	杨家毅（7月免）
	冯　宁（4月任）
	李长风（4月任）

区委督查室

主　任	李长风（4月免）

区委机要局（区密码管理局）

局　长	田　莉（女，满族，5月免）
	赵振华（6月任）

精神文明建设委员会办公室

主　任	张卫东（3月免）
副主任	禹晓峰（4月免）
	杜妍杰（女，4月免）

统一战线工作部

部　　长　洪　波
常务副部长　王振成
副 部 长　马玉春(4 月任)
王瑞丰
曹恒永(兼,11 月免)

台湾工作办公室(台湾事务办公室)

主　　任　洪　波(9 月免)
王瑞丰(9 月任)

民宗侨办

主　　任　马玉春(9 月任)

区委区政府研究室(3 月更名)
[原区委研究室(区委全面深化改革领导小组办公室)]

主　　任　毕小京(3 月任)
副 主 任　王建伟(4 月任)
张奉君(4 月任)
改革办副主任　谢京文(4 月任)

区政策研究中心

主　　任　王建英(女,3 月任)

机构编制委员会办公室

主　　任　孝　军(3 月任)
副 主 任　郑旭东(4 月任)

直属机关工作委员会

书　　记　初军威
常务副书记　陆德启
副 书 记　谢建生
马洪利
纪工委书记　刘宏伟(女)
工会主席　曹艳清(女)

区委党校

校　　长　初军威
常务副校长　安志江(5 月免)
张立芳(女,5 月任)
副 校 长　惠学刚
朱　蕾(女)

老干部局

局　　长　王增哲
副 局 长　赵德启
刘冬梅(女)

保密委员会办公室(区国家保密局)

主任(局长)　赵振华(3 月免,12 月任)
副主任(副局长)　马　伟(女,4 月免)

社会工作委员会

书　　记　何海龙(回族,3 月免)
储怀森(3 月任,12 月免)
副 书 记　曹锡钧(4 月免)
于立东(3 月任)
李宗秀(4 月任)

网络安全和信息化委员会办公室(3 月更名)
(原网络安全和信息化领导小组办公室)

主　　任　谢振平(3 月任)
副 主 任　官　宏(4 月任)
禹晓峰(4 月任)

中国共产党北京市通州区纪律检查委员会
中国共产党北京市通州区监察委员会

纪委书记(监委主任)
郑　宇
纪委副书记　石建华
苏礼华(8 月免)
吴　涛
蒋　啸(回族,8 月任)
监委副主任　石建华
苏礼华(10 月免)
吴　涛
蒋　啸(回族,10 月任)
纪委常委　王岩军
刘　宁(女)
西宝生
王洪波(女)
刘江姝(女,12 月免)
监委委员　王岩军
西宝生
王洪波(女)

梁德春
甄国清（女）

办公室

主　　任　刘江妹（女，12月免）

组织部

部　　长　刘　宁（女，5月任）

宣传部

部　　长　郝　洁（女，5月任）

研究室（法规室）

主　　任　仇春旺（5月任）

信访室

主　　任　王岩军（5月任）

案件监督管理室

主　　任　王洪波（女，5月任）

党风政风监督室

主　　任　西宝生（5月任）

第一监督检查室（原第一纪检监察室）

主　　任　毛家宏（5月任）

第二监督检查室（原第二纪检监察室）

主　　任　刘　锐（女，5月任）

第三监督检查室（原第三纪检监察室）

主　　任　陈　钊（5月免）
刘立民（5月任）

第四监督检查室（原第四纪检监察室）

主　　任　刘立民（5月免）

第五审查调查室（原第五纪检监察室）

主　　任　陈　红（女，5月免）
陈　钊（5月任）

第六审查调查室（原第六纪检监察室）

主　　任　曹新宇（5月免）
陈　红（女，5月任）

第七审查调查室

主　　任　曹新宇（5月任）

纪检监察干部监督室（原第七纪检监察室）

主　　任　叶秀川（5月任）

案件审理室

主　　任　刘伶艳（女，5月任）

第一联合派驻纪检监察组

组　　长　黄文健（女）

第二联合派驻纪检监察组

组　　长　翟海英（女）

第三联合派驻纪检监察组

组　　长　刘　江

第四联合派驻纪检监察组

组　　长　宋明凯

第五联合派驻纪检监察组

组　　长　张友刚

第六联合派驻纪检监察组：

组　　长　张秀明（女）

第七联合派驻纪检监察组

组　　长　陈永梅（女）

第八联合派驻纪检监察组

组　　长　刘　丰

第九联合派驻纪检监察组

组　　长　张　银（女）

第十联合派驻纪检监察组

组　　长　胥德增

第十一联合派驻纪检监察组

组　　长　刘士军

第十二联合派驻纪检监察组

组　　长　李笠江（女）

驻教委纪检监察组

组　　长　王文选

驻卫健委纪检监察组（原驻卫计委纪检监察组）

组　　长　雷雨雯（女，4月任）

驻国资委纪检监察组

组　　长　杨德春

驻市场监督局纪检监察组

组　　长　单　玉（女，满族，4月任）

人大序列

通州区人民代表大会常务委员会

主　　任　李玉君
副 主 任　刘　卉（女）
尚祖国
薄立军
张绍武
金文岭（不驻会）
委　　员　王文兵（女）
王书信
王玉英（女）
王婀娜（女）
王　巍（女）
刘志刚
刘国利（回族）
刘振东
杜俊红（女）
李　翔
李智敏（女）
杨东莲（女）
张东凤（女）
张旭凤（女）
张春兰（女）
张俊胜（回族）
张梅菊（女）
郎丽丽（女）
赵　冬（女）
姚华峰
徐佩松
徐　波
徐淑兰（女）
郭宝圣
曹歧连
韩　丽（女）
韩克非（女）
傅　刚
蔡力凯

办公室

主　　任　姚华峰
副 主 任　李凤云（女）
曾智豪

法制办公室

主　　任　曹歧连
副 主 任　李　翔

财政经济办公室

主　　任　张东凤（女）
副 主 任　王文兵（女）

教科文卫体办公室

主　　任　郭宝圣
副 主 任　蔡力凯

城建环保办公室

主　　任　徐　波
副 主 任　李智敏（女）

农村办公室

主　　任　徐佩松
副 主 任　王　巍（女）

代表联络室

主　　任　杨东莲（女）
副 主 任　欧阳君（女）

研究室

主　　任　刘志刚
副 主 任　武顺金（女）

信访办公室

主　　任　王立艳（女）

政府序列

通州区人民政府

区长 赵磊
常务副区长 刘贵明
副区长 洪家志（土家族，5月免）
王岩石
阳波
朱益军
董明慧（女）
张德启（5月免）
黄世喆（5月免）
王博（8月免）
苏国斌
倪德才（5月任）

办公室

主任 朱志高
副主任 毕小京（3月免）
张阳
王春华
胡成平（5月任）
张远月（5月任）
靳国旺（9月任）

督查室

主任 王强（5月免）

突发事件应急委员会办公室

主任 胡成平（5月免）

区信访办公室（3月更名）

党组书记 靳国旺（3月任）
主任 靳国旺
副主任 王丽（女）
姜海龙

人民防空办（3月更名）（原民防局）

党组书记 杜彤（3月任）
主任 杜彤（3月任）
副主任 冯振华

区经济和信息化局（3月更名）（原经济和信息化委员会）

党组书记 杜伟（3月任）
局长 杜伟（3月任）
副局长 李实杰
官宏（4月免）
关淼
张良（12月任）

中关村科技园区通州园管理委员会

主任 苏国斌
党组书记 张洪亮
常务副主任 郭枫（5月任）
副主任 赵正胜
杨建路
综合管理处处长 冯顺利
发展规划处处长 裴志强
产业促进处处长 林广连
办公室主任 何维

农村工作委员会

书记 刘青松（5月免）
王德松（5月任）
副书记 张东旭（4月免）
刘庆生（3月免）
主任 刘庆生（5月免）
副主任 刘瑞芳（女，5月免）
王子江（5月免）
钱玉东（回族，5月免）
杨跃方（5月免）

住房和城乡建设委员会

党组书记 孙奎亮（12月任）
主任 孙奎亮
副主任 王练雄
刘长志
吴殿东

任瑞启
杜少勋

通州区房屋征收事务中心

主　任　赵　明
副主任　张　剑

通州区住房保障事务中心

主　任　张　跃

教育工作委员会

书　记　张立芳（女，5月免）
刘青松（5月任）
副书记　申　键
周　颖（女）
主　任　申　键
副主任　袁静华（女）
刘德杰
王秀东
李跃松（4月免）
宋坤一（4月任）

教育督导室

主　任　李少杰（3月免）
申　键（10月任）

区商务局（3月更名）（原商务委员会）

党组书记　苏礼华（3月任，9月免）
李　霞（女，9月任）
局　长　苏礼华（3月任，10月免）
李　霞（女，10月任）
副局长　刘月刚（5月任）
王立夫（5月任）

科学技术委员会（知识产权局）

党组书记　李　霞（女，10月免）
杜德耕（10月任）
主　任　李　霞（女，10月免）
杜德耕（10月任）
局　长　李　霞（女，5月免）
高树田（10月任）
副主任　潘自欣
张凤军
李　群（女）

发展和改革委员会

党组书记　甄　宇
主　任　甄　宇
副主任　林旭平（2月免）
刘秀杰（女）
余　龙
周　丰（5月任）
张　弘（5月任）
物价所所长　董春山（4月免）

金融服务办公室

党组书记　张春良（3月任，10月免）
李俊霞（女，10月任）
主　任　乔立群（3月免）
张春良（3月任，11月免）
李俊霞（女，11月任）
副主任　乔立群（3月任）
赵程红（女，7月任）

国有资产监督管理委员会

党委书记　吴长利（3月免）
郭　军（3月任）
党委副书记　孟繁虎（3月免）
吴长利（3月任）
牛春刚
主　任　孟繁虎（3月免）
吴长利（3月任）
副主任　刘庆海（12月免）
李立新
巩少峰（12月任）
工会主席　毛永承

城市管理委员会

党委书记　程卫民（12月免）
党组书记　程卫民（12月任）
党组副书记　张文宽（11月免）
主　任　程卫民
副主任　张卫东（12月免）
张跃宗

　　　　　　刘学军
　　　　　　李　琴（女，5月任）

城乡环境建设委员会办公室
　主　　任　程卫民
　专职副主任　李　琴（女，5月免）

燃气事务中心（9月更名）（原燃气管理办公室）
　主　　任　杨艳芬（女，12月任）
　副 主 任　牛文波（12月任）
　　　　　　张金龙（12月任）

环境卫生服务中心
　主　　任　马劲松
　副 主 任　卢子山
　　　　　　张　磊
　工会主席　韩凤源

城市管理指挥中心
　主　　任　高玉强（5月任）

新城中心区建设管理委员会
　党组书记　胡克诚
　主　　任　胡克诚
　副 主 任　李士龙
　　　　　　安聪颖
　　　　　　卫　欣

文化委员会（3月撤销）
　党委书记　王立生（3月免）
　主　　任　王立生（3月免）
　副 主 任　杨根萌（4月免）
　　　　　　林长春（4月免）
　　　　　　马俊艳（女，4月免）

行政执法队
　队　　长　彭绍常（8月免）

文化和旅游局（3月组建）
　党组书记　王立生（3月任）
　党组副书记　纪万成（3月任）
　局　　长　纪万成（3月任）
　副 局 长　王立生（3月任）
　　　　　　杨根萌（5月任）
　　　　　　马俊艳（女，5月任）
　　　　　　林长春（5月任）
　　　　　　王凤荣（女，5月任）
　　　　　　安文崑（5月任）

文化市场综合执法大队
　队　　长　彭绍常（8月任）

人力资源和社会保障局
　党组书记　杨连元（12月任）
　党组副书记　张立华
　局　　长　杨连元
　副 局 长　张立华
　　　　　　李　军
　　　　　　曹奇权
　　　　　　吴绍伟
　　　　　　杨玉洁（女，3月免）

社会保险事业管理中心
　主　　任　王文全

劳动人事争议仲裁院
　院　　长　李祥辉

人力资源公共服务中心
　主　　任　赵海和

医疗保障局（3月组建）
　党组书记　纪福民（4月任）
　局　　长　田春华（女，3月任）
　副 局 长　杨玉洁（女，3月任）

财政局
　党组书记　张春良（12月任）
　党组副书记　何连贺（8月免）
　局　　长　张春良
　副 局 长　李宝清
　　　　　　武燕伶（女）
　　　　　　张　敏（女，蒙古族）

审计局
　党组书记　周东振
　局　　长　周东振
　副 局 长　黄海青
　　　　　　梁　萍（女）

彭凯泉（4 月免）

环境保护局（3 月撤销）

党组书记　裴志刚

局　　长　裴志刚

副 局 长　李彦军（5 月任）

徐晓云（女，5 月任）

生态环境局（3 月组建）

党组书记　张卫东（3 月任）

局　　长　张卫东（3 月任）

副 局 长　李彦军（5 月任）

徐晓云（女，5 月任）

统计局

党组书记　潘月东

党组副书记　刘宗刚

局　　长　潘月东

副 局 长　李振海（12 月免）

刘德龙

陈凤香（女）

总统计师　张春妹（女）

北京市通州区经济社会调查队

队　　长　刘宗刚

副 队 长　韩秀玲（女）

杨照亮（女，9 月任）

体育局

党组书记　苏亚文（女）

局　　长　苏亚文（女）

副 局 长　吴小末（女，7 月免）

王　栋

张春明

工会主席　于德海

卫生健康委员会（3 月组建）

书　　记　白玉光（蒙古族，3 月任）

副 书 记　刘亚兰（女，4 月任）

主　　任　白玉光（蒙古族，3 月任）

副 主 任　李凤苹（女，5 月任）

陈长春（5 月任）

谭　丽（女，5 月任）

李文龙（5 月任）

徐　娜（女，5 月任）

卫生健康监督所（原卫生和计划生育监督所）

所　　长　朱立新（女，8 月任）

老龄事业发展中心

主　　任　何凤红（女，回族，12 月任）

交通局

党组书记　裴志刚（12 月任）

党组副书记　姜富龙（3 月免）

刘福国（12 月任）

局　　长　姜富龙（3 月免）

裴志刚（3 月任）

副 局 长　何万顺

胡　蓝（女）

交通运输综合执法大队

队　　长　贾春风（12 月任）

铁路道口安全事务中心（9 月更名）（原铁路道口安全管理办公室）

主　　任　周　晋（女）

园林绿化局

党组书记　张军领（12 月任）

党组副书记　禹学河

董本新

局　　长　禹学河

副 局 长　李书勇（8 月免）

王春喜（12 月免）

张宝常（5 月任）

工会主席　刘玉梅（女）

绿化委员会办公室

主　　任　禹学河

副 主 任　张宝常（5 月免）

森林公安处

处　　长　高秉权

水务局

党组书记　房亚军（12 月任）

局　　长　房亚军

副 局 长　郭庆福

　　　　刘振锋
　　　　程　群
　　　　钱玉东（回族，5月任）
工会主席　张　淼

农业局（5月合并到农委）

党委书记　刘庆生
党委副书记　陈长春
局　　长　刘庆生
副 局 长　倪寿文
　　　　张春良
　　　　王永利
工会主席　王广龙

农业农村局

局　　长　刘庆生（3月免）
　　　　王德松（6月任）
副 局 长　张东旭（5月任）
　　　　倪寿文（5月任）
　　　　张春良（5月任）
　　　　王子江（5月任）
　　　　王永利（5月任）
　　　　陈长春（5月任）
　　　　杨跃方（5月任）
　　　　刘瑞芳（女，5月任）
工会主席　王广龙

旅游发展委员会（3月撤销）

党组书记　纪万成（3月免）
主　　任　纪万成（3月免）
副 主 任　王凤荣（女，4月免）
　　　　安文崑（4月免）

民政局

党委书记　储怀森（3月免）
党委副书记　于立东（3月免）
　　　　李宗秀（4月免）
局　　长　于立东（3月任）
副 局 长　王　彤（4月任）
　　　　陈晓丽（女，3月免）
　　　　王章兴（5月任）
　　　　周庭桂（女，5月任）
　　　　赵海燕（女，7月任）
工会主席　吴立华（女）

退役军人事务局（3月组建）

党组书记　徐景发（3月任）
局　　长　徐景发（3月任）
副 局 长　杨利民（3月任）
　　　　陈晓丽（女，3月任）

司法局

党组书记　甄　朋
党组副书记　郭玉明
局　　长　甄　朋（3月免）
　　　　张琴琴（女，3月任）
副 局 长　郭玉明
　　　　张改朝（9月免）
　　　　李立文
　　　　张康林（5月任）
　　　　高　飞
　　　　朱战芳（5月任）

安全生产监督管理局（3月撤销）

党组书记　曹树常
局　　长　曹树常
副 局 长　杨文庆
　　　　吴宝祥
　　　　谭先进

区应急管理局（3月组建）

党组书记　曹树常（3月任）
局　　长　曹树常（3月任）
副 局 长　杨文庆
　　　　吴宝祥
　　　　谭先进

法制办公室（3月撤销）

党组书记　陈宏毅
主　　任　张琴琴（女）
副 主 任　张康林
　　　　朱战芳

城市管理综合行政执法局

党组书记　赵瑞恒（12 月任）
局　　长　赵瑞恒
副 局 长　姜军平
　　　　　夏庆元
　　　　　张向忠
　　　　　周建刚

区政务服务管理局（3 月组建）（原区政务服务管理办公室）

党组书记　张弘力（3 月任）
局　　长　张弘力
副 局 长　王　超
　　　　　刘淑清（女）
　　　　　马伟哲（女，回族）

区机关事务服务中心

党组书记　陈均芝
主　　任　陈均芝
副 主 任　辛　卫
　　　　　史永刚
　　　　　纪宇一（女）

档案馆（档案局 3 月撤销）

馆　　长　刘海涛
副 馆 长　王振和（4 月免）
　　　　　张钰丛（女）

党史工作办公室（区地方志办公室）

主　　任　王葆刚
副 主 任　翟荣华（9 月免）
　　　　　王振和（4 月任）

地震局

党组书记　王金成
局　　长　王金成
副 局 长　刘瑞华（12 月免）
　　　　　韩　冰（女）

投资促进服务中心（9 月更名）（原投资促进局）

党组书记　杨东风（12 月任）
主　　任　吴　涛（12 月任）
副 主 任　陈　勇（12 月任）
　　　　　张　逢（12 月任）

种植业服务中心（9 月撤销）

党委书记　刘福生
党委副书记　李春民（3 月免）
主　　任　杜德强
副 主 任　王宝东

农机服务中心（9 月撤销）

党委书记　梁　民
主　　任　梁　民
副 主 任　董　钢
　　　　　王泽宇
工会主席　苏　同

农村合作经济经营管理站

党组书记　张玉和（11 月免）
站　　长　张玉和（3 月任，12 月免）
副 站 长　王书生
　　　　　黄怀远

融媒体中心

党组书记　焦善鸣（3 月任）
主　　任　焦善鸣（3 月任）
副 主 任　王雪征（5 月任）
　　　　　王小利（5 月任）
　　　　　高玉强（3 月免）

北京物资学院

党委书记　李石柱（2 月免）
　　　　　王文举（8 月任）
党委副书记　王文举（兼，8 月免）
　　　　　刘　军（兼，11 月任）
　　　　　沈小静
　　　　　宋晓欣
纪委书记　刘　录
院　　长　王文举（8 月免）
　　　　　刘　军（11 月任）
副 院 长　翁心刚
　　　　　何明珂
　　　　　刘永胜

通州区职业教育中心

党委书记　胡晓东（3月免）
党委副书记　王明生
纪委书记　塔文田
副院长　贾红军

成人教育中心

党委书记　肖建辉
纪委书记　翟　琦
主　任　肖建辉
副主任　李保国
　张成法
　李卫红（女）

潞河中学

校　长　徐　华

行政学院

院　长　刘贵明
常务副院长　安志江（6月免）
　张立芳（女，6月任）
副院长　惠学刚
　朱　蕾（女）

首都医科大学附属北京潞河医院

党委书记　纪福民（4月免）
党委副书记　纪智礼
　杜会山
纪委书记　全俊亚（女）
院　长　纪智礼
副院长　李晓辉
　王喜红
　赵京红
　陈学明

区红十字会

会　长　李亚兰（女，2月免）
　董明慧（女，2月任）
常务副会长　贾立军（女）
秘书长　郑国峰（8月免）
　相洪河（12月任）

北京通州报社（9月撤销）

总编辑　安继连

政协机关

中国人民政治协商会议北京市通州区委员会

主　席　赵玉影
副主席　季志会（女）
　贾君刚
　石宝玉
　王子江（不驻会）
　田春华（女，不驻会）
　吴　涛（不驻会）
秘书长　杜德耕
常务委员　刘宝明
　王振成
　孙大公
　池雪斌
　庞　玉
　胥振阳
　赵　静
　曹恒永
　吕庆申
　张　硕
　倪晓燕
　邹晓美
　岳凤山
　王立生
　贯会学
　杜德强
　张琴琴
　张　松
　李光伟
　胡玉玲
　王红菊
　郝　玥
　刘崇尧

吕　东
杨玉桥
然　教
刘宝平
曹一楠
王连队
王秀东
史长清
刘秀杰
张兴顺
唐　军
程　群
鲁新龙
李　丽
杨朝辉
伊　婵

办公室

主　任	刘宝明（3月免）
	胡晓东（3月任）
副主任	王金瑞（5月免）
	李瑞红（女）
	董九兵（5月任）

研究室

主　任	皮联仿

专委会工作一室

主　任	高　华（3月任）

专委会工作二室

主　任	程行利
副主任	卢雪静（女）

专委会工作三室

主　任	丁振宇（12月免）
	安志江（12月任）

专委会工作四室

主　任	杨广文
副主任	毛瑞霞（女）

专委会工作五室

主　任	李雅静（女）

专委会工作六室

主　任	孔庆媛（女）
副主任	刘　飏（女，回族）

法院　检查院

人民法院

党组书记	陈立如
党组副书记	徐瑞成
院　长	陈立如
副院长	徐瑞成
	张朝阳
	朱长军
政治处主任	张　静（女）
政治处副主任	管亚新（女，回族）
纪检组组长	连增平（女）
执行局局长	樊守林
执行局副局长	马　辉
	王旭东
执行一庭庭长	徐寒军
执行二庭庭长	马　辉
执行三庭庭长	石彦孝（回族）
执行指挥办公室主任	张　涛
审判委员会专职委员	蔡俊清（女）
	王连勇
	刘广强（1月免）
刑事审判第一庭庭长	李中华
刑事审判第二庭庭长	卫　丹（女）
民事审判第一庭庭长	李迎新（女，满族）
民事审判第二庭庭长	刘　梅（女）
民事审判第三庭庭长	赵连峰
民事审判第四庭庭长	朱　璟（女）
行政审判庭庭长	邱春阳
劳动争议审判庭庭长	原海涛

审判监督庭庭长　陈汉东
研究室主任　孙之智
宋庄人民法庭庭长　李士刚
张家湾人民法庭庭长　刘秉浩
漷县人民法庭庭长　孙天舒（女）
马驹桥人民法庭庭长　曹　越
台湖人民法庭庭长　杨　宇
法警大队队长　刘志航（满族）
工会主席　王连勇

人民检察院

党组书记　祁治国
政治处主任　张爱华（女）
检察长　祁治国
副检察长　甘　露（女）
　田长江
　张树昌
　李　峥（女，12月任）
专职委员　李希强
　向令涛

群众团体

区总工会

主席　尚祖国
党组书记　关　平
　于文静（女，兼，5月任）
副主席　关　平
　李　军（兼，5月任）
　徐淑兰（女）
　张艳萍（女，5月任）

共青团北京市通州区委员会

书记　林正航（6月免）
　高　翔（12月任）
副书记　李浩培
　高　翔（4月任）

区妇女联合会

主席　刘美俊（女）
副主席　倪晓燕（女）
　张　君（女）

区工商业联合会

党组书记　曹恒永（11月免）
主席　赵　静（女）
副主席　林　鹏
秘书长　林　鹏

区文学艺术界联合会

主席　樊淑玲（女）
副主席　王桂新

区科学技术协会

党组书记　岳凤山
主席　金文岭
副主席　谭　轶（8月免）
　吴小末（女，8月任）

区残疾人联合会

党组书记　张玉震
理事长　张玉震
副理事长　谭　轶（8月任）

区属商贸服务企业

通州商业资产运营公司

党委书记　孙士臣
党委副书记　温大海
纪委书记　温大海
经理　孙士臣
副经理　何桂霞（女）
　高文峰

郭小莲（女）
冯秀军
李立军
工会主席　温大海

北京金通资产经营管理公司

党委书记　陈满全
党委副书记　关　雪
纪委书记　关　雪
经　　理　陈满全
副 经 理　刘义亭
工会主席　关　雪

通州区煤炭公司

党委书记　潘国利
党委副书记　李宝全
纪委书记　李宝全
经　　理　潘国利
副 经 理　孟庆江
张福全
董维臣

通州区供销合作总社

党委副书记　吴　卫
牛伟伟（女）
米广清（9月免）
纪委书记　牛伟伟（女）
主　　任　吴　卫
副 主 任　米广清（9月免）
曹立波
工会主席　张万兴

园　区

通州新城金融服务园区管委会

主　　任　李宝增
副 主 任　黄之元
雷　霆

北京通州文化旅游区管委会

党组书记　赵　军
主　　任　赵　军
副 主 任　张宝国
李　朋
王冬生

北京通州宋庄文化创意产业集聚区建设管理委员会

副 主 任　孙广平（主持工作）
李　润（女，10月免）

北京通州国际医疗服务区建设管理委员会

副 主 任　杨跃凯
尹凤忠

街道　乡镇

潞源街道

工委书记　倪德才（9月免）
苏　昊（9月任）
工委副书记　刘　鑫
刘文鹏
纪工委书记　康　健（女）
武装部部长　陈　平
总工会主席　张国宽（9月免）
人大街工委主任　倪德才（9月免）
办事处主任　刘　鑫
办事处副主任　黄友庆
程丹棣（女）
吴艳蕾（女）
李　鹏
张国宽（10月任）

通运街道

工委书记	曾祥正
工委副书记	陈新全
	李亚军（回族，4月任）
纪工委书记	詹海霞（女，4月任）
武装部部长	王忠义（2月任）
办事处主任	陈新全
办事处副主任	曾令发（10月任）
	余　洋
	陈　洁（女，4月任）
	张德海（5月任）

中仓街道

工委书记	宗　飞
工委副书记	张　华（3月任）
	张　军
	刘晓波（12月免）
纪工委书记	刘晓波（12月免）
组织部部长	闫荣萍（女，9月免）
宣传部部长	张建竹（女，8月免）
武装部部长	张连宝（12月免）
总工会主席	张玉平
人大街工委主任	宗　飞
人大街工委副主任	米福清（女，回族）
办事处主任	张　华（3月任）
办事处副主任	李　明（12月免）
	崔淑敏（女）
	张建竹（女，8月任）
	王秀民
	于洪流
	米福清（女，回族，10月任，12月免）

新华街道

工委书记	滕永新
工委副书记	张民平
	杨万军
	王庆新（9月免）
纪工委书记	王庆新
组织部部长	吕　征（女，9月免）
宣传部部长	王东艳（女，3月免）
武装部部长	王金瑞（5月任）
总工会主席	薛　玲（女）
人大街工委主任	滕永新
人大街工委副主任	羿永强（9月免）
办事处主任	张民平
办事处副主任	万松梅（女，12月免）
	方向东
	王　刚
	李永金（10月免）
	吕　征（女，10月任）
	羿永强（10月任）

北苑街道

工委书记	李彦明
工委副书记	华　飞（女）
	李永刚（11月免）
	尹长伟（9月免）
纪工委书记	尹长伟（9月任）
组织部部长	高新凤（女，10月免）
宣传部部长	西雪莲（女，10月免）
武装部部长	杜永贵
总工会主席	叶国良
人大街工委主任	李彦明
人大街工委副主任	张宝贵（9月免）
办事处主任	华　飞（女）
办事处副主任	沈延忠
	曾令发（10月免）
	刘彦平
	高新凤（女，10月任）
	西雪莲（女，10月任）
	张宝贵（10月任，12月免）

玉桥街道

工委书记	徐景发（9月免）
	孔钢城（9月任）
工委副书记	孙雪松（女）
	李　青（11月免）
	罗占先（9月免）

纪工委书记	罗占先
组织部部长	张艳萍（女，3月免）
宣传部部长	王春玲（女，9月免）
武装部部长	孟轩昂（12月免）
总工会主席	徐桂兰（女）
人大街工委副主任	张梅菊（女，9月免）
办事处主任	孙雪松（女）
办事处副主任	薛美丽（女）
	董　金
	王春玲（女，10月任）
	刘明晨
	张梅菊（女，10月任）
	张　斌

永顺镇

党委书记	邓忠义
党委副书记	邓小民
	于　军
组织委员	姜宝军
宣传委员	戴迎春（女）
纪委书记	张宝利
武装部部长	王履安（回族）
总工会主席	李德英（女）
人大主席	朱秀慧（女）
镇　　长	邓小民
副镇长	赵程红（女，10月免）
	王　东
	郑永忠
	蔡德刚
	宋坤一（5月免）
	刘　刚
	惠泓斐（5月任）

梨园镇

党委书记	冯利英（女，9月免）
	王翔宇（9月任）
党委副书记	刘永忠
	王元霞（女）
组织委员	张全书（12月免）
宣传委员	辛　新（女）
纪委书记	刘国兴
武装部部长	田洪民
总工会主席	崔丽君（女）
人大主席	许华芳
镇　　长	刘永忠
副镇长	巩少峰（12月免）
	金海河
	王　刚（12月免）
	张远月（11月免）
	高志强
	崔丽君（女）
	闫荣萍（11月任）
	邱　军（11月任）
	张全书（12月任）
	刘树才（12月任）
办事处副主任	张志才

宋庄镇

党委书记	柳德利
党委副书记	王　艳（女）
	李树东
组织委员	李　翔
宣传委员	李晓英（女）
纪委书记	洪壮志
武装部部长	康福星
总工会主席	张殿东
人大主席	王玉英（女）
镇　　长	王　艳（女）
副镇长	裴剑峰
	马宝民
	张春波
	贾春风（12月免）
	张艳明（女）
	徐　俊

张家湾镇

党委书记	聂玉泉
党委副书记	范亮亮（9月免）
	张　硕

组织委员　齐莉丽（女）
宣传委员　陈瑞昆
纪委书记　张新刚
武装部部长　于　良
总工会主席　付永军
人大主席　张国瑞
镇　　长　范亮亮（10月免）
　　　　　张　硕（10月任）
副 镇 长　杨文新
　　　　　郝红芬（女）
　　　　　李小军
　　　　　张凤国
　　　　　杨　彬
　　　　　张　弘（7月免）
　　　　　高龙川（7月任）

漷县镇

党委书记　朱春彬（9月免）
　　　　　范亮亮（9月任）
党委副书记　邹海涛
　　　　　童　露（4月任）
组织委员　张亚忠
宣传委员　张雪莲（女）
纪委书记　杜振强（女）
武装部部长　邢　君
总工会主席　郝洪达
人大主席　曹庆明
镇　　长　邹海涛
副 镇 长　李宝华
　　　　　李佳佳（女）
　　　　　刘树才（4月免）
　　　　　杨　佐

马驹桥镇

党委书记　孙　伟（12月免）
党委副书记　何志达
　　　　　王雪艳（女）
组织委员　王小东
宣传委员　周　媛（女，3月免）
　　　　　曾　琪（女，4月任）
纪委书记　朱新亮
武装部部长　李宝华
总工会主席　陈学庆
人大主席　徐德义
镇　　长　何志达
副 镇 长　张凤华（4月免）
　　　　　于长阳
　　　　　高国庆
　　　　　米学忠
　　　　　王　珍（女）
　　　　　汪立宏
　　　　　李　艾（女，11月任）

西集镇

党委书记　张全启
党委副书记　陈洪波
　　　　　马清文
组织委员　张洪政
宣传委员　冯　宁（女，4月免）
纪委书记　刘晨光
武装部部长　李成军
总工会主席　王昊健（女）
人大主席　果松海
镇　　长　陈洪波
副 镇 长　唐荣光
　　　　　杨继君（女）
　　　　　宋　扬
　　　　　闫海军（5月任）
　　　　　赵海燕（女，7月免）
　　　　　曲春丞（4月免）

潞城镇

党委书记　吴孔安
党委副书记　张旭辉
　　　　　林广星
组织委员　马　骎（女）
宣传委员　潘玉霞（女）
纪委书记　陈　镇
武装部部长　李文周（12月免）

总工会主席　殷文平（女）
人大主席　蔡瑞彬
镇　　长　张旭辉
副镇长　梁红英
韩　鹏
石　韧（回族，3月任）
刘　颖（女，6月免）
高　翔（6月免）
邓长荣（女）
刘　筱（8月免）
张　婷（女，6月任）
殷　磊（6月任）

台湖镇

党委书记　曹东波
党委副书记　卢庆雷（2月任）
初庆宝
组织委员　朱晓鑫
宣传委员　徐敬福
纪委书记　刘小明
武装部部长　韩廷春（12月免）
总工会主席　李　勇
人大主席　郭成礼
镇　　长　曹东波（3月免）
卢庆雷（3月任）
副镇长　贾晓玲（女）
王雪冬
顾有勤
肖　丹
李胜利
纪　方

永乐店镇

党委书记　魏　国
党委副书记　卢庆雷（2月免）
周万武
林正航（6月任）
纪委书记　李　锋
组织委员　王志佳
宣传委员　王绮茜（女）
武装部部长　杨得志
总工会主席　李永生
人大主席　杨志勇
镇　　长　卢庆雷（6月免）
林正航（6月任）
副镇长　李立新
周立军
焦善鸣（6月免）
宋兰艳（女）
李金松
葛　斌（10月任）

于家务回族乡

党委书记　王德松（5月免）
古　剑（回族，9月任）
党委副书记　古　剑（回族，9月免）
葛　静（女）
组织委员　丛莉芸（女）
宣传委员　张志翔
纪委书记　徐海涛
武装部部长　冉金友（12月免）
总工会主席　张宝东
人大主席　王志勇
乡　　长　古　剑（回族）
副乡长　李亚军（回族，4月免）
吕正波
于秀红（女）
李卫忠
孙景宁

双管单位

北京市规划和国土资源管理委员会通州分局

党组书记	郑　皓（女）
党组副书记	靳　京
纪检组组长	朱言生
常务副局长	郑　皓（女）
副　局　长	靳　京
	康振宇
	齐晓庭
	张士祥
	王满屯
	王　玥（女）
	李　伟
	张洪兴
	张彦茹（女）
	张智杰（女）

北京市规划和自然资源委员会通州分局（3月组建）

党组书记	靳　京（3月任）
党组副书记	康振宇（4月任）
纪检组组长	朱言生（4月任）
局　　长	郑　皓（女，3月任）
常务副局长	靳　京（3月任）
副　局　长	康振宇（4月任）
	齐晓庭（4月任）
	张士祥（4月任）
	王　玥（女，4月任）
	李　伟（4月任）
	张洪兴（4月任）
	张彦茹（女，4月任）
	张智杰（女，4月任）

北京市交通委员会通州公路分局

党委书记	王沛才
党委副书记	李金钟
局　　长	李金钟
副　局　长	孔　羽（女）
	张淑琴（女）
	陈丕东
	李金龙
总工程师	阮玉非

通州区质量技术监督局（3月撤销）

党组书记	刘永利
纪检组组长	董迎旭
局　　长	刘永利
副　局　长	董　武
	刘　成
	韩　涛

通州区气象局

党组书记	李文华
纪检组组长	董鹏捷（女）
局　　长	李文华
副　局　长	董鹏捷（女）
	温　煦

中国邮政集团公司北京市通州区分公司

党委书记	侯　杰
局　　长	侯　杰
副　局　长	陈建国（3月免）
	董宗悦
	程新忠（3月任）
	丛树文（1月任）
工会主席	董宗悦

中国人民解放军北京市通州区人民武装部

部　　长	王虎东
政　　委	张宏韬
副部长兼军事科科长	田卫奇
政工科科长	任　钧

通州区税务局

党委书记	杨玉杰
党委副书记	张贻民（12月免）
	史利军

纪检组组长　马　岚（女，回族）
局　　长　杨玉杰
副 局 长　张贻民（12月免）
史利军
田京玉
张孟松
刘亚慧（女）
柯大庆
何文清
杜云涛
王　启
总经济师　孟建秋
总会计师　张　伟

工商行政管理局通州分局（3月撤销）

党组书记　高树田
党组副书记　朱亚军
纪检组组长　单　玉
局　　长　高树田
副 局 长　朱亚军
鲁　嵩
赵　岩
王通新
魏林海
稽查大队大队长　周　清

市场监督管理局（3月组建）

党组书记　冯　源（3月任）
党组副书记　高树田（3月任）
局　　长　高树田（3月任）
副 局 长　冯　源（3月任）
董春山（5月任）
姚　晨（女，5月任）
鲁　嵩（5月任）
王立春（5月任）
董迎旭（5月任）
赵　岩（5月任）
董　武（5月任）
张　民（女，5月任）
刘　成（5月任）
王通新（5月任）
韩　涛（5月任）
王继文（5月任）
魏林海（5月任）
周　清（8月任）
李捍华（5月任）
综合执法大队大队长　杜伟利（8月任）

知识产权服务中心（3月划入市场监督管理局）

主　　任　宋长福

北京市公安局通州分局

党委书记　朱益军
党委副书记　郭　平
分 局 长　朱益军
副分局长　郭　平

通州区消防救援支队（12月成立）（原通州区消防支队）

支 队 长　张敬军
政治委员　刘少如
副支队长　刘武亮
施鸿鹏

通州区交通支队

党委书记　吴学军
党委副书记　林　强
支 队 长　吴学军
政　　委　林　强
副支队长　魏　奎
张国庆
何长成

北京市通州区食品药品监督管理局（3月撤销）

党组书记　冯　源
纪检组组长　姚　晨（女）
局　　长　冯　源
副 局 长　王立春
张　民（女）
王继文
李捍华
稽查大队大队长　杜伟利

北京市通州区烟草专卖局（公司）

党组书记	夏建瓴
纪检组组长	杨　蕾（女）
局长（经理）	夏建瓴
副经理	李　超
副局长	张广秀

部分重点企业

中国烟草总公司北京市公司物流中心

经理	王永革
党委书记	朱桂玲（女）
党委副书记	王永革
副经理	孙壮志（11月免）
	赵全利
	颜其利
	龚　诚（女）
	李　宁

通州区粮油贸易公司

党委书记	唐顺荣
总经理	唐顺荣
副总经理	张启发
	郭　林
	张立永

电信科学技术仪表研究所有限公司

总经理	董恩辉
党委书记	张志勇
党委副书记	董恩辉
	曹永增
纪委书记	曹永增
副总经理	杜俊兴（5月免）
	汤亦斌（3月任）
总工程师	申学军

北京现代坦迪斯变速器有限公司（9月更名）（原北京岱摩斯变速器有限公司）

总经理	金映均
副总经理	孟佑永（5月免）
	朴锺洙（5月任）
	朴来贤
	李赞周（1月免）
	刘奇宣（1月任）
	朴遗腹
	李英熙
	朴相秀
	金天旻（6月免）
	梁　晋
	李羊揆
	安兑環

北京中丽制机工程技术有限公司

董事长	仝文奇
总经理	沈　玮（1月任）
党委书记	宋　林（2月免）
	沈　玮（3月任）
党委副书记	沈　玮（3月免）
	郝洪波
纪委书记	宋　林（2月免）
	张　瑜（女，2月任）
常务副总经理	沈　玮（1月免）
副总经理	焦春阳（2月免）
	宋　林（2018年12月免）
	姜军（11月任）
总会计师	曹　曙
总工程师	吴昌木

北京福元医药股份有限公司（5月更名）（原北京万生药业有限责任公司）

董事长（总经理）	黄　河
副总经理	耿玉先
质量总监	刘　珂（女）
总经理助理	王海明

其他单位

中国联合网络通信有限公司北京市通州区分公司

党委书记　朱正辉
总经理　朱正辉
副总经理　刘　刚
任旭东
刘　森
工会主席　任旭东（2018年8月任）
纪检组组长　果　凌

中国工商银行股份有限公司北京通州支行

行长　史　旭（4月免）
王　炜（4月任）
副行长　司洪胜
朱高杰（3月免）
柳春光
吴　玲（女，8月任）
纪委书记　郭燕峰
行长助理　张西贝（女）

中国农业银行股份有限公司北京城市副中心分行

党委书记　王荣熙（8月免）
陈　静（女，8月任）
党委副书记　王小芬（女，11月免）
纪委书记　张晋婷（女）
行长　王荣熙（8月免）
陈　静（女，8月任）
副行长　王小芬（女，11月免）
季　南（9月任）
刘和年（9月任，11月免）
行长助理　季　南（9月免）
刘和年（9月免）
冀　芳（女）

中国银行股份有限公司北京通州分行

行长　牛　军
副行长　刘　云（女，回族）
郭　薇（女）
李　进
纪委书记　吴　戈

中国建设银行股份有限公司北京通州分行

党委书记　张亚纲
驻行纪检组组长　闫玉国（5月任）
纪委书记　闫玉国（5月免）
行长　张亚纲
副行长　段云龙（3月任）
刘　筱
刘福合

中国农业发展银行北京市通州区支行

行长　闫战龙
副行长　陈亚健（女，1月免）
史朝晖（1月免）
崔文红（女，1月任）
张　磊（1月任）

北京银行股份有限公司通州支行

行长　臧建国
副行长　郑立新
秦军涛
解　晶（女，8月任）
崔　利（女，8月任）
孟　红（女，8月任）

北京农村商业银行通州支行

行长　吕国清
副行长　马俊华（女，3月免）
李飞鹏（3月任）
贾　佳
谭　慎（女）
刘旭东

中国人民财产保险股份有限公司北京市通州支公司

党支部书记　赵雄心
总经理　赵雄心

总经理助理 刘立娟（女，2月免）
副总经理 龚　健（10月免）
刘立娟（女，2月任）

国网北京市电力公司通州供电公司

总　经　理 赖祥生（8月免）
闫承山（满族，8月任）
党委书记 刘德坤
党委副书记 赖祥生（8月免）
闫承山（满族，8月任）
纪委书记 周　欣（女，1月免）
张立军（1月任）
副总经理 刘德坤
尚　博
张　松
赵长青
康　琦（3月任）
工会主席 周　欣（女，1月免）
张立军（1月任）
总会计师 杨　莉（女）
总工程师 康　琦（3月免）
马文营（3月任）

北京市通州区国有资本运营有限公司

党委书记 张增然
党委副书记 杨　利（回族）
张冬梅（女）
孙艳红（女）
纪委书记 代艳东
董　事　长 张增然
副董事长 杨　利（回族）
总　经　理 杨　利（回族）
副　经　理 刘建兵
张千里
高　旭
监事会主席 张冬梅（女）
工会主席 孙艳红（女）

北京北投通城建设开发有限公司（2月更名）（原北京新奥通城房地产开发有限公司）

党总支部书记 汤贵海
董　事　长 汤贵海
总　经　理 耿　强（3月免）
李强国（3月任）
党总支部副书记 李强国（3月任）
副总经理 吴　炜
郅　慧
徐仲卿
杜云涛（4月任）
谢忠林（5月任）

北京歌华有线电视网络股份有限公司通州分公司

党支部书记 石江明
党支部副书记 李星梅（女）
总　经　理 石江明
常务副总经理 宋宝贵
副总经理 李星梅（女，1月任）
总经理助理 马红燕（女，1月任）
李星梅（女，1月免）

通州区发改委投资科 2019 年权限内项目台账

表 3

日期	文号	文　件　名　称
1.17	京通州发改（审）〔2019〕4 号	关于北京通州文化旅游区后场西路（云瑞南街—万盛南街）道路工程项目建议书（代可行性研究报告）的批复
1.15	京通州发改（审）〔2019〕5 号	关于休闲公园建设工程（三期）实施方案的批复
1.15	京通州发改（审）〔2019〕11 号	关于通州区城市绿地建设工程实施方案的批复
1.15	京通州发改（审）〔2019〕12 号	关于通州区张家湾公园建设工程（二期）实施方案的批复
1.18	京通州发改（审）〔2019〕13 号	关于通州区城市休闲公园建设工程（四期）实施方案的批复
2.13	京通州发改（审）〔2019〕34 号	关于张家湾公园建设工程（一期）实施方案的批复
2.13	京通州发改（审）〔2019〕35 号	关于广渠路东延绿化景观提升工程实施方案的批复
3.6	京通州发改（审）〔2019〕41 号	关于城市绿心中心公园绿化先行启动区建设工程实施方案的批复
4.4	京通州发改（审）〔2019〕55 号	关于漷台路（张采路—G103 国道）道路工程项目建议书（代可行性研究报告）的批复
4.4	京通州发改（审）〔2019〕56 号	关于翠华西路（翠华街—富河大街）道路工程项目建议书（代可行性研究报告）的批复
4.4	京通州发改（审）〔2019〕57 号	关于玉桥东二路（梨园南街—运河大街）道路工程项目建议书（代可行性研究报告）的批复
4.4	京通州发改（审）〔2019〕58 号	关于红云东路（荟萃南大街—颐瑞东路）道路工程项目建议书（代可行性研究报告）的批复
4.4	京通州发改（审）〔2019〕59 号	关于潞通新路二期（潞苑中街—潞苑北大街）项目建议书（代可行性研究报告）的批复
4.4	京通州发改（审）〔2019〕60 号	关于云景西路二期（云景北大街—五所南路）项目建议书（代可行性研究报告）的批复
10.11	京通州发改（审）〔2019〕116 号	关于通州区台湖镇站前街南五街（太平西三路—生态公园北二路）道路工程初步设计概算的批复
核准项目		
日期	文号	文　件　名　称
2.2	京通州发改（核）〔2019〕3 号	关于通州区运河核心区 3 号地杨坨中路（芙蓉路—杨坨四街）道路工程核准的批复
2.2	京通州发改（核）〔2019〕4 号	关于通州区运河核心区 4 号地杨坨东街（杨坨中路—东六环西辅路）道路工程核准的批复

续表 3

3.14	京通州发改（核）〔2019〕11 号	关于北京市通州区潞城棚户区改造土地开发项目 BCD 区孙各庄地块安置房建设项目核准的批复
3.25	京通州发改（核）〔2019〕16 号	关于通州区运河核心区 II–06、II–07–1、II–07–2 地块 F3 其他类多功能用地项目地下通道工程核准的批复
4.25	京通州发改（核）〔2019〕36 号	关于提前核准召里西路（召里大街—运潮北路）道路工程勘察设计招标方案的批复
4.25	京通州发改（核）〔2019〕37 号	关于提前核准运潮北路（召里西一路—通济路）道路工程勘察设计招标方案的批复
5.17	京通州发改（核）〔2019〕44 号	关于北京市通州区永顺镇 TZ–0104–6002 地块 F1 住宅混合公建用地、TZ–0104–6001 地块 A33 基础教育用地项目核准的批复
5.17	京通州发改（核）〔2019〕45 号	关于通州区新城 0203 街区 TZ00–0203–6009 地块 R2 二类居住用地、TZ00–0203–6010 地块 A33 基础教育用地项目核准的批复
5.30	京通州发改（核）〔2019〕46 号	关于提前核准畅和东路（潞阳大街—云帆路）道路工程勘察设计招标方案的批复
7.9	京通州发改（核）〔2019〕64 号	关于提请核准古月佳园置换房项目勘察设计招标方案的批复
8.20	京通州发改（核）〔2019〕86 号	关于大营南街（通济路—畅和东路）道路工程核准的批复
8.23	京通州发改（核）〔2019〕89 号	关于通州区东方厂周边棚户区改造 1 片区土地开发项目重新核准的批复
9.10	京通州发改（核）〔2019〕99 号	关于通州区东方厂周边棚户区改造 7 片区土地开发项目重新核准的批复
9.10	京通州发改（核）〔2019〕100 号	关于通州区东方厂周边棚户区改造 8 片区土地开发项目重新核准的批复
9.10	京通州发改（核）〔2019〕101 号	关于通州区东方厂周边棚户区改造 9 片区土地开发项目重新核准的批复
9.16	京通州发改（核）〔2019〕102 号	关于通州区东方厂周边棚户区改造 2 片区土地开发项目重新核准的批复
9.16	京通州发改（核）〔2019〕103 号	关于通州区东方厂周边棚户区改造 3 片区土地开发项目重进核准的批复
9.16	京通州发改（核）〔2019〕104 号	关于通州区东方厂周边棚户区改造 4 片区土地开发项目重进核准的批复
9.16	京通州发改（核）〔2019〕105 号	关于通州区东方厂周边棚户区改造 5 片区土地开发项目重进核准的批复
9.16	京通州发改（核）〔2019〕106 号	关于通州区东方厂周边棚户区改造 6 片区土地开发项目重进核准的批复
9.18	京通州发改（核）〔2019〕108 号	关于通州区运河核心区 II–05、II–07–2 地块之间地下通道项目核准的批复

续表 3

9.25	京通州发改（核）〔2019〕109 号	关于通州东方厂周边棚户区改造 10 片区土地开发项目重新核准的批复
9.25	京通州发改（核）〔2019〕110 号	关于通州东方厂周边棚户区改造 11 片区土地开发项目重新核准的批复
9.25	京通州发改（核）〔2019〕111 号	关于通州东方厂周边棚户区改造 12 片区土地开发项目重新核准的批复
9.25	京通州发改（核）〔2019〕112 号	关于通州东方厂周边棚户区改造 13 片区土地开发项目重新核准的批复
9.27	京通州发改（核）〔2019〕113 号	关于朗清街（通济路—春明西路）道路工程核准的批复
10.25	京通州发改（核）〔2019〕119 号	关于运潮北路（召里西一路—通济路）道路工程核准的批复
10.25	京通州发改（核）〔2019〕120 号	关于召里西路（召里大街—运潮北路）道路工程核准的批复
12.19	京通州发改（核）〔2019〕150 号	关于北京市通州区潞城镇棚户区改造土地开发项目 BCD 区后北营东侧二期和西北角地块安置房建设项目核准延期的批复
12.24	京通州发改（核）〔2019〕161 号	关于北京市通州区潞城镇棚户区改造 B-05 地块土地开发项目重新核准的批复
12.24	京通州发改（核）〔2019〕164 号	关于北京市通州区潞城镇棚户区改造 B-06 地块土地开发项目重新核准的批复
12.24	京通州发改（核）〔2019〕166 号	关于北京市通州区潞城镇棚户区改造 B-07 地块土地开发项目重新核准的批复
12.24	京通州发改（核）〔2019〕168 号	关于北京市通州区潞城镇棚户区改造 B-08 地块土地开发项目重新核准的批复
12.24	京通州发改（核）〔2019〕169 号	关于北京市通州区潞城镇棚户区改造 B-09 地块土地开发项目重新核准的批复
12.24	京通州发改（核）〔2019〕170 号	关于北京市通州区潞城镇棚户区改造 B-10 地块土地开发项目重新核准的批复
12.24	京通州发改（核）〔2019〕171 号	关于北京市通州区潞城镇棚户区改造 B-11 地块土地开发项目重新核准的批复
备案项目		
日期	文号	文 件 名 称
5.17	京通州发改（备）〔2019〕16 号	通州区梨园镇北杨洼停车场项目